高等院校经济管理类专业系列教材

公司金融十二讲

许林 编著

·广州·

图书在版编目（CIP）数据

公司金融十二讲／许林编著．—广州：华南理工大学出版社，2024.8

ISBN 978-7-5623-7649-1

Ⅰ．①公…　Ⅱ．①许…　Ⅲ．①公司-金融学　Ⅳ．①F276.6

中国国家版本馆 CIP 数据核字（2024）第 017265 号

Gongsi Jinrong 12 Jiang

公司金融十二讲

许　林　编著

出 版 人：柯　宁
出版发行：华南理工大学出版社
　　　　　（广州五山华南理工大学 17 号楼，邮编 510640）
　　　　　http：//hg.cb.scut.edu.cn　E-mail：scutc13@scut.edu.cn
　　　　　营销部电话：020-87113487　87111048（传真）
策划编辑：王　磊
责任编辑：付爱萍
责任校对：梁樱雯　洪　静
印 刷 者：广州市人杰彩印厂
开　　本：787mm×1092mm　1/16　印张：26　字数：632 千
版　　次：2024 年 8 月第 1 版　印次：2024 年 8 月第 1 次印刷
定　　价：78.00 元

版权所有　盗版必究　印装差错　负责调换

目 录

第一讲 公司金融导论 ·· 1
1.1 公司的形成与发展 ·· 2
1.1.1 企业的组织形态 ·· 2
1.1.2 公司的内涵 ··· 4
1.2 公司金融概述 ·· 8
1.2.1 公司金融与公司理财 ·· 8
1.2.2 公司金融的内容 ·· 9
1.2.3 公司金融的目标 ··· 11
1.2.4 公司金融的原则 ··· 21
1.2.5 公司金融的环境 ··· 25

第二讲 公司金融决策基础 ··· 32
2.1 资金时间价值与风险价值 ··· 33
2.1.1 资金时间价值 ··· 33
2.1.2 资金风险价值 ··· 41
2.2 债券与股票的估价 ··· 48
2.2.1 债券估值 ··· 48
2.2.2 股票估值 ··· 51
2.3 公司财务分析 ··· 54
2.3.1 财务分析的作用与目的 ··· 54
2.3.2 财务分析的基础 ··· 57
2.3.3 财务分析的方法 ··· 61
2.3.4 财务分析的内容 ··· 63
2.3.5 财务综合分析 ··· 71
2.4 公司业绩评价 ··· 75

2.4.1　公司业绩评价的基本概念 ·· 75
　　2.4.2　公司业绩评价的指标 ··· 76

第三讲　资本预算决策 ·· 83
3.1　全面预算管理概述 ·· 85
　　3.1.1　销售预算 ·· 85
　　3.1.2　生产预算的概念及过程 ··· 86
　　3.1.3　直接材料及采购预算 ··· 87
　　3.1.4　成本预算 ·· 88
3.2　投资与投资项目的概念与分类 ··· 90
　　3.2.1　投资的概念与分类 ··· 90
　　3.2.2　投资项目的概念与分类 ··· 92
3.3　投资项目的现金流量估算 ··· 94
　　3.3.1　现金流量的概念与分类 ··· 94
　　3.3.2　现金流量估算方法 ··· 95
3.4　资本预算决策的基本方法 ··· 104
　　3.4.1　折现现金流量方法 ··· 104
　　3.4.2　非折现现金流量方法 ··· 111
3.5　资本预算中的资本分配 ··· 113
　　3.5.1　资本分配的基本概念 ··· 113
　　3.5.2　资本分配预算决策方法 ··· 113
3.6　不确定条件下的决策 ·· 114
　　3.6.1　投资项目风险的类型 ··· 114
　　3.6.2　不确定性分析的基本方法 ·· 115

第四讲　公司投资决策 ·· 125
4.1　项目投资决策 ··· 126
　　4.1.1　固定资产更新决策 ··· 127
　　4.1.2　资本限额投资决策 ··· 131
　　4.1.3　投资时机选择决策 ··· 133
　　4.1.4　投资期选择决策 ·· 135
4.2　风险投资决策 ··· 137
　　4.2.1　投资项目的风险 ·· 137
　　4.2.2　投资项目风险分析的基本方法 ··· 140

第五讲　公司融资决策 ·· 152
5.1　长期融资方式 ··· 153
　　5.1.1　权益型融资 ·· 153
　　5.1.2　债务型融资 ·· 156
　　5.1.3　混合型融资 ·· 164

　　　　5.1.4　其他融资方式 …………………………………………………… 168
　5.2　资本成本 ………………………………………………………………… 173
　　　　5.2.1　资本成本的概念 ………………………………………………… 173
　　　　5.2.2　资本成本的计算 ………………………………………………… 174
　　　　5.2.3　杠杆利益与风险 ………………………………………………… 178
　5.3　资本结构 ………………………………………………………………… 182
　　　　5.3.1　资本结构的基本概念 …………………………………………… 182
　　　　5.3.2　资本结构理论 …………………………………………………… 183
　　　　5.3.3　资本结构决策分析 ……………………………………………… 188

第六讲　公司投融资决策互动 ………………………………………………… 196
　6.1　基于现代公司金融理论的企业投融资决策互动 ……………………… 197
　　　　6.1.1　现代公司金融理论 ……………………………………………… 198
　　　　6.1.2　企业投融资决策互动 …………………………………………… 200
　6.2　基于现代企业理论的企业投融资互动 ………………………………… 203
　　　　6.2.1　现代企业理论 …………………………………………………… 203
　　　　6.2.2　企业投融资决策互动 …………………………………………… 204

第七讲　营运资本决策 …………………………………………………………… 209
　7.1　营运资本管理 …………………………………………………………… 211
　　　　7.1.1　营运资本的概念 ………………………………………………… 211
　　　　7.1.2　营运资本管理的原则 …………………………………………… 211
　7.2　营运资本决策 …………………………………………………………… 212
　　　　7.2.1　营运资本持有政策 ……………………………………………… 212
　　　　7.2.2　营运资本筹集政策 ……………………………………………… 214
　7.3　短期资产管理 …………………………………………………………… 218
　　　　7.3.1　现金管理 ………………………………………………………… 218
　　　　7.3.2　应收账款管理 …………………………………………………… 224
　　　　7.3.3　存货管理 ………………………………………………………… 230
　7.4　短期负债管理 …………………………………………………………… 238
　　　　7.4.1　商业信用管理 …………………………………………………… 238
　　　　7.4.2　短期借款管理 …………………………………………………… 242

第八讲　股利分配决策 …………………………………………………………… 249
　8.1　利润及其分配管理 ……………………………………………………… 251
　　　　8.1.1　利润的形成 ……………………………………………………… 251
　　　　8.1.2　我国企业利润的一般分配程序 ………………………………… 251
　8.2　股利与股利发放程序 …………………………………………………… 253
　　　　8.2.1　股利的种类 ……………………………………………………… 253
　　　　8.2.2　股利发放程序 …………………………………………………… 254

8.3 股利理论 ... 256
8.3.1 股利无关理论 ... 256
8.3.2 股利相关理论 ... 259
8.4 公司股利政策实践 ... 267
8.4.1 股利政策的内容 ... 267
8.4.2 股利政策的评价指标 ... 268
8.4.3 公司股利政策的影响因素 ... 269
8.4.4 股利政策的类型 ... 272
8.5 股票回购 ... 274
8.6 股票股利和股票分割 ... 275
8.6.1 股票股利 ... 275
8.6.2 公积金转增股本 ... 276
8.6.3 股票分割 ... 277

第九讲 公司金融战略 ... 283
9.1 公司金融战略概论 ... 284
9.1.1 公司金融战略的基本概念和定义 ... 284
9.1.2 公司金融战略的重要性及其在公司发展中的作用 ... 285
9.1.3 公司金融战略的制定 ... 286
9.1.4 内外部环境分析方法 ... 288
9.2 公司金融战略内容 ... 293
9.2.1 快速扩张型公司金融战略 ... 293
9.2.2 稳健发展型公司金融战略 ... 298
9.2.3 防御收缩型公司金融战略 ... 303
9.3 公司金融战略赋能金融强国建设 ... 306
9.3.1 科技金融与科创企业发展 ... 307
9.3.2 绿色金融与公司可持续发展战略的结合 ... 308
9.3.3 普惠金融、数字金融与中小企业发展 ... 309
9.3.4 养老金融与公司多元化产业布局 ... 310

第十讲 公司并购决策 ... 312
10.1 公司并购概述 ... 314
10.1.1 并购的概念 ... 314
10.1.2 并购的类型 ... 315
10.1.3 公司并购的程序 ... 317
10.2 公司并购的动因分析 ... 320
10.2.1 协同效应理论 ... 320
10.2.2 税赋效应理论 ... 320
10.2.3 市场势力理论 ... 321

10.2.4　委托代理理论 ··· 321
　　10.2.5　我国企业并购特定动因 ·· 321
10.3　公司并购定价方法 ··· 323
　　10.3.1　现金流贴现法 ··· 323
　　10.3.2　成本法 ·· 324
　　10.3.3　市场法 ·· 325
　　10.3.4　运用实物期权评估无形资产 ·· 326
10.4　公司并购融资问题 ··· 328
　　10.4.1　并购融资概念 ··· 328
　　10.4.2　并购融资方式 ··· 328
　　10.4.3　适合我国国情的融资方式和途径 ·· 331
　　10.4.4　并购中的融资风险 ··· 332
10.5　公司并购与反并购 ··· 334
　　10.5.1　反并购的概念 ··· 334
　　10.5.2　反并购的策略 ··· 334
　　10.5.3　我国 A 股上市公司反并购措施 ·· 337
10.6　公司并购中的文化整合 ··· 338
　　10.6.1　企业文化整合的原因 ·· 338
　　10.6.2　企业文化整合中的风险 ··· 339
　　10.6.3　企业文化整合的内容 ·· 340
10.7　公司并购后的整合管理 ··· 344
　　10.7.1　并购后的整合内容 ··· 344
　　10.7.2　并购整合风险的防范 ·· 345

第十一讲　公司重组与破产清算 ·· 349
11.1　公司重组与清算财务管理概述 ·· 350
　　11.1.1　公司破产、重组、清算的概念界定 ···································· 350
　　11.1.2　公司重组与清算财务管理内容 ··· 353
11.2　公司重组财务管理 ··· 354
　　11.2.1　公司重组财务管理概述 ··· 354
　　11.2.2　重整财务计划的制订与执行 ·· 357
　　11.2.3　和解 ··· 358
11.3　公司清算财务管理 ··· 359
　　11.3.1　清算财务管理的目标 ·· 359
　　11.3.2　清算财务管理的重要性 ··· 360
　　11.3.3　破产清算财务管理的程序 ·· 360
　　11.3.4　破产财产的范围及计价 ··· 361
　　11.3.5　破产债权的范围及计价 ··· 361
　　11.3.6　清算财务管理中的风险 ··· 362

11.4 公司财务预警系统 ······ 364
11.4.1 企业财务危机的防范 ······ 364
11.4.2 现有财务预警理论模型与方法 ······ 365
11.4.3 财务预警系统的发展历史 ······ 371
11.4.4 财务预警系统未来发展趋势 ······ 371

第十二讲 公司金融国际化 ······ 374
12.1 公司金融国际化的趋势 ······ 375
12.1.1 金融产品的国际化趋势 ······ 376
12.1.2 金融市场国际化的趋势 ······ 376
12.1.3 金融技术的国际化趋势 ······ 377
12.2 公司金融国际化的环境 ······ 378
12.2.1 国际货币体系 ······ 378
12.2.2 国际金融市场 ······ 380
12.2.3 外汇与外汇市场 ······ 381
12.2.4 国际税收和国际税收制度 ······ 383
12.3 公司国际化筹资管理 ······ 383
12.3.1 国际筹资的含义及特点 ······ 383
12.3.2 国际筹资渠道和方式 ······ 384
12.4 公司国际化投资管理 ······ 390
12.4.1 国际投资管理概述 ······ 390
12.4.2 国际直接投资的环境分析 ······ 391
12.5 公司国际化税收管理 ······ 395
12.5.1 国际税收环境分析 ······ 395
12.5.2 国际税收管理的方法 ······ 397

主要参考文献 ······ 401

第一讲　公司金融导论

◎ 本讲学习目标

通过本讲内容的学习，学生主要了解公司金融的基本范畴，具体如下：公司与公司金融的内涵、特征；公司金融的研究对象；公司金融的目标；公司金融的原则及公司金融的环境等。

◎ 本讲重要术语

个人独资企业（sole proprietorship）、合伙制企业（partnership）、公司金融（corporate finance）、直接投资（direct investment）、间接投资（indirect investment）、股东财富最大化（shareholder wealth maximization）、企业价值最大化（firm value maximization）、企业社会责任（corporate social responsibility，CSR）、风险收益均衡（risk-return trade-off）、金融市场（financial market）、货币市场（money market）、资本市场（capital market）、一级市场（primary market）、二级市场（secondary market）、现货市场（spot market）、期货市场（futures market）

◎ 本讲重难点

本讲重点在于企业的组织形态，公司的内涵，公司金融的内容、目标、原则、环境的内涵等；难点在于公司金融与公司理财的差异、公司金融各个目标的优势与缺陷、公司金融目标与利益的冲突及其解决方案、公司金融环境对财务决策的影响。

◎ 本讲案例导入

广东东方精工科技股份有限公司（下文简称"东方精工"）是一家集设计、研发、生产、销售及服务于一体的瓦楞纸箱印刷包装设备提供商，为客户提供"瓦楞纸板生产线＋瓦楞纸箱印刷联动线＋智能仓储物流"的全产业链产品。作为一家综合实力全球领先的上市公司，东方精工由南海市东方纸箱机械实业有限公司（下文简称"东方机械"）于 2010 年 8 月 18 日整体变更设立。东方精工发展历程详见图 1-1。

东方机械是如何通过股改逐步从有限责任公司成为股份有限公司，并成功登陆深交所主板上市，成长为行业领军者的呢？其路径对于中小企业是否具有很好的借鉴意义呢？公司又是以何种方式处理公司治理的经典课题——委托代理问题的呢？要了解公司金融，必须清楚公司的组织形态、目标和治理等问题。通过本讲内容的学习，希望同学们能对公司金融的内容、目标、原则和环境有初步的了解和认识。

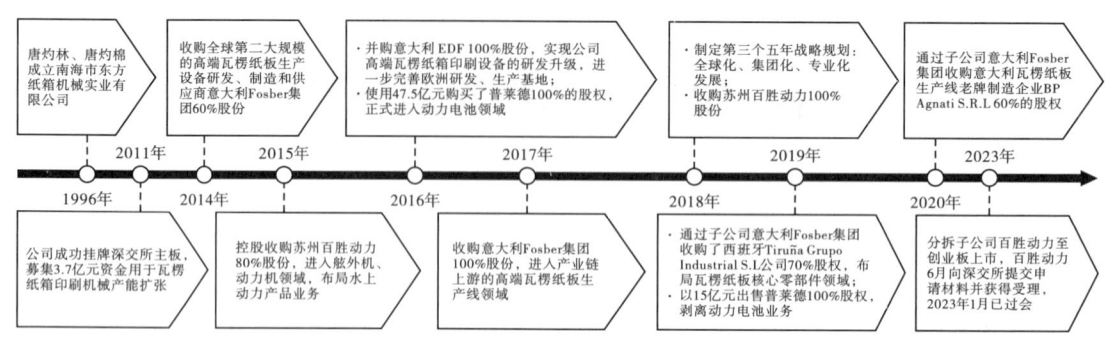

图1-1 东方精工发展历程

1.1 公司的形成与发展

1.1.1 企业的组织形态

经营性企业具有三种不同的法定形态：个人独资企业、合伙制企业和公司制企业。从企业寿命、融资能力和税收等方面看，这三种形态都有明显的优缺点，以下将介绍这三种组织形态的定义及优缺点。

1. 个人独资企业

个人独资企业（sole proprietorship）是指由一个人独立经营的企业形态。它是创建企业最简单的形式之一，同时也是受到的管制最少的组织形态之一，其理财活动相对合伙制与公司制来说更简单。因此，相对于其他企业形态，个人独资企业数量更多，而许多后来成为大公司的企业最初也是小型个人独资企业。

个人独资企业的优点：（1）开办、转让和关闭手续简单方便；（2）企业主承担无限责任，对企业的债务负责，因此更需要注重经营，努力提升企业质量；（3）企业税负较轻，只需要缴纳个人所得税；（4）管理上所受制约较少，经营方式灵活多变，决策效率高；（5）没有信息披露的限制，企业的技术和财务信息容易保密。

个人独资企业的缺点：（1）风险极高。企业主对企业负有无限责任，虽然强化了企业预算约束，但也使得企业主面临承担过高风险的问题。因此，个人独资企业主可能不愿投资风险更高的行业或领域，这对新兴产业的形成和发展十分不利。（2）融资难度大。由于个人资金有限，融资时往往会因信用不足而遭到拒绝，从而限制了企业的发展和规模经营。（3）生命周期短暂。企业所有权和经营权高度集中的产权结构意味着企业主的死亡、破产或者犯罪都可能导致企业消失。

2. 合伙制企业

合伙制企业（partnership）是指由两个以上的自然人订立合伙协议，共同出资、合伙经营、共享收益、共担风险，并对合伙企业债务承担无限连带责任的企业。在成立合伙企业时，合伙人必须订立合伙协议（partnership agreement），以明确每个合伙人的权利和义务，避免可能发生的经济纠纷。相较于个人独资企业，合伙企业具有更好的信用记录，容易筹集资金并扩大规模，同时也具备更为强大的经营管理能力。

按照合伙人的责任不同，合伙制企业可分为普通合伙（general partnership）和有限合伙（limited partnership）。普通合伙企业的合伙人均为普通合伙人，对合伙企业的债务承担无限连带责任。有限责任合伙企业的合伙人由普通合伙人和有限合伙人组成，其中，有限合伙人以其出资额为限对债务承担有限责任。但是，有限合伙制要求至少有一人是普通合伙人，而且有限合伙人不直接参与企业经营管理活动。

合伙制企业具有设立程序简单、设立费用低等优点，但也存在责任无限、权力分散、产权转让困难等缺点。合伙制企业的资金来源和信用能力比独资企业有所增加，盈余分配也更加复杂，因此合伙企业的财务管理比独资企业要复杂得多。

3. 公司制企业

公司制企业是依据国家相关法律，由法定出资人（股东）集资成立，自主经营、自负盈亏的独立经济组织，拥有法人资格。公司制企业的主要特点如下：

（1）独立的法人实体。公司一经宣告成立，法律即赋予其独立的法人地位，具有法人资格，能够以公司的名义从事经营活动，享有权利，承担义务，从而使公司在市场上成为竞争主体。

（2）具有无限的存续期。股东投入的资本长期归公司支配，股东无权从公司财产中抽回投资，只能通过转让其拥有的股份收回投资。这种资本的长期稳定性决定了公司只要不解散或破产，就能够独立于股东而持续、无限期地存在下去，这种情况有利于企业实行战略管理。

（3）股东承担有限责任。这是指公司一旦出现债务，这种债务仅是公司的债务，股东仅以其出资额为限对公司债务承担有限责任，这就为股东分散了投资风险，从而有利于吸引社会游资，扩大企业规模。

（4）所有权和经营权分离。公司的所有权属于全体股东，经营权委托专业的经营者负责管理。管理的专门化有利于提高公司的经营能力。

（5）筹资渠道多元化。股份公司可以通过在资本市场发行股票或发行债券募集资金，扩张企业资本、扩大企业规模。

一般来说，公司分为有限责任公司与股份有限公司。有限责任公司与股份有限公司的不同点在于：

（1）股东的数量不同。有限责任公司的股东人数有最高和最低的要求；股份有限公司的股东人数只有最低要求，没有最高限制。

（2）成立条件和募集资金的方式不同。有限责任公司的成立条件相对来说比较宽松，股份有限公司的成立条件比较严格；有限责任公司只能由发起人集资且不能向社会公开募集资金，股份有限公司可以向社会公开募集资金。

（3）股权转让的条件限制不同。有限责任公司的股东转让自己的股票要经股东会讨论通过；股份有限公司的股票可以自由转让，具有充分的流动性。

在上述三种企业组织形态中，公司制企业最具优势，成为普遍的企业组织形态，因此，现代公司金融学的研究以公司制企业这种组织形态为基本研究对象（表 1-1）。

表 1-1 三种企业组织形态比较

组织形态	个人独资企业	合伙制企业	公司制企业
成立难易度	非常容易	稍复杂	最复杂
组织延续性	不能连续	不能连续	无限连续直至公司关闭
所有权转移	不能转移	不能转移，除非合伙约条有规定	自由转移
股东债务责任	负完全债务	负完全债务	有限责任
资金来源	由独资者出资	由合伙人出资	可以向任何投资者筹措
赋税责任	不付企业所得税，所得并入独资者个人的所得税	不付企业所得税，所得并入合伙人的所得税	双重课税：公司所得税和个人所得税

就像本节讨论所展示的那样，外部投资者和债权人对大型企业的需要，使股份公司形态成为这些企业的最佳组织形态。本书后续章节着眼于股份公司，是因为其对中国经济和世界经济十分重要，还因为一些重要的公司金融问题如股利政策是股份公司所独有的。但是，各种类型和规模的企业都需要进行财务管理，因而本书讨论的大部分内容适用于所有形态的企业。

1.1.2 公司的内涵

1. 公司的定义

公司是指全部资本由股东出资构成，以营利为目的而依法设立的一种企业组织形态；公司是具有民事权利能力和行为能力，股东以其出资额或所持股份为限对公司承担责任，公司以其全部资产对公司的债务承担责任，依照公司法成立的企业法人。

公司的这一定义，主要对以下几个方面的问题进行了强调。

（1）公司依法设立。

所谓"公司依法成立"有三个含义：一是公司成立应依据专门的法律，即《中华人民共和国公司法》（下文简称《公司法》）和其他有关的特别法律、行政法规，如依《公司法》成立有限责任公司和股份有限公司。依其他法设立的，比如，经营烟草制品批发的公司，应依《中华人民共和国烟草专卖法》取得许可证。二是公司成立应符合《公司法》规定的实质要件。三是公司成立须遵循《公司法》规定的程序，履行规定的申请和审批登记手续。

（2）公司以营利为目的。

所谓"营利"，就是获取经济上的利益。以营利为目的是公司与机关、事业单位和社会团体法人的主要区别所在，也就是说，公司是一个营业实体：首先，公司拥有营业财产，即人们以营利为目的而通过投资、借贷、积累等方式形成属于公司的有组织财产；其次，公司从事营业活动，即公司以营利为目的而运用营业财产从事各种生产经营活动。

(3) 公司是法人。

首先，公司的法人属性使公司财产与公司成员的个人财产完全区别开来，从而使公司能够以自己的名义独立地从事民事活动、享受民事权利和承担民事义务；其次，公司有自己独立的组织机构，公司的主体身份是法人，法人是法律上拟制的人格：主体需要一定的人格才能享有民事权利能力和民事行为能力；第三，公司的财产是公司拥有信用的基础，也是公司对外承担民事责任的基础，公司可以用自己的资产对外承担责任；第四，由于公司在人格上和财产上的独立性，股东不必对公司债务承担连带责任和无限责任；第五，公司法人的民事权利能力由其法定代表人和授权代表人代为行使。根据《公司法》的规定，公司的法定代表人是董事长，公司的授权代表人是由公司的董事会和董事长授权的公司职员，法定代表人和授权代表人的行为就构成了公司的行为，由此产生的一切后果均由公司承受，也就是公司职员的任何职务行为均由公司的资产对外承担民事责任。

2. 公司的基本特征

(1) 公司是以营利为目的的经济实体。

以营利为目的，这反映了公司在经济上的特征。公司是以营利为目的而组织其生产经营活动的经济组织，是一种企业形式，具有企业的一般属性。企业又是什么呢？企业在本质上与公司是一致的，也是集合人力与物力以营利为目的的生产或服务性经营组织。但企业的范畴比公司更大，因为从组织形态上看，按照投资方式及责任承担方式，企业可以划分为独资、合伙、公司三种类型。

(2) 公司必须是法人。

公司作为一种特殊的企业组织形态，有着区别于以其他组织形态存在的企业的特征，即公司具有法人地位。法人是具有民事权利能力和民事行为能力，依法独立享有民事权利和承担民事义务的组织。根据我国公司法的规定，公司作为法人的一种，应具备下述条件：

①公司必须依法成立。法人的依法成立，是指在成立程序上的合法性，即法人必须以法律规定的程序成立；同时，法人必须是合法的组织，法人的目的和宗旨、组织机构、经营范围、经营方式等都必须是合法的。

②公司拥有独立的财产。这是公司作为独立主体存在的基础和前提条件，也是公司独立承担财产义务和责任的物质保证。法律不仅要求公司具有独立的财产，而且要求应有必要的财产，也就是要达到法定的数额。公司的财产主要由股东出资构成，股东的出资一旦投入公司即成为公司财产。

③公司必须有自己的名称、组织机构或场所。这是公司的组织特征。公司需要有自己的名称，这是公司之间相互区别的标志，同时也有助于表明公司的性质。公司的组织机构包括管理机构和业务活动机构。公司是人的有机集合体，其团体意志总是通过一定的组织机构产生并得以实现。公司还必须有自己的住所以及固定的经营场所，这不仅是公司生产经营所必需的，也是诉讼活动中确认地域管辖和诉讼文书送达地的一项基本标准。在涉外民事关系中，住所地是认定适用何种法律的依据之一。

④公司必须独立承担责任。这意味着：公司应以它的全部财产承担债务；公司对它

的法定代表人和代理人的经营活动承担民事责任；股东对公司的债务不直接承担责任；公司独立地以其全部财产承担其债务，如果公司不能清偿到期债务，其资产也不足以抵偿债务时，就应依法宣告破产。

（3）公司是以股东投资行为为基础而设立的。

集合体性质的经济组织——公司属于社团法人，即它是由股东通过投资行为而设立的集合体性质的法人。从集合体的性质来看，它既是人的集合，又是资金和财产的集合，虽然许多国家都承认一人公司的合法性，但是这并不能改变公司是股东出资经营的集合体的性质。我国《公司法》规定，国有独资公司从出资主体上看，投资者仅有一个：国家。但正是因为这一投资主体的特殊性，《公司法》将其列为有限责任公司一类，适用有限责任公司的一般规定。

（4）公司是依法设立的营利性组织。

由于公司是法人，而依照各国法律，法人的资格是需要经过国家承认的。公司只有依照法律规定的条件和程序才能取得法人资格。

3．公司的组织形态

依照不同的标准，可以对公司加以不同的分类，根据股东责任不同，可将公司分为无限公司、有限责任公司、两合公司、股份有限公司和股份两合公司。根据我国《公司法》的规定，我国的公司包括有限责任公司和股份有限公司。我国《公司法》把国有独资公司规定为有限责任公司的一种，这是从我国的实际情况出发，考虑到有些行业需要由国家统一经营而加以设立的。

（1）有限责任公司。

有限责任公司是指由2个以上股东共同出资，每个股东以其认缴的出资额对公司承担有限责任，公司以其全部财产对其债务承担责任的企业法人。有限责任公司特征如下：

①有限责任公司是合资公司，股东以其认缴的出资额对公司承担有限责任，公司以其全部资产对其债务承担责任。

②有限责任公司实行资本金制度，但公司对股东不分成均等股份，股东仅就其出资额为限对公司负责。

③有限责任公司的股东数，既有最低限也有最高限，我国为2人以上50人以下。另外，国家授权投资的机构或者国家授权的部门可以单独投资设立国有独资的有限责任公司。

④有限责任公司不能公开募股，不能发行股票。

⑤股东的出资不能随意转让，如需转让，应经股东会或董事会讨论通过。

⑥财务不必公开，但应当按公司章程规定的期限将财务会计报告送交各股东。

（2）股份有限公司。

股份有限公司是指全部资本由等额股份构成并通过发行股票筹集资本，股东以其所认购股份对公司承担责任，公司以其全部资产对公司债务承担责任的企业法人。股份有限公司特征如下：

①资本划分是等额股份。在股份有限公司中，资本是指全体股东出资的总和，以一定的金额表示。股份有限公司将资本总额划分为若干等额的股份，每股金额与股份数的

乘积即是资本总额。在有限责任公司中，虽也有股本一说，但公司资本并不划分成相等的份额。

②通过发行股票筹集资本。股份有限公司采取公开向社会发行股票的方式筹集资本，这就为股份有限公司筹集资金开辟了广阔的渠道。

③股东人数不限。大多数国家把有限责任公司的股东数限制在一定范围之内，如日本限制为2～50人，美国限制在50人以下，我国规定最多为50人。而对股份有限公司来说，股东数是不受限制的，可以在一定范围内无限大，这样便于更多的人向公司投资。我国对股份有限公司的股东人数有最低限制，即在一般情况下，至少要有5人为发起人，就是说，即使一股也发售不出去，公司股东人数也应有5人。但国有企业改建为股份有限公司的，发起人可以少于5人。

④股票可以自由转让。这就意味着投资者可以随便易人，这使得对投资者的管理比较宽松。此外，转让的价格只要交易双方接受，可高可低。这使投资者有可能从股票交易中获利，从而使股份有限公司在投资者心目中具有极大的吸引力。而无限公司和有限责任公司的股东在转让公司股份方面一般都受到限制。

⑤财务公开。公司的财务状况是公司经营活动的综合反映，在激烈的竞争中，各公司的财务状况一般都是要保密的。而在股份有限公司，由于它是公开向社会发股筹资的，股东人数多，因此各国法律都要求股份有限公司将其财务状况公开。我国《公司法》明确规定，股份有限公司编制的年度资产负债表等会计报表，应在股东大会年会召开20日前备置于公司住所，供股东查阅，以达到保护债权人和股东利益的目的。

（3）无限公司。

无限公司指由两个以上股东组成，股东对公司债务承担连带无限清偿责任的公司。

除这三种基本形式外，还有两合公司和股份两合公司。两合公司是由负无限责任的股东与负有限责任的股东两种成员组成的公司。在这类公司中，无限责任股东除负有一定的出资义务外，还需对公司债权人承担直接无限责任；而有限责任股东，除有一定的出资义务外，只以其对公司的出资额为限度对公司债权人负直接有限责任。股份两合公司是指由无限责任股东和有限责任股东组成的公司，其中负有限责任的股东依照股份有限公司的形式认购股份。除此之外，股份两合公司与两合公司的特征大致相同。

目前，有限责任公司和股份有限公司是世界各国主要的公司组织形态。

◎ 案例 1-1　IPO 股改：东方精工

随着近年来我国多层次资本市场的发展，各交易板块都要求企业进行股改。对有志于进军资本市场的企业来说，一次合法合规、不留瑕疵的股改，不仅是企业上市前的必然选择，而且是企业实实在在地提升自身的内控和治理水平的必要手段，为企业将来的上市工作奠定坚实的基础，其重要性不言而喻。

广东东方精工科技股份有限公司由南海市东方纸箱机械实业有限公司（下文简称"东方机械"）于2010年8月18日整体变更设立，于2011年在深交所挂牌上市。1996年12月，南海市东方纸箱机械实业有限公司成立，注册资本300万元，设立时的股权结构如表1-2所示。

表1-2 东方机械股权结构

股东名称	出资额/万元	占注册资本比例/%
唐灼林	153.00	51.00
唐灼棉	147.00	49.00
合计	300.00	100.00

为后续公司上市进入资本市场考虑,东方机械于2010年7月6日召开股东会,全体股东一致同意以整体变更的方式共同发起设立广东东方精工科技股份有限公司。根据申报会计师出具的审计报告,截至2010年5月31日,东方机械的净资产为112 595 603.44元,按1:0.9059的比例折合为10 200万股,余额10 595 603.44元计入资本公积,股份公司注册资本为10 200万元。

2010年7月22日,发起人召开了股份公司创立大会暨第一次股东大会。东方机械于2010年8月18日在佛山市工商行政管理局正式办理了工商变更登记手续,名称变更为"广东东方精工科技股份有限公司",并领取了新的营业执照。东方精工的股东、持股数量及持股比例如表1-3所示。

表1-3 东方精工股东、持股数量及持股比例

序号	股东名称	股数/万股	股权比例/%	序号	股东名称	股数/万股	股权比例/%
1	唐灼林	4950.8144	48.5374	7	邱业致	293.7585	2.8800
2	唐灼棉	2712.1853	26.5900	8	刘武才	99.1239	0.9718
3	中科岳麓	588.6088	5.7707	9	徐震	92.2512	0.9044
4	何劲松	495.6196	4.8590	10	王少惠	46.1256	0.4522
5	达晨创世	387.9932	3.8039	11	唐瑞琼	15.3752	0.1507
6	达晨盛世	338.2544	3.3162	……			
合计(34名股东)						10 200.00	100.00

股份有限公司系上市公司的法定主体条件,亦是企业走向公众公司的必经之路,是企业进入资本市场的起点,这项系统工作将深远地影响着企业的后续发展。同时,股份公司是企业集中社会资本最有利的组织形态,有利于吸收闲散资本,便于企业的并购和资产的重组,还可以实现资产证券化,使企业股票在更大范围内自由转让。

1.2 公司金融概述

1.2.1 公司金融与公司理财

1. 公司金融的定义

目前,我国学术界对公司金融的理解也不尽相同,有人认为公司金融应定义为与企业有关的一切金融活动,有人则认为公司金融应只包括企业内部的资金管理。前一个概

念范围过宽，而后一个概念则过窄。比较合适的定义是，公司金融是指企业在生产、经营过程中主动进行的资金筹集与资金运用行为。

公司金融是为企业自身的生产经营服务的。企业筹集资金是为它自身的再生产或商业活动服务，它运用资金并不是为了生息，而是谋求更高的收益。因此，公司金融也是关于如何创造和保持价值的学说。任何企业只要想生存，就要投资、筹资、生产、经营、销售，这其中的每一个环节都伴随着资金的运动。可以说，企业的整个生产经营过程就是资金筹集和运用的过程，也就是公司金融决策过程。

2. 公司金融与公司理财的差异

"corporate finance"（公司金融）也可以译为"公司财务""公司理财"等。严格地说，公司金融的研究内容与公司理财的内容并不完全相同。公司理财所研究的主要内容为融资、投资和股利政策；而公司金融的研究重点是融资和投资，股利政策则被视作一种融资来源。公司金融主要是研究公司的投资和融资管理，是金融中研究企业金融决策的分支学科。

1.2.2 公司金融的内容

1. **公司金融的研究对象**

公司金融主要是资金管理，其对象是资金及其流转。资金流转的起点和终点是现金，其他资产都是现金在流转中的转化形式，因此，公司金融的对象也可说是现金及其流转。公司金融也会涉及成本、收入和利润问题。从财务的观点来看，成本和费用是现金的耗费，收入和利润是现金的来源。公司金融主要在这种意义上研究成本和收入，而不同于一般意义上的成本管理和销售管理，也不同于计量收入、成本和利润的会计工作。

2. **公司金融的内容**

公司金融决策是企业管理最重要的组成部分之一，是有关资金的获得和有效使用的管理。公司金融决策的过程是一个不断收集信息、分析信息、加工信息并对不利信息造成的负面影响进行控制的过程，也是实现股东财富最大化的过程。股东财富最大化的途径是提高报酬和降低风险，企业的报酬高低和风险大小又取决于投资项目、资本结构和股利分配政策。因此，公司金融的主要内容是投资决策、筹资决策和股利分配决策等。

（1）投资决策。

投资是指以收回现金并提取收益为目的而发生的现金流出。购买政府公债、购买企业股票和债券、购买设备、兴建工厂、开办商店或增加一种新产品等，企业都要发生货币性流出，并期望取得更多的货币性流入。

企业的投资决策，按不同的标准可以分为以下类型。

①直接投资（direct investment）和间接投资（indirect investment）。直接投资是指把资金直接投入于生产经营性资产（如购置设备、兴建工厂、开办商店等），以便获取利润的投资。间接投资又称证券投资（investment in stock），是指把资金投放于金融性资产（如购买政府公债、购买企业债券和公司股票等），以便获取股利或者利息收入的投资。

这两种投资决策所使用的一般性概念虽然相同，但决策的具体方法却很不一样。证券投资只能通过证券分析与评价，从证券市场中选择企业需要的股票和债券，并且组成投资组合。作为行动方案的投资组合，不是事先创造的，而是通过证券分析得出的。直接投资要事先创造一个或几个备选方案，通过对这些方案的分析和评价，从中选择一个足够满意的行动方案。

②长期投资（long-term investment）和短期投资（short-term investment）。长期投资是指影响所及超过一年的投资，如购买设备、建造厂房等。长期投资又称资本性投资。用于股票和债券的长期投资，在必要时可以出售变现，而真正难以改变的是生产经营性的固定资产投资。所以，有时长期投资专指固定资产投资。短期投资是指影响所及不超过一年的投资，如对应收账款、存货、短期有价证券的投资。短期投资又称为流动资产投资或营运资产投资。

长期投资和短期投资的决策方法有所区别。由于长期投资涉及的时间长、风险大，决策分析时更重视货币的时间价值和投资风险价值的计量。

（2）筹资决策。

筹资是指筹集资金。发行股票、发行债券、取得借款、赊购、租赁等都属于筹资。筹资决策要解决的问题是如何取得企业所需要的资金，包括向谁筹资，在什么时候筹资，筹集多少资金。筹资决策和投资、股利分配有密切关系，筹资的数量多少要考虑投资需要，在利润分配时加大保留盈余部分可减少从外部筹资。筹资决策的关键是决定各种资金来源在总资金中所占的比重，即确定资本结构，以使筹资风险和筹资成本相配合。

可供企业选择的资金来源有许多，我国习惯上称"资金渠道"。按不同的标准，资金来源分为以下两种。

①权益资金和借入资金。权益资金是指由企业股东提供的资金。它不需要归还，筹资的风险小，但其期望的报酬率高。借入资金是指由债权人提供的资金。它要按期归还，有一定的风险，但其要求的报酬率比权益资金低。

筹资决策的一个重要内容就是确定最佳资本结构。资本结构，主要指权益资金和借入资金的比例关系。一般来说，完全通过权益资金筹资是不明智的，不能得到负债经营的好处；但负债的比例大，风险也大，企业随时可能陷入财务危机。

②长期资金和短期资金。长期资金是指企业可长期使用的资金，包括权益资金和长期负债。权益资金不需要归还，企业可以长期使用，属于长期资金。此外，长期借款也属于长期资金。有时，习惯上又把一年以上五年以内的借款称为中期资金，而把五年以上的借款称为长期资金。短期资金一般是指一年内要归还的短期借款。一般来说，短期资金的筹集应主要解决临时的资金需求。例如，在生产经营旺季需要的资金比较多，可借入短期借款，度过生产经营旺季后则归还。

长期资金和短期资金的筹资速度、筹资成本、筹资风险及借款时企业所受的限制有所区别。如何安排长期和短期筹资的相对比重，是筹资决策要解决的另一个重要问题。

（3）股利分配决策。

股利分配也是公司金融的重要内容之一。股利分配的多少及其政策会对公司的股票价格产生影响。因为，如果在投资机会较多的情况下过多发放股利，会增加公司的外部筹资，从而增加公司的筹资成本，减少公司的实际利润，并可能由此导致股票价格的下跌；如果在投资机会较少的情况下过少发放股利，则会影响股东的利益，影响投资者对公司发展的信心，并可能由此导致股票价格的下跌。

从国际国内经验看，股利分配决策的过程是在股利发放和盈余留存之间作出合理安排的过程。其间，需研究这样一些问题：

A. 股利分配会否增加公司的融资成本；
B. 股利分配方案会受哪些因素的制约；
C. 股利支付的合理程序应怎样进行；
D. 股票股利及回购形成的库藏股票应如何处置；
E. 股利分配会对股票价格产生什么样的影响。

总之，公司金融的三大基本决策是相互联系、相互影响和相辅相成的。投资效益的好坏一定会受筹资成本的影响；筹资能力的大小一定会受投资效益、股利分配的影响；股利分配的多少一定会受投资效益、再投资机会等情况的影响。因此，只有把投资决策、筹资决策和股利分配决策放在一起研究，才能使公司金融发挥出更大的效益。

1.2.3 公司金融的目标

1. 公司金融的整体目标

随着外部环境的变化，公司金融目标的定位也在不断更新。在计划经济时期，企业基本上没有真正意义上的财务管理体系，产值最大化既是企业经营的目标，也是财务管理的目标。改革开放以来，经济效益最大化目标一时备受理论界和企业界的推崇，之后在吸收西方财务理论的基础上，逐步形成利润最大化、每股盈余最大化、股东财富最大化和企业价值最大化等代表性的公司金融目标。

（1）利润最大化（profit maximization）。

企业是营利性的经济组织，利润代表企业财富的增加，利润最大化强调的是企业当期利润的最大化。利润最大化理论在西方流传甚久，以大卫·李嘉图为代表的古典经济学者就开始推崇利润，并用以衡量企业的社会贡献度。马克思也指出："生产剩余价值或赚钱，是这个生产方式的绝对规律。"在众多企业金融目标中，利润最大化目标是迄今为止流行时间最长、影响力最为深远的金融目标。

①利润最大化目标的优点。利润最大化具有一定的优点，主要表现在以下几方面：

其一，利润是综合性的财务指标。从财务角度看，利润是企业在一定时期内的收入扣除成本费用后的差额，它反映了企业经营活动中投入和产出的关系，是衡量企业经济效益的重要指标。从经济学角度看，利润是企业所创造的剩余产品的价值转化形式，利润越多，表明企业提供的剩余产品越多。

其二，利润体现企业的社会贡献。利润体现企业对国家和社会的贡献程度，是社会财富的重要源泉，也是企业追求自身发展和改善职工生活福利待遇的物质基础。

其三，利润指标易于操作。利润指标与财务报表体系相吻合，容易计算和理解，便于金融目标的考核。

②利润最大化目标的缺陷。利润最大化这一金融目标在财务管理实践中也存在一定的缺陷，主要表现在以下几方面：

其一，缺乏可比性。利润最大化强调的是利润的绝对数，不能反映所得利润与投入资本的比例关系，无法衡量企业经济效益水平高低，因而不便进行企业的横向和纵向比较分析。而且，利润最大化也未考虑时间价值因素，对于不同时期的利润指标也失去了可比的基础。

其二，未考虑风险因素。利润和风险是一对孪生体，且两者表现为均衡关系，要获得更多的利润就需面对更高的风险。企业将利润最大化作为其财务管理目标，可能会为追逐高利润而忽视风险，如企业从事高风险项目投资或提高杠杆水平，将可能导致经营风险和财务风险不断提高，最终引发企业财务危机；企业为追求利润而放松信用政策，也会在未来给企业带来坏账风险。

其三，诱发企业短期化行为。短期化行为是指只注重实现近期利润目标，而忽视企业长期战略发展的企业行为。例如，为了实现预期的利润目标，不惜拼设备、拼消耗，但忽视新产品研发和新技术开发的投入，不舍得投入资金进行职工业务和技能的培训。这样一来尽管降低了企业当期的费用负担，却损害了企业的长远利益，给企业长远发展留下隐患。

（2）每股盈余最大化。

每股盈余最大化目标是把企业的利润和股东投入的资本联系起来考察，用每股盈余（或权益资本净利率）来概括公司金融的目标，以避免利润最大化目标的缺陷。但这种目标仍然存在以下两方面的不足：①没有考虑每股盈余取得的时间性；②没有考虑每股盈余的风险性。

（3）股东财富最大化（shareholder wealth maximization）。

现代企业的特征之一就是所有权与经营权的分离。作为代理人的经营者，应最大限度地为其委托人即股东谋求财富。正如著名的经济学家米尔顿·弗里德曼所指出的，"企业唯一特定的目标就是确保其投资者有一个长期的回报"。

在股份制企业中，股东财富是由其发行在外的普通股股数和股票市价这两个因素决定的，在普通股股数既定的条件下，股东财富的大小就由股票市价来决定。因此，在上市企业中，股东财富最大化也就变成股票市价的最大化。在有效资本市场中，股票市价体现投资者对企业价值的预期，取决于企业未来的盈利能力和风险控制能力。

①股东财富最大化目标的优点。与利润最大化目标相比，股东财富最大化目标具有以下优势：

其一，体现了资本投入与获利之间的关系。股票价格是企业价值的体现，股价的高低要靠企业的盈利来支撑，企业每股盈余水平上升，则股票市价就会受到投资者的追捧而上升。

其二，考虑了时间价值和风险因素。从投资者角度看，股票价格等于投资者购买股票后未来获得的与股票相关的现金流量的折现价值之和。在折现过程中，不仅要充分利用资金的时间价值，而且在确定折现率时，还应充分考虑投资股票的风险因素。由于全面考虑了企业未来的现金流量分布，股东财富最大化目标在一定程度上也克服了企业片面追求眼前利润的短期经营行为。

②股东财富最大化目标的缺陷。不可否认，股东财富最大化目标也存在一定的缺陷，

主要表现在以下几方面：

其一，适用性有限。上市企业可以通过股价来衡量股东财富，而非上市企业的股东财富无法用股价来反映，使用净资产指标也有一定的局限性。

其二，容易激化与其他利益相关者的矛盾。企业有众多的利益相关者，股东只是利益集团的一方，强调企业股东的利益，有可能会忽视或损害与企业相关的其他利益集团的利益，如国家、债权人、管理层和社会公众的利益往往与股东的利益是不一致的。过分强调股东财富会激化矛盾，影响企业长期稳定发展。

其三，缺乏科学性。就上市企业而言，股票市价是企业内外因素综合影响的结果，企业可以通过强化管理来提高盈利以推动股价上扬，同时股价也受政策和市场的不可控因素的影响，将企业不可控制的因素也纳入财务管理目标显然是不合理的。

（4）企业价值最大化（firm value maximization）。

与股东财富最大化目标仅关注股东利益不同的是，企业价值最大化目标强调的是企业的整体价值，是企业所控制资源的市场价值。衡量企业价值的标准不是企业拥有资产的账面价值，也不仅仅是企业已实现的利润的多少，而是企业所控制的资产的未来获取现金流量的能力，以及所面对的风险大小。

从理论上来说，把企业的"蛋糕"做大，各利益相关者都能从中得到实惠，企业价值最大化符合各利益相关者的最大利益。企业价值最大化目标就是通过充分发挥财务管理的职能，促进企业长期稳定可持续发展，实现企业盈利与风险的最佳均衡。企业价值最大化目标在理论上的优点是明显的，主要表现在以下几个方面：

①承袭了股东财富最大化目标的优点。从财务角度看，确定股东财富和企业价值的方法是相同的，所不同的是，股东财富大小所依据的是股东未来所分得的红利，而企业价值则考虑的是企业未来现金流量。在选择折现方法进行企业价值评价时，充分考虑了资金的时间价值和风险因素。同时，企业价值最大化目标着眼于企业长期的获利能力，注重对投资（风险）的控制，以此进行财务决策时，能避免企业单纯追求近期利益的短期经营行为。

②有效兼顾企业利益相关者的利益。企业的生存和发展与各利益相关者是休戚相关的，企业发展需要利益相关者的支持，同时他们也应分享企业的成功。如果企业只追求股东利益而忽视或损害其他利益相关者的利益，企业也就失去了赖以生存的空间和土壤。企业只有长远稳定发展和不断提高盈利能力，才能满足投资者资本保值增值和不断提高投资收益的愿望；才能使自身有较强的偿债能力，从而保障债权人的权益；才能使企业职工（包括管理者）在企业稳定发展的过程中不断有更高的工资和福利待遇；才能使国家从企业不断增长的收益中获得更多的税收，以及有效地履行企业的社会责任。

计量问题是企业价值最大化目标的一大障碍。理论上，确定企业价值主要有两种方法：一是未来现金流量折现方法，对未来现金流量的估算以及折现率的选择都是难题。二是财务资本构成确定方法，即企业价值等于股权资本价值与债务资本价值之和，在实际操作过程中也是存在问题的，如非上市企业的股权价值难以确定，在我国间接融资条件下，确定债务的市场价值也是个难题。企业价值最大化作为企业理财的一种理念，符合企业长远利益，但是，从现实运用角度看，该目标缺乏可操作性。

2. 公司金融的环节目标

公司金融的内容包括资金筹集、资金投放、资金营运、利润分配这四个环节,为了实现公司金融的目标,这四个环节应有其具体工作目标,以确保总体目标的实现。

(1) 资金筹集环节的工作目标。

资金筹集环节的工作目标即在满足生产经营资金需要的情况下,不断降低资本成本和处理筹资活动中的不确定性因素,避免财务风险。任何公司,为了保证生产经营的正常进行或扩大经营规模的需要,必须具有一定数量的资金。公司从不同来源取得的资金,其可供使用时间的长短、附加条款的限制和资金成本的大小都不相同,这就要求公司在筹资时,不仅要从数量上满足生产经营的需要,而且要考虑到各种筹资方式给公司带来的资本成本的高低、财务风险的大小,以便选择最佳筹资方式,实现筹资目标。

(2) 资金投放环节的工作目标。

资金投放环节的工作目标即认真进行投资项目的可行性研究,处理投资活动中的不确定性因素,降低投资风险,提高投资效益。公司无论是进行直接投资或间接投资,在进行投资项目可行性研究时,必须考虑投资的增值程度、保本能力、不确定因素及风险大小等,选择投资机会,确定投资规模,安排投资组合,实现投资回报。

(3) 资金营运环节的工作目标。

资金营运环节的工作目标即合理安排和使用营运资金,处理资金营运活动中的不确定性因素,加速资金周转,不断提高资金的利用效果。公司资金营运周转与生产经营周期具有一致性。在一定时期内,资金营运周转快,说明可以利用同一数量的资金生产出更多的产品,取得更多的收入,获得更多的回报。因此,加速营运资金周转,是提高资金利用效果的措施,也体现了公司目标的要求。

(4) 利润分配环节的工作目标。

利润分配环节的工作目标即采取各种措施,处理利润管理活动中的不确定性因素,努力实现公司利润目标,合理分配利润。公司金融活动首先要挖掘公司潜力,努力增加公司利润,提高公司价值;其次要制定符合国家规定的利润分配政策和股利分配政策;最后要协调公司利润分配中的各种关系,处理好各种矛盾,调动利益相关者的积极性。

(5) 风险管理环节的目标。

风险管理环节的目标即运用风险处理的各种方法,做到在损失发生前预防,损失发生后进行有效控制,以尽量增大社会效益。

3. 公司金融目标与利益冲突

(1) 委托—代理问题与利益冲突。

与委托—代理问题有关的利益冲突是财务管理目标更深层次的问题,委托—代理问题的存在及其利益冲突的有效协调直接关系到财务管理目标实现的程度。

传统的委托—代理问题是指由企业所有权与经营权的分离产生的股东与管理层之间、股东与债权人之间的代理问题,美国学者 Michael Jensen 和 William Meckling 在其论文 *Theory of the Firm: Managerial Behavior, Agency Costs and Ownership Structure* 中对这两种委托—代理关系有系统的阐述。随着公司治理情况的变化,大股东与中小股东之间的关系也成了一种主要的代理问题。委托—代理问题的存在必然带来相应的委托人与代理人之间的利益冲突，主要体现在以下几方面。

①代理关系与利益冲突之一：

A. 激励。激励是把管理层的报酬同其绩效挂钩，以使管理层更加自觉地采取满足股东财富最大化的措施。激励有两种基本方式：一是绩效股方式，即企业运用一定的业绩评价指标评价管理层的业绩，视其业绩大小给予管理者数量不等的股票作为报酬。二是管理层股票期权计划，即允许管理层在未来某一时期以预先确定的价格购买股票。显然，假设管理层拥有在 5 年后以每股 10 元的价格购买 20000 股股票的权利，那么其就有动力将股票价格提升到每股 10 元以上。同样，每股股价高于 10 元也更符合股东的利益。

◎ 案例 1-2 东方精工推"1元股权激励"计划

1. 股权激励模式

股权激励（stock option）是一种以公司股票为标的，对其董事、高级管理人员、核心员工及其他人员进行长期激励的方式。股权激励旨在通过激励对象与企业共享利润、共担风险，使激励对象有动力按照股东利益最大化的原则经营公司，减少或消除短期行为。

2020 年 3 月 11 日晚，东方精工推出 2020 年限制性股票激励计划。据公告，公司拟以每股 1 元的价格，向公司董事、高管和核心技术人员，授予 2700 万股限制性股票。当日，东方精工收盘价格为 5.38 元。该激励计划涉及的标的股票来源为公司从二级市场回购的公司 A 股普通股。股权激励价格为 1 元/股，而东方精工的回购平均价格为 4.57 元/股，差距如此大，为什么激励计划最终能顺利推行？定价的依据是什么？

2. 激励计划实施原因

2020 年 3 月 13 日晚，东方精工（002611）因 1 元授予股权的激励计划收到深交所关注函，深交所要求说明本次定价的依据。而东方精工在关注函答复中"关于股权激励授予价格之定价依据的说明"的部分提出：本次激励计划的激励股份授予价格定为 1 元/股，主要考虑点为能更好地确保激励效果的实现。本着"激励与约束对等"的原则，公司在股权激励计划中也制定了较为严格的激励收益兑现条件，与多数 A 股上市公司推出的限制性股票激励计划相比，公司此次推出的激励方案中对激励对象兑现收益的约束条件更加严格，将公司核心骨干人员自身利益与公司未来的业绩增长、股东回报能力的提升深度绑定。在确保"强约束"条款保障"稳定团队"目标达成的前提下，1 元/股的激励股份授予价格一方面力求最大限度降低因市场波动导致的激励对象亏损的风险，另一方面也降低了被激励员工以自有资金出资获取激励股份的成本和负担，在坚持"激励与约束对等"的前提下寻求恰当的平衡。

另外，东方精工在其 2020 年 3 月 28 日发布的《关于向激励对象授予限制性股票的公告》中，还预计该计划带来的公司业绩提升将远高于其带来的费用增加。

《上市公司股权激励管理办法》

请扫码进入中国证监会官网阅读

B. 股东直接干预。如今，股票的主要部分已由机构投资者所持有，机构投资者对大多数企业的经营产生相当大的影响。它们能够与管理层进行协商，对企业的经营提出建议，事实上，机构投资者也成了分散股东的代言人。我国《公司法》中也逐渐加入了保护中小股东直接干预企业决策的条款。比如，新《公司法》规定单独或者合计持有公司1%以上股份的股东，可以在股东大会召开十日前提出临时提案并书面提交董事会。临时提案应当有明确议题和具体决议事项，董事会应当在收到提案后二日内通知其他股东，并将该临时提案提交股东会审议。对于股东的临时提案，董事会只有及时通知和提交审议的义务，无权对提案进行实质审查并裁量是否提交股东大会。这些方式都大大强化了对中小股东权益的保护。

C. 被解聘的威胁。如果管理层的工作出现严重失误，或有严重违反法律、法规的情况，可能会遭到股东的解聘。

D. 被收购的威胁。这是一种通过市场来约束管理层的措施。当管理不善导致企业股票的内在价值被市场低估时，企业便极有可能被敌意收购。被并公司的管理层通常被解雇，即使允许留下，也会丧失原有的地位和权力。因此，管理层具有很强的动机采取措施以使股票价格最大化。

② 代理关系与利益冲突之二：股东与债权人。当企业向债权人借入资金后，两者就形成了委托—代理关系。但是，股东在获得债权人的资金后，在实施其财富最大化目标时会在一定程度上损害债权人的利益。比如股东不征得债权人的同意，投资比债权人预期风险更高的项目。如果项目成功，大部分盈利将归股东所有，因为债权人的收益被固定在初始的低风险利率上；如果项目失败，债权人也将遭受损失。这对债权人来说，风险与收益是不对等的。再如股东不征得债权人同意而发行新债，致使企业负债比重上升，企业破产的可能性增加。如果企业破产，原债权人和新债权人要共同分配破产财产，致使原债权人的风险增加，蒙受损失。

那么，股东是否能毫无顾虑地通过其代理人掠夺债权人的财富呢？通常情况下答案是否定的。第一，债权人会在债务协议中设定限定性条款来保护其利益免受侵害。第二，债权人一旦发觉企业管理层企图利用他们，便会拒绝与该公司有进一步的业务往来，或者要求较高的利率以补偿可能遭受的损失。这些保护性条款和惩罚措施将限制股东的掠夺行为。

③ 代理关系与利益冲突之三：大股东与中小股东。大股东通常指控股股东，他们持有企业大多数股份，能够左右股东大会和董事会的决议，往往还委派企业的最高管理者，从而掌握企业的重大经营决策，拥有对企业的控制权。人数众多但持有股份数量很少的中小股东基本没有机会接触到企业的经营管理，尽管他们按照各自的持股比例对企业的利润具有索取权，但由于与控股股东之间存在严重的信息不对称，他们的权利很容易被控股股东以各种形式侵害。在这种情况下，所有者和经营者之间的委托—代理问题实际上就演变成中小股东和大股东之间的代理冲突。大股东侵害中小股东利益的主要表现形式有：

A. 利用关联交易转移上市公司的利润，如大股东向上市公司高价出售劣质资产，或大股东低价购买上市公司的优质资产；

B. 非法占用上市公司巨额资金，或以上市公司的名义进行各种担保和恶意融资；

C. 发布虚假信息，操纵股价，欺骗中小投资者；

D. 为大股东派出的高级管理者支付过高的报酬和特殊津贴；

E. 利用不合理的股利政策，掠夺中小股东的既得利益。

在我国，由于特殊的制度背景，大股东侵害中小股东利益的情况尤其突出，如何完善中小股东的利益保护成为亟待解决的问题。目前，主要有以下保护机制：

A. 完善上市公司的治理结构，使股东大会、董事会和监事会三者有效运作，形成相互制约的机制。具体来说，首先，采取法律措施增强中小股东的投票权、知情权和裁决权。比如，我国《公司法》第117条规定，股东大会选举董事、监事，可以依照公司章程的规定或者股东大会的决议，实行累计投票制。实行累计投票制的直接目的，在于防止大股东利用表决优势控制董事、监事的选举，弥补"一股一票"表决制度的弊端。又如，第57条规定了股东有权查阅、复制公司章程、股东名册、股东会会议记录、董事会会议决议、监事会会议决议和财务会计报告。其次，提高董事会中独立董事的比重，独立董事可以代表中小投资者的利益，在董事会中行表决权。另外，建立健全的监事会，真正实现监事会对董事会和管理层的监督，保证监事会在实质上的独立性，并赋予监事会更大的监督和起诉权。

B. 规范上市公司的信息披露制度，保证信息的完整性、真实性和及时性。信息的完整性是指所有影响投资者做出进入或退出决定的信息均应得到披露；真实性是指公开的信息应该如实反映上市公司运营的客观状况；及时性是指公开的信息传递速度要快，以利于投资者能够迅速做出决策。同时应完善会计准则体系和信息披露规则，加大对信息披露违规行为的处罚力度，对信息披露的监管也要有所加强。

其他保护措施还有优化上市公司的股权结构、发展基金投资机构、完善上市发行制度等。

（2）社会责任与利益冲突。

①企业社会责任（CSR）。根据欧盟2001年所提出的概念，企业社会责任（corporate social responsibility，CSR）是指企业在自愿的基础上，把对社会和环境的影响整合到企业运营以及与利益相关方互动的过程中。

◎ **案例 1-3　东方精工 2022 年年报：社会责任履行情况**

东方精工在其2022年度报告中披露了其社会责任履行情况（表1-4）：

公司在日常运营中重视履行社会责任，旨在促进本公司及其权益相关方的和谐共荣，在股东和债权人保护，职工权益保护，供应商、客户和消费者权益保护，环境保护与可持续发展，公共关系和社会公益事业等方面积极作为，努力实现包括企业自身可持续发展在内的社会综合效益最大化。

表 1-4　东方精工 2022 年度社会责任履行情况

环节	措施
公司治理	完善法人治理结构、健全内部控制体系、及时履行信息披露义务
职工权益	A. 节日礼品、员工生日会、年会及各类团建活动； B. 员工培训、提高员工专业能力； C. 完善具竞争力的综合薪酬体系，保有并吸引人才
客户、供应商关系	A. 积极构建发展与供应商、客户的战略合作伙伴关系； B. 良好履行公司与供应商和客户的合同
安全生产	A. 成立工会切实保障员工利益； B. 按岗位接触的危害因素为员工配置劳动防护用品； C. 组织员工职业健康体检； D. 给危险系数较大的岗位的员工购买"安责险"
环境保护	A. 委托有资质的第三方环保机构编写《突发环境事件应急预案》； B. 委托第三方检测机构各季度取样监测并出具检测报告； C. 子公司百胜动力购置完备的环保设备
反舞弊	A. 建立完善的内部授权制度； B. 启用反舞弊信息举报平台，鼓励员工检举

②ESG 与 CSR。ESG 是环境（environmental）、社会（social）和治理（governance）三个英文单词的首字母缩写，是一种在投资决策中将企业环境、社会责任和治理表现纳入考虑的投资理念，是责任投资理念的延伸和丰富。它是企业社会责任概念在资本市场的具象化，与企业社会责任所强调的企业决策及运营对社会、环境的影响这一内容一脉相承。

A. CSR 与 ESG 的联系。与 CSR 类似，两者都强调信息披露的重要性。CSR 最重要的一点是通过信息披露与利益相关方进行沟通，常见形式即 CSR 报告。秉持 ESG 理念的投资者也十分重视被投企业披露环境、社会责任和公司治理的绩效信息，近年来资本市场也在大力倡导上市公司发布 ESG 报告。此外，两者所追寻的终极目标是一致的，即企业可以实现长期稳健发展，既为股东也为社会创造价值。要实现这样的目标，必须有企业高层特别是董事会的重视、推动和参与。

B. CSR 与 ESG 的不同。第一，视角不同。CSR 强调多利益相关方视角，关注的群体比较宽泛。ESG 主要从资本市场的投资者角度出发，聚焦企业社会绩效与股东回报的关系，针对不同行业的企业提出不同的建议披露指标。第二，应用不同。CSR 应用场景比较宽泛，可能出现在企业的供应链管理、品牌营销、社区沟通、员工管理等领域，这些部门都可能成为 CSR 工作的管理部门。ESG 应用场景聚焦在资本市场，特别是在投资者与上市公司之间，企业内部一般是投资者关系管理部门负责 ESG。

◎ 案例 1-4　ESG 优秀案例：中国核电

2022 年 9 月，中国上市公司协会组织开展上市公司 ESG 优秀案例征集活动，随后发布并出版年度《上市公司 ESG 优秀实践案例》，共计 146 家上市公司入选。在优秀案例基础上,由协会 ESG 专业委员会依据四大维度、20 个一级指标,组织两轮专家评审,最终选出 30 家 A 股上市公司入选 ESG 最佳实践案例。

以优秀实践案例中国核电为例:

中国核能电力股份有限公司(以下简称"中国核电")总部设在北京。公司经营范围涵盖核电项目的开发、投资、建设、运营与管理,清洁能源项目的投资、开发,输配电项目的投资、投资管理,核电运行安全技术研究及相关技术服务与咨询业务,售电等领域。曾获得上交所信息披露工作最高等级 A 级评价、金蜜蜂优秀企业社会责任报告·长青奖、公司治理特别贡献奖、最具领导力 CEO、Wind 2021 年度中国上市公司市值排行榜公用事业行业五强等荣誉。

中国核电秉持"魅力核电 美丽中国"的责任理念,探索将其全面融入 ESG 管理的有效路径,具体贯彻到安全、环境、创新、协同、员工、社会等六大主题,构建惠及各方的 ESG 理念体系,携手各利益相关方实现共同可持续发展。遵照实质性、完整性和利益相关方参与原则,从"对中国核电可持续发展的重要性"和"对利益相关方的重要性"两个维度(图 1-2)具体展示了表 1-5 所列示的实质性议题。

表 1-5 中国核电 ESG 实质性议题列表

①有毒排放物和废物管理	⑥职业健康与安全	⑪员工权益	⑯商业道德
②非核清洁能源产业布局	⑦人才发展与培训	⑫参与社区发展	⑰社区关系
③透明沟通	⑧员工关爱	⑬节能降耗	⑱企业治理与风控
④环境影响监测	⑨乡村振兴	⑭生物多样性保护	⑲职业健康与安全
⑤减少碳排放	⑩水资源管理	⑮公益慈善	⑳投资者关系

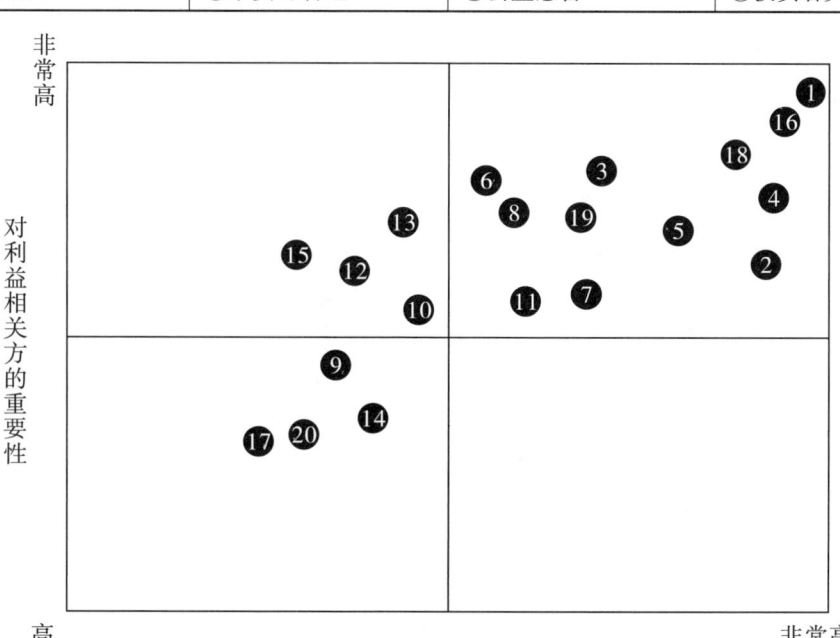

图 1-2 中国核电 ESG 实质性议题评估

ESG 体系提供了一种具备可操作性的可持续发展评估工具，具有重要意义。从该案例实质性议题的分布情况可以看出，中国核电的大部分议题均落在重要性矩阵的右上角，较好地协调了自身与其他各方利益（图1-2）。现阶段，伴随"双碳"政策的逐步落地，对于企业而言，ESG 不仅为"双碳"目标的达成提供基本保障，更是联结企业落实"双碳"举措和实现自身可持续发展能力的重要路径支持。

C. ESG 与企业价值。现有文献研究中学者们更侧重考察 E、S 或 G 单个维度对企业价值的影响，其中对于良好的公司治理有助于提升企业价值基本没有异议（Balachandran & Faff，2015），但在环境和社会责任与企业价值的关系方面存在较大分歧，出现了正相关、负相关、不明确等观点，其中支持环境和社会责任有助于提升企业价值的观点占主流地位（卫武，2012；Friede et al.，2015）。近年来，随着 ESG 作为一个整体的概念逐渐为社会各界所接受，一些学者开始考察企业 ESG 整体表现对财务绩效的影响，绝大多数研究发现 ESG 有助于改善企业财务绩效（Yoon et al.，2018；Taliento et al.，2019；张琳、赵海涛，2019；Broadstock et al.，2020），并基于利益相关者理论和资源依赖理论提出了 ESG 表现对企业价值的多重影响机制的逻辑链条（详见图1-3；王琳璘等，2022）。

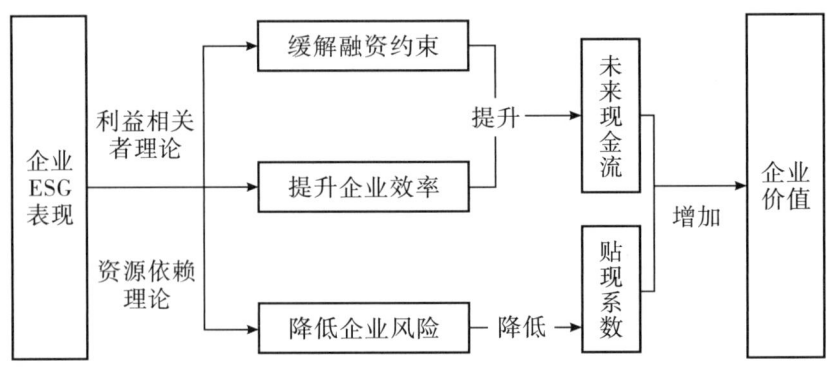

图1-3 ESG 表现对企业价值的多重影响机制

利益相关者理论和资源依赖理论认为，积极承担环境和社会责任有助于提升企业价值。利益相关者理论指出，企业承担环境责任和社会责任能够向利益相关者传递企业值得信赖的信号，降低企业与利益相关者之间的交易成本，提升利益相关者参与企业价值创造的效率（Freeman & Evan，1990）。资源依赖理论强调，企业的生存和发展需要从外部环境汲取各类资源（Pfeffer & Salancik，1978），承担环境责任和社会责任能帮助企业获取利益相关者所掌握的关键战略资源来打造自身的竞争优势。良好的 ESG 表现意味企业能高质量地履行与利益相关者的契约，从而赢得利益相关者的信赖和支持，获取可持续发展所需的资源和环境。

③社会责任的利益冲突。企业在实现股东财富最大化目标时，需要承担必要的社会责任。然而，承担社会责任需要花费一定的成本，为了补偿，企业就要提高产品的价格，这必然使企业在与同行业其他公司的竞争中处于不利地位。而且，如果企业将大量的资源贡献给社会公益活动，也会受到来自资本市场的压力。因为在资本市场上，投资者更青睐那些专注于利润和股价上升的企业，而不是那些将大量的资源贡献给社会公益活动

的企业。

这是否意味着股东利益与承担社会责任之间存在着矛盾，企业就不要承担社会责任了呢？实际上，企业实现股东财富最大化与其承担的社会责任是息息相关的。企业要为员工提供合理的薪金和安全的工作环境，否则员工没有积极性，劳动生产率就会下降，影响企业的盈利，最终将损害股东的利益；企业要为顾客提供合格的产品和优质的服务，否则就会面临失去顾客和遭遇诉讼的危险，这必然会提高企业的成本，最终也将损害股东的利益；企业在满足自身利益的同时，也要维护供应商的利益，否则供应商将会提高供货价格，或者取消对企业的赊销；企业还要承担必要的社会公益责任，因为良好的社会形象有利于企业长远的发展，许多消费者也更愿意从对社会负责的企业那里购买产品。

在要求企业自觉承担大部分社会责任的同时，也要通过法律等强制命令规范企业的社会责任，并让所有企业均衡地分担社会责任的成本，以维护那些自觉承担社会责任的企业的利益。强制命令包括劳动法、产品安全法、消费者权益保护法、污染防治法等法案，另外还有行为和道德评判促使企业维护社会的利益。

1.2.4　公司金融的原则

公司金融的原则是指人们对财务活动的共同的、理性的认识，是联系理论与实务的纽带，也是公司金融理论和实务的结合部分。

1. 公司金融原则的定义与特征

（1）公司金融原则的定义。

公司金融的原则是企业开展公司金融工作必须遵循的准则。它们是从企业理财实践中抽象出来的并在实践中被证明是正确的行为规范，反映着理财活动的内在要求。

（2）公司金融原则的特征。

①该原则是财务假设、原理的推论。它们是经过论证的、合乎逻辑的结论，具有理性认识的特征。

②该原则必须符合事实，被多数人所接受。公司金融理论有不同的流派和争论甚至存在完全相反的理论，而公司金融原则不同，它们被现实反复证明并被多数人接受，具有共同认识的特征。

③该原则是财务交易和财务决策的基础。公司金融实务是应用型的，"应用"是指公司金融原则的应用。各种公司金融程序和方法，都是根据公司金融原则建立的。

④该原则为解决新的问题提供指导。已经开发出来的、被广泛应用的程序和方法，只能解决常规问题，当问题不符合任何既定程序和方法时，公司金融原则为解决新问题提供感性认识，指导人们寻找解决问题的方法。

⑤该原则不一定在任何情况下都绝对正确。公司金融原则的正确性与应用环境有关，在一般情况下它们是正确的，而在特殊情况下则不一定正确。

2. 公司金融的原则

（1）优化资金配置原则。

经济学是研究稀缺资源配置效率的一门学问，现代企业财务学则是研究企业如何进行资金的配置及其效率问题。资金作为企业经营过程中各种经济资源的货币表现形式，企业经营离不开资金的支持。尽管资金运动与物资运动有一定的内在联系，但资金运动也有其内在的规律可循。企业的经济资源是有限的，生产经营活动所需的资金应通过何种方式获取，资金投放结构如何安排，等等，都涉及资金的合理配置问题。同时，资金的配置效率还受到资金的成本和风险等因素的综合影响。从市场配置资金的过程看，资本市场是资金配置的平台，通过市场手段将有限的社会资源配置到不同企业中去，市场的有效性就是资金配置效率的前提。在这个过程中，企业作为融资方通过资本市场融资时，就面临资金配置的选择，即采取何种融资方式筹资，主要表现为资金的结构选择，如自有资金与借入资金的结构安排、短期资金与长期资金的结构安排、银行借款与发行债券的结构安排，不同的选择引发不同的成本和风险，融资效率也有很大的差别。

在资金投放过程中，也同样存在资金配置结构和效率问题。资金投放一般表现在内部投资与外部投资的结构关系上。内部投资须合理安排流动资产、固定资产与无形资产的结构，外部投资也应处理好股权投资与债权投资的比例。不仅如此，每类资产内部还存在资金的再配置，如流动资产也需合理安排原材料、在产品、产成品以及货币资金的结构比例关系。企业在安排投资结构时，应充分考虑资金配置的效率，不仅要考虑投资的回报率大小，而且还要进行投资风险的控制。

因此，通过对资金的合理运用和有效调节来实现企业资源的优化配置，是公司金融的一项基本要求。

（2）收支积极平衡原则。

企业正常的支付能力关系到企业的生存，要维持企业的支付能力，就要求企业的资金收入要大于资金支出，维持资金收支的协调平衡。要实现收支的积极平衡，企业不仅要在一定时期内使总量平衡，而且要在时点上协调平衡。

企业收支的平衡，归根结底还是购产销的均衡。在企业生产经营过程中，企业一定时期的资金收入来源是多方面的，有产品销售实现的收入，也有收回投资、非现金流动资产变现增加的收入等；同时，该时期内会发生一定的现金支出，如采购材料、燃料动力，支付职工工资和期间费用，企业投资，偿还债务，等等。为此，企业应编制年度和月度的资金收支预算，强化预算管理、开源节流、增收节支。资金的积极收支平衡并不是要求保持资金收支的绝对平衡，由于企业经营活动的复杂性和企业外部经营环境的多变性，资金收支平衡总是相对的、暂时的。公司金融的任务之一就是要通过对资金的有效协调和调度，在新的条件下建立新的资金收支平衡关系。在一定时期内，当资金收支失调时，应选择适当的方式和期限融通资金，或通过出售其他资产等途径获取现金；当资金充裕时，则可通过偿还借款或进行短期投资等方式，提高资金的使用效率。

（3）成本效益原则。

追求经济效益是企业生产经营的出发点和归宿，也是实现公司金融目标的基本要求。经济效益可分别通过绝对指标和相对指标来衡量，绝对指标指的是企业的盈利总量，相对指标一般用利润率水平进行衡量。经济效益通常指的是相对指标概念，它反映企业所得与所耗、投入与产出的关系，如经济效益的提高就意味着以较少的资金耗费获得更多的收益。成本效益原则，就是对经济活动中的所费与所得进行分析比较和权衡，使成本与收益得到最佳的结合，以谋求企业盈利的最大化。

成本效益原则要求企业在进行财务决策时，必须遵循提高经济效益的基本要求进行成本效益分析，并以此为标准选择最优财务方案。例如，企业在进行融资决策时需要预测各种融资方式的成本和风险，结合投资项目的现金流量和盈利水平等因素进行分析；企业进行投资决策需要对投资项目进行可行性研究，对资金投入、风险水平进行必要的评估，对项目成本大小、市场前景及盈利水平进行充分研究，做出最佳的选择；企业在进行营运资金管理的过程中，也需要进行成本效益分析，如进行信用决策时，对延长信用期间所带来的销售额和收益增加，应与产生的机会成本、坏账损失及收账费用等信用成本进行比较，不能仅看到延长收账期可以增加收益的有利一面，还必须看到应收账款成本增加的负面影响，只有当延长收账期增加的收益大于相应增加的成本时，延长收账期的财务决策才是有利的。

事实上，在公司金融的各项工作中，成本效益决策是个普遍存在的问题，必须将"成本—效益"原则贯穿于财务活动的始终。

（4）风险收益均衡原则。

在竞争激烈的市场经济中，风险不仅客观存在于企业的经营过程中，企业理财也不可避免地要面对各种风险的侵扰，财务活动中的风险实质上就是预期收益的不确定性。盈利是企业经营活动所要达到的目标，但在追求利润时，企业无法回避风险，因为收益和风险是紧密联系在一起的，实现收益就要承担风险，期望获得的收益越高，则投资者需要承担的风险就越高，低风险投资收益也较低。如果企业不顾风险，盲目地追求高收益，势必将造成巨大的经济损失。按照公司金融的风险收益均衡原则，企业进行财务活动时，要全面进行资金的收益性和风险性的分析评价，在风险与收益的均衡过程中实现企业的理财目标。

风险收益均衡（risk-return trade-off）是现代公司金融的重要理念和财务行为准则，实质上，资金收益与风险的均衡是贯穿于现代企业公司金融全过程的。在筹资活动中，各种筹资方式不仅资金成本不同，而且风险大小也不一样，如发行债券与发行股票相比，债券的融资成本较低，因而有助于提高权益资本的收益率，但是利用债券融资，企业要承担按期还本付息的风险，偿债风险很大，威胁到企业的生存与发展。因此，企业在筹资决策中，必须在负债筹资的收益和风险之间进行权衡，选择适当的负债融资的杠杆水平。

在企业的投资活动中，因市场风险和企业内部环境的变化，任何投资项目未来的收益都存在着一定的不确定性，这就要求企业必须按照规定的程序和科学的态度开展可行性研究，对影响项目的宏观环境和微观环境以及发展趋势进行认真的分析并拟定不同的投资方案。在进行方案决策时，既要考虑方案未来的投资报酬的高低，又要考虑项目风险的大小，从中选择投资报酬和风险相当的投资方案。

◎ 案例1-5　东方精工修订重大投资管理制度

对于风险收益原则，以投资决策为例，东方精工在2022年4月修订的重大投资管理制度中的总则与投资项目实施程序部分有如下陈述：

第三条　重大投资应遵循以下原则：

1. 合法性原则，即公司的对外投资不能超越国家有关法律、法规的限制性规定；

2. 有效性原则，即投资项目必须保证应有的资金使用效率，以保证公司利益最大化；

3. 可执行性原则，即新上项目必须与公司可支配或可利用资源、能力相适应，以保证项目的可执行性；

4. 风险回避性原则，即必须充分估计项目的风险，并在风险收益配比上做出最优选择。

第十四条 属于基础建设、设备更新改造、固定资产购置、新项目等的对内投资项目，应经公司相关职能部门将有关投资项目的基本情况以书面形式向公司总经理报告，由总经理组织相关部门对该投资项目的必要性、合理性进行审查，并负责投资方案的前期拟订、可行性分析与评估等调研工作，提出具体的投资方案报公司投资审核委员会审核，投资审核委员会审核后，报董事长/董事会/股东大会批准。项目经相关决策程序以及决策机构批准后，由总经理授权相关人员负责组织具体实施。

第十五条 属于资本运营的投资项目，包括股权投资，对子公司的投资，与其他单位进行联营、合营、兼并收购或进行股权认购、收购转让等，应由公司相关职能部门会同相关部门对该投资项目进行可行性分析与评估等调研工作，负责以书面形式提出具体的投资方案报公司总经理审批，公司总经理审批后提交公司投资审核委员会审核。投资审核委员会核准后，报董事长/董事会/股东大会批准。项目经相关决策程序以及决策机构批准后，由总经理授权相关职能部门负责组织具体实施。负责对外投资工作的职能部门，对股权投资过程中形成的各种决议、合同、协议以及对外投资权益证书等指定专人负责保管，并建立详细档案记录，未经授权人员不得接触。

可见，为了规范投资行为，防范投资风险，保障投资安全，提高投资收益，维护公司投资者的利益，公司需要严格遵循合法性原则、有效性原则、可执行性原则、风险回避性原则，科学、合理地决策和实施公司重大投资事宜。

（5）利益关系协调原则。

在市场经济条件下，企业利益相关者如国家、投资者、债权人、经营者和职工等，都具有各自的经济利益需求。财务管理的任务除了要管好用好资金，提高资金的使用效率，还必须理顺企业与不同利益集团之间的经济利益关系，切实维护各自的合法权益，保证社会经济秩序的有序进行，从而促使健康有序的社会经济秩序给企业的生存和发展提供良好的外部环境。因此，合理分配企业收益、认真协调各方面的经济利益也是财务管理必须遵循的一项基本原则。贯彻利益关系协调原则主要应做到：

根据利益关系协调原则，企业在处理与利益相关者的关系时，应兼顾利益双方的权益，切实履行企业的社会责任。在处理与国家之间的利益关系时，企业必须合法经营、依法纳税，不偷税漏税，注重对生态环境的保护，有效利用国家有限的经济资源，不损害社会公众利益。在处理与投资者之间的利益关系时，企业应不断提高企业的盈利水平，实现资本的保值增值，给投资者稳定高额的投资回报，确保同股同权、同股同利，提高企业财务信息的公开透明度，维护中小股东的合法权益。在处理与债权人的利益关系时，企业应按照有关约定按期偿付贷款本息，及时披露有关信息，维持企业良好的财务状况和较强的偿债能力，保障债权人的合法权益。在处理与员工的利益关系时，要体现按劳分配原则，把职工的个人收入高低同其劳动成果的多少和贡献的大小直接联系起来，充分调动职工的积极性，同时健全与完善有关管理者的激励制度与措施，增强企业的凝聚力。在处理与其他企业的关系时，企业应规范与其他企业之间的购销业务和经济协作，信守合同，及时清偿交易款项，树立企业良好信用形象。

在处理企业经济关系时，个人利益与集体利益、局部利益与全局利益、眼前利益与长远利益也会发生矛盾，因此要不断强化企业文化建设，提倡全局意识和长远意识。

1.2.5 公司金融的环境

系统论认为，环境是指对被研究系统产生影响而又存在于该研究系统之外的所有系统之和。公司金融环境或称财务管理环境，是指对企业财务活动产生影响作用的企业外部条件的总和。公司金融环境不仅有宏观公司金融环境和微观公司金融环境之分，还有静态公司金融环境和动态公司金融环境之分。公司金融环境是企业财务管理赖以生存的土壤，企业财务活动将受到公司金融环境的制约。企业财务管理应顺应公司金融环境的变化而变化。公司金融环境是公司金融目标定位、公司金融内容构成以及企业财务管理方法选择的前提。但是，企业在进行财务决策时，如果能够善于研究公司金融环境，科学合理地预测其变化，从而采取相应的对策，也能够利用公司金融环境为企业创造价值。

1. **经济环境**

公司金融的经济环境是影响公司金融的各种经济因素，如经济周期、经济发展水平、通货膨胀状况、政府的经济政策等。

（1）经济体制。

经济体制是指一个国家或地区对其稀缺经济资源进行配置的制度安排，典型的经济体制主要有计划经济体制和市场经济体制这两种形式。在计划经济体制下，国家或地区的最高决策机构通过行政命令的手段来配置其稀缺经济资源，强调的是资源分配的公平性，企业根据计划分配任务来组织生产经营活动；而在市场经济体制下，社会的稀缺经济资源是通过市场机制来进行配置的，强调的是资源的使用效率，企业按照市场规律来组织生产经营活动，通过竞争最大限度地获取社会资源。

显然，在计划经济体制下，企业财务管理的权力非常有限，企业的筹资权、投资权和收益分配权均归上级主管部门，财务管理的内容单一、方法较简单。而在市场经济体制下，企业自主理财，企业法人拥有独立的融资权、投资权和分配权，企业必须根据自身条件和外部环境做出相应的财务决策并组织实施，因此财务管理的内容丰富、方法多样，财务管理发展水平较高。

在我国社会主义市场经济体制下，政府具有较强的调控宏观经济的职能，国民经济的发展规划、国家的产业政策等对企业的财务活动均具有重大影响。如国家对竞争性行业主要通过市场手段进行调节，而对那些关系国计民生的关键行业仍然采取国家定价的方式在宏观经济层面进行调控。同时，国家对某些地区、某些行业、某些经济行为的优惠、鼓励和有利倾斜构成了政府政策的主要内容。

(2) 经济发展状况。

一个国家或地区的经济发展速度和水平,对所在地企业的财务管理有重大影响。经济发展水平越高,财务管理水平也越好;反之,财务管理水平越低。如经济发展水平较低的发展中国家,无论企业规模、组织结构还是管理水平,都无法与经济水平高的发达国家相比。我国自改革开放以来,通过不断借鉴西方发达国家的先进管理经验,财务管理水平跃上了新的台阶,为我国经济的快速发展也提供了管理保障。

(3) 经济周期。

在市场经济条件下,经济是波动式发展的,既有繁荣也有衰退,会交替出现经济复苏、繁荣、衰退、萧条等发展阶段,形成经济周期。经济周期性波动对企业财务活动有极大影响。在经济萧条阶段,由于整个宏观环境的不景气,企业很可能处于紧缩状态之中,产品的产量和销售量不断下降,利润下降,现金回笼减少,同时投资也在减少,企业资金紧张;在繁荣阶段,市场需求旺盛,销售大幅度上升,企业为了扩大生产,需要进一步增加投资。企业应遵循经济周期的发展规律,在不同的经济发展阶段,对企业投融资采取差异化的战略定位和策略应对(图1-4)。

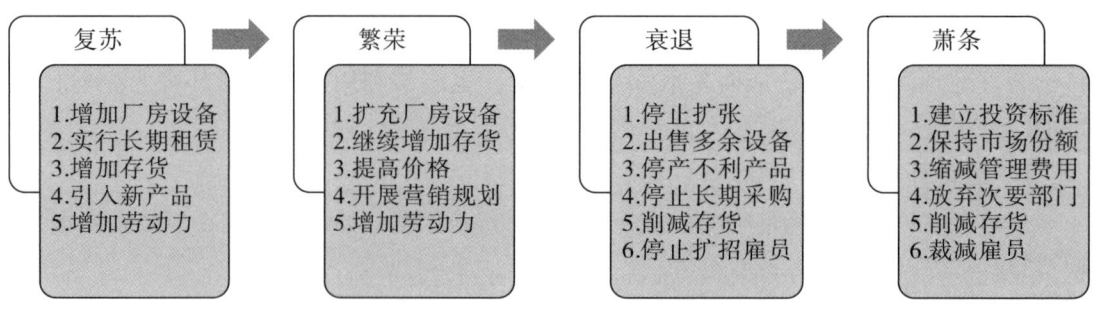

图1-4 经济周期发展阶段与企业策略

(4) 通货膨胀。

通货膨胀(inflation)是指货币供给大于货币实际需求,导致货币贬值,从而引起的物价普遍上涨的现象。化解通货膨胀只能由政府来解决,处于微观层面的企业无能为力。通货膨胀会给企业理财带来困扰。

通货膨胀对企业理财的影响主要表现在以下几方面:①由于物价的普遍上升,企业对资金的需求会随着物价指数的上扬而增加;②通货膨胀将带来市场利率的波动,必将加大企业融资成本负担;③物价上升将引起企业利润的虚增,如固定资产的折旧计提无法补偿成本;④通货膨胀导致市场证券价格下降,影响企业的再融资的效率。

2. 金融环境

金融市场(financial market)和金融政策是企业进行财务活动所面临的重要外部金融市场环境,在很大程度上决定了企业融资与投资的效果。

金融市场是指通过金融工具交易进行资金融通的场所。金融市场由主体、客体和参与者所组成。金融市场主体是指银行及非银行金融机构,它们是市场的中介机构,是连接融资者与投资者的桥梁;金融市场客体是指市场中的买卖对象,如商业票据、公司股票债券、政府债券等各种信用工具；金融市场参与者是指金融市场中的供给者和需求者，如企事业单位、基金公司、城乡居民等。

（1）金融市场的作用。

金融市场对企业理财有以下三方面的作用：

①金融市场是企业投资和筹资的场所。金融市场上有许多种融通资金的方式，并且比较灵活。企业需要资金时，可以到金融市场选择适合自己需求的方式筹资。企业有了剩余的资金，也可以灵活选择投资方式，为其资金寻找出路。

②实现长短期资金的互相转化。企业持有的股票和债券是长期投资，在金融市场上随时可以转手变现，成为短期资金；远期票据通过贴现，变为现金；大额可转让定期存单，可以在金融市场卖出，成为短期资金。与此相反，短期资金也可以在金融市场上转变为股票、债券作为长期投资。

③金融市场为企业提供有用的决策信息。金融市场的利率变动反映资金的供求状况，有价证券市场的行市反映投资人对企业的经营状况和盈利水平的评价。它们是企业经营和投资的重要依据。

（2）金融市场的分类。

①按交易工具的期限不同划分为货币市场和资本市场。货币市场（money market）是指以期限在一年以内的金融资产为交易标的物的短期资金市场，其主要功能是保持金融资产的流动性，使其可随时转换成货币，风险较低。资本市场（capital market）是指以期限在一年以上的金融资产为交易标的物的长期资金市场，虽然金融资产的流动性较低，但能给投资者带来较高的回报。

②按市场的功能不同划分为一级市场和二级市场。一级市场（primary market）是指证券的发行市场，在这个市场上投资者可以认购公司发行的证券，公司也实现了融资；二级市场（secondary market）是指证券的流通市场，是对已发行的股票进行买卖交易的场所，主要功能在于有效地集中和分配资金。

③按资金的交割期限不同划分为现货市场和期货市场。现货市场（spot market）是指交易成交后，资金需求和供给双方当时就以付现方式进行交割的市场；期货市场（futures market）是买卖期货合约的市场，交易成交后双方约定在未来特定的时日才进行资金交割，一般采用保证金交易制度。

④按交易标的物的不同划分为票据市场、证券市场、衍生金融工具市场、外汇市场和黄金市场。票据市场以企业票据为交易标的，包括票据背书转让及票据贴现等；证券市场以企业发行的证券为交易对象，包括股票市场、债券市场以及基金市场；衍生金融工具市场的交易标的物是以货币、债券、股票等基本金融工具为基础而创新出来的金融工具，主要包括远期、期货、互换或期权合约；外汇市场，是指从事外汇买卖的交易场所或者说是各种不同货币相互之间进行交换的场所；黄金市场是指专门从事黄金买卖的交易中心或场所。目前，黄金仍是国际储备工具之一，在国际结算中占据着重要的地位，因此，黄金市场仍被看作金融市场的重要组成部分。

（3）金融资产的特点。

金融资产是指金融市场的交易对象具体表现为现金、商业票据、债券、公司股票等

各种信用工具。金融资产与实物资产相比,具有以下一些特点:

①流动性。流动性是指资产能够在短期内按预知金额变现的属性。金融资产的流动性与金融市场的有效性关系密切,同时,金融资产的流动性也受金融工具本身的影响,如商业票据、债券的流动性比较强,而股票则由于其价格的不确定性,流动性也受到一定的影响。

②收益性。收益性是指资产的未来获利能力。逐利是企业持有金融资产的动机所在。金融资产的收益水平将受金融市场中资金价格的影响,其投资收益性可通过资产收益率来衡量。金融工具不同,其收益率差异较大。

③风险性。风险性是指企业投资金融资产收益波动的可能性,主要表现为投资收益的不确定性。金融资产的风险主要表现为因金融资产的市场价格波动而造成的损失。不同金融工具的风险水平也不同,如股票的风险远比债券大。

金融资产的上述特点相互联系、相互制约。资产的流动性与收益性呈反方向变动,而风险性与收益性呈正方向变化。流动性强的金融资产,其风险性和收益性较低,但收益性高的金融资产往往具有较高的风险,即风险与收益是对称的。

(4) 资金价格的影响因素。

在金融市场中,使用资金是要付出代价的,付出成本就是资金的市场利率。理论上,利率是由资金的供求关系所决定的,但在利率的实际运行过程中,确定利率通常须考虑以下因素,用公式表示为:

利率 = 纯粹利率 + 通货膨胀附加率 + 风险附加率

①纯粹利率。

纯粹利率是指无通货膨胀、无风险情况下的平均利息率,在没有通货膨胀时,国库券的利息率可以视为纯粹利率。纯粹利率的高低,受社会平均利润率、资金供求关系和国家调节机制等因素的影响。

首先,利息是利润的一部分,所以利息率依存于利润率,并受平均利润率的制约。一般来说,利息率随平均利润率的提高而提高,但利息率的上限不应超过社会平均利润率。

其次,在平均利润率不变的情况下,金融市场上的供求关系决定市场利率水平。在经济高涨时,资金需求量上升,若供应量不变,则利率上升;在经济衰退时正好相反。

最后,政府为防止经济过热,通过中央银行减少货币供应量,资金供应减少,则利率上升;政府为刺激经济发展,增加货币发行,则情况相反。

②通货膨胀附加率。

通货膨胀将导致货币的贬值,使投资者的实际报酬率下降。为弥补因通货膨胀所造成的损失,就应在纯粹利率的基础上加上通货膨胀附加率,来确定资金的利息率。通常国库券被认为是无风险投资品种,国库券的利息率就等于纯粹利息率加通货膨胀附加率。可见,通货膨胀的上升必将带来利息率的上调,从而增加企业的融资成本。

③风险附加率。

通货膨胀将会导致社会资金平均价格的上升,而风险因素会对不同金融工具产生不同的影响,如股票的风险就远比债券的风险高。一种融资工具的风险越大,则要求的风险附加率就越大；反之，风险附加率就越低。在确定风险附加率时，通常要考虑违约风险、变现风险和期限风险等因素。

3. 法律环境

市场经济是一种法制经济，企业理财必须遵循国家的法律、法规和规章制度。在市场经济条件下，调节经济关系的手段主要有行政手段、经济手段和法律手段等，但随着法制的不断完善，越来越多的经济活动和经济关系已通过法律规范的形式固定下来。企业在处理与各方的利益关系时，应当遵守相关的国家法律法规，依法进行筹资投资和利润分配，否则必将受到法律的制裁。

对公司金融产生重要影响的法律环境主要有企业组织法规、企业税收法规和财务法规等。

（1）企业组织法规。

企业是市场经济的主体，企业必须依法成立。由于组织形态不同，企业有个人独资企业、合伙制企业和公司制企业之分，不同类型的企业所适用的法律有所不同。企业组织法规主要包括《中华人民共和国个人独资企业法》《中华人民共和国合伙企业法》《中华人民共和国公司法》《中华人民共和国全民所有制工业企业法》《中华人民共和国外资企业法》《中华人民共和国中外合资经营企业法》和《中华人民共和国中外合作经营企业法》等。

这些法规既是企业的组织法，又是企业的行为法。如《公司法》对公司制企业的设立条件、设立程序、组织机构、组织变更和终止的条件和程序等都做了规定，包括股东人数、法定资本的最低限额、资本的筹集方式等。《公司法》还对公司股票的发行和交易、债券的发行和转让、利润的分配等做了明确的规定。可见，《公司法》是公司制企业财务管理最重要的强制性规范，公司的财务活动不能违反该法律，公司的自主权不能超出该法律的限制。非公司制企业与公司制企业的财务管理存在很大差别。

（2）企业税收法规。

企业税收法规是企业财务管理的重要外部环境。税负构成企业的费用，将减少企业的现金流量。企业必须履行纳税的法定义务，可以在遵守国家税收政策的前提下，通过精心安排企业的筹资、投资和分配，进行纳税筹划，降低自身的税负，但不可以违反国家税收政策偷税漏税。

有关税收的法律法规分为四类：所得税类的法规、流转税类的法规、资源税类的法规和其他税种的法规。

①所得税类。所得税又称收益税，指国家对企业法人、其他经济组织和自然人的各种所得所征收的一类税金，是处理企业与国家财务关系的重要内容。我国目前征收两种所得税：企业所得税和个人所得税。

企业所得税是以企业法人在经营过程中的纯收入为课税对象，等于应纳税所得额与适用税率的乘积。企业所得税是国家财政的重要来源，世界各国均通过颁布企业所得税法来加强税收征管。我国企业所得税区分高新企业税率和一般企业税率，高新企业所得税税率为15%，而一般企业所得税税率为25%。

②流转税类。流转税是对企业的流转额或营业额所征收的税金。在2016年实行"营

改增"税制改革后,目前流转税仅包括增值税和消费税。增值税是对商品生产、流通和加工、修理等环节的增值额进行课税的一种流转税。它的特点是对商品的增值额进行征税,属于价外税。对于一般纳税人,增值税不影响其营业收入、营业成本和营业计税。消费税是对一些特定消费品和消费行为征收的一种税,征管对象主要包括奢侈品、高档消费品和不可再生的资源类消费品,属于价内税。城市维护建设税是专为筹集城市维护建设资金而征收的一种税,以纳税人实际缴纳的增值税和消费税为计税依据。

③资源税类。资源税主要是对矿产资源和土地资源征收的税种,其既可以对资源收益进行再分配,也可以对资源级差收入进行调节。我国资源税目前有三种类型:资源税、土地使用税和土地增值税。资源税是对在我国境内开采矿产和盐资源的单位和个人取得的级差收入征收的一种税。土地使用税是对在城市和县城占用国家和集体土地的单位和个人,按所使用的土地面积的定额征收,是为了调节土地增值收益而征收的一种税。

④其他税种。除上述三类税种外,企业理财须面对的税种还包括财产税和行为税等。财产税是以纳税人所拥有的财产为课税对象的税种,主要有房产税、车船使用税和遗产税。行为税是以纳税人的某种特定行为为课税对象的税种,主要有固定资产投资方向调节税、印花税、证券交易税、屠宰税等。由于条件所限,有的税种目前尚未在我国实施,如遗产税和证券交易税等。

(3) 企业财务法规。

根据国务院1992年颁布的"两则两制",我国企业财务法规体系由《企业财务通则》和分行业财务制度所构成。但随着我国企业法规制度体系的健全和完善,企业财务活动和财务行为在《公司法》及相关法律制度中都有不同程度的规定,而《企业财务通则》的应用受到了一定程度的影响。

为加强企业财务管理,规范企业财务行为,保护企业及其相关方的合法权益,推进现代企业制度建设,我国财政部对《企业财务通则》进行了修订。2007年施行的新《企业财务通则》在以下方面对企业财务行为进行了规范:①企业财务管理体制;②企业资金筹集、资产营运和收益分配;③企业财务监督和成本控制;④企业重组清算。

◎ 本讲小结

1. 公司是依照《公司法》组建并登记的以营利为目的的企业法人。我国根据股东责任不同将公司分为有限责任公司和股份有限公司。

2. 公司金融是指企业在生产、经营过程中主动进行的资金筹集与资金运用行为。公司金融是关于如何创造和保持价值的学说。任何企业只要想生存,就要投资、筹资、生产、经营、销售,这其中的每一个环节都伴随着资金的流转。可以说,企业的整个生产经营过程就是资金筹集和运用过程,也就是公司金融决策过程。

3. 公司金融研究的对象是资金及其流转。公司金融的主要内容是投资决策、筹资决策和股利分配决策。

4. 企业的目标可以具体细分为生存、发展和获利。

5. 公司金融的目标又称为理财目标,是指企业进行金融活动所要达到的根本目的,它决定着企业金融管理的基本方向。最具有代表性的公司金融目标主要有以下几种:①

利润最大化；②每股盈余最大化；③企业价值最大化；④股东财富最大化。

6. 公司金融的原则是指人们对财务活动的共同的、理性的认识。它是联系理论与实务的纽带，可分为优化资金配置原则、收支积极平衡原则、成本效益原则、风险收益均衡原则、利益关系协调原则。

7. 任何事物总是和一定的环境相联系、存在和发展的，公司金融也不例外。公司金融环境或称财务管理环境，是指对企业财务活动产生影响作用的企业外部条件的总和。

◎ 本讲习题

1. 有限责任公司和股份有限公司的区别是什么？
2. 股份有限公司这种公司组织形态的主要优点是什么？
3. 公司金融学是如何产生和发展的？
4. "利润最大化"作为公司金融的目标有哪些优缺点？
5. 如何理解"企业价值最大化"？
6. 影响公司目标实现的因素是什么？
7. 委托—代理问题有什么解决方案？
8. 为什么要研究公司金融的环境（举例说明）？

第二讲　公司金融决策基础

◎ **本讲学习目标**

通过本讲内容的学习，学生要全面了解公司金融的决策基础：一方面，掌握资金时间价值与风险价值的概念和相关计算方法，了解资本资产定价模型；理解证券投资的种类、特点，掌握不同证券的价值评估方法。另一方面，了解企业财务分析的作用、目的、基础、种类和程序；能够正确运用比率分析法对企业偿债能力、营运能力和盈利能力进行分析，掌握企业财务综合分析的方法。

◎ **本讲重要术语**

资金时间价值（time value of money）、单利（simple interest）、复利（compound interest）、复利终值系数（future value interest factor）、复利现值系数（present value interest factor）、年金（annuity）、普通年金（ordinary annuity）、即付年金（annuity due）、递延年金（deferred annuity）、永续年金（perpetual annuity）、年金终值系数（future value interest factor of annuity）、年金现值系数（present value interest factor of annuity）、证券市场线（security market line，SML）、债券价值（bond value）、债券内在价值（intrinsic value of bond）、经济价值（economic value of bond）

◎ **本讲重难点**

本讲重点在于资金时间价值与风险价值的概念与计算、资本资产定价模型、证券投资的种类与特点，企业财务分析的作用、目的、基础、种类和程序等；难点在于不同证券的价值评估方法与相关计算方法，运用比率分析法对企业偿债能力、营运能力和盈利能力进行分析的财务分析方法，以及企业财务综合分析的方法。

◎ **本讲案例导入**

福建南王环保科技股份有限公司（以下简称"南王科技"）定位为纸制品包装综合服务商，深耕环保纸袋和食品包装等纸制品包装的研发、制造和销售领域，对下游客户的服务涵盖整个业务链条，包括新产品的研发、设计、生产、仓储运输和售后服务。经过多年的发展，南王科技已成长为国内纸制品包装行业位居前列的企业，具备出色的技术创新能力和生产制造能力，2019—2022年连续入选权威杂志《印刷经理人》"中国印刷包装企业100强排行榜"。2023年6月12日，南王科技（股票代码：301355）在创业板成功上市，企业发展迈出新的一步。南王科技发展历程见图2-1。

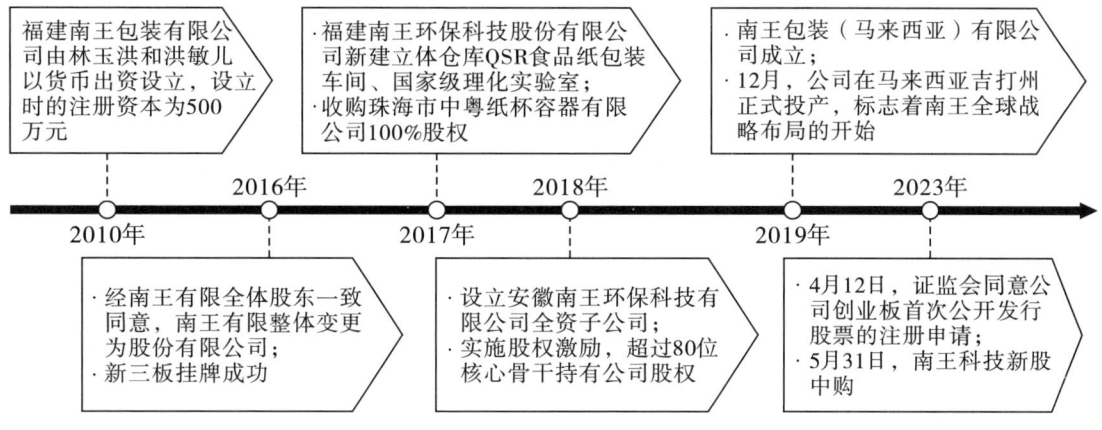

图2-1 南王科技发展历程

南王科技成功在深交所创业板上市后，严格的信息披露制度将促使其运营环境透明化、财务状况公开化。对此，投资者可以更加全面地分析与评价南王科技的相关信息，包括企业的盈利能力、资产管理水平、财务风险、竞争能力与发展前景等。那么，面对公司纷繁复杂的财务信息，管理者、投资者、审计人员等各类角色是如何加以抉择并做出决策的呢？为了解公司金融的决策基础，我们有必要深入了解资金的时间价值与风险价值、债券与股票的估价、财务分析的方式方法等。通过本讲的理论学习与案例讨论，希望同学们能对公司金融的决策基础有初步的了解和认识，并能够独立分析公司的财务信息及运营情况。

2.1 资金时间价值与风险价值

2.1.1 资金时间价值

1. 资金时间价值概述

（1）资金时间价值的定义。

资金时间价值（time value of money），也称货币时间价值，指资金在周转使用过程中由于时间因素而形成的价值差额，即相同资金量在不同时点上的价值量差额。资金时间价值的存在使得在不同时点上发生的等额资金具有不同的价值。例如现在的100元投入经营一年后，其价值量会高于100元。换言之，现在的100元货币和一年后的100元货币的价值量不相等。可见，投入经营周转资金的价值量会随着时间的推移而增长。

那么，是否所有的资金都具有时间价值呢？资金所有者把钱闲置不用而放入口袋或者埋入地下保存是否也能使钱增值呢？显然不能。可见，资金时间价值的产生需要一个前提条件，即必须将资金有目的地进行投资，投入生产和流通过程，在循环周转中创造出新的价值，资金总量才能随时间推移不断增长，从而使得资金具有时间价值。不作为资本投入生产经营过程的资金是没有时间价值的。

然而，将货币作为资本投入生产过程所获得的价值增加并不全是资金的时间价值。因为所有经营都不可避免地具有风险，而投资者承担风险需要得到相应的风险报酬（见本书2.1.2小节详述），所以资金价值增加的部分还包含了资金的风险报酬。此外，通货膨胀影响货币的实际购买力，投资者在通货膨胀的情形下，必然要求索取更高的报酬以补偿其购买力的损失。投资者因承担通货膨胀风险而得到的补偿称为通货膨胀贴水。因此，资金的时间价值是投资收益扣除风险报酬以及通货膨胀贴水后的那部分收益。

资金的时间价值有相对数和绝对数这两种表示形式。用相对数表示，是时间价值率，即扣除风险报酬和通货膨胀贴水后的资金利润率；用绝对数表示，则是资金价值的绝对增加额，用资金的初始投入额与时间价值率的乘积衡量。通常情况下，讨论资金的时间价值是指其相对形式，即资金利润率。

（2）资金时间价值的来源。

对资金时间价值的认识源于西方。英国经济学家凯恩斯认为，资金时间价值是由于资本所有者的流动性偏好、边际效用及消费倾向等心理因素而产生的。他认为，资本所有者要进行投资，就必然牺牲现时的消费，因而资本所有者就应该得到推迟消费的报酬，推迟消费的时间越长，得到的报酬就应该越大。经济学家费雪在《利息理论》中认为，资金时间价值是社会总体不耐性的反映，人们都有现在收入优于未来收入的时间偏好，时间价值就是对耐心的报酬。但不耐性是人性，只要这个人性一直存在，资金就永远具有时间价值，人们越是急于享受现时，越是不耐，资金时间价值就会越高。

根据马克思在《资本论》中的论述，资本所有者推迟消费的报酬不是由消费倾向决定的，而是劳动者在生产中创造的剩余价值的一部分。在高度发达的商品经济环境下，企业的购买行为以出售为目的，由此必然要求出售所得的货币要大于为买进而付出的货币。货币资本的借贷关系使资本的所有权与资本的经营权暂时分离，货币资本家将自己拥有的货币资本以到期收回本金并按借贷合同规定的利息率收取利息为条件出借给产业资本家，产业资本家则将借入的货币资本投放到生产经营过程中，通过劳动者的必要劳动和剩余劳动创造出比原借入货币资本更多的总利润。对于生产经营中产生的总利润，产业资本家将其分为两部分：一部分利润作为利息偿还给货币资本家，剩余的利润成为产业资本家的纯利润。通过对生产经营过程的分析可以看出：利息作为剩余价值的一部分是由于货币资本家的所有权而产生的，产业资本家如果不向货币资本家借入货币资本而使用自己的货币资本投入经营，也将同样以货币资本所有者身份而得到这一利息。因此，资金时间价值的实质是资金周转使用所形成的增值额。

按照马克思的劳动价值理论，资金时间价值产生的根源并不在于拥有资金的时间，而是在于劳动者在资金的周转使用过程中通过社会劳动所创造的剩余价值的存在。因为企业的资金投入经营活动后，劳动者利用资金不仅生产出新的产品，而且还创造了新价值，实现了价值的增值。资金周转使用的时间越长，实现的资金增值就越多，资金的时间价值就越大。资金时间价值不仅包含资金一次周转使用的价值增值额，而且还包含了增值额再投入周转使用所形成的增值额。

由于经营环境存在差异,各行业、企业的商品经济程度、资金借贷要求等各不相同,但市场竞争的力量将驱使市场经济中各行业投资的利润率趋于平均化,资金所有者在正常情况下能得到的资金时间价值只能是社会平均资金利润率的一部分,而每家企业在投资某个项目时至少要取得社会平均的利润率,否则不如投资其他的项目或行业。资金时间价值的大小并不以个别企业或个别项目的增值额来衡量,而是以社会平均资金利润率标准来度量。当然,社会平均资金利润率除了包含资金时间价值之外,通常还包括风险报酬和通货膨胀贴水,因此,资金时间价值的大小应以无风险的、不考虑通货膨胀条件下的社会平均资金利润率来衡量。

在市场经济条件下,社会平均资金利润率一般可以用银行利息率表示。财务实践中的利率有多种,如银行存款利率、贷款利率、债券利率和股票股息率等,它们与资金时间价值是有区别的,只有在无通货膨胀和无风险的条件下,时间价值才与上述利率相等。

2. 资金时间价值计算

资金时间价值的存在使得不同时点上发生的资金流入和流出不具有直接的可加性和可比性,否则就如同"苹果加梨子"。要想对发生在不同时点的资金进行计算,首先需要将在不同时点发生的资金转换至同一时点上。如果是转换到当前时点,就需要将未来时点发生的资金换算为当前时点发生的"等价"资金,即进行折现或贴现;如果是转换到未来某一时点,则需要将当前至未来时点发生的资金换算为未来那一时点发生的"等价"资金,即进行终值的计算。只有通过对时间价值的计算,不同时点发生的资金才具有可加性,才能对发生于不同时点的资金进行比较、汇总等工作。因此时间价值的计算对于企业的长期投资、长期融资等决策至关重要。

(1) 单利的现值与终值。

资金时间价值可以按照单利(simple interest)计算,也可以按照复利(compound interest)计算。单利是指只按照规定的利率对本金计息而利息不再计息的方法。我国目前存、贷款利息都是按照单利计算的。单利终值就是按照单利计算的本利和,计算公式如下:

$$FV_n = PV_0 \times (1 + i \times n) \quad (2-1)$$

式中,FV_n 为单利终值;PV_0 为本金(现值);i 为每期利息率;n 为期数。

单利现值是将一定时期后的本利和转化为当前本金的过程,其计算实际上是上式的逆运算,公式如下:

$$PV_0 = FV_n \times \frac{1}{(1 + i \times n)} \quad (2-2)$$

式中符号含义同上式。

【例 2-1】某人将 1000 元存入银行,年存款利率为 1.75%,经过一年时间,本利和是多少?

$$FV_1 = PV_0 \times (1 + 1.75\% \times 1) = 1000 \times (1 + 1.75\%) = 1017.50 \text{(元)}$$

(2) 复利的现值与终值。

复利即本金能生利,利息在下期也转作本金并与原来的本金一起再计算利息,如此随计息期数不断下推,即通常所说的"利滚利"。

A. 复利的终值。

复利终值（compound interest），即是在"利滚利"的基础上计算的当前的一笔收付款项在未来的本利和。

若年利率为10%，从第1年到第5年，现在的1元钱各年年末的终值为：

1元1年后的终值 = 1×（1+10%）= 1.1（元）
1元2年后的终值 = 1.1×（1+10%）= 1×（1+10%）^{2} = 1.21（元）
1元3年后的终值 = 1.21×（1+10%）= 1×（1+10%）^{3} = 1.331（元）
1元4年后的终值 = 1.331×（1+10%）= 1×（1+10%）^{4} = 1.464（元）
1元5年后的终值 = 1.464×（1+10%）= 1×（1+10%）^{5} = 1.611（元）

因此，复利终值的一般计算公式为：

$$FV_n = PV_0 \times (1+i)^n \qquad (2-3)$$

式中，FV_n 为终值，即第 n 年年末的价值；PV_0 为现值，即0年（第1年初）的价值；i 为利率；n 为计算期数。另外，式中 $(1+i)^n$ 通常称为复利终值系数（future value interest factor），其简略形式为 $FVIF_{i,n}$，用符号 $(F/P, i, n)$ 表示。例如，$(F/P, 10\%, 5)$ 表示利率为10%、5期复利终值的系数。此系数可以通过查阅"复利终值系数表"（FVIF表）直接获得。

【例2-2】假设例2-1中，此人并不将现金提走，而是将1017.50元继续存在银行，则第二年的本利和是多少？

$FV_2 = PV_0 \times (1+1.75\%) \times (1+1.75\%) = 1000 \times (1+1.75\%)^2 = 1035.31$（元）

同理，第三年的本利和为：

$FV_3 = PV_0 \times (1+1.75\%) \times (1+1.75\%) \times (1+1.75\%) = 1000 \times (1+1.75\%)^3 = 1053.42$（元）

B. 复利的现值。

复利现值是指未来发生的一笔收付款项在当前时点的价值。具体地说，就是将未来的一笔收付款项按适当的贴现率进行折现而计算出的其当前的价值。

若年利率为10%，从第1年到第5年，各年年末的1元钱，其现值为：

1年后1元的现值 = 1÷（1+10%）= 1÷1.1 = 0.909（元）
2年后1元的现值 = 1÷（1+10%）^{2} = 1÷1.21 = 0.826（元）
3年后1元的现值 = 1÷（1+10%）^{3} = 1÷1.331 = 0.751（元）
4年后1元的现值 = 1÷（1+10%）^{4} = 1÷1.464 = 0.683（元）
5年后1元的现值 = 1÷（1+10%）^{5} = 1÷1.625 = 0.621（元）

因此，复利现值的一般计算公式为：

$$PV_0 = FV_n \times \frac{1}{(1+i)^n} \qquad (2-4)$$

式中，$\frac{1}{(1+i)^n}$ 通常称为复利现值系数（present value interest factor），其简略形式为 $PVIF_{i,n}$，用符号 $(P/F, i, n)$ 表示。在实际工作中，此系数可以查阅"复利现值系数表"（PVIF表）直接获得。以上两个公式可分别改写为：

$$FV_n = PV_0 \times FVIF_{i,n} \qquad (2-5)$$
$$PV_0 = FV_n \times PVIF_{i,n} \qquad (2-6)$$

【例 2-3】 某投资项目预计 8 年后可获得收益 500 万元，按年利率为 10% 计算，则此项收益的价值相当于现在的多少元？

$$PV_0 = FV_n \times \frac{1}{(1+i)^n} = 500 \times (1+10\%)^{-8} = 500 \times 0.4665 = 233.25 （万元）$$

C. 连续复利计息。

连续复利是指在复利的基础上在期数趋于无限大的极限情况下得到的利率，此时不同期之间的间隔很短，可以看作是无穷小量。

假设年利率为 i，每年有 m 个复利结算周期（$m \to \infty$ 时），n 年后的本利和为：

$$FV_n = \lim_{m \to \infty} FV_{n,m} = PV_0 \times \left(1 + \frac{i}{m}\right)^{mn} = PV_0 \times \left(1 + \frac{i}{m}\right)^{\frac{1}{i/m}ni} = PV_0 \times e^{ni} \quad (2-7)$$

其中，e^{ni} 为瞬间复利系数，或称一元钱的瞬间复利本利和。

（3）年金的计算。

A. 年金的定义与种类。

前面介绍了一次性收付款项的时间价值，在现实的生活中还存在一定时期内多次收付款项的情况，并且每次收付的金额相等，这样的系列收付款项称为年金（annuity）。在经济活动中，有多种形式的年金，如定期收付的保险费、折旧、利息、租金、分期付款，以及零存整取或整存零取储蓄，等额回收的投资等，都表现为年金的形式。

年金按其每次收付发生的时点不同，可分为普通年金（ordinary annuity）、即付年金（annuity due）、递延年金（deferred annuity）和永续年金（perpetual annuity）。凡收入和支出发生在每期期末的年金，称为普通年金或后付年金；凡收入和支出在每期期初的年金，称为即付年金或预付年金；凡收入和支出发生在第一期以后的某一时间的年金，称为递延年金或延期年金；凡无限期持续收入或支出的年金，称为永续年金。

B. 年金的现值系数与终值系数。

i. 普通年金的现值与终值。

普通年金终值犹如零存整取的本利和，它是一定时期内每期期末收付款项的复利终值之和。其计算办法如图 2-2 所示。

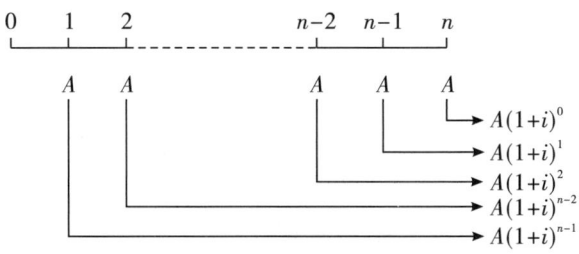

图 2-2 普通年金终值计算示意图

由此可知，普通年金终值的计算公式为：

$$FVA_n = A \cdot (1+i)^0 + A \cdot (1+i)^1 + A \cdot (1+i)^2 + \cdots + A \cdot (1+i)^{n-2} + A \cdot (1+i)^{n-1} \quad (2-8)$$

$$FVA_n = A \sum_{t=1}^{n} (1+i)^{t-1} = A \cdot \left[\frac{(1+i)^n - 1}{i}\right] \quad (2-9)$$

式中，$\left[\dfrac{(1+i)^n-1}{i}\right]$ 通常称作年金终值系数（future value interest factor of annuity），其简略表示形式为 $\text{FVIFA}_{i,n}$ 或 $(F/A, i, n)$。此系数可查阅"年金终值系数表"（FVIFA 表）直接得到，不必计算。

【例 2-4】假设某项目在 3 年建设期内每年年末向银行借款 200 万元，借款利率为 10%，则该项目竣工时应付本息的总额是多少？

$$FVA_n = A \cdot \left[\dfrac{(1+i)^n-1}{i}\right] = 200 \times \left[\dfrac{(1+10\%)^3-1}{10\%}\right] = 200 \times \left(\dfrac{F}{A}, 10\%, 3\right) = 662（万元）$$

普通年金现值是指一定时期内每期期末收付款项的复利现值之和。其计算办法如图 2-3 所示。

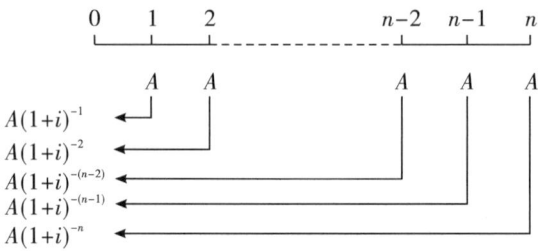

图 2-3 普通年金现值计算示意图

由图 2-3 可知，普通年金现值的计算公式为：

$$PVA_n = A \cdot (1+i)^{-1} + A \cdot (1+i)^{-2} + A \cdot (1+i)^{-3} + \cdots + A \cdot (1+i)^{-(n-1)} + A \cdot (1+i)^{-n} \tag{2-10}$$

$$PVA_n = A \sum_{t=1}^{n}(1+i)^{-t} = A \cdot \left[\dfrac{1-(1+i)^{-n}}{i}\right] \tag{2-11}$$

式中，PVA_n 为年金的现值，其他字母表示的含义同上。其中 $\left[\dfrac{1-(1+i)^{-n}}{i}\right]$ 称作年金现值系数（present value interest factor of annuity），其简略表示形式为 $\text{PVIFA}_{i,n}$ 或 $(P/A, i, n)$。此系数可查阅"年金现值系数表"（PVIFA 表）直接得到，不必计算。

【例 2-5】某企业需租入一种设备，每年年末需要支付租金 5000 元，年复利率为 10%，则该企业 5 年内应支付的租金总额的现值是多少？

$$\begin{aligned} PVA_n &= A \cdot \left[\dfrac{1-(1+i)^{-n}}{i}\right] \\ &= 5000 \times \left[\dfrac{1-(1+10\%)^{-5}}{10\%}\right] \\ &= 5000 \times \left(\dfrac{P}{A}, 10\%, 5\right) \\ &= 5000 \times 3.7908 \\ &= 18954（元）\end{aligned}$$

ⅱ．即付年金的现值与终值。

即付年金终值是其最后一期期末时的本利和，是各期收付款项的复利终值之和。n

期即付年金终值可用图 2-4 加以说明。

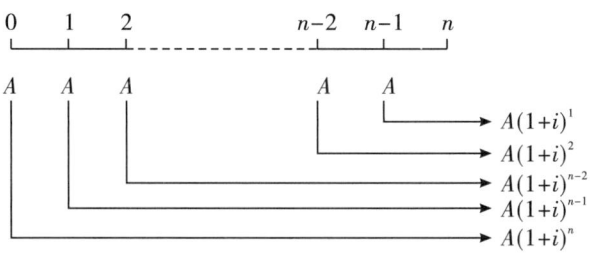

图 2-4　即付年金终值计算示意图

从图 2-4 中可以看出，n 期即付年金与 n 期普通年金的付款次数相同，但由于其付款时间不同，n 期即付年金终值比 n 期普通年金的终值多计算一期利息。因此，在 n 期普通年金终值的基础上乘上 $(1+i)$ 就是 n 期即付年金的终值。

$$FVA_n = A \cdot \left[\frac{(1+i)^n - 1}{i}\right] \cdot (1+i)$$
$$= A \cdot \left[\frac{(1+i)^{n+1} - 1}{i} - 1\right] \quad (2-12)$$

式中，$\left[\frac{(1+i)^{n+1}-1}{i} - 1\right]$ 称为即付年金终值系数，它是在普通年金终值系数的基础上，在式中期数加 1、系数减 1 所得的结果，通常记作 $[(F/A, i, n+1) - 1]$。这样，通过查阅"年金终值系数表"第 $n+1$ 期的值，然后减去 1 便可得到对应的即付年金终值系数的值。这时可用公式计算即付年金的终值：

$$FVA_n = A \cdot [(F/A, i, n+1) - 1] \quad (2-13)$$

【例 2-6】每年年初向银行存入 5000 元，连续存入 5 年，年利率为 5%，则 5 年到期时的本利和是多少？

$$FVA_n = A \cdot [(F/A, i, n+1) - 1]$$
$$= 5000 \times \left[\left(\frac{F}{A}, 5\%, 6\right) - 1\right]$$
$$= 5000 \times [6.802 - 1]$$
$$= 29010 \text{（元）}$$

即付年金现值是指在一定时期内每期期初等额收付款项的现值之和。n 期即付年金现值可用图 2-5 加以说明。

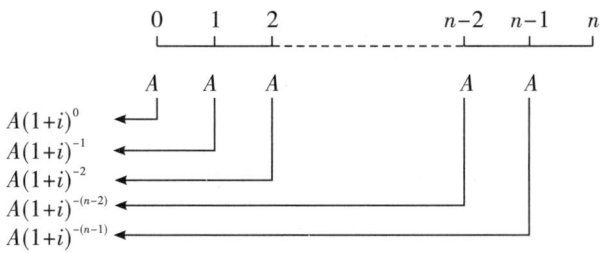

图 2-5　即付年金现值计算示意图

从图 2-5 可以看出，n 期即付年金现值与 n 期普通年金现值的期限相同，但由于其付款时间不同，n 期即付年金现值比 n 期普通年金现值少折现一期。因此，在 n 期普通年金的基础上乘以 $(1+i)$，便可求出 n 期即付年金的现值。

$$PV_0 = A \cdot \left[\frac{1-(1+i)^{-n}}{i}\right] \cdot (1+i)$$

$$= A \cdot \left[\frac{1-(1+i)^{-(n+1)}}{i} + 1\right] \tag{2-14}$$

式中，$\left[\frac{1-(1+i)^{-(n+1)}}{i} + 1\right]$ 为即付年金现值系数，它是在普通年金系数的基础上，期数减 1、系数加 1 所得到的结果，通常记作 $[(P/A, i, n-1)+1]$。这样，通过查阅"年金现值系数表"第 $n-1$ 期的值，然后加 1，便可得到对应的即付年金现值系数的值。这时可用公式计算即付年金的现值：

$$PV_0 = A \cdot [(P/A, i, n-1)+1] \tag{2-15}$$

【例 2-7】某企业为提高生产效率租入一套设备，每年年初支付租金 4000 元，年利率为 8%，则 5 年的总现值是多少？

$$PV_0 = A \cdot \left[\frac{1-(1+i)^{-n}}{i}\right] \cdot (1+i)$$

$$= A \cdot \left[\frac{1-(1+8\%)^{-5}}{8\%}\right] \times (1+8\%)$$

$$= 17248.51 \text{（元）}$$

ⅲ. 递延年金的现值与终值。

递延年金是指最初若干时期内没有发生收付款项，以后若干期每期发生等额的收付款项，它是普通年金的特殊形式。凡不是从第一期开始的普通年金都是递延年金。m 期以后的 n 期年金现值可用图 2-6 表示。

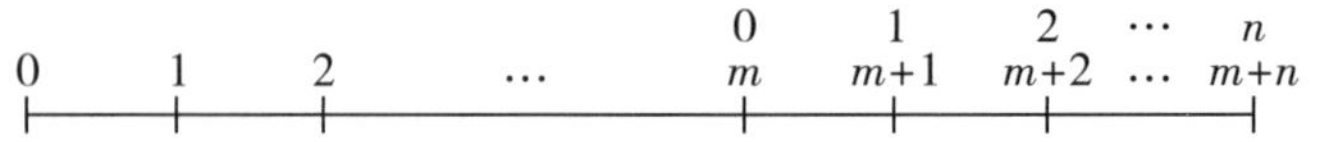

```
0   1   2   ...   0    1     2    ...   n
                  m   m+1   m+2        m+n
```

图 2-6 递延年金现值计算示意图

递延 m 期后的 n 期年金与 n 期普通年金相比，两者付款期数相同，但递延年金是 m 期后的 n 期普通年金，因此，要得到该递延年金的现值，需要先计算 n 期普通年金的现值，然后将其作为终值再贴现 m 期。其计算公式如下：

$$PV_0 = A \cdot \text{PVIFA}_{i,n} \cdot \text{PVIF}_{i,m} \tag{2-16}$$

此外，还可通过求出 $m+n$ 期后付年金现值，减去没有付款的前 m 期的普通年金现值，即为递延 m 期的 n 期普通年金现值。其计算公式为：

$$PV_0 = A \cdot \text{PVIFA}_{i,m+n} - A \cdot \text{PVIFA}_{i,m} \tag{2-17}$$

【例 2-8】某人拟在年初存入一笔资金，以便能在第 6 年年末起每年取出 1000 元至第 10 年年末取完。在银行存款利率为 10% 的情况下，此人应存入银行多少钱？

$$PV_0 = A \cdot \text{PVIFA}_{i,m+n} - A \cdot \text{PVIFA}_{i,m}$$

$$= A[(P/A, 10\%, 10)] - A[(P/A, 10\%, 5)]$$

$$= 1000 \times (6.1446 - 3.7908)$$
$$= 2354.80 \text{（元）}$$

ⅳ．永续年金的现值。

永续年金是指每年定期收付的等额款项是无期限的，是一个无穷序列。在实际工作中，永续年金是不存在的，但通常在计算时可以将期限很长的年金，作为永续年金处理。如有些债券未规定偿还期限，其利息可视为永续年金。永续年金的计算公式如下：

$$PV_0 = A \sum_{t=1}^{\infty} (1+i)^{-t}$$
$$= A \lim_{n \to \infty} \frac{1-(1+i)^{-n}}{i} \quad (2-18)$$
$$= \frac{A}{i}$$

【例 2-9】某品牌商标能为某公司每年带来 30 万元的超额收益，若市场的无风险资金利润率为 6%，则这项商标现在的价格是多少？

$$PV_0 = \frac{A}{i} = 30 \times \frac{1}{6\%} = 500.00 \text{（万元）}$$

2.1.2 资金风险价值

1. 风险的基本概念

（1）风险的定义。

资金时间价值的衡量标准是无风险和不考虑通货膨胀下的社会资金报酬率。但风险普遍存在于现实生活中，无论是个人还是企业，都面临着各种各样的风险。具体到企业生产经营活动中，风险会对企业经营成果和财务状况产生深远影响。因此，风险价值观念也是财务管理中一项重要的价值观念，在财务管理中具有普遍意义。

风险（risk），一般是指事件未来结果的不确定性，这种不确定性越大，风险越大。在实际情况中，人们更关注未来发生损失的可能，因此风险有时也被简单定义为"发生财务损失的可能性"，发生损失的可能性越大，风险越大。

（2）风险的特征。

A．风险存在的客观性。

无论人们是否意识到风险，风险都是客观存在的，只要人们作出决策，就必须承担相应的风险。这是因为，人们对经济变量未来变动趋势的预期，是根据所掌握的过去和现在的信息并借助一定的计算方法作出的，是对经济变量未来变动结果的一种估计。既然是估计，就不会与现实完全吻合，所以主观预期与客观现实必然有偏离，即风险具有客观性。

B．风险发生的不确定性。

风险虽然是客观存在的，但就某一风险而言，它的发生却是不确定的，是一种随机现象。在风险发生之前，人们无法准确预测其何时发生，以及其发生的后果。这是因为任一风险的发生，必是诸多风险因素和其他因素共同作用的结果。由于决策者受到其所掌握的信息的充分性、准确性、及时性和有效性等方面的约束，不能对每一因素的出现都作出与事实相符的判断，从而导致风险发生的不确定性。

C. 风险大小的相对性。

某一风险对有的决策者而言是大风险，而对其他决策者而言可能是小风险，这是因为同一事件在不同的决策者身上发生的概率及其影响程度是不同的，所以风险的大小是相对而言的。不同的决策者在对同一经济变量的变动趋势进行预测时，他们对经济变量的控制能力及对可能出现的损失的承受能力是不同的，从而导致预测结果准确性的不同。这样就出现了有的决策者敢冒风险、有的决策者不敢冒风险的差异。

D. 风险的可变性。

风险的可变性是指在一定条件下风险可转化的特性。随着科学技术的进步和社会的发展，经济主体预测方法和技术不断完善，对风险的预测日趋精确，这无疑会在一定的空间和时间范围内降低风险。但与此同时，任何一项新活动的开始，不可避免地又会由政治、经济、技术等因素带来新的风险。因此，就整体而言，无论是天灾还是人祸，都会使风险处于不断变化之中，即形成现存风险被控制、减弱及新风险不断出现的共融局面。

（3）风险的分类。

A. 静态风险和动态风险。

静态风险是指在社会经济正常运行的情况下，由于自然力的不规则作用或人为的错误判断、失误行为而导致的风险。企业即使处于内、外部稳定的经济环境中也难免遇到不可预料的风险，导致企业发生损失，具体表现为财产风险、人身风险、责任风险、违约风险等。

动态风险是指由于社会经济变动而直接导致的风险。它广泛存在于企业生产经营过程中，涉及企业的决策、市场、财务、生产、技术等诸多方面，引起的后果包括收益、损失和不盈不亏这三种可能。

B. 经营风险和财务风险。

经营风险是指由于企业生产经营方面的不确定性而使企业收益产生变化的可能性。它包括供应、生产、销售等方面的风险，以及由战争、内乱、罢工等引起的社会环境变化、劳动力市场供求关系变化、通货膨胀变化、产业竞争变化、国家宏观经济政策调整等直接或间接影响企业生产经营活动的因素，从而给企业经营及其业绩带来影响。

财务风险是指在企业的各项财务活动中，由于受内外部环境及各种无法预测或控制的因素影响，企业在一定时期内的实际财务业绩与预期财务业绩发生偏离并蒙受损失的可能性。在市场经济条件下，财务风险贯穿于企业生产经营的各个环节，是各种风险因素在企业财务上的集中体现，一般包括筹资风险、投资风险、现金流量风险、利率风险和汇率风险等。

C. 系统性风险和非系统性风险。

按照风险能否分散，可将其划分为系统性风险和非系统性风险。这种分类方式对于证券投资具有重要意义。

系统性风险又称市场风险、不可分散风险，是指由于政治、经济及社会环境等因素的不确定性而产生的风险。它存在于所有企业中，无法由个别企业控制，也无法通过多样化投资予以分散。系统性风险的特点是由共同因素导致的,如通货膨胀、利率和汇率波动、国家宏观经济政策变化、战争冲突、政权更迭等,会对市场上的所有企业产生影响,只是对不同企业的影响程度可能不同。

非系统性风险又称公司特有风险、可分散风险,是指由于经营失误、消费者偏好改变、劳资纠纷、员工罢工、新产品试制失败等企业因素而产生的个别企业风险。其特点是只发生在个别企业中,由单个特殊因素引起。由于这些因素是随机产生的,产生于某一企业的不利因素可以被其他企业的有利因素所抵消,因此可以通过多样化投资来分散此类风险。

当然,风险还可以按照其他的标准进行分类,例如按照损失的性质,即是否有获利机会,可划分为纯粹风险和投机风险;按照套期保值进行避险的主要对象,可分为利率风险和汇率风险;等等。

2. 风险的衡量

(1) 单项资产的风险衡量。

A. 确定概率分布。

概率就是用来表示事件发生可能性大小的数值。通常,把必然发生的事件的概率定为1,把不可能发生的事件的概率定为0,而一般随机事件的概率是介于0与1之间的数。概率越大,就表示该事件发生的可能性越大,所有结果的概率之和应等于1。

如果将随机事件所有可能的结果列在一起,并给予一定的概率,即构成概率分布。概率分布可以是离散的,也可以是连续的。离散型概率分布可能的结果数目有限,如表2-1所列的概率分布就是离散型的。

B. 计算期望收益率。

期望收益率是指所有可能的收益值按概率的加权平均。离散型概率分布的期望收益率按如下公式计算:

$$K = \sum_{i=1}^{n} K_i P_i \qquad (2-19)$$

式中,K 为期望收益率;K_i 为第 i 种可能出现的结果的收益率;P_i 为第 i 种可能出现的结果的概率;n 为可能出现的结果的个数。期望值反映了同一事件大量发生或多次重复发生所产生的结果的统计平均。

【例2-10】某公司有A、B两个投资项目,其未来的预期收益率及发生的概率如表2-1所示。

表2-1 未来的预期收益率及发生的概率

经济情况	发生概率	预期收益率	
		A项目	B项目
繁荣	0.3	90%	20%
正常	0.4	15%	15%
衰退	0.3	−60%	10%
合计	1		

A 项目的期望收益率
$= 0.3 \times 90\% + 0.4 \times 15\% + 0.3 \times (-60\%) = 15\%$
B 项目的期望收益率
$= 0.3 \times 20\% + 0.4 \times 15\% + 0.3 \times 10\% = 15\%$

通过计算可知，A、B 两个项目期望收益率相同。在期望收益率相同的情况下，投资的风险程度与收益率的分布状况密切相关，收益率分布越集中，可能的结果越接近期望值，投资的风险程度越小；相反，收益率分布越分散，投资的风险程度越大。本例中，项目 B 收益率分布集中，风险较小；项目 A 收益率分布分散，风险较大。为了更为精确地量化风险程度，我们需要运用统计学中的指标。

C. 计算方差与标准差。

标准差是对随机变量离散程度的一种量度。收益率的标准差反映不同情况下的收益率与期望值（期望收益率）之间的离散程度，通常用 σ 表示。其计算公式如下：

$$\sigma = \sqrt{\sum_{i=1}^{n}(K_i - K)^2 \times P_i} \qquad (2-20)$$

式中，σ 为标准差，其余符号与期望收益率计算公式中的相同。

沿用【例 2-10】的数据，

A 项目收益率的标准差
$= \sqrt{(90\% - 15\%)^2 \times 0.3 + (15\% - 15\%)^2 \times 0.4 + (-60\% - 15\%)^2 \times 0.3}$
$= 58.09\%$

B 项目收益率的标准差
$= \sqrt{(20\% - 15\%)^2 \times 0.3 + (15\% - 15\%)^2 \times 0.4 + (10\% - 15\%)^2 \times 0.3}$
$= 3.87\%$

通过计算可知，A 项目收益率的标准差大于 B 项目。标准差是以绝对数表示的项目风险程度，在两个方案期望收益率相等的情况下，标准差越大，风险越大；反之，则风险越小。本例中，A、B 两个项目的期望收益率均为 15%，故 A 项目风险较大。

D. 计算标准离散差率。

利用标准差的大小来比较不同投资的风险大小的前提条件是不同投资的期望收益率相同。在实际投资决策中，常常要比较期望收益率不同的投资项目的风险大小，因此，引入标准离差率的概念。标准离差率是标准差与期望收益率的比值，即：

$$CV = \frac{\sigma}{K} \qquad (2-21)$$

式中，CV 为标准离差率。

标准离差率反映了不同投资方案或项目间相对风险的大小，或每单位收益面临的风险的大小。标准离差率越小，风险越小；反之，则风险越大。

沿用【例 2-10】的数据，

A 项目的标准离差率
$= \dfrac{58.09\%}{15\%} = 387.27\%$

B 项目的标准离差率
$= \dfrac{3.87\%}{15\%} = 25.8\%$

综上所述，两个项目的期望收益率相同，但风险不同，B 项目的风险较小，而 A 项目的风险较大。

（2）资产组合的风险衡量。

投资组合的风险是它所包含的各项资产的方差的加权平均数，再加上各项资产之间协方差的倍数。通过数学推导，n 项投资组合的总体期望收益方差可表述为：

$$\sigma_p^2 = \sum_{i=1}^n W_i^2 \sigma_i^2 + \sum_{i=1}^n \sum_{j=1}^n W_i W_j \sigma_{ij} \qquad (2-22)$$

或

$$\sigma_p^2 = \sum_{i=1}^n \sum_{j=1}^n X_i X_j \sigma_{ij} \qquad (2-23)$$

式中，σ_p^2 为资产组合的方差；W_i 为第 i 项资产的权重；σ_i^2 为第 i 项资产的方差；W_j 为第 j 项资产的权重；σ_{ij} 为资产 i 和资产 j 之间的协方差。投资组合的风险可以分为两种性质完全不同的风险，即可分散风险和不可分散风险，分别由 $\sum_{i=1}^n W_i^2 \sigma_i^2$ 和 $\sum_{i=1}^n \sum_{j=1}^n W_i W_j \sigma_{ij}$ 体现。

A. 可分散风险。

可分散风险又叫非系统性风险或公司特别风险，是指某些因素对单种证券造成经济损失的可能性，如公司在市场竞争中的失败。这种风险可以通过证券持有的多样性来抵消，即多买几家公司的股票，其中某些公司的股票报酬上升，另一些公司的股票报酬下降，从而将风险抵消。投资组合的风险并不仅是组合中各项资产风险的平均值，还与各证券之间的相互关系有关。协方差是用来反映两个随机变量之间线性关系程度的一种指标。若协方差为 0，则两者不相关；若协方差大于 0，则两者正相关；若协方差小于 0，则两者负相关。如图 2-7 所示，若投资组合中的两种证券的价格变动是完全一致的，那么投资组合的风险为两者的叠加，建立投资组合完全达不到分散风险的目的；若两种证券的价格波动完全相反，当投资组合中这两种证券比例适当时，投资组合的预期价格变动为一个固定值，风险被完全分散。

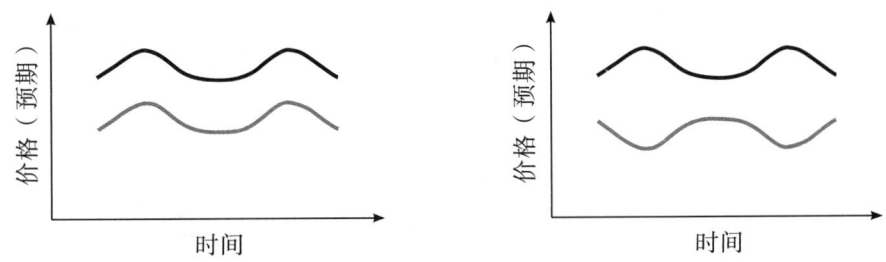

图 2-7 组合风险图

B. 不可分散风险。

不可分散风险又称系统性风险或市场风险，是指某种因素给市场上所有的证券都带来经济损失的可能性,如国家经济政策的变化、税法的变化等。这些风险会影响到所有的证券,无法通过投资组合分散掉。换句话说,即使投资者持有的是经过适当风险分散的投资组合,也将遭受这种风险。

由此可以总结如下:①一种证券的风险由两部分组成,即可分散风险和不可分散风险;②可分散风险随投资组合中证券数量的增加而逐渐减少,可通过投资组合削弱;③不可分散风险由市场变动而产生,对所有证券都有影响,不能通过投资组合消除。

3. 风险与收益的权衡

(1) 风险报酬。

A. 风险报酬的定义。

一般而言,投资者都厌恶风险,并力求回避风险。那么,为什么还有人进行风险投资呢?这是因为风险投资可得到额外收益——风险报酬。风险报酬是指投资主体由于冒着风险进行投资而获得的超过资金时间价值的额外收益,又称风险收益额。风险收益额与投资额的比值,则称为风险收益率,它是表示风险程度的函数,即投资者所冒风险越大,风险收益率越高。

在风险相同时,投资者会选择报酬率高的项目;在投资报酬率相同的情况下,投资者会选择风险小的项目。因此,高风险的项目必须有高报酬,否则就没有人投资;低报酬的项目必须低风险,否则也没有人投资。风险与收益的这种关系是市场竞争的结果。

投资风险报酬用风险收益额和风险收益率这两种方法表示均可,在实际工作中,对两者并不做严格区分,通常以相对数——风险收益率进行计量。在不考虑物价变动的情况下,投资收益率包括两部分:一部分是无通货膨胀时的资金时间价值,它是不经受投资风险而得到的价值,即无风险收益率;另一部分是风险价值,即风险收益率。其关系式如下:

$$R = R_F + R_R \tag{2-24}$$

式中,R 为收益率;R_F 为无风险收益率;R_R 为风险收益率。

B. 投资组合的风险报酬。

投资者进行证券组合投资与单项投资一样,都要求对承担的风险进行补偿,投资的风险越大,要求的补偿就越高。但是,与单项投资不同,证券组合投资要求补偿的风险只是不可分散风险,而不要求对可分散风险进行补偿。如果可分散风险的补偿存在,善于科学地进行组合投资的投资者将购买这部分股票,并抬高其价格,从而使其最后的期望报酬率只反映不能分散的风险。因此,证券组合的风险报酬是投资者因承担不可分散风险而要求的、超过时间价值的那部分额外报酬。

(2) 资本资产定价模型。

资本资产定价模型是由威廉·夏普(William Sharpe)、约翰·林特纳(John Lintner)一起提出的,旨在研究证券市场价格如何决定的模型。资本资产定价模型假设所有的投资者都是按马柯维茨(Markowitz)的资产选择理论进行投资的,对期望收益、方差和协方差等的估计完全相同,投资者可以自由借贷。基于这样的假设,资本资产定价模型研究的重点在于探求风险资产收益与风险的数量关系,即为了补偿某一特定程度的风险,投资者应该多获得的报酬率。介绍资本资产定价模型之前,我们先引入贝塔系数的概念。

A. 贝塔系数（β）。

在前面的论述中我们可以知道，当投资者可以自由买卖无风险资产并且对风险资产有共同的期望时，所有的投资者都持有市场组合。对单项风险资产，投资者关心的是不能通过投资组合化解的系统性风险。从市场组合的角度看，可以视单项资产的系统性风险是对市场组合变动的反映程度，用贝塔系数（β）度量。β表示的是市场收益率变动时个别资产收益率发生变动的程度，是一个标准化后度量单项资产对市场组合方差贡献的指标。贝塔系数的定义为：

$$\beta_i = \frac{\text{Cov}(R_i, R_M)}{\sigma_M^2} = \rho_{im} \times \frac{\sigma_i}{\sigma_m} \tag{2-25}$$

式中，$\text{Cov}(R_i, R_M)$为第i种风险资产与市场组合收益率之间的协方差；σ_M^2为市场组合的方差；ρ_{im}为第i种风险资产与市场组合收益率的相关系数。

可以看出，实际上贝塔系数反映了单种证券与市场组合的相关程度，贝塔系数越大，则系统性风险越大。当该种证券完全不受市场组合影响时，即其与市场组合的协方差为0时，其贝塔系数也为0；当该证券具有和市场组合完全一致的波动时 [$\text{Cov}(R_i, R_M)=\sigma_M^2$]，则该种证券的贝塔系数为1。因此，当某种证券的贝塔系数大于1时，表明其波动大于市场组合；反之，表明其波动小于市场组合。

对于包含多种证券的投资组合而言，其贝塔系数应该如何表示呢？通过推导可以得出，证券投资组合的贝塔系数可以通过组合内各证券贝塔系数的加权平均来确定，即：

$$\beta_p = \sum_{i=1}^{N} W_i \beta_i \tag{2-26}$$

其中，β_p表示包含N种证券的投资组合的贝塔系数，β_i和W_i分别表示单种证券的贝塔系数及其投资比重。

在许多证券市场发达的西方国家，已经有权威的投资服务机构定期提供各上市公司的贝塔系数，我国也在积极进行这方面的建设，许多数据库已经可以查到有关上市公司贝塔系数的信息。

B. 资本资产定价模型（CAPM）。

当资本市场达到均衡时，风险的边际价格是不变的，任何改变市场组合的投资所带来的边际效果是相同的，即增加一个单位的风险所得到的补偿是相同的。按照贝塔系数的定义，将其代入资本市场均衡的条件下，就可得到资本资产定价模型，表示为：

$$\overline{R_i} = R_f + \beta_i \times (R_m - R_f) \tag{2-27}$$

式中，$\overline{R_i}$为第i种证券的期望收益率；R_f为无风险利率；$(R_m - R_f)$为市场组合风险溢价。

关于资本资产定价模型说明如下：①单种证券的期望收益率由两个部分组成——无风险利率以及对所承担的风险的补偿即风险溢价。②风险溢价的大小取决于β值的大小。β值越高，表明单种证券的风险越高，所得到的补偿也就越高。③β值度量的是单种证券的系统性风险，非系统性风险没有风险补偿。

CAPM说明了风险与收益之间的线性关系，如果代表证券风险的横轴用β表示，纵轴仍然用期望收益率表示，可以得到一条斜率为市场组合风险溢价的直线，称为证券市场线（security market line，SML）如图 2-8 所示。

证券市场线上的每一个点代表着不同风险的证券，并指出了该证券最少应获得的预期收益率。它是证券市场中证券供求平衡的产物。假设现在有股票 A 市价偏低，即其价格低于其在均衡状态下应有的价格，则它的预期收益率相对于其风险来说，必然会高于市场的平均收益率，这会使投资者对股票 A 的需求增加，最终迫使其价格上升，直至预期收益率下降到证券市场线上的 A' 点。同样地，对市价偏高的股票 B 来说，通过股票的抛售会促使其价格下跌，最终使其预期收益率上升到证券市场线上的 B' 点（图 2-9）。

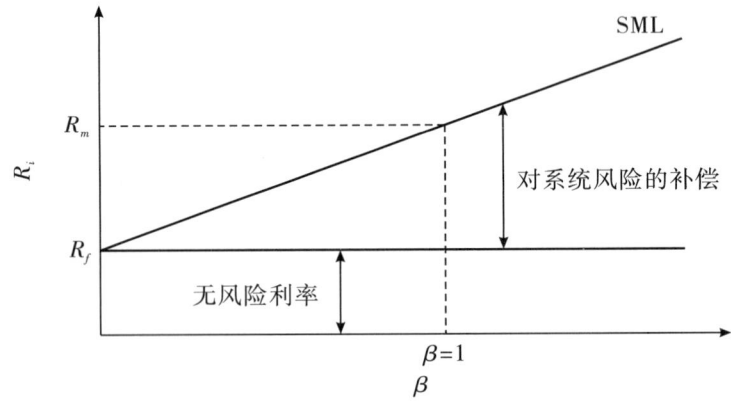

图 2-8　证券市场线

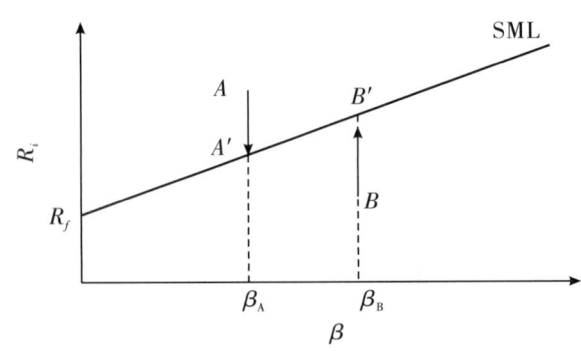

图 2-9　证券市场均衡

2.2 债券与股票的估价

2.2.1 债券估值

债券估价具有重要的实际意义，当企业通过发行债券的方式从资本市场上筹资时，必须知道它如何定价。如果定价偏低，企业会因付出更多现金而遭受损失；如果定价偏高，企业会因发行失败而遭受损失。下面将介绍债券的估值方法。

1. 债券的基本估值模型

债券价值（bond value），又称债券内在价值（intrinsic value of bond）、债券经济价值（economic value of bond）或债券理论价值，是指债券投资未来现金净流量的现值，即：

$$V = \sum_{t=1}^{n} \frac{CF_t}{(1+r)^t} \tag{2-28}$$

式中，V 为债券价值；r 为债券投资的折现率；CF_t 为债券投资第 t 期的现金净流量；n 为债券投资期限。

企业一般选用市场利率、目标投资报酬率或资本成本率作为折现率。在其他条件不变的情况下，折现率越大，债券价值越小；现金净流量越大，债券价值越大。债券投资的未来现金净流量实际上就是各期收回的本息，取决于面值、票面利率和还本付息的方式。因此，上述债券价值评估的基本模型还可以根据还本付息的方式进行适当调整或简化。

(1) 折现债券的估值。

折现债券（discounted coupon）是指在到期期限内不支付利息、到期时一次性还本付息或仅偿还面值的债券。其中，持有人只在到期时按面值收回的折现债券在持有期间没有任何利息收入金额，故又被称为"零息债券"或"纯折现债券"。折现债券在到期时一次性还本付息的金额，通常根据债券面值和票面利率按复利计算，但也可能按单利计算，这将影响到债券持有人到期收回的现金流量。但在债券估价时，仍应采用复利方法的年折现率进行折现，而不能采用单利方法的年折现率进行折现，以便比较不同债券的内含价值。折现债券的估价模型如下：

$$V = \frac{CF_n}{(1+r)^n} \tag{2-29}$$

式中，V 为债券价值；r 为债券投资的年折现率；n 为债券投资期限；CF_n 为债券投资在到期时收回的现金流量。

【例 2-11】企业拟购入面值为 1000 元的债券。该债券期限 3 年，票面利率 5%，到期时一次性还本付息，利息按复利计算。如果资本成本率为 10%，该企业可以接受的最高价格是多少？

$$V = \frac{1000 \times (1+5\%)^3}{(1+10\%)^3} = 869.74 \text{（元）}$$

【例 2-12】企业拟购入面值为 1000 元的债券。该债券期限 3 年，票面利率 5%，到期时一次性还本付息，利息按单利计算。如果资本成本率为 10%，该企业可以接受的最高价格是多少？

$$V = \frac{1000 \times (1+5\% \times 3)}{(1+10\%)^3} = 864.01 \text{（元）}$$

【例 2-13】企业拟购入面值为 1000 元的零息债券。该债券期限 5 年，尚有 3 年到期，到期时按面值偿还。如果资本成本率为 10%，该企业可以接受的最高价格是多少？

$$V = \frac{1000}{(1+10\%)^3} = 751.31 \text{（元）}$$

(2) 平息债券的估值。

平息债券是指到期偿还面值、利息在到期期限内平均支付的债券，支付频率通常是每年一次，但也可能是每半年一次或每两年一次等。平息债券一般通过下述模型估值：

$$V = \sum_{t=1}^{mn} \frac{P \times i/m}{(1+r/m)^t} + \frac{P}{(1+r/m)^{mn}} \quad (2-30)$$

式中，V 为债券价值；r 为债券投资的年折现率；P 为债券面值；i 为债券的票面年利率；n 为债券投资期限；m 为债券投资年付息次数。

【例 2-14】甲企业拟购入面值为 1000 元的 5 年期公司债券。该债券票面年利率为 5%，每年末付息一次，面值在 5 年后到期时全额收回。如果要求的投资报酬率（税前）为 3%，该企业可以接受的最高价格是多少？

$$V = \sum_{t=1}^{5} \frac{1000 \times 5\%}{(1+3\%)^t} + \frac{1000}{(1+3\%)^5} = 1091.59 \text{（元）}$$

当甲企业按 1091.59 元的价格购入该债券时，到期收益率为 3%；当按高于 1091.59 元的价格购入时，到期收益率将低于 3%，达不到要求的投资报酬率；当按低于 1091.59 元的价格购入时，到期收益率将高于 3%。在其他条件不变的情况下，债券价格越低，到期收益率越高，因此，对于该债券，企业可以接受的最高价格为 1091.59 元。

【例 2-15】甲企业拟购入面值为 1000 元的 5 年期公司债券。该债券票面年利率为 5%，每半年付息一次，面值在 5 年后到期时全额收回。如果要求半年的投资报酬率（税前）为 3%，该企业可以接受的最高价格是多少？

$$V = \sum_{t=1}^{10} \frac{1000 \times 5\%/2}{(1+3\%)^t} + \frac{1000}{(1+3\%)^{10}} = 957.35 \text{（元）}$$

2. 债券价值的影响因素

通过债券的基本估值模型可以看出，影响债券定价的因素有必要报酬率、利息率、计息期和到期时间。

（1）债券价值与必要报酬率。

债券价值与必要报酬率有密切的关系。当必要报酬率等于债券利率时，债券价值就是面值；当必要报酬率高于债券利率，债券价值就低于面值；当必要报酬率低于债券利率，债券价值就高于面值。

（2）债券价值与到期时间。

债券价值不仅受必要报酬率的影响，还受债券到期时间的影响。债券到期时间是指当前日至债券到期日之间的时间间隔。随着时间的延续，债券的到期时间逐渐缩短，至到期日时该间隔为零。

如图 2-10 所示，在必要报酬率一直保持不变的情况下，不管它高于或低于票面利率，债券价值都会随到期时间的缩短逐渐向债券面值靠近，至到期日时债券价值等于债券面值。当必要报酬率高于票面利率时（折价债券），随着时间向到期日靠近，债券价值逐渐提高，最终等于债券面值；当必要报酬率等于票面利率时（平价债券），债券价值一直等于债券面值；当必要报酬率低于票面利率时（溢价债券），随着时间向到期日靠近，债券价值逐渐下降，最终等于债券面值。

如果必要报酬率在债券发行后发生变动，债券价值也会因此变动。随着到期时间的缩短，必要报酬率变动对债券价值的影响越来越小。也就是说，债券价值对必要报酬率

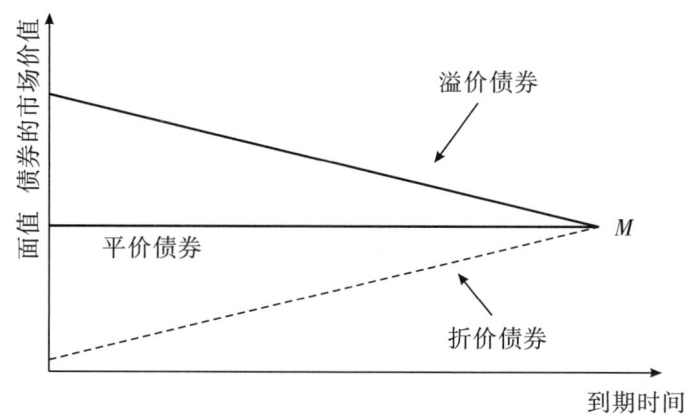

图 2-10 债券的市场价值与到期时间的关系

特定变化的反应越来越不灵敏。

(3) 债券价值与利息支付频率。

利息支付的频率可能是一年一次、半年一次或每季度一次等。如果债券是折价发行，债券付息期越短价值越低；如果债券是溢价发行，则债券付息期越短价值越高。

2.2.2 股票估值

1. 普通股的基本估值模型

(1) 股息贴现模型（DDM）。

与债券投资决策方法相类似，股票的投资决策也是通过估算股票价值并与当前市价相比较，从而判定投资方案的取舍。但不同的是，债券投资的现金流量是确定的，而股票投资的现金流量具有较大的不确定性。在实际应用中所面临的主要问题是如何估计未来每年的股利以及如何确定贴现率。

股利的多少，取决于每股盈利和股利支付率这两个因素。对其估计的方法主要是根据历史资料的统计分析，如回归分析、时间序列的趋势分析等。股票评价的基本模型要求无限地预计未来的股利，实际上是不可能做到的。因此现有的模型都采取了一定的简化办法，如每年股利相同或以固定比例增长等。

贴现率的主要作用是把所有未来不同时间的现金流入折算为现在的价值，一般认为是投资者所要求的收益率。

A. 零增长模型。

假设未来股利不变，以一个固定数额持续分配，每年股利分别记为 D_1、D_2……在零增长模型下，$D_1 = D_2 = \cdots = D_\infty$，此时股票价值可以表示为：

$$P_0 = \frac{D}{r} \tag{2-31}$$

该等式表明零增长模型下的股票价值等于永续年金 D 除以利率 r 折现的现值。

B. 不变增长模型。

企业的股利不应当是固定不变的，而应当不断增长。不变增长模型是迄今为止引用最多的股利评价模型。假设股利以比率 g 持续增长（g 低于必要收益率 r，即 $g<r$），以 D_0 表示最近一次的股利支付，则等式可表示为：

$$P_0 = \frac{D_0(1+g)^1}{(1+r)^1} + \frac{D_0(1+g)^2}{(1+r)^2} + \cdots + \frac{D_0(1+g)^\infty}{(1+r)^\infty} \qquad (2-32)$$

重新整理等式得：

$$P_0 = \frac{D_1}{r-g} = \frac{D_0(1+g)}{r-g} \qquad (2-33)$$

【例 2-16】A 企业拟购入 B 公司股票。B 公司股票去年每股股利为 0.8 元，预计之后每年将以 6% 的增长率增长。如果 A 企业的目标投资报酬率为 10%，那么 A 企业愿意购买 B 公司股票的最高金额是多少？

$$P_0 = \frac{D_0(1+g)}{r-g} = \frac{0.8 \times (1+6\%)}{10\% - 6\%} = 21.20 \text{（元）}$$

C. 波动增长模型。

在现实生活中，有的公司股利是不固定的。例如，在一段时间里高速增长，在另一段时间里正常固定增长或固定不变。在这种情况下要分段计算才能确定股票的价值。

(2) 市盈率模型。

市盈率（PE）反映投资者愿意为 1 单位收益所支付的价款。如果投资者以评价整个行业平均收益的方式评价某一公司的收益，那么某一特定行业的平均市盈率就可作为评价公司价值的标准。市盈率法根据公司的期望每股收益乘以公司所在行业的平均市盈率来估计公司的每股价格，是评价公司价值的常用方法。市盈率在用于评价非上市公司时效果较好，而市场价格则在用于评价上市公司时效果较好。不管是评价上市公司还是评价非上市公司，市盈率法都要优于账面价值法以及清算价值法，因为市盈率法考虑了公司未来的收益情况。

职业证券分析师一般采用多种模型和技术来评价股票。例如，分析师可能采用持续增长模型、清算价值法和市盈率法来估计股票的真实价值。如果分析师认为其估值正确，则股票价值应不高于分析师的最大估计值。如果公司的每股清算价值高于使用评价模型（零增长、持续增长或波动增长模型）或市盈率法估计的每股持续经营价值，那么公司在持续经营时期的价值要低于清算时期的价值，此时相比于持续经营，公司的破产清算将使投资者获得更高的效益，即对于投资者来说，此时公司"死了"是比"活着"更有价值的。当缺乏足够的收益能力证明自身存在的合理性时，公司是极有可能被清算的。从投资者的角度看，如果投资者能够以低于清算价值的价格购买股票将是非常有利的投资机会，但是这种情况在有效市场条件下根本不会发生。

◎ 案例 2-1　南王科技市盈率法估值

根据《上市公司行业分类指引》（2012 年修订），南王科技所处行业属于造纸和纸制品业（代码 C22），该行业近一个月平均静态市盈率为 18.4 倍（截至 2023 年 5 月 15 日）。由于该大类包含 40 多家上市公司，数量较多且与公司实际从事业务差异较大，因此行业平均市盈率仅作为列示参考，实际估值选用南王科技招股书所列示的 15 家可比公司估值作为参考。

考虑到公司及可比公司现状，采用市盈率估值方法进行相对估值，主要原因如下：①公司处于盈利状态；②公司业绩正处于增长阶段。在市盈率估值的处理上，可比公司2022年归母净利润为其实际披露的经营数据，2023—2025年为Wind一致预期。可比公司市盈率估值表如表2-2所示。

表2-2 南王科技招股书所列示的15家可比公司估值

公司	市值/亿元	股价（元）2023/5/23	归母净利润（亿元）				市盈率（倍）			
			2022A	2023E	2024E	2025E	2022A	2023E	2024E	2025E
裕同科技	233.09	25.05	14.88	17.13	20.60	24.23	15.67	13.61	11.31	9.62
合兴包装	40.63	3.28	1.32	1.79	2.15	2.36	30.73	22.76	18.94	17.21
劲嘉股份	104.73	7.12	1.97	6.39	7.12	7.81	53.08	16.39	14.72	13.41
美盈森	52.52	3.43	1.35	—	—	—	39.01	—	—	—
东风股份	81.64	4.43	2.89	4.98	5.03	5.72	28.23	16.41	16.25	14.27
大胜达	35.45	8.45	1.05	2.32	2.81	—	33.65	15.30	12.62	
新宏泽	18.68	9.73	0.94				19.79			
森林包装	30.90	10.44	1.41				21.97			
龙利得	21.45	6.20	0.31				68.45			
新通联	18.68	9.34	0.35				52.82			
环球印务	38.60	12.06	0.90				42.80			
永吉股份	46.39	11.07	0.38				122.80			
翔港科技	19.03	9.46	0.14				139.26			
上海艾录	36.60	9.14	1.06	1.12	1.49	2.57	34.43	32.67	24.56	14.24
金时科技	41.76	10.31	-0.37	—	—	—	-114.13	—	—	—
平均值							39.24	19.52	16.40	13.75

根据分析，南王科技由于较晚成立，发展时间较短，收入体量和市占率整体不及可比公司。从资产质量特征和细分行业发展阶段可以看出，相较于大部分可比公司进入发展较为稳定的成熟期，南王科技仍处于快速扩张的成长期，意味着未来几年公司的收入增速有望超过行业平均水平。此外，从资产周转特征可以看出，公司的经营质量已经好于同业，具备快速稳健增长的基础。从盈利质量分析可以看出，尽管目前公司的利润率水平不及同业，但是公司的竞争策略更加稳健、规模效应有待释放，毛利率有望提升，且行业中毛利率较高的烟标企业面临较大的洗牌风险，毛利率将会有所回落，公司未来毛利率有望能达到行业平均水平，甚至超过行业平均水平。因此，以可比公司平均市盈率作为南王科技的市盈率进行估值具备合理性。

根据可比公司市盈率估值情况，可选取行业均值作为参考，2022年市盈率为39.24倍，2023年市盈率为19.52倍。考虑到相较于可比公司，公司上市后扩张动力较为充足，环保纸袋和食品包装业务将快速增长，因此给予公司2023年19.0～20.0倍市盈率为相对谨慎的假设，以 2023 年归母净利润计算，对应股价为 11.0～11.6 元，对应市值为 21.5～22.6 亿元。

2. 优先股的估值模型

优先股的支付义务很像债券，每期支付的股利与债券每期支付利息类似，因此债券的估值方法也可用于优先股估值。如果优先股每年支付股利分别为 D，n 年后被公司以每股 P 元的价格回购，股东要求的必要收益率为 r，则优先股的价值用以下公式计算：

$$P_0 = D \times \text{PVIFA}_{r,n} + P \times \text{PVIF}_{r,n} \tag{2-34}$$

与债券不同的是，优先股一般按季度支付股利。对于有到期期限的优先股而言其价值计算公式如下：

$$P_0 = D \times \text{PVIFA}_{r/4,4n} + P \times \text{PVIF}_{r/4,4n} \tag{2-35}$$

多数优先股永远不会到期，除非企业破产，因此这样的优先股估值可进一步简化为永续年金的估值，即计算公式为：

$$P_0 = D/r \tag{2-36}$$

2.3 公司财务分析

2.3.1 财务分析的作用与目的

1. 财务分析的作用

企业在生产经营过程中，应依据会计准则等会计规范进行会计核算，并编制财务报告。财务报告是企业向会计信息使用者提供信息的主要文件，它反映了企业财务状况、经营成果和现金流量等方面的会计信息，为会计信息使用者进行经济决策提供依据。企业在进行会计核算和编制财务报告时，必须遵循会计准则，以保证会计信息客观公允地反映企业的财务状况和经营状况。企业在财务报告中提供的会计信息应当符合会计准则所要求的质量特征，如可靠性、相关性等。一般来说，为了保证会计信息的公允性，企业提供给外部会计信息使用者的财务报告应当经过注册会计师的审计。注册会计师对财务报告进行独立审计后出具审计报告，以说明财务报告的编制是否符合会计准则的要求，以及所提供的会计信息是否公允地反映了企业的财务状况、经营成果和现金流量状况。

财务分析是以企业的财务报告等会计资料为基础，对企业的财务状况、经营成果和现金流量进行分析和评价的一种方法。由于财务报告主要是通过分类的方法提供各种会计信息，缺乏一定的综合性，无法深入地揭示企业各方面的财务能力与反映企业在一定时期内的发展变化趋势。因此，为了提高会计信息的利用程度，需要对这些会计信息进行进一步的加工和处理，以便更深入、全面地反映企业的财务能力和发展趋势。财务分析就是完成这一任务的主要方法。在实务中，财务分析可以发挥以下重要作用：

（1）通过财务分析，可以全面评价企业在一定时期内的各种财务能力，包括偿债能力、营运能力、盈利能力和发展能力，从而分析企业在经营活动中存在的问题，总结财务管理工作的经验教训，促进企业改善经营活动、提高管理水平。

（2）通过财务分析，可以为企业外部投资者、债权人和其他有关部门和人员提供更加系统的、完整的会计信息，便于他们更加深入地了解企业的财务状况、经营成果和现金流量情况，为他们的投资决策、信贷决策和其他经济决策提供依据。

（3）通过财务分析，可以检查企业内部各职能部门和单位完成经营计划的情况，考核各部门和单位的经营业绩，有利于企业建立和健全完善的业绩评价体系，协调各种财务关系，保证企业财务目标的顺利实现。

2. 财务分析的目的

财务分析的目的取决于人们使用会计信息的目的。虽然财务分析所依据的资料是客观的，但不同的人所关心的问题不同，因此进行财务分析的目的也各不相同。会计信息的使用者主要包括债权人、股权投资者、企业管理层、审计师、政府部门等，下面分别介绍不同的会计信息使用者进行财务分析的目的。

（1）债权人财务分析的目的。

债权人按照借款给企业的方式不同可以分为贸易债权人和非贸易债权人。贸易债权人向企业出售商品或者提供服务的同时也为企业提供了商业信用。按照商业惯例，这种商业信用都是短期的，通常为30～60天，在信用期限内企业应当向债权人付款。有时为了鼓励客户尽早付款，贸易债权人会提供一定的现金折扣，如果客户在折扣期限内付款，可以享有现金折扣。大多数的商业信用都不需要支付利息，因此，对于企业来说，这是一种成本极低的融资方式。非贸易债权人向企业提供融资服务，可以通过直接与企业签订借款合同将资金贷给企业，也可以通过购买企业发行的债券将资金借给企业。非贸易债权人与企业之间有正式的债务契约，明确约定还本付息的时间与方式，这种融资方式可以是短期的，也可以是长期的。

债权人为企业提供信用融资所能够获得的收益是固定的，贸易债权人的收益直接来自商业销售的毛利，非贸易债权人的收益来自债务合同约定的利息。无论企业的业绩如何优秀，债权人的收益只能限定为固定的利息或者商业销售的毛利。但是，如果企业发生亏损或者经营困难，没有足够的偿付能力，债权人就可能无法收回全部或部分本金。债权人面临的这种风险与收益的不对称性，决定了他们非常关注贷款的安全性，这也是债权人进行财务分析的主要原因。

债权人为了保证其债权的安全，非常关注债务人的现有资源以及未来现金流量的可靠性、及时性和稳定性。在进行财务分析时，债权人对债务企业未来的预期更为稳健，他们要求债务企业的管理层对未来的预期应与企业现有资源具有确切的联系，同时具有足够能力实现预期。债权人的财务分析集中于评价企业控制现金流量的能力和在多变的经济环境下保持稳定的财务基础的能力。

由于债务的期限长短不同，债权人进行财务分析所关注的重点也有所不同。对于短期信用而言，债权人主要关心企业当前的财务状况、短期资产的流动性以及资金周转情况。而长期信用的债权人侧重于分析企业未来的现金流量和评价企业未来的盈利能力。从持续经营的角度看，企业未来的盈利能力是确保企业在各种情况下有能力履行债务合同的基本保障。因此，盈利能力分析对于长期债权人来说非常重要。此外，无论是短期信用还是长期信用，债权人都重视对企业资本结构的分析，因为资本结构决定了企业的财务风险,从而也影响到债权人的债权安全性。

(2) 股权投资者财务分析的目的。

股权投资者将资金投入企业后,成为企业的所有者,对于股份公司来说就是普通股股东。股权投资者拥有对企业的剩余权益。剩余权益意味着,只有在企业的债权人和优先股股东等优先权享有者的求偿权得到满足之后,股权投资者才享有剩余的分配权。具体来说,在企业持续经营的情况下,企业只有支付完债务利息和优先股股利后,才能给股权投资者分配利润;在企业清算时,企业在偿付债权人和优先股股东后,才能将剩余财产偿付给股权投资者。在企业繁荣时期,股权投资者可以比优先权享有者获得更多的收益;而在企业衰败时期,股权投资者要首先承担损失。因此,股权投资者要承担更大的风险。这种风险特征决定了他们对会计信息的要求更多,对企业的财务分析也更全面。

股权投资者进行财务分析的主要目的是分析企业的盈利能力和风险状况,以便据此评估企业价值或股票价值,进行有效的投资决策。企业价值是企业未来的预期收益以适当的折现率进行折现的现值。企业未来的预期收益取决于盈利能力,而折现率受风险大小的影响,风险越高折现率应当越大。由此可见,股权投资者的财务分析内容更加全面,包括对企业的盈利能力、资产管理水平、财务风险、竞争能力、发展前景等方面的分析与评价。

(3) 管理层财务分析的目的。

企业管理层主要是指企业的经理,他们受托于企业所有者,对企业进行有效的经营管理。管理层对企业现时的财务状况、盈利能力和未来持续发展能力非常关注,其财务分析的主要目的在于通过财务分析所提供的信息来监控企业的运营活动和财务状况的变化,以便尽早发现问题并采取改进措施。由于管理层能够经常地、不受限制地获取会计信息,因此能够更加全面和系统地进行财务分析。管理层往往不是孤立地看待某一事件,而是系统地分析产生这一事件的原因和结果之间的联系,通过财务分析提供的有价值的线索,了解企业的经济环境、经营状况和财务状况可能发生的重大变化,以便提前采取应对措施。

(4) 审计师财务分析的目的。

审计师对企业的财务报表进行审计,其目的是在某种程度上确保财务报表的编制符合公认会计准则,没有重大错误和不规范的会计处理。审计师需要依据其审计结果对财务报表的公允性发表审计意见。审计意见可以分为四种类型:无保留意见的审计报告、保留意见的审计报告、否定意见的审计报告和拒绝出具意见的审计报告。财务分析是审计程序的一部分,对企业进行财务分析可以尽快地发现会计核算中最薄弱的环节,以便在审计时重点关注。因为错误和不规范的会计处理会对财务、经营和投资等方面的许多关系产生重大影响,所以关于这些关系的分析有时能够揭示其潜在内涵。因此,审计师进行财务分析的主要目的是提高审计工作的效率和质量,以便正确地发表审计意见,降低审计风险。

(5) 政府部门财务分析的目的。

许多政府部门都需要使用企业的会计信息,如财政部门、税务部门、统计部门以及监管机构等。政府部门进行财务分析的主要目的是更好地了解宏观经济的运行情况和企业的经营活动是否遵守法律法规,以便为其制定相关政策提供决策依据。例如,通过财务分析,政府部门可以了解一个行业是否存在超额利润,为制定税法提供合理的依据。

2.3.2 财务分析的基础

财务分析是指以企业的会计核算资料为基础,通过对资料进行加工整理,得出一系列科学的、系统的财务指标,以便进行比较、分析和评价。这些会计核算资料包括日常核算资料和财务报告,主要以财务报告为基础,日常核算资料只作为一种补充资料。财务报告是企业向政府部门、投资者、债权人等与企业有利害关系的组织或个人提供的,反映企业在一定时期内的财务状况、经营成果、现金流量以及影响企业未来经营发展的重要经济事项的书面文件。提供财务报告的目的在于为报告使用者提供财务信息,为他们进行财务分析、经济决策提供充足的依据。企业的财务报告主要包括资产负债表、利润表、现金流量表、所有者权益(或股东权益)变动表、财务报表附注以及其他反映企业重要事项的文字说明。根据我国《企业会计准则》,财务报表的格式按照一般企业、商业银行、保险公司、证券公司等企业类型分别作出不同的规定。下面主要介绍一般企业的三种基本财务报表:资产负债表、利润表和现金流量表。

1. 资产负债表

资产负债表是反映企业在某一特定日期的财务状况的财务报表。它以"资产 = 负债 + 所有者权益"这一会计等式为依据,按照一定的分类标准和次序,反映企业在某一个时间点上资产、负债及所有者权益的基本状况。表 2-3 为南王科技 2022 年度的资产负债表。

表 2-3　南王科技公司 2022 年资产负债表　　　　　　　　(单位:百万元)

资产	年初余额	年末余额	负债和股东权益	年初余额	年末余额
流动资产			流动负债		
货币资金	129	88	短期借款	29	68
交易性金融资产	—	—	应付票据及应付账款	216	166
应收票据	—	1	预收账款	—	—
应收账款	139	166	应付职工薪酬	25	18
预付款项	14	17	应交税费	7	3
其他应收款	4	5	其他流动负债	0	1
存货	194	207	流动负债合计	322	292
其他流动资产	5	2	非流动负债		
流动资产合计	485	486	长期借款	—	—
非流动资产			应付债券	—	—
固定资产	312	306	递延所得税负债	37	39
在建工程	82	137	非流动负债合计	92	83
使用权资产	62	42	负债合计	414	374.5
无形资产	47	46			

续上表

资产	年初余额	年末余额	负债和股东权益	年初余额	年末余额
非流动资产					
商誉	27	27	股东权益		
长期待摊费用	12	11	股本	146	146
递延所得税资产	17	18	资本公积	233	233
其他非流动资产	17	27	未分配利润	240	308
非流动资产合计	578	613	归属于母公司股东权益合计	649	724.6
资产总计	1063	1099	负债及股东权益总计	1063	1099.1

从资产负债表的结构来看，它主要包括资产、负债与股东权益这三大类项目。资产负债表的左方反映企业的资产状况，资产按流动性从大到小分项列示，上半部分列示了各项流动资产的金额，下半部分列示了各项非流动资产的金额。资产负债表的右方反映企业的负债与股东权益状况，它说明了企业资金的来源情况，即有多少来源于债权人，有多少来源于企业所有者的投资。资产负债表是进行财务分析的一类重要财务报表，它提供了企业的资产结构、资产流动性、资金来源状况、负债水平以及负债结构等财务信息。分析者通过对资产负债表的分析，可以了解企业的偿债能力、资金营运能力等财务状况，为债权人、投资者以及企业管理者提供决策依据。

2．利润表

利润表也称损益表，是反映企业在一定期间生产经营成果的财务报表。利润表是以"利润＝收入－费用"这一会计等式为依据编制而成的。利润表可以用于考核企业利润计划的完成情况，分析企业的盈利能力以及利润增减变化的原因，预测企业利润的发展趋势，为投资者及企业管理者等提供决策依据。在利润表中，通常按照利润的构成项目来分别列示。表2－4为南王科技2022年度利润表。

表2－4　南王科技2022年度公司利润表　　　　　（单位：百万元）

项目	本期金额	上期金额
一、营业收入	1054	1195
减：营业成本	863	969
营业税金及附加	4	5
销售费用	18	25
管理费用	60	66
研发费用	29	30
财务费用	1	4
资产减值损失	7	7
信用减值损失	2	1
加：其他收益	8	6
公允价值变动收益	—	—

续上表

项目	本期金额	上期金额
投资收益	—	—
其中：对联营企业和合营企业的投资收益	—	—
资产处置收益	0	0
二、营业利润	78	94
加：营业外收入	0	0
减：营业外支出	0	2
三、利润总额	78	94
减：所得税费用	2	10
四、净利润	76	84
五、每股收益		
（一）基本每股收益（元）	0.52	0.57
（二）稀释每股收益（元）	0.52	0.57

企业的收入主要包括营业收入（销售收入）、公允价值变动收益、投资收益以及营业外收入。费用支出主要包括营业成本（销售成本）、销售费用、管理费用、财务费用、营业税金及附加、投资损失以及营业外支出等。总收入减去总费用就是利润总额。企业的利润因收入与费用的不同配比，可以分为三个层次：营业利润、利润总额（税前利润）和净利润。营业利润主要反映企业的经营所得，是营业收入减去营业成本，再扣除营业税金及附加、销售费用、管理费用、财务费用，加上公允价值变动收益和投资净收益等得到的利润。营业利润加上营业外收支净额后就是利润总额，是计算所得税的基础；利润总额扣除所得税费用后的余额就是企业的净利润，这是企业所有者可以得到的收益。

3. 现金流量表

现金流量表是以现金及现金等价物为基础编制的财务状况变动表，是企业对外报送的一类重要财务报表。它为财务报表使用者提供企业在一定会计期间现金和现金等价物流入和流出的信息，以便于报表使用者了解和评价企业获取现金和现金等价物的能力，并据以预测企业未来现金流量。表2-5为南王科技2022年度的现金流量表。

表2-5　南王科技2022年现金流量表　　　　　　　　　（单位：百万元）

项目	本期金额
一、经营活动产生的现金流量	
销售商品、提供劳务收到的现金	1128
收到的税费返还	10
收到其他与经营活动有关的现金	13
经营活动现金流入小计	1150

续上表

项目	本期金额
购买商品、接受劳务支付的现金	825
支付给职工以及为职工支付的现金	173
支付的各项税费	19
支付其他与经营活动有关的现金	36
经营活动现金流出小计	1053
经营活动产生的现金流量净额	97
二、投资活动产生的现金流量：	
收回投资所收到的现金	—
取得投资收益收到的现金	—
处置固定资产、无形资产和其他长期资产收回的现金净额	0
处置子公司及其他营业单位收到的现金净额	
收到其他与投资活动有关的现金	—
投资活动现金流入小计	0
购建固定资产、无形资产和其他长期资产支付的现金	119
投资支付的现金	—
取得子公司及其他营业单位支付的现金净额	
支付其他与投资活动有关的现金	—
投资活动现金流出小计	119
投资活动产生的现金流量净额	−119
三、筹资活动产生的现金流量：	
吸收投资收到的现金	—
其中：子公司吸收少数股东投资收到的现金	—
取得借款收到的现金	109
收到其他与筹资活动有关的现金	0
筹资活动现金流入小计	109
偿还债务支付的现金	72
分配股利、利润或偿付利息支付的现金	1
其中：子公司支付给少数股东的股利、利润	—
支付其他与筹资活动有关的现金	20
筹资活动现金流出小计	93
筹资活动产生的现金流量净额	16
四、汇率变动对现金及现金等价物的影响	3
五、现金及现金等价物净增加额	−3

续上表

项目	本期金额
加：期初现金及现金等价物余额	25
六、期末现金及现金等价物余额	22

现金流量表反映了企业在一定会计期间的现金流量状况，它将企业的现金流量划分为经营活动产生的现金流量、投资活动产生的现金流量和筹资活动产生的现金流量。现金流量表是按照收付实现制原则编制而成的，它将权责发生制下的盈利信息调整为收付实现制下的现金流量信息。为了正确地分析现金流量表，必须明确现金流量表中几个重要的概念：现金、现金等价物、现金流量。

(1) 现金。现金流量表中的现金是指企业的库存现金以及可以随时用于支付的存款，包括库存现金、银行存款和其他货币资金。但是，银行存款和其他货币资金中不能随时用于支付的存款不属于现金，如不能随时支取的定期存款等。

(2) 现金等价物。现金等价物是指企业持有的期限短、流动性强、易于转换为已知金额现金、价值变动风险很小的投资。现金等价物虽然不是现金，但其支付能力与现金的差别不大，因此可以视为现金，例如3个月内到期的债券投资。由定义可知，一项投资被确认为现金等价物必须同时具备四个条件：期限短、流动性强、易于转换为已知金额现金、价值变动风险很小。其中，期限短一般是指从购买日起3个月内到期。权益性投资变现的金额通常不确定，因而不属于现金等价物。

(3) 现金流量。现金流量是企业在一定时期内现金和现金等价物的流入和流出的数量，主要包括经营活动产生的现金流量、投资活动产生的现金流量和筹资活动产生的现金流量这三类。经营活动是指企业投资活动和筹资活动以外的所有交易和事项，如销售商品、提供劳务、购买商品、接受劳务、支付税款等。投资活动是指企业长期资产的购建和除现金等价物外的投资及其处置活动，如购建或处置固定资产、对外长期投资或收回投资等。筹资活动是指导致企业资本及债务规模和结构发生变化的活动，如向银行借款或还款、发行债券、发行股票、支付利息或股利等。

2.3.3 财务分析的方法

1. 比率分析法

比率分析法是将企业同一时期的财务报表中的相关项目进行对比，得出一系列财务比率，以此来揭示企业财务状况的分析方法。财务比率主要包括构成比率、效率比率和相关比率这三大类。

(1) 构成比率，又称结构比率，是反映某项经济指标的各个组成部分与总体之间关系的财务比率，如流动资产与总资产的比率、流动负债与负债总额的比率。

$$构成比率 = \frac{某个组成部分数额}{总体数额}$$

(2) 效率比率，是反映某项经济活动投入与产出之间关系的财务比率，如资产报酬率、销售净利率等。利用效率比率可以考察经济活动的经济效益，揭示企业的盈利能力。

（3）相关比率，是反映经济活动中某两个或两个以上相关项目比值的财务比率，如流动比率、速动比率等。利用相关比率可以考察各项经济活动之间的相互关系，从而揭示企业的财务状况。

2. 比较分析法

比较分析法是将同一企业在不同时期的财务状况或某一企业与不同企业的财务状况进行比较，从而揭示企业财务状况存在的差异的分析方法。比较分析法可分为纵向比较分析法和横向比较分析法。

（1）纵向比较分析法。

这一方法又称趋势分析法，是指将两期或连续数期财务报表中的相同指标或比率进行对比，求出它们增减变动的方向、数额和幅度的一种方法。采用这种方法可以揭示企业财务状况和生产经营情况的变化，分析引起变化的主要原因、变动的性质并预测企业未来的发展前景。趋势分析法的具体运用主要有重要财务指标的比较、财务报表金额的比较和财务报表构成的比较。

A. 重要财务指标的比较

重要财务指标的比较，是将不同时期财务报表中的相同指标或比率进行比较，直接观察其绝对额或比率的增减变动情况及变动幅度，考察有关业务的发展趋势，预测企业发展前景。对不同时期财务指标进行比较，可以计算动态比率指标，如利润增长的百分比。由于采用的基期数额不同，所计算的动态指标又可有两种：定基动态比率和环比动态比率。定基动态比率是指以某一时期的数额为固定的基期数额而计算出来的动态比率；环比动态比率则是指以每一分析期的前期数额为基期数额而计算出来的动态比率。其计算公式如下：

$$定基动态比率 = \frac{分析期数额}{固定基期数额}$$

$$环比动态比率 = \frac{分析期数额}{前期数额}$$

B. 财务报表金额的比较

财务报表金额的比较，是将连续数期的财务报表的金额数字并列起来，比较其相同指标的增减变动金额和增减变动幅度，来说明企业财务状况和经营成果的一种方法。会计报表的金额的比较，可以有资产负债表的比较、损益表的比较、现金流量表的比较等。在比较时，既要计算出表中有关项目增减变动的绝对额，又要计算出其增减变动的百分比。

C. 财务报表构成的比较

财务报表构成的比较，是在财务报表比较的基础上发展而来的一种方法。它是以会计报表中的某个总体指标作为100%，在计算出其各组成指标占该总体指标百分比的基础上，比较各个项目指标占总体指标百分比的增减变动，以此来判断有关财务活动的变化趋势。

（2）横向比较分析法。

这一方法是将本企业的财务状况与其他企业的同期财务状况进行比较，确定其存在的差异及其程度，以此来揭示企业财务状况中所存在的问题的分析方法。

3. 因素分析法

因素分析法是按顺序依次替换各个因素变量，来计算各个因素的变动对总的经济指标影响程度的一种方法。因素分析法主要应用于寻找管理中出现的问题的成因，为下一步有针对性地解决问题提供信息，并为企业内部考核提供依据。因素分析法一般分为四个步骤：

（1）确定分析对象，将该指标的实际数与分析标准数进行比较，求出实际脱离标准的差异，即分析对象。

（2）根据经济指标的形成过程，明确该经济指标受哪些因素变动的影响。

（3）明确各影响因素与经济指标的数量关系，即建立因素关系式，分清主要因素与次要因素。

（4）按照一定的顺序依次替换各个因素变量，计算某个因素变动对经济指标的影响程度。当计算某一因素变动对经济指标的影响程度时，假定其他因素不发生变动，将每次替换后的计算结果与前次替换后的计算结果进行比较（即循环比较）来确定各个因素变动的影响程度。

2.3.4 财务分析的内容

本节各指标计算的数据均来自南王科技 2023 年财务报表，详见表 2-3。

1. 偿债能力分析

偿债能力是指企业偿还到期债务的能力。管理者、投资者和债权人通过对企业的财务报告等会计资料进行分析，可以了解企业的资产流动性和负债水平等信息，从而评价企业的财务状况，评估企业偿债能力。

（1）短期偿债能力分析。

短期偿债能力比率用来衡量公司承担经常性财务负担（即偿还负债）的能力。公司如果有足够的现金流量，就不会造成债务违约，并可避免陷入财务困境。会计流动性反映了公司短期偿债能力，它通常与净营运资本相联系。公司将于自资产负债表编制之日起一年内偿还的债务即流动负债，偿还这些债务的基本来源就是流动资产。反映公司短期偿债能力的财务指标主要有以下几种。

A. 流动比率

流动比率等于流动资产与流动负债的比率。其计算公式为：

$$流动比率 = \frac{流动资产}{流动负债} \qquad (2-37)$$

流动比率广泛用于计量资产流动性，它可以用来衡量以下因素：①流动负债偿还能力。流动资产对流动负债的比率越高，其短期偿债能力越强。②亏损缓冲能力。该比率越高，表示缓冲能力越强，风险越低。在公司最终的处理和清算中，非现金资产的价值可能出现缩水，流动比率反映的正是抵御这种价值缩水的安全程度。③流动基金储备。流动比率可以用来计量企业应付现金流量的不确定性和应对突发事件的安全程度。

如果企业出现财务上的困难，可能无法按时支付货款，则需要向银行申请贷款展期，可能会造成流动负债比流动资产增加得快，使流动比率下降。因此流动比率的下降可能是企业财务困难的第一个信号。

以南王科技为例，2022年该指标计算如下：

$$流动比率 = \frac{流动资产}{流动负债} = \frac{486}{292} = 1.66$$

2022年南王科技的流动比率为1.66，低于可比公司平均水平2.93，主要是由于公司业务规模处于扩张阶段，为扩大产能不断增购生产设备、购买土地使用权、支付工程款项等，资产结构中流动资产占比下降而非流动资产占比上升，同时银行融资增加导致流动比率下降。

一般认为，公司合理的流动比率是2∶1，这是因为流动资产中变现能力最差的存货金额占流动资产总额的比重较大，剩下的流动性较大的资产至少要等于流动性负债，才能保证公司的短期负债能力。流动比率过高，表明流动资金积压过多，没有充分利用；反之，会出现偿债困难。当然，上述合理的流动比率只是就平均值而言，实际上具体到各行业又有不同特点。例如，加工业和制造业的平均流动比率一般要高于商业、旅游业和服务业。在分析流动比率时，一方面要计算历年的流动比率，以便发现变化趋势；另一方面还要将本公司的流动比率与从事同类经营活动的同行业其他企业的流动比率进行比较，了解公司在行业中所处的水平。

B. 速动比率

速动比率等于扣除了存货之后的流动资产（即速动资产）与流动负债的比值，用于衡量企业在某一时点上运用随时可变现资产偿付到期债务的能力，是对流动比率的补充。其计算公式如下：

$$速动比率 = \frac{速动资产}{流动负债} \tag{2-38}$$

以南王科技为例，2022年该指标计算如下：

$$速动比率 = \frac{速动资产}{流动负债} = \frac{486 - 207}{292} = 0.96$$

一般来说，比值1∶1被认为是正常的速动比率，但在不同的行业也存在差别。速动比率过高可能说明企业投资过于保守，过低则被认为是短期偿债能力不足。2022年南王科技的速动比率为0.96，略低于一般正常的速动比率，经分析后可知原因同样与其公司规模扩张相关。和流动比率一样，分析速动比率时也要参考本企业的历史数据和同行业其他企业的资料。

C. 现金比率

影响速动比率可信度的重要因素是应收账款的变现能力。账面上的应收账款不一定都能变现，实际坏账可能比计提的准备要多。季节性的变化也可能使报表的应收账款数额不能反映平均水平。考虑到应收账款不一定能全部收回，现金比率只计算现金资产与流动负债的比值，其中现金资产包括货币资金、交易性金融资产等，它衡量的是可用于偿还流动负债的现金。其计算公式为：

$$现金比率 = \frac{货币资金 + 交易性金融资产}{流动负债} \times 100\% \tag{2-39}$$

以南王科技为例，2022年该指标计算如下：

$$现金比率 = \frac{货币资金 + 交易性金融资产}{流动负债} \times 100\% = \frac{88}{292} = 30\%$$

也就是说，即使将南王科技的应收账款和存货都抵押出去，仍能利用现金资产直接偿还30%的流动负债。现金比率是速动比率的延伸，是对短期流动性更加严格的计算，但它没有考虑流动资产和流动负债具有的再生性。

（2）长期偿债能力分析。

长期偿债能力是指公司偿还长期负债的能力。公司的长期负债包括长期借款、应付长期债券等。反映长期偿债能力的财务指标主要有以下几种。

A. 资产负债率。

资产负债率是指公司的负债总额与资产总额的比值。资产负债率表示从债权人处所筹集的资金占资产总额的比例，它有助于分析在破产的情况下对债权人的保护程度。从长期偿债能力的观点来看，这一比率越低，公司的财务状况越稳定。资产负债率的计算公式如下：

$$资产负债率 = \frac{负债总额}{资产总额} \times 100\% \qquad (2-40)$$

以南王科技为例，2022年该指标计算如下：

$$资产负债率 = \frac{负债总额}{资产总额} \times 100\% = \frac{375}{1099} \times 100\% = 34.12\%$$

值得注意的是，2022年南王科技的资产负债率为34.1%，略高于行业平均水平31.2%，但并不能因此就认为公司资产质量较差，因为公司2022年阶段性增加银行借款，公司上市后，资产负债率会有所回落。

一般来讲，公司的资产总额大于负债总额，资产负债率应小于100%。如果公司的资产负债率较低（50%以下），说明公司有较好的偿债能力和负债经营能力。在公司资产净利润率高于负债资本成本率的条件下，公司负债经营会使所有者的收益增加。因此，公司所有者总希望通过负债经营得到杠杆利益，从而有提高资产负债率的动机。但债权人希望公司的资产负债率低一些，因为债权人的利益主要表现在权益的安全方面。如果公司的资产负债率等于甚至大于100%，说明公司资不抵债，债权人为维护自己的利益可向人民法院申请企业破产。

B. 产权比率和权益乘数。

产权比率是公司的负债与所有者权益的比率，反映公司资金来源的结构比率关系。该比值可用于衡量公司负债的风险程度以及公司对债务的偿还能力。其计算公式如下：

$$产权比率 = \frac{负债总额}{股东权益总额} \qquad (2-41)$$

以南王科技为例，2022年该指标计算如下：

$$产权比率 = \frac{负债总额}{股东权益总额} = \frac{375}{725} = 0.52$$

从投资人的角度来讲，只要资产报酬率高于贷款利率，通过财务杠杆效应，就能够提高投资报酬率，所以投资人希望产权比率尽可能地大。而从债权人的角度讲，这一比率越高，风险也就越大，所以希望该比率越小越好。在西方，财务分析师通常建议公司把负债与权益的比值维持在1∶1的水平上。当然，这必须视公司的营运情况而定。

权益乘数是公司的总资产与所有者权益的比值，反映了每元钱的股东权益所拥有的资产。其计算公式如下：

$$权益乘数 = \frac{总资产}{股东权益总额} \tag{2-42}$$

C. 长期资本负债率。

长期资本负债率是指公司非流动负债占长期资本的比例。其计算公式为：

$$长期资本负债率 = \frac{非流动负债}{非流动负债 + 股东权益} \times 100\% \tag{2-43}$$

这项指标是资产负债率的延伸，是一项更能客观地评价公司长期偿债能力的指标。企业的无形资产如商标、专利权、商誉等，不一定能用来偿还债务，可以将其视为不能偿债的资产，从资产中扣除。这项指标的作用及其分析方法与资产负债率的基本相同。应注意，在资产总额中若待摊费用和长期待摊费用的金额较大，在计算指标时也应从资产总额中扣除。

D. 利息保障倍数。

利息保障倍数是指公司息税前利润与利息费用的比值，反映公司经营所得支付债务利息的能力。其计算公式如下：

$$利息保障倍数 = \frac{净利润 + 利息费用 + 所得税费用}{利息费用} \tag{2-44}$$

以南王科技为例，2022年该指标计算如下：

$$利息保障倍数 = \frac{净利润 + 利息费用 + 所得税费用}{利息费用} = \frac{76 + 4 + 2}{4} = 20.5$$

一般来说，利息保障倍数应大于1，该指标越大，说明支付债务利息的能力越强。确保利息费用的支付是企业避免破产的必备条件，利息保障倍数直接反映了企业支付利息的能力。计算该比值时若从利润中减去折旧，在分母中加上其他财务费用（如本金支付和租赁费支付），计算结果将更具现实意义。分析该指标时需要将该指标与其他企业的进行比较，特别是与本行业的平均水平进行比较，从而分析判断本企业指标的水平。同时，从稳健性的角度出发，最好比较公司连续几年的该项指标，并选择最低指标年度的数据作为标准。

E. 现金流量利息保障倍数。

现金流量利息保障倍数，是指经营现金流量与利息费用的比值。其计算公式为：

$$现金流量利息保障倍数 = \frac{经营现金流量}{利息费用} \tag{2-45}$$

现金基础的利息保障倍数表明了企业1元的利息费用有多少倍的经营现金流量作为保障，它比收益基础的利息保障倍数更可靠，因为实际用来支付利息的通常是现金。

F. 现金流量债务比。

现金流量债务比，是指经营活动所产生的现金净流量与债务总额的比值。其计算公式为：

$$\text{现金流量债务比} = \frac{\text{经营现金净流量}}{\text{债务总额}} \times 100\% \qquad (2-46)$$

该公式中的债务总额，一般情况下使用年末和年初的加权平均数，为了简便，也可使用年末数。

2. 营运能力分析

营运能力反映了企业对资产的利用和管理能力。企业的生产经营过程就是利用资产取得收益的过程。资产是企业生产经营活动的经济资源，利用和管理资产的能力直接影响到企业的收益，它体现了企业的经营能力。对营运能力进行分析，可以了解到企业资产的保值和增值情况，分析企业资产的利用效率、管理水平、资金周转状况、现金流量情况等，为评价企业的经营管理水平提供依据。

（1）营业周期。

营业周期是指从取得存货开始到销售存货并收回现金为止的这段时间。营业周期的长短取决于存货周转天数和应收账款周转天数。其计算公式为：

$$\text{营业周期} = \text{存货周转天数} + \text{应收账款周转天数} \qquad (2-47)$$

存货周转天数和应收账款周转天数相加计算出来的营业周期，指的是需要多长时间能将期末存货全部变为现金。一般情况下，营业周期短，说明资金周转速度快；营业周期长，说明资金周转速度慢。

（2）总资产周转率。

总资产周转率等于会计期内的销售收入总额与平均资产总额的比值。其计算公式为：

$$\text{总资产周转率} = \frac{\text{销售收入总额}}{\text{平均资产总额}} \qquad (2-48)$$

以南王科技为例，2022 年该指标计算如下：

$$\text{总资产周转率} = \frac{\text{销售收入总额}}{\text{平均资产总额}} = \frac{1054}{(1063+1099)/2} = 0.98$$

这一比率用来表示公司对总资产的运用是否有效。若资产周转率高，说明公司能有效运用资产创造收入；若资产周转率低，说明公司没有充分利用资产的效能，因而必须提高销售额，或削减部分资产。在运用这一比率说明资产的使用效果时存在的一个问题是，旧资产的会计价值低于新资产，总资产周转率可能因为旧资产的使用而偏大；另外一个问题是，固定资产投资较少的公司（如零售和批发企业）相较于固定资产投资较多的公司（如制造企业），其总资产周转率会更高。

（3）应收账款周转率。

应收账款周转率等于销售收入与会计期间平均的应收账款额（净额）的比值。应收账款周转率是年内应收账款转为现金的平均次数，它说明应收账款流动的速度。用时间表示的周转速度是应收账款周转天数或平均收款期，其计算方法为一年的总天数除以应收账款周转率。其计算公式为：

$$\text{应收账款周转率} = \frac{\text{销售收入}}{\text{平均应收账款}} \qquad (2-49)$$

$$\text{平均收款期} = \frac{360}{\text{应收账款周转率}} \quad (2-50)$$

以南王科技为例，2022 年该指标计算如下：

$$\text{应收账款周转率} = \frac{\text{销售收入}}{\text{平均应收账款}} = \frac{1054}{(139+166)/2} = 6.91 \text{（次）}$$

$$\text{平均收款期} = \frac{360}{\text{应收账款周转率}} = \frac{360}{6.91} = 52.10 \text{（天）}$$

通过上述计算得出，南王科技 2022 年应收账款周转率为 6.91 次，高于可比公司平均水平 5.47 次，经分析，主要是由于公司的客户优质，货款回款速度较快，且南王科技非常注重对销售回款的管理，销售回款情况较好。

一般来说，应收账款周转率越高，平均收款期限越短，说明应收账款的回收越快。若公司的资金过多地停留在应收账款上，将会影响正常的资金周转。财务报表的外部使用者可以将计算出来的指标与该公司前期、行业平均水平或其他类似公司的指标相比较以判断该指标的高低。

（4）存货周转率。

在流动资产中，存货所占的比重较大，存货的流动性将直接影响企业的流动比率，因此必须重视对存货的分析。存货的流动性一般用存货周转率来反映。存货周转率等于产品销售成本与平均存货的比值，是衡量和评价公司购入存货、投入生产、销售收回账款等各环节管理状况的综合性指标。因为存货是按历史成本记录的，所以必须根据产品的销售成本而不是销售收入来计算（销售收入中含有销售毛利，与存货不相匹配）。其计算公式为：

$$\text{存货周转率} = \frac{\text{销售成本}}{\text{平均存货}} \quad (2-51)$$

以南王科技为例，2022 年该指标计算如下：

$$\text{存货周转率} = \frac{\text{销售成本}}{\text{平均存货}} = \frac{863}{(194+207)/2} = 4.30$$

通过上述计算可得，2022 年南王科技的存货周转率为 4.30 次，低于可比公司平均水平 5.08 次，经分析，主要是由于每年末临近春节，为了保证包括肯德基、麦当劳、华莱士等的主要客户得到充分、及时的供应，减少供货风险，公司会加大备货量。剥离季节性因素后，公司水平和行业平均水平不存在较大差异。

存货周转率衡量了存货生产及销售的速度，它主要受产品的制造技术的影响。例如，生产一台汽油涡轮机比生产一片面包要花更多的时间。另外，存货周转率还与产成品的耐腐蚀性有关（耐腐蚀性越差越需要更快的销售速度）。一般来说，存货周转速度越快，存货的占用水平越低，流动性越强，存货转化为现金或应收账款的速度越快。存货周转率的高低反映着存货的管理水平，不仅影响公司的短期偿债能力，也是公司管理的重要内容。

（5）流动资产周转率。

流动资产周转率是销售收入与全部流动资产的平均余额的比值。其计算公式为：

$$\text{流动资产周转率} = \frac{\text{销售收入}}{\text{平均流动资产}} \quad (2-52)$$

以南王科技为例，2022 年该指标计算如下：

$$流动资产周转率 = \frac{销售收入}{平均流动资产} = \frac{1054}{(485+486)/2} = 2.17$$

流动资产周转率反映流动资产的周转速度，周转速度越快，表明公司越会相对节约流动资产，等于相对扩大资产投入，增强公司的盈利能力；反之，周转速度慢则需要补充流动资产参与周转，会形成浪费，降低公司的盈利能力。

（6）非流动资产周转率。

非流动资产周转率是销售收入与非流动资产的平均余额的比值。其计算公式为：

$$非流动资产周转率 = \frac{销售收入}{平均非流动资产} \qquad (2-53)$$

以南王科技为例，2022 年该指标计算如下：

$$非流动资产周转率 = \frac{销售收入}{平均非流动资产} = \frac{1054}{(578+613)/2} = 1.77$$

非流动资产周转率反映公司对非流动资产的管理效率，分析时主要是针对投资预算和项目管理，判断投资与竞争战略是否一致，收购和剥离政策是否合理，等等。

总之，各项资产的周转指标用于衡量公司运用资产赚取收入的能力，如果将这类指标和反映公司盈利能力的指标结合在一起使用，可更全面地评价公司的盈利能力。

3. 盈利能力分析

获取利润是企业的主要经营目标之一，它也反映了企业的综合素质。企业要生存和发展，必须争取获得较高的利润，这样才能在竞争中立于不败之地。投资者和债权人都十分关心企业的盈利能力，因为盈利能力强可以提高企业偿还债务的能力，提升企业的信誉。对企业盈利能力的分析不能仅看其获取利润的绝对数，还应分析其相对指标，这些都可以通过财务分析来实现。

（1）销售毛利率（GPM）。

销售毛利率是指毛利与总销售收入的比值，通常以百分比形式表示。其计算公式为：

$$销售毛利率 = \frac{毛利润}{总销售收入} \times 100\% \qquad (2-54)$$

销售毛利率是创造销售利润率的保障，提高销售毛利率可以获取更大的净利。

以南王科技为例，2022 年该指标计算如下：

$$销售毛利率 = \frac{毛利润}{总销售收入} \times 100\% = \frac{191}{1054} \times 100\% = 18.12\%$$

通过计算可知，南王科技 2022 年的毛利率水平为 18.12%，略低于可比公司的平均毛利率。经分析，主要原因是下游应用领域差异，具体如下：①以烟标为主要应用领域的公司，如劲嘉股份、东风股份、永吉股份、新宏泽、金时科技，所处的烟标行业市场化程度相对较低，竞争格局比较稳定，因此毛利率相对较高，但随着烟标市场化程度推进和供应端的洗牌，老牌烟标毛利率可能会回落；②以酒包、3C 等产品的精品包装为主要应用领域的裕同科技和美盈森，产品附加值较高，毛利率相对较高；③以奶酪包装膜为主要领域的上海艾录，产品附加值较高，且正处于国产替代阶段，毛利率相对较高，随着国产替代推进，毛利率可能回落；④以泛消费等行业产品外包装为主要应用领域的合兴包装、森林包装、大胜达等，产品为附加值较低的瓦楞包装，毛利率远低于公司。南王科技的下游主要是食品、饮品等偏向必选的消费，食品包装竞争相对激烈，因此毛利率低于行业平均。

（2）销售利润率（ROS）。

销售利润率又称销售净利率、利润率，指净利润占销售收入的百分比。其计算公式为：

$$销售利润率 = \frac{净利润}{销售收入} \times 100\% \quad (2-55)$$

一般来说，销售利润率反映了公司以较低的成本或较高的价格提供产品和劳务的能力。这是基于总销售收入而不是基于公司或权益投资者所投资的资产而计算的利润率，因此不能直接衡量公司的盈利能力。例如，商业行业的销售利润率较低，而服务性行业的销售利润率较高，但这并不能直接说明二者盈利能力的高低。

（3）总资产利润率（ROA）。

总资产利润率是衡量公司管理绩效的一个常见指标，是净利润占平均总资产的百分比。其计算公式为：

$$总资产利润率 = \frac{净利润}{总资产} \times 100\% \quad (2-56)$$

可以将几个财务比值联系在一起，再将总资产利润率分解成销售利润率和总资产周转率这两个指标来计算，其基本内容如下：

$$总资产利润率 = \frac{净利润}{总资产} \times 100\% = \frac{净利润}{销售收入} \times \frac{销售收入}{总资产} \times 100\% \quad (2-57)$$
$$= 销售利润率 \times 总资产周转率$$

公司可以通过提高销售利润率或资产周转率来增大总资产利润率。将总资产利润率分解成销售利润率和总资产周转率有助于分析公司的财务策略。

（4）净资产收益率（ROE）。

净资产收益率也称股东权益报酬率，被定义为净利润（息税后）占股东权益的百分比。其计算公式如下：

$$净资产收益率 = \frac{净利润}{股东权益} \times 100\% \quad (2-58)$$

以南王科技为例，2022年该指标计算如下：

$$净资产收益率 = \frac{净利润}{股东权益} \times 100\% = \frac{76}{(649+725)/2} \times 100\% = 11.06\%$$

在投资者及资深管理者中，普遍流行的业绩评价尺度是净资产收益率。净资产收益率之所以被看得如此重要，是因为它反映了一家公司股东权益资本的使用效益，衡量了权益资本中每元钱带来的盈利。净资产收益率可被分解为：

$$净资产收益率 = \frac{净利润}{股东权益} \times 100\% = \frac{净利润}{销售收入} \times \frac{销售收入}{总资产} \times \frac{总资产}{股东权益} \times 100\%$$
$$= 销售利润率 \times 总资产周转率 \times 权益乘数$$

$$(2-59)$$

也就是说，管理者可以通过调控销售利润率、总资产周转率、权益乘数这三个指标来调控净资产收益率。

（5）可持续增长率。

可持续增长率是财务分析中一个非常重要的比率，这是公司在不提高财务杠杆的情况下，仅利用内部权益所能达到的最高增长率。可持续增长率可按以下公式计算：

$$可持续增长率 = 净资产收益率 \times 留存比率 \qquad (2-60)$$

公司的盈利能力很难被定义和衡量，没有一种方法能明确地告诉我们公司是否具有较好的营利性。一般来说，会计利润反映了收入与成本之差。财务分析人员至多只能衡量当前或既往的会计利润，然而，许多商业机会都是以牺牲当前利润为代价来换取未来利润的。例如，几乎所有的新产品都有很高的初始费用，因此有较低的初始利润，在这种情况下，当前利润就不足以反映未来的盈利能力了。以会计为基础来衡量公司盈利能力还存在一个问题，即它忽视了风险。当两家公司的风险显著不同时，仅依据二者的当期利润相同而得出二者的营利性也相同的结论是错误的。用会计方法衡量公司的盈利能力时，存在的一个最大的概念性问题是这种方法没能给出一个用于比较的尺度。从经济意义上来看，只有当公司的盈利率大于投资者自己能够从资本市场上赚取的盈利率时，才能说公司具有较强的盈利能力，而会计衡量方法无法作出这种比较。

（6）市场价值比值。

普通股股票的每股市场价格是买卖双方在股票交易时确定的。公司普通股权益的市场价值等于普通股每股市场价格乘以发行在外的股数。在一个有效的市场上，市场价格反映了公司的全部相关信息，此时的市场价格就揭示了公司资产的真实价值。

A. 市盈率。

市盈率反映公司获利能力与股票市价之间的关系。计算普通股市盈率的一种方法是用当前每股市价除以上年每股盈余，计算公式为：

$$市盈率 = \frac{每股价格}{每股盈余} \qquad (2-61)$$

B. 净资产倍率。

净资产倍率等于每股价格与每股账面价值的比值，事实上，该净资产倍率相当于"托宾 Q 比值"。其计算公式为：

$$净资产倍率 = \frac{每股价格}{每股账面价值} \qquad (2-62)$$

2.3.5 财务综合分析

1. 沃尔评分法

财务比率综合评分法，也称为沃尔评分法，是指通过对选定的几项财务比率进行评分，然后计算出综合得分，并据此评价企业的综合财务状况的方法。最早采用这种方法的是亚历山大·沃尔，故称沃尔评分法。1928年，亚历山大·沃尔在《信用晴雨表研究》和《财务报表比率分析》两本著作中采用评分方法对企业的信用状况进行综合评价，并提出了信用能力指数的概念。他选择了7个财务比率，包括流动比率、产权比率、固定资产比率、存货周转率、应收账款周转率、固定资产周转率和股权资本周转率，并且分别给定各项财务比率不同的权重，然后以行业平均数为基础确定各项财务比率的标准值，将各项财务比率的实际值与标准值进行比较，得出一个关系比率，将此关系比率与各项财务比率的权重相乘得出总评分，以此来评价企业的信用状况。在沃尔之后，这种方法不断发展，成为对企业进行财务综合分析的重要方法之一。

采用财务比率综合评分法进行企业财务状况的综合分析，一般要遵循以下程序（图2-11）。

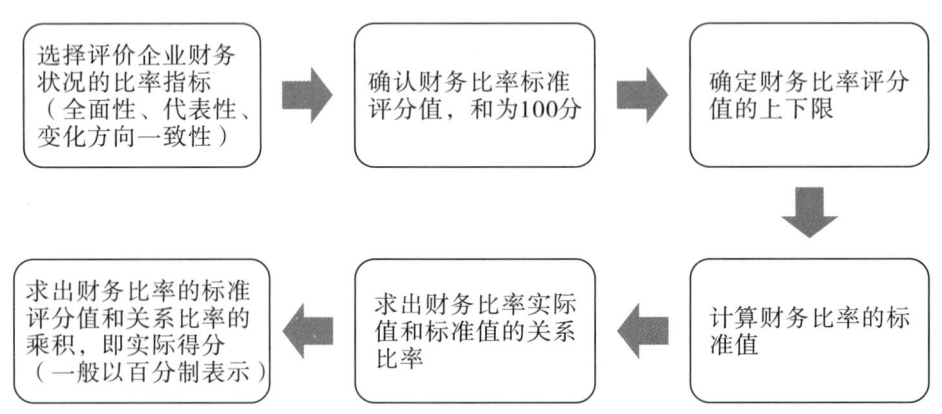

图2-11 沃尔评分法流程图

（1）选定评价财务状况的财务比率。在选择财务比率时，需要注意以下三个方面：①财务比率要求具有全面性。一般来说，反映企业的偿债能力、营运能力和盈利能力的三类财务比率都应当包括在内。②财务比率应当具有代表性。所选择的财务比率数量不一定很多，但应当具有代表性，要选择能够说明问题的重要的财务比率。③各项财务比率要具有变化方向的一致性。当财务比率增大时，表示财务状况的改善；当财务比率减小时，表示财务状况的恶化。

（2）确定财务比率标准评分值。这一步骤即根据各项财务比率的重要程度，确定其标准评分值，即重要性系数。各项财务比率的标准评分值之和应等于100分。各项财务比率评分值的确定是财务比率综合评分法的一个重要问题，它直接影响到对企业财务状况的评分的高低。对各项财务比率的重要程度，不同的分析者会有截然不同的态度，但一般来说，应根据企业的经营活动的性质、企业的生产经营规模、市场形象和分析者的分析目的等因素来确定。

（3）确定财务比率评分值的上下限。规定各项财务比率评分值的上限和下限，即规定最高评分值和最低评分值。这主要是为了避免个别财务比率的异常给总分造成不合理的影响。

（4）确定财务比率的标准值。财务比率的标准值是指各项财务比率在本企业现时条件下最理想的数值，即最优值。财务比率的标准值，通常可以参照同行业的平均水平，并经过调整后确定。

（5）计算关系比率。在计算中，需要先计算企业在一定时期内各项财务比率的实际值，然后，计算出各项财务比率实际值与标准值的比值，即关系比率。关系比率反映了企业某一财务比率的实际值偏离标准值的程度。

（6）计算出各项财务比率的实际得分。各项财务比率的实际得分是关系比率和标准评分值的乘积，每项财务比率的得分都不得超过上限或下限，各项财务比率实际得分的合计数就是企业财务状况的综合得分。企业财务状况的综合得分能反映企业综合财务状况是否良好。如果综合得分等于或接近于 100 分，说明企业的财务状况是良好的，达到了预先确定的标准；如果综合得分远远低于 100 分，则说明企业的财务状况较差，应当采取适当的措施加以改善；如果综合得分远远超过 100 分，则说明企业的财务状况很理想。

2. 杜邦分析法

企业的财务状况是一个完整的系统，内部各种因素都是相互依存、相互作用的，任何一个因素的变动都会引起企业整体财务状况的改变。财务分析者在进行财务状况综合分析时，必须深入了解企业财务状况内部的各项因素及其相互之间的关系，这样才能比较全面地揭示企业财务状况的全貌。杜邦分析法是利用几种主要的财务比率之间的关系来综合分析企业财务状况的一种分析方法。这种分析法是由美国杜邦公司首先提出的，故称杜邦分析法。杜邦分析法一般用杜邦系统图来表示，主要反映了以下几种主要的财务比率关系：

（1）股东权益报酬率与总资产利润率及权益乘数之间的关系：

$$股东权益报酬率 = 总资产利润率 \times 权益乘数$$

（2）总资产利润率与销售净利率及总资产周转率之间的关系（杜邦等式）：

$$总资产利润率 = 销售净利率 \times 总资产周转率$$

（3）销售净利率与净利润及销售收入之间的关系：

$$销售净利率 = 净利润 \div 销售收入$$

（4）总资产周转率与销售收入及资产总额之间的关系：

$$总资产周转率 = 销售收入 \div 资产平均总额$$

杜邦分析在揭示上述几种关系之后，再将净利润、总资产进行层层分解，这样就可以全面、系统地揭示企业的财务状况以及系统内部各个因素之间的相互关系。

以南王科技为例，2022 年其杜邦分析的系统图如图 2 - 12 所示：

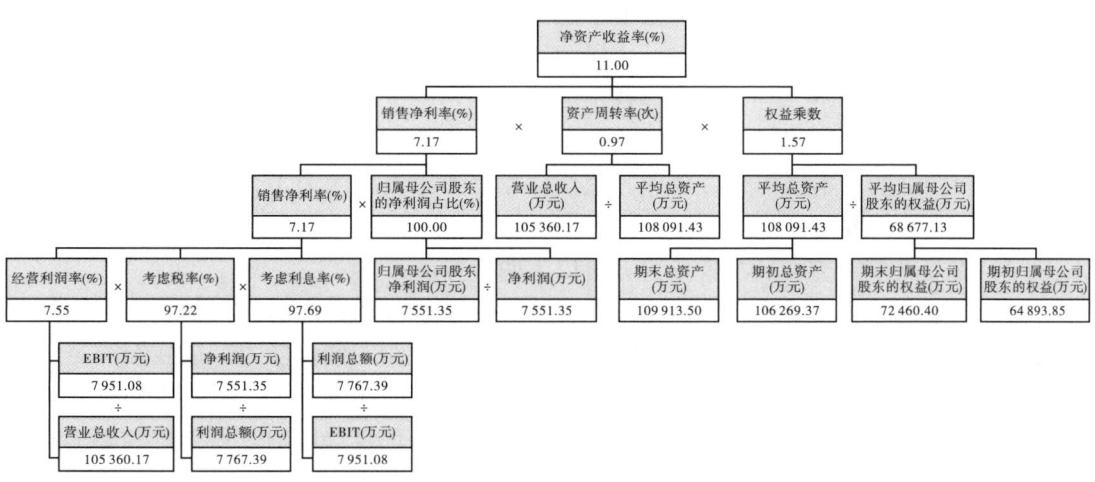

图 2 - 12　南王科技 2022 年杜邦分析系统图

2022年南王科技的净资产收益率为11.0%，高于可比公司平均水平6.2%，主要得益于公司良好的经营能力，资产周转率优于同业。

杜邦分析是对企业财务状况进行的综合分析，它通过几种主要的财务指标之间的关系，直观、明了地反映出企业的财务状况。

（1）从杜邦分析系统图可以看出，股东权益报酬率是一个综合性极强、最有代表性的财务比率，它是杜邦分析的核心。企业财务管理的重要目标就是实现股东财富的最大化，股东权益报酬率正反映了股东投入资金的盈利能力，揭示了企业筹资、投资和生产运营等各方面经营活动的效率。股东权益报酬率取决于企业资产净利率和权益乘数，其中，资产净利率主要反映企业运用资产进行生产经营活动的效率，而权益乘数则主要反映企业的财务杠杆情况，即企业的资本结构。

（2）资产净利率是反映企业盈利能力的一个重要财务比率，它揭示了企业生产经营活动的效率，综合性也极强。企业的销售收入、成本费用、资产结构、资产周转速度以及资金占用量等各种因素，都直接影响到资产净利率的高低。资产净利率是销售净利率与总资产周转率的乘积。因此，可以从企业的销售活动与资产管理这两个方面进行分析。

（3）从企业的销售方面看，销售净利率反映了企业净利润与销售收入之间的关系。一般来说，销售收入增加，企业的净利润也会随之增加。但是，要想提高销售净利率，必须一方面提高销售收入，另一方面降低各种成本费用，这样才能使净利润的增长高于销售收入的增长，从而使销售净利率得到提高。由此可见，提高销售净利率必须在以下两个方面下功夫：

①开拓市场，增加销售收入。在市场经济中，企业必须深入调查研究市场情况，了解市场的供需关系；在战略上，从长远的利益出发，努力开发新产品；在策略上，保证产品的质量，加强营销手段，努力提高市场占有率。

②加强成本费用控制，降低耗费，增加利润。从杜邦系统中可以分析企业的成本费用结构是否合理，以便发现企业在成本费用管理方面存在的问题，为加强成本费用管理提供依据。企业要想在激烈的市场竞争中立于不败之地，不仅要在营销与产品质量上下功夫，还要尽可能降低产品的成本，这样才能增强产品在市场上的竞争力。同时，要严格控制企业的管理费用、财务费用等各种期间费用，降低耗费，增加利润。尤其要研究分析企业的利息费用与利润总额之间的关系，如果企业所承担的利息费用太多，就应当进一步分析企业的资本结构是否合理，负债比率是否过高，因为不合理的资本结构会影响到企业所有者的收益。

（4）在企业资产方面，主要应该分析以下两个方面：

①分析企业的资产结构是否合理，即流动资产与非流动资产的比例是否合理。资产结构实际上反映了企业资产的流动性，它不仅关系到企业的偿债能力，也会影响企业的盈利能力。一般来说，如果企业流动资产中货币资金占的比重过大，就应当分析企业现金持有量是否合理以及有无现金闲置现象，因为过量的现金会影响企业的盈利能力；如果流动资产中的存货与应收账款过多，就会占用大量的资金，影响企业的资金周转。

②结合销售收入，分析企业的资产周转情况。资产周转速度直接影响到企业的盈利

能力,如果企业资产周转较慢,就会占用大量资金,增加资金成本,减少企业的利润。对资产周转情况的分析,不仅要关注企业总资产周转率,更要关注企业的存货周转率与应收账款周转率,并将其周转情况与资金占用情况结合起来分析。

总之,从杜邦分析系统可以看出,企业的盈利能力涉及生产经营活动的方方面面。股东权益报酬率与企业的资本结构、销售规模、成本水平、资产管理等因素密切相关,这些因素构成一个完整的系统,系统内部各因素之间相互作用,只有协调好系统内部各个因素之间的关系,才能使股东权益报酬率得到提高,从而实现企业股东财富最大化的目标。

2.4 公司业绩评价

2.4.1 公司业绩评价的基本概念

1. 公司业绩评价的概念

公司业绩评价是指运用一定的方法,采用特定的指标体系,对照统一的评价标准,按照一定的程序,对公司在一定经营期间内的经营效益和经营者业绩作出客观、公正、准确的综合评判。公司业绩评价是评价理论方法在经济领域的具体应用,它是在会计学和财务管理的基础上,运用计量经济学原理和现代分析技术而建立起来的剖析公司经营过程、真实反映公司实际经济状况以及预测公司未来发展前景的一门科学。

公司业绩评价的基本特征是以公司法人作为具体评价对象,评价的重点在盈利能力、资产运营水平、偿债能力、经营风险和后续发展能力等方面,以能准确反映这些内容的各项定量和定性指标作为主要评价依据,并将各项指标置于全行业和规模的平均水平对比之中,以期求得对某一企业公正、客观的评价结果。它是专业性的技术判断,评价内容广泛,使用指标较多,评价结果综合性强,强调客观公正性。

公司经营业绩的具体评价内容依公司的经营类型不同而不同。就我国工商类竞争性公司而言,业绩评价的内容包括四个方面,即财务效益状况、资产运营状况、偿债能力状况和发展能力状况。其中,财务效益状况主要反映公司的投资回报和盈利能力;资产运营状况主要反映公司的资产周转运用能力;偿债能力状况主要反映公司的资产负债比率和偿还债务的能力;发展能力状况主要反映公司的成长性和长远发展潜力。这四部分内容虽各有侧重,从不同的角度揭示了被评价公司当前的实际经营管理状况,但又互相联系,相辅相成。通过对这四个方面内容的综合评价,可以得出反映公司全貌的业绩评价结论。

2. 公司业绩评价的作用

公司业绩评价无论是对政府加强宏观调控,还是对公司改善经营管理,都发挥着重要的作用。

(1) 有利于政府的宏观调控。

公司业绩评价是按照市场经济的要求,在一定经营期间结束后,深入分析公司的整个经营过程,突出体现公司的财务效益、资产管理和偿债能力及发展能力的状况,以反映公司在同行业和其所在区域中的水平和实力,并将信息提供给政府有关部门,为政府宏观调控、间接监督公司提供充分的依据。

(2) 有利于正确引导公司的经营行为。

公司业绩评价包括了公司盈利能力、基础管理、资本运营、债务状况、经营风险及长期发展能力等多方面的内容评价,可以全面系统地剖析影响公司目前经营和长远发展的各方面因素,全方位地判断公司的真实状况,并促使公司克服短期行为,注重将公司的短期利益与长远目标结合起来。

(3) 有助于对管理者业绩的考核,建立激励与约束机制。

开展公司业绩评价,可以全面正确地评定公司经营者的经营业绩,为公司资产所有者或所有者代表考核、奖惩、解雇或聘任经营者提供充分客观的依据。

(4) 有利于增强公司的形象意识,提高竞争实力。

公司业绩评价的参照系是经济运行的实际水平值,评价通过横向比较,开阔了公司的视野,能够使公司看到自身的实际水平及在同行业中的地位,使公司更加注重改善其市场形象,有助于提高其市场竞争实力。

(5) 有利于促进公司改进管理方法及程序,加强公司管理制度的创新。

公司业绩的评价可以促进公司深化内部管理,为公司管理制度创新注入符合市场经济要求的新的驱动力。

2.4.2 公司业绩评价的指标

公司业绩评价指标是公司业绩评价内容的载体,也是公司业绩评价内容的外在化表现。公司业绩评价指标必须充分体现公司的基本情况,围绕评价公司业绩的主要方面,建立逻辑严密、相互联系、互为补充的体系结构。我们可从财务评价指标和非财务评价指标这两方面来评价公司的业绩。

1. 财务评价指标

(1) 净收益和每股收益额。

净收益即公司的净利润,净利润是指公司的税后利润,即利润总额扣除应交所得税后的净额,是未进行任何分配的数额。联系股份数额表示的会计净收益即为每股收益额,它是公司净利润(扣除优先股股利)与流通在外的普通股股数的比值。其计算公式为:

$$每股收益额 = \frac{净利润 - 优先股股利}{普通股流通股数} \quad (2-63)$$

在其他条件不变的情况下,公司净收益越多,说明盈利能力越强。净收益能够比较客观、综合地反映公司的经济效益,准确体现投资者投入资本的盈利能力,因此被广泛应用于公司业绩的计量。从表面上看,该指标受收入和成本的影响,实际上它还反映了公司产品产量和质量、品种结构、市场营销等方面的工作质量,即在一定程度上反映了公司的管理水平。

每股收益额反映每股的获利水平,该指标值越大,每股可得的利润越多,股东的投资效率越好,反之则差。这个指标衡量了普通股持有者获得报酬的水平,能够客观地评价公司的管理效率和盈利能力。

(2) 投资报酬率。

投资报酬率是收益与投入资本的比值，反映投资的有效性，是一个效率指标。它把公司赚得的收益和所使用的资产联系起来，评价公司资产使用的效率水平，并且把与维持生产经营必要的成本考虑在内。因此，投资报酬率是监控资产管理和经营策略的有效性的工具。

依据收益与投入资本所选用参量的不同，投资报酬率有许多不同的指标形式，现就投资报酬率的三种主要形式说明如下。

A. 净资产收益率。

本讲 2.3.4 小节已介绍净资产收益率。该指标充分体现了投资者投入公司的自有资本获取净收益的能力，突出反映了投资与报酬的关系，是评价公司经营效益的核心指标。一般认为，公司净资产收益率越高，公司自有资本获取收益的能力越强，运营效益越好，对公司投资人、债权人的保障程度越高。净资产收益率通用性强，适应范围广，不受行业局限。在我国上市公司业绩综合排序中，该指标居于首位。通过对该指标的综合对比分析，可以看出公司获利能力在同行业中所处的地位，以及与同类公司的差异水平。

B. 总资产利润率。

本讲 2.3.4 小节已述及总资产利润率。该指标表示公司全部资产获取收益的水平，全面反映了公司的资产获利能力和投入产出状况，是评价企业资产运营效益的重要指标。通过对该指标的深入分析，可以增强各个方面对公司资产经营的关注，促进公司提高单位资产的收益水平。一般情况下，该指标越高，表明企业投入产出的水平越好，企业的资产运营越有效。公司可据此指标与市场资本利率进行比较，如果该指标大于市场利率，则表明企业可以充分利用财务杠杆，进行负债经营，获取尽可能多的收益。

C. 成本费用利润率。

成本费用利润率是公司在一定时期内的利润总额与企业成本费用总额的比值。成本费用利润率表示公司为取得利润而付出的代价，从公司支出方面评价公司的获利能力。该指标的计算公式为：

$$成本费用利润率 = \frac{利润总额}{成本费用总额} \qquad (2-64)$$

成本费用利润率是在公司内部管理等方面对资本收益状况的反映，通过对公司收益与支出直接进行比较，客观评价企业的获利能力。该指标从耗费角度评价公司的收益状况，有利于促进公司加强内部管理，节约支出，提高经营效益。一般认为，成本费用利润率越高表明企业为取得收益所付出的代价越小，企业成本控制得越好，企业的获利能力越强。

(3) 剩余收益。

剩余收益是指净收益与投资成本的差异。剩余收益用绝对数指标来实现利润与投资之间的联系，它克服了使用比值来衡量公司业绩所带来的次优化问题，是除净收益之外的另一个可选用的评价公司业绩的绝对性指标。其计算公式为：

$$剩余收益 = 净收益 - 投资额 \times 资本成本率 \qquad (2-65)$$

资本成本率的确定，根据资金的不同来源而有所区别，不同的资本成本率可用来反映不同的风险。正的剩余收益表明公司的利润超过了它的筹资成本，因此，以剩余收益作为评价公司经营业绩的尺度的基本要求是：只要投资的收益率大于投资成本，该项投资便是可行的。该指标避免了投资报酬率的缺陷，使公司能够选择既有利于其自身，又有利于母公司的投资机会。

（4）经营现金流量。

经营现金流量是指公司正常经营活动中所发生的现金流入与现金流出之间的净额。现金流量可以用来评价公司业绩，也可以用来评价公司支付债务利息、支付股息的能力及偿付债务的能力，还可用于衡量现金管理业绩。现金流量同净收益相比，受会计估算和分摊的影响较小，因此它有助于了解一个企业的经营、投资及财务活动的动态。但是，单独的现金流量不能反映业绩的全貌，也不能借以可靠地预测企业将来的业绩。

目前，市场经济发达的国家十分重视对公司自由现金流量指标的应用。自由现金流量是指从客户处获得的现金净额减去用以维持公司目前增长所需的现金支出。这一定义用公式定量描述如下：

$$自由现金流量 = 经营现金净流量 - 资本支出 \qquad (2-66)$$

自由现金流量是公司在不影响其成长前景的前提下可以分配给股东的最大现金流量，或可以留用以便将来增值的最大自由现金流量。公司的自由现金流量越大，公司的市场价值越高。因此，自由现金流量是投资者进行投资决策时对企业加以评价的重要参考指标。

（5）市场价值。

在理论上，一家公司潜在收益的综合计量结果是市场所决定的该公司的价值，即在一个有序、有效的股票市场中，股票的价格等于公司预期未来现金流量的现值。因此，就这个意义而言，市场价值的变化是公司业绩的一个恰当的指示器。衡量市场价值的指标主要有市盈率、净资产倍率、托宾Q比值等。

A. 市盈率。

本讲2.3.4小节已介绍市盈率。该指标表示投资者对每赚一元税后利润所愿付出的股票价格。其倒数是以股票市价计算的股东投资报酬率，因此，市盈率越高，表示股东所要求的投资报酬率越低。一般认为市盈率10～20倍为正常。发展前景较好的公司通常都有较高的市盈率。实际上，市盈率在某种程度上反映了投机收益与投资收益的比较。市盈率也可理解为收益乘数或本金化系数，它乘上每股净利润可求得每股现行股价即市价。

B. 净资产倍率。

本讲2.3.4小节已介绍净资产倍率。该指标反映普通股票本身价值的大小。净资产倍率越高，股票市场价值高于账面价值的幅度就越大，股票的价值越高。因此，该指标反映了企业发展的潜在能力，也表示了投资者对公司的投资信心。

值得注意的是，公司会计政策中的稳健性原则会影响股票市场价格与账面价值的比值。在其他因素不变时，会计政策中的稳健程度越高，净资产倍率也会越高。

C. 托宾Q比值。

托宾Q比值是指一家公司资产的市场价值（通过其已公开发行并售出的股票和债务来衡量）与其资产的重置成本的比值。这一方法是由经济学家詹姆斯·托宾（James Tobin）提出的，其计算公式为：

$$托宾 Q 比值 = \frac{资产市场价值}{预计重置成本} \tag{2-67}$$

托宾认为，当托宾 Q 比值大于 1 时，公司有投资的积极性，因为固定资产的市场价值超过了其重置成本；当托宾 Q 比值小于 1 时，公司将终止其投资，因为固定资产的市场价值小于其重置成本，这时公司在市场上通过兼并的方式获取资产要比采用购买新资产的方式更便宜。

2. 非财务评价指标

要用非财务评价指标来评价企业经营业绩，首先需要将这些非财务因素定量化。其中一条很重要的原则是所选择的指标要能准确反映出该因素的内在特性。如果有的非财务因素是多层面的，用单个计量指标无法全面地反映出其特性，那么就需要用多个计量指标来对其进行综合反映。主要的非财务评价指标涉及以下几个方面：

（1）市场占有率。

市场占有率指标反映公司市场营销方面的业绩。由于市场在现代商品经济中具有举足轻重的地位，市场占有率在众多非财务指标中雄居榜首。该指标通过对市场占有份额情况的调查来研究公司的经营战略。在利用此指标进行评价时，视公司战略而有所区别，对于战略性的公司，市场份额往往比财务指标更重要。

（2）产品品质。

产品品质这一因素指的是产品的质量。产品表现出的品质，一方面是产品在制造阶段合乎企业制造标准所表现出的品质；另一方面是顾客购买后，产品合乎其使用要求而表现出的品质。它可以用废品率和顾客退货率这两个计量指标加以综合反映。一般来说，对质量的评价应包括以下几项内容：①对购进原材料的评价；②对生产过程中的质量控制的评价；③对产成品的质量评价。

（3）可信赖程度和交货效率。

可信赖程度是指公司对客户的订货是否按期及时发货。如果公司不能按时发货，一方面可能使公司失去这笔业务，另一方面可能使公司的声誉受到影响。公司应保证及时供货，使客户对其保持信赖度。该因素可以用及时发货次数百分比这一计量指标来反映。对交货情况的评价可以从循环时间这一角度来考察，循环时间指的是从订单签订到将货物交给客户所需要的时间，这段时间越短越好。

（4）敏感性与应变能力。

在激烈的市场竞争环境中，敏感性常被认为是公司竞争优势的一个重要方面。敏感性可以用从接受订货到发货的时间来计量。该段时间越短，则表明公司的敏感性越高。对公司生产应变能力的评价主要是从生产调整准备时间这一角度来进行的。所谓生产调整准备时间指的是公司在由生产一批产品改成生产另一批产品时，需要调整机器设备来组织生产所花费的时间。一般情况下，这一时间越短证明公司生产越具应变能力。

（5）员工积极性。

不能对雇员的生产技术水平、劳动积极性及培训情况等方面作出评价是传统的业绩评价方法受到批评的一个重要的原因。一般而言，对雇员情况进行评价的重要指标是员工流动率，即月中离职人数与平均雇用人数的比值。这一比值高，表明公司员工的思想不稳定，对公司没有信心。公司应根据这一指标的变化，仔细分析原因，使公司员工保持生产积极性。

（6）创新能力。

公司的创新能力指的是公司在生产和改进现有产品时，开发和创造适应市场需要的新产品的能力。公司在开发新产品方面付出的代价及所取得的成果，是评价公司创新能力的主要资料。利用这些资料，可以对公司过去、现在及未来的创新能力进行评价。根据评价结果，公司可以判断是否需要通过适当地增加投入或加强市场调查等措施来提高公司的创新能力。

（7）顾客满意程度。

顾客的满意程度可以为公司的经营业绩提供反馈。该因素的衡量因公司不同而有所差异，一般来讲，确定顾客满意度指标可以依据两个主要原则：①指标对顾客而言必须是重要的；②指标必须能够控制。

财务指标和非财务指标在公司业绩评价中各有优劣。若只注重财务指标，则易于造成公司的短期行为，影响公司的长远发展；若只注重非财务指标，公司很可能因为财务上缺乏弹性而导致财务失败。事实上，公司财务性的业绩和非财务性的业绩都是公司总体业绩中不可缺少的组成部分。财务业绩是通过会计信息系统表现的表象、结果和有形资产的积累，非财务业绩则是通过经营管理系统获得的内因、过程和无形资产的积累，对公司整体长远的盛衰成败关系很大。因此，理想的业绩评价指标应是财务指标和非财务指标的有机结合。

◎ 本讲小结

1. 资金的时间价值通常被认为是没有风险和通货膨胀条件下的社会平均利润率，也称为货币的时间价值。在公司金融中，正确评价一项长期投资的经济效益，需要计算资金的时间价值，使投资额与投资项目的未来收益统一到同一时间基础上，即要树立资金时间价值的观念。

2. 计算资金时间价值的方法有单利制和复利制，资金时间价值的表现形式有现值和终值，因此资金时间价值又分为单利终值和单利现值、复利终值和复利现值。

3. 年金是指在连续若干个时期内，每隔相同时间收入或支出的等额款项。年金按其每次收付发生的时点不同，可分为普通年金、即付年金、递延年金和永续年金。

4. 风险是指在一定条件下和一定时期内，行为主体做出决策的主观预期与客观现实偏离的可能性，或者更加广义地定义为特定资产实现收益的不确定性。其特征主要有客观性、不确定性、相对性和可变性。

5. 风险的衡量是借助概率论中的方差、标准差、标准离差率等离散指标来进行的。

6. 收益率由无风险收益率和风险收益率构成。无风险收益率是指不经受投资风险而得到的收益率；风险收益率是指投资者因冒风险投资而获得的一种风险补偿报酬率。

7. 资本资产定价模型是分析风险收益的重要分析模型。

8. 资产负债表、利润表和现金流量表分别从不同的角度反映公司的财务状况和经营成果。资产负债表反映公司在一定期间内所拥有的资产、需偿还的债务，以及投资者所拥有的净资产的情况；利润表反映公司在一定期间内的经营成果，即盈利或亏损的情况，表明公司运用所拥有的资产创造利润的能力；现金流量表反映公司在一定期间内现金流入和流出的情况，表明公司获得现金和现金等价物的能力。

9. 财务报表分析的基本内容包括偿债能力分析、营运能力分析和盈利能力分析。偿债能力是指公司偿还到期债务的能力，通常表现为能否及时偿还到期债务；营运能力是指公司管理人员经营管理、运用资金的能力，通常表现为公司生产经营资产的周转速度，反映公司的资金利用效率；盈利能力是指公司的资金增值的能力，通常体现为公司利润水平的高低。

10. 由于财务信息的局限性、财务报表的真实性等问题的影响，我们要遵循稳健性原则，谨慎地对待财务报表分析的结论。

11. 公司业绩评价是评价理论方法在经济领域的具体应用，它是指运用一定的方法，采用特定的指标体系，对照统一的评价标准，按照一定的程序，对公司在一定经营期间内的经营效益和经营者业绩作出客观、公正、准确的综合评判。公司业绩评价指标可以划分为财务评价指标和非财务评价指标，它是公司业绩评价内容的载体，也是公司业绩评价内容的外在化表现。公司业绩评价的方法包括杜邦分析法、沃尔评分法等。

◎ 本讲习题

一、思考题

1. 谈谈你对货币时间价值的理解。
2. 如果资产有不同的期望报酬率，用标准差还是标准离差率能更好地衡量风险？为什么？
3. 如果你是银行的信贷部门经理，在给企业发放贷款时，应当考虑哪些因素？
4. 企业资产负债率的高低对债权人和股东会产生什么影响？
5. 企业的应收账款周转率偏低可能是由什么原因造成的？这会给企业带来什么影响？
6. 为什么说企业的营运能力可以反映出其经营管理水平？企业应当如何提高营运能力？
7. 在评价股份有限公司的盈利能力时，哪个财务指标应当作为核心指标？为什么？
8. 在评价企业的发展趋势时，应当注意哪些问题？
9. 为什么说股东权益报酬率是杜邦分析的核心？
10. 在应用杜邦分析法进行企业财务状况的综合分析时，应当如何分析各项因素对企业股东权益报酬率的影响程度？

二、计算题

1. 某公司有一项收入，开始4年无收入，后5年每年年末流入500万元，市场利率为10%，则其现值为多少？
2. 某企业拟购买某种债券，该债券现行市价为1050元，债券的面值是1000元，票面利率为8%,每年末付息一次,存续期尚有3年。该企业要求的必要投资报酬率为7%。计算分析该债券是否具有投资价值。

3. A企业拟购入B企业的股票。B企业股票的现行市价为9.45元,该企业的贝塔系数（β）是2.0。B企业今年每股股利为1.2元,采用固定增长的股利政策,股利逐年递增5%。该时期股票市场的平均收益率为10%,无风险利率为4%。计算确定B企业的股票是否值得购买。

4. 假设你是一名财务咨询师,为一家商品流通企业提供财务咨询服务,你的任务是通过合理的存货规划使存货成本降低。在考察了前期的销售情况和存货管理情况后,你提出了加强存货管理的建议。预计现有的存货周转率将从目前的20次提高到25次,节省下来的资金用于偿还银行短期借款,银行短期借款的利息率为5%。假设预期销售收入为2亿元,预期销售成本为1.6亿元。请你测算该方案预计节约的成本是多少。

第三讲　资本预算决策

◎ 本讲学习目标

通过本讲内容的学习，学生要了解资本预算决策的投资项目、现金流量估算原则及其基本方法、资本分配预算决策方法以及不确定性条件下的决策等基本概念；掌握资本预算的基本分析方法和决策原则；掌握资本预算在不确定条件下需要考虑的内容等。

◎ 本讲重要术语

互斥项目（mutually exclusive project）、非常规现金流量项目（extraordinary item）、经营现金流量（operating cash flow）、增量现金流量（incremental cash flow）、税后原则（after tax principle）、附加效应（additional effect）、沉没成本（sunk cost）、机会成本（opportunity cost）、净现值（net present value）、现值指数（present value index）、内含报酬率（internal rate of return）、差额内部收益率（differential internal rate of return）、回收期（payback period）、平均报酬率（average rate of return）、资本约束（capital constraint）、资本分配（capital distribution）、盈利能力指数（profitability index）、可变最低收益率（variable minimum yeild）、资本约束成本最小化（the cost of capital constrains minimization）、肯定当量法（surely-balanced method）、概率法（probability method）、敏感性分析（sensitivity analysis）、场景分析（scenario analysis）、会计盈亏平衡（accounting break even）、决策树（decision tree）、蒙特卡罗模拟（Monte Carlo simulation）、全面预算管理（comprehensive budget management）

◎ 本讲重难点

本讲重点在于投资项目和现金流量的概念和分类、资本预算的基本分析方法、资本约束和资本分配下预算决策的特点、不确定条件下的分析方法；难点在于折现现金流量法、非折现现金流量法的计算方法和决策原则、资本预算下投资项目决策分析方法以及不确定条件下资本预算决策分析方法。

◎ **本讲学习思维导图**

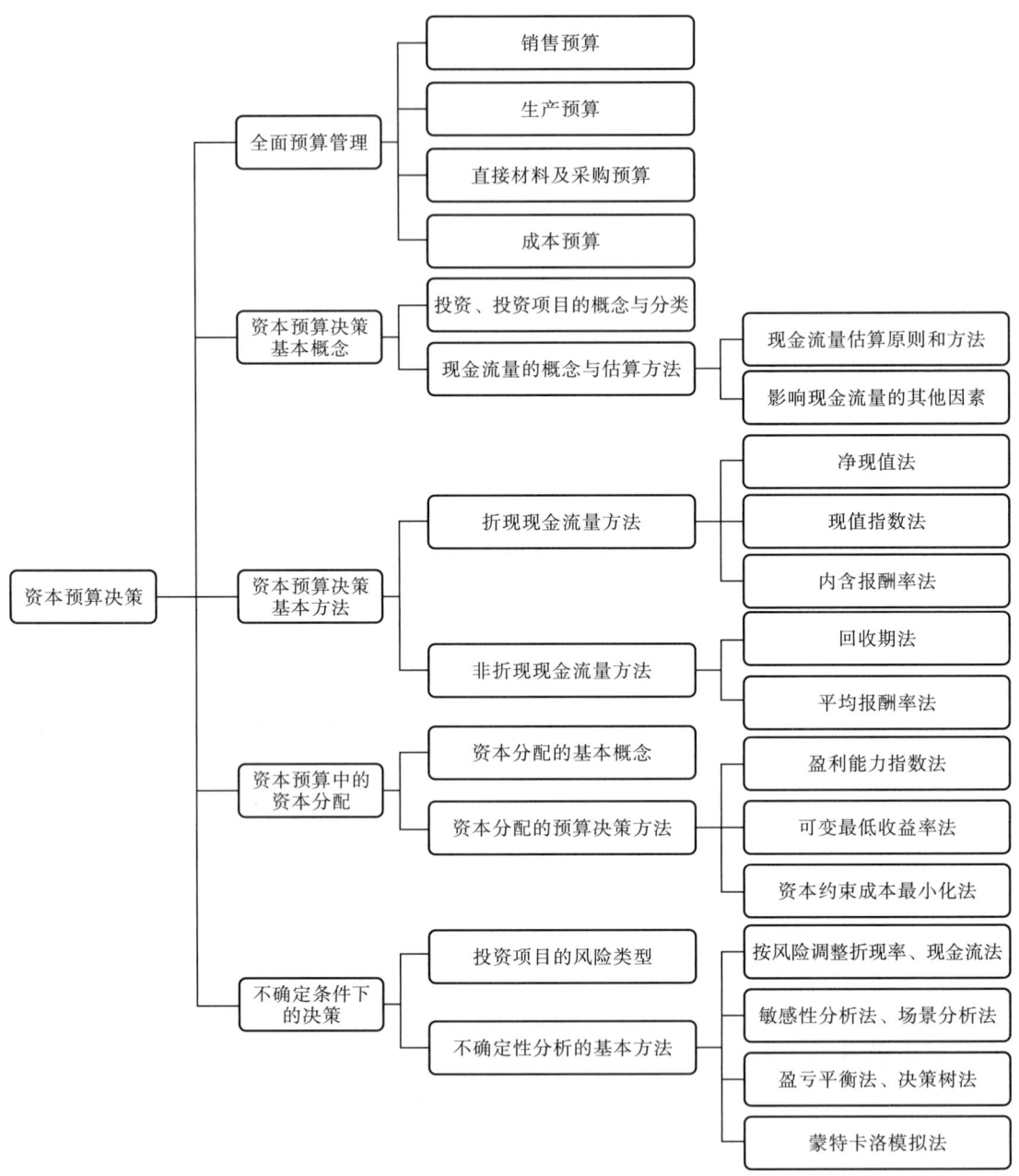

◎ **本讲案例导入**

集成电路是我国科技发展的重要组成部分，是我国各行各业实现智能化、数字化的基础。"十四五"是中国集成电路产业夯实基础、谋取更大进步的关键时期，要加快发展工业互联网，培育壮大集成电路、人工智能等数字产业，提升关键软硬件技术创新和供给能力。

兆易创新科技集团股份有限公司（下文简称"Z科技公司"），是全球著名的集成电路芯片设计公司，主要从事串口NOR闪存及其衍生产品、微处理器等的相关业务，是中国目前最大的NOR Flash存储厂商，市场占有率居世界之首，销售网络遍布世界各地。Z科技公司凭借卓越的研发及设计实力，运用全面预算管理，利用预算对资源进行合理分配、考核与控制，获得了较好的成效，业务收入持续创历史新高。表3-1为2016—2022年Z科技公司财务数据。

表3-1 2016—2022年Z科技公司营业收入及净利润情况

年度	营业收入/亿元	净利润/亿元
2016	14.89	1.76
2017	20.30	3.97
2018	22.46	4.05
2019	32.03	6.07
2020	44.97	8.81
2021	85.10	23.37
2022	81.30	20.53

以Z科技公司为例，本讲首先探究全面预算管理如何有效进行；接着将聚焦于资本预算决策的基本分析方法，探究折现现金流量方法和非折现现金流量方法有何区别，资本预算决策在资本约束的条件下会有什么样的改变，不确定性条件下影响投资项目的风险有哪些类型，针对这些风险应该如何分析、识别、预测，等等。通过本讲的学习，希望同学们能够理清资本预算决策的主要内容。

3.1 全面预算管理概述

3.1.1 销售预算

销售预算是规定企业在预算期内的销售目标及其实施计划的一种业务预算，是整个预算编制的基础。

其主要是在通过市场预测预计销售量和单位售价后，再根据产品的品种、数量、未来可能的价格来确定预期销售收入，并根据预算期内现销收入与赊销货款回收的可能情况来反映现金收入，以便为编制现金收支预算提供信息。

$$预计销售收入 = 预计销售量 \times 预计销售价格 \quad (3-1)$$

【例3-1】以Z科技公司的销售预算为例，Z科技公司预算的制定是以销售预算为起点的，参考了公司以往的产品销售情况。同时，根据不同月份、预计销售数量（平均）、预计销售单价（平均）对销售收入进行了预测，并对未来的应收账款回款进行预算，如表3-2所示。

表 3-2 Z科技公司销售预算表

月份	预计销售数量/万片	预计销售价格/元	销售收入/元
1	90	7.8	7 020 000
2	120	7.8	9 360 000
3	150	7.8	11 700 000
4	170	7.8	13 260 000
5	170	7.8	13 260 000
6	170	7.8	13 260 000
7	170	7.8	13 260 000
8	170	7.8	13 260 000
9	170	7.8	13 260 000
10	170	7.8	13 260 000
11	170	7.8	13 260 000
12	170	7.8	13 260 000
合计	1890		147 420 000

数据来源：李晗阳（2022）。

3.1.2 生产预算的概念及过程

1. 生产预算的概念及步骤

生产预算主要是编制预算期内产品生产数量及品种构成的预算。

生产预算按照"以销定产"的原则，根据销售预算表各季度预计销售量，给定期末存货量，来指定企业本期生产量。通常，企业的生产和销售不能做到同步，生产除了满足销售外，还需要设置一定的存货，以保证能在发生意外需求时按时供货，并可均衡生产，节省赶工的额外开支。预计生产量可用下列公式计算：

$$预计生产量 = 预计销售量 + 预计期末存货量 - 预计期初存货量 \quad (3-2)$$

【例3-2】以Z科技公司的生产预算为例，Z科技公司的生产计划，由生产技术部根据以往销售情况、期末库存、各生产线的情况，对相应时期的生产规模进行预估，一般包括产量、直接材料、直接人工和生产成本。生产技术部根据销售情况，编制生产预算，根据车间工人、各生产线状况、生产工艺等，按月编制生产计划。Z科技公司2022年芯片生产预算如表3-3所示。

表 3-3 Z科技公司生产预算表

月份	预计销售量/万片	加（减）：预计期末存货	预计产量/万片
1	90	0	90
2	120	0	120
3	150	0	150

续上表

月份	预计销售量/万片	加（减）：预计期末存货	预计产量/万片
4	170	0	170
5	170	0	170
6	170	0	170
7	170	0	170
8	170	0	170
9	170	0	170
10	170	0	170
11	170	0	170
12	170	0	170
合计	1890	0	1890

数据来源：李晗阳（2022）。

3.1.3 直接材料及采购预算

直接材料消耗及采购预算是规定企业预算期内各种材料消耗量水平，规定材料采购量及其成本的一种业务预算。

这种预算以生产预算为基础进行编制，但同时还要考虑期初、期末原材料存货的水平。直接材料生产上的需要量与预计采购量之间的关系为：

$$预计采购量 = 生产需要量 + 期末库存量 - 期初库存量 \tag{3-3}$$

$$生产需要量 = 预计生产量 \times 单位产品材料消耗用量 \tag{3-4}$$

【例3-3】以Z科技公司的直接材料及采购预算为例。Z科技公司的产品技术部门，按照产品的消耗和成本，按照计划的产量预算，编制了直接物料的成本。例如，Z科技公司的单片硅片，在材料消耗单（表3-4）中，可以清晰地显示出主要材料的名称、规格、消耗材料的定额、每片消耗的材料的价格，以及每一片的消耗。直接材料预算也包含采购预算（表3-5），该预算是Z科技公司的生产技术部与采购处、物流部共同编制的，通常参考采购预算、以往采购价格、供应商关系等。

表3-4 Z科技公司单片物料消耗情况

名称	每片消耗/元			每片消耗物料			
	单位	单片耗费/元	用量	含税价	单位	用量	单片耗费/元
硅片	吨	0.773	40.6	0.90	吨	40.6	0.048
切割液	吨	0.410	43.1	0.48	吨	43.1	0.051
回收液	吨	0.008	1.1	0.01	吨	1.1	0.001
铜线	千米	0.256	67080	0.30	千米	67080	0.079
物料（0.11/0.12）	千米	0.033	9000	0.04	千米	900	0.011
玻璃板	个	0.007	1217	0.01	个	1217	0.001

续上表

名称	每片消耗/元			每片消耗物料			
	单位	单片耗费/元	用量	含税价	单位	用量	单片耗费/元
NTC 涂覆刻槽	副	0.003	2	0.00	副	2	0.000
NTC 开槽	副	0.012	25	0.01	副	25	0.000
黏着剂	套	0.026	37	0.03	套	37	0.000
红胶	套	0.029	7.5	0.03	套	7.5	0.000
其他辅材	个	0.021	1	0.02	个	17 718	0.021
清洗检验	个	0.023	1	0.03	个	22 879	0.027
开方	个	0.048	1	0.06	个	47 108	0.055
水电费	个	0.110	1	0.13	个	1	0.110
人工费	个	0.170	1	0.20	个	1	0.170
合计		1.929		2.25		157 060.3	0.574

数据来源：李晗阳（2022）。

表 3-5　Z 科技公司采购预算

月份	预计生产量/万片	单位材料产出/（万片/千克）	生产用量/千克	预计期初库存/千克	预计期末库存/千克	预计材料采购量/千克	单价/（万元/吨）	预计采购金额/万元
1	90	62	14 516	13 710	13 710	15 416	2480	3600
2	120	62	19 355	19 355	19 355	2500	2480	6200
3	150	62	24 194	24 194	24 194	29 033	2480	7200
4	170	62	27 419	29 032	29 032	27 419	2480	7999.8
5	170	62	27 419	29 032	29 032	27 419	2480	6800
6	170	62	27 419	29 032	29 032	27 419	2480	6800
7	170	62	27 419	29 032	29 032	27 419	2480	6800
8	170	62	27 419	29 032	29 032	27 419	2480	6800
9	170	62	27 419	29 032	29 032	27 419	2480	6800
10	170	62	27 419	29 032	29 032	27 419	2480	6800
11	170	62	27 419	29 032	29 032	27 419	2480	6800
12	170	62	27 419	29 032	29 032	27 419	2480	6800
合计	1890		304 839	318 547	303 225	320 161		79 399.8

数据来源：李晗阳（2022）。

3.1.4　成本预算

产品生产成本预算是生产预算、直接材料预算、直接人工预算、制造费用预算的汇总。其中制造费用预算是指除了直接材料和直接人工预算以外的其他一切生产成本的预算。制造费用按成本性态可以分为固定制造费用和变动制造费用。

固定制造费用是指期间成本直接列入损益作为当期利润的一个扣减项目，与本期生产量无关，可按零基预算编制。

变动制造费用是以生产预算为基础来编制的，即根据预计生产量和预计的变动制造费用分配率来计算。

在编制变动制造费用预算时，一般情况下都是以生产任务为基础。而在编制固定制造费用预算时，由生产技术部根据以往的经验、数据，参照预算指标，结合成本管理的思路，运用固定预算法进行编制。

【例3-4】以Z科技公司为例，Z科技公司的成本预算包含直接材料、直接人工、变动制造费用和固定制造费用。变动制造费用、固定制造费用、成本预算结果如表3-6、表3-7、表3-8所示。

表3-6 Z科技公司变动制造费用预算表

月份	辅助材料/万元	修理费/万元	水电费/万元	小计/万元
1	270	5	30	305
2	360	8	50	418
3	450	10	60	520
4	510	10	60	580
5	510	10	60	580
6	510	10	60	580
7	510	10	60	580
8	510	10	60	580
9	510	10	60	580
10	510	10	60	580
11	510	10	60	580
12	510	10	60	580
合计	5670	113	680	6463

数据来源：李晗阳（2022）。

表3-7 Z科技公司固定制造费用预算表

月份	折旧/万元	生产管理工资/万元	小计/万元
1	40	7	47
2	50	7	57
3	70	7	77
4	70	7	77
5	70	7	77

续上表

月份	折旧/万元	生产管理工资/万元	小计/万元
6	70	7	77
7	70	7	77
8	70	7	77
9	70	7	77
10	70	7	77
11	70	7	77
12	70	7	77
合计	790	84	874

数据来源：李晗阳（2022）。

表 3-8　Z 科技公司成本预算表

项目	单位成本/元	生产成本/万元	期末库存/万元	销售成本/万元
直接材料	40.00	75600	0	75600
直接人工	0.13	240	0	240
变动制造费用	3.42	6463	0	6463
固定制造费用	0.46	874	0	874
合计	44.01	83177	0	83177

数据来源：李晗阳（2022）。

3.2　投资与投资项目的概念与分类

3.2.1　投资的概念与分类

1. 投资的概念

投资，是指以在未来可预见的时期内获得收益或使资金增值为目的，特定经济主体在一定时间内向一定领域投放足够数额的资金或实物的货币等价物的经济行为。本质上，投资是货币转化为资本的过程。

2. 投资的分类

根据投资手段、投资行为的介入程度、投资回收期限的长短以及投资投入的领域的不同，投资主要分为以下几个类别（表 3-9）：

（1）固定资产投资和证券投资。

根据投资手段不同，投资可以分为固定资产投资和证券投资。

固定资产投资是指用于购买和建造新的固定资产或更新改造原有的固定资产的资金投入，以期在未来长时期获取收益的投资行为和投资过程。

证券投资是指投资者运用资金投资于股票、债券、基金等有价证券以及这些有价证券的衍生品上，以期获取差价、利息及资本利得的经济行为。

（2）直接投资和间接投资。

根据投资行为的介入程度，投资可以分为直接投资和间接投资。

直接投资是指将货币资金直接用于投资项目，形成实物资产或购买现有企业的投资。企业通过直接投资以拥有全部或一定数量的企业资产和企业的经营管理权，对被投资企业具有实质性影响。

间接投资是指并不直接经营实物资产，而是将自有资本的使用权委托或让渡给第三者，用以购买被投资对象发行的股票、债券等有价证券，或者通过借贷资金、租赁资产等行为将资金间接转移交付给被投资对象使用的投资。

（3）长期投资和短期投资。

根据投资回收期限的长短，投资可以分为长期投资和短期投资。

长期投资是指投资回收期在 1 年以上的投资，或是在 1 年内不能或不准备变现的证券等的投资。这类投资主要包括固定资产、无形资产、对外长期投资、长期债券投资、长期股权投资等。企业进行长期投资，一方面可以借助投资的长期持有以取得对被投资企业的控制权或对受资企业的经营策略、财务决策施加重大影响，另一方面能通过积累资金和经营获利为将来的扩大经营规模做准备。

短期投资则是指投资者以暂时闲置的资金购买随时能够变现、回收的有价证券以及回收期不超过 1 年的其他性质的投资。这类投资主要包括现金、应收账款、存货、短期有价证券等。企业进行短期投资，一方面可以利用暂时闲置的资金，在较低风险水平上谋取一定收益，另一方面可以保持资产的流动性，满足企业运营的需要。

（4）生产性投资和非生产性投资。

根据投资投入的领域，投资可以分为生产性投资和非生产性投资。

生产性投资是指使货币资金转化为生产性资产，投入到生产、建设等物质生产领域中的投资。生产、建设活动中固定资产和流动资产两者不可缺一，因此，生产性投资又可以细分为固定资产投资和流动资产投资。在经济建设过程中，生产性固定资产投资与流动资产投资应保持适当比例，以使得生产和投资正常进行，促进资本积累和增值。

非生产性投资是指使货币资金转化为非生产性资产，投入到非物质生产领域中的投资。非生产性投资主要用于满足人们的物质文化生活需要，可以细分为纯消费性投资和可转化为无形商品的投资。其中纯消费性投资的投资不能收回且没有盈利，其再投资主要依靠社会积累，如对国防安全、社会福利设施、学校教育等的投资。可转化为无形商品的投资是可以收回且有盈利的，如对电视台、影剧院等的投资。

表 3-9　不同类型投资的区别

分类方法	投资种类	性质
根据投资手段	固定资产投资	用于购买、建造、更新改造固定资产
	证券投资	用于有价证券及其衍生品投资
根据投资行为的介入程度	直接投资	取得被投资企业的经营管理权
	间接投资	未取得被投资企业的经营管理权

续上表

分类方法	投资种类	性质
根据投资回收期限的长短	长期投资	回收期在 1 年以上
	短期投资	回收期不超过 1 年
根据投资投入的领域	生产性投资	投入到生产、建设等物质生产领域
	非生产性投资	投入到非物质生产领域

3.2.2 投资项目的概念与分类

1. 投资项目的概念

投资项目是指为在规定期限内完成某项或一系列投资发展目标而设计的包括投资、政策措施、机构以及其他投资活动在内的统一体。一般来说，投资项目主要包含用于投资的资金、更新服务的能力、高效的组织协调机构、特定的政策、明确的项目目标及实施计划等要素。

2. 投资项目的分类

根据投资项目之间的关系、项目现金流量形式、项目性质、投资使用方向和投资主体的活动范围的不同，投资项目主要分为以下几个类别（表 3-10）：

（1）独立项目、互斥项目和依存项目。

根据项目之间的关系，投资项目可分为独立项目、互斥项目（mutually exclusive project）和依存项目。

独立项目是指接受或者放弃某一项目不受其他项目决策影响的投资项目。独立项目的现金流量独立，不具有相关性。独立项目的采纳与否，取决于项目自身的经济性或是能否给公司增加价值。如果无资金限制，所有满足企业最低投资标准的独立项目都可以采纳。例如，星巴克预计在偏远的岛屿开设一家咖啡店，该项目是否被采纳不会受到在其他地方开设新店的影响，因为这家咖啡店位置偏远，不会影响其他咖啡店的销售额。又如，企业准备建造仓库、投资新的生产流水线等，各个项目是相互独立的，如果资源足够且项目符合公司的投资标准，就可以同时考虑这些项目。

互斥项目是指互不相容、相互竞争、互相排斥的项目。在一组互斥项目中，采纳一个项目就意味着应放弃该组中其他项目。例如，促进企业生产效率提高的项目方案有 5 个，但受各种因素决定只能选择一个项目，则这 5 个项目即为互斥项目。在对互斥项目进行选优决策时，既要考虑投资的效果，又要考虑投资的效率（单昭祥、蒋昕，2012）。

依存项目是指某一项目的采纳与否取决于公司对其他项目的决策。决策时，企业需对各关联项目进行统一考虑，并进行单独评估。依存项目可能是替代性的，也可能是互补性的。替代性的依存项目的分析应该考虑所有项目现金流的相互作用。例如，采购办公椅与办公桌的项目在一般情况下属于互补性依存项目，固定资产出租或自用的项目属于替代性依存项目。

（2）常规现金流量项目和非常规现金流量项目。

根据项目现金流量形式分类，投资项目可分为常规现金流量项目和非常规现金流量项目（extraordinary item）。

常规现金流量项目是指一个投资项目的净现金流量序列的正负符号在项目寿命期内只变化一次的项目，即在最初的现金流出后都是一系列现金流入的项目。例如，某企业今日投资 3000 万元，预期在今后 10 年内每年年末将产生 1000 万元的净现金流入，该项目即为常规现金流量项目。

非常规现金流量项目是指一个投资项目的现金流量是交错型的，净现金流量序列的正负符号在项目寿命期内有多次变化的项目（杨位留，2012），即在最初投资后并不都是净现金流入的项目，但内部收益率解的个数与现金净流量正负符号变化次数之间的关系并不十分明确（王建文、陈蕾，2020）。例如，某石油企业石油开采项目的初始投资很大，在随后每年年末都有净现金流入，由于油压不够，需要在中期大幅投资注水加压，在项目剩余年限内继续获得净现金流入。该项目的净现金流量序列的符号经历了由负变正再由正转负的过程，即为非常规现金流量项目。

（3）新建、扩建、改建、迁建、恢复项目。

根据投资项目性质，投资项目可以分为新建、扩建、改建、迁建、恢复项目。

新建项目是指从无到有，"平地起家"，新开始的项目，或原有的规模很小，经过投资建设后新增加的固定资产价值超过原有固定资产价值 3 倍以上的，也可以算作新建项目。新建项目主要指因填补缺口、合理布局生产力或满足战略需要等而建设的项目。

扩建项目是指在现有的规模基础上，为扩大生产能力或工程效益而增建的项目，如企业为扩大原有产品的生产能力，增建的主要生产车间及独立的生产线等。

改建项目是指投资者为了提高产品质量、加速技术进步、增加产品的花色品种、促进产品升级换代、降低消耗和成本等，采用新技术、新工艺、新材料等对现有设施、工艺条件进行设备更新或技术改造的项目。

迁建项目是指由于种种原因如为改变生产力布局，或由于城市环境保护和安全生产的需要等经有关部门批准迁到其他地点建设的项目。

恢复项目是指因自然灾害、战争等原因，使原有固定资产全部或部分报废，后又投资恢复建设的项目。

（4）竞争性项目、基础性项目和公益性项目。

根据投资使用方向和投资主体的活动范围，投资项目可以分为竞争性项目、基础性项目和公益性项目。

竞争性项目主要是指投资收益水平比较高、市场调节比较灵敏、具有市场竞争能力的行业部门的相关项目。它主要包括工业、建筑业、商业、房地产业、公用、服务、咨询业及金融保险业等。

基础性项目主要是指具有一定自然垄断、建设周期长、投资量大而收益较低的基础产业和基础设施的项目。它主要包括农、林、水利、能源、交通、邮电、通信业及城市公用设施等。

公益性项目是指那些非营利性和具有社会效益性的项目。它主要包括教育、文化、卫生、体育、环保、广播电视等设施，公、检、司、法等政权设施，政府、社会团体、国防设施等。

表 3-10 投资项目的分类

分类方法	投资项目种类	性质
根据项目间关系	独立项目	现金流独立，不受其他项目影响
	互斥项目	互相排斥、互相竞争
	依存项目	采纳与否取决于其他项目
根据项目现金流量形式	常规现金流量项目	净现金流量序列的正负符号只变化一次
	非常规现金流量项目	净现金流量序列的正负符号变化多次
根据投资项目性质	新建项目	从无到有、新开始
	扩建项目	增建、扩大原有规模
	改建项目	进行设备更新或技术改造
	迁建项目	迁到其他地点建设
	恢复项目	投资恢复建设
根据投资使用方向和投资主体的活动范围	竞争性项目	收益高、市场竞争能力强
	基础性项目	自然垄断、建设周期长、收益低
	公益性项目	非营利性、社会效益性

3.3 投资项目的现金流量估算

3.3.1 现金流量的概念与分类

1. 现金流量的概念

现金流量是指一个投资项目在未来不同时点所发生的现金流入与现金流出的数量。净现金流量就是现金流入量与现金流出量之间的差额。其中"现金"不仅包括各种货币资金，也包括项目需要投入的、公司拥有的各种非货币资源的变现价值。

估算投资项目的现金流量是评价投资方案的可行性与经济效益的基础性方法，是资本预算决策的重要步骤。

2. 现金流量的分类

（1）现金流出量、现金流入量、现金净流量。

根据现金流动的方向，投资活动的现金流量可以分为现金流入量、现金流出量和净现金流量。

现金流出量是指该投资项目引起的企业现金收入的减少额或现金支出的增加额。其主要包括以下几项：①购置固定资产和无形资产的现金支出，包括购置土地使用权、建设厂房，购置机器设备、获取特许使用权等；②垫付流动资金所引起的现金流出，包括投资项目所需的存货、货币资金和应收账款等所占用的资金；③营运过程的现金流出，包括投资项目在经营过程中所发生的生产成本、管理费用和销售费用、税金等。

现金流入量是指该投资项目引起的企业现金收入的增加额。其主要包括以下几项：

①营业或销售收入。项目进入生产经营期后，每年可以获得的营业收入或销售收入是公司的主要现金流入。②固定资产报废或出售时的余（残）值收入。项目结束时，报废或者未报废的固定资产将被出售、清理，获取收入使得现金流量增加。③回收流动资金。投资项目寿命期满时，原流动资产投资额会被收回。

净现金流量是指在一定时间内现金流入量与现金流出量的差额。现金流入量大于现金流出量，净现金流量为正值；反之，净现金流量为负值。现金净流量反映了企业各类活动形成的现金流量的最终结果。

（2）初始现金流量、经营现金流量、终结现金流量。

根据现金流量的发生时间，投资活动的现金流量可以分为初始现金流量、经营现金流量（operating cash flow）和终结现金流量。

初始现金流量是指开始投资时发生的现金流量。其主要包括以下几项：①投资前费用。投资前费用是指在正式投资之前为做好各项准备工作而花费的费用，主要包括勘察设计费、技术资料费和其他费用。②设备购置费用。设备购置费用是指为购买投资项目所需的各项设备而花费的费用。③设备安装费用。设备安装费用是指安装各种设备所需的费用。④建筑工程费。建筑工程费是指进行土建工程所花费的费用。⑤营运资本的垫支。投资项目建成后，必须垫支一定的营运资本才能投入运营，一般要到项目寿命终结时才能收回。⑥原有固定资产的变价收入扣除相关税金后的净收益。变价收入主要是指固定资产更新时变卖原有固定资产所得的现金收入。⑦不可预见费。不可预见费是指在投资项目正式建设之前不能完全估计到的，但又很可能发生的一系列费用，如设备价格上涨而增加的支出、出现自然灾害而导致的损失等。

经营现金流量是指因企业直接进行产品生产、销售商品或提供劳务等营运活动以及进行与此相关的生产性资产投资活动而产生的现金流量，是企业取得净收益的主要交易和事项。

终结现金流量是指投资项目完结时所发生的现金流量。其主要包括以下几项：①固定资产的残值收入或变价收入（指扣除了所需缴纳的税金等支出后的净收入）；②原来垫支在各种流动资产上的资金的回收；③停止使用的土地的变价收入等。

3.3.2 现金流量估算方法

1. 现金流量估算原则

（1）实际现金流量原则。

实际现金流量原则是指计量投资项目的成本和收益时，采用现金流量而非会计收益。而且应该注意的是项目未来的现金流量必须用预计的未来的价格和成本来计算，而不是用现在的价格和成本计算，如在通货膨胀时期应注意调整通货膨胀对现金流量的影响。

（2）增量现金流量原则。

增量现金流量（incremental cash flow）是指因接受或拒绝某个投资方案后所发生的企业总现金流量变动。因采纳某个项目而引起的现金支出增加额为该项目的现金流出，因采纳某个项目而引起的现金收入增加额为该项目的现金流入。

增量现金流量原则是根据"有无"的原则，确认有这项投资与没有这项投资时现金流量之间的差额。判断增量现金流量，决策者需要考虑以下几个方面：

①附加效应（side effect）。附加效应是指一个新的投资项目可能对原来的项目或业务产生积极或消极的影响。若新项目与原有项目之间存在互补关系，新项目实施后将产生积极影响，增加原有项目的收入。例如，新一代产品的上市在带来现金流量增加时，也会造成原有产品销量减少，因此估算项目现金流量时，要以投资对公司所有经营活动产生的整体效果为基础进行分析，而不是孤立地考察某一项目。

②沉没成本（sunk cost）。沉没成本是指已经付出且不可收回的，无法由现在或将来的任何决策所改变的成本。沉没成本效应是指沉没成本的存在影响人们的决策，过去的付出使得人们做出决策时选择非理性行为方式（张优勤，2019）。一般来说，大多数沉没成本是与研究开发及投资决策前进行市场调查有关的成本。例如专家咨询费，无论是否开展新项目，这笔咨询费都无法收回，与公司未来的总现金流量无关，属于非相关成本。

③机会成本（opportunity cost）。机会成本是指在投资决策中，从多种方案中选取最优方案而放弃次优方案所丧失的收益。例如，案例公司投资项目需占用机器设备，如果将其出售，可得净收入，但用于项目投资，公司将损失出售资产而获得的收入，这部分丧失的收入即投资的机会成本，在计算营业现金流量的时候，需要将其视作现金流出。

④制造费用（manufacturing expense）。在确定项目现金流量时，对于制造费用要做进一步分析，只有那些确实由本投资项目的发生引起的费用（如增加的管理人员、租金和动力支出等），才能计入投资的现金流量；与公司投资进行与否无关的费用，则不应计入投资的现金流量中。

（3）税后原则。

税后原则（after tax principle）是指若公司需向政府纳税，在评价投资项目时所使用的现金流量应当是税后现金流量，应该以税后指标为基础对现金流量进行估算，因为只有税后现金流量与投资者的利益相关。

2. 现金流量估算方法

（1）初始现金流量的预测。

初始现金流量的预测关键在于投资额的预测，主要采用逐项测算法。逐项测算法是指对构成投资额基本内容的各个项目先逐项测算其数额，然后进行汇总来预测投资额。

【例3-5】假设Z科技公司准备建一条新的产品线，经过调查研究分析，预计各项支出如下：投资前费用15000元，设备购置费用450000元，设备安装费用120000元，建筑工程费用380000元，投产时需垫支营运资本60000元，不可预见费用按上述总支出的5%计算，则该生产线的投资总额是多少？

（15000+450000+120000+380000+60000）×（1+5%）=1076250（元）

（2）经营现金流量的确认。

经营现金流量的确认可根据相关利润表的资料分析得出。其基本计算公式为：

$$\text{经营（净）现金流量} = \text{收现销售收入} - \text{经营成本} - \text{所得税} \qquad (3-5)$$

式中的所得税在某种程度上依赖于折旧（摊销）的增量变动。为反映折旧（摊销）变化对现金流量的影响，式（3-5）可变为：

$$\text{经营（净）现金流量} = (\text{收现销售收入} - \text{经营成本}) \times (1 - \text{所得税税率}) + \text{折旧（摊销）} \times \text{所得税税率} \qquad (3-6)$$

式（3-6）中，经营成本一般是指总成本减去固定资产折旧费、无形资产摊销费等不支付现金的费用后的余额。折旧（摊销）和所得税税率的乘积称作税负节余，是由于折旧（摊销）计入成本，冲减利润而少缴的所得税额，这部分少缴的税额形成了投资项目的现金流入量。

如果项目的资本全部来自股权资本，则经营现金流量可按下式计算：

$$经营（净）现金流量 = 税后利润 + 折旧（摊销） \quad (3-7)$$

在按以上公式估计经营现金流量时，如果项目在经营期内追加流动资产和固定资产投资，其增量投资额应从当年现金流量中扣除。因此，可将式（3-6）改写为：

$$经营（净）现金流量 = 收现销售收入 - 经营成本 - 所得税 - 追加的流动资产投资 - 追加的固定资产投资 \quad (3-8)$$

【例3-6】Z科技公司某项目投资后第一年的会计利润和现金流量如表3-11所示。

表3-11 投资项目的会计利润与现金流量　　　　　　　　　　（单位：元）

项目	会计利润	现金流量
销售收入	200000	200000
经营成本	-50000	-50000
折旧费	-20000	0
税前利润或现金流量	130000	150000
所得税（25%）	-32500	-37500
税后利润或净现金流量	97500	112500

可分别按式（3-6）和式（3-7）进行以下计算：

经营（净）现金流量 =（200000-50000）×（1-25%）+20000×25% = 117500（元）

经营（净）现金流量 = 97500+20000 = 117500（元）

(3) 终结现金流量的计算。

终结现金流量主要指项目经济寿命终了时发生的现金流量，主要包括两部分：经营现金流量和非经营现金流量。经营现金流量与经营期计算方式一样，非经营现金流量主要指以下两部分。

第一，固定资产残值变价收入及出售时的税负损益。固定资产出售时税负损益的确定方法与初始投资时出售旧设备发生的税负损益相同。如果预计固定资产报废时残值收入大于税法规定的数额，就应上缴所得税，形成现金流出；反之，则可抵减所得税，形成现金流入。

第二，垫支营运资本的收回。这部分资本不受税收因素的影响，税法把它视为资本的内部转移，就如把存货和应收账款换成现金一样。因此，收回的营运资本仅是现金流量的增加。

因此，终结期的现金流量计算公式如下：

终结期的现金流量 = 该年度的营业现金净流量 + 固定资产变价净收入 + 固定资产变现损失抵税 - 固定资产变现收益纳税 + 垫支营运资金的收回　　(3-9)

【例3-7】若Z科技公司准备购入一设备以扩充生产能力。现有甲、乙两个方案可供选择。甲方案需投资8000元，使用寿命为5年，采用直线法计提折旧，5年后设备无残值，5年中每年销售收入为6000元，每年的付现成本为2000元。乙方案需投资12000元，采用直线法计提折旧，使用寿命也为5年，5年后有残值收入2000元。5年中每年的销售收入为8000元，付现成本第1年为3000元，以后随着设备陈旧，将逐年增加修理费400元，另需垫支营运资本3000元，假设所得税税率为25%。试计算两个方案的现金流量。

为简化计算，一般都假定各年投资在年初一次进行，各年营业净现金流量在年末一次发生，并假设终结现金流量是最后一年年末发生的，计算方法如下：

计算现金流量，必须先计算两个方案每年的折旧额：

甲方案每年折旧额：8000/5 = 1600（元）

乙方案每年折旧额：（12000 - 2000）/5 = 2000（元）

下面先计算两个方案的营业现金流量，然后结合初始现金流量和终结现金流量编制两个方案的全部现金流量表（表3 - 12、表3 - 13）。

表3 - 12 投资项目的营业现金流量 （单位：元）

项目	第1年	第2年	第3年	第4年	第5年
甲方案					
销售收入	6000	6000	6000	6000	6000
付现成本	2000	2000	2000	2000	2000
折旧	1600	1600	1600	1600	1600
税前利润	2400	2400	2400	2400	2400
所得税	600	600	600	600	600
税后净利润	1800	1800	1800	1800	1800
营业净现金流量	3400	3400	3400	3400	3400
乙方案					
销售收入	8000	8000	8000	8000	8000
付现成本	3000	3400	3800	4200	4600
折旧	2000	2000	2000	2000	2000
税前利润	3000	2600	2200	1800	1400
所得税	750	650	550	450	350
税后净利润	2250	1950	1650	1350	1050
营业净现金流量	4250	3950	3650	3350	3050

表3 - 13 投资项目的现金流量 （单位：元）

项目	第0年	第1年	第2年	第3年	第4年	第5年
甲方案						
固定资产投资	-8000					
营业净现金流量		3400	3400	3400	3400	3400
现金流量合计	-8000	3400	3400	3400	3400	3400

续上表

项目	第0年	第1年	第2年	第3年	第4年	第5年
乙方案						
固定资产投资	-12000					
营运资本垫支	-3000					
营业净现金流量		4250	3950	3650	3350	3050
固定资产残值						2000
营运资本回收						3000
现金流量合计	-15000	4250	3950	3650	3350	8050

3. 影响现金流量的其他因素

（1）折旧（摊销）对现金流量的影响。

折旧是对固定资产价值损耗的补偿，是固定资产最初购买或建造时的投资支出的渐次回流，而摊销则是对无形资产价值损耗的补偿，是无形资产最初购买或创造时的投资支出的渐次回流。

企业应根据与固定资产、无形资产有关的经济利益的预期消耗方式，合理选择折旧（摊销）方法。可选用的折旧（摊销）方法包括年限平均法（直线法）、工作量法、双倍余额递减法和年数总和法。其中采用直线法计提折旧时，各年的折旧额都是相等的，而在采用加速折旧法（双倍余额递减法、年数总和法）计提折旧时，各年计提的折旧额是不相等的，前期计提的折旧多，后期计提的折旧少，是逐年递减的。因此使用加速折旧法可以在前期减少纳税，增加经营现金流量，在后期补偿前期少纳的税金，相当于公司获得一笔无息贷款，无偿地获得一笔资金一定年限的使用权。

折旧（摊销）对现金流量的影响分为以下两种情况：

①在不考虑所得税的情况下，折旧和摊销对现金流量没有影响。折旧（摊销）不会引起现金流出，是不需要支付现金的成本费用。折旧和摊销的变化与利润变化的数额是相等的，折旧和摊销变化不影响投资价值。因此，从某种意义上讲，折旧和摊销也是公司一项现金流入的来源，所以常用式（3-7）计算经营现金流入。

②在考虑所得税的情况下，折旧（摊销）存在"税盾效应"，即在公司的营业收入或者销售收入、付现成本和企业所得税税率一定的情况下，当期的折旧和摊销金额若增加，则可以减少当期的纳税金额，增加当期的经营现金流入，折旧抵税作用直接影响投资现金流量的大小。折旧和摊销的金额大，就会使公司的利润减少，从而使公司的企业所得税减少，反而使公司的现金流入增加。这种关系从式（3-6）可以看出。

【例3-8】假设A公司和B公司全年销售收入和付现成本都相同，所得税税率为25%，二者的区别是A公司有一项可以计提折旧的资产，每年的折旧额相同，两家公司的现金流量如表3-14所示。

表 3-14　折旧对现金流量的影响　　　　　　　　　　　　（单位：元）

项目	A 公司	B 公司
销售收入	20000	20000
成本和费用		
付现成本	6000	6000
折旧	600	0
合计	6600	6000
税前利润	13400	14000
所得税	3350	3500
税后利润	10050	10500
营业净现金流量	10650	10500

A 公司税后利润虽然比 B 公司少 450 元，但现金净流量却多出 150 元，原因在于 A 公司有 600 元的折旧计入成本，合计应税收入减少 600 元，从而少纳税 150 元（600×25%）。从增量分析的角度来看，由于增加了一笔 600 元的折旧，企业获得了 150 元的现金流入。折旧对税负的影响可表示为：税负减少 = 600×25% = 150（元）

（2）利息对现金流量的影响。

在投资项目评估中，利息对投资项目的影响主要有两种分析模式：①作为投资项目现金流量的扣除，即将利息视作费用支出，从现金流量中扣除；②作为投资项目的折现率体现出来，即将筹资影响归于现金流量的资本成本（折现率）中，在给定资本结构的情况下，根据不同的负债水平和风险情况调整项目的折现率。这里所指的折现率一般是指为项目提供资本的投资者要求的收益率，如果不考虑所得税和筹资费，项目投资者要求的收益率就是项目的资本成本。如果从项目的现金流量中扣除利息费用，然后再按此折现率进行折现，就等于双重计算筹资费用。

在确定利息对现金流量的影响时，要考虑以下几个方面：一是利息存在抵税效应。符合税法规定的范围内的利息是税前列支的，利息在超出税法规定的范围后是税后列支的。二是如果借款在还款期内利息率发生变动，那么要根据实际情况分别结算。三是流动资金借款一般采用每期付息、到期一次还本的方法筹集。四是固定资产投资借款的偿还一般要到项目建成投产后开始进行，固定资产投资借款的利息在投资期内也难以偿还，因此，可以将项目投产前不能支付的借款利息与建设期末固定资产投资借款之和作为项目生产期初固定资产投资借款的总额，以此来计算项目生产期内各年的固定资产投资借款的利息。建设期产生的利息应该按照其投入方式（一次投入、均匀投入或者分段均匀投入）来计算。一般如土地使用权的取得等是一次投入的，建筑安装工程则一般是均匀投入或者分段均匀投入的，估算方式如下：

第一，一次投入资金的利息计算：

$$I = p\left[(1+r)^n - 1\right] \tag{3-10}$$

式中，p 为金额，r 为年利息率，n 为时间。

第二，均匀投入资金的利息计算（见图 3-1）：

$$I = p\left[(1+r)^{n/2} - 1\right] \quad (3-11)$$

式中，p 为金额，r 为年利息率，n 为时间。

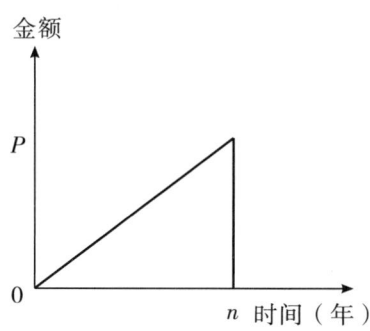

图 3-1　均匀投入资金的利息计算

第三，分段投入资金的利息计算（见图 3-2、图 3-3）：

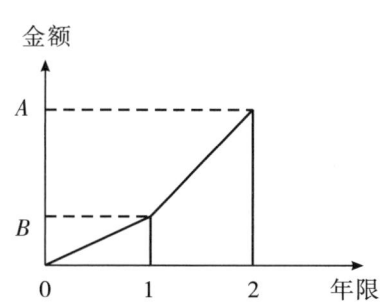

图 3-2　分段均匀投入资金的利息计算

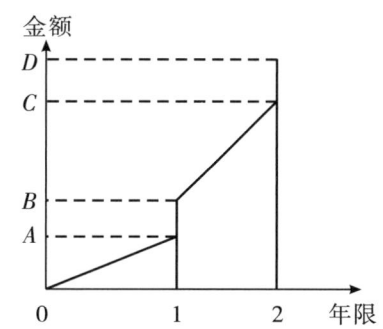

图 3-3　分段均匀投入资金的利息计算

图 3-2 中，设年利息率为 r，第 1 年投入资金为 B，前两年投入资金为 A，时间为 2 年。其利息计算公式如下：

$$I = B \times \left[(1+r)^{1.5} - 1\right] + (A - B) \times \left[(1+r)^{0.5} - 1\right] \quad (3-12)$$

图 3-3 中，各点包含的内容如下所示：

A：第 1 年投入的资金；

B：第 1 年投入的资金 + 第 1 年投入的资金在第 1 年产生的利息；

C：第 1 年投入的资金 + 第 1 年投入的资金在第 1 年产生的利息 + 第 2 年投入的资金；

D：第 1 年投入的资金 + 第 1 年投入的资金在第 1 年产生的利息 + 第 2 年投入的资金 + 第 1 年投入的资金及其在第 1 年产生的利息在第 2 年产生的利息 + 第 2 年投入的资金产生的利息

综上所述，可得以下计算公式：

各年度投资利息 =（以前年度的投资本金和利息和 + 本年度投资额/2）× r

$$(3-13)$$

$$投资利息 = \sum 各年度投资的利息 \quad (3-14)$$

【例 3-9】某公司厂房开发周期为 2 年，向银行借入投资资金 2000 万元，第 1 年投入 450 万元，第 2 年投入 550 万元，年利息率为 10%，求建设期的投资利息。

方法一：$I = 450 \times [(1+0.1)^{1.5} - 1] + (450 + 550 - 450) \times [(1+0.1)^{0.5} - 1] = 96.01$（万元）。

方法二：第 1 年利息 $= 450 \div 2 \times 10\% = 22.5$（万元）；

第 2 年利息 $= (450 + 22.5 + 550 \div 2) \times 10\% = 74.75$（万元）；

2 年总利息 $= 22.5 + 74.75 = 97.25$（万元）。

（3）所得税对现金流量的影响。

根据我国的税法，公司通常会面临两种税负：一是增值税。增值税分为取得时能否抵扣进项税额，若不允许抵扣进项税额则处置时按照简易计税方法计税，若允许抵扣则处置时按一般计税方式选用适用税率计税。二是所得税。项目经营期内营业利润所要缴纳的所得税在整个项目的使用期间都会涉及。所得税是公司的应税所得额与公司适用的企业所得税税率的乘积。经营期内所得税的大小取决于利润大小和所得税税率的高低。

所得税对现金流量的影响主要是通过收入和成本费用发生的时间来体现的。若项目终止阶段现金流量的最终残值与税法规定的账面净残值不一致时，需要考虑所得税的影响。若提前报废，则账面净残值 = 固定资产原值 – 按照税法规定实际计提的累计折旧；若超龄使用，则账面净残值 = 预计残值 – 税法残值，净损益 = 变现价值 – 账面净价值。如果设备变现的净损益大于零，则需要缴纳所得税，增加现金流出，减少现金净流量；如果设备变现的净损益小于零，则可以抵减已纳所得税，减少现金流出，增加现金净流量。

公司在考虑所得税对公司现金流量的影响时，一般应考虑以下几方面的问题：

①税收优惠。我国现行的《中华人民共和国企业所得税法》存在大量的税收优惠政策。公司应该注意利用税法所规定的亏损弥补、折旧、无形资产摊销等的政策，以及针对高新科技企业、第三产业企业和利用废水、废气、废渣进行生产的企业等的税收优惠。外商投资企业与外国企业应注意地域、生产性、再投资退税等的优惠。

②费用发生的时间。如果能够采用加速折旧法，在前期多计提折旧费用，则可以使前期利润减少，从而减少纳税，使税款递延到后期，相当于公司获得一笔无息贷款。

③利息和经营性租赁费有抵税作用。在考察利息和经营性租赁费时，要注意它们在符合税法规定的情况下可以在税前列支，这样可以起到抵税的作用。融资租赁费用不能够在税前列支，但是可以计提折旧。

④税后现金流量的确定。通过计算净利润，在此基础上加回折旧（摊销）和利息得到现金收入，而税后净现金流量即等于现金收入加上追加的流动资金、追加的固定资产投资、回收的固定资产余值和回收的流动资金。

【例 3-10】假如 Z 科技公司正考虑用一台效率更高的新机器取代现有的旧机器。旧机器的账面折余价值为 12 万元，在二手市场上出售可以得到 7 万元；预计尚可使用 5 年，5 年后清理的净残值为零；税法规定的折旧年限尚有 5 年，按直线法计提折旧，税法规定的残值可以忽略。购买和安装新机器需要 48 万元，预计可以使用 5 年，清理净残值为 1.2 万元。新机器属于新型环保设备，按税法规定可分 4 年计提折旧，并采用双倍余额递减法计算折旧额,法定残值为原值的1/12。由于该机器效率很高,每年可以节约付现成本14万元。公司的所得税税率为25%。如果该项目在任何一年出现亏损,公司将会得到按亏损额的25%计算的所得税税额抵免。假设公司投资该项目的必要报酬率为10%,不考虑增值税的影响,试计算上述机器更新方案的净现值。

计算过程如表3-15所示。

表3-15　Z科技公司未来5年的现金流量　　　　　　　　（单位:元）

项目	第0年	第1年	第2年	第3年	第4年	第5年
投资成本	-480 000					
旧机器变价	70 000					
账面价值	120 000					
变价亏损节税	12 500					
付现成本节约额		140 000	140 000	140 000	140 000	140 000
折旧(新机器)		240 000	120 000	40 000	40 000	
折旧(旧机器)		24 000	24 000	24 000	24 000	24 000
增加的折旧		216 000	96 000	16 000	16 000	-24 000
税前利润增量		-76 000	44 000	124 000	124 000	164 000
所得税增加		-19 000	11 000	31 000	31 000	41 000
税后利润增加		-57 000	33 000	93 000	93 000	123 000
增加营业现金流量		159 000	129 000	109 000	109 000	99 000
法定残值						40 000
预计净残值						12 000
清理损失						28 000
清理损失减税						7 000
净现金流量	-397 500	159 000	129 000	109 000	109 000	118 000
现金流量现值	-397 500	144 546.9	106 605.6	81 891.7	74 447	73 266.2
净现值	83 257.4					

A. 如果采用更新方案,则新机器每年的折旧额计算过程如下:第一年折旧额 = 480000×2/4 = 240000(元),第二年折旧额 = (480000-240000)×2/4 = 120000(元),第三年折旧额 = 第四年折旧额 = (480000-240000-120000-480000×1/12)/2 = 40000(元)。

B. 如果不采用更新方案,则旧机器按直线法提折旧,5年的折旧额均为24000(即120000/5)元。

(4) 通货膨胀对现金流量的影响。

在投资项目评估中,通货膨胀可能会同时影响项目的现金流量和投资必要收益率(折现率),从而使项目的净现值有可能保持不变。通货膨胀会影响资产负债表、利润表和现金流量表所反映的会计信息质量,进而影响投资者的投资决策,同时通货膨胀还会对股票价格产生复杂的影响。在通货膨胀情况下，相对于会计利润来说，现金流的价值相关性更高。

估计通货膨胀对项目的影响应遵循一致性的原则，即如果预测的现金流量序列包括了通货膨胀的影响，则折现率也应包括这一因素的影响；反之亦然。名义现金流是指实际收到或支出的货币，实际现金流是指该现金流的实际购买力，应该用名义贴现率贴现名义现金流，用实际贴现率贴现实际现金流，针对不同的项目，采用不同的通货膨胀率修正现金流量。

【例 3-11】假设 Z 科技公司预测某项目有以下名义现金流量，见表 3-16。其中，名义利率为 15%，通货膨胀率预计为 10%，计算此项目的价值。

表 3-16　Z 科技公司项目名义现金流量　　　　　　（单位：万元）

年份	2020	2021	2022	2023
现金流量	-80	38.5	60.5	39.9

方法一：$NPV = -80 + 38.5/1.15 + 60.5/1.15^2 + 39.9/1.15^3 = 25.5$（万元）

方法二：

实际贴现率 =（1 + 名义贴现率）/（1 + 通货膨胀率）- 1 = 1.15/1.10 - 1 = 0.045 = 4.5%，

实际现金流 = 名义现金流 /（1 + 通货膨胀率）^{n}，因此本例的实际现金流分别为 38.5/1.10 = 35（万元），60.5/1.10^2 = 50（万元），39.9/1.10^3 = 30（万元），最后求得 $NPV = -80 + 35/1.045 + 50/1.045^2 + 30/1.045^3 = 25.5$（万元）

3.4　资本预算决策的基本方法

3.4.1　折现现金流量方法

1. 净现值法

（1）净现值法的概念和含义。

净现值（net present value，NPV）法是以投资方案的净现值作为标准评价和分析投资方案的方法。净现值是指投资项目在其寿命期内的全部现金流入现值减去全部现金流出现值后的差额。它考察的是项目在整个计算期内的盈利能力，它是考虑了货币的时间价值的一个动态指标。净现值指标是项目评估中最常用、最重要的价值型指标。净现值的计算公式为：

$$NPV = \sum (CI_t - CO_t) \times (1 + r)^{-t} \quad (3-15)$$

式中，NPV 为净现值；CI_t 为第 t 年的现金流入量；CO_t 为第 t 年的现金流出量；$CI_t - CO_t$ 为第 t 年的净现金流量；r 为投资的资本成本（或必要报酬率）；n 为投资项目的计算年限；t 为项目计算期内的第几年。

从净现值的计算公式可以看出，在投资项目的现金净现值流量一定的情况下，折现率（r）越高，则净现值越小，如图 3-4 所示。

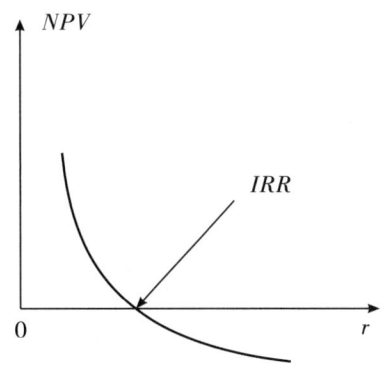

图 3-4 净现值与折现率的关系

因此,一个投资项目的净现值不是唯一的,而是与折现率一一对应的。折现率在这里的含义是企业必要报酬率或最低期望收益率。

(2) 净现值法的评估准则。

如果 NPV=0,说明项目的现金流入量刚好弥补项目的现金流出量,提供了与企业要求的报酬率相等的报酬水平,并不意味着投资项目的报酬为 0。这种情况下,股东的财富状况没有发生任何变化,既没增加也没减少。在企业规模扩大的同时,股票价格维持在原来的水平上。

如果 NPV>0,则说明投资项目不仅获得了折现率 (r) 的正常投资回报率,而且获得了额外的超额收益,NPV 越大则超额收益越多。

如果 NPV<0,则说明投资项目不能够获得折现率 (r) 的正常投资回报率。

用净现值来评估投资项目时,对于独立项目,当净现值大于、等于 0 的时候,项目是可行的;当净现值小于 0 的时候,项目是不可行的。对于互斥项目的选优或者排序问题,净现值大的是优秀的项目,净现值大的项目的收益能力比净现值小的项目好。

【例 3-12】Z 科技公司拟购置一套机器设备,用于生产产品 A,现有甲、乙两种设备可供选择,公司的必要投资报酬率(最低期望收益率)为 10%,有关资料见表 3-17。根据资料,计算两种方案的净现值并评价其优劣。

表 3-17 购置设备相关数据表

项目	甲设备	乙设备
购入成本	100 万元	80 万元
寿命年限	4 年	4 年
年产销量	10000 件	9000 件
单位售价	100 元	100 元
单位变动成本(付现)	60 万元	60 万元
期终残值	0 元	4000 元

甲设备:初始现金流出为 1000000 元,1—4 年的年现金净流入 = (100-60) × 10000 = 400000 (元),第 4 年无残值,$NPV_{甲}$ = 400000 × (P/A, 10%, 4) - 1000000 =

267960（元）。

乙设备：初始现金流出为800000元，1—4年的年现金净流入 =（100 - 60）× 9000 = 360000（元），第4年残值为4000元，$NPV_乙 = 360000 \times (P/A, 10\%, 4) + 4000 \times (P/F, 10\%, 4) - 800000 = 343900$（元）。

从计算结果可以看出购买乙设备的方案更优。

(3) 投资时机决策问题。

净现值法假定投资是可逆的，但在现实中大部分投资是不可逆的，许多项目的投资可以被推迟（黄桂花、程德兴，2018），使用净现值法进行选择需要关注投资时机决策。投资时机决策即投资者确定开始投资的最佳时期。项目的现金流为正，不一定意味着马上投资最好，如果以后再投资，可能会更有价值。等待时机的过程中，公司能够得到更为充分的市场信息或更高的产品价格，或者有时间继续提高产品的性能。但是这些决策优势也会带来等待所引起的时间价值的损失，以及竞争者提前进入市场的危险，另外成本也可能会随着时间的延长而增加。如果等待时机获得的利益超过伴随而来的成本，那么公司应该采取等待时机的策略。

进行投资时机选择的标准仍然是净现值最大化。但由于开发的时间不同，不应该将计算出来的净现值进行简单对比，而应该折算成同一个时点的现值再进行比较。

【例3 - 13】假设某公司拥有一片较难开发的油田，公司预备将其开发，加工化工产品出售。该油田的原油随着时间的推移，其单位面积的经济价值会逐渐提高。根据预测，每年原油的销售收入将提高20%，但是开发的付现成本（主要是工人工资）每年也将增加10%。按照公司的计划安排，可以现在开发或者3年后再开发。无论哪种方案，油田都可供开发4年，需要购置的开发及加工设备的初始成本都为100万元，直线法折旧年限4年，无残值，项目开始时均需垫支营运资本20万元，开发结束后收回。计划每年开发200亩油田，第1年每亩油田可获得销售收入1万元，开发每亩油田的付现成本为0.35万元。因此，公司要做出是现在开发还是3年以后开发的决策。有关资料如表3 - 12所示。

(1) 计算现在开发的净现值。

①第一步，计算现在开发的营业现金流量，如表3 - 18所示。

表3 - 18　现在开发的营业现金流量　　　　　　　　（单位：万元）

项目	第1年	第2年	第3年	第4年
销售收入	200	240	288	345.6
付现成本	70	77	84.7	93.17
折旧	25	25	25	25
税前利润	105	138	178.3	227.43
所得税	26.25	34.5	44.58	56.86
税后利润	78.75	103.5	133.72	170.57
营业现金流量	103.75	128.5	158.72	195.57

②第二步,计算现在开发的净现值。

NPV = 103.75 × (P/F, 10%, 1) + 128.5 × (P/F, 10%, 2) + 158.72 × (P/F, 10%, 3) + (195.57 + 20) × (P/F, 10%, 4) − 100 − 20 = 103.75 × 0.909 + 128.5 × 0.826 + 158.72 × 0.751 + 215.57 × 0.683 − 120 = 347(万元)

(3) 计算3年后开发的净现值。

①第一步,计算3年后开发的营业现金流量(以第4年年初为起点),如表3-19所示。

表3-19　3年后开发的营业现金流量　　　　　　　　　　(单位:万元)

项目	第1年	第2年	第3年	第4年
销售收入	345.6	414.72	497.66	597.2
付现成本	93.17	102.49	112.74	124.01
折旧	25	25	25	25
税前利润	227.43	287.23	359.92	448.19
所得税	56.86	71.81	89.98	112.05
税后利润	170.57	215.42	269.94	336.14
营业现金流量	195.57	240.42	294.94	361.14

②第二步,计算3年后开发的净现值。

A. 方法一:NPV = 195.57 × (P/F, 10%, 4) + 240.42 × (P/F, 10%, 5) + 294.94 × (P/F, 10%, 6) + (361.14 + 20) × (P/F, 10%, 7) − 120 × (P/F, 10%, 3) = 195.57 × 0.683 + 240.42 × 0.621 + 294.94 × 0.564 + 381.14 × 0.513 − 120 × 0.751 = 554.6(万元)

B. 方法二:NPV_4 = 195.57 × (P/F, 10%, 1) + 240.42 × (P/F, 10%, 2) + 294.94 × (P/F, 10%, 3) + 381.14 × (P/F, 10%, 4) − 120 = 195.57 × 0.909 + 240.42 × 0.826 + 294.94 × 0.751 + 381.14 × 0.683 − 120 = 738.18(万元)

NPV = NPV_4 × (P/F, 10%, 3) = 738.18 × 0.751 = 554.37(万元)

综上所述,由于3年后开发的净现值大于现在开发的净现值,因此应该在3年后开发。

2. 现值指数法

(1) 现值指数法(present value index)的概念和含义。

现值指数法是以现值指数为标准评价和分析投资方案的方法。现值指数又称获利指数(profitability index, PI)或利润指数,是指在投资项目的整个计算期内,一项投资项目的现金流入现值总额与其现金流出现值总额之比。

其计算公式为:

$$PI = \frac{\sum_{t=0}^{n} R_t/(1+r)^t}{\sum_{t=0}^{n} C_t/(1+r)^t} \tag{3-16}$$

式中，PI 为现值指数；R_t 为现金流入量；C_t 为现金流出量；r 为折现率。

(2) 现值指数法的评估准则。

一项投资的现值指数若小于 1，表明投资效益达不到必要报酬率水平；现值指数若等于 1，则表明投资效益等于必要报酬率水平；现值指数若大于 1，则表明投资效益高于必要报酬率水平。运用现值指数法选择投资方案的标准是投资的现值指数大于 1 或等于 1。存在互斥项目，现值指数皆大于 1，则选择现值指数最大的。

【例 3-14】某公司拟进行一项投资，现有 A、B 两个方案可供选择，公司的必要报酬率为 12%，各方案每年的现金流量见表 3-20。求各方案的现值指数。

表 3-20　各方案年现金流量表　　　　　　　　（单位：元）

年次	A 方案	B 方案
0	-30000	-18000
1	6000	6500
2	10000	6500
3	12000	6500
4	16000	6500

根据以上资料，计算得出各方案的现值指数为：A 方案 = 32039/30000 = 1.0680，B 方案 = 19742/18000 = 1.0968，因此应该选择 B 方案。

3. 内含报酬率法

(1) 内含报酬率的概念。

内含报酬率（internal rate of return，IRR）法是以内含报酬率为标准评价和分析投资方案的方法。内含报酬率也称内部收益率，是指在投资项目的整个计算期内，投资的现金流入现值总额与现金流出现值总额恰好相等，即净现值为零的贴现率，反映了投资项目本身可达到的报酬水平。内含报酬率的计算公式如下：

$$\sum_{t=1}^{n} \frac{NCF_t}{(1+IRR)^t} - C = 0 \qquad (3-17)$$

式中，n 表示项目计算年限；NCF_t 表示第 t 年的净现金流量；IRR 表示内含报酬率；C 表示初始投资额。

(2) 内含报酬率的决策原则。

运用内含报酬率法进行决策分析时，往往要和企业投资的必要报酬率相比较。若一项投资项目的内含报酬率高于企业的资本成本率或投资必要报酬率，则说明其效益要比企业期望的更好，就应采纳；反之，则应拒绝。在有多个备选方案的互斥选择决策中，应选择内含报酬率超过资本成本率或必要报酬率最多的投资项目。

(3) 内含报酬率的计算方法。

根据投资的现金流入和现金流出的不同模式，内含报酬率的测算有以下两种方法。

①逐次测试法。逐次测试法即用不同的报酬率来逐次计算投资的净现值，直到测到净现值为零时为止，这时所采用的贴现率就是该项目的内含报酬率。

②插值法。在一项投资的现金流出现值为已知，投资的寿命期内每期现金流入为等

量的条件下,投资的内含报酬率可以采用插值法计算,基本步骤如下。

A. 每年的净现金流量相等的情况:

第一,根据在投资内含报酬率下现金流出现值和现金流入现值相等的原理,求投资在寿命期内的年金现值系数。

$$年金现值系数 = 初始投资额/每年净现金流量 \tag{3-18}$$

第二,根据所求年金现值系数,运用年金现值系数表,查找出与所求年金现值系数相等或相近的系数值。相等系数所对应的报酬率即内含报酬率。若无恰好相等的系数,则可找出与所求年金现值系数相近的较大和较小的两个系数值,然后采用插值法求出内含报酬率。

B. 每年的净现金流量不相等的情况:

第一,先预估一个折现率,并按此折现率计算净现值。如果计算出的净现值为正数,则表示预估的折现率小于该项目的实际内含报酬率,应提高折现率,再进行测算;如果计算出的净现值为负数,则表明预估的折现率大于该项目的实际内含报酬率,应降低折现率,再进行测算。经过如此反复测算,找到净现值由正到负并且比较接近于零的两个折现率。

第二,根据上述两个邻近的折现率,用插值法计算出项目的实际内含报酬率。用下列公式计算项目的内含报酬率:

$$\mathrm{IRR} = r_1 + \frac{(r_2 - r_1) \times \mathrm{NPV}_1}{(\mathrm{NPV}_1 + |\mathrm{NPV}_2|)} \tag{3-19}$$

式中,IRR 为项目的内含报酬率;r_2 为折现率 2,其净现值 NPV < 0;r_1 为折现率 1,其净现值 NPV > 0;$r_1 < r_2$ 且 $r_2 - r_1 \leq 2\%$。

插值法将净现值与折现率关系曲线看作一条直线,如图 3-5 所示,运用相似三角形原理解出的内部收益率只是近似的内部收益率,由于 r_1 和 r_2 距离很近,不超过 2%,因此误差不会太大;如果 r_1 和 r_2 距离很远,那么误差就会很大。

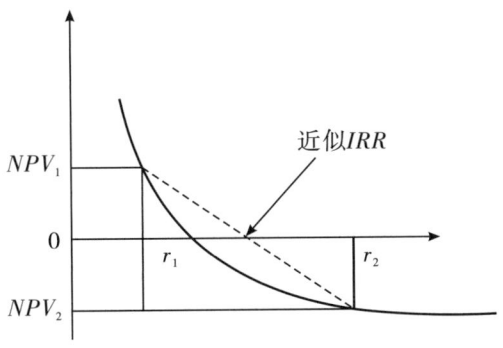

图 3-5 插值法示意图

【例 3-15】Z 科技公司拟建一条生产线,计划投资额为 240 万元,当年施工当年投产,预计寿命期为 10 年,该项投资每年的现金流入预计为 40 万元,公司期望能实现 15% 的必要报酬率,试用内含报酬率法分析该投资方案的可行性。

根据以上资料,求出年金现值系数:300/50 = 6。

当 $n=10$ 时，10%利率的年金现值系数为 6.1446，12%的年金现值系数为 5.6502，所以该投资的内含报酬率在 10%和 12%之间，采用插值法求得：内含报酬率 = 10% + 2% × 0.1446/0.4944 = 10.58%。

该内含报酬率小于企业期望报酬率，所以该方案不予采纳。

（4）运用内含报酬率法时应关注以下问题：

①存在多个内含报酬率。

一般情况下，对于常规现金流量项目，只要该项目的净现值大于 0，那么它具有唯一的内部收益率；对于非常规现金流量项目则可能出现内部收益率多解或无解的情况。

【例 3-16】Z 科技公司计划开发一款新型产品。预期产品的初始投资额为 3000 万元，在之后的 9 年中每年产生 1000 万元的现金流入，但项目结束后将发生 6500 万元的清理费用。求内含报酬率。

$$\sum_{t=1}^{n} \frac{NCF_t}{(1+IRR)^t} - C = -30 + \frac{10}{(1+IRR)^1} + \frac{10}{(1+IRR)^2} + \cdots + \frac{10}{(1+IRR)^9} - \frac{65}{(1+IRR)^{10}} = 0$$

求得内含报酬率为 3.5%和 19.5%，见图 3-6。

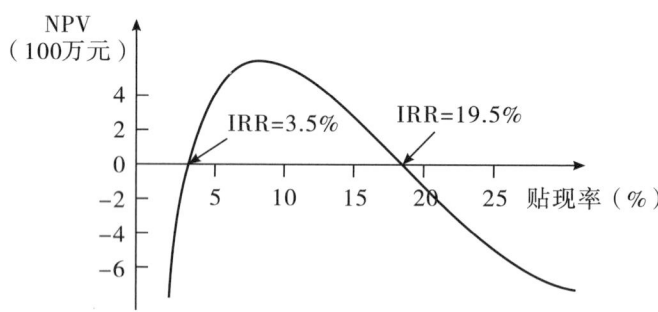

图 3-6 净现值与内含报酬率关系图

②针对互斥项目。

经济寿命不同或者投资规模不同的互相排斥的项目，应采用差额内含报酬率（ΔIRR）。差额内含报酬率是两个项目的差额现金流量的内含报酬率，即在差额内含报酬率作为折现率时，两个项目的差额现金流量的净现值为 0，差额内含报酬率为使两个项目净现值相等的折现率。如图 3-7 所示。

若差额内含报酬率（ΔIRR）大于最低期望报酬率或资金的机会成本（r），并且：①小于这两个项目的内含报酬率时，那么应该选择内含报酬率较小的投资项目，如图 3-8 所示；②大于这两个项目的内含报酬率时，那么应该选择内含报酬率较大的投资项目，如图 3-9 所示。

若差额内含报酬率（ΔIRR）小于最低期望报酬率或资金的机会成本（r），那么应该选择内含报酬率较大的投资项目，如图 3-10 所示。

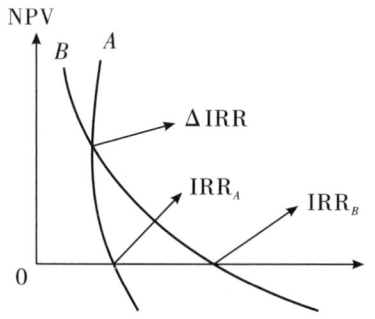

图 3-7　差额内含报酬率示意图（1）

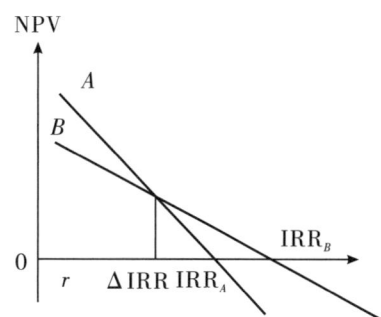

图 3-8　差额内含报酬率示意图（2）

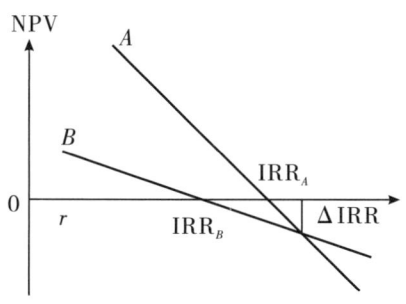

图 3-9　差额内含报酬率示意图（3）

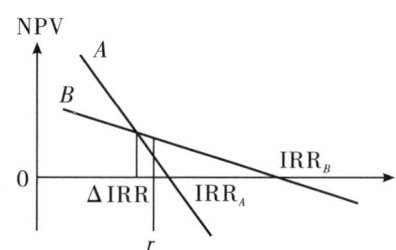

图 3-10　差额内含报酬率示意图（4）

4. 净现值法、现值指数法、内含报酬率法比较

从式（3-15）、式（3-16）中可以得知，现值指数与净现值的本质是相同的。净现值相当于投资项目全部现金流入的现值之和与现金流出现值之和的差，而现值指数是投资项目全部现金流入的现值之和与现金流出现值之和的商。因此，当净现值大于 0 时，现值指数一定大于 1；当净现值等于 0 时，现值指数一定等于 1；当净现值小于 0 时，现值指数一定小于 1。净现值、现值指数、内含报酬率的比较如表 3-21 所示。

表 3-21　净现值、现值指数、内含报酬率的比较

指标	项目可行	项目不可行	是否用于互斥项目
净现值	≥0	<0	可以
现值指数	≥1	<1	不可以
内部收益率	≥资金成本率（r）	<资金成本率（r）	可以

3.4.2　非折现现金流量方法

1. 回收期法

（1）回收期法的概念。

回收期法是以投资回收期的长短作为评价项目方案优劣标准的资本预算决策方法。投资回收期是指收回全部原始投资所需的时间，即一项投资的现金流入逐步累计至等于

现金流出的总额。

（2）回收期的计算方法。

假设项目每年现金流入量相等。回收期的计算公式如下：

$$回收期 = \frac{投资的初始现金流出总额}{每年的现金流入} \qquad (3-20)$$

【例3-17】Z科技公司想进行一项投资，初始投资额15000元，项目为期5年，每年净现金流量有关资料详见表3-22，试计算该方案的投资回收期。

表3-22 Z科技公司投资回收期计算表 （单位：元）

年度	每年净现金流量	年末尚未回收的投资额
1	3800	11200
2	3560	7640
3	3320	4320
4	3080	1240
5	7840	

该方案的投资回收期 = 4 + 1240/7840 = 4.158（年）

2. 平均报酬率法

平均报酬率（average rate of return，ARR）法是以投资项目的平均报酬率作为决策指标的方法。平均报酬率是投资项目在寿命周期内平均的年投资报酬率，也称平均投资报酬率。平均报酬率的计算公式为：

$$ARR = \frac{平均现金流量}{初始投资额} \times 100\% \qquad (3-21)$$

采用此方法，需要事先确定企业要求达到的平均报酬率，或称为期望报酬率，只有平均报酬率不低于期望报酬率的方案才可以考虑。在互斥投资方案选择中，则选择平均报酬率最高的方案。平均报酬率越大越好，表示获利能力越强。上两个例子中，第一个项目方案平均报酬率为 100/500 × 100% = 20%，第二个项目方案平均报酬率为（3800 + 3560 + 3320 + 3080 + 7840）/5/15000 × 100% = 28.8%。

3. 非折现现金流量方法的不足

非折现现金流量方法没有考虑资金的时间价值，也不能反映投资回收后的收益情况（史琪，2014）。平均报酬率虽然反映了项目所能创造的收益情况，但也无法弥补没有考虑时间价值所带来的问题。对于整个项目而言，当项目最后几期仍然存在零星收入，即项目最后几期的折现现金流量相对于项目的初始投资额、前几期回收资金过小时，从实际情况上来说，后几期十分少的折现现金流量对于项目决策应该是无关紧要且不能起过大的负面作用的，但在计算整个项目期内的年平均利润率时，它则会很大程度地降低年平均利润率，会影响投资者做出正确的投资决策（刘青鸾，2012）。

3.5 资本预算中的资本分配

3.5.1 资本分配的基本概念

1. 资本约束的概念

资本约束是指企业用于投资的资金有限,投资受到限制,公司不能承担所有净现值为正的项目。对每一个项目组合,应首先检查项目是否满足约束,然后计算 NPV,以寻求最佳投资方案。

资本约束分为软约束与硬约束。很多公司的资本限制都是"软"的,是管理层采用的临时限制,以帮助进行财务控制。预算软约束产生的原因在于企业承担的战略性负担和社会学负担(孔繁成、易小琦,2019)。硬约束意味着资本市场的不完美,决策者要自己承担决策的后果,特别是决策失误后所造成的损失。

2. 资本分配的概念

资本分配是指公司在面临资本约束的情况下在可行的项目中选择既定的资本能够满足的项目,并且所投资的项目的预期收益要满足既定资本投资收益最大化。它是一种灵活的管理手段。

公司对每年的资本预算的规模加以限制,不仅是因为外部资本约束和内部理想负债规模的控制,在很大程度上也是为了避免各个业务部门因争夺资金而夸大项目的价值。

3.5.2 资本分配预算决策方法

1. 盈利能力指数法

在资本限额的情况下,并不是所有净现值为正数的项目都可以被接受,因此利用盈利能力指数(profitability index,PI)可以使公司将有限的资本用于能获得最高累积净现值的项目上。

盈利能力指数衡量的是公司每一单位投资额所能获得的净现值大小,它等于项目净现值与项目初始投资额之比,用公式表示为:

$$盈利能力指数 = \frac{净现值}{初始投资额} \tag{3-22}$$

运用盈利能力指数选择项目的步骤如下:第一,明确可用于资本投资的资金数额,这代表资本预算的约束条件。第二,计算所有可接受项目的净现值,估算每一个项目所需的初始投资额。第三,计算所有可接受项目的盈利能力指数。第四,按照盈利能力指数给所有项目排序。第五,按照盈利能力指数的大小,由高到低排列,选择项目,同时计算计划所投资项目的累积初始投资额,并把它与公司可利用的投资金额相比较。第六,项目累积初始投资额达到资本限额时,投资停止,无法再接受其他的项目。

【例 3-18】Z 科技公司当前可用于项目投资的资本预算为 100 万元,公司可投资的项目如表 3-23 所示。

表 3-23 Z 科技公司可投资的项目种类

项目	初始投资额/万元	净现值/万元	盈利能力指数
A	40	20	0.5
B	5	5	1
C	48	26	0.54

可知项目 B 的盈利能力指数最大。

2. 最低收益率法

所谓最低收益率法，是指在决定某项投资之前，首先制定出投资项目最低标准的投资回收率的投资策略。只有高于此收益率的投资项目才会被采纳。从理论上讲，可行的最低限度的收益率应该是企业的资金成本。但从实践上来看，企业常常以行业的平均收益率或者社会平均收益率为标准以保证项目投资的竞争力和应付风险的能力。

3. 资本约束成本最小化法

资本约束成本是指公司因为缺少资金而无法采用的所有好项目的累积净现值。

资本约束成本最小化法（the cost of capital constrains minimization）主要运用线性规划，以项目的成本最小化作为目标函数，以三种约束条件求出一个线性最优化的解。三种约束条件，一是资本限制，即总投资额不能大于资本限额，用接受比例（$1-m$）去乘各个项目需要的初始投资额；二是项目投资比例限制，即项目是否可以分割决定变量的性质，$x_i \in [0, 1]$ 或 $x_i \in \{0, 1\}$ 或 $x=0$ 或 $x=1$（$i=$ A，B，C，D，E，F，G）；三是项目之间关系的约束，例如，如果项目 A 和项目 B 互斥，则有 $x_A \times x_B = 0$。

3.6 不确定条件下的决策

3.6.1 投资项目风险的类型

1. 项目特有风险

项目特有风险是指项目本身存在的风险，单个项目的现金流量可能比预期低或高。

2. 竞争性风险

竞争性风险是指项目的收益和现金流量受竞争的影响（积极的或消极的）。公司的大部分竞争性风险不能分散，项目的风险利润率和增长率也会受到一定的影响。

3. 行业风险

行业风险是指主要影响某一特定行业的收益和现金流量的因素，主要包含技术风险、法律风险、商品风险、市场风险、国际风险。

①技术风险是指与项目最初分析预期不同的技术变化和发展而带来的影响。

②法律风险是指法律和法规变动造成的影响。

③商品风险是指某一特定行业对商品和劳务的不规则生产和使用而带来的价格变化

的影响。

④市场风险是指影响所有公司和所有项目的,由利率、通货膨胀率、经济增长等宏观经济因素造成的非预期影响。

⑤国际风险是指当公司投资于跨国性的项目时,收益和现金流量因汇率变动或政治因素而与预期不同所带来的影响。

3.6.2 不确定性分析的基本方法

1. 按风险调整折现率、现金流法

(1) 按风险调整折现率法。

该方法指的是将与特定投资项目有关的风险报酬加入资本成本率或公司要求达到的报酬率中,构成按风险调整的折现率,并据以进行投资决策分析,有以下几种方法。

①用资本资产定价模型来调整折现率。在进行投资项目的资本预算时,可以引入与证券总风险模型大致相同的模型——企业总资产风险模型,用公式表示为:总资产风险＝不可分散风险＋可分散风险。不可分散风险由 β 值来测量;可分散风险属于公司特别风险,可以通过企业的多元化经营来消除,但同时需要注意不可分散风险。此时,特定投资项目按风险调整的折现率可按下式计算:

$$K_i = R_f + \beta_i \times (R_m - R_f) \tag{3-23}$$

式中,K_i 表示项目 i 按风险调整的折现率或项目 i 的必要报酬率;R_f 表示无风险折现率;β_i 表示项目 i 不可分散风险的 β 系数;R_m 表示所有项目平均的折现率或必要报酬率。

②按投资项目的风险等级来调整折现率。这种方法是对影响投资项目风险的各因素进行评分,根据评分来确定风险等级,再根据风险等级来调整折现率。按风险等级调整的折现率如表 3-24 所示。

表 3-24 按风险等级调整的折现率表

相关因素	投资项目的风险状况得分									
	A		B		C		D		E	
	状况	得分	状况	得分	状况	得分	状况	得分	状况	得分
市场竞争	无	1	较弱	3	一般	5	较强	8	很强	12
战略上的协调	很好	1	较好	3	一般	5	较差	8	很差	12
投资回收期	1.5 年	4	1 年	1	2.5 年	7	3 年	10	4 年	15
资源供应	一般	8	很好	1	较好	5	很差	15	较差	10
总分	—	14	—	8	—	22	—	41	—	49

总分	风险等级	调整后的折现率
0～8 分	很低	7%
8～16 分	较低	9%
16～24 分	一般	12%
24～32 分	较高	15%

续上表

总分	风险等级	调整后的折现率
32～40 分	很高	17%
40 分以上	最高	25% 以上

$K_A = 9\%$ $K_B = 7\%$ $K_C = 12\%$ $K_D = 25\%$ $K_E \geq 25\%$

表 3-24 中的分数、风险等级、折现率都由企业管理人员根据以往的经验来设定，具体的评分工作则应由销售、生产、技术、财务等部门的人员组成专家小组来进行。所列的影响风险的因素可能会更多，风险状况也可能会有更多的情况。

（2）按风险调整现金流量法。

该方法即按风险情况对各年的现金流量进行调整，然后对长期投资决策进行评价，有以下几种方法。

①肯定当量法（surely-balanced method）。肯定当量法是指把不确定的各年现金流量，按照一定的系数（通常称为"约当系数"）折算为大约相当于确定的现金流量的数量，然后利用无风险折现率来评价风险投资项目。

约当系数是肯定的现金流量和与之相当的、不肯定的期望现金流量的比值，通常用 d 来表示，计算公式如下：

$$约当系数 = \frac{肯定的现金流量}{期望现金流量} \qquad (3-24)$$

在进行评价时，可根据各年现金流量风险的大小，选取不同的约当系数。当现金流量确定时，可取 $d = 1.00$；当现金流量的风险很小时，可取 $0.80 \leq d < 1.00$；当风险一般时，可取 $0.40 \leq d < 0.80$；当现金流量风险很大时，可取 $0 < d < 0.40$。

为防止因决策者的偏好不同而造成决策失误，有些企业根据标准离差率来确定约当系数。标准离差率与约当系数的经验对照关系如表 3-25 所示。

表 3-25 标准离差率与约当系数的经验对照关系表

标准离差率	约当系数
0.01～0.07	1
0.08～0.15	0.9
0.16～0.23	0.8
0.24～0.32	0.7
0.33～0.42	0.6
0.43～0.54	0.5
0.55～0.70	0.4
……	……

【例 3-19】假设 Z 科技公司准备进行一项投资，其各年的预计现金流量和分析人员确定的约当系数已列示在表 3-26 中，无风险折现率为 12%。试判断此项目是否可行。

表 3-26　项目的现金流量和约当系数

时间（t）	0	1	2	3	4
NCF_t（元）	-15000	10000	8000	6000	5000
d_t	1.0	0.95	0.9	0.8	0.7

根据以上资料，利用净现值法进行评价。

NPV = 0.95×10000×(P/F, 12%, 1) + 0.9×8000×(P/F, 12%, 2) + 0.8×6000×(P/F, 12%, 3) + 0.7×5000×(P/F, 12%, 4) + 1.0×(-15000) = 0.95×10000×0.893 + 0.9×8000×0.797 + 0.8×6000×0.712 + 0.7×5000×0.636 - 15000 = 4865.5（元）

从以上分析可以看出，计算出的净现值为正数，所以能进行投资。

②概率法（probability method）。概率法是指通过发生概率来调整各期的现金流量，并计算投资项目的年期望现金流量和期望净现值，进而对风险投资做出评价。概率法适用于各期现金流量相互独立的投资项目，各期的现金流量相互独立是指前后各期的现金流量互不相关。运用概率法时，各年的期望现金流量计算公式为：

$$\overline{NCF_t} = \sum_{i=1}^{n} NCF_{ti} \times P_{ti} \quad (3-25)$$

式中，$\overline{NCF_t}$表示第t年的期望净现金流量；NCF_{ti}表示第t年的第i种结果的净现金流量；P_{ti}表示第t年的第i种结果发生的概率；n表示第t年可能结果的数量。

投资的期望净现值可以按下式计算：

$$\overline{NPV} = \sum_{t=0}^{m} \overline{NCF_t} \times PVIF_{k,t} \quad (3-26)$$

式中，$\overline{NPV}$表示投资项目的期望净现值；$PVIF_{k,t}$表示折现率为k，第t年的复利现值系数；m表示未来现金流量的期数。

【例 3-20】Z 科技公司的一个投资项目各年的现金流量及其发生概率情况如表 3-27 所示，公司的资本成本率为 16%。试判断此项目是否可行。

表 3-27　项目各年的现金流量及其发生概率

第 0 年		第 1 年		第 2 年		第 3 年		第 4 年	
概率	NCF_0	概率	NCF_1	概率	NCF_2	概率	NCF_3	概率	NCF_4
1.00	-65000	0.3	15000	0.2	20000	0.4	15000	0.2	25000
		0.4	20000	0.5	30000	0.4	25000	0.6	20000
		0.3	25000	0.3	10000	0.2	35000	0.2	20000

先计算各年的期望净现金流量：

$$\overline{NCF_0} = -65000 \times 1.00 = -65000（元）$$

$$\overline{NCF_1} = 15000 \times 0.3 + 20000 \times 0.4 + 25000 \times 0.3 = 20000（元）$$

$$\overline{NCF_2} = 20000 \times 0.2 + 30000 \times 0.5 + 10000 \times 0.3 = 22000（元）$$

$$\overline{NCF_3} = 15000 \times 0.4 + 25000 \times 0.4 + 35000 \times 0.2 = 23000 \text{（元）}$$
$$\overline{NCF_4} = 25000 \times 0.2 + 20000 \times 0.6 + 20000 \times 0.2 = 21000 \text{（元）}$$

再计算投资的期望净现值：

$$\overline{NPV} = \overline{NCF_0} + \overline{NCF_1} \times PVIF_{16\%,1} + \overline{NCF_2} \times PVIF_{16\%,2} + \overline{NCF_3} \times PVIF_{16\%,3} + \overline{NCF_4} \times PVIF_{16\%,4}$$
$$= -65000 + 20000 \times 0.862 + 2200 \times 0.743 + 23000 \times 0.641 + 21000 \times 0.552 = -5079 \text{（元）}$$

因为计算出来的期望净现值为负数，所以该项目不可行。

2. 敏感性分析法

（1）敏感性分析（sensitivity analysis）的概念。

敏感性分析是衡量不确定性因素的变化对项目评价指标（如净现值，内含报酬率等）影响程度的一种分析方法。如果某因素在较小范围内发生变动，项目评价指标却发生了较大的变动，则表明项目评价指标对该因素的敏感性强；反之，如果某因素发生较大的变动才会影响原有的评价结果，则表明项目评价指标对该因素的敏感性弱。通过敏感性分析可以得知某个因素的变动对最终收益产生的影响，并且能通过对各因素的逐一分析找出哪些因素对收益的影响最大，以此进行针对性的管理和控制。

（2）敏感性分析的主要步骤。

对投资项目进行敏感性分析的主要步骤如下：

①确定具体的评价指标作为敏感性分析的对象，如净现值，内含报酬率等。

②选择不确定性因素。影响投资评价结果的因素会有很多，这里要选择对项目的投资收益影响较大且自身的不确定性较大的因素。

③将所有选中的不确定性因素分为好、中等、差（或乐观、正常、悲观）等情况，并做出估计。

④估算出基础状态（正常情况）下的评价指标数值。

⑤改变其中的一个影响因素，并假设其他影响因素保持在正常状态下，估算对应的评价指标数值。

⑥以正常情况下的评价指标数值作为标准，分析其对各种影响因素的敏感程度，进而对该项目的可行性做出分析。

【例3-21】Z科技公司准备投资一个新项目，正常情况下项目的初始投资额为9000元，每年的销售收入为40 000元，变动成本为30 000元，固定成本不包含折旧为4000元、包含折旧为1000元，初始投资全部为固定资产投资，固定资产按直线法计提折旧，使用期为9年，期末无残值，假定公司的资本成本率为10%，所得税税率为25%。

可以求得：

税前利润 = 40000 - 30000 - 4000 - 1000 = 5000（元）；

税后利润 = 5000 × (1 - 25%) = 3750（元）。

则第0年现金流量为 -9000元，第1—9年的现金流量为4750元。

下面用敏感性分析方法对该投资项目进行分析评价。

①选择净现值作为敏感性分析的对象。

②选择对项目的投资收益影响较大且较直接的因素进行分析。这些因素包括初始投资额、每年的销售收入、变动成本、固定成本（不含折旧）。此处的变动成本和固定成

本均为付现成本。折旧额要根据初始投资额计算，如悲观情况下的投资额为15000元时，年折旧额为1500元。

③对以上影响因素分别在悲观情况、正常情况和乐观情况下的数值做出估计。

④计算正常情况下项目的净现值。

$\text{NPV}_{常} = -9000 + 4750 \times (P/A, 10\%, 9) = -9000 + 4750 \times 5.759 = 18355.25$（元）

⑤估算各个影响因素变动时对应的净现值，如表3-28所示。

表3-28 净现值的敏感性分析表 （单位：元）

影响因素	变动范围			净现值		
	悲观情况	正常情况	乐观情况	悲观情况	正常情况	乐观情况
初始投资	15000	9000	8000	12355.25	18355.25	19355.25
销售收入	30000	40000	50000	-24837.25	18355.25	61547.75
变动成本	40000	30000	20000	-24837.25	18355.25	61547.75
固定成本	5000	4000	3000	14036	18355.25	22674.5

相对来说，净现值对初始投资和固定成本的变化不太敏感。无论初始投资和固定成本是增加还是减少，净现值都为正数，这说明即使出现悲观情况，项目也是可以接受的。

3. 场景分析法

（1）场景分析（scenario analysis）的概念。

场景是指影响投资决策指标的一系列因素的总和。场景分析是指假设某一种场景的多个因素或全部因素同时发生变动时所进行的投资决策分析。场景分析属于一种敏感性分析，能描绘项目将来可能出现的不同情形，并能分析每一种情形下项目投资的运营情况。

对不同场景的分析可以基于宏观经济因素（如总体经济增长率、利息率或通货膨胀）、产业结构因素（如竞争机制）或公司因素（如营运资本政策或营业毛利率）。场景分析消除了敏感性分析的不足，每一种情况下都有若干不同的变量同时发生变动，有效地将同一背景下不同变量之间的关联关系纳入项目分析的决策过程中。

（2）场景分析的主要步骤。

对投资项目进行场景分析的主要步骤如下：

①选择建立场景分析所需要的因素，通常基于公司经营业务的类型和影响项目未来成功的最大不确定性因素。例如，一家自行车公司将根据经济状况来构造远景规划，一家财务管理公司将着重于不同的利息率，而一个计算机制造商则基于不同的技术发展来设计场景分析。

②估算每一种场景情况下发生变动的投资分析变量（收入、增长率、营业毛利率等）的价值。

③估算每一种场景情况下项目的净现值和内部收益率。

④基于所有可能情况下（而不仅在基础状态中）的项目净现值分析，进行项目决策。

4. 盈亏平衡分析法

盈亏平衡分析分为会计盈亏平衡分析与财务盈亏平衡分析。

(1) 会计盈亏平衡（accounting break even）分析。

会计盈亏平衡是指利润为零时销售额等于总成本。在该方法中，如果项目的成本可以被分为固定成本和变动成本，并且单位贡献边际等于单位销售价格减去单位变动成本，那么会计盈亏平衡可以被计算如下：

会计盈亏平衡 =（固定成本 + 折旧）/（单位产品销售价格 − 单位产品变动成本）

$$(3-27)$$

这一数值将会随着每年固定成本和单位贡献边际的变动而改变，如图 3-11 所示。

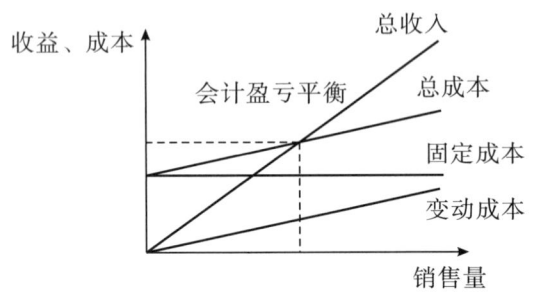

图 3-11 会计盈亏平衡示意图

(2) 财务盈亏平衡分析。

财务盈亏平衡分析研究的是某项目或某公司在财务条件下达到盈亏平衡时（当净现值为零时）所必需的收入水平，关注的是使净现值为零时的销售量。使用该方法，首先估算净现值为零时所需的年现金流量，然后推算出产生这些现金流量所必需的收入水平，最后计算出产生这些收入所需的销售量，见图 3-12。

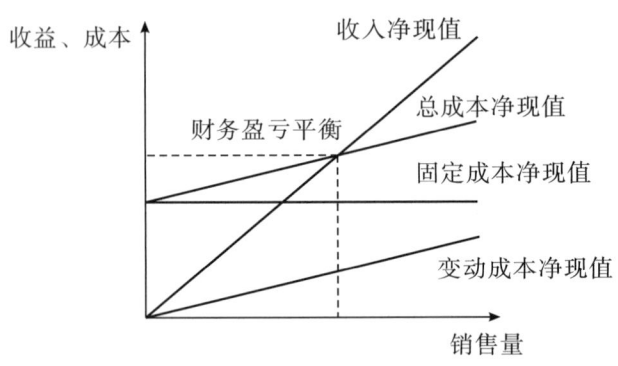

图 3-12 财务盈亏平衡示意图

5. 决策树法

(1) 决策树法（decision tree）的概念。

决策树法可直观地表示一个多阶段项目决策中每一个阶段的投资决策和可能发生的结果及其发生的概率，所以决策树法可用于分析各期现金流量彼此相关的投资项目以及识别净现值分析中的一系列决策过程。

(2) 决策树法的主要步骤。

决策树法的主要步骤如下：

①把项目分成明确界定的几个阶段。
②列出每一个阶段可能发生的结果。
③基于当前可以得到的信息，列出各个阶段每个结果发生的概率。
④计算每一个结果对项目的预期现金流量的影响。
⑤根据前面阶段的结果及其对现金流量的影响，从后向前评估决策树各个阶段所采取的最佳行动。
⑥基于整个项目的预期现金流量和所有可能的结果，并考虑各个结果相应的发生概率，估算第一阶段应采取的最佳行动。

【例 3-22】假设 Z 科技公司工程部开发了一种 MCU 产品，但并未进行市场试测。市场部门建议可以生产一些这种产品，对其进行市场测试。企划部估计这一初步阶段大约需要 1 年，费用需要 1 亿元，包括进行产品展示、市场推广以及操作指导等活动。此外，企划部门认为这次市场测试成功的概率为 75%。在测试完毕后，公司确定要大规模生产这种产品，必要的投资为 15 亿元。此时公司面临两个抉择：第一，是否对这种产品进行试验和开发；第二，如果测试成功，是否根据市场测试结果批准大规模生产投资。请利用决策树，先解决第 2 个问题，随后解决第 1 个问题。

运用决策树模型进行决策判断，见图 3-13。

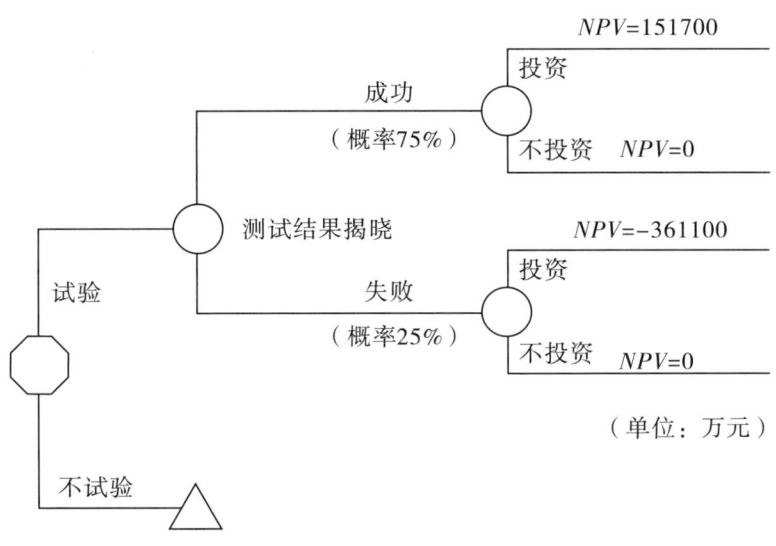

图 3-13 Z 科技公司的决策树模型

假设试验成功（概率 75%），大规模的生产需要 15 亿元成本，并且在未来 5 年中每年产生 9 亿元现金流，产生的净现值为 151 700 万元，因为净现值为正数，所以成功的市场测试使得公司会进行大规模生产。

假设试验失败（概率 25%），那么所投入的 15 亿元将使得项目的净现值为 -361 100 万元，因为净现值在这里是负数，所以试验不成功，公司不会进行大规模生产。

在时点为 1 时，收益的期望值 =（成功的概率×成功后的收益额）+（失败的概率×失败后的损失额）= 0.75×151 700 + 0.25×0 = 113 800（万元），把收益的期望值折现到期初可计算得：NPV = -10000 + 113800/1.15 = 89000（万元），因为净现值为正，所以公司应当进行市场测试。

6. 蒙特卡罗模拟方法

（1）蒙特卡罗模拟（Monte Carlo simulation）的概念。

蒙特卡罗模拟又称随机抽样或统计试验，是一种随机模拟方法，是对现实性世界的不确定性建立模型的进一步尝试，是以概率和统计理论方法为基础的一种计算方法。它将所求解的问题与一定的概率模型相联系，用电子计算机实现统计模拟或抽样，以获得问题的近似解。

（2）蒙特卡罗模拟的一般步骤。

蒙特卡罗模拟的一般步骤如下：
①针对目标项目构建基本模型，确定项目净现值与基本变量之间的关系。
②确定模型中每个变量分布。
③从关键变量的概率分布中随机选取变量的数值，通过计算机抽取。
④重复上述过程。
⑤计算净现值。

◎ 本讲小结

资本预算决策是指通过利用各种资本预算决策方法对项目进行评估筛选，确定最佳资本预算方案，以使得公司能够投资于最有效率的项目，从而实现利润最大化。

1. 投资项目根据投资项目之间的关系、项目现金流量形式、项目性质、投资使用方向和投资主体的活动范围的不同，分为独立、互斥、依存、常规现金流量、非常规现金流量、竞争性、公益性等项目类别。

2. 估算投资项目的现金流量是评价投资方案的可行性与经济效益的基础性指标，是资本预算决策的重要步骤。现金流量是指一个投资项目在未来不同时点所发生的现金流入与现金流出的数量。在估算时应坚持三个原则，即实际现金流量原则、增量现金流量原则和税后原则。其中，判断增量现金流量，决策者需要考虑附加效应、机会成本、沉没成本、制造费用等。现金流量也受其他因素影响，如折旧（摊销）、利息、所得税、通货膨胀等。

3. 资本预算决策基本分析方法主要有两种：折现现金流量方法和非折现现金流量方法。折现现金流量方法是依据货币时间价值的原理对投资方案进行评价和分析的方法，主要包括净现值法、现值指数法、内含报酬率法。非折现现金流量方法主要包括回收期法、平均报酬率法。

4. 资本分配是指公司在面临资本约束的情况下在可行的项目中选择既定的资本能够满足的项目，并且所投资的项目的预期收益要满足既定资本投资收益最大化。资本限额条件下的资本预算决策方法包括盈利能力指数法、可变最低收益率法、资本约束成本最小化法。

5. 投资项目面临的多样风险包含项目自身特有的风险、竞争风险、行业风险，在不确定性条件下，肯定当量法、概率法、敏感性分析法、场景分析法、盈亏平衡分析法以及蒙特卡洛模拟法可以为决策者在面临项目不确定性时提供有效的决策信息。

◎ **本讲习题**

一、思考题

1. 为什么实际现金流量原则在计量投资项目的成本和收益时，采用现金流量而非会计收益？
2. 投资项目的机会成本与沉没成本有何异同之处？
3. 会计盈亏平衡和财务盈亏平衡有何异同之处？
4. 对独立项目和互斥项目进行决策选择时，净现值、内含报酬率、现值指数这三个指标的区别在哪？
5. 简述资本分配约束条件下的资本预算决策方法。
6. 税收与折旧对投资有什么影响？

二、计算题

1. 某公司计划开发一种新型技术，一种方法是购买专利，另一种方法是自行研发，但只能选择其中一种，两种方式的现金流如下表所示，假设折现率为 10%。

年	专利形式/万元	研发形式/万元
0	-30 000	-35 000
1	7000	15 000
2	5500	10 500
3	3300	8500

（1）根据回收期法则，应采用哪种形式？
（2）根据净现值法则，应采用哪种形式？
（3）根据内含报酬率法则，应采用哪种形式？

2. 某公司目前有 A、B 两个项目可供选择，其各年现金流量情况如下表所示。

年度	项目 A 现金流量/万元	项目 B 现金流量/万元
0	-7200	-6000
1	4000	2800
2	3200	1200
3	1200	3000

（1）公司要求项目资金必须在 2 年内收回，应选择哪个项目？
（2）公司现在采用净现值法，假定折现率为 15%，应采纳哪个项目？

3. 某公司准备投资一个新的项目以扩充生产能力，预计该项目可以持续 5 年，固定资产投资额 1000 万元。固定资产采用直线法计提折旧，折旧年限为 5 年，估计净残值为 50 万元。预计每年的付现固定成本为 500 万元，每件产品单价为 300 元，年销量 20 000 件，均为现金交易。预计期初需要垫支营运资本 280 万元。假设资本成本率为 10%，所得税税率为25%。

（1）计算项目营业净现金流量。
（2）计算项目净现值。
（3）计算项目的内含报酬率。

4. 假设某公司只能投资于项目S（短期）和项目L（长期）中的一个。公司的资本成本率为10%，两个项目的期望未来现金流量如下表所示。请分别计算两个项目的净现值和内含报酬率，并比较哪个项目更优。

项目	第0年现金流量/万元	第1年现金流量/万元	第2年现金流量/万元	第3年现金流量/万元	第4年现金流量/万元	第5年现金流量/万元	第6年现金流量/万元
S	-280	100	100	70	70	60	15
L	-280	10	10	85	110	110	135

5. 假设某公司准备进行一项投资，其各年的净现金流量和分析人员确定的约当系数如下表所示，设公司的资本成本率为10%，请分析该项目是否可行。

项目	第0年	第1年	第2年	第3年	第4年
净现金流量（万元）	-3000	800	900	800	1000
约当系数	1.0	0.95	0.9	0.8	0.8

6. 某公司开发了一种新产品，预计产品价格60元，每件生产成本20元，销售量预计第一年20 000件，以后每年增加10 000件，项目期4年。预计投入净营运资本15万元，期初一次投入，期末回收。期初生产线的建设需要投资20万元，这一生产线在4年内直线折旧至账面残值等于零，届时其市场价值也是零。公司所得税率25%，假设贴现率10%。该产品是否可行？

7. 某公司研发一种新型产品A。如果产品A可以成功，产品投放市场后盈利的净现值为3000万元。反之，如果失败，项目的净现值为-12 000万元。产品进入市场，成功的概率为50%。某公司可以推迟1年推出产品，而花费150万元对产品A进行市场测试。市场测试允许企业改善产品，并使成功概率上升到72%，恰当的折旧率为10%。企业需要进行市场测试吗？

8. 某公司购买一台新型机器用来生产一套材料。机器采用直线折旧法计提折旧，折旧期限为5年，无残值。机器成本为60 000元。这种材料每套的售价为50元，变动成本为15元，机器每年的固定成本为20 000元。假设所得税税率为25%，适当的折旧率为10%。企业要实现多少销售才能盈亏平衡？

第四讲　公司投资决策

◎ **本讲学习目标**

通过本讲内容的学习，学生要掌握四种项目投资决策的基本方法；了解投资项目的风险类别及度量方法，掌握投资项目风险分析的基本方法。

◎ **本讲重要术语**

沉没成本（sunk cost）、机会成本（opportunity cost）、获利指数（profitability index）、市场风险（market risk）、敏感性分析（sensitivity analysis）、场景分析（scenario analysis）、会计盈亏平衡点（accounting break even point）、财务盈亏平衡点（financial break even point）、内含报酬率（internal rate of return）、预期净现值法（expected net present value）、蒙特卡罗模拟（Monte Carlo simulation method）

◎ **本讲重难点**

本讲重点在于固定资产更新、资本限额投资、投资时机选择和投资期选择决策的不同的分析方法以及投资项目风险分析的基本方法；难点在于投资项目风险的度量以及项目投资风险的类型。

◎ **本讲学习思维导图**

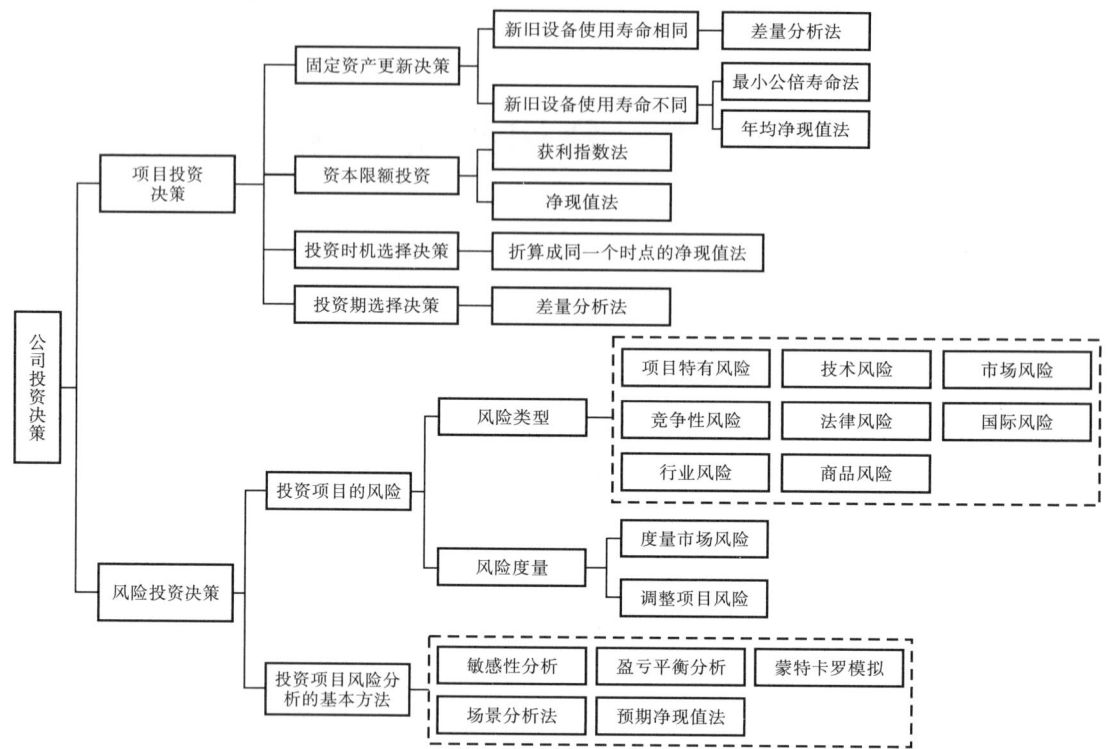

◎ **本讲案例导入**

福耀玻璃工业集团股份有限公司（下文简称"福耀公司"）是一家专注汽车玻璃生产的大型跨国集团，公司从1987年成立至今，已从乡镇小厂发展成为在9个国家和地区建立现代化生产基地、在全球建立6个设计中心的大型跨国集团。福耀公司从低附加值的汽车玻璃产业链底端进入了汽车配件产业链上游，参与新车型的设计，分享高附加值。目前，福耀公司在全球的业务覆盖超过70个国家，总资产达317亿元，占全球市场23%的份额，已成为全球范围内最大的汽车玻璃生产和供应商。

30多年来，福耀公司经历了大大小小的项目投资决策。特别是在面临国内汽车市场爆发期结束、汽车玻璃市场趋于饱和的形势下，福耀公司毅然决定走出国门，开辟海外市场，在美国、俄罗斯等地建立工厂和生产线。得益于对投资决策的正确把握，福耀公司不断发展壮大，一步一步成为具备全球影响力的玻璃生产商。

本讲以福耀公司为例，对项目投资决策中存在的重要问题进行分析并阐述解决方法，希望同学们通过本讲内容的学习，对公司投资决策具有更加深刻的理解。

4.1 项目投资决策

企业投资的根本目的是谋求利润，增加企业价值。项目投资是一项具体而复杂的系统工程，对于公司而言，面临的最大挑战之一就是固定资产投资决策，如购买新的生产线、投资大型建设项目等。这类固定资产决策周期长,一旦公司将资金投出,全部或大部分的投资成为沉没成本,无法收回,约束了财务资源。例如,玻璃的生产特性使得生产线必须时刻保持运转,若福耀公司的某个厂房设备发生停产,其生产线将报废,即使那些设备可重新被利用,也不可能以原价收回。因此,本节专门讨论固定资产更新这类项目决策,并进一步探讨存在资本限额时的项目决策、项目投资时机选择决策以及投资期选择决策等项目投资中需要重点关注的问题。

4.1.1 固定资产更新决策

2021年,福耀公司购买固定资产花了21亿元,其中用于生产玻璃的机器设备就占将近12亿元。玻璃生产是典型的重资产行业,玻璃生产商普遍面临固定资产的更新决策。固定资产更新是对技术上或经济上不宜继续使用的旧资产用新的资产更换,或用先进的技术对原有设备进行局部改造。固定资产更新决策就是对这种投资进行分析并做出决策,分为新旧设备使用寿命相同和使用寿命不同两种情形。

1. 新旧设备使用寿命相同

在新旧设备尚可使用年限相同的情况下,可以采用差量分析法来计算一个方案比另一个方案增减的现金流量,这种方法的计算比较简单。

【例4-1】福耀公司考虑对生产线上的某一旧设备进行更新,以减少成本、增加效益。旧设备采用直线法计提折旧,新设备采用年数总和法计提折旧,公司的所得税率为25%,资本成本率为10%,不考虑增值税的影响,其他情况见表4-1、表4-2。

表4-1 设备更新的相关数据

项目	旧设备	新设备
原价	100 000元	140 000元
可用年限	10年	4年
已用年限	6年	0
尚可使用年限	4年	4年
税法规定残值	0	14 000元
目前变现价值	40 000元	140 000元
每年可获得的收入	80 000元	120 000元
每年付现成本	40 000元	36 000元

表4-2 设备折旧的相关数据

项目	计算方法	
每年折旧额	直线法	年数总和法
第1年	10 000元	50 400元
第2年	10 000元	37 800元
第3年	10 000元	25 200元
第4年	10 000元	12 600元

下面采用差量分析法对设备更新问题做出决策。所有增加量均用希腊字母"Δ"表示。

对于两个不同投资期的方案 A 和 B，差量分析法的基本步骤如下：

首先，将两个方案的现金流量进行对比，求出 Δ 现金流量（A 的现金流量 – B 的现金流量）；其次，根据各期的 Δ 现金流量，计算两个方案的 Δ 净现值；最后，根据 Δ 净现值做出判断：如果 Δ 净现值≥0，则选择方案 A；否则，选择方案 B。

现假设采用新设备为 A 方案，采用旧设备为 B 方案，根据差量分析法计算如下：

（1）计算初始投资的差量。

$$\Delta 初始投资 = 140000 - 40000 = 100000（元）$$

（2）计算各年营业净现金流量的差量（见表 4-3）。

表 4-3　各年营业净现金流量的差量　　　　　　　　　　（单位：元）

项目	第 1 年	第 2 年	第 3 年	第 4 年
Δ 销售收入（1）	40 000	40 000	40 000	40 000
Δ 付现成本（2）	–4000	–4000	–4000	–4000
Δ 折旧额（3）	40 400	27 800	15 200	2600
Δ 税前利润（4）=（1）–（2）–（3）	3600	16 200	28 800	41 400
Δ 所得税（5）=（4）×25%	900	4050	7200	10 350
Δ 税后净利（6）=（4）–（5）	2700	12 150	21 600	31 050
Δ 营业净现金流量（7）=（6）+（3）=（1）–（2）–（5）	43 100	39 950	36 800	33 650

（3）计算两个方案现金流量的差量（见表 4-4）。

表 4-4　两个方案现金流量的差量　　　　　　　　　　（单位：元）

项目	第 0 年	第 1 年	第 2 年	第 3 年	第 4 年
Δ 初始投资	–100 000				
Δ 营业净现金流量		43 100	39 950	36 800	33 650
Δ 终结现金流量					14 000
Δ 现金流量	–100 000	43 100	39 950	36 800	47 650

（4）计算净现值的差量。

$\Delta NPV = 43100 \times PVIF_{10\%,1} + 39950 \times PVIF_{10\%,2} + 36800 \times PVIF_{10\%,3} + 47650 \times PVIF_{10\%,4} - 100000$

$= 43100 \times 0.909 + 39950 \times 0.826 + 36800 \times 0.751 + 47650 \times 0.683 - 100000$

$= 32358.35（元）$

由于 ΔNPV = 32358.35 > 0，即固定资产更新后，将增加净现值 32358.35 元，故应对固定资产进行更新。

2. 新旧设备使用寿命不同

在例 4-1 中，新旧设备尚可使用的年限相同。但大多数情况下，新设备的使用年限要比旧设备长，此时的固定资产更新问题就演变为两个或两个以上寿命不同的投资项目的选择问题。

对于寿命不同的项目，不能对它们的净现值、内含报酬率及获利指数（profitability index）进行直接比较。为了使投资项目的各项指标具有可比性，要设法使其在相同的寿命期内进行比较。此时可以采用的方法有年均净现值法和最小寿命公倍法。

（1）净现值法。

关于净现值法的内容，请参见3.4.1小节。

【例4-2】沿用例4-1，为了计算方便，假设新设备的使用寿命为8年，每年可获得销售收入90000元，采用直线法折旧，期末无残值，其他条件不变。

①计算新旧设备的营业净现金流量，如表4-5所示。通过计算可得：

旧设备的年折旧额 = 40000 ÷ 4 = 10000（元）

新设备的年折旧额 = 140000 ÷ 8 = 17500（元）

表4-5　新旧设备的营业净现金流量　　　　　　　　　　　（单位：元）

项目	旧设备（第1—4年）	新设备（第1—8年）
销售收入（1）	80 000	90 000
付现成本（2）	40 000	36 000
折旧额（3）	10 000	17 500
税前利润（4）=（1）-（2）-（3）	30 000	36 500
所得税（5）=（4）×25%	7500	9125
税后净利（6）=（4）-（5）	22 500	27 375
营业净现金流量（7）=（6）+（3）=（1）-（2）-（5）	32 500	44 875

②计算新旧设备的现金流量，如表4-6所示。

表4-6　新旧设备的现金流量　　　　　　　　　　　（单位：元）

项目	旧设备		新设备	
	第0年	第1—4年	第0年	第1—8年
初始投资	-40 000		-140 000	
营业净现金流量		32 500		44 875
终结现金流量		0		0
现金流量	-40 000	32 500	-140 000	44 875

③计算新旧设备的净现值。

$NPV_{旧} = -40000 + 32500 \times PVIFA_{10\%,4} = -40000 + 32500 \times 3.170$
$= 63025$（元）

$NPV_{新} = -140000 + 44875 \times PVIFA_{10\%,8} = -140000 + 44875 \times 5.335$
$= 99408.13$（元）

从以上计算结果可以得出的结论是应该更新设备，因为更新设备后的净现值更高。但是这个结论是错误的，因为新旧设备的使用寿命不同，不能直接进行比较。使用最小公倍寿命法则可以将两个方案放到同一个寿命期内进行比较，使得各种指标具有可比性。

（2）最小公倍寿命法。

最小公倍寿命法又称项目复制法，是将两个方案使用寿命的最小公倍数作为比较期间，并假设两个方案在这个比较区间内进行多次重复投资，将各自多次投资的净现值进行比较的分析方法。

【例4-3】沿用以上案例，新旧设备使用寿命的最小公倍数是8年，在这个共同期间内，继续使用旧设备的投资方案可以进行2次，使用新设备的投资方案可以进行1次。因为继续使用旧设备的投资方案可以进行2次，相当于4年后按照现在的变现价值重新购置一台同样的旧设备进行第2次投资，获得与当前继续使用旧设备同样的净现值，如图4-1所示。

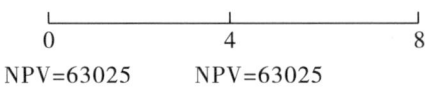

图4-1 继续使用旧设备的净现值

①8年内，继续使用旧设备的净现值为：

$NPV_{旧} = 63025 + 63025 \times PVIF_{10\%,4} = 63025 + 63025 \times 0.683 = 106071.08（元）$

②同理，若使用新设备，净现值为：

$NPV_{新} = 99408.13（元）$

比较新旧设备的净现值可以发现，继续使用旧设备的净现值比使用新设备的净现值高，所以应该继续使用旧设备，而不应该对旧设备进行更新。

最小公倍寿命法的优点是易于理解，缺点是有时计算比较麻烦。比如一个投资项目的寿命是7年，另一个投资项目的寿命是9年，那么最小公倍寿命就是63年，需要将第一个项目重复9次，将第二个项目重复7次，计算非常繁琐复杂。因此，在最小公倍寿命比较大的情况下，可以使用年均净现值法。

（3）年均净现值法。

年均净现值法是把投资项目在寿命期内总的净现值转化为每年的平均净现值，并进行比较分析的方法。年均净现值的计算公式为：

$$ANPV = \frac{NPV}{PVIFA_{k,n}} \quad (4-1)$$

式中，ANPV表示年均净现值；NPV表示净现值；$PVIFA_{k,n}$表示建立在资本成本率和项目寿命期基础上的年金现值系数。

【例4-4】沿用例4-2，计算可得两种方案的年均净现值为：

$$ANPV_{旧} = \frac{NPV_{旧}}{PVIFA_{10\%,4}} = \frac{63025}{3.170} = 19881.70（元）$$

$$ANPV_{新} = \frac{NPV_{新}}{PVIFA_{10\%,8}} = \frac{99408.13}{5.335} = 18633.20（元）$$

从计算的结果可以看出，继续使用旧设备的年均净现值比使用新设备的年均净现值高，所以应该继续使用旧设备。用年均净现值法和最小公倍寿命法得到的结论一致。

由年均净现值法的原理还可以推导出年均成本法。当使用新旧设备的未来收益相同，但准确数字不好估计时，可以比较年均成本，并选取年均成本最小的项目。年均成本是

把项目的总现金流出现值转化为每年的平均现金流出值,其计算公式为:

$$AC = \frac{C}{PVIFA_{k,n}} \quad (4-2)$$

式中,AC 表示年均成本;C 表示项目的总成本的现值;$PVIFA_{k,n}$ 表示建立在公司资本成本率和项目寿命期基础上的年金现值系数。

4.1.2 资本限额投资决策

资本限额是指企业可以用于投资的资金总量有限,不能投资于所有可接受的项目。这种情况在很多公司都存在,尤其是那些以内部筹资为经营策略或外部筹资受到限制的企业。在有资本限额的情况下,为了使企业获得最大利益,应该选择那些能使净现值达到最大的投资组合。可以采用的方法有两种——获利指数法和净现值法。

1. 获利指数法操作步骤

步骤一:计算所有项目的获利指数,并列出每个项目的初始投资额。

步骤二:接受所有 $PI \geq 1$ 的项目。如果资本限额能够满足所有可接受的项目,则决策过程完成。

步骤三:如果资本限额不能满足所有 $PI \geq 1$ 的项目,就要对第二步进行修正。修正的过程是,对所有项目在资本限额内进行各种可能的组合,然后计算出各种可能组合的加权平均获利指数。

步骤四:接受加权平均获利指数最大的投资组合。

2. 净现值法操作步骤

步骤一:计算所有项目的净现值,并列出每个项目的初始投资额。

步骤二:接受所有 $NPV \geq 0$ 的项目。如果资本限额能够满足所有可接受的项目,则决策过程完成。

步骤三:如果资本限额不能满足所有 $NPV \geq 0$ 的项目,就要对第二步进行修正。修正的过程是,对所有项目在资本限额内进行各种可能的组合,然后计算出各种可能组合的净现值合计数。

步骤四:接受净现值合计数最大的投资组合。

【例4-5】假设福耀公司在扩张初期有五个可投资的生产线项目 A、B、C、D、E,五个项目分散在不同的地区并彼此独立,公司的初始投资限额为500000元。详细情况如表4-7所示。

表4-7 福耀公司的五个投资项目 (单位:元)

投资项目	初始投资	获利指数(PI)	净现值(NPV)
A	100 000	1.52	52 000
B	140 000	1.67	93 800
C	240 000	1.53	127 200
D	260 000	1.52	135 200
E	362 000	1.50	181 000

如果福耀公司想选取获利指数最大的项目，那么它将选择项目 A、B、C；如果福耀公司按照每个项目净现值的大小来选择，那么它将选择项目 E，然后在资金受限的情况下可选择的项目只有 A。但是这两种选择方法都是错误的，因为这两种项目组合都不是能使公司投资净现值最大化的项目组合。

为了选出最优的项目组合，可以用穷举法列出五个项目的所有投资组合，n 个互相独立的投资项目的可能组合共有（$2^n - 1$）种，在其中寻找满足资本限额要求的各种组合，并计算它们的加权平均获利指数和合计净现值，从中选择最优方案。

以上五个项目的所有加权投资组合共有 31 种，其中满足初始投资限额为 500000 元条件的有 14 种，将这 14 种组合列于表 4-8 中，并分别计算它们的加权平均获利指数和合计净现值。

表 4-8 福耀公司的 14 种投资组合 （单位：元）

序号	项目组合	初始投资	加权平均获利指数	合计净现值	优先级排序
1	A	100 000	1.104	52 000	14
2	AB	240 000	1.292	145 800	10
3	AC	340 000	1.358	179 200	9
4	AD	360 000	1.374	187 200	7
5	AE	462 000	1.466	233 000	4
6	ABC	480 000	1.546	273 000	2
7	ABD	500 000	1.562	281 000	1
8	B	140 000	1.188	93 800	13
9	BC	380 000	1.442	221 000	6
10	BD	400 000	1.458	229 000	5
11	C	240 000	1.254	127 200	12
12	CD	500 000	1.525	262 400	3
13	D	260 000	1.270	135 200	11
14	E	362 000	1.362	181 000	8

在表 4-8 中，投资组合 ABD 有 20000 元资金没有用完，在计算加权平均获利指数时，可以假设这些剩余资金不再进行投资而作为现金持有，即将这部分剩余资金的获利指数看作 1.00（同样适用于其他有剩余资金的项目组合），则组合 ABD 的加权平均获利指数可以按以下方法计算：

$$PI_{ABD} = \frac{100000}{500000} \times 1.52 + \frac{140000}{500000} \times 1.67 + \frac{260000}{500000} \times 1.52 + \frac{20000}{500000} \times 1.00$$
$$= 1.562$$

从表 4-8 中可以看出，用获利指数法和净现值法得到的结论一致：项目 ABD 是最优投资组合，其净现值为 281000 元，加权平均获利指数为 1.562，在所有满足初始投资限额的投资组合中两个指标都是最高的，因此优先级排名第 1。

如果可供选择的项目中存在互斥项目，即假设上面的项目投资组合中，A 和 D 互斥，则需要剔除掉所有同时包括 A 和 D 的投资组合（AD、ABD），其他的计算方法不变。

4.1.3 投资时机选择决策

投资时机选择决策可以使决策者确定开始投资的最佳时期。例如，林地所有者需要决定何时砍伐树木比较合适；产品专利权所有者需要决定何时推出该产品。这类决策既产生一定的效益，又伴随着相应的成本。在等待时机的过程中，公司能够得到更为充分的市场信息或更高的产品价格，但是这些决策优势也会由于等待带来时间价值的损失和竞争者提前进入市场的危险，此外，成本也可能会随着时间的延长而增加。如果等待时机获得的利益超过伴随而来的成本，那么公司应该采取等待时机的策略。

进行投资时机选择的标准仍然是净现值最大化。但由于开发的时间不同，不能将计算出来的净现值直接进行对比，而应该折算成同一个时点的现值再进行比较。

【例 4-6】福耀公司于 2022 年在研发上共投入 12.48 亿元，稳定位于行业高位。在持续的研发投入和专注度优势下，福耀公司天幕玻璃、调光玻璃、HUD 显示玻璃等高附加值玻璃的占比不断提升。截至 2022 年 7 月，福耀公司共申请专利 2596 件，获得授权专利 1886 件。

假设福耀公司准备以一项新技术申请专利后应用于生产新式玻璃项目，若福耀公司选择在 3 年以后再投入生产，预期玻璃市场价格上涨能使每年销售收入提高 20%，但是投入的付现成本每年也将增加 10%。无论何时投入生产，假设专利都只使用 4 年，需要购置用于生产的设备的初始成本为 200 万元，直线折旧年限 4 年，无残值。投入生产时均需要垫支营运成本 40 万元，项目结束后收回。项目中每年可以生产 200 块新式玻璃，每块玻璃可获得销售收入 2 万元，每块玻璃生产的付现成本为 0.7 万元。福耀公司需要做出现在就申请专利并投入生产还是 3 年后再投入生产的决策。有关资料如表 4-9 所示。

表 4-9 福耀公司生产新式玻璃的基本情况

投资与回收		收入与成本	
固定资产投资	200 万元	年生产玻璃数	200 块
营运资本垫支	40 万元	当年销售 1 块玻璃取得收入	2 万元
固定资产残值	0 元	当年生产 1 块玻璃付现成本	0.7 万元
固定资产直线法折旧年限	4 年	所得税税率	25%
资本成本率	10%		

1. 计算现在投入生产的净现值
（1）计算现在投入生产的营业现金流量，如表 4-10 所示。

表 4-10 现在投入生产的营业现金流量　　　　（单位：万元）

项目	第 1 年	第 2 年	第 3 年	第 4 年
销售收入（1）	400	480	576	691.2
付现成本（2）	140	154	169.4	186.34

续上表

项目	第1年	第2年	第3年	第4年
折旧额（3）	50	50	50	50
税前利润（4）=（1）-（2）-（3）	210	276	356.6	454.86
所得税（5）=（4）×25%	52.5	69	89.15	113.72
税后净利（6）=（4）-（5）	157.5	207	267.45	341.14
营业净现金流量（7）=（6）+（3）=（1）-（2）-（5）	207.5	257	317.45	391.14

（2）根据初始投资、营业现金流量和终结现金流量编制现金流量表，如表4-11所示。

表4-11　现在投入生产的现金流量　　　　　　　　　　（单位：万元）

项目	第0年	第1年	第2年	第3年	第4年
固定资产投资	-200				
营运资本垫支	-40				
营业现金流量		207.5	257	317.45	391.14
营运资本回收					40
现金流量	-240	207.5	257	317.45	431.14

（3）计算现在投入生产的净现值。

$$NPV_{现在} = 207.5 \times PVIF_{10\%,1} + 257 \times PVIF_{10\%,2} + 317.45 \times PVIF_{10\%,3} + 431.14 \times PVIF_{10\%,4} - 240$$

$$= 207.5 \times 0.909 + 257 \times 0.826 + 317.45 \times 0.751 + 431.14 \times 0.683 - 240$$

$$= 693.77（万元）$$

2. 计算3年后投入生产的净现值

（1）计算3年后投入生产的营业现金流量，如表4-12所示。

表4-12　3年后投入生产的营业现金流量　　　　　　　（单位：万元）

项目	第4年	第5年	第6年	第7年
销售收入（1）	691.2	829.44	995.33	1194.40
付现成本（2）	186.34	204.97	225.47	248.02
折旧额（3）	50	50	50	50
税前利润（4）=（1）-（2）-（3）	454.86	574.47	719.86	896.38
所得税（5）=（4）×25%	113.72	143.62	179.97	224.10
税后净利（6）=（4）-（5）	341.14	430.85	539.89	672.28
营业净现金流量（7）=（6）+（3）=（1）-（2）-（5）	391.14	480.85	589.89	722.28

(2) 根据初始投资、营业现金流量和终结现金流量编制现金流量表，如表4-13所示。

表4-13　3年后投入生产的现金流量（一）　　　　　　　　（单位：万元）

项目	第4年初	第4年	第5年	第6年	第7年
固定资产投资	−200				
营运资本垫支	−40				
营业现金流量		391.14	480.85	589.89	722.28
营运资本回收					40
现金流量	−240	391.14	480.85	589.89	762.28

(3) 计算3年后投入生产的净现值。

$NPV_{3年后} = 391.14 \times PVIF_{10\%,4} + 480.85 \times PVIF_{10\%,5} + 589.89 \times PVIF_{10\%,6} + 762.28 \times PVIF_{10\%,7} - 240 \times PVIF_{10\%,3}$

$= 391.14 \times 0.683 + 480.85 \times 0.621 + 589.89 \times 0.564 + 762.28 \times 0.513 - 240 \times 0.751$

$= 1109.26 （万元）$

3. 3年后投入生产项目净现值的另一种计算方法

本例中，也可以将第4年初作为新的投资起点（即当作第0年）来计算净现值，如表4-14所示。

表4-14　3年后投入生产的现金流量（二）　　　　　　　　（单位：万元）

项目	第0年	第1年	第2年	第3年	第4年
固定资产投资	−200				
营运资本垫支	−40				
营业现金流量		391.14	480.85	589.89	722.28
营运资本回收					40
现金流量	−240	391.14	480.85	589.89	762.28

(1) 计算第4年初的净现值。

$NPV_{4年初} = 391.14 \times PVIF_{10\%,1} + 480.85 \times PVIF_{10\%,2} + 589.89 \times PVIF_{10\%,3} + 762.28 \times PVIF_{10\%,4} - 240$

$= 391.14 \times 0.909 + 480.85 \times 0.826 + 589.89 \times 0.751 + 762.28 \times 0.683 - 240$

$= 1476.37 （万元）$

(2) 将第4年初的净现值折算为当前时间点的净现值。

$NPV_{当前} = NPV_4 \times PVIF_{10\%,3} = 1476.37 \times 0.751 = 1108.75 （万元）$

4. 得出结论

由于3年后投入生产的净现值大于现在投入生产的净现值，因此应该在3年后再将专利应用于生产。

4.1.4　投资期选择决策

投资期是指项目从开始投入资金至项目建成投入生产所需要的时间。较短的投资期，需要在初期投入较多的人力、物力，但是后续的营业现金流量发生得比较早；较长的投资期，初始投资较少，但是由于后续的营业现金流量发生得比较晚，也会影响投资项目的净现值。因此，在可以选择的情况下，公司应该运用投资决策的分析方法，对延长或缩短投资期的方案进行认真比较，以权衡利弊。

在投资期选择决策中，最常用的方法是差量分析法。采用差量分析法计算比较简单，但是不能反映不同投资期下项目的净现值。

【例 4-7】假设福耀公司打算在海外某工业区打造一家大型玻璃生产工厂，正常投资期为 3 年，每年投资 400 万元，3 年共需投资 1200 万元。第 4—13 年每年的现金净流量为 420 万元。如果把投资期缩短为 2 年，每年需投资 640 万元，2 年共投资 1280 万元，竣工投产后的项目寿命和每年净现金流量不变。资本成本率为 20%，假设项目终结时无残值，不用垫支营运资本。福耀公司应做出是否应该缩短投资期的决策。

1. 使用差量分析法进行分析

（1）计算不同投资期的现金流量的差量，如表 4-15 所示。

表 4-15　不同投资期的现金流量的差量　　　　（单位：万元）

项目	第 0 年	第 1 年	第 2 年	第 3 年	第 4—12 年	第 13 年
缩短投资期的现金流量	-640	-640	0	420	420	0
正常投资期的现金流量	-400	-400	-400	0	420	420
Δ 现金流量	-240	-240	400	420	0	-420

（2）计算净现值的差量。

$\Delta NPV = -240 - 240 \times PVIF_{20\%,1} + 400 \times PVIF_{20\%,2} + 420 \times PVIF_{20\%,3} - 420 \times PVIF_{20\%,13}$

$= -240 - 240 \times 0.833 + 400 \times 0.694 + 420 \times 0.579 - 420 \times 0.093$

$= 41.8（万元）$

（3）得出结论。

缩短投资期会增加净现值 41.8 万元，所以应该采纳缩短投资期的方案。

使用差量分析法比较简单，但是不能反映每种方案的净现值到底为多少，因此也可以分别计算两种方案的净现值，然后通过比较得出结论。

2. 分别计算两种方案的净现值并进行比较

（1）计算正常投资期的净现值。

$NPV_{正常} = -400 - 400 \times PVIFA_{20\%,2} + 420 \times PVIFA_{20\%,10} \times PVIF_{20\%,3}$

$= -400 - 400 \times 1.528 + 420 \times 4.192 \times 0.579$

$= 8.21（万元）$

（2）计算缩短投资期后的净现值。

$NPV_{缩短} = -640 - 640 \times PVIF_{20\%,1} + 420 \times PVIFA_{20\%,10} \times PVIF_{20\%,2}$

$= -640 - 640 \times 0.833 + 420 \times 4.192 \times 0.694$

= 48.76（万元）

（3）比较两种方案的净现值并得出结论。

$\Delta NPV = 48.76 - 8.21 = 40.55$（万元）

因为缩短投资期会比按照正常投资期投资增加净现值 40.55 万元，所以福耀公司应该采取缩短投资期的方案。

4.2 风险投资决策

长期投资决策涉及的时间较长，因而对未来收益和成本都很难进行准确预测。或者说，存在不同程度的不确定性或风险性。在前面 4.1 节的讨论中，我们避开风险问题，讨论了一些确定性投资决策问题。然而，风险是客观存在的，因此，本节将专门讨论风险投资决策问题。

4.2.1 投资项目的风险

1. 投资项目风险的类型

（1）项目特有风险。

风险的第一个来源是项目本身，即项目特有风险。单个项目的现金流量可能比预期低或高，这可能是因为分析人员错误估计该项目的现金流量，也可能是项目自身特有的因素所致。如果公司投资多个项目，可以认为这类风险在日常经营过程中已被分散。相比之下，只投资于少数几个项目的公司就不能在项目间进行风险分散了。

（2）竞争性风险。

第二类风险是竞争性风险，也就是说，项目的收益和现金流量受竞争的影响，这种影响可能是积极的，也可能是消极的。虽然一个好的项目分析可能在利润率和增长率估计中考虑了预期竞争对手反应这一因素，但竞争者实际采取的行动会与这些预期不同。在大多数情况下，这种风险因素不止影响一个项目，因而难以通过公司正常经营过程予以分散，即公司的大部分竞争性风险是不能分散的，但是，如果公司股东有能力并愿意持有他们竞争对手的股票，那么就可以在一定程度上分散竞争性风险。

（3）行业风险。

第三类风险是行业特有风险，主要指影响某一特定行业的收益和现金流量的因素。这种风险源于以下三个方面。

①技术风险。技术风险反映的是由与项目最初分析预期不同的技术变化和发展而带来的影响。

②法律风险。法律风险是指由法律和法规变动造成的影响。例如，2021 年，美国针对中国密集出台了一系列出口管制措施，包括新增的军事最终用户清单、针对华为的直接产品规则修订、把多家中国大型科技企业列入包括实体清单（entity list）在内的限制清单等，这让中国企业即使在国内交易都有可能触发并违反美国出口管制的法律。

③商品风险。商品风险是指由某一特定行业对商品和劳务的不规则生产和使用而带来的价格变化的影响。例如，钻石开采公司对南非的发展特别敏感，从而对钻石的价格

产生影响。如果公司不能通过新项目或收购在行业间分散投资，那么它就无法分散行业风险。公司的股东通过持有不同行业股票的投资组合能够分散行业风险。

（4）市场风险（market risk）。

市场风险是指影响所有公司和所有项目的，如利率、通货膨胀率、经济增长等宏观经济因素造成的非预期影响。无论对于公司还是投资者，市场风险都是无法分散的，但是不同公司、不同项目的市场风险特征是不相同的。高科技行业对经济增长的敏感程度远远高于食品行业，也就是说，高科技行业项目的市场风险远高于食品行业项目的市场风险。

（5）国际风险。

当投资于跨国性项目时，公司会面临国际风险。在这种情况下，收益和现金流量可能因汇率变动或政治风险而与预期不同。公司可以通过投资不同国家的项目在日常经营中分散这类风险（这里假定这些国家的货币不都按同方向变动），公司还可以选择与项目现金流量相匹配的资本结构，从而减少这种风险。

【案例4-1】

1993年，福耀玻璃在A股市场上市，是行业内的第一家上市公司。随着国内汽车市场已经告别爆发增长期，汽车玻璃的市场也趋于饱和，"走出去"拓展海外市场，是摆在福耀公司面前的必选之路，但与此同时也面临着复杂多变的投资风险。

（1）法律风险。2002年，福耀公司连同一大批国内汽车玻璃制造商，被控制着北美汽车玻璃市场的制造商PPG等三家企业以"倾销"为名上诉至美国商务部，随后不久，PPG加拿大公司又将福耀公司上诉至加拿大国际贸易法庭，福耀公司几乎在同一时间遭到美国和加拿大的反倾销调查。经过艰难的角逐后，福耀公司在官司中胜诉，但这也让福耀公司董事长曹德旺明白，要想在国际市场寻求发展，首先必须学会低调，学会当好"配角"。

（2）项目特有风险。福耀公司最初是在海外建立工厂，将国内生产的玻璃在那里储藏、更换包装。但由于汽车玻璃又薄又大的特性，增大了它的储存和搬运难度，并且汽车玻璃易碎，这导致生产、储存和运输容易出现损耗，最终导致成本过高而难以为继，福耀公司只能暂时将仓库出售，把公司业务进一步压缩，只做销售。

（3）汇率风险。作为全球汽配链条上的一家跨国投资公司，福耀的海外投资规模巨大且分布在世界各地，汇率波动会给不同子公司的资产价值造成影响，从而影响企业的投资状况。当人民币升值时进行海外投资会降低实际成本，为公司增加利润。如在2018年人民币持续升值时，福耀公司完成了德国三家企业的收购和重组，利用人民币购买力上升的优势，使实际交易的资金成本变小。在利用汇率变动优势的同时，福耀公司也面临着汇率波动造成投资损失的风险。如在2013年，福耀投资2亿美元在俄罗斯建立子公司，并投入了大量资金进行项目开发，然而从2014年开始，俄罗斯因政治因素遭受美国和欧盟制裁，原油价格和卢布汇率迅速下跌，导致福耀公司俄罗斯子公司的外币净资产价值大幅缩水，面临巨额投资亏损。

2. 投资项目风险的度量

（1）度量市场风险。

①项目市场风险和公司风险的替代。对所有公司都有效的风险度量是市场风险度量。

风险收益模型试图确定和度量这些风险：CAPM 估计相对于市场投资组合的 β 值，市场投资组合被假定为包括所有市场风险，而 APT 估计相对于各个宏观经济因素的 β 值。然而，这两个模型都是在公司层面上进行估计的。在估计项目风险时，如果公司间的风险不变，为某一些特定项目估计市场风险参数的一种方法是假设项目面临的市场风险和公司面临的市场风险相似。对于只有单一业务范围且所进行的投资项目都类似的公司来说，这种方法是有用的，但业务范围广泛的大公司并不采用这种假设。

当公司间项目风险变动，且经营范围较广或投资项目的风险特征有差异时，就应该估计市场风险参数。如果不为每个项目估计参数，至少也要为部门或项目种类估计参数。对于风险较高的部门和项目，市场参数将大于公司参数；对于风险较低的部门和项目，市场参数将小于公司参数。对风险特征不同的项目使用同样的市场参数会导致对最高风险的项目投资过多，而对最安全的项目投资不足。

②可比公司法估计项目市场风险。估计项目或部门市场风险参数运用最广泛的方法是可比公司法，也称为纯交易法。这种方法通过考察业务范围相同的上市公司的 β 值来估计本公司或本部门的市场风险，当然这必须以有效的资本市场为基础。

③会计 β 值法估计项目市场风险。为部门或项目估计市场风险参数的另一种方法是利用会计收益而不是交易价格。例如，将某一部门季度或年度收益变化对同期市场收益变化进行回归，从而得到用于 CAPM 的会计 β 值。虽然这种方法直观简明，但它有三个潜在缺陷。第一，会计收益往往是对公司基本价值进行了均衡调整的收益，从而使风险高的公司的 β 值"偏低"，使风险低的公司的 β 值"偏高"。也就是说，利用会计数据，β 值可能更接近 1。第二，会计收益会受非经营因素的影响，如折旧、存贷方法的变化等。第三，会计收益最多每季度计算一次，通常是每年计算一次，从而使回归分析的样本数据较少，说服力不强。

（2）调整项目风险。

项目层面上的相关风险一旦被确定并度量出来，就可以用以下方法将其融入项目分析中。第一种方法，也是较方便的一种方法，就是调整折现率使其反映风险。如果被折现的现金流量是权益现金流量，那么，权益成本要进行调整以反映风险；如果被折现的现金流量是公司现金流量，那么资本成本要进行调整以反映风险。第二种方法，是调整现金流量以反映风险并利用无风险收益率作为折现率。

①调整折现率。项目风险参数一旦被估计出来，折现率就可以调整为反映项目风险的折现率。调整变动取决于折现率是权益成本还是资本成本，被折现的现金流量是权益现金流量还是公司现金流量。

A. 调整权益成本。权益成本的调整取决于所用的风险/收益模型，以及前面关于哪种类型风险应补偿的分析。如果得到补偿的风险只是市场风险，并利用资本资产定价模型，那么项目的权益成本为：

$$\text{项目权益成本} = \text{无风险收益率} + \text{项目} \beta \text{值（市场风险溢价）}$$

B. 调整资本成本。从估计权益成本转移到估计资本成本需要两个额外变量：税后债务成本以及在资本结构中权益和负债的相对权重。

$$\text{项目资本成本} = \text{项目权益成本} \times \frac{\text{权益}}{\text{负债} + \text{权益}} + \text{税后债务成本} \times \frac{\text{负债}}{\text{负债} + \text{权益}}$$

②调整期望现金流量。调整风险的另一个可供选择的方法是调整预期现金流量以反映风险。直观地看，风险较高的现金流量应向下调整较多，而风险较低的现金流量向下调整较少。调整的幅度会有所不同，这取决于所使用的方法，而且，这些调整可以是主观判断，也可以根据某个风险/收益模型进行。

A. 主观估计。有时如果现金流量所含风险较高，可降低期望现金流量，从而将风险融入现金流量估计中。

B. 风险/收益模型。虽然风险/收益模型传统上是用来估计折现率的，但也可以用来估计项目现金流量的确定等值。例如，当风险调整折现率和无风险收益率都已知时，风险现金流量的确定等值现金流量可以写成：

$$CF(确定等值)_t = 期望现金流量_t(\lambda)^t$$

式中，λ 为 $(1 + R_f) / (1 + 风险调整折现率)$。

确定等值现金流量受现金流量风险与风险溢价的影响：现金流量风险越高，确定等值现金流量越低。风险溢价上升，确定等值现金流量下降。

一旦所有现金流量换算为各自的确定等值现金流量，就可以用无风险收益率将它们折现为现值。如果整个过程计算正确，它总是等于利用期望现金流量和风险调整折现率计算得出的现值。

4.2.2 投资项目风险分析的基本方法

1. 敏感性分析法

进行敏感性分析（sensitivity analysis），目的在于使决策者预见各项预期参数值在多大范围内变动不会影响原来结论的有效性。

对主要经济指标进行敏感性分析，要具体掌握各项预期参数值变动的幅度对经济评价指标的影响，从中找出敏感因素，并确定其影响程度。同时，要针对敏感的不确定因素提出建议，采取一定的措施，提高项目决策的可靠性。

【例4-8】假设福耀公司有一个投资方案Ⅰ，项目的基本情况如表4-16所示，假设资本成本率为10%，所得税税率为25%，厂房设备按直线法折旧。

表4-16 投资方案A的相关数据 （单位：元）

原始投资额：	20 000 000
厂房设备（寿命期10年，无残值）	20 000 000
计算年净现金流量：	
（1）销售收入（1 000 000件，每块售价10元）	10 000 000
（2）销售成本	
单位变动成本5元	5 000 000
年固定成本	2 000 000
（3）销售毛利 =（1）-（2）	3 000 000
（4）销售与管理费用	

续上表

变动成本：销售收入×2%	200 000	
固定成本	200 000	
（5）税前利润＝（3）－（4）		2 600 000
（6）所得税＝（5）×25%		650 000
（7）税后利润＝（5）－（6）		1 950 000
（8）按直线法计提的折旧		2 000 000
（9）净现金流量＝（7）＋（8）		3 950 000

求出方案Ⅰ的净现值：

$NPV_I = 3950000 \times PVIFA_{10\%,10} - 20000000$
$= 3950000 \times 6.1446 - 20000000$
$= 4271270$（元）

净现值大于零，说明该方案可以接受。

（1）确定每年净现金流量的下限临界值。

假定净现值为零，则 $X \times 6.1446 = 20000000$

可得：$X = 3254890$（元）

所以，每年净现金流量低于3254890元时，净现值为负数，不应采纳方案Ⅰ。每年净现金流量的变化范围为[3254890, 3950000]时，方案Ⅰ才可行。

（2）确定可回收期的下限临界点。

年金现值系数＝20000000÷3950000＝5.0633

通过查表，利率为10%时，7年的年金现值系数为4.8684，8年的年金现值系数为5.3349，用内插法计算投资回收年限为：

投资回收年限＝7年+12个月×（5.0633－4.8684）÷（5.3349－4.8684）
　　　　　　＝7年+12个月×0.4178
　　　　　　＝7年5个月

回收期限的变化在2年7个月的范围内，净现值不会小于零，如果超出这一范围，则不应采纳方案Ⅰ。

（3）确定内含报酬率的变动范围。按10%的折现率计算，净现值为4271270元，说明内含报酬率大于10%。确定内含报酬率的变动范围就是要确定当折现率为何值时，净现值将为负数。已知年金现值系数为5.0633，通过查表，在10年中，利率为15%时的年金现值系数为5.0188，14%时的年金现值系数为5.2126，通过插值法计算年金现值系数5.0633对应的利率为：

$r = 14\% + (15\% - 14\%) \times (5.2126 - 5.0633) \div (5.2126 - 5.0188) = 14.77\%$

说明内含报酬率的变化范围为10%～14.77%，如果对内含报酬率的要求高于14.77%，则不应采纳方案Ⅰ。

在实际工作中，最常用的敏感性分析是分析内含报酬率指数对各因素的敏感程度，具体做法如下：

（1）计算若干不确定因素单独变化或多因素同时变化后项目的内含报酬率，并列出敏感性分析表。为求得不确定因素变化后的项目内含报酬率，必须按变动后的现金流量表，采用现值法，重新计算内含报酬率。

由于单位售价的变动，产品的销售收入、销售毛利、销售与管理费用中的变动成本等都会有相应的变化。由单位售价变动百分比引起的内含报酬率的变动如表4-17所示。

表 4-17 单位售价变动的敏感性分析 （单位：千元）

	单位售价变动						
	-30%	-20%	-10%	0	+10%	+20%	+30%
单位售价/元	7	8	9	10	11	12	13
销售收入	7000	8000	9000	10000	11000	12000	13000
销售成本	7000	7000	7000	7000	7000	7000	7000
销售毛利	0	1000	2000	3000	4000	5000	6000
销售和管理费用	340	360	380	400	420	440	460
税前利润	-340	640	1620	2600	3580	4560	5540
税后利润	-225	480	1215	1950	2685	3420	4155
折旧	2000	2000	2000	2000	2000	2000	2000
净现金流量	1775	2480	3215	3950	4685	5420	6155
投资总额	20000	20000	20000	20000	20000	20000	20000
内含报酬率	-2.41%	4.12%	9.71%	14.77%	19.47%	23.93%	28.21%

由表4-16的计算结果可以看出，当单位售价增加10%时，内含报酬率在原来的基础上增加了4.7%；当单位售价减少10%时，内含报酬率在原来的基础上减少了5.06%。内含报酬率和单位售价成同方向变化，且售价变动越大，内含报酬率的变动也越大。当单价为8元和9元时，内含报酬率分别为4.12%和9.71%，均小于必要报酬率10%，此时不应采纳投资方案Ⅰ。

表4-18即本方案的敏感性分析表，列示了各种因素变化时的内含报酬率。

表 4-18 敏感性分析表

	各因素不同变动百分比下的内含报酬率						
	-30%	-20%	-10%	0	+10%	+20%	+30%
单位售价	-2.41%	4.12%	9.71%	14.77%	19.47%	23.93%	28.21%
销售量	7.17%	9.82%	12.35%	14.77%	17.11%	19.38%	21.59%
产品变动成本	21.86%	19.56%	17.20%	14.77%	12.24%	9.61%	6.83%
设备投资	28.96%	23.29%	18.66%	14.77%	11.41%	8.45%	5.80%

（2）绘制敏感分析图。以不确定因素变化率为横坐标。根据敏感性分析表所示数据绘制敏感分析图4-2，标出基准收益率。

（3）找出内含报酬率达到临界点（基准收益率）时，某种因素允许变化的最大幅

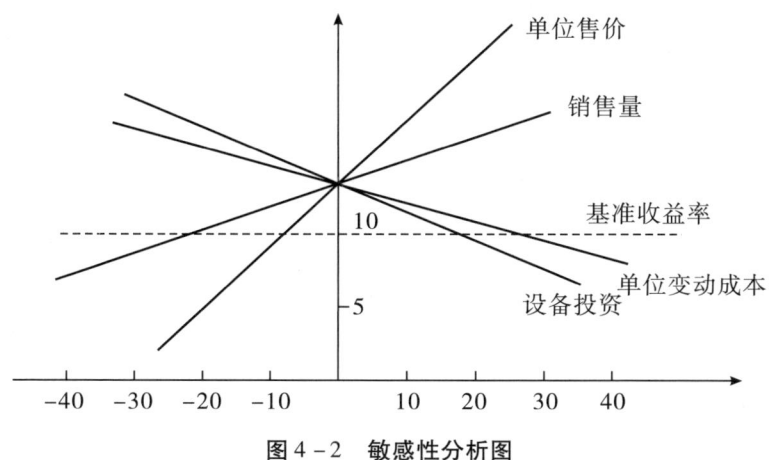

图 4-2 敏感性分析图

度,即极限变化。若变化幅度超过此极限,则项目在经济上不可行。例如,单位售价的临界值为 9.06,在其他因素不变的情况下,如果单位售价低于该值,则项目由盈利转为亏损。

(4) 从图中找出敏感因素,分析这种极限变化的可能性,并提出相应的建议,供决策者参考。必要时对若干最为敏感的因素重新预测和估算,进行项目投资风险的估计。很明显,单位售价是最敏感的因素,所以项目经理在进行项目决策调整时,必须重视该因素的变化对最终结果的影响。

通过敏感性分析可以得知某个因素的变动对最终收益产生的影响,并能通过对各因素的逐一分析找出哪些因素对收益的影响最大,以此进行针对性的管理和控制。

当然,敏感性分析只是孤立地处理每个变量的变动对结果的影响,而实际上不同变量的变化很有可能是互相关联的。例如,销售价格的提高必然导致销量的减少。

2. 场景分析法

场景分析(scenario analysis)属于一种敏感性分析,该分析描绘了项目将来可能出现的不同情形,并分析了每一种情形下项目投资的运营情况。对不同场景的分析可以基于宏观经济因素(如总体经济增长率、利息率或通货膨胀),产业结构因素(如竞争机制),或公司因素(如营运资本政策或营业毛利率)。该方法消除了敏感性分析法的不足,每一种情况下都有若干不同的变量同时发生变动,有效地将同一背景下不同变量之间的关联关系纳入项目分析的决策过程中。

场景分析的步骤如下:

(1) 选择建立场景分析所需要的因素,通常以公司经营业务的类型和影响项目未来成功的最大不确定性因素为基础。例如,一家自行车公司将根据经济状况来构造远景规划,一家财务管理公司将着重于不同的利息率,而一个计算机制造商则基于不同的技术发展来设计场景分析。

(2) 估算每一种远景情况下投资分析变量(收入、增长率、营业毛利率等)的价值。

(3) 估算每一种远景情况下的项目净现值和内部收益率。

(4) 基于所有可能情况下的项目净现值分析,进行项目决策。

【例 4-9】假设福耀公司考虑在海外某地区开设新的玻璃生产工厂,当地玻璃行业未来的景气度与疫情恢复状况有关。若疫情持续恶化,会导致玻璃每年的销量只有 120 块,销售价格为 1.4 万元/块;若疫情未好转也未恶化,玻璃每年的销量有 180 块,销售价格为 1.6 万元/块;若疫情好转,玻璃每年的销量有 250 块,销售价格为 2 万元/块。若对每种情况计算项目净现值,结果如表 4-19 所示:

表 4-19 新工厂项目场景分析表

场景	玻璃销量/年(块)	销售价格/块(万元)	净现值(万元)
疫情状况恶化	120	1.4	-80
疫情状况不变	180	1.6	400
疫情状况好转	250	2	950

显而易见,在疫情状况不变和疫情状况好转的情况下,项目是可行的,福耀公司都应该采取开设新工厂的决策;在疫情状况恶化的情况下,项目的净现值<0,此时应该拒绝该项目。

3. 盈亏平衡分析法

传统的盈亏平衡分析是用来计算某项目或某公司在会计条件下达到盈亏平衡时(当净收益为零时)所必需的收入水平。这里,我们将研究某项目或某公司在财务条件下达到盈亏平衡时(当净现值为零时)所必需的收入水平。由于第二种分析方法考虑了项目投资的机会成本,我们可以认为它不仅将产生一个较大的最低收益率,还将产生一个更加现实的最低收益率。

(1) 会计盈亏平衡分析。

会计盈亏平衡是指当利润为零时的销售额水平,即处于这一水平时,销售额等于总成本。如果项目的成本可以分为固定成本和变动成本,并且单位贡献边际等于单位销售价格减去单位变动成本,那么会计盈亏平衡可以计算如下:

$$会计盈亏平衡 = \frac{固定成本}{\frac{销售价格}{单位} - \frac{变动成本}{单位}}$$

这一数值将会随着每年固定成本和单位贡献边际的变动而改变,如图 4-3 所示:

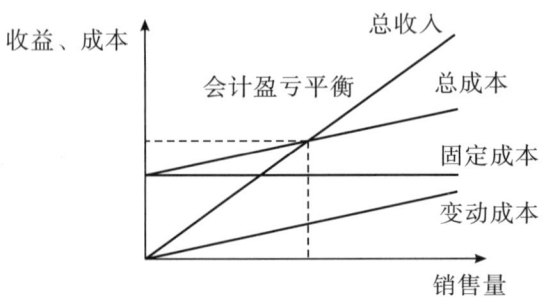

图 4-3 会计盈亏平衡示意图

（2）财务盈亏平衡分析。

财务盈亏平衡分析关注的是净现值为零时的销售量。首先估算净现值为零时所需的年现金流量，然后推算出产生这些现金流量所必需的收入水平，最后计算出产生这些收入所需要的销售量。图 4-4 显示了这一计算过程。

一般来说，处于财务盈亏平衡时有一个较高的最低收益率，因为为了达到这一平衡，公司必须利用

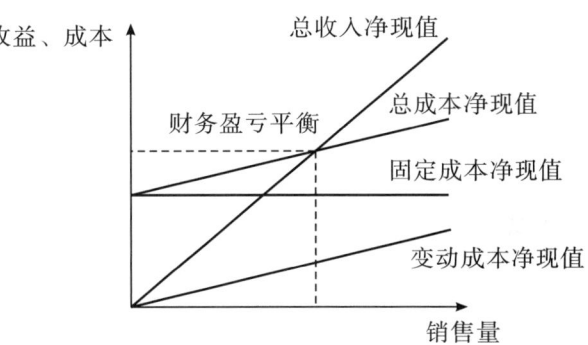

图 4-4 财务盈亏平衡示意图

一部分收益来偿付项目投资本身的最低收益率。结果，财务盈亏平衡将高于（按销售数量或销售美元价值计算）会计盈亏平衡。

【例 4-10】沿用例 4-8，对项目进行会计盈亏平衡分析和财务盈亏平衡分析如下：

（1）对投资方案 I 进行会计盈亏平衡分析（表 4-20）。

设玻璃销量为 Q，固定成本 = 2000000 + 200000 = 2200000（元），变动成本 = $5Q + 10 \times Q \times 2\%$ = $5.2Q$，所以，会计盈亏平衡 = $2200000 / \left(\dfrac{10Q}{Q} - \dfrac{5.2Q}{Q} \right)$ = 458334（元）

表 4-20 投资方案 I 的会计盈亏平衡分析表　　　　　　　　（单位：元）

初始投资	销售量/件	销售收入	固定成本	变动成本	所得税	净利润
20 000 000	700 000	7 000 000	2 200 000	3 640 000	290 000	870 000
20 000 000	600 000	6 000 000	2 200 000	3 120 000	170 000	510 000
20 000 000	500 000	5 000 000	2 200 000	2 600 000	50 000	150 000
20 000 000	458 334	4 583 340	2 200 000	2 383 337	0	0
20 000 000	400 000	4 000 000	2 200 000	2 080 000	-70 000	-210 000
20 000 000	300 000	3 000 000	2 200 000	1 560 000	-190 000	-570 000

（2）对投资方案 I 进行财务盈亏平衡分析（表 4-21）。

表 4-21 投资方案 I 的财务盈亏平衡分析表　　　　　　　　（单位：元）

初始投资	销售量/件	销售收入	固定成本	变动成本	净利润	年折旧	年净现金流	净现值
20 000 000	900 000	9 000 000	2 200 000	4 680 000	1 590 000	2 000 000	3 590 000	2 058 995
20 000 000	850 000	8 500 000	2 200 000	4 420 000	1 410 000	2 000 000	3 410 000	952 974
20 000 000	806 919	8 069 190	2 200 000	4 195 979	1 254 908	2 000 000	3 254 908	0
20 000 000	800 000	8 000 000	2 200 000	4 160 000	1 230 000	2 000 000	3 230 000	-153 048
20 000 000	700 000	7 000 000	2 200 000	3 640 000	870 000	2 000 000	2 870 000	-2 365 093

由表 4-21 可知，在考虑了货币的时间价值后，财务盈亏平衡点的销售量出现了大

幅上升。因此，机会成本作为项目投资决策中的重要因素，必须受到项目经理的重视。

4. 预期净现值法

预期净现值（expected net present value，ENPV）法是在项目未来的现金流存在不确定性的条件下，对投资项目进行评估的一种方法。此方法是对场景分析法的延伸，首先通过场景分析法对每一种情况的净现值和内含报酬率进行测算，然后分析每一种情况发生的概率，通过概率加权的方式计算出项目预期净现值。相比于净现值法，其主要差别点在于，预期净现值法采用的是投资项目的预期净现值（数学上的均值）。在现实诸多不确定性的情况下，企业决策者对投资项目未来现金流量的预测往往是一个数值范围，而不是发生在某一个时点上的单一数字的系列。

【例4-11】沿用例4-9的三种情景，若经过公司预测，分析疫情状况恶化、不变和好转的概率分别为30%、20%、50%，运用概率加权的方式计算出项目预期净现值，结果如表4-22所示：

表4-22 新工厂项目场景分析表

场景	概率	净现值/万元	预期值/万元	预期净现值/万元
疫情状况恶化	30%	-80	-24	
疫情状况不变	20%	400	80	531
疫情状况好转	50%	950	475	

（1）疫情状况恶化下，预期值计算如下：
$$-80 \times 30\% = -24（万元）$$
（2）其他场景计算方式相同。项目预期净现值计算如下：
$$-80 + 80 + 475 = 531（万元）$$

由于此项目的预期净现值>0，所以福耀公司最终的投资决策应该是接受该项目。

在以上案例中，为了简化计算，假定了三种不同的疫情状况在整个项目的寿命期内一直保持不变，很显然，这不太符合实际。随着时间的变化，不同情形是可以相互转化的，疫情状况也可能由不变向恶化转变。

5. 蒙特卡罗模拟

蒙特卡罗模拟，又称随机抽样或统计试验方法，是以概率和统计理论方法为基础的一种随机模拟方法，是对现实世界的不确定性建立模型的进一步尝试。它将所求解的问题同一定的概率模型相联系，用电子计算机实现统计模拟或抽样，以获得问题的近似解。

其基本思想是，首先建立一个概率模型或随机过程，求它们的参数，如概率分布或数学期望等问题的解；然后通过对模型或过程的观察或抽样试验来计算所求参数的统计特征，并用算术平均值作为所求解的近似值。对于随机性问题，有时还可以根据实际物理背景的概率法则，用电子计算机直接进行抽样试验，从而解答问题。

蒙特卡罗模拟的一般步骤如下：
步骤一：构建基本模型。
步骤二：确定模型中每个变量分布。

步骤三：通过计算机抽取一个结果。
步骤四：重复上述过程。
步骤五：计算净现值。

蒙特卡罗模拟常常被认为优于预期净现值法与敏感性分析法。蒙特卡罗模拟可明确指出变量间的相互作用。因此至少从理论上来说，这种方法提供了一个更为完善的分析，并且这种方法通过建立一个精确的模型强化了预测者对项目的理解。但是由于模型过于复杂，并且常常缺乏基本的经济学基础，在项目投资决策分析中应用较少。

◎ 本讲小结

1. 项目投资决策是在资本限额内，利用各种资本预算决策方法对项目进行投资决策以投资于最有效率的项目，从而实现利润最大化的过程。

2. 现金流量是项目投资决策所涉及的重要概念，是指因实施投资而引起的现金流出量与现金流入量的总称。现金流量估算是项目投资决策分析中最重要也是最困难的一个环节。在估算时通常应坚持三个原则，即实际现金流量原则、增量现金流量原则和税后原则。

3. 项目投资决策中的常用的分析方法主要有两种：静态分析方法和动态分析方法。静态分析方法又称会计方法，主要有回收期法和投资报酬率法。动态分析方法则是依据货币时间价值的原理对投资方案进行评价和分析的方法，主要包括净现值法、获利指数法、内含报酬率法等。

4. 公司在面临资本限额时，要在备选项目中选取最佳的投资组合，进行合理的资本分配，以实现公司价值的最大化。

5. 敏感性分析、盈亏平衡分析和场景分析法为决策者在面临项目不确定性时提供了有效的决策信息，但会受到决策者个人主观因素的影响。

◎ 本讲习题

一、名词解释

1. 项目投资
2. 投资决策评价指标
3. 机会成本
4. 净现值（NPV）
5. 预期净现值（ENPV）
6. 获利指数（PI）
7. 内含报酬率（IRR）
8. 敏感性分析
9. 会计盈亏平衡点
10. 财务盈亏平衡点

二、判断题

1. 投资项目的现金流应该考虑为项目融资的负债的利息支付。（　　）

2. 在固定资产更新决策中，需要考虑新旧设备使用寿命相同和不同的情形来进行分析与决策。（　）

3. 对于设备寿命期不同的情形，可以直接通过净现值来进行决策。（　）

4. 加速折旧减少了项目近期的现金流，因此减少了项目的 NPV。（　）

5. 如果有 A、B 两个项目，它们的期望报酬率都是 10%，那么可以认为两个项目是等同的。（　）

6. 在项目投资决策中，只要投资方案的投资利润大于零，该方案就是可行方案。（　）

7. 某投资项目投产后预计第一年末流动资产为 80 万元，结算性流动负债为 60 万元，第二年末流动资产为 140 万元，结算性流动负债为 105 万元，则第二年末的营运资金垫支额为 15 万元。（　）

8. 在有资本限额的情况下，为了使企业获得最大利益，应该选择那些能使净现值最大化的投资组合。（　）

9. 一般情况下，能使投资项目的净现值小于零的贴现率，一定小于该项目的内含报酬率。（　）

10. 利用内含报酬率评价投资项目时，计算的内含报酬率是方案本身的投资报酬率，因此不再需要估计投资项目的资本成本或要求的最低投资报酬率。（　）

11. 对于某个投资项目，若通过分析得出现在开始投资和两年后开始投资最终得到的项目投资净现值不同时，即面临不同投资时机选择决策时，应该采取净现值较高的时点进行投资。（　）

12. 当初始投资额不相等而项目寿命期相同时，可以使用净现值来判断互斥的投资项目并进行决策。（　）

13. 投资项目的价值比较容易确定。（　）

14. 投资项目除了考虑其未来的收益指标，还需要考虑项目的风险。常见的风险类型包括项目特有风险、竞争性风险、法律风险、市场风险、国际风险等。（　）

15. 在项目投资中，敏感性分析是一种单一因素分析法，而情景分析是一种多因素分析法。（　）

16. 项目投资决策中常用的分析方法主要有两种：静态分析方法和动态分析方法，计算会计盈亏平衡点是一种动态分析方法。（　）

17. 动态盈亏平衡（也称财务盈亏平衡）是指考虑货币时间价值，通过考察项目在整个寿命期内的产量、现金流入、现金流出三者的关系，测算项目的盈亏平衡点，来进行项目风险分析的一种方法。（　）

三、单项选择题

1. 下列项目投资决策评价指标中，没有考虑资金时间价值的指标是（　　）。
   A. 净现值　　　　　　　　　　B. 现值指数
   C. 内含报酬率　　　　　　　　D. 会计盈亏平衡点

2. 下列长期投资评价指标中，其数值越小越好的是（　　）。
   A. 现值指数　　　　　　　　　B. 投资回收期

C. 投资报酬率 D. 内含报酬率

3. 某方案的贴现率为16%时，净现值为6.12万元，贴现率为18%时，净现值为-3.17万元，则该方案的内含报酬率为（　　）。

　　A. 14.68%　　　　　　　　　B. 17.32%
　　C. 18.32%　　　　　　　　　D. 16.68%

4. 如果其他因素不变，当折现率提高时，下列指标中数值会变小的是（　　）。

　　A. 净现值　　　　　　　　　B. 投资利润率
　　C. 内含报酬率　　　　　　　D. 投资回收期

5. 已知某项目的原始投资额为100万元，建设期2年，投产后1—8年每年的净现金流量25万元，第9—11年每年的净现金流量20万元，则该项目包括建设期的静态投资回收期为（　　）。

　　A. 5　　　　　　　　　　　B. 6
　　C. 7　　　　　　　　　　　D. 8

6. 若投资项目的净现值为负数，表明该项目（　　）。

　　A. 它的投资报酬率小于零，不可行
　　B. 为亏损项目，不可行
　　C. 它的投资报酬率不一定小于零，因此有可能是可行方案
　　D. 它的投资报酬率没有达到预期的贴现率，不可行

7. 下列不属于终结现金流量范畴的是（　　）。

　　A. 固定资产折旧　　　　　　B. 固定资产残值收入
　　C. 垫支流动资金的收回　　　D. 停止使用的土地的变价收入

8. 下列有关投资决策指标的各种说法中正确的是（　　）。

　　A. 净现值法不但能反映各种投资方案的净收益，还能揭示各个投资方案本身能达到的实际报酬率
　　B. 在只有一个备选方案的采纳与否决策中，净现值法与内含报酬率法得出的结果总是一致的
　　C. 获利指数可以看成只有1元的原始净投资获得渴望的现值净收益
　　D. 在资本有限，但是投资基金比较充足的情况下，净现值法也是优于获利指数法的

9. 某投资项目的年营业收入为10000元，年营业成本为6000元，年折旧额为1000元，所得税税率为33%，该项目的每年营业现金流量为（　　）。

　　A. 1680　　　　　　　　　　B. 2680
　　C. 3680　　　　　　　　　　D. 3990

10. 已知某设备原值为60000元，税法规定的残值率为10%，最终报废残值为5000元，该公司所得税税率为25%，则该设备最终报废后由残值带来的现金流量收入为（　　）元。

　　A. 4600　　　　　　　　　　B. 5000
　　C. 5250　　　　　　　　　　D. 6000

四、多项选择题

1. 净现值法的优点包括（　　）。
   A. 考虑了资金时间价值
   B. 考虑了项目计算期的全部净现金流量
   C. 考虑了投资风险
   D. 可以从动态上反映项目的实际收益率

2. 对于同一投资方案，下列表述正确的是（　　）。
   A. 资本成本越高，净现值越高
   B. 资本成本越低，净现值越高
   C. 资本成本高于内含报酬率时，净现值为正数
   D. 资本成本高于内含报酬率时，净现值为负数

3. 下列指标中属于动态指标的有（　　）。
   A. 现值指数　　　　　　　　B. 净现值
   C. 内部收益率　　　　　　　D. 会计收益率

4. 营业现金流量的内容包括（　　）。
   A. 营业收入　　　　　　　　B. 增值税
   C. 所得税　　　　　　　　　D. 付现成本

5. 项目投资具有（　　）特征。
   A. 影响期限长　　　　　　　B. 投资金额大
   C. 投资回报较大　　　　　　D. 投资风险较大

6. 在新旧设备使用寿命不同的固定资产更新决策中，可以采用的方法有（　　）。
   A. 净现值法　　　　　　　　B. 年均净现值法
   C. 内含报酬率法　　　　　　D. 差量分析法
   E. 最小公倍寿命法

五、计算题

1. 福华公司正在考虑开发一种新产品，假定该产品行销期估计为5年，5年后停产。生产该产品获得的收入和需要的成本等有关资料如下（不考虑所得税）。请计算该项目各年的现金净流量。

项目	金额/元
投资购入机器设备	120000
投产需垫支的流动资金	50000
每年的销售收入	80000
每年的材料、人工等付现成本	40000
前4年每年的设备维修费	2000
5年后设备的残值	20000

2. 明盛公司现有两个项目可考虑，A 项目现在需要投资 120000 元购置固定资产，使用期 5 年，每年收入 82000 元，付现成本 40000 元；B 项目现在需要投资 80000 元购置固定资产，使用期也为 5 年，每年收入 60000 元，付现成本 30000 元。假定没有其他投资，二者都采用直线法折旧，5 年后无残值，所得税税率 33%，贴现率 6%。

（1）请计算 A、B 两个项目的净现值和获利指数。

（2）在没有资本限额的条件下，如果二者为互斥项目，应如何选择？如果 A、B 为独立项目，应如何选择？

第五讲　公司融资决策

◎ **本讲学习目标**

通过本讲内容的学习，学生要了解权益型融资、债务型融资、混合型融资、融资租赁等公司长期融资方式的基本概念；掌握公司长期融资成本、融资风险与融资收益的计算方法；同时根据公司资本结构的概念，掌握不同阶段的资本结构理论，并选择合适的方法做出公司资本结构决策。

◎ **本讲重要术语**

普通股（common stock）、留存盈余（retained earning）、优先股（preferred stock）、可转换债券（convertible bond）、永续债券（perpetual bond）、认股权证（warrants）、融资租赁（financial lease）、私募股权融资（private equity financing）、资本成本（capital cost）、财务杠杆（financial leverage）、经营杠杆（operating leverage）、资本结构（capital structure）、MM 理论（Minsky Moment Theory）

◎ **本讲重难点**

本讲的重点在于权益型融资、债务型融资和混合型融资的基本定义、优缺点与区别；难点在于公司经营杠杆、财务杠杆与融资成本的计算，公司融资所得资本结构的基本概念、资本结构理论及决策分析方法。

◎ **本讲学习思维导图**

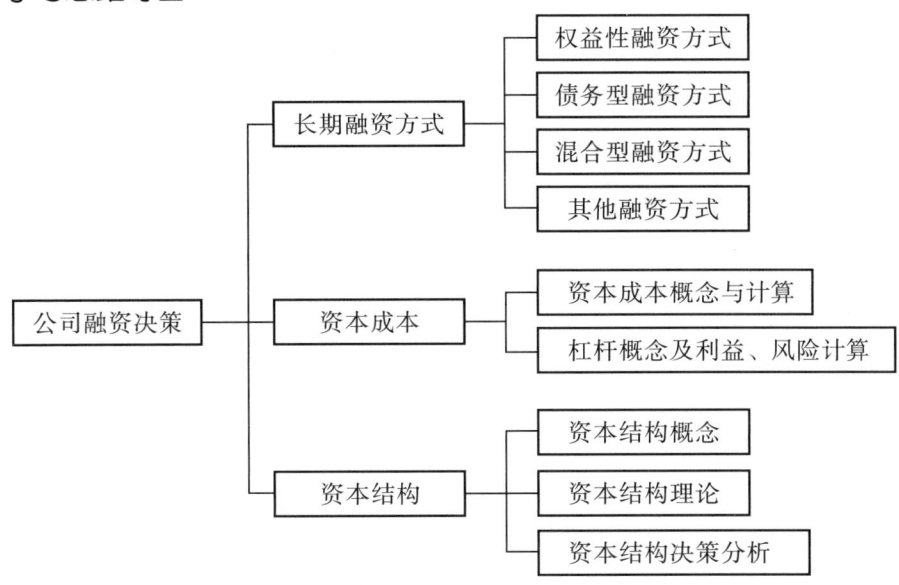

◎ **本讲案例导入**

宁德时代新能源科技股份有限公司（下文简称"宁德时代"）成立于2011年，2018年在深圳证券交易所创业板成功上市。2021年5月31日，宁德时代收盘市值达1.01万亿元，成为创业板首家总市值突破万亿元的上市公司。截至2022年12月30日，宁德时代总市值为9609.34亿元，名列2022年全球新能源企业500强榜单榜首。

作为一家民营企业，宁德时代成立仅12年取得如此辉煌的业绩，离不开多轮公司融资决策的助力。截至2023年2月28日，宁德时代已进行8轮股权融资、17次应收账款融资、3次融资租赁以及多次债券融资与银行贷款等。目前，宁德时代通过银行授信融资额度已达2453.91亿元，上市后权益型募资总额达701.62亿元；债务型募资总额达628.08亿元。

从宁德时代的融资历程来看，宁德时代并不局限于单一的融资方式，且不同融资方式的额度也存在较大差距。那么宁德时代在企业发展过程中的融资方式都有什么差异呢？不同阶段又是如何选择融资方式的？为什么会选择多元化融资方式？希望同学们通过本讲学习能对公司融资方式与融资决策有初步的认识和了解。

5.1 长期融资方式

5.1.1 权益型融资

5.1.1.1 普通股

1. 普通股的概念

普通股（common stock）是公司发行的无特别权利的股份，也是最基本的、标准的股份。持有普通股股份者为普通股股东。依我国《公司法》的规定，普通股股东主要有以下权利：出席或委托代理人出席股东大会，并依公司章程规定行使表决权，这是普通股股东参与公司经营管理的基本方式；拥有股份转让权，持有的股份可以自由转让，但必须符合《公司法》、其他法规和公司章程规定的条件和程序；股利分配请求权；对公司账目和股东大会决议有审查权和对公司事务有质询权；分配公司剩余财产的权利；公司章程规定的其他权利。

同时，普通股股东也基于其资格，对公司负有义务。我国《公司法》中规定了股东具有遵守公司章程、缴纳股款、对公司负有责任、不得退股等义务。

2. 普通股的分类

股份有限公司根据有关法规的规定以及融资和投资者的需要，可以发行不同种类的普通股。

（1）按股票有无记名，可分为记名股和不记名股。

记名股是在股票票面上记载股东姓名的股票。这种股票除了股票上所记载的股东外，其他人不得行使其股权，且股份的转让有严格的法律程序与手续，需办理过户手续。

不记名股是票面上不记载股东姓名的股票。这类股票的持有人即股份的所有人，具有股东资格，股票的转让也比较自由、方便，无须办理过户手续。

（2）按股票是否标明金额，可分为面值股票和无面值股票。

面值股票是在票面上标有一定金额的股票。持有这种股票的股东，对公司享有权利和承担义务的大小，依其所持有的股票票面金额占公司发行在外的股票总面值的比例而定。

无面值股票不在票面上标出金额，只载明所占公司股本总额的比例或股份数的股票。无面值股票的价值随公司财产的增减而变动，而股东对公司享有的权利和承担义务的大小直接依股票标明的比例而定。

（3）按投资主体的不同，可分为国家股、法人股、个人股等。

国家股是有权代表国家投资的部门或机构以国有资产向公司投资而形成的股份。

法人股是企业法人依法以其可支配的财产向公司投资而形成的股份，或具有法人资格的事业单位和社会团体以国家允许用于经营的资产向公司投资而形成的股份。

个人股是社会个人或公司内部职工以个人合法财产投入公司而形成的股份。

（4）按发行对象和上市地区的不同，又可将股票分为A股、B股、H股和N股等。

A股是供我国大陆地区个人或法人买卖的，以人民币标明票面金额并以人民币认购和交易的股票。

B股、H股和N股是供外国和我国港澳台地区投资者买卖的，以人民币标明票面金额但以外币认购和交易的股票（从2001年2月19日起，B股开始对境内居民开放）。其中，B股在上海、深圳上市；H股在香港上市；N股在纽约上市。

以上后两种分类，是我国目前实务中为便于对公司股份来源的认识和股票发行而进行的分类。在其他一些国家，还有的按是否拥有完全的表决权和获利权，将普通股分为若干级别。例如，A级普通股卖给社会公众，支付股利，但一段时期内无表决权；B级普通股由公司创办人保留，有表决权，但一段时期内不支付股利；E级普通股拥有部分表决权；等等。

3. 普通股融资的优缺点

(1) 普通股融资的优点。

与其他融资方式相比,普通股筹措资本具有以下优点:

①发行普通股筹措的资本具有永久性,无到期日,不需归还。这对保证公司对资本的最低需要、维持公司长期稳定发展极为有益。

②发行普通股融资没有固定的股利负担,股利的支付与否和支付多少,视公司有无盈利和经营需要而定,经营波动给公司带来的财务负担相对较小。由于普通股融资没有固定的到期还本付息的压力,所以融资风险较小。

③发行普通股筹集的资本是公司最基本的资金来源,它反映了公司的实力,可作为其他融资方式的基础,尤其可为债权人提供保障,增强公司的举债能力。

由于普通股的预期收益较高并可一定程度地抵消通货膨胀的影响(通常在通货膨胀期间,不动产升值时普通股也随之升值),所以普通股融资容易吸收资金。

(2) 普通股融资的缺点。

普通股的资本成本(capital cost)较高,从投资者的角度讲,投资普通股风险较高,相应地要求有较高的投资报酬率。而对于融资公司而言,普通股股利从税后利润中支付,不像债券利息那样作为费用从税前支付,因而不具抵税作用。此外,普通股的发行费用一般也高于其他证券。

以普通股融资会增加新股东,这可能也会分散公司的控制权,此外,新股东分享公司未发行新股前积累的盈余,会降低普通股的每股净收益,从而可能引发股价的下跌。

5.1.1.2 留存盈余

1. 留存盈余的概念

公司不但可以从外部融资,也可以从公司内部获得所需要的资金,这就是留存盈余的概念。留存盈余通常也称为内源融资,是指公司将税后利润的一部分以保留盈余的方式留下来使用,增加了公司可运用的资金的总量,实际上是公司的一种融资活动。

2. 留存收益融资的优缺点

(1) 留存盈余(retained earning)的优点。

①留存盈余不发生融资费用。公司向外界筹措资金,不论是采取发行股票、债券的方式,还是采取向银行借款的方式,都需要支付一定的融资费用,而公司利用留存盈余,则无须支付融资费用。因此,留存盈余对公司非常有益。

②留存盈余可使股东获得税收利益。留存盈余的资金来源于税后利润,属于所有者权益范畴。如果公司将实现的利润以股利的方式全部分配给股东,股东收到股利就要缴纳个人所得税,税率一般很高。如果公司适当地利用留存盈余,少发股利,相当于股东对公司追加投资,所有者权益并未减少,股东不用缴纳个人所得税。同时,随着公司以保留盈余的方式追加股本,公司股票价格就会上扬,股东可出售部分股票获取资本利得来代替股利收入,而出售股票收入所缴纳的资本利得税税率一般较个人所得税税率更低。

③留存盈余属于权益融资的范畴,可增加对债权人的保障程度,增加公司的信用价值。

(2) 留存盈余的缺点。

①留存盈余的数量常常会受到某些股东的限制。有些股东依靠股利维持生活，希望多发股利；有些股东对风险反感，宁愿目前收到较少的股利，也不愿等到将来再收到不确定的、较多的股利或以较高价格出售股票的价款。所以，有些公司的股东总是要求股利支付比例维持在一定的水平上。

②留存盈余过多，股利支付过少，可能会影响公司今后的外部融资。有研究发现，股利支付比例较高的公司的股票比股利支付比例较少的公司的股票更容易出售，因此，较多地支付股利，虽然不利于内源融资，但会有力地说明公司具有较高的盈利水平和较好的财务状况。

③留存盈余过多，股利支付过少，可能不利于股票价格的稳定或上升。

5.1.2 债务型融资

5.1.2.1 长期借款

长期借款融资是各类企业通常采用的一种债务性融资方式，是指企业向银行等金融机构以及向其他单位借入的、期限在1年以上的各种借款。

1. 长期借款的分类

（1）按提供贷款的机构，可分为政策性银行贷款、商业银行贷款和其他金融机构贷款。

①政策性银行贷款，是由执行国家政策性贷款业务的银行（通常称政策性银行）提供的贷款，通常为长期贷款。

②商业银行贷款，包括短期贷款和长期贷款。其中，长期贷款的期限长于1年，企业与银行之间要签订借款合同，含有对借款企业的具体限制条件；有规定的借款利率，可固定，亦可随基准利率的变动而变动；主要实行分期偿还方式（一般每期偿还金额相等），也可采用到期一次偿还方式。

③其他金融机构贷款，一般较商业银行贷款的期限更长，要求的利率较高，对借款企业的信用要求和担保的选择也比较严格。

（2）按用途分为固定资产投资借款、更新改造借款、技术改造借款、基建借款、网点设施借款、科技开发和新产品试制借款等。

（3）按有无担保，分为信用贷款和担保贷款。

①信用贷款，是指以借款人的信誉发放的贷款，借款人不需要提供担保。这种贷款方式风险较大，银行通常要对借款企业的经济效益、经营管理水平、发展前景等情况进行详细考察，以降低风险。

②担保贷款，是指银行在发放贷款时，要求借款人提供担保，以保障贷款债权的受偿。担保贷款按担保方式，可分为以下种类：

A. 保证贷款，是指保证人和债权人约定，当债务人不履行债务时，保证人按照约定履行债务或者承担责任的贷款。具有代为清偿债务的能力的法人、其他组织或者公民，可以作保证人，学校等以公益为目的的事业单位、社会团体不得为保证人，企业法人的分支机构、职能部门不得为保证人。

B. 抵押贷款，是指债务人或者第三人不转移抵押财产，将该财产作为债权担保的贷款。可以抵押的财产主要有机器、交通运输工具、房屋和其他地上附着物等。

C. 质押贷款，是指债务人或者第三人以其动产或权利作质押，将该动产或权利作为债权担保的贷款，质押的动产应移交债权人。可以质押的权利主要有汇票、支票、本票、债券、存款单、仓单、提单，依法可以转让的股份、股票，依法可以转让的商标专用权、专利权、著作权中的财产权。

2. 长期借款的程序

（1）企业提出申请。企业申请借款必须符合贷款的基本条件：①企业经营的合法性；②企业经营的独立性；③企业具有一定数量的自有资金；④企业在银行开立基本账户；⑤企业有按期还本付息的能力。企业提出借款申请时，应陈述借款的原因、借款金额、用款时间与计划、还款期限与计划。

（2）银行进行审批。银行针对企业的借款申请，对借款企业进行审查，依据审批权限，核准企业申请的借款金额和用款计划。银行审查的内容如下：①企业的财务状况；②企业的信用情况；③企业的盈利稳定性；④企业的发展前景；⑤借款投资项目的可行性等。

（3）签订借款合同。银行经审查批准后，可与借款企业进一步协商贷款的具体条件，签订正式的借款合同，明确贷款的数额、利率、期限和一些限制性条款。

（4）企业取得借款。借款合同生效后，银行可在核定的贷款指标范围内，根据用款计划和实际需要，一次或分次将贷款转入企业的存款结算户，以便企业支用借款。

（5）企业偿还借款。企业应按借款合同的规定按期还本付息。企业偿还贷款的方式通常有三种：①到期日一次偿还。在这种方式下，还款集中，借款企业须于贷款到期日前做好准备，以保证全部清偿到期贷款。②定期偿还相等份额的本金。这种方式即在贷款到期日之前定期（如每 1 年或 2 年）偿还相同的金额，至贷款到期日还清全部本金。③分批偿还。以这种方式还款，每批还款金额不等，便于企业灵活安排。

贷款到期后，经银行催收，如果借款企业不予偿付，银行可按合同规定，从借款企业的存款户中扣收贷款本息及加收的利息。借款企业如因暂时性财务困难需延期偿还贷款，应向银行提交延期还贷计划，经银行审查核实，续签合同，但通常要加收利息。

3. 长期借款融资的优缺点

（1）长期借款的优点。

①借款融资速度较快。企业利用长期借款融资，一般所需时间较短，程序较为简单，可以快速获得现金。而发行股票、债券筹集长期资金，要做好发行前的各种工作，发行也需要一定时间，故耗时较长，程序复杂。

②借款资本成本较低。利用长期借款融资，其利息可在所得税前列支，故可减少企业实际负担的成本，因此比股票融资的成本要低得多；与债券相比，借款利率一般低于债券利率；此外，由于借款属于间接融资，因此融资费用极少。

③借款融资弹性较大。在借款时，企业与银行直接商定贷款的时间、数额和利率等；在用款期间，企业财务状况如发生某些变化，亦可与银行再行协商，变更借款数量和还款期限等。因此，对企业而言，长期借款融资具有较大的灵活性。

④发挥财务杠杆作用。企业利用借款融资，与债券融资一样，可以发挥财务杠杆的作用。

（2）长期借款的缺点。

①借款融资风险较大。长期借款通常有固定的利息负担和固定的偿付期限，故借款企业的融资风险较大。

②借款融资限制条件较多。这可能会影响企业以后的融资和投资活动。

③借款融资数量有限。长期借款一般不同于股票、债券融资可以一次筹集大笔资金。

5.1.2.2 普通债

债券是债务人为筹集债务资本而发行的，约定在一定期限内向债权人还本付息的有价证券。发行债券是企业筹集债务资本的重要方式。我国非公司企业发行的债券称为企业债券。按照《公司法》和国际惯例，股份有限公司和有限责任公司发行的债券称为公司债券，有时简称公司债。公司发行债券的目的通常是为其大型投资项目一次性筹集大笔长期资本。

为与可转换债券进行区别，这里主要讲述公司债券的基本问题以及一般的或普通的债券融资。

1. 债券的分类

公司债券从不同角度分，有多种分类，大致如下。

（1）按照债券上是否记有持券人的姓名或名称分类。

按照债券上是否记有持券人的姓名或名称分类，债券可以分为记名债券和无记名债券。记名债券除债券上记载的持有人外，其他人不能行使其权利。这种债券如果要转让，需要办理过户手续；债券如果遗失，可以通过法律程序恢复其持有人的权利。无记名债券的持有人不需被记载在债券上也可享有债券的权利。这类债券转让比较自由、方便，无须办理过户手续，只需交付给对方，即可完成转让。但是如果债券遗失，也无法恢复持有人的权利。

（2）按能否转换为公司股票分类。

按能否转换为公司股票分类，债券可以分为可转换债券（convertible bond）和不可转换债券。如果公司债券能够在一定条件下转换成公司股票，那么称为可转换债券；如果公司债券不能转换成公司股票，那么称为不可转换债券。

（3）按照有无特定的财产担保分类。

按照有无特定的财产担保分类，债券可以分为抵押债券和信用债券。发行债券的公司以特定财产作为抵押品的债券为抵押债券；没有特定财产作为抵押，凭信用发行的债券为信用债券。抵押债券又可以分为一般抵押债券、不动产抵押债券、设备抵押债券和证券信托债券等种类。一般抵押债券，即以公司的全部财产作为抵押品而发行的债券；不动产抵押债券，即以公司的不动产作为抵押品而发行的债券；设备抵押债券，即以公司的机器设备作为抵押品而发行的债券；证券信托债券，即以公司持有的股票证券以及其他担保证书交付给信托公司作为抵押而发行的债券。

（4）按照利率是否浮动分类。

按照利率是否浮动分类，债券可以分为固定利率债券和浮动利率债券。将利率明确记载于债券上,按这一固定利率向债权人支付利息的债券为固定利率债券,这一利率称为票面利率。债券上明确利率按照某一参照水平(如国债的利率、银行存款的利率、LIBOR 等)来确定的债券为浮动利率债券。

(5) 按照能否上市交易分类。

按照能否上市分类,债券可以分为上市债券和非上市债券。可以在证券交易所公开挂牌交易的债券为上市债券;不能在证券交易所公开挂牌交易,只能在场外进行交易的债券为非上市债券。上市债券信用度高、价值高,而且变现速度快、流动性强,故较受投资者青睐;但是上市条件严格、程序复杂,而且费用较高。

(6) 按照偿还方式分类。

按照偿还方式分类,债券可以分为到期一次债券和分期债券。债券在到期日一次集中偿还本金的,为到期一次债券;一次发行而分期、分批偿还的债券为分期债券。

2. 债券的发行资格与条件

公司发行债券,必须具备规定的发行资格与条件。

(1) 发行债券的资格。

我国《公司法》规定,股份有限公司、国有独资公司和两家以上的国有企业或者其他两个以上的国有投资主体投资设立的有限责任公司,才有资格发行公司债券。其他公司现在不具有发行债券的资格。

(2) 发行债券的条件。

我国《公司法》规定,有资格发行债券的公司,必须具备以下条件,才可以发行债券:

①股份有限公司的净资产额不低于人民币 3000 万元,有限责任公司的净资产额不低于人民币 6000 万元。

②累计债券总额不超过公司净资产额的 40%。

③最近 3 年平均可分配利润足以支付公司债券 1 年的利息。

④所筹集资金的投向符合国家产业政策。

⑤债券的利率不得超过国务院限定的水平。

⑥国务院规定的其他条件。

另外,发行公司债券所筹集的资金,必须符合审批机关审批的用途,不得用于弥补亏损和非生产性支出,否则会损害债权人的利益。发行公司凡有下列条件之一的,不得再次发行公司债券:

①前一次发行的公司债券尚未募足的。

②对已发行的公司债券或者其他债务有违约或延迟支付本息的事实,且仍处于持续状态的。

3. 债券的发行程序

公司发行债券需要遵循一定程序,办理有关手续。

(1) 作出发行债券决议。

公司在实际发行债券之前,必须作出发行债券的决议,具体决定公司债券发行总额、票面金额、发行价格、募集办法、债券利率、偿还日期及方式等内容。

我国股份有限公司、有限责任公司发行公司债券,由董事会制定方案,股东会作出决议；国有独资公司发行公司债券，应由国家授权投资的机构或者国家授权的部门作出决定。

在国外，公司发行债券一般须经董事会决议，由2/3以上董事出席，且超过出席董事的半数通过。

（2）提出发行债券申请。

按照国际惯例，公司发行债券须向主管部门提交申请，未经批准，公司不得发行债券。在我国，公司申请发行债券由国务院证券管理部门批准。

公司申请应提交公司登记证明、公司章程、公司债券募集办法、资产评估报告和验资报告。

（3）公告债券募集办法。

发行公司债券的申请经批准后，公开向社会发行债券，应当向社会公告债券募集办法。根据《公司法》的规定，公司债券募集办法中应当载明的主要事项有：发行公司名称；债券募集资金的用途；债券总额和债券的票面金额；债券利率的确定方式；还本付息的期限和方式；债券担保情况；债券的发行价格、发行的起止日期；公司净资产额；已发行的尚未到期的公司债券总额；公司债券的承销机构。

公司若发行可转换公司债券，还应在债券募集办法中规定具体的转换办法。

（4）委托证券机构发售。

公司债券的发行方式一般有私募发行和公募发行。

①私募发行是指由发行公司将债券直接发售给投资者的一种发行方式，这种发行方式因受限制，极少采用。

②公募发行是指发行公司通过承销团向社会发售债券的一种发行方式。在这种发行方式下，发行公司要与承销团签订承销协议。承销团由数家证券公司或投资银行组成。承销团的承销方式有代销和包销。代销是指由承销机构代为推销债券，在约定期限内未售出的余额将退还发行公司，承销机构不承担发行风险。包销是由承销团先购入发行公司拟发行的全部债券，然后再出售给社会上的投资者，如果在约定期限内未能全部售出，余额要由承销团负责认购。公募发行是世界各国通常采用的债券发行方式，美国甚至强制要求对某些债券如电力、制造业公司债券必须采用公募发行方式，我国有关法律、法规亦要求公募发行债券。

（5）交付债券，收缴债券款，登记债券存根簿。

发行公司公募发行公司债券，由证券承销机构发售时，投资者直接向承销机构付款购买，承销机构代理收取债券款，交付债券；然后，发行公司向承销机构收缴债券款并结算预付的债券款。

根据《公司法》的规定，公司发行的公司债券必须在债券上载明公司名称、债券面额、利率、偿还期限等事项，并由董事长签名，公司盖章。

公司发行的债券还应在置备的公司债券存根簿中登记。对于记名公司债券，应载明的事项如下：①债券持有人的姓名或者名称及住所；②债券持有人取得债券的日期及债券的编号；③债券总额、债券票面金额、债券利率、债券还本付息的期限与方式；④债券的发行日期。

对于无记名债券，应在债券存根簿上载明债券总额、利率、偿还期限与方式、发行日期及债券的编号等事项。

4. 债券的发行价格

公司债券的发行价格是发行公司（或其承销机构代理，下同）发行债券时所使用的价格，亦即债券投资者向发行公司认购其所发行的债券时实际支付的价格。公司在发行债券之前，必须依据有关因素，运用一定的方法，确定债券的发行价格。

（1）决定债券发行价格的因素。

公司债券发行价格的高低主要取决于以下四个因素。

①债券面额。债券的票面金额是决定债券发行价格的最基本因素。债券发行价格的高低从根本上取决于债券面额的大小。一般而言，债券面额越大，发行价格越高。但是，如果不考虑利息因素，债券面额是债券的到期价值，即债券的未来价值，而不是债券的现在价值，即发行价格。

②票面利率。债券的票面利率是债券的名义利率，通常在发行债券之前即已确定，并在债券票面上注明。一般而言，债券的票面利率越高，发行价格越高；反之，发行价格越低。

③市场利率。债券发行时的市场利率是衡量债券票面利率高低的参照系，两者往往不一致，因此共同影响债券的发行价格。一般而言，债券的市场利率越高，债券的发行价格越低；反之，发行价格越高。

④债券期限。同银行借款一样，债券的期限越长，债权人的风险越大，要求的利息报酬越高，债券的发行价格就可能较低；反之，发行价格可能较高。

债券的发行价格是上述四项因素综合作用的结果。

（2）确定债券发行价格的方法。

理论上，公司债券的发行价格通常有三种情况，即平价、溢价和折价。平价是指以债券的票面金额作为发行价格，多数公司采用平价发行方式发行债券。溢价是指公司按高于债券面额的价格发行债券。折价是指公司按低于债券面额的价格发行债券。

结合上述四项因素，根据货币时间价值的原理，债券发行价格由两部分构成：一部分是债券面额以市场利率作为折现率折算的现值；另一部分是各期利息（通常表现为年金形式）以市场利率作为折现率折算的现值。由此，债券的发行价格可按下列公式测算：

$$债券发行价格 = \frac{F}{(1+R_M)^n} + \sum_{t=1}^{n} \frac{I}{(1+R_M)^t} \qquad (5-1)$$

式中，F 表示债券面额，即债券到期偿付的本金；I 表示债券年利息，即债券面额与债券票面年利率的乘积；R_M 表示债券发售时的市场利率；n 表示债券期限；t 表示债券付息期数。

【例 5-1】假设公司 A 发行面额为 100 元、票面利率为 10%、期限为 10 年的债券，每年末付息一次。其发行价格可分为下列三种情况来分析测算。

（1）如果市场利率为 10%，与票面利率一致，该债券属于平价发行。其发行价格为：

$$\frac{100}{(1+10\%)^{10}} + \sum_{t=1}^{10} \frac{100}{(1+10\%)^t} = 100 \,(元)$$

（2）如果市场利率为 8%，低于票面利率，该债券属于溢价发行。其发行价格为：

$$\frac{100}{(1+8\%)^{10}} + \sum_{t=1}^{10} \frac{100}{(1+8\%)^t} = 113.4 \text{（元）}$$

（3）如果市场利率为12%，高于票面利率，该债券属于折价发行。其发行价格为：

$$\frac{100}{(1+12\%)^{10}} + \sum_{t=1}^{10} \frac{100}{(1+12\%)^t} = 88.7 \text{（元）}$$

由此可见，在债券的票面金额、票面利率和期限一定的情况下，发行价格因市场利率不同而有所不同。

在实务中，根据中国证监会发布的《公司债券发行与交易管理办法》等有关规定，公司债券发行可以采取向上市公司股东配售、网下发行、网上资金申购、网上分销等方式中的一种或几种方式的组合，发行利率或发行价格通过询价方式确定。

5. 债券的信用评级

根据《中华人民共和国证券法》和《上市公司证券发行管理办法》的规定，公司发行债券，应当委托具有资格的资信评级机构进行信用评级和跟踪评级。

（1）债券信用评级的意义。

公司公开发行债券通常由债券评信机构评定等级，债券的信用评级对于发行公司和债券投资者都有重要意义。

对于发行债券的公司而言，债券的信用等级影响着债券发行的效果。信用等级较高的债券，能以较低的利率发行，借以降低债券融资的成本；信用等级较低的债券，表示风险较大，需以较高的利率发行。

对于债券投资者而言，债券的信用等级便于债券投资者进行债券投资的选择。信用等级较高的债券，较易得到债券投资者的信任；信用等级较低的债券，表示风险较大，投资者一般会谨慎选择投资。

（2）债券的信用等级。

债券的信用等级表示债券质量的优劣，反映债券还本付息能力的强弱和债券投资风险的高低。公司债券等级一般分为三等九级，这是由美国信用评定机构标准普尔公司和穆迪投资者服务公司（以下简称"穆迪公司"）分别采用的，如表5-1所示。

表 5-1 债券信用等级表

标准普尔公司		穆迪公司	
AAA	最高级	Aaa	最高质量
AA	高级	Aa	高质量
A	上中级	A	上中质量
BBB	中级	Baa	下中质量
BB	中下级	Ba	具有投机因素
B	投机级	B	通常不值得投资
CCC	完全投机级	Caa	可能违约
CC	最大投机级	Ca	高投机性，经常违约
C	规定盈利付息但未能盈利付息	C	最低级

现以表 5-1 中标准普尔公司评定的债券信用等级为例，说明其表示的具体含义。

AAA，表示最高级债券，其还本付息能力最强，投资风险最小；AA，表示高级债券，有很强的还本付息能力，但保证程度略低于 AAA 级，投资风险略大于 AAA 级；A，表示有较强的还本付息能力，但可能受环境和经济条件的不利影响；BBB，表示有足够的还本付息能力，但经济条件或环境的不利变化可能导致偿付能力的削弱；BB，表示债券本息的支付能力有限，具有一定的投资风险；B，表示投机性债券，风险较大；CCC，表示完全投机性债券，风险很大；CC，表示投机性最大的债券，风险最大；C，表示最低级债券，一般用于表示未能付息的收益债券。

一般认为，只有前三个级别的债券是值得进行投资的债券。根据美国标准普尔公司和穆迪公司的经验，各国、各地区结合自己的实际情况制定了债券等级标准，这些标准在很大程度上完全相同。

标准普尔公司和穆迪公司还使用修正符号进一步区别 AAA（或 Aaa）级以下的各级债券，以便更为具体地识别债券的质量。标准普尔公司用"+""-"号区别同级债券质量的高低。例如，A+代表质优的 A 级债券，A-代表质劣的 A 级债券。穆迪公司在表示债券级别的英文字母后再加注 1、2、3，分别代表同级债券质量的优、中、差。

6. 债券融资的优缺点

发行债券筹集长期债务资本，对发行公司既有利也有弊，应加以识别和权衡，以便抉择。

（1）债券融资的优点。

①债券融资成本较低。与股票的股利相比，债券的利息允许在缴纳所得税前支付，公司可享受节税利益，故公司实际负担的债券成本一般低于股票成本。

②债券融资能够发挥财务杠杆的作用。无论发行公司盈利多少，债券持有人一般只收取固定的利息，而更多的利润可分配给股东或留存用于公司经营，从而增加股东和公司的财富。

③债券融资能够保障股东的控制权。债券持有人无权参与发行公司的管理决策，因此，公司发行债券不像增发新股那样可能会分散股东对公司的控制权。

④债券融资便于调整公司的资本结构。在公司发行可转换债券以及可提前赎回债券的情况下，便于公司主动合理地调整资本结构。

（2）债券融资的缺点。

①债券融资的财务风险较大。债券有固定的到期日，并须定期支付利息，发行公司必须承担按期还本付息的义务。在公司经营不景气时，亦须向债券持有人还本付息，这会给公司带来更大的财务困难，甚至导致破产。

②债券融资的限制条件较多。发行债券的限制条件一般要比长期借款、租赁融资的限制条件多且严格，从而限制了公司对债券融资方式的使用，甚至会影响公司以后的融资能力。

③债券融资的数量有限。公司利用债券融资一般受一定额度的限制。多数国家对此都有限定。我国《公司法》规定，发行公司流通在外的债券累计总额不得超过公司净资产的 40%。

5.1.3 混合型融资

5.1.3.1 优先股

优先股（preferred stock）是相对于普通股来讲的，是指在公司股利支付及财产清偿方面相对于普通股具有优先索取权。

1. 优先股的分类

（1）按是否参与公司利润分配，优先股可以分为参与分红优先股和不参与分红优先股。

参与分红优先股是指拥有分配股利权利的优先权的优先股。在企业年度收益额增长幅度较大时，优先股股东除可以分到优先股股利，经董事会决定还可以分到额外的股利。这种股票的发行量一般较少。不参与分红优先股是指除分配定额股利，不再与普通股共同分配剩余收益的优先股。

（2）按股利是否可以累积，优先股可以分为累积优先股和非累积优先股。

累积优先股是指拥有累积股利权利的优先股。其代表的是，公司收益不够分配优先股股利时，欠付的数额应累积起来以后补付。只有付清累积优先股股利后，才能支付普通股股利。非累积优先股是指如公司净收益不足以支付优先股定额股利则以后不再补发的优先股。

（3）按股票是否可以转换，优先股可以分为可转换优先股和不可转换优先股。

可以在未来某一个既定日期或时期，按既定价格转换为一定股份的普通股的优先股，即可转换优先股；反之，则为不可转换优先股。

（4）按是否可以赎回，优先股可以分为可赎回优先股和不可赎回优先股。

按规定可以在某一时期以后按一定价格赎回的优先股，为可赎回优先股，其赎回价格通常高于面值；反之，则为不可赎回优先股。

2. 优先股融资的优缺点

（1）优先股融资的优点。

①优先股融资的风险比较小，因为优先股没有固定的到期日，不用偿还本金。

②优先股融资具有一定的弹性，因为当公司财务状况不佳时，可以暂时不支付优先股股利，且优先股有时可以收回，或转换成普通股，有利于减轻公司的财务负担。

③与债券相比，优先股使公司能够保有抵押性的资产。

④优先股股东没有经营管理投票权，所以可保持普通股股东的控制权。

⑤优先股同普通股一样，作为企业的自有资金，可降低企业资产负债率，改善企业资本结构。

（2）优先股融资的缺点。

①优先股的资金成本较高，因为优先股股利与普通股股利一样要从税后盈余中扣除。

②优先股发行的限制条件多，降低了公司经营的灵活性。

③优先股的优先权利，对于一般的普通股股东来说，降低了收益水平，增加了投资回报风险。

5.1.3.2 可转换债券

可转换债券又称为可转换公司债券,是指发行人依照法定程序发行,在一定期间内依据约定的条件可以转换为股份的公司债券。

从融资公司的角度看,发行可转换债券具有债务与股权融资的双重属性,属于一种混合性融资。利用可转换债券融资,发行公司赋予可转换债券的持有人将其转换为该公司股票的权利。因而,对发行公司而言,在可转换债券被转换之前需要定期向其持有人支付利息。如果在规定的转换期限内,持有人未将可转换债券转换为股票,发行公司还需要到期偿付债券本金,在这种情形下,可转换债券融资与普通债券融资相似,具有债务融资的属性。如果在规定的转换期限内,持有人将可转换债券转换为股票,则发行公司将债券负债转化为股东权益,从而具有股权融资的属性。

1. 可转换债券的要素

可转换债券的要素指构成可转换债券的基本特征的必要因素,说明了可转换债券与普通债券的区别。

(1) 标的股票。可转换债券对股票的可转换性,实际上是一种股票期权或股票选择权,它的标的物就是可以转换成的公司股票。可转换债券的标的股票一般是其发行公司自己的股票,但有的是其他公司的股票,如可转换债券发行公司的上市子公司的股票。

(2) 转换价格。可转换债券发行之时,明确了以怎样的价格转换为普通股,这一规定的价格,就是可转换债券的转换价格(也称为转股价格),即将可转换债券转换为每股股份所支付的价格。我国相关法规规定,可转换公司债券的转股价格应在募集说明书中约定。价格的确定应以公布募集说明书前 30 个交易日公司股票的平均收盘价格为基础,并上浮一定幅度。

(3) 转换比率。转换比率是每张可转换债券能够转换的普通股股数。可转换债券的面值、转换价格、转换比率之间存在下列关系:

$$转换比率 = 债券面值/转换价格$$

(4) 转换期。转换期是指可转换债券转换为股份的起始日至结束日的期间。可转换债券的转换期可以与债券的期限相同,也可以短于债券的期限。

(5) 赎回条款。赎回条款是可转换债券的发行企业可以在债券到期日之前提前赎回债券的规定,包括下列内容。

①不可赎回期。不可赎回期是可转换债券从发行时开始不能被赎回的那段期间。设立不可赎回期的目的在于保护债券持有人的利益,防止债券发行公司滥用赎回权,强制债券持有人过早转换债券。但是,并不是每种可转换债券都设有不可赎回期。

②赎回期。赎回期是可转换债券的发行公司可以赎回债券的期间。赎回期安排在不可赎回期之后,不可赎回期结束之后,即进入可转换债券的赎回期。

③赎回价格。赎回价格是事前规定的发行公司赎回债券的出价。赎回价格一般高于可转换债券的面值,两者之差为赎回溢价。赎回溢价随债券到期日的临近而减少。

④赎回条件。赎回条件是指对可转换债券发行公司赎回债券作出的情况要求,即需要在什么样的情况下发行公司才能赎回债券。赎回条件分为无条件赎回和有条件赎回。无条件赎回是指在赎回期内发行公司可随时按照赎回价格赎回债券。有条件赎回是指赎

回债券有着一些条件限制，只有在满足了这些条件之后，才能由发行公司赎回债券。设置赎回条款的目的是促使债券持有人转换股份，因此，赎回条款又称为加速条款；同时，赎回条款也能使发行公司在市场利率下降后避免因继续向债券持有人支付较高的债券票面利率所蒙受的损失，或限制债券持有人过分享受公司收益大幅度上升所带来的回报。

（6）回售条款。回售条款是指在可转换债券发行公司的股票价格达到某种恶劣程度时，债券持有人有权按照约定的价格将可转换债券卖给发行公司的有关规定。回售条款具体包括回售时间、回售价格等内容。设置回售条款，是为了保护债券投资人的利益，使其能够避免遭受过大的投资损失，从而降低投资风险。合理的回售条款，可以使投资者具有安全感，因而有利于吸引投资者。

（7）强制性转换条款。强制性转换条款是在具备某些条件后，债券持有人必须将可转换债券转换为股票，无权要求发行公司偿还债券本金的规定。设置强制性转换条款，是为了保证可转换债券顺利地转换成股票，实现发行公司扩大权益融资的目的。

2. 可转换债券融资的优缺点

（1）可转换债券融资的优点。

①融资成本较低。可转换债券给予了债券持有人以优惠的价格转换公司股票的好处，故而其利率低于同一条件下的不可转换债券（或普通债券）的利率，降低了公司融资成本。此外，在可转换债券转换为普通股时，公司无需支付融资费用，节约股票的融资成本。

②便于筹集资金。可转换债券一方面可以使投资者获得固定利息；另一方面又向其提供了进行股权投资的选择权，对投资者具有一定的吸引力，有利于债券的发行，便于资金的筹集。

③有利于稳定股票价格和减少对每股收益的稀释。由于可转换债券规定的转换价格一般要高于其发行时的公司股票价格，所以在发行新股票或配股时机不佳时，可以发行可转换债券，然后通过转换实现较高价位的股权融资。事实上，一些公司正是认为当前的股票价格太低，为避免因直接发行新股而遭受损失，才通过发行可转换债券变相发行普通股的。这样，首先不至于因为直接发行新股而进一步降低公司股票市价；其次，因为可转换债券的转换期较长，即使在将来转换股票时，对公司股价的影响也较温和，从而有利于稳定公司股票的价格。可转换债券的转换价格高于其发行时的股票价格，可转换的股票股数会较少，相对而言就降低了增发股票稀释公司每股收益的程度。

④减少融资中的利益冲突。即使日后会有相当一部分投资者将其持有的可转换债券转换成普通股，发行可转换债券也不会太多地增加公司的偿债压力，而且可转换债券受其他债务的限制性约束较少，所以其他债权人对此的反对较小。同时，可转换债券持有人是公司的潜在股东，与公司有着较大的利益趋同性，因而冲突较少。

（2）可转换债券融资的缺点。

①股价上扬风险。虽然可转换债券的转换价格高于其发行时的股票价格，但如果转换时股票价格大幅度上扬，公司只能以较低的固定转换价格换出股票，这会降低公司的股权融资额。

②财务风险。发行可转换债券后，如果公司业绩不佳，股价会长期低迷；或虽然公

司业绩尚可，但股价随大盘下跌，持券者没有如期转换普通股，则会增加公司偿还债务的压力，加大公司的财务风险。特别是在存在回售条款的情况下，公司短期内集中偿还债务的压力会更明显。

③丧失低息优势。可转换债券转换成普通股后，其原有的低利息优势不复存在，公司将要承担较高的普通股成本，从而导致公司的综合资本成本上升。

5.1.3.3 永续债券

永续债券（perpetual bond），又称无期债券，是不规定到期期限，只需付息而不需还本的债券。永续债券被视为"债券中的股票"，是一种兼具债权和股权属性的混合性融资方式。永续债券的期限为永续或极长，不规定到期期限，持有人也不能要求清偿本金，但可以按期取得利息。

永续债券的特点如下：
①永续债券的发行人有赎回的选择权，即续期选择权；
②永续债券的利率通常具有调整机制，也就是说如果在一定时间内公司选择不赎回永续债券，其利率就会相应上升以补偿投资者的潜在风险和损失；
③永续债券的发行人有权决定是否付息，即原则上永续债券的利息可以无限次递延，前提是公司在支付利息之前不可分配股利。

发行永续债券融资的动机主要有三点：
①银行等金融机构为了满足新资本管理办法的规定，发行永续债券以补充资本金；
②企业发行永续债券用于作为项目投资的资本金；
③财务杠杆率高的企业发行永续债券，可突破借款举债的空间限制。

5.1.3.4 认股权证

1. 认股权证的概念

认股权证（warrants）是由股份公司发行的，允许其持有人在指定的时期内以确定的价格直接向股份公司购买普通股的一种权利证书。因为认股权证与期权中的看涨期权都是以普通股为标的物，而且只有当普通股的市场价格超过执行价格时，认股权证才会被执行（否则投资人可以去买更便宜的股票而不会执行认股权证），所以有些人将认股权证视为看涨期权的一种。

认股权证主要由认股数量、认股价格和认股期限这三个要素构成。认股数量是指认股权证认购股份的数量；认股价格是指公司在发行认股权证时确定的认股价格；认股期限是指认股权证的有效期。在有效期内，认股权证的持有人可以随时认购股份；超过有效期，认股权证自动失效。认股权证的发行一方面可保证原有股东的所有者权益不被稀释，另一方面投资人可以将认股权证单独进行交易，而不必动用原来持有的股票，具有一定的灵活性，所以也是一种比较好的融资方式。

2. 认股权证的分类

在国内外的公司融资实务中，认股权证的形式多种多样，可分为不同种类。

（1）长期与短期的认股权证。认股权证按允许认股的期限可分为长期认股权证和短期认股权证。长期认股权证的认股期限通常持续几年，有的是永久性的。短期认股权证的认股期限比较短，一般在 90 天以内。

（2）单独发行与附带发行的认股权证。认股权证按发行方式可分为单独发行的认股权证和附带发行的认股权证。单独发行的认股权证是指不依附于其他证券而独立发行的认股权证。附带发行的认股权证是指依附于债券、优先股、普通股或短期票据发行的认股权证。

（3）备兑认股权证与配股权证。备兑认股权证是每份备兑权证按一定比例含有几家公司的若干股份。配股权证是确认股东配股权的证书，它按股东的持股比例定向派发，赋予股东以优惠的价格认购发行公司一定份数新股的权利。

3. 认股权证融资的优缺点

（1）认股权证融资的优点。

①赋予了投资者按既定的认购价格优先认购普通股的权利，刺激投资者的投资欲望，有利于公司证券的发行；

②认股权证是用来优先认购普通股的，有助于公司降低债券的利率或优先股的股息率，以及降低公司的融资成本；

③融资条款较宽松，公司处于主动地位；

④扩大了公司潜在资本来源范围。

（2）认股权证融资的缺点。

①资本来源时间不确定，有可能使公司融资陷入被动局面；

②如果公司对未来普通股市场价格上升预期不准，有可能产生高资本成本。

5.1.4 其他融资方式

5.1.4.1 融资租赁

1. 经营租赁与融资租赁

租赁是出租人以收取租金为条件，在契约或合同规定的期限内，将资产租借给承租人使用的一种经济行为。租赁行为在实质上具有借贷属性，但其直接涉及的是物而不是钱。在租赁业务中，出租人主要是各种专业租赁公司，承租人主要是其他各类企业，租赁物大多为设备等固定资产。

现代租赁的种类很多，通常按性质分为经营租赁和融资租赁。

（1）经营租赁。

经营租赁，又称营运租赁、服务租赁，是由出租人向承租企业提供租赁设备，并提供设备维修保养和人员培训等的服务性业务。经营租赁通常为短期租赁，承租企业采用经营租赁的目的主要不是融通资本，而是获得设备的短期使用权以及出租人提供的专门技术服务。从承租企业无须先融资再购买设备即可享有设备使用权的角度来看，经营租赁也有短期融资的功效。

经营租赁的特点主要如下：①承租企业根据需要可随时向出租人提出租赁资产的要求；②租赁期较短，不涉及长期而固定的业务；③在设备租赁期内，如有新设备出现或不需用租入设备时，承租企业可按规定提前解除租赁合同，这对承租企业比较有利；④

出租人提供专门服务；⑤租赁期满或合同中止时，租赁设备由出租人收回。

（2）融资租赁。

融资租赁（financial lease），又称资本租赁、财务租赁，是由租赁公司按照承租企业的要求融资购买设备，并在契约或合同规定的较长期限内提供给承租企业使用的信用性业务，是现代租赁的主要类型。承租企业采用融资的主要目的是融通资本。一般融资的对象是资本，而融资租赁集融资与融物于一体，具有借贷的性质，是承租企业筹集长期借入资本的一种特殊方式。融资租赁通常为长期租赁，可满足承租企业对设备的长期需求，故有时也称为资本租赁。

融资租赁的主要特点有：①一般由承租企业向租赁公司提出正式申请，由租赁公司融资购进设备租给承租企业使用；②租赁期限较长，大多为设备使用年限的一半以上；③租赁合同比较稳定，在规定的租期内，非经双方同意，任何一方不得中途解约，有利于维护双方的权益；④承租企业负责设备的维修保养和投保事宜，但无权自行拆卸改装；⑤租赁期满时，按事先约定的办法处置设备，一般有续租、留购或退还这三种选择，通常由承租企业留购。

2. **融资租赁的分类**

融资性租赁按其业务的不同特点，可分为以下几种形式：

（1）直接租赁。直接租赁是融资性租赁业务中最为普遍的一种形式。它是指承租人直接向出租人租入所需资产，并向出租人支付租金。直接租赁的主要出租人是制造商、租赁公司、金融机构等，其主要特点是出租人既是租赁物的全资购买者又是租赁物的出租者。

（2）售后租回。售后租回是指承租人由于资金短缺而将原属于自己且需继续使用的资产卖给出租人，然后向其租回的租赁形式。这种租赁方式使承租人既可以获得出售资产的资金，又保留了资产使用权。这是公司在缺乏资金时改善其业务状况的有效融资方式。

（3）杠杆租赁。杠杆租赁要涉及承租人、出租人和资金出借者三方当事人。在杠杆租赁形式下，出租人一般只支付相当于租赁资产价款20%～40%的资金，其余60%～80%的资金由其将欲购置的资产作抵押，并以转让收取部分租金的权利作为担保，向资金出借者（银行或长期贷款提供者）申请贷款，然后购入设备再出租给承租人。这一租赁形式适用于巨额资产的租赁业务。从承租者角度看，杠杆租赁与其他融资租赁形式并无区别，同样是按合同的规定，在租期内获得资产的使用权，按期支付租金。但这种形式对于出租方而言却有所不同。第一，出租方既是出租人又是借款者，既要收取租金又要支付债务；如果承租者还款不及时，资产的所有权要归资金出借者所有。第二，出租方以较少的投资（20%～40%）换得100%的折旧扣除或投资减税额（指外国的投资减税优惠），从而获得税务上的好处，降低租赁成本。在正常情况下，杠杆租赁的出租人一般愿意将上述利益以低租金的方式转让一部分给承租人，使杠杆租赁的租金低于一般融资租赁的租金。

3. **融资租赁的优缺点**

（1）融资租赁的优点。

①可以迅速获得所需资产。租赁一般比借款后再购置资产设备更迅速，更灵活。租赁是融资与设备购置同时进行，可以缩短企业设备购进时间，使企业尽快形成生产能力。

②保存企业借款能力。利用租赁融资并不会使承租企业增加负债，也不会改变其企业资本结构，更不会直接影响其借款能力。

③租赁资产限制较少。企业运用股票、债券、长期债款方式融资，都会受到许多条件限制，而相比而言，租赁融资限制较少。

④可以避免淘汰和陈旧过时的风险。随着科学技术的不断进步，设备陈旧被淘汰的可能性很大，而多数租赁协议规定由出租人承担这种风险，承租企业可避免这种风险。

⑤租金可分摊。租金在整个租期内分摊，承租企业不用一次归还大量资金。

⑥享受税收优惠。租金费用可在税前扣除，承租企业能享受税收上的优惠。

（2）融资租赁的缺点。

①成本较高。租金总额往往超过设备价值总额。

②负担重。承租企业在经济不景气、财务发生困难时，固定的租金支付会成为企业的沉重负担。

③丧失资产残值。租赁期满，资产的残值一般归出租人所有。但若购买资产，企业则可享受资产残值，这也应视为承租企业的一种机会损失。

④难以改良资产。承租企业未经出租人同意，不得擅自对租赁资产加以改良。

5.1.4.2 私募股权融资

资本有两种基本形态，一种是债务资本，一种是股权资本。企业的融资方式按照是否在公开市场融资分为私募融资和公募融资。把两者结合起来，则形成四种融资手段，即私募债务融资、私募股权融资、公募债务融资和公募股权融资。

私募股权融资（private equity financing）具有以下特点：①私募不同于公募，募集人可以节省大量的注册登记费用，同时可以减少对注册会计师和律师服务的要求，因此降低募集费用。尤其是对于我国的中小民营企业，私募股权融资是占绝对优势的一种融资方式。②私募股权可以有效解决企业和投资者在风险承担与收益分配方面的分歧。另外，私募股权融资不像股票市场那样要求有公开的信息披露，有利于募集人保护自己的商业秘密。③私募可以提高企业的再融资能力。中小企业一个明显的财务特征就是资产负债率过高，过高的资产负债率会增加中小企业的财务风险，降低其债务融资能力。

资金短缺是私募股权融资的主要目的，此外还有其他目的：①帮助原股东套现；②帮助企业快速扩张；③使企业股权多样化，调整企业治理结构；④引进战略投资者，帮助企业整合产业价值链；⑤帮助企业引进高水平的经营管理人才；⑥帮助企业进入国际市场，融入国际产业链，实现收购和兼并；⑦有助于企业海外红筹上市；⑧帮助企业管理层收购企业。

在美国，私募是相对于公募而言的。私募的对象是合格的机构投资人，主要包括保险公司、资产管理公司等金融投资者，私募的载体也包括股票、债券、可转换债券等多种形式。而在中国特定的市场环境下，我们所说的私募更多的是指通过非公共市场的手段定向引入具有战略价值的股权投资人的一种融资方法。

5.1.4.3 项目融资

1. 项目融资（BOT 模式）的概念

BOT 模式是国际上近十几年来逐渐兴起的一种基础设施建设的融资模式，是一种利用外资和民营资本兴建基础设施的融资模式。BOT 是 build（建设）、operate（经营）和 transfer（转让）三个英文单词首字母的缩写，代表着一个完整的项目融资过程。BOT 模式的基本思路是，由一国财团或投资人作为项目的发起人，从一个国家的政府或所属机构获得某些基础设施的建设特许权，然后由其独立或联合其他各方组建项目公司，负责项目的融资、设计、建造和运营。整个特许期内，项目公司通过项目的运营获得利润，并用此利润偿还债务。在特许期满之时，整个项目由项目公司无偿或以极低的名义价格转交给东道国政府。BOT 模式一出现，就引起了国际金融界的广泛重视，被认为是代表国际项目融资发展趋势的一种新型形式。

BOT 模式主要由以下三方组成。

（1）项目的最终所有者（项目发起人）。项目发起人是项目所在国政府、政府机构或政府指定的公司。从项目所在国政府的角度考虑，采用 BOT 融资模式的主要吸引力在于：第一，可以减少项目建设的初始投入。大型基础设施项目，如发电站、高速公路、铁路等公共设施的建设，资金占用量大，投资回收期长，而资金紧缺和投资不足是发展中国家面临的一个普遍性的问题。利用 BOT 模式，政府部门可以将有限的资金投入到更多的领域。第二，可以吸引外资，引进先进技术，改善和提高项目所在国的管理水平。

（2）项目的直接投资者和经营者（项目经营者）。项目经营者是 BOT 融资模式的主体。项目经营者从项目所在国政府处获得建设和经营项目的特许权，负责组织项目建设和生产经营，提供项目开发所必需的股本资金和技术，安排融资，承担项目风险，并从项目经营中获得利润。项目经营者一般由一个专门为此组织起来的项目公司承担，项目公司以在项目所涉及的领域具有技术能力的经营公司和工程承包公司作为主体而组成，有时也会吸收项目产品的购买者和一些金融性投资者参与。在特许权协议结束时，项目最终要交给项目发起人。

（3）项目的贷款银行。BOT 模式中的贷款银行组成较为复杂。除了由商业银行组成的贷款银团，政府的出口信贷机构和世界银行或地区性开发银行在 BOT 模式中通常也扮演着很重要的角色。

2. BOT 模式的特点

BOT 模式实质上是一种债权与股权相混合的产权组合形式，项目公司对项目的设计、咨询、供货和施工实行一揽子总承包。这一模式特点如下：

（1）能减轻政府的直接财政负担，减少政府的借款负债义务，所有项目融资的责任都被转移给项目发起人，政府无须保证或承诺支付项目的借款。

（2）BOT 项目通常都由外国的公司来承包，这会给项目所在国带来先进的技术和管理经验，既给本国的承包商带来较多的发展机会，也促进了国际经济的融合。

（3）BOT 多被视为提高设计和管理实效的一种方式，有利于提高项目的运作效率。因为 BOT 项目一般具有由巨额资本投入和项目周期长等因素带来的风险，项目公司为了减少风险，获得较多的收益，客观上就会加强管理，所以尽管项目前期工作量较大，但一旦进入实施阶段，项目的设计、建设和运营效率就会比较高。

5.1.4.4 资产证券化

1. 资产证券化的概念

资产证券化（ABS）是近 30 年来金融领域最重大的创新之一，是指将缺乏流动性、但在预期未来具有稳定现金流的资产汇集起来,形成一个资产池,通过结构性重组,将其转变为可以在金融市场上出售和流通的证券,并以此融资的过程。证券化的实质是融资者将被证券化的金融资产的未来现金流收益权转让给投资者,而金融资产的所有权可以转让,也可以不转让。资产证券化在国外使用相当普遍,是当前颇为流行的主要融资工具之一。资产证券化开始于美国20世纪60年代末的住宅抵押贷款市场,其现已成为仅次于联邦政府债券的第二大市场。除了美国,资产证券化在国际资本市场上的发展也是极为迅速的。

2. 资产证券化的程序

(1) 资产证券化的前提条件。

要保证资产证券化交易结构严谨、有效,必须满足以下五个条件:①将被证券化的资产能产生固定的或者循环的现金收入流;②原始权益人对资产拥有完整的所有权;③该资产的所有权以真实出售的方式转让给特设信托机构;④特设信托机构本身的经营有严格的法律限制和优惠的税收待遇;⑤投资者具备对资产证券化的知识、投资能力和投资意愿。

以上条件中的任何一个不具备,都会使资产证券化面临很大的交易结构风险。

(2) 资产证券化的操作步骤。

在以上基本交易结构的基础上,资产证券化的运作还需要一套行之有效的程序,具体如下:

①组建特设信托机构(special purpose vehicle,SPV)。

②筛选可证券化的资产,组成资产池。

③原始权益人将资产"真实出售"给特设信托机构,有效实现风险隔离,最大限度减少发行人的破产风险对证券化造成的影响。

④特设信托机构发行资产支撑证券。这一阶段包括构造完善的交易结构,进行内部评级,进行信用升级及安排证券销售等步骤。这一阶段是整个资产证券化过程中最复杂、参与者最多、技术要求最高的实质性阶段。

⑤特设信托机构清偿债务阶段。在这一阶段,特设信托机构从证券承销商处获取证券发行收入,向原始权益人支付购买价格。同时,原始权益人自己或委托资产管理公司管理资产池中的资产,将其现金收入存入托管行,然后对投资者还本付息,并支付聘用机构的费用。

3. 资产证券化融资的特点

(1) 以转让资产的方式获取资金,所获资金不表现为负债,因此不影响资产负债率。

(2) 将多个发起人所需融资的资产集中成一个资产池进行证券化,使基础资产多样化,风险小,资金成本低。

(3) 投资者的追索权为有限追索权。投资者仅追索剥离出去的基础资产。

(4) 对投资人来说,由于设立特设信托机构,特设信托机构以一定价差收购受益人的资产,该资产从发起人的资产负债表上移开,实现了真实出售,资产证券化收益不受发起人的破产牵连;另外,资产证券化信用增级后,可获得高于普通储蓄的收益率。

5.2 资本成本

5.2.1 资本成本的概念

5.2.1.1 资本成本的内涵

资本成本是指企业为筹集和使用资金而付出的代价。从广义上讲，企业筹集和使用任何资金，不论是短期的还是长期的，都要付出代价。狭义的资本成本仅指筹集和使用长期资金（包括自有资本和借入长期资金）的成本。由于长期资金也称为资本，所以长期资金的成本也称为资本成本。资本成本可有多种计量形式。在比较各种融资方式时，使用个别资本成本，包括普通股成本、留存收益成本、长期借款成本、债券成本；在进行资本结构决策时，使用加权平均资本成本；在进行追加融资决策时，则使用边际资本成本。

5.2.1.2 决定资本成本高低的因素

在市场经济环境中，多方面因素的综合作用决定着企业资本成本的高低，其中主要的有总体经济环境、证券市场条件、企业内部的经营和融资状况、项目融资规模。

（1）总体经济环境决定了整个经济中资本的供给和需求，以及预期通货膨胀的水平。总体经济环境的变化的影响，反映在无风险报酬率上。显然，如果整个社会经济中的资金需求和供给发生变动，或者通货膨胀水平发生变化，投资者也会相应地改变其所要求的收益率。具体来说，如果货币需求增加，而供给没有相应增加，投资人便会提高其投资收益率，企业的资本成本就会上升；反之，则会降低其要求的投资收益率，使资本成本下降。如果预期通货膨胀水平上升，货币购买力下降，投资者也会提出更高的收益率来补偿预期的投资损失，导致企业资本成本上升。

（2）证券市场条件影响证券投资的风险。证券市场条件包括证券的市场流动难易程度和价格波动程度。如果某种证券的市场流动性不好，投资者想买进或卖出证券相对困难，变现风险加大，要求的收益率就会提高；或者虽然存在对某证券的需求，但其价格波动较大，投资的风险大，要求的收益率也会提高。

（3）企业内部的经营和融资状况，指经营风险和财务风险的大小。经营风险是企业投资决策的结果，表现在资产收益率的变动上；财务风险是企业融资决策的结果，表现在普通股收益率的变动上。如果企业的经营风险和财务风险大，投资者便会有较高的收益率要求。

（4）项目融资规模是影响企业资本成本的另一个因素。企业的融资规模大，资本成本较高。例如，企业发行的证券金额很大，资金筹集费和资金占用费都会上升，而且证券发行规模的增大还会降低其发行价格，由此也会增加企业的资本成本。

5.2.2 资本成本的计算

5.2.2.1 个别资本成本

1. 普通股成本

新发行普通股成本是能够使公司所付的普通股股利的现值与公司通过普通股取得的实际资本额相等的比率。当公司预期每年支付等额的普通股股利时，新发行的普通股成本的计算方式是：

$$K_e = \frac{D}{P_0} \tag{5-2}$$

式中，P_0 为发行普通股取得的实际资本额；D 为各期的等额股利；K_e 为普通股成本。

当公司预期支付的普通股股利每年按相同的速度增长时，新发行普通股成本可用戈登公式计算：

$$K_e = \frac{D_0(1+g)}{P_0} + g \tag{5-3}$$

式中，P_0 为发行普通股取得的实际资本额；D_0 为发行股票当期宣布的股利额；g 为股利平均增长率；K_e 为普通股成本。

2. 优先股成本

优先股成本是指能够使优先股存在期内公司所付优先股股利和赎回价格的现值与公司通过发行优先股取得的实际资本额相等的比率。由于股利是从公司税后利润中分派的，优先股成本不会受到所得税的影响。当优先股不可赎回，并且股利按期分派，每股股利相等时，优先股成本的计算公式如下：

$$K_p = \frac{D_p}{P_0} \tag{5-4}$$

式中，P_0 为发行优先股取得的实际资本额；D_p 为各期所发放的股利额；K_p 为优先股成本。

3. 留存收益成本

假定所有者收回留存盈余代表的资本重新投资于原公司，留存盈余成本可以用原公司股票的预期报酬率衡量，计算原公司股票的预期报酬率有三种方法：资本资产定价模型法、贴现现金流量法和债券+风险溢酬法，这里仅讨论资本资产定价模型法的计算方法。其计算公式如下：

$$K_s = K_e = r_f + (R_m - r_f)\beta \tag{5-5}$$

式中，K_s 为留存盈余成本；K_e 为普通股要求收益率；R_m 为市场要求收益率；β 为系统性风险系数；r_f 为无风险收益率。

4. 债券成本

公司一般从各种金融机构取得长期贷款或通过发行公司债券来获取所需的资本，并根据债务合同定期支付利息和按期偿还本金。公司从银行取得的债务的成本就是银行的贷款利率，而发行公司债券的成本则可由下列公式计算：

$$P_0 = \sum_{t=1}^{n} \frac{I_t}{(1+K_d)^t} + \frac{P_n}{(1+K_d)^n} \quad (5-6)$$

式中，P_0 为举债取得的实际资本额；I_t 为第 t 期的利息支出；P_n 为第 n 期偿还的本金；K_d 为债务成本。

但是，考虑到所得税对债务的实际成本的影响，得出如下公式：

$$K_i = K_d(1-T) \quad (5-7)$$

式中，K_i 为实际的税后债务成本；T 为公司的所得税率。

5.2.2.2 加权平均资本成本

对公司来自各个渠道的资本来源进行综合可以计算出资本组合的平均成本 K_w，简称 WACC。计算时以各类资本额占总资本额的比重，即资本结构为权数，对各类资本成本进行加权，得到加权平均资本成本。公司全部资本的加权平均资本成本反映了公司的平均风险，计算公式如下：

$$\text{WACC} = K_w = \sum_{i=1}^{n} W_i K_i \quad (5-8)$$

式中，K_w 为加权平均资本成本；W_i 为第 i 类资本额占总资本额的比重；K_i 为第 i 类资本额的资本成本。

也可以采用如下公式计算加权平均资本成本：

$$\text{WACC} = K_w = W_d K_d (1-T) + W_p K_p + W_e (K_s \text{ 或 } K_e) \quad (5-9)$$

式中，K_w 为加权平均资本成本；W_d、W_p、W_e 分别为债务资本、优先股资本和普通股资本占总资本额的比重。K_d、K_p、K_s/K_e 分别为税前债务成本、优先股成本和普通股成本。

5.2.2.3 边际资本成本

公司无法以某一固定的资本成本来筹措无限的资金，当其筹集的资金超过一定限度时，原来的资本成本就会增加。在公司追加融资时，需要知道融资额在什么数额上便会引起资本成本怎样的变化。边际资本成本是指资金每增加一个单位而增加的成本。

边际资本成本也是按加权平均法计算的，是追加融资时所使用的加权平均成本。以下举例说明边际资本成本的计算和应用。

1. 计算融资突破点

因为花费一定的资本成本率只能筹集到一定限度的资金，超过这一限度多筹集资金就要多花费资本成本，引起原资本成本的变化，于是就把在保持某资本成本的条件下可以筹集到的资金总限度称为现有资本结构下的融资突破点。在融资突破点范围内融资，原来的资本成本不会改变；一旦融资额超过融资突破点，即使维持现有的资本结构，其资本成本也会增加。融资突破点的计算公式为：

$$\text{融资突破点} = \frac{\text{可用某一特定成本筹集到的某种资金额}}{\text{该种资金在资本结构中所占的比重}} \quad (5-10)$$

2. 计算边际资本成本

任何项目的边际成本是该项目增加一个产出量相应增加的成本。例如，目前平均人工成本为每人 10 元；如果增加 10 个人，人工的边际成本可能是每人 15 元；如果增加 100 人，人工的边际成本可能是每人 20 元。这种现象可能是比较难找到愿意从事该项工作的工人所导致的。同样的观念用于筹集资本，代表企业想筹措更多的资金时每 1 元的成本也会上升。边际资本成本就是取得 1 元新资本的成本，筹措的资金增加时边际资金成本会上升。

【例 5-2】假设公司 A 拥有长期资金 4000 万元，其中长期借款 600 万元，资本成本 3%；长期债券 1000 万元，资本成本 10%；普通股 2400 万元，资本成本 13%。平均资本成本为 10.75%。出于扩大经营规模的需要，拟筹集新资金。经分析，认为筹集新资金后仍应保持目前的资本结构，即长期借款占 15%，长期债券占 25%，普通股占 60%，并测算出了随融资的增加各种资本成本的变化，见表 5-2。

表 5-2 融资结构表

资金种类	目标资本结构	新融资额	资本成本
长期借款	15%	450000 元以内	3%
		450000～900000 元	5%
		900000 元以上	7%
长期债券	25%	2000000 元以内	10%
		2000000～4000000 元	11%
		4000000 元以上	12%
普通股	60%	3000000 元以内	13%
		3000000～6000000 元	14%
		6000000 元以上	15%

在花费 3% 资本成本时，取得的长期借款融资限额为 450000 元，其融资突破点则为：

$$\frac{450000}{15\%} = 3000000(元)$$

而在花费 5% 资本成本时，取得的长期借款融资限额为 900000 元，其融资突破点则为：

$$\frac{900000}{15\%} = 6000000(元)$$

按此方法，各种情况下的融资突破点的计算结果见表 5-3。

表 5-3 融资结构表

资金种类	目标资本结构	资本成本	新融资额	融资突破点
长期借款	15%	3%	450000 元以内	
		5%	450000～900000 元	3000000 元
		7%	900000 元以上	6000000 元
长期债券	25%	10%	2000000 元以内	
		11%	2000000～4000000 元	8000000 元
		12%	4000000 元以上	16000000 元
普通股	60%	13%	3000000 元以内	
		14%	3000000～6000000 元	5000000 元
		15%	6000000 元以上	10000000 元

根据计算出的融资突破点，可以得到 7 组融资总额范围：①300 万元以内；②300 万元～500 万元；③500 万元～600 万元；④600 万元～800 万元；⑤800 万元～1000 万元；⑥1000 万元～1600 万元；⑦1600 万元以上。对以上 7 组融资总额范围分别计算加权平均资本成本，即可得到各种融资总额范围的边际资本成本，计算结果见表 5-4。

表 5-4 融资结构表

融资总额范围	资金种类	资本结构	资本成本	边际资本成本
300 万元以内	长期借款 长期债券 普通股	15% 25% 60%	3% 10% 13%	3% × 15% = 0.45% 10% × 25% = 2.5% 13% × 60% = 7.8% 10.75%
300 万～500 万元	长期借款 长期债券 普通股	15% 25% 60%	5% 10% 13%	5% × 15% = 0.75% 10% × 25% = 2.5% 13% × 60% = 7.8% 11.05%
500 万～600 万元	长期借款 长期债券 普通股	15% 25% 60%	5% 10% 14%	5% × 15% = 0.75% 10% × 25% = 2.5% 14% × 60% = 8.4% 11.65%
600 万～800 万元	长期借款 长期债券 普通股	15% 25% 60%	7% 10% 14%	7% × 15% = 1.05% 10% × 25% = 2.5% 14% × 60% = 8.4% 11.95%
800 万～1000 万元	长期借款 长期债券 普通股	15% 25% 60%	7% 11% 14%	7% × 15% = 1.05% 11% × 25% = 2.75% 14% × 60% = 8.4% 12.2%
1000 万～1600 万元	长期借款 长期债券 普通股	15% 25% 60%	7% 11% 15%	7% × 15% = 1.05% 11% × 25% = 2.75% 15% × 60% = 9% 12.8%
1600 万元以上	长期借款 长期债券 普通股	15% 25% 60%	7% 12% 15%	7% × 15% = 1.05% 12% × 25% = 3% 15% × 60% = 9% 13.05%

以上计算结果用图形表达，可以更形象地看出融资总额增加时边际资本成本的变化（图 5-1），企业可依此作出追加融资的规划。

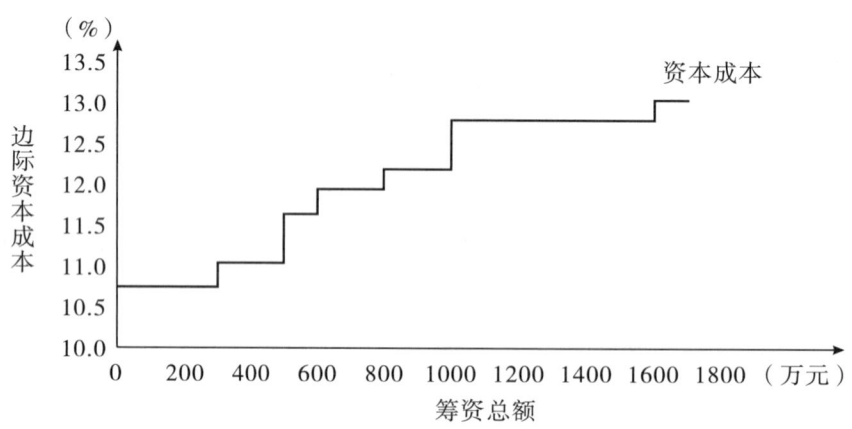

图 5-1　边际资本成本图

5.2.3　杠杆利益与风险

5.2.3.1　经营杠杆

1. 经营风险的概念

经营风险是指企业因经营上的变化而导致利润变动的风险。影响企业经营风险的因素很多，主要如下：

（1）产品的市场需求。市场对公司产品的需求越稳定，经营风险就越小；反之，如果消费者偏好经常发生变动，互补产品、替代产品变化很大，则会造成经营风险增加。

（2）产品的市场供给。产品的市场供给越稳定，经营风险越小；反之，经营风险越大。

（3）产品的市场价格。产品市场价格变动不大，经营风险则小；否则经营风险便大。

（4）产品的生产成本。产品的生产成本不稳定，会导致利润不稳定。因此，产品成本变动大的，经营风险就大；反之，经营风险就小。

（5）调整价格的能力。当产品成本、市场需求和供给发生变动时，若公司具有较强的调整价格的能力，经营风险就小；反之，经营风险则大。

（6）固定成本的比重。在公司全部成本中，固定成本所占比重较大时，单位产品分摊的固定成本额就多，若产品量发生变动，单位产品分摊的固定成本会随之变动，最后导致利润更大幅度地变动，经营风险就大；反之，经营风险就小。

2. 经营杠杆的概念

在某一固定成本比重的作用下，销售量变动对息税前利润产生的作用，称为经营杠杆（operating leverage）。经营杠杆的大小一般用经营杠杆系数来表示。经营杠杆系数是公司息税前利润的变动率与销售量变动率之间的比率。息税前利润（EBIT）是公司在支付利息和所得税之前的利润总额，因为公司支付的利息多少是由公司的负债多少决定的，因此它属于财务风险的范围。息税前利润是用来反映公司的经营成果的，它不受财务因素的影响。经营杠杆系数可以用以下公式计算：

$$\text{DOL} = \frac{\frac{\Delta \text{EBIT}}{\text{EBIT}}}{\frac{\Delta Q}{Q}} \tag{5-11}$$

式中，DOL 为经营杠杆系数；ΔEBIT 为息税前盈余变动额；EBIT 为变动前的息前税前盈余；ΔQ 为销售变动量；Q 为变动前的销售量。

假设企业的成本－销量－利润保持线性关系，可变成本在销售收入中所占的比例不变，固定成本也保持稳定，经营杠杆系数便可通过销售额和成本来表示。这又有以下两种公式。

公式 1：

$$\text{DOL}_Q = \frac{Q \times (P - V)}{Q \times (P - V) - F} \tag{5-12}$$

式中，DOL_Q 为销售量是 Q 时的经营杠杆系数；P 为产品单位销售价格；V 为产品单位变动成本；F 为总固定成本。

公式 2：

$$\text{DOL}_S = \frac{S - VC}{S - VC - F} \tag{5-13}$$

式中，DOL_S 为销售额是 S 时的经营杠杆系数；S 为销售额；VC 为变动成本总额。

在实际工作中，公式 1 可用于计算单一产品的经营杠杆系数；公式 2 除了用于单一产品，还可用于计算多种产品的经营杠杆系数。

【例 5-3】假设公司 A 生产某种动力电池，固定成本为 200 万元，变动成本率为 50%，当企业的销售额分别为 2000 万元、1000 万元、400 万元时，经营杠杆系数分别为：

$$\text{DOL}_{(1)} = \frac{2000 - 2000 \times 50\%}{2000 - 2000 \times 50\% - 200} = 1.25$$

$$\text{DOL}_{(2)} = \frac{1000 - 1000 \times 50\%}{1000 - 1000 \times 50\% - 200} = 1.67$$

$$\text{DOL}_{(3)} = \frac{400 - 400 \times 50\%}{400 - 400 \times 50\% - 200} \to \infty$$

以上计算结果说明了这样一些问题：

(1) 在固定成本不变的情况下，经营杠杆系数说明了销售额增长（减少）所引起的利润增长（减少）的幅度。例如 $\text{DOL}_{(1)}$ 说明在销售额 2000 万元时，销售额的增长（减少）会引起利润 1.25 倍的增长（减少）；$\text{DOL}_{(2)}$ 说明在销售额 1000 万元时，销售额的增长（减少）将引起利润 1.67 倍的增长（减少）。

(2) 在固定成本不变的情况下，销售额越大，经营杠杆系数越小，经营风险也就越小；反之，销售额越小，经营杠杆系数越大，经营风险也就越大。例如，当销售额为 2000 万元时，$\text{DOL}_{(1)}$ 为 1.25；当销售额为 1000 万元时，$\text{DOL}_{(2)}$ 为 1.67。显然后者利润的不稳定性大于前者，故后者的经营风险大于前者。

企业一般可以通过增加销售额、降低产品单位变动成本、降低固定成本比重等措施使经营杠杆系数下降，降低经营风险，但这往往要受到条件的制约。

5.2.3.2 财务杠杆

1. 财务风险的概念

一般地讲,公司在经营中总会发生资金借入。公司负债经营,不论利润多少,债务利息是不变的。于是,当利润增大时,每1元利润所负担的利息就会相对地减少,从而使投资者收益有更大幅度的提高。这种债务对投资者收益的影响称作财务杠杆。

财务风险是指全部资本中债务资本比率的变化带来的风险。当债务资本比率较高时,投资者将负担较多的债务成本,并经受较多的负债作用所引起的收益变动的冲击,从而加大财务风险;反之,当债务资本比率较低时,财务风险就较小,但是相应地也会影响公司的净资产收益率的提高。

2. 财务杠杆的概念

与经营杠杆作用的表示方式类似,财务杠杆作用的大小通常用财务杠杆系数(DFL)表示。财务杠杆系数越大,表明财务杠杆作用越大,财务风险也就越大;财务杠杆系数越小,表明财务杠杆作用越小,财务风险也就越小。财务杠杆系数的计算公式为:

$$DFL = \frac{\frac{\Delta EPS}{EPS}}{\frac{\Delta EBIT}{EBIT}} \quad (5-14)$$

式中,DFL为财务杠杆系数;ΔEPS为普通股每股收益变动额;EPS为变动前的普通股每股收益;$\Delta EBIT$为息前税前盈余变动额;EBIT为变动前的息前税前盈余。

上述公式还可以推导为:

$$DFL = \frac{EBIT}{EBIT - I} \quad (5-15)$$

式中,I为债务利息。

【例5-4】假设A、B、C为新能源电池领域中经营业务相同的三家公司,它们的有关情况见表5-5。

表5-5 基本财务状况 (单位:元)

项目	A公司	B公司	C公司
普通股本	50 000 000	40 000 000	20 000 000
发行股数	500 000	400 000	200 000
债务(利率6%)	0	10 000 000	30 000 000
资本总额	50 000 000	50 000 000	50 000 000
息前税前盈余	5 000 000	5 000 000	5 000 000
债务利息	0	600 000	1 800 000
税前盈余	5 000 000	4 400 000	3 200 000
所得税(税率25%)	1 250 000	1 100 000	800 000

续上表

项目	A公司	B公司	C公司
税后盈余	3 750 000	3 300 000	2 400 000
财务杠杆系数	1	1.14	1.56
每股普通股收益	7.5	8.25	12
息前税前盈余增加	5 000 000	5 000 000	5 000 000
债务利息	0	600 000	1 800 000
税前盈余	10 000 000	9 400 000	8 200 000
所得税（税率25%）	2 500 000	2 350 000	2 050 000
税后盈余	7 500 000	7 050 000	6 150 000
每股普通股收益	15	17.63	30.75

上表说明：

（1）财务杠杆系数表明的是息前税前盈余增长所引起的每股收益的增长幅度。例如，A公司的息前税前盈余增长1倍时，其每股收益也增长1倍（15÷7.5-1）；B公司的息前税前盈余增长1倍时，其每股收益增长1.14倍（17.63÷8.25-1）；C公司的息前税前盈余增长1倍时，其每股收益增长1.56倍（30.75÷12-1）。

（2）在资本总额、税前盈余相同的情况下，负债比率越高，财务杠杆系数越高，财务风险越大，但预期每股收益（投资者收益）也越高。例如，B公司比A公司，负债比率高（B公司资本负债率为10000000÷50000000×100%=20%，A公司资本负债率为0），财务杠杆系数高（B公司为1.14，A公司为1），财务风险大，但每股收益也高（B公司为8.25元，A公司为7.5元）；C公司比B公司，负债比率高（C公司资本负债率为30000000÷50000000×100%=60%），财务杠杆系数高（C公司为1.56），财务风险大，但每股收益也高（C公司为12元）。

负债比率是可以控制的。企业可以通过合理安排资本结构，适度负债，使财务杠杆利益抵消风险增大所带来的不利影响。

5.2.3.3 总杠杆系数

从以上介绍可知，经营杠杆通过扩大销售影响息税前盈余，而财务杠杆通过扩大息前税前盈余影响收益。如果两种杠杆共同起作用，那么销售稍有变动就会使每股收益产生更大的变动。通常把这两种杠杆的连锁作用称为总杠杆作用。

总杠杆作用的程度，可用总杠杆系数（DTL）表示，它是经营杠杆系数和财务杠杆系数的乘积。其计算公式为：

$$\mathrm{DTL} = \mathrm{DOL} \cdot \mathrm{DFL} = \frac{Q(P-V)}{Q(P-V)-F-I} \tag{5-16}$$

或

$$= \frac{S-VC}{S-VC-F-I}$$

例如，甲公司的经营杠杆系数为2，财务杠杆系数为1.5，总杠杆系数即为2×1.5=3。

总杠杆作用的意义如下：首先，在于能够估计出销售变动对每股收益造成的影响。例如，上例中销售每增长（减少）1倍，就会造成每股收益增长（减少）3倍。其次，它让我们看到了经营杠杆与财务杠杆之间的相互关系，即为了达到某一总杠杆系数，经营杠杆和财务杠杆可以有很多不同的组合。例如，经营杠杆度较高的公司可以在较低的程度上使用财务杠杆，经营杠杆度较低的公司可以在较高的程度上使用财务杠杆，等等。这有待公司在考虑了各有关的具体因素之后作出选择。

5.3 资本结构

5.3.1 资本结构的基本概念

5.3.1.1 资本结构的概念

资本结构（capital structure）是指企业各种资本的价值构成及其比例关系，是企业在一定时期内融资组合的结果。资本结构有广义和狭义之分。广义的资本结构是指企业全部资本的构成及其比例关系。企业在一定时期内的资本既可分为债务资本和股权资本，也可分为短期资本和长期资本。一般而言，广义的资本结构包括债务资本与股权资本的结构、长期资本与短期资本的结构，以及债务资本、长期资本和股权资本的内部结构等。狭义的资本结构是指企业各种长期资本的构成及其比例关系，尤其是指长期债务资本与（长期）股权资本之间的构成及其比例关系。

5.3.1.2 资本结构的分类

企业的资本结构可以分为不同的种类，主要划分依据有资本权属和资本期限，相应区分为资本的权属结构和资本的期限结构。

1. **资本的权属结构**

一家企业的全部资本就其权属而言，通常分为两大类：一类是股权资本，另一类是债务资本。企业的全部资本按权属区分，则构成资本的权属结构。资本的权属结构是指企业不同权属资本的价值构成及其比例关系。这两类资本构成的资本结构就是企业的资本权属结构。例如，ABC公司的资本总额为10 000万元，其中股东权益属于股权资本，金额为5000万元，比例为50%；银行借款和应付债券等属于债务资本，金额合计为5000万元，比例为50%。债务资本和股权资本各为5000万元或各占50%，或者债务资本与股权资本之比为1∶1。这是对ABC公司资本权属结构的不同表述。企业同时拥有债务资本和股权资本而构成的资本权属结构，有时又称"搭配资本结构"或"杠杆资本结构"，其搭配比例或杠杆比例通常可用债务资本的比例来表示。资本的权属结构涉及企业及其股东和债权人的利益和风险。

2. **资本的期限结构**

一个企业的全部资本就其期限而言，一般可以分为两大类：一类是长期资本，另一类是短期资本。这两类资本构成企业资本的期限结构。资本的期限结构是指不同期限资本的价值构成及其比例关系。在上例中，ABC 公司的银行借款 2000 万元中有 1000 万元是短期借款，有 1000 万元是长期借款，应付债券和股权资本都是长期资本，因此，该公司短期资本为 1000 万元，长期资本为 9000 万元；或长期资本占 90%，短期资本占 10%；或者长期资本与短期资本之比为 9∶1。这是对 ABC 公司资本期限结构的不同表述。资本的期限结构涉及企业在一定时期内的利益和风险，并可能影响企业股东和债权人的利益和风险。

5.3.2 资本结构理论

资本结构理论是关于公司资本结构、公司综合资本成本率与公司价值三者之间关系的理论。它是公司财务理论的核心内容之一，也是资本结构决策的重要理论基础。从资本结构理论的发展来看，主要有早期资本结构理论、MM 资本结构理论和新的资本结构理论。在现实中，资本结构是否影响企业价值这一问题一直存有争议，故被称为"资本结构之谜"。

5.3.2.1 早期资本结构理论

早期的资本结构理论主要有以下三种理论。

1. 净收益理论

净收益理论认为，负债可以降低企业的资本成本，负债程度越高，企业的价值越大。这是因为债务利息和权益资本成本均不受财务杠杆的影响，无论负债程度多高，企业的债务资本成本和权益资本成本都不会发生变化。因此，只要债务成本低于权益成本，那么负债越多，企业的加权平均资本成本就越低，企业的净收益或税后利润就越多，企业的价值就越大。当负债比率为 100% 时，企业加权平均资本成本最低，企业价值将达到最大值。如果用 K_b 表示债务资本成本、K_s 表示权益资本成本、K_w 表示加权平均资本成本、V 表示企业总价值，则净收益理论可用图 5-2 来描述。

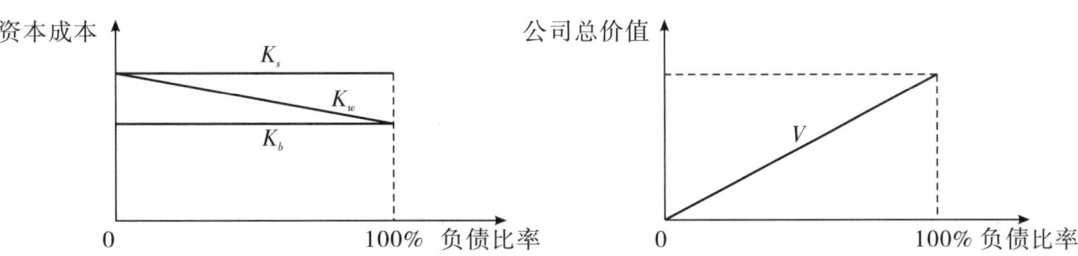

图 5-2 净收益理论

2. 净营业收益理论

净营业收益理论认为，不论财务杠杆如何变化，企业加权平均资本成本都是固定的，因而企业的总价值也是固定不变的。这是因为企业利用财务杠杆时，即使债务成本本身不变，但由于加大了权益的风险，也会使权益成本上升，于是加权平均资本成本不会因为负债比率的提高而降低，而是维持不变。因此，资本结构与公司价值无关，决定公司价值的应是其营业收益。净营业收益理论下资本成本与公司总价值之间的关系,可用图 5-3 来表示。

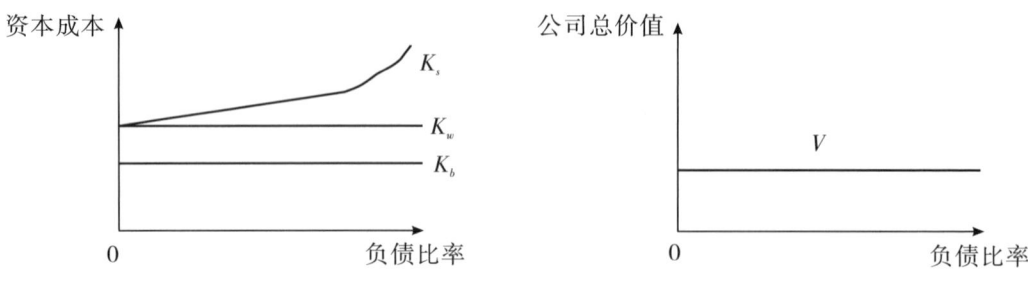

图 5-3 净营业收益理论

按照这种理论推论,不存在最佳资本结构,融资决策也就无关紧要。可见净营业收益理论和净收益理论是完全相反的两种理论。

3. 传统折中理论

传统理论是一种介于净收益理论和净营业收益理论之间的理论。传统理论认为,企业利用财务杠杆尽管会导致权益成本的上升,但在一定程度内却不会完全抵消利用成本率低的债务所获得的好处,因此会使加权平均资本成本下降,企业总价值上升。但是超过一定程度地利用财务杠杆,权益成本的上升就不再能为债务的低成本所抵消,加权平均资本成本便会上升。以后,债务成本

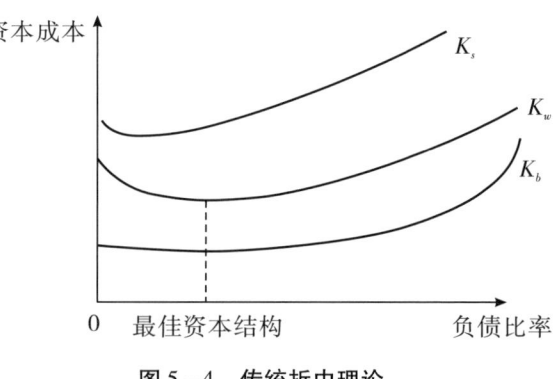

图 5-4 传统折中理论

也会上升,它和权益成本的上升共同作用,使加权平均资本成本上升加快。加权平均资本成本从下降变为上升的转折点,是加权平均资本成本的最低点,这时的负债比率就是企业的最佳资本结构,如图 5-4 所示。

5.3.2.2 MM 资本结构理论

1. MM 资本结构理论的基本观点

MM 资本结构理论是莫迪利亚尼(Modigliani)和米勒(Miller)两位财务学者所开创的资本结构理论。1958 年,两位教授合作发表《资本成本、公司财务与投资理论》[1]一文。该文深入探讨了公司资本结构与公司价值的关系,创立了 MM 资本结构理论,并开创了现代资本结构理论的研究,其两位作者也因此荣获诺贝尔经济学奖。自 MM 资本结构理论创立以来,迄今为止,几乎所有的资本结构理论研究都是围绕它来进行的。[2]

---

[1] MODIGLIANI F, MILLER M. The cost of capital, corporation finance, and the theory of investments [J]. American Economic Review, 1958, 48 (3): 261-297.

[2] 王超. 融资与投资管理 [M]. 北京:中国对外经济贸易出版社,1999.

MM 资本结构理论的基本结论可以简要地归纳为：在符合该理论的假设之下，公司的价值与其资本结构无关。公司的价值取决于其实际资产，而非各类债务和股权的市场价值。

MM 资本结构理论的假设主要有以下 9 项：公司在无税收的环境中经营；公司营业风险的高低由息税前利润标准差来衡量，公司营业风险决定其风险等级；投资者对所有公司未来盈利及风险的预期相同；投资者不支付证券交易成本，所有债务利率相同；公司为零增长公司，即年平均盈利额不变；个人和公司均可发行无风险债券，并有无风险利率；公司无破产成本；公司的股利政策与公司价值无关，公司发行新债时不会影响已有债务的市场价值；存在高度完善和均衡的资本市场。这意味着资本可以自由流通，充分竞争，预期报酬率相同的证券价格相同，利率一致。

MM 资本结构理论在上述假设之下得出了两个重要命题：

命题 I：无论公司有无债务资本，其价值（普通股资本与长期债务资本的市场价值之和）等于公司所有资产的预期收益额按适合该公司风险等级的必要报酬率折现的价值。其中，公司资产的预期收益额相当于公司扣除利息、所得税之前的预期盈利，即息税前利润；与公司风险等级相适应的必要报酬率相当于公司的综合资本成本率。因此，命题 I 的基本含义是：第一，公司的价值不受资本结构的影响；第二，有债务的公司的综合资本成本率等同于与它风险等级相同但无债务的公司的股权资本成本率；第三，公司的股权资本成本率或综合资本成本率视公司的营业风险而定。

命题 II：利用财务杠杆的公司加权资本成本率随融资额的增加而提高，因此，公司的市场价值不会随债务资本比例的上升而增加。命题 II 的基本含义是：因为资本成本率较低的债务给公司带来的财务杠杆利益会被股权资本成本率的上升而抵消，最后使有债务的公司的综合资本成本率等于无债务的公司的综合资本成本率，所以公司的价值与其资本结构无关。

上述 MM 资本结构的基本理论是在一系列假设的前提下得出的。在企业的融资实务中，几乎没有一家公司不关注资本结构。因此，MM 资本结构的基本理论还需要发展。

2. MM 资本结构理论的修正观点

莫迪利亚尼和米勒于 1963 年合作发表了另一篇论文《公司所得税与资本成本，一项修正》[①]。该文取消了公司无所得税的假设，认为若考虑公司所得税的因素，公司的价值会随财务杠杆系数的提高而增加，从而得出公司资本结构与公司价值相关的结论。修正的 MM 资本结构理论同样提出了两个命题。

命题 I：有债务的公司的价值等于有相同风险但无债务的公司的价值加上债务的节税利益。根据该命题，公司举债后，债务利息可以计入财务费用，形成节税利益，由此可以增加公司的净收益，从而提高公司的价值。随着公司债务比例的提高，公司的价值也会提高。

有债务公司的股权资本成本率等于无债务公司的股权资本成本率加上风险报酬率，

---

① MODIGLIANI F, MILLER M. Corporate income taxes and the cost of capital, a correction [J]. American Economic Review, 1963, 53 (3): 433–443.

风险报酬率的高低则视公司债务的比例和所得税税率而定。随着公司债务比例的提高，公司的综合资本成本率会降低，公司的价值会提高。

按照修正后的 MM 资本结构理论，公司的资本结构与公司的价值不是无关，而是密切相关的，并且公司债务比例与公司价值呈正相关关系。这个结论与早期资本结构理论的净收益观点是一致的。

命题 II：MM 资本结构理论的权衡理论观点。该观点认为，随着公司债务比例的提高，公司的风险也会上升，因而公司陷入财务危机甚至破产的可能性也越大，由此会增加公司的额外成本，降低公司的价值。因此，公司最佳的资本结构应当位于节税利益和债务资本比例上升而带来的财务危机成本与破产成本之间的平衡点。

财务危机是指公司对债权人的承诺不能兑现，或有困难地兑现。财务危机在某些情况下会导致公司破产，因此公司的价值应当扣除财务危机成本的现值。财务危机成本取决于公司危机发生的概率和危机的严重程度。根据公司破产发生的可能性，财务危机成本可分为有破产成本的财务危机成本和无破产成本的财务危机成本。

当公司债务的面值总额大于公司市场价值时，公司面临破产。这时，公司的财务危机成本是有破产成本的财务危机成本。公司的破产成本又有直接破产成本和间接破产成本。直接破产成本包括支付律师、注册会计师和资产评估师等的费用。这些费用实际上是由债务人承担的，即从债务人的利息收入中扣除。因此，债务人必然要求与公司破产风险相对应的较高的报酬率，公司的债务价值和公司的总价值也因此而降低。公司的间接破产成本包括公司破产清算损失以及公司破产后重组而增加的管理成本。公司的破产成本增加了公司的额外成本，从而会降低公司的价值。

当公司发生财务危机但还不至于破产时，同样存在财务危机成本并影响公司的价值。这时的财务危机成本是无破产成本的财务危机成本。这种财务危机成本对公司价值的影响是通过股东为保护其利益，在投资决策时以股票价值最大化代替公司价值最大化的目标而形成的。而当公司的经营者按此做出决策并执行时，会使公司的节税利益下降并降低公司的价值。因此，由债务带来的公司财务危机成本抑制了公司通过无限举债增加公司价值的冲动，使公司的债务比例保持在适度的区间内。

5.3.2.3 新的资本结构理论

1. 权衡理论

权衡理论（也称为企业最优资本结构理论）（图 5-5）的观点是：一家企业的最优财务杠杆利率取决于预期负债的边际税收收益等于预期负债的边际成本。权衡理论认为，由于税收政策，企业可以通过增加负债而增加公司的市场价值，但是随着负债的上升，公司陷入财务困境的概率也同时增加，甚至可能导致公司破产。财务困境一旦发生，就会导致各种直接费用和间接费用，因而未来出现财务困境的可能性就会降低企业现在的价值，并提高股东所要求的收益率和加权平均资本成本。出现财务困境的可能性越高，债券所要求的收益率也越高，从而使债务融资的成本也越来越高，最终会导致企业市场价值的下降。

在股份公司中，股东和债权人都是公司资产的所有者，他们投入公司的资本是由董事会及其聘任的经理人员代其管理的，这就形成了一种代理关系。随着公司债务资本的

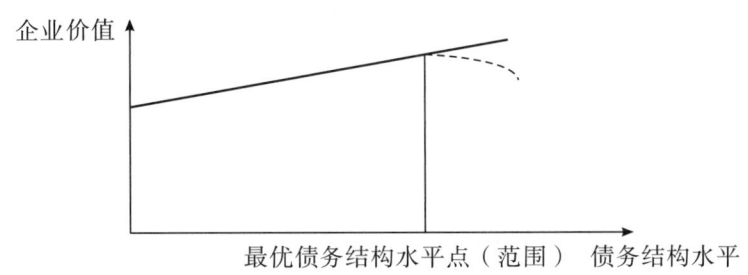

图 5-5 权衡理论

增加,债权人与经营者之间的代理关系会产生导致公司资产价值下跌或潜在价值丧失的因素,这就是运用债务资本的代理成本。代理成本主要包括债务资本成本变动引起的代理成本和债权人对公司举债的制约引起的代理成本这两个方面。

考虑到财务困境(或破产成本)和代理成本后,修正后的 MM 理论就演变为权衡模型。在该模型中,最优的资本结构选择就可以具体化为负债融资的利益和负债融资的成本之间的权衡。由于运用债务资本对提高公司资产价值和降低资本成本是有利的,但同时又存在着财务危机成本与代理成本,财务杠杆的运用受到了一定的制约。

2. 信号传递理论

信号传递理论认为,公司可以通过调整资本结构来传递有关盈利能力和风险方面的信息,以及公司如何看待股票市价的信息。

按照资本结构的信号传递理论,公司价值被低估时会增加债务资本;反之,公司价值被高估时会增加股权资本。当然,公司的融资选择并非完全如此。例如,公司有时可能并不希望通过融资行为告知公众公司的价值被高估的信息,而是模仿被低估价值的公司去增加债务资本。

3. 啄食顺序理论

20 世纪 60 年代初,美国哈佛大学教授高顿·康纳森(Gordon Donaldson)对企业的资本结构进行了广泛的实地调查,结果发现:

(1) 企业偏爱的融资对象为留存收益、折旧基金等内部资金。

(2) 企业的剩余留存收益或用于偿还债务,或投资于有价证券;当企业没有足够的留存收益可用于投资重要的项目时,就会首先想到通过出售有价证券的方式来融资。

(3) 当企业需要外部融资时,首先会发行债券,不得已时才通过股票融资。

(4) 企业股利的发放率是建立在正常情况下留存收益和折旧基金能适应资本性支出要求的水平上,并根据其未来投资机会和预期未来现金流量确定目标股利发放。

(5) 在短期内股利具有"刚性",使企业不愿意在现金股利上有较大的变动,特别是在削减股利难以让股东满意的情况下。

在对这些结果进行理论提炼的基础上,形成了"啄食顺序理论"。其基本原理是:企业实行固定的股利政策,倾向于使用内部资金而非发行新股。当企业需要资金进行资本性支出时,首先是使用内部留存收益,其后举借外债,最后才是发行股票。

就财务动机而言,啄食顺序理论是完全合理的。理由是企业使用内部留存收益既不需要为此而付出额外的成本,也不会受到来自投资者和资金市场的诸多限制,而举借外债和发行股票在成本和使用上受限制的因素和程度都依次增加。

反观这一理论,企业的负债率仅仅反映了企业积累和发展中对外部资金的需求,而对于企业内部的权益资本,在融资选择顺序上也是不同的,如此,可以认为企业不存在最佳的资本结构。

5.3.3 资本结构决策分析

理论界许多学者认为,"最佳资本结构"是一种能使财务杠杆利益、财务风险、融资成本、企业价值等因素实现最优均衡的资本结构,资本结构决策的实质就是寻求企业最佳的资本结构并将其应用于实际工作之中。鉴于此,人们提出了许多对企业最佳资本结构进行判断与衡量的分析方法及其定量标准,其中最主要有以下几种。

5.3.3.1 加权平均资本成本法

加权平均资本成本(weighted average cost of capital,WACC)法,又名WACC法,这个方法是指通过计算和比较各种预案的加权平均资本成本,最终认定加权平均资本成本最低的那个方案中所对应的资本结构为最佳资本结构。

在现实中,尽管该指标具有一定的合理性和可使用性,而且每个企业都试图以最低的成本获取所需的资本,以实现自身加权平均资本成本最小化,但是由于始终存在着一些不确定因素,使其在应用中具有某些局限性,集中体现在:

①权益资本成本、负债成本和各种资金占融资总额的比重往往不是固定不变的,而是不断处于变化之中的,从而给准确计算加权平均资本成本带来困难;

②在权益资本成本的计算中,涉及资本价值问题,人们在使用账面价值还是市场价值作为资本价值表述的问题上,尚未形成一致的看法;

③使用这个指标进行决策,有过分强调融资成本、忽视融资收益之嫌。

【例5-5】假设公司A在初创时需资本总额1亿元,有如下三个融资组合方案可供选择,有关资料经测算列入表5-6。

表5-6 公司A初始融资组合方案资料测算表

融资方式	初始融资额/万元	融资方案Ⅰ资本成本率/%	初始融资额/万元	融资方案Ⅱ资本成本率/%	初始融资额/万元	融资方案Ⅲ资本成本率/%
长期借款	800	6	1000	6.5	1600	7
长期债券	2000	7	3000	8	2400	7.5
优先股	1200	12	2000	12	1000	12
普通股	6000	15	4000	15	5000	15
合计	10000	—	10000	—	10000	—

假定公司A的Ⅰ、Ⅱ、Ⅲ三个融资组合方案的财务风险相当,都是可以承受的。下面分两步分别测算这三个融资组合方案的加权平均资本成本率并比较其高低,以确定最佳融资组合方案,即最佳资本结构。

第一步,测算各方案各融资方式的融资额与融资总额的比率及加权平均资本成本率。

方案 I	各种融资方式的融资额与融资总额的比率
长期借款	$800 \div 10000 \times 100\% = 8\%$
长期债券	$2000 \div 10000 \times 100\% = 20\%$
优先股	$600 \div 10000 \times 100\% = 12\%$
普通股	$3000 \div 10000 \times 100\% = 60\%$

加权平均资本成本率为：

$$6\% \times 0.08 + 7\% \times 0.20 + 12\% \times 0.12 + 15\% \times 0.60 = 12.32\%$$

方案 II	各种融资方式的融资额与融资总额的比率
长期借款	$1000 \div 10000 \times 100\% = 10\%$
长期债券	$3000 \div 10000 \times 100\% = 30\%$
优先股	$2000 \div 10000 \times 100\% = 20\%$
普通股	$4000 \div 10000 \times 100\% = 40\%$

加权平均资本成本率为：

$$6.5\% \times 0.10 + 8\% \times 0.30 + 12\% \times 0.20 + 15\% \times 0.40 = 11.45\%$$

方案 III	各种融资方式的融资额与融资总额的比率
长期借款	$1600 \div 10000 \times 100\% = 16\%$
长期债券	$2400 \div 10000 \times 100\% = 24\%$
优先股	$1000 \div 10000 \times 100\% = 10\%$
普通股	$5000 \div 10000 \times 100\% = 50\%$

加权平均资本成本率为：

$$7\% \times 0.16 + 7.5\% \times 0.24 + 12\% \times 0.10 + 15\% \times 0.50 = 11.62\%$$

第二步，比较各个融资组合方案的加权平均资本成本率并作出选择。融资组合方案 I、II、III 的加权平均资本成本率分别为 12.32%、11.45% 和 11.62%。经比较，方案 II 的加权平均资本成本率最低，故在存在适度财务风险的条件下，应选择融资组合方案 II 作为最佳融资组合方案，由此形成的资本结构可确定为最佳资本结构。

5.3.3.2 每股净收益分析法（EPS-EBIT 分析法）

判断资本结构合理与否，其一般方法是以分析每股收益的变化来衡量。能提高每股收益的资本结构是合理的；反之则不够合理。由此前的分析已经知道，每股收益的高低不仅受资本结构（由长期负债融资和权益融资构成）的影响，还受到销售水平的影响，处理以上三者的关系，可以运用每股净收益分析法。

每股净收益分析法是利用每股收益的无差别点进行的。所谓每股收益的无差别点，指每股收益不受融资方式影响的销售水平。根据每股收益无差别点，可以分析判断在什么样的销售水平下适于采用何种资本结构。

每股收益无差别点可以通过计算得出。

每股收益 EPS 的计算公式为：

$$\text{EPS} = \frac{(S - VC - F - I)(1 - T)}{N} = \frac{(\text{EBIT} - I)(1 - T)}{N} \qquad (5-17)$$

式中，S 为销售额；VC 为变动成本；F 为固定成本；I 为债务利息；T 为所得税率；N 为流通在外的普通股股数；EBIT 为息前税前盈余。

在每股收益无差别点上，无论是采用负债融资，还是采用权益融资，每股收益都是相等的。若以 EPS_1 代表负债融资，以 EPS_2 代表权益融资，则有以下公式：

$$\text{EPS}_1 = \text{EPS}_2$$

$$\frac{(S_1 - VC_1 - F_1 - I_1)(1 - T)}{N_1} = \frac{(S_2 - VC_2 - F_2 - I_2)(1 - T)}{N_2} \qquad (5-18)$$

在每股收益无差别点上，$S_1 = S_2$，则有：

$$\frac{(S - VC_1 - F_1 - I_1)(1 - T)}{N_1} = \frac{(S - VC_2 - F_2 - I_2)(1 - T)}{N_2} \qquad (5-19)$$

能使得上述条件公式成立的销售额（S）为每股收益无差别点销售额。

企业的管理者可以在依据上式计算出不同融资方案间的无差别点之后，通过比较相同 EBIT 情况下的 EPS 数值大小，分析各种 EPS 与临界点之间的距离及其发生的可能性，来选择最佳的融资方案。可见，这种分析方法的实质是寻求不同融资方案之间的每股收益无差别点，以使企业能够获得对股东最为有利的"最佳资本结构"。

【例 5-6】假设公司 A 原有资本 7000 万元，其中债务资本 2000 万元（每年负担利息 240 万元），普通股资本 5000 万元（发行普通股 100 万股，每股面值 50 元）。由于扩大业务，需追加筹资 3000 万元，其筹资方式有二：

一是全部发行普通股：增发 60 万股，每股面值 50 元；

二是全部筹借长期债务：债务利率仍为 12%，利息 360 万元。

公司的变动成本率为 60%，固定成本为 1800 万元，所得税税率为 33%。

将上述资料中的有关数据代入条件公式：

$$\frac{(S - 0.6S - 1800 - 240)(1 - 33\%)}{100 + 60} = \frac{(S - 0.6S - 1800 - 240 - 360)(1 - 33\%)}{100}$$

$$S = 7500 \text{（万元）}$$

此时的每股收益额为：

$$\frac{(7500 - 0.6 \times 7500 - 1800 - 240)(1 - 33\%)}{100 + 60} = 4.02 \text{（元）}$$

对上述每股收益进行无差别分析，可描绘图 5-6。

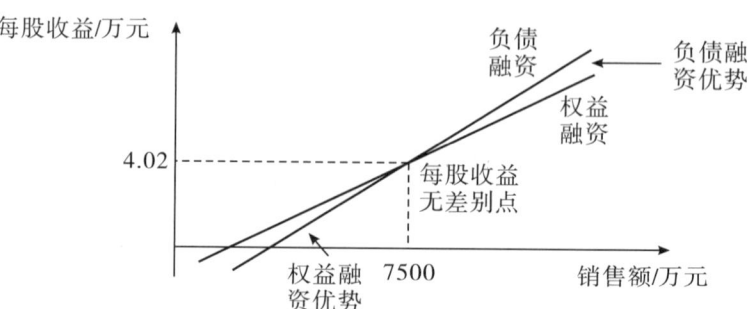

图 5-6 每股收益无差异分析

从图中可看出，当销售额高于7500万元（每股收益无差别点的销售额）时，运用负债筹资可获得较高的每股收益；当销售额低于7500万元时，运用权益筹资可获得较高的每股收益。

5.3.3.3 公司价值比较法

1. 公司价值比较法的含义

公司价值比较法是在充分反映公司财务风险的前提下，以公司价值的大小为标准，经过测算确定公司最佳资本结构的方法。与加权平均资本成本比较法和每股净收益分析法相比，公司价值比较法充分考虑了公司的财务风险和资本成本等因素的影响，进行资本结构的决策以公司最大价值为标准，更符合公司价值最大化的财务目标，但其测算原理及测算过程较为复杂，通常适用于资本规模较大的上市公司。

2. 公司价值的测算

一家公司的价值是指该公司目前值多少钱。关于公司价值的内容和测算基础及方法，主要有三种观点。

（1）公司价值等于其未来净收益（或现金流量，下同）按照一定折现率折现的价值，即公司未来净收益的现值。用公式简要表示为：

$$V = \frac{EAT}{K} \tag{5-20}$$

式中，V 表示公司的价值，即公司未来净收益的现值；EAT 表示公司未来的年净收益，即公司未来的年税后收益；K 表示公司未来净收益的折现率。

这种测算方法有其合理性，但不易确定的因素很多，主要有两个方面：一是公司未来的净收益不易确定，在上述公式中还有一个假定，即公司未来每年的净收益为年金，事实上未必都是如此；二是公司未来净收益的折现率不易确定。因此，这种测算方法尚难以在实践中加以应用。

（2）公司价值是其股票的现行市场价值。根据这种观点，公司股票的现行市场价值可按其现行市场价格来计算，故有其客观合理性，但还存在两个问题：一是公司股票受各种因素的影响，其市场价格处于经常性波动之中，每个交易日都有不同的价格，在这种现实条件下，公司的股票究竟按哪个交易日的市场价格来计算，这个问题尚未得到解决；二是公司价值的内容未必只包括股票的价值，可能还应包括长期债务的价值，而这两者又是相互影响的。如果公司的价值只包括股票的价值，就无须进行资本结构的决策，这种测算方法也就不能用于资本结构决策。

（3）公司价值等于其长期债务和股票的折现价值之和。与上述两种测算方法相比，这种测算方法比较合理，也比较现实。它至少有两个优点：一是从公司价值的内容来看，它不仅包括公司股票的价值，还包括公司长期债务的价值；二是从公司净收益的归属来看，它属于公司的所有者，即属于股东。因此，在测算公司价值时，这种测算方法可用公式表示为：

$$V = B + S \tag{5-21}$$

式中，V 表示公司的总价值，即公司总的折现价值；B 表示公司长期债务的折现价值；S 表示公司股票的折现价值。

其中，为简化测算起见，设长期债务（含长期借款和长期债券）的现值等于其面值（或本金），股票的现值按公司未来净收益的折现值测算，其测算公式为：

$$S = \frac{(EBIT - I)(1 - T)}{K_s} \qquad (5-22)$$

式中，S 表示公司股票的折现价值；$EBIT$ 表示公司未来的年息税前利润；I 表示公司长期债务年利息；T 表示公司所得税税率；K_s 表示公司股票资本成本率。

3. 公司资本成本率的测算

在公司价值测算的基础上，如果公司的全部长期资本由长期债务和普通股组成，则公司的全部资本成本率即综合资本成本率可按下列公式测算：

$$K_w = K_b \cdot \frac{B}{V}(1 - T) + K_s \cdot \frac{S}{V} \qquad (5-23)$$

式中，K_w 表示公司综合资本成本率；K_b 表示公司长期债务税前资本成本率，可按公司长期债务年利率计算；K_s 表示公司普通股资本成本率；其他符号含义同前。

在上述测算公式中，为了考虑公司融资风险的影响，普通股资本成本率可运用资本资产定价模型来测算，即：

$$K_s = R_f + \beta(R_m - R_f) \qquad (5-24)$$

式中，K_s 表示公司普通股投资的必要报酬率，即公司普通股的资本成本率；R_f 表示无风险报酬率；R_m 表示所有股票的市场报酬率；β 表示公司股票的贝塔系数。

4. 公司最佳资本结构的确定

运用上述原理测算公司的总价值和综合资本成本率，并以公司价值最大化为标准比较确定公司的最佳资本结构。

【例 5-7】假设公司 A 现有全部长期资本均为普通股资本，无长期债务资本和优先股资本，账面价值 5 亿元。公司认为这种资本结构不合理，没有发挥财务杠杆的作用，准备举借长期债务购回部分普通股予以调整。公司预计息税前利润为 2 亿元，假定公司所得税税率为 25%。经测算，目前的长期债务年利率和普通股资本成本率如表 5-7 所示。

表 5-7 公司 A 在不同长期债务规模下的债务年利率和普通股资本成本率测算表

长期债务规模（B）/万元	K_b/%	β	R_f/%	R_m/%	K_s/%
0	—	1.20	10	12	12.4
5000	8	1.25	10	12	12.5
10000	8	1.30	10	12	12.6
15000	10	1.40	10	12	12.8
20000	12	1.55	10	12	13.1
25000	14	2.10	10	12	14.2

在表 5-7 中，当长期债务资本 $B = 10000$ 万元，$\beta = 1.30$，$R_f = 10\%$，$R_m = 12\%$ 时，有：

$$K_s = 10\% + 1.30 \times (12\% - 10\%) = 12.6\%$$

其余计算同理。

根据表5-7的资料，运用前述公司价值和公司资本成本率的测算方法，可以测算在不同长期债务规模下的公司价值和公司资本成本率，如表5-8所示，并据以比较确定公司的最佳资本结构。

表5-8　公司A在不同长期债务规模下的公司价值和资本成本率测算表

B/万元	S/万元	V/万元	K_b/%	K_s/%	K_w/%
0	120 967.74	120 967.74	0	12.4	12.40
5000	117 600	122 600	8	12.5	12.23
10 000	114 285.71	124 285.71	8	12.6	12.07
15 000	108 398.44	123 398.44	10	12.8	12.16
20 000	100 763.36	120 763.36	12	13.1	12.42
25 000	87 147.89	112 147.89	14	14.2	13.38

在表5-8中，当 $B = 10000$ 万元，$K_b = 8\%$，$K_s = 12.6\%$，$EBIT = 20000$ 万元时，则有：

$$S = \frac{(20000 - 10000 \times 8\%) \times (1 - 25\%)}{12.6\%} = 114285.71 \text{（万元）}$$

$$V = 10000 + 114285.71 = 124285.71 \text{（万元）}$$

此时

$$K_w = 12.6\% \times \frac{114285.71}{124285.71} + 8\% \times \frac{10000}{124285.71} \times (1 - 25\%) = 12.07\%$$

其余计算同理。

从表5-8中可以看到，在没有长期债务资本的情况下，公司A的价值就是其原有普通股资本的价值，此时 $V = S = 120967.74$ 万元。当公司A开始利用长期债务资本部分替换普通股资本时，公司的价值开始上升，同时公司加权平均资本成本率开始下降；直到长期债务资本达到10000万元时，公司的价值最大（124285.71万元），同时公司的加权平均资本成本率最低（12.07%）；而当公司的长期债务资本超过10000万元后，公司的价值开始下降，公司的加权平均资本成本率同时上升。因此可以确定，公司A的长期债务资本为10000万元时的资本结构为最佳资本结构。此时，公司A的长期资本价值总额为124285.71万元，其中普通股资本价值114285.71万元，占公司总资本价值的比例为91.95%（即114285.71/124285.71）；长期债务资本价值10000万元，占公司总资本价值的比例为8.05%（即10000/124285.71）。

◎ 本讲小结

1. 公司权益型融资方式主要有发行普通股和留存盈余这两种：普通股是股份有限公司发行的无特别权利的股份。普通股融资具有无需偿还、没有固定股利负担、可作为其他融资方式基础等优点；留存盈余属于内源融资，是指公司将税后利润的一部分以保留盈余的方式留下来使用，增加公司可运用资金总量，具有无融资费用、可使股东获得税收利益并增加公司信用价值等优点。

2. 公司债务型融资方式主要有获取长期借款和发行普通债券这两种：长期借款融资具有融资速度快、融资成本低、融资弹性较大等优点；普通债券具有融资成本低、可发挥财务杠杆和调整公司资本结构的作用，并保障股权控制权。

3. 公司混合型融资方式主要有发行优先股、可转换债券、永续债券和认股权证：优先股融资具有低风险、存在弹性和不影响普通股股东控制权等优势；发行可转换债券融资具有融资成本低、稳定股价、减少稀释每股收益和利益冲突等优势；认股权证融资可以扩大公司潜在资本来源，使得公司在再融资中处于主动地位。

4. 除了权益型融资、债务型融资和混合型融资方式之外，公司还可通过融资租赁、私募股权融资、项目融资、资产证券化等方式来为公司发展筹措资本。

5. 资本成本是指公司为筹集和使用资金而付出的代价，总体经济环境、证券市场条件、企业内部的经营和融资状况、项目融资规模等因素都会决定资本成本的高低。

6. 计算公司资本成本时，不同融资方式的资本成本存在差异，因此需要计算个别资本的资本成本。同时对于公司总资本成本，可以各类资本额占总资本额的比重为权数，对各类资本成本进行加权，得到加权平均资本成本（WACC）来衡量公司总的资本成本。

7. 资本结构是指公司各种长期资金融资来源的构成和比例关系。早期的资本结构理论包括净收益理论、净营业收益理论和传统折中理论。而现代公司资本结构理论则是从MM理论开始的。其他新的资本结构理论包括权衡理论、信号传递理论和啄食顺序理论。

8. 公司可以通过加权平均资本成本法、每股净收益分析法和公司价值比较法等方法确定公司的最佳资本结构和最低的资本成本。

◎ 本讲习题

一、选择题

1. 以下关于权衡理论的说法，错误的是（　　）。
A. 在不考虑税收的情况下，杠杆企业的价值和全权益企业的价值相等
B. 考虑税收时，杠杆企业的价值＝全权益企业的价值＋税盾的现值
C. 有税和无税情况下，杠杆企业价值之差为债务税盾的价值
D. 最优资本结构位于财务杠杆的边际收益与财务困境的边际成本相等处

2. 下列关于资本结构理论的表述中，错误的是（　　）。
A. 企业采用杠杆融资，不会造成股票上市所带来的股权稀释现象，有利于股权集中
B. 在进行融资决策时，不可避免地要依赖人的经验和主观判断
C. 根据代理理论，当负债程度高的企业陷入财务困境时，股东通常会选择投资净现值为正的项目
D. 为了保证原有股东的绝对控制权，一般应该尽量避免普通股筹资

3. 根据资本结构的代理理论，下列关于资本结构的表述中，错误的是（　　）。
A. 在债务合同中引入限制性条款将增加债务代理成本
B. 当企业自由现金流相对富裕时，提高债务筹资比例，有助于抑制经理层的过度投

资行为

　　C. 当企业陷入财务困境时，股东拒绝接受净现值为正的新项目将导致投资不足问题

　　D. 当企业陷入财务困境时，股东选择高风险投资项目将导致债权人财富向股东转移的资产替代问题

　　4. 下列哪项是代理理论、权衡理论、有企业所得税条件下的 MM 理论之间的共同点？（　　）

　　A. 都认为企业价值与资本结构有关

　　B. 都认为对企业来说资产负债率越高越好

　　C. 都认为资本结构对企业价值影响不大

　　D. 都认为对企业来说股权融资永远优于债务融资

　　5. 在信息不对称和逆向选择的情况下，根据优序融资理论，选择融资方式的先后顺序应该是（　　）。

　　A. 普通股、优先股、可转换债券、公司债券

　　B. 普通股、可转换债券、优先股、公司债券

　　C. 公司债券、可转换债券、优先股、普通股

　　D. 公司债券、优先股、可转换债券、普通股

二、计算题

　　1. 某公司经营 A 产品，销售量为 10000 件，单位变动成本为 100 元，变动成本率为 40%，息税前利润为 90 万元，已知净利润为 30 万元，所得税税率为 40%，要求计算：①财务杠杆系数（DFL）；②经营杠杆系数（DOL）；③总杠杆系数（DTL）。

　　2. 已知某公司当前资金结构如下（总计 7500 万元）：a. 长期债券（年利率 8%）1000 万元；b. 普通股（4500 万股）4500 万元；c. 留存收益 2000 万元。因生产发展需要，公司年初准备增加资金 2500 万元，每股市价 2.5 元。

　　甲方案：增加发行 1000 万股普通股，每股市价 2.5 元；

　　乙方案：按面值发行每年年末付息、票面利率为 10% 的公司债券 2500 万元。

　　假定股票与债券的发行费用均可忽略不计，适用的企业所得税税率为 33%。要求：①计算两种融资方案下融资无差别点的息税前利润（EBIT）；②如果公司预计息税前利润为 1200 万元，指出该公司应采用的融资方案；③如果公司预计息税前利润为 1600 万元，指出该公司应采用的融资方案。

第六讲　公司投融资决策互动

◎ **本讲学习目标**

通过本讲内容的学习，学生要了解权衡理论、代理理论、优序融资理论、新古典理论、新制度理论等基本概念；掌握税收因素、破产成本、代理冲突和信息不对称对企业投融资决策的影响，对比思考新古典和新制度这两种不同的企业投融资互动机制理论。

◎ **本讲重要术语**

权衡理论（trade-off theory）、代理理论（agency theory）、监督成本（supervision cost）、约束成本（bonding cost）、剩余损失（residual loss）、优序融资理论（pecking order theory）、内源融资（internal financing））、税盾替代效应理论（taxshield theory）、破产成本（bankruptcy cost）、信息不对称（asymmetric information）、修正现值（adjusted present value）、信号传递理论（signaling theory）、M 型结构（multidivisional structure）

◎ **本讲重难点**

本讲重点在于权衡理论、代理理论、优序融资理论、新古典理论、新制度理论等相关理论概念；难点在于税收、破产成本等对投融资决策的影响机制，以及新古典企业理论和新制度企业理论及其投融资互动机制的异同。

◎ 本讲学习思维导图

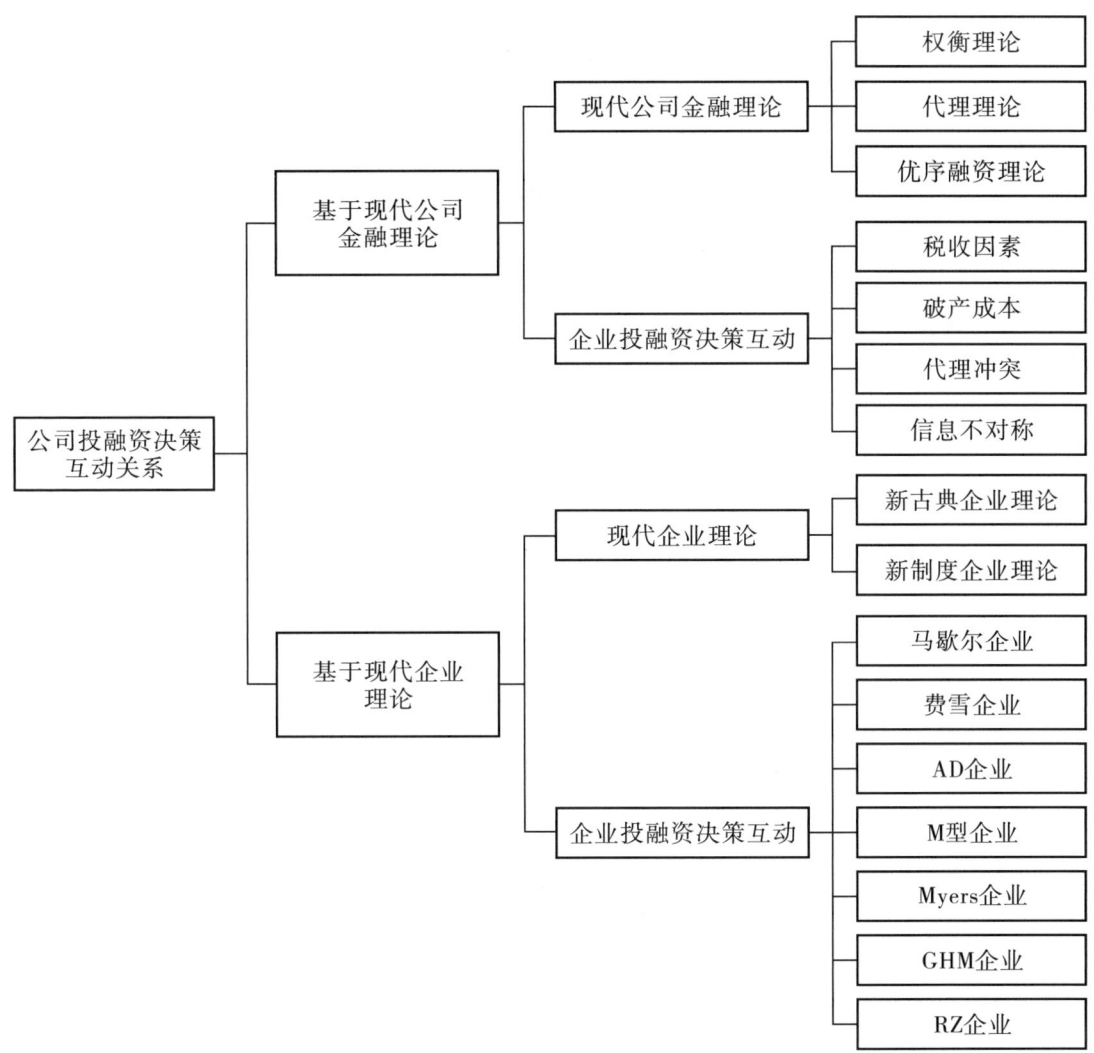

6.1 基于现代公司金融理论的企业投融资决策互动

投融资决策的内生关系，早在20世纪60年代就引起了西方学者的关注。基于对MM理论有关投融资决策"分离法则"的怀疑，Dhrymes（1967）在相关理论推演的基础上提出了资金流学说。随后的学者的研究基本上仅限于对Dhrymes（1967）等的资金流学说的讨论，如McDonald等（1975）、陆正飞等（2006），并且资金流学说的观点得到了较为广泛的支持。

虽然，资金流学说从资金平衡的角度否定了MM理论有关投融资决策的分离假说，证实了企业投融资决策间互为内生的关系，但是现代公司金融理论认为，负债融资不仅是企业的一种资金来源，而且由于负债的利息税盾，也是决策者借以调控企业价值的一种手段。

根据优序融资理论，企业在进行外部资金筹措时会优先选择债务资金，但是考虑到负债增加的期望破产成本，企业并不会无限制地增加债务资金，而会选择一个最优的负债水平以实现期望税收利益净值的最大化。由于负债融资能对企业价值产生作用从而对投资价值产生作用，所以企业进行负债融资时有可能并不只是为了满足投资资金需求，这意味着为了实现投资价值的最大化，企业有可能会进行更多或更少的负债融资。与此相似，投资支出并不仅仅是一种资金花费，还是一种价值创造的过程，投资越多的企业在未来的盈利能力可能越强，此时企业会产生更高的负债承受能力。所以，与资金流学说不同，投资不仅是一种资金需求而且是一种贷款保障。

据此，同时期负债融资与投资支出的关系不仅是一种资金供求关系，而且是基于负债税收利益净值的协调与适应的关系。因此，在认识企业投融资决策相互关系的过程中应当超脱于资金流学说的理论束缚，从不完善因素角度，如税收利益、破产成本、代理冲突以及信息不对称等，继续深入挖掘两者的关联，全面系统了解并学习企业投融资决策间可能存在的相互作用关系。

6.1.1 现代公司金融理论

6.1.1.1 权衡理论

所谓权衡理论（trade-off theory），就是强调在平衡债务利息的抵税收益与财务困境成本的基础上，实现企业价值最大化时的最佳资本结构，此时所确定的债务比率是债务抵税收益的边际价值等于增加的财务困境成本的现值。

1. 负债的好处

（1）公司所得税存在抵减作用。由于债务利息和股利的支出顺序不同，世界各国税法基本上都准予利息支出作为成本税前列支，而股息则必须在税后支付。

（2）权益代理成本减少。负债有利于企业管理者提高工作效率、减少在职消费，更为关键的是，它有利于减少企业的自由现金流量，从而减少低效或非盈利项目的投资。

2. 负债的受限

（1）存在财务困境成本，包括破产威胁的直接成本、间接成本和权益的代理成本。

（2）个人税对公司税存在抵消作用。

因此，现实中企业的最优资本结构是使债务资本的边际成本和边际收益相等时的比例。

权衡理论认为，企业可以利用税收屏蔽的作用，通过增加债务来增加企业价值。但随着债务的上升，企业陷入财务困境的可能性也增加，甚至可能导致破产，如果企业破产，不可避免地会发生破产成本。即使不破产，但只要存在破产的可能，或者说，只要企业陷入财务困境的概率上升，就会给企业带来额外的成本，这是制约企业增加借贷的一个重要因素。因此，企业在决定资本结构时，必须权衡负债的避税效应和破产成本。

根据权衡理论，负债企业价值等于无负债企业价值加上节税利益，减去预期财务拮据成本的现值，即 $V_L = V_U + T_C B - FPV$（FPV 为预期财务危机成本的现值，包括由于债务过高引起的直接或间接的财务危机成本),企业的最佳资本结构存在于由企业负债所引起的企业价值增加与因企业负债上升所引起的企业风险成本和各项费用相等时的平衡点上,此时的企业价值最大。权衡理论以后又发展为后权衡理论,后权衡理论的代表人物是迪安吉罗(Diamond,1984)、梅耶斯(Mayers,1984)等人,他们将负债的成本从破产成本进一步扩展到了代理成本、财务困境成本和非负债税收利益损失等方面,同时,又将税收利益从原来所讨论的负债收益引申到非负债税收收益方面,实际上是扩大了成本和利益所包括的内容,把企业融资看成是在税收收益和各类负债成本之间的权衡。

6.1.1.2 代理理论

代理理论(agency theory)主要涉及企业资源的提供者与资源的使用者之间的契约关系。

按照代理理论,经济资源的所有者是委托人,负责使用以及控制这些资源的经理人员是代理人。代理理论认为,当经理人员本身就是企业资源的所有者时,他们拥有企业全部的剩余索取权,经理人员会努力地为自己而工作,这种环境下,就不存在什么代理问题。但是,当管理人员通过发行股票方式,从外部吸取新的经济资源时,管理人员就有一种动机去提高在职消费、进行自我放松并降低工作强度。显然,如果企业的管理者是一个理性经济人,其行为与原先自己拥有企业全部股权时将有显著的差别。如果企业不是通过发行股票,而是通过举债方式取得资本,也同样存在代理问题,只不过表现形式略有不同。

这就形成了简森(Jenson)和梅克林(Meckling)的所说的代理问题。简森和梅克林将代理成本区分为监督成本、守约成本和剩余损失。其中,监督成本是指外部股东为了监督管理者的过度消费或自我放松(磨洋工)而耗费的支出;代理人为了取得外部股东信任而发生的自我约束支出(如定期向委托人报告经营情况、聘请外部独立审计等),称为约束成本(bonding cost);由于委托人和代理人的利益不一致导致的其他损失,就是剩余损失。

代理理论还认为,代理人拥有的信息比委托人多,并且这种信息不对称会逆向影响委托人有效地监控代理人是否适当地为委托人的利益服务。它还假定委托人和代理人都是理性的,他们将利用签订代理契约的过程,使各自的财富最大化,而代理人出于自我寻利的动机,将会利用各种可能的机会,增加自己的财富。其中,一些行为可能会损害到所有者的利益。例如,为自己修建豪华办公室、购置高级轿车、去著名旅游区开展与企业经营联系不大的商务旅行等。当在委托人(业主)和代理人(经理)之间的契约关系中,没有一方能以损害他人的财富为代价来增加自己的财富时,即达到"帕雷托最优化"状态,或者说,在有效的市场环境中,那些被市场证明采用机会行为损害他人利益的人或集团,最终要承担其行为的后果。例如,一个信用等级不高的借款者将难以借到款项或必须以更高的成本取得借款;一个声望不佳的经理将很难在有效的经理市场上取得一个好的职位;在会计服务市场上,一家被注册会计师协会或证监会通报批评的会计师事务所会在很短的时间内丢失大量客户。为了保证在契约程序上使各自的利益最大化,委托人和代理人都会发生契约成本。为了降低代理人"磨洋工"的风险,委托人将支付监督费用,如财务报表经过外部审计的成本;另一方面,代理人也会发生守约成本,例如，为了向委托人（业主）证明他们有效、诚实地履行了代理职责，以此巩固和维持其在公司的位置和现有工资水平，经理需要设置内部审计部门，相应地就会发生内部审计费用。

6.1.1.3 优序融资理论

Myers 和 Majluf（1984）的研究表明，当股票价格高估时，企业管理者会利用其内部信息发行新股，投资者会意识到信息不对称的问题，因此当企业宣布发行股票时，投资者会调低对现有股票和新发股票的估价，导致股票价格下降、企业市场价值降低。

内源融资主要来源于企业内部自然形成的现金流，它等于净利润加上折旧减去股利。由于内源融资不需要与投资者签订契约，也无需支付各种费用，所受限制少，因而是首选的融资方式，其次是低风险债券，其信息不对称的成本可以忽略，再次是高风险债券，最后在不得已的情况下才发行股票。

6.1.2 企业投融资决策互动

6.1.2.1 税收因素与投融资决策的互动关系

对企业财务决策中税收因素的研究起初是为修正 MM 理论而出现的。为了放宽早期 MM 理论中过于严格的假设条件，1963 年莫迪利亚尼（Modigliani）和米勒（Miller）指出，在考虑了公司所得税后，利用财务杠杆机制，企业将获得利息支付的免税优惠，所以企业价值可表示为：

$$V_L = V_U + T_C D \quad (6-1)$$

其中，$V_U = EBIT(1-T_C)/r_U$，T_C 是公司所得税税率，$T_C D$ 是利息支付产生的税收节约，$EBIT$ 为息税前利润，r_U 为无负债企业资金成本率。由此可见，负债比率的增加会提高企业的税收节约，从而有利于公司价值的提高。所以，负债融资越多，企业通过项目投资获得的利益也越多，因而决策者将提高对项目投资可行性的评价。

海特（Hite，1977）指出，如果用债务资金购买资本资产，则资本资产的成本具有两次抵扣税收的功效，而若用劳动的增加替代资本资产的增加则会导致部分税收利益的损失，从而间接提高资金的使用成本。所以，那些负债较高的企业在其生产决策中可能愿意利用更为廉价的资本资产，因而具有较强的动力进行资本资产投资。

然而，海特忽略了一个关键的现实问题，即企业并不是在任何情形下都能享受全部的税收节约，因为在某些自然状态下，企业的经营收入有可能不足以用于折旧计提和利息支付。事实上，在既定的经营收入水平下，企业计提的折旧越多，用以支付利息的收入越少，甚至有可能产生利息支付的缺口，从而丧失部分的利息税盾。依此而言，折旧与债务利息两者产生的税收抵扣存在相互替代的现象。受这种税盾替代效应的启发，多坦和拉维德（Dotan & Ravid，1985）从一个单期的角度分析发现，从边际的角度而言，那些资本投资额度比较高的企业通常会使用更少的负债融资。然而，如果从一个多期的角度分析，企业当期投资额度或者投资项目的选择会决定未来会计期间内折旧的多少，从而影响利息的税收抵扣额度，最终对负债的有效成本产生作用。可见，由于税盾替代效应的存在，当期的投资支出会对未来一定期间内的负债融资产生负向影响。另外，戴蒙和森伯特（Dammon & Senbet，1988）考虑到折旧的计提有利于未来经营收入的增加，所以折旧有可能不会缩减利息的税收抵扣空间，相反能增强企业的利息支付能力，增加其负债融资水平。

6.1.2.2　破产成本与投融资决策的互动关系

修正的 MM 理论虽然通过引入税收因素发现了投融资决策之间的影响关系，但是其忽略了破产成本，从而高估了负债对企业价值的提升作用。事实上，随着负债的增加而逐渐上升的财务风险会制约企业无限追求免税优惠的行为，原因在于财务风险会增加企业的亏空概率，并产生更高的期望破产成本，从而部分地抵消负债的税收节约。因此，可以对式（6-1）作如下修正：

$$V_L = V_U + T_C D - D_k \tag{6-2}$$

其中，D_k 是企业的破产成本；k 是单位负债的期望破产成本，是负债的增函数，并且其大小取决于企业现金流的统计分布（Hong & Rappaport，1978）。从式（6-2）可以看出，负债融资会通过税收节约与破产成本对企业价值产生两种截然相反的影响，从而影响决策者对投资项目的价值评估。

若给定企业所得税税率，最优负债水平的高低取决于单位负债的期望破产成本（k）。k 越大，负债的边际成本会在较低的债务水平下达到边际利益的水平，从而决定较低的最优负债。由于 k 的大小取决于企业现金流的统计分布，在现金流状况发生改变的情形下必然会导致不同的最优负债。所以，企业的投资决策也会通过对未来现金流状况的作用，影响其最优的负债融资水平。对于这个命题，Hong 和 Rappaport（1978）对负债能力的概念进行了详细的分析，他们认为，企业的投资决策会对其现金流的均值以及方差产生后续的影响，从而改变随后的负债能力。由此可以看出，投资项目的选择与优化有助于企业提高期望的经营收入，并控制其波动的幅度，从而改变企业未来的破产概率以及单位负债的期望破产成本，进而影响企业的最优负债水平。

6.1.2.3　代理冲突与投融资决策的互动关系

代理理论认为，受有限责任机制以及所有权与经营权两权分离等因素的影响，企业利益相关者之间在经营政策的选择上存在潜在的利益冲突，因而企业有可能产生额外的代理成本。Jensen 和 Meckling（1976）指出，典型的代理问题主要来自两个方面，即股东与经理之间的冲突以及股东与债权人之间的冲突。

股东与经理之间产生利益冲突的原因是经理未持有 100% 的股权，其余权益资本来自外部资本市场。在这种股权融资安排下，经理并不拥有完全的剩余索取权，不能从自己努力创造的利润中获得全部收益，剩余部分被外部股东获取。因此，经理具有转嫁公司资源以补偿自己为公司创造利润所付出的努力的动机。在投资方面主要表现为"企业帝国"建造动机或者过度投资动机，因为经理能够在扩大的企业规模中牟取更多的控制权利益，或者说获得递增的金钱和非金钱的收益（Jensen，1986）。所以，在外部股权融资安排下，即便投资项目的净现值为负，经理仍倾向于将所有可用的资金都用于投资，从而损害股东的利益。

考虑到经理的过度投资动机以及由此带来的股权价值损失，股东将减少对股票价格的升值预期，从而压低股票的购买价格，增加企业的股权融资成本。此时，最优融资策略将是减少股权资本的融入，取而代之的是更多的债务资金。事实上，增加的债务资金不仅能借助税收利益降低资金的使用成本，增加企业的价值，而且有助于缓解股东与经理之间的代理冲突，降低企业的代理成本。负债的这种治理作用主要来自三个方面：其一，假如保持企业的固有投资额不变，通过增加债务资金可以提高公司股权中经理的持股比重，从而可以促进经理与股东的利益趋同，调和两者的代理矛盾，减少企业的代理成本；其二，债务合约中规定的定期还本付息的承诺会消耗企业部分自由资金，从而减少经理利用自由现金流进行低效率投资的机会；其三，债务融资会增加企业的破产风险，为了减少破产风险带来的压力，经理往往会降低个人的在职消费，更加努力地工作以做出更好的投资决策，从而减少两权分离的代理成本。

然而，代理理论认为负债融资也会引起股东与债权人之间的利益冲突。Jensen 和 Meckling（1976）指出，受有限责任机制的影响，股东在获得债务资金后，有动力将筹措的资金用于投资高收益、高风险的项目，其原因在于负债融资是一种固定的要求权，若公司对高风险项目的投资获得成功，债权人仅从中得到事先约定的支付，并不能取得额外的报酬，而股东却能享受全部的超额收益；如果项目失败，股东在有限责任机制的庇护下只需赔偿企业的全部投资额，余下的损失全部由债权人承担。其结果是即使风险投资使企业价值下降，股东仍可能从中获得好处，从而具有以低风险为保证而发行所谓的低风险债务但从事高风险项目投资的资产替代倾向。由于这种资产替代行为减少了股东进行投资的风险，增加了企业的投资机会，所以这种现象也可理解为股东对高风险项目的过度投资行为。所以，负债融资会提高企业的投资水平。

但是，Myers（1977）认为，如果企业已经存在风险负债，并且债务的期限终止于企业做出投资决策之后，即便存在可以提高整个公司价值的正净现值投资项目，股东也有可能不进行投资。因为在风险负债的条件下，新投资项目产生的现金流将部分地用于债务的还本付息，而投资成本则全部由股东承担。此时，股东从投资中获得的增值额将可能很低，以至于根本没有动力进行投资。所以，负债融资又将导致股东投资不足，从而对投资支出产生抑制效应。

负债融资导致的企业投资行为的资产替代问题或投资不足问题，都将给企业带来额外的代理成本。考虑到股东潜在的代理问题，债权人将提高债务资本的利息要求以补偿因代理冲突产生的债务价值损失，所以负债融资成本将上升，企业融资行为也因此受到约束。所以，负债代理冲突下的投资行为又会反过来提高企业的负债融资成本，降低其负债融资水平。

6.1.2.4 信息不对称与投融资决策的互动关系

企业的财务活动中充斥着信息不对称问题，根据不对称信息理论，作为"内部人"的公司经理通常掌握着公司的大部分内部信息，如公司真实的利润、投资项目的风险状况等；而外部投资者则处于信息劣势地位，无法准确地获悉投资项目的真实资料。在信息不对称问题的困扰下，那些具有较高投资价值的项目往往难以得到投资者的公允评价，从而使项目的投资成本上升，结果导致企业投资举步维艰，甚至被迫放弃。然而，假若企业已经获得相应的投资资金，为了避免未来的投资过度地依赖外部资金，摆脱外部融资中的信息约束，企业将青睐于投资回报周期短的项目，即使这些项目具有较低的市场价值也是如此。这是因为，投资回报周期短的项目有助于企业内部资金的积累，从而缓解未来投资对外部融资的依赖（Thakor，1990）。所以，信息不对称条件下的外部股权融资需求可能减少企业对某些正净现值项目的非效率投资。

信号传递理论指出，为解决信息不对称导致的上述投资非效率问题，企业的最优策略是提高债务比率（Ross，1977）。虽然投资者不能准确获悉投资项目的真实资料，但他们可以对经理的行为所传递出的信息进行分析判断，间接地评价企业的市场价值。负债比例就是一种把内部信息传递给市场的信号工具。对外部投资者而言，负债比例上升是一个积极的信号，它表明经理的信心十分充足，对企业的收益预期相当高。这个信号显示机制之所以有效，是因为那些未来收益并不乐观的企业根本无法模仿优质企业保持高水平的负债，因为其中蕴含的高额破产成本将阻止它们提高负债比例的步伐。所以，受不对称信息的困扰，那些具有较好投资机会的企业在投资需求的牵引下，将保持较高的负债融资比例，从而向外部市场释放利好消息，刺激企业的资金供给规模。

6.2 基于现代企业理论的企业投融资互动

6.2.1 现代企业理论

6.2.1.1 新古典企业理论

根据 Miller（1988）的定义，新古典企业可划分为马歇尔企业和费雪企业。

1. **作为生产函数的马歇尔企业**

马歇尔（Marshall）企业理论其实是非常古典的，但他所提出的代表性企业概念则被抽象为资本和劳动的生产函数。其中，将新古典企业生产函数一般化，设经济中的资产（包括人力资产和非人力资产）有 N 种，企业生产为单一产出，产量为 y，价格为 p；对于生产要素不区分资本和劳动，即不区分非人力资产和人力资产，将其都视为同质的要素投入，即 $X = (x_1, x_2, \cdots, x_{N-1}) \geq 0$，其价格向量为 $P = (z_1, z_2, \cdots, z_{N-1})$；$y$ 的生产技术可以表示为生产函数 $f(X)$，$f(X)$ 给出了在使用要素量 $X \geq 0$ 的情况下所能得到的最大产出 $y = f(X)$；给定价格 (p, P)，企业利润为：$\pi = pf(X) - PX$，企业行为可表述为：$\max \pi$。可以看到，马歇尔企业被定义为一个生产函数 $y = f(X)$ 或一个生产集 Y，企业之所以存在源于其生产功能，或者说企业的本质是生产，没有生产则没有企业，没有企业则没有生产。与之相对的，市场之所以存在则源于其交换功能，没有交换则没有市场，没有市场则没有交换。

2. **作为现金流的费雪企业**

遵循费雪《利息理论》的逻辑，资本的价值为未来一系列的收入流按照利率的折现值。收入流是各种要素（例如劳动力、土地与其他资本）的联合产物，通过改变各种要素的不同使用方法，可以改变收入流的各种性质。但这种改变收入流的能力，主要为企业家所持有。在费雪看来，企业之所以产生，源于转换功能，即将各种要素转换成一系列收入流的功能。企业只是一部巨大的赚钱机器，任何投资者仅仅关心投资能够给自己带来的一系列的收入流（暂不考虑不确定性）（$y_1, y_2, \cdots, y_n$），企业之间的区别，仅仅在于产生现金流的时间形态。如果存在不确定性，则企业之间的区别还在于不同的风险，企业的证券按风险进行分类。

这便是 Miller（1988）所强调的费雪企业："忽略了黑箱中的技术、生产以及销售的诸多细节而集中于潜在的净现金流。费雪的企业不过是一个将现在可消费的、通过向投资者发行企业证券而获得的资源转换成支付给证券持有者的未来可消费资源的抽象装置（abstract engine）。"托宾（Tobin）在为《新帕尔格雷夫经济学大词典》撰写的"费雪，欧文"词条中也指出："他（指费雪）所形成的'投资机会'似乎没有照顾到应被称为'资本'并且作为自变量进入生产函数的生产要素。关于这一点，他也没有明确地将生产中劳动或土地的作用纳入模型之中。"事实上，在马歇尔生产函数 $Q = f(K, L)$ 的基础上，费雪企业的现金流 y 可简单表示为：$y = pf(K, L) - rK - wL$。如果说马歇尔企业可称为"黑箱"的话，那么费雪企业是对马歇尔企业生产函数的再抽象，从而可称为"黑箱中的黑箱"。

6.2.1.2 新制度企业理论

在新古典经济理论的理想世界中，市场是完全的，交易费用为零，价格机制的作用会将资源配置调整到帕累托最优状态，但新古典经济理论所力图证明的价格机制的完美性遭到了科斯（Coase, 1937）的质疑，并由此引发了科斯对企业本质的追问。

科斯认为企业是价格机制的替代物，建立企业盈利的目的是因为使用价格机制是有代价的。市场中发生的每一笔交易的谈判和签订的每一个协议都是有成本的，而组织和管理成本在企业内部也是存在的，那么当企业内组织生产的管理成本低于通过市场组织生产的市场交易成本时，企业作为一种节约成本组织形式就会存在。

总的来看，在新制度经济学的研究框架中，企业被理解为一系列契约的集合。科斯深刻地指出企业是价格机制的替代物，即一系列市场的短期契约被一个长期的契约所替代。企业就是长期契约的集合。在正的交易成本的情况下，生产是通过市场分工进行，还是在企业内部进行，取决于两种合约安排的交易成本的大小。在科斯的视野中，他假设两种合约情况下生产成本是一样的，那么企业的目标就是节约交易成本。按照科斯所指出的问题，交易成本成为新制度经济学企业理论形成和深化的基础，目前新制度经济学企业理论沿着两条路径不断发展和深化：一是以交易费用分析基础上的企业与市场关系、纵向一体化和不完全合约为分析框架的契约理论；二是以企业团队理论、代理理论和治理理论为分析线索的契约理论分析框架，主要聚集于企业契约论和企业联合体理论。

6.2.2 企业投融资决策互动

6.2.2.1 基于新古典企业的投融资互动机制理论

1. 基于马歇尔企业的投融资互动机制理论

基于马歇尔企业，新古典经济学关注于整体经济的资源配置和一般均衡，其过于完美的假设条件使得企业投融资问题并不重要，并且投资和融资不相关。这种无关性可以作以下表述：假设一家具有生产集 Q 的企业由消费者所拥有，企业所有权可以解释为每个消费者（$i = 1,2,\cdots,I$）都有权分得份额为 $\theta_i \geq 0$ 的利润，$\sum \theta_i = 1$。如果生产决策为 $q \in Q$，给定预算约束 $pq_i \leq W_i + \theta_i pq$，则具有效用函数 $u_i(\cdot)$ 的消费者 i 将获得最大化的效用水平：$\max\limits_{z \geq 0} u_i(q_i)$，其中，$q_i$ 为消费者（i）的消费量，p 为产出价格，W_i 为消费者（i）的非利润财富。因此，在给定 p 条件下，较高的利润可以增加消费者和所有者的总财富，从而扩大其预算集，这是一个满意的结果。这样，在任何给定的 p 下，只要 $pq'_i > pq_i$，消费者和所有者就会一致偏好于企业实施生产计划 $q' \in Q$，而不是 $q \in Q$。将生产计划视为企业投资决策，则给定上述假设，无论所有者的效用函数怎样，他们都会一致同意要求企业采取相同的企业投资决策以使利润最大化。这也意味着：不管 θ_i 如何分布，即不管企业采用何种融资结构，企业都将选择利润最大化的投资决策，从而投/融资决策不相关。

上述完美情形使得企业投融资问题无关紧要。直至凯恩斯开创了宏观经济学，企业投资被抽象为函数 $I = I_0 + I(r)$，经济学家们才开始严肃对待企业投资问题，并逐渐形成基于马歇尔企业的传统和基于费雪企业的传统理论，前者始于乔根森（Jorgenson，1963），后者则始于 MM（1958）。乔根森及其后学者的研究被称为"新古典投资理论"。但是，正如其称谓所表明的，他们关注于企业投资行为而对融资关注甚少。Anderson-Prezas（1999）明确考察了企业投融资的互动机制，他们试图分析在劳动选择中债务引致（debt-induced）的风险转移对投融资决策互动的影响。其结论有二：第一，在劳动需求上，由于股东承担有限责任，股东仅对在具有偿付能力的状态下的剩余要求权感兴趣，增加劳动量可以增加他们的剩余，因此，如果企业采取负债与权益相混合的融资方式，那么相对于纯权益融资，负债的增加将导致劳动的过度使用；第二，在资本需求上，负债的增加通过影响与边际投资相关的股东的剩余要求权的规模，将影响边际投资的期望收益，这种效应称为收入效应，如果股东的权益要求权随着负债的增加而减少，即收入效应为负，那么资本投资与负债负相关；否则，二者正相关。影响收入效应的因素包括价格的不确定性、权益的发行成本。

2. 基于费雪企业的投融资互动机制理论

1930 年费雪的《利息理论》一书中，企业被抽象为一系列的现金流，费雪所阐发的第一和第二近似理论构成了现在著名的费雪分离定理，其内容可以表述如下：①给定相关假设，企业的投资（生产）决策与投资者的投资（储蓄）决策无关，或者说企业的投资决策不受投资者的主观偏好的影响；②给定相关假设，企业的投资（生产）决策与企业的融资决策无关；③如果允许企业自由借贷，则给定上述假设，企业的股利政策不影响企业的投资（生产）决策，或者说企业投资决策与股利政策无关。

上述费雪企业和分离定理在最初始的 MM 理论中进一步得到阐述。MM 理论假设股东和债权人仅仅关心证券的市场价值，从而仅仅关心公司产生的收入流，即 MM "选择一个费雪的（Fisherian）企业，而不是标准的马歇尔的（Marshallian）代表性企业"。在此基础上，MM 于 1958 年提出无关性命题 1 和 2，又在于 1961 年提出无关性命题 3，具体如下：

无关性命题 1：公司的市场价值与融资结构无关；

无关性命题2：公司的再投资决策与再融资方式无关；

无关性命题3：公司的市场价值与股利政策无关。

1963年，MM对上述命题进行修正，指出负债的税收效应将导致企业价值增加，从而使得融资结构影响投资决策。之后，学者们对该理论的争论可分为两派：一派指向负债所产生的税蔽价值及其对资本结构、企业价值的影响，另一派则指向负债所产生的破产成本、重组成本、清偿成本，这些成本均可称为财务困境成本（financial distress costs，FDC），该成本随着负债的增加而递增。随着负债的增加，税蔽价值与财务危机成本最终相抵消，由此存在一个最优的资本结构。

负债的税蔽价值和财务危机成本固然可以成为投融资互动机制的中介，但这种机制没有直接将融资和投资决策整合在一起。Myers（1974）试图给出一个比较一般性的投融资互动机制：考虑一家具有初始资产和负债的既存企业，通过投资和融资行为，企业的真实资产和金融资产将发生改变，企业目标是通过现在和未来的投融资活动，使以股东财富为代表的市场价值最大化。通过构造一阶最优条件，Myers提出了考虑投融资互动效应的现值概念，并将其称为修正现值（adjusted present value，APV），该修正现值除了考虑正常现值（A）之外，还考虑了追加单位投资后所增加的负债容量、追加单位投资后所增加的现金流。

6.2.2.2 基于新制度企业的投融资互动机制理论

1. **基于 AD 企业理论的投融资互动机制理论**

Alchian 和 Demsetz（1972）将企业视为高度专业化的代理人市场，企业的人力资产和非人力资产配置均受到企业内部市场的影响，还指出资产的不同监测成本会影响企业的资产租赁与购买决策。而资产具有依赖性、专有性、可塑性，这些资产特性对融资类型、契约安排均有影响，企业生产的团队性及内部市场信息的专用性也就造成外部市场难以为各项资产做出准确定价和合理配置（Alchian & Woodward，1987）。

针对 AD 企业理论，Jensen 和 Meckling（1976）持批评态度，认为企业"可作为一组个人之间的契约关系的一个联结"。其认为投资者与企业家之间存在代理问题，权益融资导致追求效用最大化的企业家过度投资，而负债融资则导致企业家投资于风险更高的企业，而代理成本的最小化导致企业最优融资结构的存在。

2. **基于 M 型企业理论的投融资互动机制理论**

Williamson（1979）指出企业治理结构对企业投融资存在一定影响，企业资本成本与企业资本结构随着资产专用性或治理结构的方法变化而发生变化，企业融资方式作为一种与资产专用性相关的企业治理方式，资产专用性的程度会直接影响到股权融资的方式，并强调 M 型结构比 U 型和 H 型结构更能节约交易成本。企业组织的 M 型结构亦称事业部制或多分公司结构，其显著特征是公司的战略决策与日常运营决策两项职能分离，分别由集团总部和利润中心（事业部）承担。在决策分权的基础上，各事业部作为利润中心，实行独立核算、自负盈亏，不同于 H 型结构中的具有法人资格的子公司形式，其利润的计算并非完全依赖于市场，而是部分地依赖公司总部的决策，主要是用内部资产市场代替外部资产市场，以节约交易成本，对企业投融资行为产生影响。

3. 基于 Myers 企业理论的投融资互动机制理论

Myers 的第一种企业观点，即到位资产和增长机会的集合，表明其试图发展一种新的负债理论。Myers（1977）的企业观点导致了期权理论的引入，该观点证明，在某种条件下，即使企业支付给债权人的价格很高，债权人也不愿投资，产生信贷配给；发行风险负债的企业由于不能借到更多的资金，将被迫采取次优投资策略甚至放弃一些投资策略。在没有公司所得税的情况下，企业的最优策略是不发行风险负债；但如果存在公司所得税，负债可产生税蔽价值，企业最优策略将在负债的税收优势和次优投资策略所造成的损失之间进行权衡。Myers（1977）还表明，企业倾向于令资产与负债的期限相匹配。在加入对到位资产和增长机会的信息不对称之后，Myers 和 Majluf（1984）证明：企业偏好于内部融资甚于通过发行证券进行外部融资；而当它们发行证券时，它们偏好于债券甚于股票。Myers（1984，1993）将该结论称为资本结构的"啄食顺序（pecking order）"理论。但该结论依赖于旧股东的消极性。Myers 和 Majluf（1984）最后证明，如果旧股东是积极的，那么将得到 MM 的无关性命题。

此后，众多学者的研究都秉承了 Myers 将企业视为到位资产和增长机会集合的观点，如 Childs、Mauer 和 Ott（2000）运用期权框架考察在权益持有者作出自利的投资决策情况下企业的投融资互动。该研究表明，当增长期权被执行时，其所带来的资产结构重新安排的类型，决定了权益投资者在增长期权中是投资不足还是投资过度，这些投资不足和投资过度的行为是相对于企业价值最大化的执行政策而言的。

Myers 的第二种企业观点，即人力资产的集合的投融资理论。Myers（1993）试图站在联合体即雇员的角度分析企业的财务决策尤其是资本结构的决定，并将这种理论称为资本结构的组织理论（organizational theory of capital structure），该理论与静态权衡理论、啄食顺序理论构成了资本结构的三大理论。该理论认为，如果企业通过发行债券为再投资项目融资，融资所带来的真实资产的价值增加将被负债的价值完全抵消，这导致管理者没有信心对 $NPV<0$ 的项目进行过度投资；但如果给定存量资产的现值和增长机会现值不变，则以债券融资替代权益融资将减少公司财富，这对股东来说可能是好消息；而以权益融资替换债券融资对投资者来说可能是坏消息。

4. 基于 GHM 企业理论的投融资互动机制

GHM 将企业视为实物资产的集合。假设一个拥有某个投资机会的企业家在面临财富约束时必须外部融资，由于企业家从企业经营中可获取大量私人利益而存在代理问题，则须形成对企业资产的控制权配置。Hart 和 Moore（1994）首先引进 Aghion 和 Bolton（1992）的控制权转移模型，并将模型分析扩展至多期和多个投资者的情形，得出结论：多个投资者有利于阻止企业家的策略性违约，从而起到收紧企业家的预算约束的作用，但却不利于企业家与投资者之间的富有建设性的重新谈判。对于拥有大量小股东的大型公众公司，由于其管理者的许多行动都是常规行动，因此并不需要给予他们控制权来激励他们进行专用性投资。重要的问题不在于控制权如何在管理者和股东之间分配，而是股东如何设计某种契约来限制管理者以股东的利益为代价来追求私人目标。

5. 基于 RZ 企业理论的投融资互动机制

遵循 Coase 的主旨，Rajan 和 Zingales 考察了企业内部的权力如何协调资产/资源的配置。RZ（1998）指出，企业内部的权力并非源于资产所有权。在 M 型企业中，尽管对关键通道的控制赋予了总部以某种权力，例如自由转移资产的权力，但企业内部资产缺少所有权却导致了各个事业部管理者对权力的争夺，这可能会引起投资的低效。

沿着企业如何取得并保持权力的逻辑，RZ（2001a）指出，当且仅当围绕关键性资产的专业投资网络足够强大，做到即使不必每天都控制对关键性资产的所有权也能获得一些权力时，外部权益融资才是可行的。而要保证这点，企业家可以引进风险资本家，由风险资本家为新兴企业提供某种服务以保证企业的管理规范化，从而令企业不必过分依赖于企业家或任何特定的职业管理者。这样，企业才能更加容易获得外部的权益融资。这种理念为企业资本结构提供了一种新见解：外部权益不是作为一种融资工具，而是作为一种"黏合剂"，其作用在于保持企业能够不受不同利益相关者的竞争的影响而继续获得组织租金。RZ（2001b）进一步指出，金融革命（financial revolution）导致了非人力资产的易获得性，非人力资产过去作为将企业其他资产与企业相结合的"黏合剂"的作用蒸发了，这使得 Myers（1977）曾经指出的增长机会不必然总是捆绑在存量资产上，现有股东通过控制存量资产也就不必然能够获取增长价值。股东改变这种被动局面的办法包括战略转变、治理转变和剩余分享等。

◎ 本讲小结

本讲基于现代公司金融理论和现代企业理论，阐述并归纳了企业投融资决策互动关系的相关机制。通过梳理权衡理论、代理理论、优序融资理论、新古典理论、新制度理论等基本概念，探究税收因素、破产成本、代理冲突和信息不对称对企业投融资决策的影响，并重点阐述和对比分析新古典企业以及新制度企业的投融资互动机制。

◎ 本讲习题

1. 1958 年，MM 理论在完全市场等一系列严格的假设下证明了企业投融资决策是完全独立的。问：理论中的完全市场是否存在？企业投融资决策之间是存在完全独立关系、单项影响关系还是相互作用关系？
2. 负债融资决策如何通过税收因素和破产成本这两个不完全因素对企业投资决策产生影响？
3. 基于现代企业契约理论，谈谈企业治理结构与企业融资结构之间的内在联系。
4. 什么是 M 型企业？M 型企业有什么特点？其对公司投融资行为有何影响？

第七讲　营运资本决策

◎ **本讲学习目标**

1. 学生要了解营运资本决策的定义与基本内容，并学会运用短期资产管理与短期负债管理的方法解决实际问题。
2. 掌握营运资本持有政策与营运资本筹集政策各类别的特点。
3. 了解短期资产管理与短期负债管理的内容与方法，包括现金管理、应收账款管理、存货管理、商业信用管理与短期借款管理。
4. 掌握最佳现金持有量测算模型、应收账款政策的制定与存货规划的经济订货量模型。

◎ **本讲重要术语**

营运资本（working capital）、短期资产（short-term assets）、营运资本持有政策（working capital holding policy）、短期筹资（short-term financing）、营运资本筹集政策（working capital raising policy）、成本分析模型（cost analysis model）、存货模型（inventory model）、随机模型（stochastic model）、信用标准（credit standards）、信用条件（credit conditions）、收账政策（collection policy）、经济订货量模型（economic order quantity）、再订货点模型（reorder point model）、陆续供应和使用模型（supply and use models gradually）、保险储备模型（insurance reserve model）、商业信用（business credit）、应付账款（accounts payable）、应付票据（notes payable）、预收账款（deposit received）、短期借款（short-term borrowings）

◎ **本讲重难点**

本讲重点在于掌握营运资本持有政策与营运资本筹集政策的定义与内容、短期资产管理与短期负债管理的内容与方法。难点在于掌握营运资本持有政策与营运资本筹集政策各类别的特点、最佳现金持有量测算的三个模型、应收账款政策的选择、经济订货量的基本模型及其拓展模型。

◎ 本讲学习思维导图

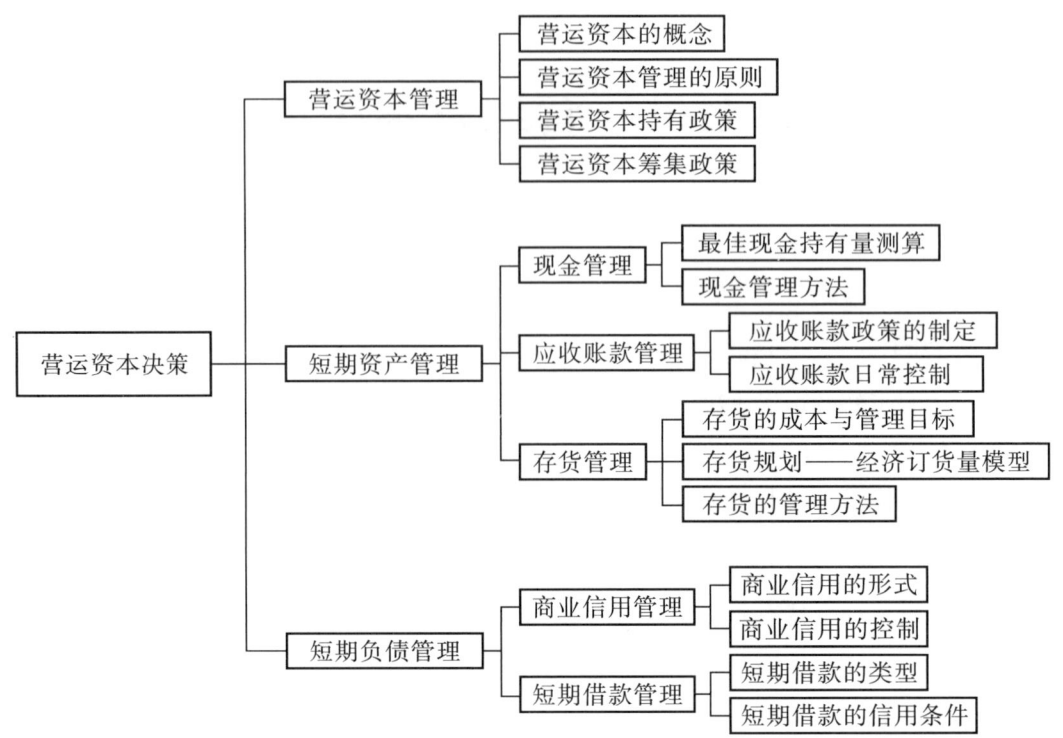

◎ 本讲案例导入

2021年7月，中共中央办公厅、国务院办公厅印发了《关于进一步减轻义务教育阶段学生作业负担和校外培训负担的意见》（以下简称"双减"意见），要求各地区、各部门结合实际认真贯彻落实。此项政策旨在持续规范校外培训（包括线上培训和线下培训），有效减轻义务教育阶段学生过重作业和校外培训的负担。"双减"意见刚一落地，昂立教育、豆神教育等教育服务类上市公司的股价纷纷受到影响，有些甚至出现崩盘的现象：7月23日，好未来暴跌70.47%；新东方下跌54.22%。在新冠疫情与"双减"政策的双重打击下，教培行业基本面大变，许多教培机构都陷入了资金链断裂的困境，退费难、拖欠租金或工资甚至直接跑路等事件频频见诸媒体。相较之下，"体面"成为2021年新东方和其创始人俞敏洪的"关键词"。"双减"政策落地后，新东方不仅如数退还了学生的相关费用，还支付了数万名被遣散员工的工资补偿。

新东方"体面"应对危机的背后，反映的其实是一家企业及其领导者的风险观。据了解，创始人俞敏洪曾给新东方定过一个规矩：不管公司的规模多大，支出不能超过预存现金的30%，账面上的余额必须随时能够支撑所有学生的学费和员工的工资，并且不能将预收款项当成现金流。截至2021年底，公司现金流及现金等价物余额达16.12亿美元，流动资产合计约65.74亿美元。由此可见，不同于其他企业趁教育行业大热之势的疯狂扩张，新东方选择的是相对稳健甚至保守的营运资本管理策略，因此有效地降低了此次突发状况对公司经营能力的影响。那么新东方选择的偏保守的营运资本决策相较于其他类型的决策而言存在什么优势呢？营运资本决策又包含哪些方面的内容呢？通过本讲的学习，你将会对营运资本决策有更深刻的认识和理解。

7.1　营运资本管理

7.1.1　营运资本的概念

在了解营运资本决策之前，我们需要简单了解一下营运资本的概念。营运资本（working capital）有广义和狭义之分。广义的营运资本是指生产经营过程中涉及的所有短期资产，即总营运资本；狭义的营运资本是指投入日常经营活动（营业活动）的资本，即短期资产与短期负债的差额。我们通常说的营运资本多指后者，因此本书所提到的营运资本指的是狭义上的营运资本。

营运资本管理可以分为短期资产管理和短期负债管理两个方面。前者是对营运资本投资的管理，即如何选择合适的短期资产持有量；后者是对营运资本筹资的管理，即如何选择合适的短期资金的筹措方式。企业要选择适合自身经营特征的营运资本管理方式，不仅要关注以上两个方面的问题，还要关注其中的各个细分项目，具体研究每一种短期资产与短期负债的管理策略。

7.1.2　营运资本管理的原则

对营运资本进行管理，既要保证企业有足够的资金满足生产经营的需要，又要保证企业能够按时偿还各种债务。在营运资本管理过程中，企业应当遵循如下原则：

1. 认真分析生产经营状况，合理确定营运资本的需求量

企业营运资本的需求量取决于生产经营规模和营运资本的周转速度，同时也受市场及产供销情况的影响。企业应当综合考虑各种因素，合理确定营运资本的需求量。

2. 在保证生产经营需要的前提下，节约使用资金

企业在保证生产经营需要的前提下，要控制好流动资金的占用量，因为流动资金的收益性较差。企业应当根据自身情况使这部分资金占用的成本保持在良性范围内，既要做到满足生产经营需要，又不能因安排过量而造成浪费。

3. 加速营运资金周转，提高资金的利用效果

在企业的生产经营规模一定时，短期资产的周转速度与流动资金的需求量呈反向变化。因此，企业可以通过适度加快存货的周转、缩短应收账款的收款期及延长应付账款的付款期等方式提高营运资金的周转率与流动资金的使用效率。

4. 合理安排短期资产与短期负债的比例关系，保证企业有足够的短期偿债能力

企业的短期负债主要用短期资产来偿付。倘若企业短期资产相对于短期负债过少，且企业无法通过其他途径获得资金，就可能出现企业到期无法偿还债务的情况。因此，企业要合理安排二者的比例关系以保证自身的短期偿债能力。

7.2 营运资本决策

7.2.1 营运资本持有政策

1. 短期资产概念与特征

短期资产（short-term assets），又称为流动资产，是指可以在一年以内或超过一年的一个营业周期内变现或耗用的资产，如现金及其等价物、存货、应收账款等。与长期资产相比，短期资产具有以下几个特点。

（1）周转速度快。公司投资于短期资产的资金周转一次所需要的时间较短，通常会在一年或一个营业周期内收回；固定资产等长期资产的价值则需要经过多次转移才能逐步收回或得以补偿。

（2）变现能力强。短期资产中的现金、银行存款本身就可以随时支付和偿债，其他的短期金融资产、存货、应收账款等也能在较短时间内变现。

（3）财务风险小。公司拥有较多的短期资产，由于周转快、变现快，可在一定程度上降低财务风险。

2. 短期资产的成本

在享受短期资产周转快、变现快等优势的同时，我们还要考虑投资短期资产需要承担的成本。投资短期资产主要有以下两种成本：

（1）短缺成本。短缺成本是指当公司持有的短期资产不足以满足经营活动的需要时，公司需要蒙受损失或付出代价的成本。例如，当现金短缺时，公司不得不出售有价证券以弥补现金需求并承担交易成本，短缺严重时还可能需要以较高的利息借入资金；当存货短缺时，公司不得不紧急订货并承担较高订货成本，若没有现成的货源，还可能因为不能及时发货而失去销售机会甚至失去客户。短缺成本随着短期资产投资水平的增加而降低，当公司持有较多短期资产时，其面临短期资产短缺的风险就越小。

（2）持有成本。持有成本是指公司将资金投入短期资产而需承担的额外成本，主要是与短期资产相关的机会成本。由于短期资产的流动性较强，因此持有短期资产的收益率较低，通常不会高于短期借款的利息。倘若公司不投资短期资产，就可以将这些资金用于其他收益更高的投资项目，这些因投资短期资产而失去的收益就是短期资产的持有成本。

在销售水平一定的情况下，企业投资较少的短期资产，可以节约持有成本并缩短流动资产的周转天数。但若短期资产不足则会增加企业的短缺成本。为避免经营中断，企业可以增加营运资本投资，但若投资过量则会出现多余的短期资产，从而增加了持有成本。由此可见，制定营运资本持有政策实际上就是权衡短缺成本与持有成本之间的关系。如图7-1所示，企业短期资产的持有成本随投资规模增加而增加，短缺成本随投资规模增加而减少，当两者相等时即达到最佳投资规模。

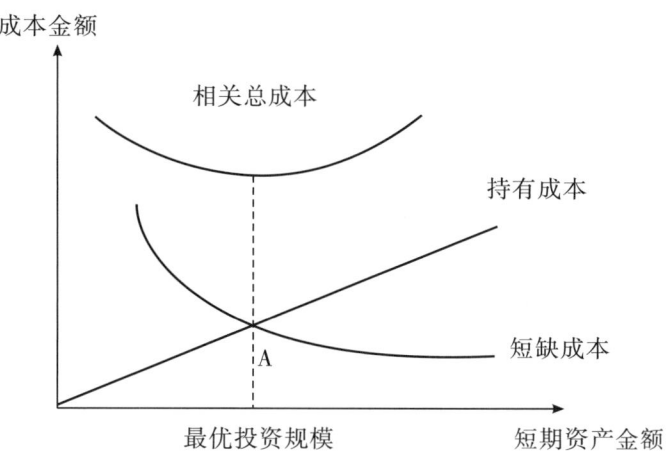

图 7-1 短期资产的持有成本

3. 营业资本持有政策类型

根据在一定销售额水平上持有短期资产数量的多少,可大致将公司的营运资本持有政策分为如下三种类型(表 7-1):

(1) 宽松的持有政策。宽松的持有政策要求企业在一定的销售水平上保持较多的短期资产,这种政策的特点是报酬低、风险小。该政策表现为持有较多的现金、短期有价证券和存货等,并为偿还债务与应对不确定性保留了大量资金,因此降低了企业因资金不足而中断经营的风险。但由于短期资产的报酬率较低,实行宽松的持有政策需要承担较高的持有成本。

(2) 紧缩的持有政策。紧缩的持有政策要求企业在一定的销售水平上保持较少的短期资产,这种政策的特点是报酬高、风险大。该政策表现为持有尽可能少的现金、短期有价证券和存货等,降低了短期资产的持有成本,增加了企业的投资收益。与此同时,企业需要承担较大的风险,如经营中断或失去销售机会甚至失去客户等。

(3) 适中的持有政策。适中的持有政策要求企业在一定的销售水平上保持适中的短期资产,既不过高也不过低。此时企业流入的现金刚好能够满足现金支付的需要,存货的储备也恰好满足生产和销售。在企业能够准确预测未来经营状况的理想状态下,适中的持有政策能够实现风险和收益的平衡,但在现实世界中,企业未来的销售水平、流动资产周转天数等条件都是不确定的,因此很难准确预测出短期资产的需求量。假设甲公司本年的销售收入为 100 万元,按 1∶10 的存货与收入比计算出存货投资为 10 万元,因此该公司储备了 1 万元的存货。若甲公司本年的销售收入仅有 80 万元,则当年产生了 20 万元的过量存货,假设等风险投资的年利率为 10%,那么甲公司便产生了 2 万元的短期资产持有成本;若实际市场需求达到了 120 万元,由于存货储备不足,甲公司则损失了 20 万元的销售收入。假设销售利润率为 1%,那么甲公司损失了 2 万元的利润。面对这种投资需求的不确定性,企业需要权衡与之相关的成本与收益。

表 7-1 三种营运资本持有政策的比较

种类	风险收益特征	成本特征	
		持有成本	短缺成本
宽松的持有政策	均低	低	高
紧缩的持有政策	均高	高	低
适中的持有政策	适中	持有成本与短缺成本总和最小化 持有成本 = 短缺成本	

7.2.2 营运资本筹集政策

1. 短期筹资的概念与特征

短期筹资（short-term financing）是指筹集在一年内或者超过一年的一个营业周期内到期的资金，通常是指短期负债筹资，如应付账款、应付票据、预售账款等。与长期筹资相比，短期筹资具有以下几个特点：

（1）筹资速度快。长期筹资的债权人为了确保其债权安全，往往要对债务人进行周密的财务调查与分析，因而长期筹资所需时间一般较长。而由于短期筹资在较短时间内可归还，其债权人顾虑较少，只需对债务人的近期财务状况作调查，因而短期筹资费时较短。综上，短期筹资速度较快。

（2）筹资弹性好。在筹集长期资金时，资金提供者出于资金安全方面的考虑通常会向筹资方提出较多的限制性条款或相关约束条件，且长期负债所筹资金往往不能提前偿还，筹资方在资金闲置时期也要承担利息费用。相较之下，短期筹资在资金的使用和配置上显得更加灵活、富有弹性。

（3）筹资成本低。短期筹资的利率通常比长期筹资的利率低，且筹资费用也比长期负债少得多，因此短期筹资的资金使用成本相对较低。

（4）筹资风险大。由于短期筹资的期限较短，筹资方通常需要在短期内准备足够的资金用以偿债。倘若债务到期时，筹资方在短期内拿不出足够的资金偿还债务，就可能陷入财务危机。

2. 短期负债的分类

按照短期负债的形成情况，可将短期负债分为以下两种：

（1）自然性短期负债，又称为自发性负债，是指直接产生于公司日常持续经营中的负债。这类负债不需要正式安排，它是因公司结算程序自然形成的。由于法定结算程序的原因，公司发生支出的实际时间一般晚于费用产生的时间，这部分已经形成但尚未支付的款项便成了公司的短期负债，如商业信用筹资和日常运营中产生的其他应付款、应付工资、应付利息、应付税金等。

（2）临时性短期负债，又称为临时性负债，是指为了满足临时的资金需求而发生的负债，这类负债需要人为地根据公司的资金需求状况进行安排，如为季节性生产而发生的流动资金借款等。

3. 筹资的匹配原则

与短期负债类似，流动资产按照用途可以分为临时性流动资产和永久性流动资产。临时性流动资产，又称为波动流动资产，是指那些受季节性、周期性影响的流动资产，如季节性存货、销售旺季的应收账款等；永久性流动资产是指那些即使企业处于经营淡季也仍然需要保留的、用于满足企业长期稳定运行所需要的流动资产。筹资的匹配原则是指根据资产的时间结构去安排筹资的时间结构，使资产与筹资相匹配。根据筹资的匹配原则，临时性流动资产占用的资金应当由短期资金来源支持，而永久性流动资产与长期资产占用的资金应当由长期资金来源支出。

按照筹资的匹配原则来安排资产与负债，有助于降低筹资的利率风险与偿债风险。例如，一个粮食购销公司拥有一个专门用于收购、储存和销售小麦的仓库，仓库的使用期限为10年。仓库是长期资产，在购买时应当使用长期借款支持，因为使用长期借款能够锁定借款利率，规避了未来10年的利率风险，且长期借款的资金持续性也避免了短期偿债压力。而小麦是短期资产，在购买时应该使用短期筹资，因为使用短期筹资利息较低，且避免了因季节性因素而产生多余的资金。

4. 营运资本筹集政策的类型

按照资产的流动性，可将公司资产分为短期资产与长期资产。营运资本筹资政策，是指在总体上如何为短期资产筹资，采用短期资金来源还是长期资金来源，或者兼而有之。制定营运资本筹资政策，就是确定短期资产所需资金中短期资金和长期资金的比例。基于此，可将公司的营运资本筹资政策分为以下三种类型：

（1）配合型筹资政策（图7-2）。

配合型筹资政策尽可能地贯彻筹资的匹配原则，其特点是：对于临时性流动资产，用临时性短期负债筹集资金，也就是利用短期银行借款等短期金融负债工具取得资金；对于永久性流动资产和长期资产，用自然性短期负债、长期负债和权益资本筹集。该政策可用以下公式表示：

$$临时性短期资产 = 临时性短期负债 \quad (7-1)$$
$$永久性短期资产 + 长期资产 = 自然性短期负债 + 长期负债 + 权益资本 \quad (7-2)$$

配合型筹资政策要求企业的短期金融负债筹资计划严密，实现现金流动与预期安排相一致。企业应根据临时性流动资产需求的时间和数量选择与之配合的临时性短期负债。在经营低谷时，企业除了自然性短期负债之外没有其他短期负债，只有在经营高峰期时才会举借临时性短期负债。

配合型筹资政策力求将资产与负债的时间结构相匹配，但由于资产使用寿命不确定，现实世界中很难做到资产与负债的完全匹配。实际上也不可能做到完全匹配，因为企业不可能为每一项资产都按其使用期限来配置特定的资金来源，只能笼统地分为短期来源与长期来源两大类；同时，像股东权益这类资本通常是无限期的，而企业拥有的资产通常是有限期的，不可能做到完全匹配；此外，大部分资产的使用寿命是不确定的，而负债的还款期限是确定的，很难做到二者期限的完全匹配。因此，配合型筹资政策是一种理想的筹资方式，在实践中较难实现。

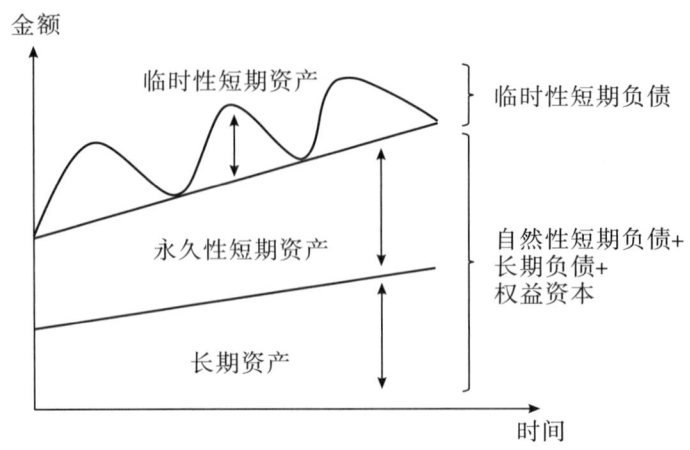

图 7－2　配合型筹资政策

（2）激进型筹资政策（图 7－3）。

激进型筹资政策的特点是：临时性短期负债不但要满足临时性流动资产的资金需要，还要解决部分永久性短期资产的资金需要。极端激进的筹资政策是全部永久性短期资产都使用临时性短期负债支持。该政策可用以下公式表示：

$$临时性短期资产 + 部分永久性短期资产 = 临时性短期负债 \qquad (7-3)$$

$$永久性短期资产（减去通过临时性短期负债筹得的部分） + 长期资产 = 自然性短期负债 + 长期负债 + 权益资本 \qquad (7-4)$$

一方面，由于临时性短期负债的资本成本一般低于长期债务和权益资本的资本成本，而激进型筹资政策下短期金融负债所占比重较大，所以，该策略下企业的资本成本较低。另一方面，为了满足永久性短期资产的长期资金需要，企业必然要在临时性短期负债到期后重新举债或申请债务展期，这样企业便需要更为经常地举债和还债，从而加大了筹资困难和风险；还可能面临由于短期负债利率的变动而增加企业资本成本的风险。所以，激进型筹资政策是一种收益性和风险性均较高的营运资本筹资政策。

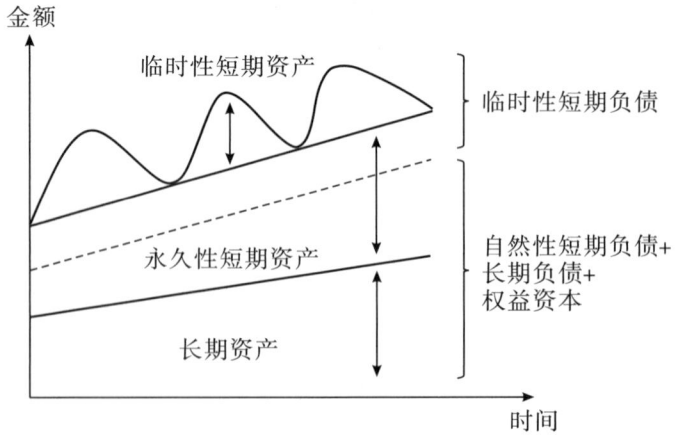

图 7－3　激进型筹资政策

(3) 稳健型筹资政策（图 7-4）。

稳健型筹资政策的特点是：临时性短期负债只满足部分临时性流动资产的资金需要，另一部分临时性流动资产和全部自然性流动资产由自然性短期负债、长期负债和权益资本支持。极端稳健的筹资政策完全不使用临时性短期负债，全部资金都来自长期资金。该政策可用以下公式表示：

$$部分临时性短期资产 = 临时性短期负债 \tag{7-5}$$

$$永久性短期资产 + 另一部分临时性短期资产 + 长期资产 = 自然性短期负债 + 长期负债 + 权益资本 \tag{7-6}$$

这种做法下，一方面，由于临时性短期负债所占比重较小，所以企业无法偿还到期债务的风险较低，同时蒙受短期利率变动损失的风险也较低。然而，另一方面，该政策会因长期负债的资本成本高于短期负债的资本成本，以及经营淡季时资金有剩余但仍需承担长期负债利息等因素，降低企业的收益。所以，稳健型筹资政策是一种风险和收益均较低的营运资本筹资政策。

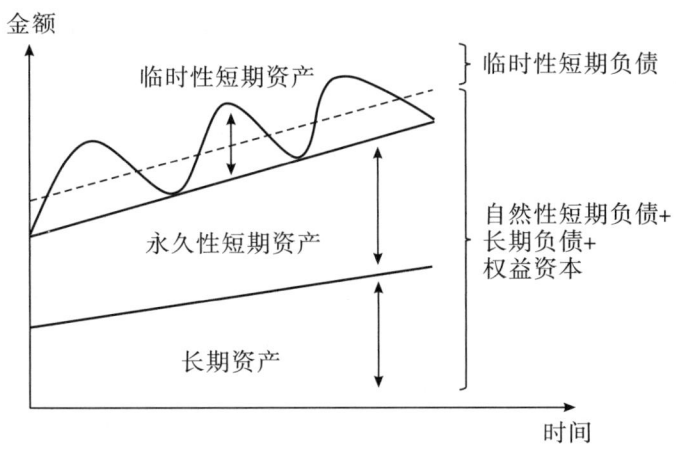

图 7-4 稳健型筹资政策

三种营运资本筹资政策的比较如表 7-2 所示。

表 7-2 三种营运资本筹资政策的比较

种类	配合型筹资政策	激进型筹资政策	稳健型筹资政策
匹配关系	①临时性短期资产 = 临时性短期负债 ②永久性短期资产 + 长期资产 = 自然性短期负债 + 长期负债 + 权益资本	①临时性短期资产 < 临时性短期负债 ②永久性短期资产 + 长期资产 > 自然性短期负债 + 长期负债 + 权益资本	①临时性短期资产 > 临时性短期负债 ②永久性短期资产 + 长期资产 < 自然性短期负债 + 长期负债 + 权益资本
临时性负债比重	居中	最大	最小
资本成本	居中	最低	最高
风险收益特征	适中	均高	均低

7.3 短期资产管理

营运资本决策不仅需要关注总体的短期资产与短期负债,还需要关注其中的各个细分项目。短期资产按照实物形态可大致分为现金、短期金融资产、应收及预付款项和存货。本节主要针对企业的现金管理、应收账款管理与存货管理三项内容展开描述。

7.3.1 现金管理

1. 现金的概念

现金(cash),是指可以立即用来购买物品、支付各项费用或偿还债务的交换媒介或支付手段,在企业生产经营过程中表现为各种以货币形式占用的资产,包括库存现金、银行存款及其他货币资金。现金是短期资产中流动性最强的资产,拥有大量现金的企业具有较强的偿债能力和承担风险的能力。本讲开头案例提到的新东方集团,正是因为其本身储备了大量的现金及现金等价物,才避免了陷入财务危机。但现金带来的收益通常较低甚至不会带来收益,因此企业进行现金管理的目标就是在流动性和收益性之间进行权衡,即在保证正常业务经营需要的同时,尽可能降低现金的占用量,并从闲置的现金中获得最大的投资收益。

2. 持有现金的动机

企业持有现金的动机,主要是满足交易性需求、预防性需求和投机性需求。

(1) 交易性需求。交易性需求是指企业持有现金以用于日常业务支付的需求。企业经常产生现金流入,也经常会发生现金流出,现金的流入流出不可能实现同步同量。当收入现金流入大于流出时,会形成现金置存;当现金流入小于流出时,则需要通过借款等方式获取现金。因此企业必须维持适当的现金余额,才能使业务活动正常地进行。

(2) 预防性需求。预防性需求是指企业持有现金以防发生意外支付的需求。企业有时会发生预料之外的开支,因此需要储备现金来满足这部分不确定的支出。现金流量的不确定性越大,预防性现金的数额也应越大;反之,企业现金流量的可预测性越强,预防性现金的数额则越小。此外,预防性现金数额还与企业的借款能力有关,如果企业在需要资金时能够很容易地借到短期资金,则其所需的预防性现金数额就越小。

(3) 投机性需求。投机性需求是指企业持有现金用于不寻常购买机会的需求。例如,当遇到有折扣原材料或其他资产供应的机会,企业便可用储备的现金购入以降低经营成本;再如,在遇到价格有利的股票和其他有价证券时,企业便可用现金买入以提高利润。当然,对于非金融机构的一般企业而言,这部分专为投机性需求而持有的现金并不多,但为此储备一定量的现金,有助于企业把握有利的投资机会。

3. 最佳现金持有量测算

在了解了企业持有现金的动机之后,我们不得不思考一个问题——企业应当置存多少现金才合适?持有现金虽能满足企业的交易性需求、预防性需求与投机性需求,但以现金形式占用的资金存在一定的成本,因此企业应当权衡持有现金的成本和收益,确定最佳现金持有量，这也是企业进行现金管理的首要任务之一。目前应用较为广泛的方法有成本分析模型、存货模型与随机模型。

(1) 成本分析模型。

成本分析模型是通过分析预测企业持有现金的相关成本，确定其总成本最低时现金持有量的一种方法。企业持有现金，将会产生三种成本。

机会成本，是指企业因保留一定的现金金额而丧失的投资收益。现金资产的流动性极佳，但盈利性极差。企业持有现金则不能将其投入生产经营活动，失去因此而获得的收益。企业为了保证经营业务的正常进行，有必要持有一定的现金以应付意外的现金需要，但若持有的现金过多则会使机会成本代价大幅度上升。现金的机会成本与现金持有量呈正比例关系。

管理成本，是指企业因保留一定的现金余额而增加的管理费用，如管理人员工资、安全措施费等，这些费用构成了现金的管理成本。管理成本是一种固定成本，与现金持有量之间无明显的比例关系。

短缺成本，是指企业因缺乏必要的现金、不能满足业务开展所需而蒙受的损失或为此付出的转换成本等代价。现金的短缺成本与现金持有量呈反比例关系。

上述三项成本之和的最小值对应的现金持有量即为企业的最佳现金持有量。

【例题 7-1】甲公司现有如下四种现金持有方案，各方案的成本如表 7-3 所示。

表 7-3 现金持有方案与成本　　　　　　　　（单位：元）

方案	平均现金持有量	机会成本	管理成本	短缺成本	总成本
A	50 000	3000	10 000	6750	19 750
B	100 000	6000	10 000	3000	19 000
C	150 000	9000	10 000	1250	20 250
D	200 000	12 000	10 000	0	22 000

将以上方案的总成本进行比较，可以发现方案 B 的总成本是最低的，也就是说当甲公司平均持有 100 000 元现金时，甲公司持有现金付出的代价（即机会成本、管理成本与短缺成本之和）最低，因此甲公司应当选择方案 B。

持有现金的三项成本曲线如图 7-5 所示。机会成本线为向右上方倾斜的直线，管理成本线为平行于横轴的水平线，短缺成本线为向右下方倾斜的曲线，三者之和构成的总成本线为一条抛物线。当现金持有量大于最低点时，现金机会成本的上升大于短缺成本的下降；当现金持有量小于最低点时，现金短缺成本的上升大于机会成本的下降，因此该抛物线最低点对应的现金持有量即为最佳现金持有量。

(2) 存货模型。

确定最佳现金持有量的存货模型，又称为鲍默尔模型，由美国学者 W. J. 鲍默尔 (W. J. Baumol) 于 1952 年提出。该模型假设企业的现金收入每隔一段时间发生一次，现金支出则在一定时期内均匀发生，且企业可通过卖出有价证券来获取现金。

由于现金支出是均匀发生的，若企业在 0 点时持有现金 N 元，企业均匀支出现金直

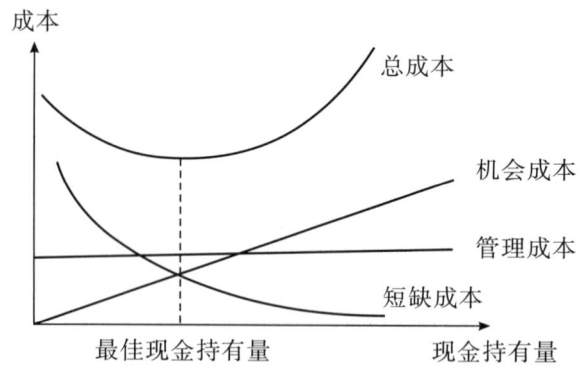

图 7-5 持有现金的成本曲线

至 t_1 时现金余额下降为 0。此时,企业需要通过卖出 N 元的有价证券使现金余额回到最初水平。如此循环往复,企业的现金余额将如图 7-6 所示。

在存货模型下,企业并不能无成本地进行有价证券与现金的转换。企业以有价证券转换回现金所付出的代价,称为现金的交易成本,如支付的经纪费用等。现金的交易成本与现金转换次数有关,而与现金的持有量无关。假定现金每次的交易成本是固定的,在企业一定时期现金使用量确定的前提下,现金与有价证券的转换次数越多,现金的交易成本就越高。除交易成本外,企业持有现金还存在机会成本,即企业持有现金

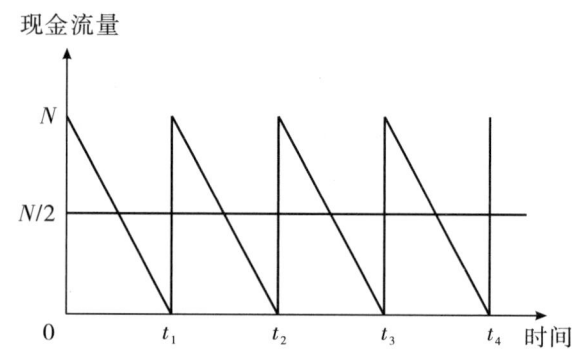

图 7-6 存货模型的现金持有状况

所放弃的其他收益。现金的机会成本与现金持有量呈正比例关系。

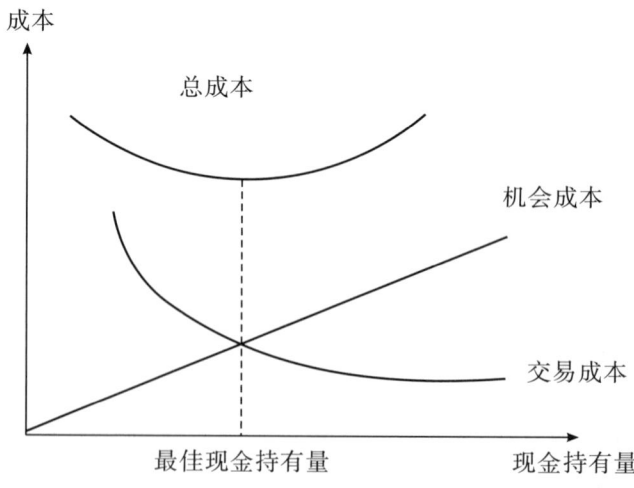

图 7-7 存货模型持有现金成本构成

存货模型下,企业持有现金的成本构成如图 7-7 所示,现金的机会成本和交易成本

是两条随现金持有量呈不同方向发展的曲线,两条曲线交叉点对应的现金持有量,即总成本最低的现金持有量。存货模型的目标就是求出这一最佳现金持有量。

【例题7-2】甲公司根据历史经验估算出其一年的现金需求量 $T=5000000$ 元。假设当年短期有价证券的利息率 $i=0.1$,现金与有价证券每次的转换成本 $b=1000$ 元。为确定合适的现金持有量,有如表7-4所示的几种现金持有方案,试确定哪种方案最适合甲公司。

表7-4 现金持有方案 （单位：元）

方案	现金总需求（T）	初始现金持有量（N）
A	5 000 000	600 000
B	5 000 000	500 000
C	5 000 000	400 000
D	5 000 000	300 000
E	5 000 000	200 000

由题意可得,每种方案对应的机会成本、交易成本及总成本如表7-5所示。根据表7-5,当企业选择方案D时,现金持有的总成本最低。因此上述方案中,最适合甲公司的是方案D。

表7-5 现金持有的成本 （单位：元）

方案	机会成本（$\frac{N}{2}i$）	交易成本（$\frac{T}{N}b$）	总成本（TC）
A	30 000	8333	38 333
B	25 000	10 000	35 000
C	20 000	12 500	32 500
D	15 000	16 667	31 667
E	10 000	25 000	35 000

假设 TC 为持有现金的总成本;b 表示现金与有价证券每次的转换成本;T 表示特定时间内的现金需求量总额;N 表示理想的现金转换数量,即最佳现金持有量;i 表示短期有价证券的利息率,则有

$$TC = \frac{N}{2}i + \frac{T}{N}b \tag{7-7}$$

由图7-7可知,最佳现金持有量 N 为机会成本线与交易成本线交叉点所对应的现金持有量,因此 N 应满足机会成本=交易成本,即

$$\frac{N}{2}i = \frac{T}{N}b$$

由此可得,最佳现金余额为

$$N = \sqrt{\frac{2Tb}{i}} \tag{7-8}$$

【接例题 7-2】 除了根据既定的方案分别计算其成本大小并进行比较,本例还可以利用存货模型推导出的公式来计算最佳现金持有量。在本例中,$T=5000000$,$i=0.1$,$b=1000$,因此,最佳现金持有量为

$$N = \sqrt{\frac{2 \times 5000000 \times 1000}{0.1}} = 316228(元)$$

为了验证这一结果的正确性,我们可以计算出比 316228 元略高或略低的几种现金持有成本。如表 7-6 所示,不论初始现金持有量是高于还是低于 316228 元,总成本都会升高,因此甲公司的最佳现金持有量为 316228 元。

表 7-6 现金持有的成本 (单位:元)

初始现金持有量 N	机会成本($\frac{N}{2}i$)	交易成本($\frac{T}{N}b$)	总成本(TC)
330 000	16 500	15 152	31 652
320 000	16 000	15 625	31 625
316 228	15 811	15 811	31 623
310 000	15 500	16 129	31 629
300 000	15 000	16 667	31 667

(3) 随机模型。

虽然存货模型是一种较为简单、直观的确定最佳现金持有量的方法,但该模型假设现金的流出量是稳定的,实际上这在企业现金管理时很难做到。因此接下来我们将了解一个适用于不确定性的现金管理模型,即随机模型。

随机模型,又称为米勒-欧尔模型,是由默顿·米勒(Morton Miller)和丹尼尔·欧尔(Daniel Orr)提出的一种基于不确定性的现金管理模型。在现实世界中,企业的现金需求往往波动较大且难以预测,因此该模型假设企业的现金流量需求服从正态分布,且现金流量与有价证券之间可以自由兑换。在该模型中,企业可以根据历史经验与现

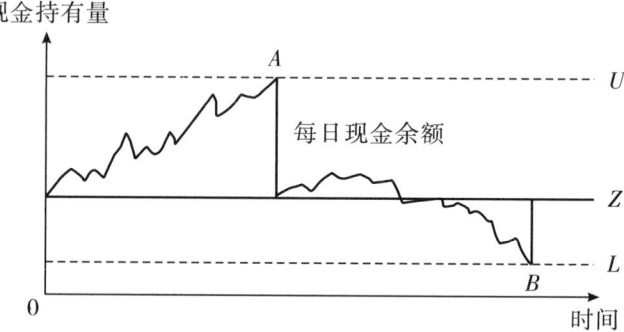

图 7-8 随机模型的现金持有量

实需要,测算出一个现金持有量的控制范围,即制定出现金持有量的上限(U)和下限(L),将现金量控制在上下限之内。如图 7-8 所示,在 A 点,企业现金持有量达到控制上限,此时用现金购入有价证券,使现金持有量下降;在 B 点,现金持有量降到控制下限,则抛售有价证券换回现金,使现金持有量回升。Z 为企业的最佳现金余额,也是现金余额随机波动的均衡点和目标水平。

根据随机模型,最佳现金余额 Z 的计算公式为

$$Z = \sqrt[3]{\frac{3b\sigma^2}{4r}} + L \tag{7-9}$$

现金余额上限 U 的计算公式为

$$U = 3 \times \sqrt[3]{\frac{3b\sigma^2}{4r}} + L = 3Z - 2L \tag{7-10}$$

其中：b 表示每次有价证券的固定转换成本；σ 表示预期每日现金余额波动的标准差；r 表示有价证券的日收益率；L 表示现金余额下限。现金余额下限 L 的确定受到企业每日最低现金需要、管理人员风险承受倾向等因素的影响，最低可确定为零。

【例题 7-3】甲公司根据历史经验测算得出其现金余额波动标准差为 1000 元，且公司管理人员认为每日最低现金需求量为 2000 元。若甲公司有价证券的年利率为 9%，每次有价证券的转换成本为 100 元，那么请问甲公司最佳现金持有量与现金余额上下限分别是多少？

由题意可知甲公司现金余额下限 L 为 2000 元

有价证券日收益率 $r = 9\% \div 360 = 0.025\%$

最佳现金持有量 $Z = \sqrt[3]{\frac{3b\sigma^2}{4r}} + L = \sqrt[3]{\frac{3 \times 100 \times 1000^2}{4 \times 0.025\%}} + 2000 = 8694$（元）

现金余额上限 $U = 3Z - 2L = 3 \times 8694 - 2 \times 2000 = 22082$（元）

因此，当甲公司现金余额达到 22082 元时，应当以 13388 元的现金投资有价证券，使现金持有量回落至 8694 元；当甲公司现金余额降至 2000 元时，应当卖出 6694 元的有价证券，使现金持有量回升至 8694 元。

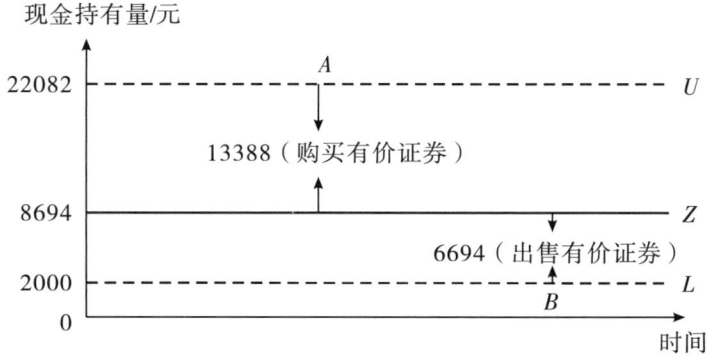

图 7-9 随机模型的例子

4. 现金管理方法

在现金管理中，除了要估计出合理的现金持有量之外，还要注重对现金的日常管理。为提高现金的使用效率，有以下几种管理方法。

（1）力争现金流量同步。

如果企业能尽量使它的现金流入与现金流出发生的时间趋于一致，力争现金流量同步，就可以使其所持有的交易性现金余额降到最低水平。因此企业财务管理人员需要提高预测和管理能力，减少企业持有现金带来的成本增加和盈利减少，从而提高现金的使用效率。

（2）合理估计并使用现金浮游量。

现金浮游量是指公司开出支票到收款人将款项划出公司的账户这段时间现金的占用量。由于企业支付、收款与银行转账业务之间存在时滞，本应显示同一余额的企业账簿和银行记录之间就会出现差异。在这段时间差里，企业仍可使用账上的这笔资金，但财务人员必须对这个量做出合理的估计，以免发生银行账户的透支。

（3）加速收款。

加速收款主要是指缩短应收账款的时间。为了增加销售量，企业往往会提供一定程度的商业信用而产生应收账款，这部分赊销的销售收入会增加企业资金的占用。因此要找到赊销与收账的平衡点，尽可能在保证自身竞争力的基础上加速应收账款的收回时间。

（4）推迟应付账款的支付。

推迟应付账款的支付，是指企业在不影响自己信誉的前提下，尽可能地推迟应付款的支付期，充分运用供货方所提供的信用优惠。当然，在遇到现金折扣时，应当权衡放弃折扣与享受折扣的利弊。

（5）实行内部牵制制度。

在现金管理中，要使出纳人员与会计人员互相牵制与监督，实现管钱的不管账、管账的不管钱。凡是关于现金的收付，要落实复核制度，减少纰漏。

（6）及时进行现金清理。

现金的收支应做到日清月结，确保库存现金的账面余额与实际库存额保持一致，银行存款账户余额与银行对账单余额保持一致。

7.3.2 应收账款管理

1. 应收账款的基本概念

应收账款（accounts receivable）是指企业在正常的经营过程中因销售商品、产品、提供劳务等业务，应向购买单位收取的款项，包括应由购买单位或接受劳务单位负担的税金、代购买方垫付的各种运杂费等。应收账款的产生主要有以下两个原因。

（1）商业竞争。这是应收账款产生的主要原因。在市场经济条件下，激烈的竞争迫使企业以各种手段扩大销售，赊销就是手段之一。对于同等价格且其他条件大致相符的产品，允许赊销的企业往往更具备竞争力，这是因为顾客能从赊销中获得好处。这种因商业竞争而产生的应收账款构成了一种商业信用。

（2）销售和收款的时间差距。商品成交的时间和收到货款的时间有时是不一致的，这也会导致应收账款的产生。对于批发和大量生产企业来讲，发货的时间和收到货款的时间往往不同，这是因为货款的结算需要一定的时间。由于销售和收款的时间差而造成的应收账款，不属于商业信用，也不是应收账款的主要内容，本节内容并不关注这部分应收账款。

2. 应收账款成本与管理目标

企业允许赊销是为了扩大销售和盈利而进行的投资。应收账款不仅有提高企业销售额的功能，还能够减少自身的存货，从而降低存货管理与仓储等的费用。在享受收益的同时通常需要承担相应的成本与风险,因此,企业管理应收账款的目标就是发挥应收账款强化竞争、扩大销售的功能,同时尽可能降低应收账款投资的成本,最大限度地提高应收账款投资的收益。持有应收账款的成本包括:

(1) 机会成本。应收账款会占用企业一定量的资金,而企业若不把这部分资金投放于应收账款,便可以将其用于其他投资并可能获得收益,例如投资债券获得利息收入。这种因投放于应收账款而放弃其他投资所带来的收益,即为应收账款的机会成本。这种成本一般按有价证券的利息计算。

(2) 管理成本。应收账款的管理成本主要包括制定信用政策的费用、对客户资信状况调查与跟踪的费用、信息收集费用、应收账款记录簿记与监管费用、收账过程中开支的差旅费、通信费、工资薪金、法律诉讼费、讨债公司收费等与应收账款有关的费用。

(3) 坏账成本。应收账款的坏账成本主要是因应收账款无法收回而给企业带来的损失。这一成本一般与应收账款数量同方向变动,即应收账款越多,坏账成本也越多。

3. 应收账款政策的制定

企业在应收账款管理中,最重要的一个环节就是确定适合自身条件的应收账款政策。该政策不仅要关注应收账款的形成,还要涉及应收账款的回收,做到事前事后的全方位管理。应收账款政策是企业财务政策的一个重要组成部分,其中主要包括信用标准、信用条件、收账政策三个部分。

(1) 信用标准(credit standards)。

信用标准是企业同意向顾客提供商业信用而提出的基本要求。顾客如果达不到信用标准,便不能享受企业的信用优惠或只能享受较低的信用优惠。通常以预期的坏账损失率作为判别标准。当信用标准较严格时,企业通过赊销产生的销售收入可能会下降,但预期的坏账损失也会减少;当信用标准较宽松时,企业的销售规模扩大,但由赊销带来的坏账损失等成本可能随之增加。因此,企业制定的信用标准应当权衡销售收入增加带来的收益和应收账款增加带来的成本。

【例题7-4】甲公司准备对其信用标准进行调整,现有两种信用方案可供选择,试分析甲公司应当选择哪个方案较为合适。假设应收账款占用资金的机会成本率为12%,两种方案的相关数据如表7-7所示。

表7-7 两种信用标准的相关信息

项目	方案A(严格的信用标准)	方案B(宽松的信用标准)
销售额/元	90 000	115 000
销售利润率/%	25	25
毛利/元	22 500	28 750
可能发生的收账费用/元	2000	4000
可能发生的坏账损失/元	3000	5000
平均收现期/天	40	60

① 计算各方案应收账款占用资金的机会成本。

方案A：应收账款机会成本 = $\frac{90000}{360} \times 40 \times 12\% = 1200$（元）

方案B：应收账款机会成本 = $\frac{115000}{360} \times 60 \times 12\% = 2300$（元）

②计算各方案的净收益。

方案A：净收益 = 22500 − 2000 − 3000 − 1200 = 16300（元）

方案B：净收益 = 28750 − 4000 − 5000 − 2300 = 17450（元）

由于实行方案B能够获得更高的净收益，甲公司应当采用方案B，即实行宽松的信用标准。

(2) 信用条件（credit terms）。

信用条件是指企业要求顾客支付赊销款项的条件，包括信用期限、折扣期限和现金折扣。信用期限是企业为顾客规定的最长付款时间，折扣期限是为顾客规定的可享受现金折扣的付款时间，现金折扣是在顾客提前付款时给予的优惠。例如，"5/10，n/30"构成一项信用条件，其中"5/10"表示在10天内支付款项可以享受5%的现金折扣，即只需支付原价的95%；"n/30"表示这笔款项必须在30天内付清。在这里，5%是现金折扣，10是折扣期限，30是信用期限。企业在决定信用条件时，应当考虑该信用条件所能带来的收益与成本，权衡利弊后做出选择。

【例题7-5】甲公司现提供给客户的信用条件为"n/30"，即不给予现金折扣，信用期限为30天。为扩大销售规模，甲公司拟将信用条件更改为"3/30，n/60"，根据实际情况估计采用新的信用条件后会有50%的客户选择享受现金折扣优惠，试分析甲公司是否应当采用新的信用条件。假设应收账款占用资金的机会成本率为12%，两种信用条件的相关数据如表7-8所示。

表7-8 两种信用条件的相关信息

项目	原方案（n/30）	新方案（3/30，n/60）
销售量/件	100 000	150 000
销售额/元	500 000	750 000
销售变动成本/元	400 000	600 000
销售固定成本/元	50 000	50 000
毛利/元	50 000	100 000
可能发生的收账费用/元	2000	6000
可能发生的坏账损失/元	4000	10 000
平均收现期/天	30	45（30×50% + 60×50%）
可能发生的折扣成本/元	0	11 250（750 000×50%×3%）

①计算收益的增加。

收益的增加 = 增加的销售收入 − 增加的变动成本
　　　　　= (750000 − 500000) − (600000 − 400000) = 50000（元）

②计算应收账款占用资金的机会成本。

应收账款机会成本 = 应收账款占用资金 × 机会成本率

应收账款占用资金 = 应收账款平均余额 × 变动成本率

应收账款平均余额 = 日销售额 × 平均收现期

因此，信用条件"$n/30$"的机会成本 = $\dfrac{500000}{360} \times 30 \times \dfrac{400000}{500000} \times 12\% = 4000$（元）

信用条件"$1/30$，$n/60$"的机会成本 = $\dfrac{750000}{360} \times 45 \times \dfrac{600000}{750000} \times 12\% = 9000$（元）

机会成本增加 = 9000 − 4000 = 5000（元）

③计算收账费用和坏账损失增加。

收账费用增加 = 6000 − 2000 = 4000（元）

坏账损失增加 = 10000 − 4000 = 6000（元）

④估计现金折扣成本的变化。

现金折扣成本增加 = 新的销售水平 × 新的现金折扣率 × 享受现金折扣的客户比例 − 旧的销售水平 × 旧的现金折扣率 × 享受现金折扣的客户比例 = 750000 × 50% × 5% − 500000 × 0 × 0 = 11250（元）

⑤计算提供现金折扣后的税前损益。

提供现金折扣后的税前损益 = 收益增加 − 成本费用增加
$$= 50000 - (5000 + 4000 + 6000 + 11250) = 23750（元）$$

由于可获得税前收益，甲公司应当采用"$3/30$，$n/60$"的信用条件，即信用期限放宽至 60 天，客户在 30 天内付款即能够享受 3% 的现金折扣。

（3）收账政策（collection policy）。

收账政策亦称收账方针，是指当客户违反信用条件，拖欠甚至拒付账款时所采用的收款策略与措施，即企业采取何种合理的方法最大限度收回被拖欠的账款。催收账款要发生费用，某些催款发生的费用还会很高（如诉讼费）。一般来说，收账费用支出越高，收账措施越有力，可收回的账款就越大，坏账损失也就越小。但收账费用与坏账损失这种关系并不是线性的。初始的收账费用支出可能只会减少很少的坏账损失，进一步增加收账费用将产生显著作用，当收账费用达到一定限度后（如图 7 − 10 中的点 A），无论怎样增加收账费用，平均收款期或者坏账损失都可能不会发生明显变化。因此，制定收账政策要在收账费用和所减少的坏账损失之间做出权衡。

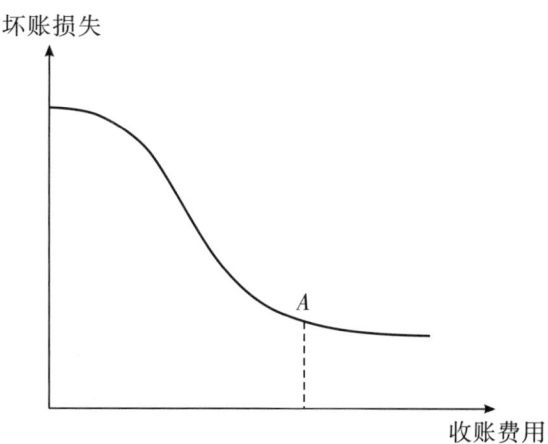

图 7 − 10　坏账损失与收账费用之间的关系

制定有效、得当的收账政策很大程度上依赖于相关人员的经验；从财务管理的角度讲，也有一些数量化的方法可予参照。比较收账政策优势的关键在于应收账款总成本的最小化，可以通过列表比较各收账方案成本的大小从而对其加以选择。

【例题7-6】为减少坏账损失，甲公司拟采用新的收账政策，试分析该政策对甲公司是否有益。假设应收账款占用资金的机会成本率为12%，收账政策对销售收入的影响忽略不计，相关数据如表7-9所示。

表7-9 两种收账政策的相关信息

项目	原政策	新政策
销售额/元	500 000	500 000
毛利/元	125 000	125 000
收账费用/元	5000	10 000
坏账损失/元	10 000	5000
平均收现期/天	60	30

①计算新政策减少的应收账款机会成本。

原政策：应收账款机会成本 $= \dfrac{500000}{360} \times 60 \times 12\% = 10000$（元）

新政策：应收账款机会成本 $= \dfrac{500000}{360} \times 30 \times 12\% = 5000$（元）

新政策减少的应收账款机会成本 $= 10000 - 5000 = 5000$（元）

②计算新政策减少的坏账损失。

新政策减少的坏账损失 $= 10000 - 5000 = 5000$（元）

③计算新政策增加的收账费用。

新政策增加的收账费用 $= 10000 - 5000 = 5000$（元）

④计算实行新政策的收益。

实行新政策的收益 = 节约的成本 - 增加的费用 = (5000 + 5000) - 5000 = 5000(元)

由于实行新政策能够获得5000元的净收益，因此甲公司推行新的收账政策是有益的。

4. 应收账款的日常控制

制定了应收账款政策之后，企业应当做好应收账款的日常管理，包括进行应收账款形成前的信用调查、信用评估以及应收账款形成后的日常监控与欠款催收。

（1）信用调查。

信用调查是指企业在制定信用政策之前，要通过搜集相关信息资料对顾客的信用状况进行调查，这是应收账款日常管理的重要内容。企业进行信用调查的方式主要分为以下两种。

①直接调查。直接调查是指调查人员直接通过当面采访、询问、观看、记录等方式获取被调查人员的信用资料的一种方式。直接调查能够保证所获信息的真实性，但并不是所有企业都愿意配合调查。

②间接调查。间接调查是以被调查单位以及其他单位保存的有关原始记录和核算资料为基础，通过加工整理获得被调查单位信用资料的一种方法。这些资料主要来自于被

调查单位的财务报表,以及信用评估机构、银行等。

(2) 信用评估。

在进行信用调查获得信用资料后,企业应该根据所得材料对顾客信用进行评估。常见的信用评估方法有以下两种。

①5C 评估法。所谓"5C",是指评估顾客信用品质的五个方面,即品质(character)、能力(capacity)、资本(capital)、抵押(collateral)和条件(conditions),由于它们的英文首字母均为"c",因此称为5C评估法。

品质(character)。品质指顾客的信誉,即履行偿债义务的可能性。企业必须设法了解顾客过去的付款记录,看其是否有按期如数付款的一贯做法,以及与其他供货企业的关系是否良好。这一点经常被视为评价顾客信用的首要因素。

能力(capacity)。能力指顾客的偿债能力,即其流动资产的数量和质量以及与流动负债的比例。顾客的流动资产越多,其转换为现金以支付款项的能力越强。同时,还应注意顾客流动资产的质量,看是否有存货过多、过时或质量下降,影响其变现能力和支付能力的情况。

资本(capital)。资本指顾客的财务实力和财务状况,这主要通过分析顾客财务指标来判断。

抵押(collateral)。抵押指顾客拒付款项或无力支付款项时能被用作抵押的资产。这对于不知底细或信用状况有争议的顾客尤为重要。一旦收不到这些顾客的款项,便以抵押品抵补。如果这些顾客提供足够的抵押,就可以考虑向他们提供相应的信用。

条件(conditions)。条件指可能影响顾客付款能力的经济环境。例如,万一出现经济不景气情况时,会对顾客的付款产生什么影响,顾客会如何做等,这需要了解顾客在过去困难时期的付款历史。

②信用评分法。信用评分法是先对一系列财务指标和信用情况指标进行评分,然后根据对应权重对指标值进行加权平均,最后得出顾客的综合信用评分分数。此方法可以如下公式表示:

$$Y = a_1 x_1 + a_2 x_2 + a_3 x_3 + \cdots + a_n x_n = \sum_{i=1}^{n} a_i x_i \qquad (7-11)$$

其中,Y 表示某企业的信用评分,x_i 表示第 i 种财务比率或信用品质评分,a_i 为事先确定的指标 x_i 的加权权数,$\sum_{i=1}^{n} a_i = 1$。

采用信用评分法进行信用评估时,得分在80分以上则表明企业信用状况良好,60～80分则表明信用状况一般,得分低于60分则表明企业信用状况较差。

(3) 日常监控。

应收账款形成后,企业还必须做好对应收账款的日常监控,关注各笔款项的回收情况,加强收账工作的管理,从而减少损失。企业已发生的应收账款时间有长有短,有的尚未超过收款期,有的则超过了收款期。一般来讲,拖欠时间越长,款项收回的可能性越小,形成坏账的可能性越大。对此,企业应实施严密的监督,随时掌握回收情况。可以通过编制账龄分析表实施对应收账款回收情况的监督。

账龄分析表是把所有的应收账款按账龄分为几类后,显示每一类的总数额和所占比例的表格，它描述了尚未收回的应收账款的数量与质量。通常将应收账款按账龄长短分为 0～30 天、30～60 天、60～90 天与 90 天以上等几个类别列示。表 7-10 是甲公司的账龄分析表。

表 7-10 账龄分析表

账龄	金额/万元	百分比/%
0～30 天	12	60
30～60 天	4	20
60～90 天	3	15
90 天以上	1	5
合计	20	100

利用账龄分析表，企业可以了解到以下情况。

①应收账款的数量与质量。根据表 7-10，甲公司目前共有 20 万元的应收账款仍未回收，其中账龄为 0～30 天的比重最高，占比达到 60%，而账龄超过 90 天的比重仅有 5%。

②企业信用条件、顾客付款习惯变化与近期销售趋势。例如，当企业延长顾客的信用期限时，账龄分析表则会反映这一变化。如果顾客的付款速度加快，则时间最近的那一类应收账款的占比将会提高，而时间较远的应收账款占比会下降。当企业处于销售旺季时，账龄较短的应收账款比例将会增加，相应地，当企业处于经营淡季时，账龄较短的应收账款比例将会下降。

(4) 欠款催收。

企业对各种过期账款的催收方式，包括准备为此付出的代价，就是它的收账政策。比如，对过期较短的顾客，不过多地打扰，以免将来失去这一市场；对过期稍长的顾客，可措辞婉转地写信催款；对过期较长的顾客，可频繁地进行信件催款和电话催询；对过期很长的顾客，可在催款时措辞严厉，必要时提请有关部门仲裁或提起诉讼等。

7.3.3 存货管理

1. 存货的概念

存货（inventory）是指企业在日常活动中持有以备出售的产成品或商品、处在生产过程中的在产品、在生产过程或提供劳务过程中耗用的材料或物料等，包括各类材料、在产品、半成品、产成品、库存商品以及包装物、低值易耗品、委托加工物资等。

一般情况下，企业的存货包括下列三种类型的有形资产。

(1) 在正常经营过程中存储以备出售的存货。这是指企业在正常的过程中处于待销状态的各种物品，如工业企业的库存产成品及商品流通企业的库存商品。

(2) 为了最终出售正处于生产过程中的存货。这是指为了最终出售但处于生产加工过程中的各种物品，如工业企业的在产品、自制半成品以及委托加工物资等。

(3) 为了生产供销售的商品或提供服务以备消耗的存货。这是指企业为生产产品或提供劳务耗用而储备的各种原材料、燃料、包装物、低值易耗品等。

2. 存货的成本与管理目标

如果企业能够随时购入所需的原材料或商品，存货就不会产生。但事实上，一般企业总是有储存存货的需要，因为企业很少能做到随时购入生产或销售所需的各种物资，即使是市场供应量充足的物资也如此。此外，企业整批购买物资的价格往往比零购物资的价格低，出于经济收益的考虑也会产生存货。但存货并不是无成本的，过多的存货要占用较多的资金，占用过多会使利息支出增加并导致利润的损失，并且会增加包括仓储费、保险费、维护费、管理人员工资在内的各项开支。进行存货管理，就要尽力在各种存货成本与存货效益之间作出权衡，达到两者的最佳结合。这就是存货管理的目标。与存货相关的成本可分为取得成本、储存成本与缺货成本三种。

（1）取得成本。

取得成本指为取得某种存货而支出的成本，在这里用 TC_a 来表示。其又分为订货成本和购置成本。

①订货成本。

订货成本指为订购材料、商品而发生的成本，如办公费、差旅费、邮资、通信费等支出。订货成本中有一部分与订货次数无关，如常设采购机构的基本开支等，称为订货的固定成本，用 F_1 表示；另一部分与订货次数有关，如差旅费、邮资等，称为订货的变动成本，每次订货的变动成本用 K 表示；订货次数等于存货年需求量 D 与每次进货量 Q 之商。订货成本的计算公式为

$$订货成本 = F_1 + \frac{D}{Q}K \tag{7-12}$$

②购置成本。

购置成本指存货本身的价值，经常用数量与单价的乘积来确定。年需求量用 D 表示，单价用 U 表示，于是购置成本为 DU。

订货成本加上购置成本，就等于存货的取得成本。其公式可表述为

$$TC_a = F_1 + \frac{D}{Q}K + DU \tag{7-13}$$

（2）储存成本。

储存成本指为保持存货而发生的成本，包括存货占用资金所应计的利息、仓储费、保险费、搬运费、存货破损和变质损失等，这里用 TC_c 来表示。

储存成本也分为固定成本和变动成本。固定储存成本与存货数量无关，如仓库折旧、仓库职工的固定工资等，通常用 F_2 来表示。变动储存成本与存货数量有关，如存货占用资金的应计利息、存货破损、变质损失和存货的保险费等，单位变动储存成本用 K_c 来表示。用公式表述的储存成本为

$$TC_c = F_2 + K_c \frac{Q}{2} \quad (\frac{Q}{2} \text{表示存货的平均储存量}) \tag{7-14}$$

（3）缺货成本。

缺货成本指由于存货供应中断而造成的损失，包括材料供应中断造成的停工损失、产成品库存缺货造成的拖欠发货损失和丧失销售机会的损失（还应包括需要主观估计的商誉损失）。如果生产企业以紧急采购代用材料解决库存材料中断之急，那么缺货成本表现为紧

急额外购入成本（紧急额外购入的开支会大于正常采购的开支）。缺货成本用 TC_s 表示。

用 TC 表示存货的总成本，则有

$$TC = TC_a + TC_c + TC_s = F_1 + \frac{D}{Q}K + DU + F_2 + K_c\frac{Q}{2} + TC_s \quad (7-15)$$

TC 值达到最小时对应的存货量即为企业的最佳存货量。

3. 存货规划——经济订货量模型

存货的决策涉及四项内容：决定进货项目、选择供应单位、决定进货时间和决定进货批量。决定进货项目和选择供应单位是销售部门、采购部门和生产部门的职责。财务部门要做的是决定进货时间和决定进货批量（分别用 T 和 Q 表示）。按照存货管理的目的，需要确定合理的进货批量和进货时间，使存货的总成本最低，这个批量叫作经济货量或经济批量。有了经济订货量，就可以很容易地找出最适宜的进货时间。与存货总成本有关的变量（即影响总成本的因素）有很多，通常，为了解决比较复杂的问题，有必要简化或舍弃一些变量，先研究解决简单的问题，然后再扩展到复杂的问题。

（1）经济订货量的基本模型。

构建经济订货量基本模型需要的假设条件有：

①企业能够及时补充存货，即需要订货时便可立即取得存货。

②货物能集中到货，而不是陆续入库。

③不允许缺货，即无缺货成本，TC_s 为 0，这是因为良好的存货管理本来就不应该出现缺货成本。

④货物的年需求量稳定，并且能够预测，即 D 为已知常量。

⑤存货单价不变，即 U 为已知常量。

⑥企业现金充足，不会因现金短缺而影响进货。

⑦所需存货市场供应充足，不会因买不到需要的存货而影响其他方面。

在上述假设条件下，存货总成本的公式变为

$$TC = F_1 + \frac{D}{Q}K + DU + F_2 + K_c\frac{Q}{2} \quad (7-16)$$

当 F_1、K、D、U、F_2、K_c 均为常数时，TC 的大小取决于 Q。为了求出 TC 的最小值，令该公式的一阶导数等于 0，即

$$TC' = \frac{Q}{2} - \frac{DK}{Q^2} = 0$$

由此可得，经济批量 $Q^* = \sqrt{\dfrac{2KD}{K_c}}$ \quad (7-17)

每年最佳订货次数 $N^* = \dfrac{D}{Q^*} = \sqrt{\dfrac{DK_c}{2K}}$ \quad (7-18)

最佳订货周期 $t^* = \dfrac{1}{N^*} = \dfrac{1}{\sqrt{\dfrac{DK_c}{2K}}}$ \quad (7-19)

与经济批量有关的存货成本 $TC(Q^*) = \dfrac{KD}{Q^*} + \dfrac{Q^*}{2}K_c = \sqrt{2KDK_c}$ \quad (7-20)

经济订货量占用资金 $I^* = \dfrac{Q^*}{2} \cdot U = \sqrt{\dfrac{KD}{2K_c}} \cdot U$ \hfill (7 - 21)

其中，D 为存货的年需求量，K 为一次订货变动成本，K_c 表示单位储存变动成本。

【例题 7-7】甲公司每年对某种存货的需求量为 7200 件，该原材料单价为 15 元，单位储存变动成本为 8 元，一次订货变动成本为 50 元，试确定甲公司对该存货的经济订货量、每年最佳订货次数、最佳订货周期、最低存货总成本与占用资金。

根据经济订货量模型：

经济订货量 $Q^* = \sqrt{\dfrac{2KD}{K_c}} = \sqrt{\dfrac{2 \times 50 \times 7200}{8}} = 300$（件）

每年最佳订货次数 $N^* = \dfrac{D}{Q^*} = \dfrac{7200}{300} = 24$（次）

最佳订货周期 $t^* = \dfrac{1}{N^*} = \dfrac{1}{24}$（年）$= \dfrac{1}{2}$（月）

与经济批量有关的存货成本 $TC(Q^*) = \sqrt{2KDK_c} = \sqrt{2 \times 50 \times 7200 \times 8} = 2400$（元）

经济订货量占用资金 $I^* = \dfrac{Q^*}{2} \cdot U = \dfrac{300}{2} \times 15 = 2250$（元）

（2）经济订货量基本模型的拓展。

经济订货量的基本模型是在前述各假设条件下建立的，但现实生活中能够满足所有假设条件的情况是少见的。因此，需要对基本模型做出改进以提高可用性，下面我们将逐一放宽假设条件，使模型更接近于实际情况。

①再订货点模型（图 7-11）。

此模型放宽了企业能够及时补充存货的假设。在现实生活中可能存在各种因素导致企业存货无法及时补充，因此，为了满足生产经营的持续进行，企业不会等到存货都用光了才订货。企业订购下一批存货时本批存货尚有的库存量，称为再订货点，用 R 表示。在不存在保险储备的情况下，它的数量等于平均交货时间（L）和每日平均需求量（d）的乘积，即

$$R = L \cdot d \hfill (7-22)$$

【接例题 7-7】甲公司每次订货的交货时间为 5 天，每日平均存货需求量为 20 件，由于存货无法瞬时补充，甲公司需要设定再订货点：

$$R = L \cdot d = 5 \times 20 = 100（件）$$

设定再订货点并不影响甲公司的经济批量，只是在考虑交货时间的情况下改变了甲公司的订货时间。为保证企业正常地生产经营，甲公司在该存货剩余 50 件时就应当发出订货单，当下批存货送达时，剩余的 50 件库存刚好用完。

②陆续供应和使用模型（图 7-12）。

基本模型假设存货一次全部入库，故存货增加时存量变化为一条垂直的直线。事实上，各批存货可能陆续入库，使存量陆续增加。尤其是产成品入库和在产品转移，几乎总是陆续供应和陆续耗用的。此模型放宽了存货集中到货的假设。

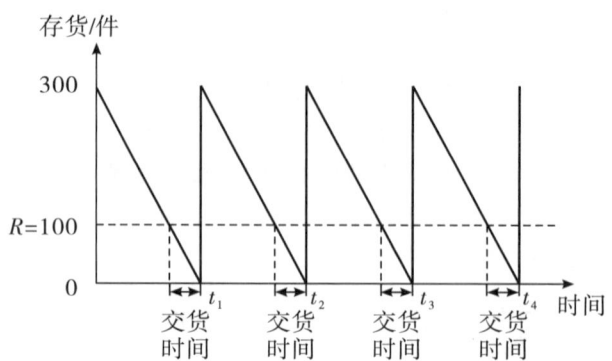

图 7-11 再订货点模型的例子

假设年需求量为 D，每批存货订货数为 Q，每日送货量为 P，则每批货物全部送达所需时间（送货期）为 Q/P，每日耗用量为 d，单价为 U，一次订货成本为 K，单位储存变动成本为 K_c，因此有：

送货期内存货耗用量为 $\dfrac{Q}{P} \cdot d$ （7-23）

由于零件边送边用，所以每批货物送完时最高库存量为 $Q - \dfrac{Q}{P} \cdot d$ （7-24）

平均存量则为 $\dfrac{1}{2}\left(Q - \dfrac{Q}{P} \cdot d\right)$ （7-25）

存货总成本 $TC = F_1 + \dfrac{D}{Q}K + DU + F_2 + \dfrac{1}{2}\left(Q - \dfrac{Q}{P} \cdot d\right)K_c$ （7-26）

求导可得经济批量 $Q^* = \sqrt{\dfrac{2KD}{K_c} \cdot \dfrac{P}{P-d}}$ （7-27）

与经济批量有关的存货成本 $TC(Q^*) = \sqrt{2KDK_c\left(1 - \dfrac{d}{P}\right)}$ （7-28）

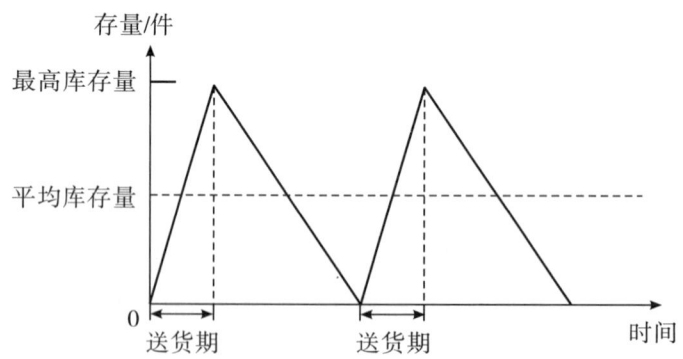

图 7-12 陆续供应和使用模型的存量变化

【例题 7-8】甲公司对某零件的年需求量为 7200 件，订购该零件时各批零件陆续入库，每日送货量为 60 件，每日耗用量为 20 件，单价为 20 元，一次订货变动成本为 48 元，单位储存变动成本为 8 元。求甲公司订购该零件的经济批量及存货总成本。

根据陆续供应和使用模型：

经济批量 $Q^* = \sqrt{\dfrac{2 \times 48 \times 7200}{8} \times \left(1 - \dfrac{20}{60}\right)} = 360$（件）

存货总成本 $TC = \sqrt{2 \times 48 \times 7200 \times 8 \times \left(1 - \dfrac{20}{60}\right)} + 7200 \times 20 = 145920$（元）

陆续供应和使用模型，适用于自制或分批外购时的订货批量选择决策。自制零件属于边送边用的情况，其单位成本可能较低，但每批零件投产的生产准备成本可能比一次外购订货的订货成本高出许多。外购零件的单位成本可能较高，但订货成本可能比较低。要在自制零件和外购零件之间做出选择，需要全面衡量它们各自的总成本，才能得出正确的结论。

【例题 7-9】甲公司对于某零件的年需求量为 3600 件，每日平均需求量为 10 件，储存变动成本为零件价值的 20%。对于取得该零件，甲公司有两种方式可选择。第一种是外购，单价为 4 元，一次订货成本为 10 元，外购的零件可以立即到货入库；第二种是自制，单位成本 3 元，每次生产准备成本为 600 元，每日产量 50 件。试分析甲公司应当选择哪种方式。

a. 外购零件（瞬时补充）。

与经济批量有关的存货成本 $TC(Q^*) = \sqrt{2KDK_c} = \sqrt{2 \times 10 \times 3600 \times 4 \times 0.2} = 240$（元）

存货总成本 $TC = DU + TC(Q^*) = 3600 \times 4 + 240 = 14640$（元）

b. 自制零件（陆续供应和使用模型）。

与经济批量有关的存货成本 $TC(Q^*) = \sqrt{2KDK_c\left(1 - \dfrac{d}{P}\right)}$

$= \sqrt{2 \times 600 \times 3600 \times 3 \times 0.2 \times \left(1 - \dfrac{10}{50}\right)}$

$= 1440$（元）

存货总成本 $TC = DU + TC(Q^*) = 3600 \times 3 + 1440 = 12240$（元）

由于自制的存货总成本低于外购的存货总成本，甲公司应当采取自制的方式取得该零件。

③保险储备模型。

以上模型均假定存货的供需稳定且确知，即每日需求量不变，交货时间也固定不变。实际上，每日需求量可能变化，交货时间也可能变化。按照某一订货批量（如经济订货批量）和再订货点发出订单后，如果需求增大或送货延迟，就会发生缺货或供货中断。为防止由此造成损失，就需要多储备一些存货以备应急之需，这称为保险储备（安全存量）。这些存货在正常情况下不动用，只有当存货过量使用或送货延迟时才动用。当存在保险储备（用 S 表示）时，再订货点需相应提高：

$$R = 平均交货时间 \times 平均日需求 + 保险储备 = L \cdot d + S \quad (7-29)$$

【例题 7-10】假定年需求量 D 为 3600 件，已计算出经济订货量为 300 件，每年订货 12 次。又知全年平均日需求量 d 为 10 件，平均交货时间 L 为 10 天。为防止需求变化

引起缺货损失,设保险储备量 S 为 100 件,再订货点 R 由此相应提高为
$$R = L \cdot d + S = 10 \times 10 + 100 = 200(件)$$

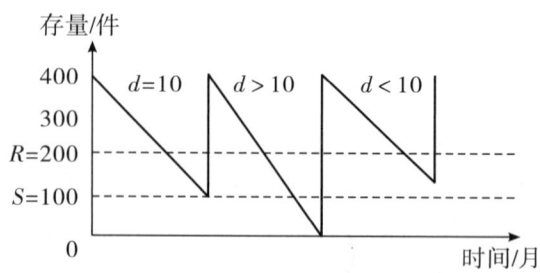

图 7-13 存货的保险储备

如图 7-13 所示,在第一个订货周期里,$d=10$,不需要动用保险储备;在第二个订货周期内,$d>10$,需求量大于供货量,需要动用保险储备;在第三个订货周期内,$d<10$,不仅不需要动用保险储备,正常储备亦未用完,下次存货即已送到。

4. 存货的管理方法

存货的管理要求管理人员在日常生产过程中,按照存货计划的要求,对存货的使用和周转情况进行组织、调节和监督。常见的存货管理方法有以下几种。

(1) 归口分级控制法。

存货的归口分级管理是指在存货控制的归口负责制下,各职能部门在存货管理和控制方面分别承担一定的责任,各司其职,为公司存货管理服务。具体而言包括以下三项内容。

①在企业管理层的领导下,财务部门对存货资金实行统一管理。企业必须加强对存货资金的集中、统一管理,促进供、产、销互相协调,实现资金使用的综合平衡,加快资金周转的速度。

②实行资金的归口管理。根据使用资金和管理资金相结合、物资管理和资金管理相结合的原则,每项资金由哪个部门使用,就归哪个部门管理。

③实行资金的分级管理。各归口的管理部门要根据具体情况将资金计划指标进行分解,分配给所属单位或个人,层层落实,实现分级管理。

(2) ABC 分类控制法。

ABC 分类控制法根据物品的重要性将存货分为 A、B、C 三类,对不同类别的存货采用不同程度的库存控制手段。分类标准如表 7-11 所示。通常情况下,A 类库存数量最少,但金额最高;B 类库存数量居中,金额也居中;C 类库存数量最多,但金额最低。

表 7-11 ABC 库存分类标准

分类	库存量占比	总金额占比	控制程度
A	10%~20%	70%~80%	严格
B	30%	15%~25%	适度
C	50%	5%	宽松

利用 ABC 库存分类法进行存货管理的主要流程如下：
①将每种存货在一定时期的使用量乘以单价，算出每种产品的总金额。
②按总金额大小排列，计算每种存货在一定时期内的数量占比与总金额占比。
③根据制定好的分类标准，将存货分为 A、B、C 三类（表 7-12）。
④对不同类别的存货采用不同程度的库存控制手段。

表 7-12 ABC 分类存货特点

A 类存货——严格控制	B 类存货——适度控制	C 类存货——宽松控制
• 库存水平：低 • 订货频率：高 • 订货批量：小 • 盘点库存：高频 • 存放环境：安全性高 • 关注需求预测偏差：频繁 • 关注订单状态：密切	• 库存水平：适中 • 订货频率：中等 • 订货批量：适中 • 盘点库存：定期 • 存放环境：相对安全 • 关注需求预测偏差：定期 • 关注订单状态：定期	• 库存水平：高 • 订货频率：低 • 订货批量：大 • 盘点库存：尽可能少 • 关注需求预测偏差：少 • 关注订单状态：少

（3）准时生产制库存管理方法。

准时生产制库存管理方法，又称为 JIT 法，其基本原理是"以需定供、以需定产"，即供方（上一环节）根据需方（下一环节）的要求，如品种、规格、质量、数量、时间、地点等，将生产物资或采购物资，不多、不少、不早、不晚且质量有保证地送到指定地点。因此，使用 JIT 法进行存货管理的企业，其库存量通常保持在一个生产班次恰好需要的数量。但 JIT 法的成功取决于许多因素。

①计划要求。JIT 法要求具备一份对于整个企业而言协调、完整的计划。通过仔细计划与规划，实施 JIT 法可以使企业不需持有保险储备，从而节约存货成本。但在现实中并不是所有企业都能做到高度的协调与计划。

②与供应商的关系。为了使 JIT 法有效运行，企业应与供应商紧密合作，确保送货计划、数量、质量等不出问题。

③准备成本。在生产中，每一批产品生产前都存在固定的准备成本，生产的最优批量受准备成本的影响。降低准备成本，企业就可以采用更短的生产周期，由此获得更大的灵活性。

④其他成本因素。JIT 法需要严格的管理和控制，这对供应商提出了较高的要求，供应商必须提高质量、送货频率等以满足企业适时生产的需求。因此，企业在采用 JIT 法来降低库存的同时，不得不承担更高的采购价格。

⑤信息化。从采购到生产再到销售的各个环节都离不开电子技术的帮助，因此企业的信息化水平对于 JIT 法的实施而言也是非常重要的。

（4）MRP 法。

MRP（material requirements planning），又称物料需求计划，是利用生产日程总表（master production schedule，MPS）、零件结构表（bill of material，BOM）、库存报表、已订购未交货订购单等各种相关资料，采用计算机技术得出各种物料零件的变量需求，从而提出各种新订购计划并修改各种已开出订购计划的物料管理技术。

MRP 的基本原理是：根据需求和预测来测定未来物料供应和生产计划与控制的方法，它提供了物料需求的准确时间和数量。只在需要的时候，向需要的部门，按需要的数量，提供所需要的物料。MRP 系统的运行步骤如下（图 7-14）。

①根据市场预测和客户订单，正确编制可靠的生产计划和生产作业计划，在计划中规定生产的品种、规格、数量和交货日期，同时，生产计划必须是同现有生产能力相适应的计划。

②正确编制产品结构图和各种物料、零件的用料明细表。

③正确掌握各种物料和零件的实际库存量。

④正确规定各种物料和零件的采购交货日期，以及订货周期和订购批量。

⑤通过 MRP 逻辑运算确定各种物料和零件的总需要量以及实际需要量。

⑥向采购部门发出采购通知单或向本企业生产车间发出生产指令。

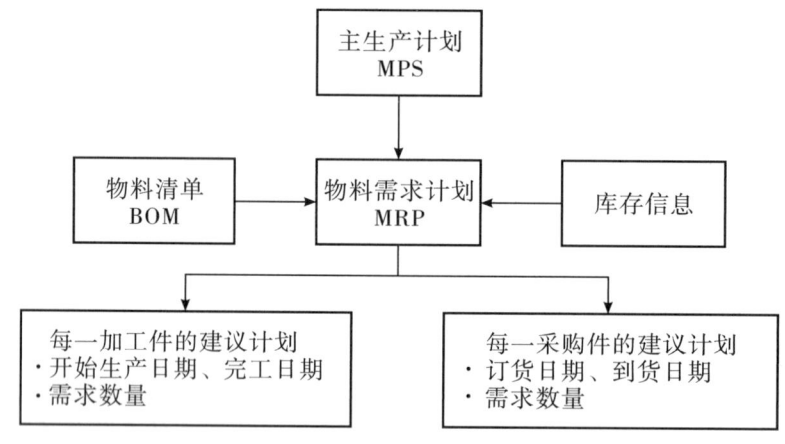

图 7-14 MRP 示意图

7.4 短期负债管理

前面我们已经提到，短期债务是指在一年内或者超过一年的一个营业周期内到期的债务。企业的短期债务主要有商业信用与短期借款两大类，因此本节介绍商业信用与短期借款的管理。

7.4.1 商业信用管理

1. 商业信用的概念

商业信用（trade credit）是指在商品交易中由于延期付款或预收货款所形成的企业间的借贷关系。商业信用运用广泛，在短期负债筹资中占有相当大的比重。在商品经济条件下，产业链上的企业相互依赖，但它们在生产时间和流通时间上往往不一致，从而使商品运动和货币运动在时间和空间上脱节，因此产生了商业信用。企业之间互相提供商业信用,可以满足企业对资本的需求,从而保证整个社会再生产的顺利进行。

作为企业间常见的短期筹资方式,商业信用具有如下优点。

(1) 筹资便利。对于多数企业来说,商业信用是一种持续性的信贷形式,且无须办理正式筹资手续,因为商业信用伴随着企业间的商品交易而产生,容易取得,是一种"自发性筹资"。

(2) 限制条件少。不同于银行借贷,商业信用取得的资金通常没有限制条件,因此较为灵活且富有弹性。

(3) 筹资成本低。如果没有现金折扣或使用不带息票据,商业信用筹资无负担成本。

但商业信用筹资也存在一定的缺陷,商业信用的期限通常较短,这不利于企业对筹集资金的统筹规划。此外,如果有现金折扣,企业放弃现金折扣时所付出的成本较高。

2. 商业信用的形式

下面主要介绍商业信用的三种形式:应付账款、应付票据与预收账款。

(1) 应付账款(account payable)。

应付账款是企业因购买材料、物资和接受劳务供应等应付给供货单位而未付的账款,相当于供货方允许买方企业在取得货物或接受服务后的一段时间内付款。与应收账款相对应,应付账款也有付款期、折扣等信用条件。

①放弃现金折扣的成本。

应付账款可以分为:免费信用,即买方企业在规定的折扣期内享受折扣而获得的信用;有代价信用,即买方企业放弃折扣付出代价而获得的信用;展期信用,即买方企业超过规定的信用期推迟付款而强制获得的信用。例如,某企业按"3/15,n/30"的信用条件购入货物 20 万元。倘若企业在 15 天内付款,那它便享受了 15 天的免费信用期与 0.6 万元的现金折扣,免费信用额为 19.4 万元。但如果企业选择在 15 天之后付款,企业就要承担放弃现金折扣而造成的隐含利息成本。企业放弃现金折扣的成本可用以下公式求得:

$$放弃现金折扣的成本 = \frac{折扣百分比}{1 - 折扣百分比} \times \frac{360}{信用期 - 折扣期} \quad (7-30)$$

以上公式表明,企业放弃现金折扣的成本与卖方提供的折扣百分比、折扣期及信用期均有关系,而这些因素都取决于卖方提供给企业的信用条件。当企业面对两家以上提供不同信用条件的卖方时,应通过衡量放弃折扣成本的大小,选择信用成本最小的卖方。

【例题 7-11】甲公司现有两家供应商可选择:供应商 A 给予甲公司的信用条件为"2/10,n/30",供应商 B 给予的信用条件为"1/20,n/30"。假设这两家供应商除了给予的信用条件不同以外,其他条件均保持一致。试分析甲公司选择哪家供应商更合适。

a. 供应商 A:

$$放弃现金折扣的成本 = \frac{2\%}{1 - 2\%} \times \frac{360}{30 - 10} = 36.7\%$$

b. 供应商 B:

$$放弃现金折扣的成本 = \frac{1\%}{1 - 1\%} \times \frac{360}{30 - 20} = 36.4\%$$

可见选择供应商 B 的信用成本更低,因此甲公司选择供应商 B 更合适。

②利用现金折扣的决策。

在有信用条件的情况下，何时付款取决于企业要利用哪种信用，由于获得不同信用要付出不同的代价，买方企业要在权衡各种信用的成本与收益之后再做出决策。

如果企业能够以低于放弃现金折扣成本的利率借入资金，那么企业应该利用免费信用，在现金折扣期内用借入的资金支付货款，享受现金折扣；反之，企业应放弃折扣。

如果企业在折扣期内将资金用于短期投资所得的收益高于放弃现金折扣的成本，那么企业应当利用有代价信用或展期信用，放弃折扣以追求更高的收益。当企业选择利用有代价信用时，应将付款日推迟至信用期的最后一天，以降低放弃现金折扣的成本；当企业选择利用展期信用时，则需权衡放弃折扣成本降低带来的好处与展期带来的损失。展期的损失主要是指企业的信誉恶化，这可能使企业失去原本的供应商，甚至失去其他贷款人的信用或面临更苛刻的信用条件。

（2）应付票据（note payable）。

应付票据，是企业在商品购销活动和对工程价款进行结算时采用商业汇票结算方式而产生的一种短期票据，由出票人出票，委托付款人在指定日期向收款人或者票据的持票人无条件支付确定的金额。按票据承兑人的不同，应付票据可以分为商业承兑汇票和银行承兑汇票；按是否带息，应付票据还可分为带息应付票据和不带息应付票据。应付票据的利率一般比银行借款的利率低，且不用支付协议费与保留补偿余额，所以应付票据的筹资成本低于银行借款成本。但是，应付票据到期必须归还，逾期未还需支付罚金，因而风险较大。

（3）预收账款（deposit received）。

预收账款是指企业向购货方预收的购货订金或部分货款。对于卖方来讲，预收账款相当于向买方借用资金后用货物抵偿。预收账款一般用于生产周期长、资金需求量大的货物销售。

3. 商业信用的控制

在取得商业信用后，企业应该注重对商业信用的日常监控，以尽量降低因拖欠款项对企业信誉造成的损害。以下介绍几种商业信用的日常控制方法。

（1）建立商业信用监督系统。

由于商业信用伴随着商品或服务的交易而产生，企业可以专门建立一个商业信用监督系统，该系统可以详细记录每笔商业信用产生的时间、关联的业务、提供的信用条件、确定的还款时间、偿还的进度等信息，实现商业信用从发生到结束的全过程监督，以便各阶段管理人员追踪。

（2）应付账款余额监控。

由于在商业信用中，应付账款的比重通常较大，因此对于应付账款应当加强日常的监控。目前常见监控应付账款的方法主要有以下两种。

①观察应付账款周转率。应付账款周转率是指在一定时间内应付账款周转的次数。由应付账款周转率可以看出企业应付账款偿还速度的变化。其计算公式为

$$应付账款周转率 = \frac{采购成本}{其间应付账款平均余额} \tag{7-31}$$

表 7-13 为甲公司近几年的应付账款周转情况。由表 7-13 可见，近几年甲公司的应付账款周转率有所提升，这说明甲公司对应付账款的偿还速度有所提升。

表 7-13　甲公司应付账款周转情况

年份	采购成本/万元	应付账款平均余额/万元	应付账款周转率
2018	500	250	200%
2019	400	200	200%
2020	625	250	250%
2021	675	225	300%

②观察应付账款余额百分比。应付账款余额百分比是指当期发生的应收账款在当期或随后几期尚未支付的金额中占采购当期应付账款总额的比例。管理应付账款的财务人员可以通过制作应付账款余额百分比情况表来记录各笔应付账款的偿还进度。

【例题 7-12】甲公司上半年发生了几笔应付账款，每笔应付账款及其在每个时间的余额如表 7-14 所示，试根据表 7-14 制作甲公司的应付账款余额百分比情况表，并分析甲公司应付账款的偿还情况。

表 7-14　甲公司上半年应付账款余额情况

月份	应付账款/万元	应付账款余额/万元					
		1月	2月	3月	4月	5月	6月
1月	120	60	20				
2月	150		80	30			
3月	200			120	40		
4月	100				50	10	
5月	180					100	30
6月	120						60
合计	870	60	100	150	90	110	90

通过表 7-14 可知，甲公司在 1 月产生了 120 万元的应付账款，该笔款项在 1 月尚有 60 万元未支付，在 2 月有 20 万元未支付，在 3 月已支付完毕。其他月份依此类推。基于此，甲公司的应付账款余额百分比情况如表 7-15 所示。根据表 7-15 可知，甲公司的应付账款余额百分比在应付账款发生当月基本保持在 50% 以上，且每笔应付账款均在 2 个月内还清。

表 7-15　甲公司上半年应付账款余额百分比情况表

月份	应付账款/万元	应付账款余额百分比/%					
		1月	2月	3月	4月	5月	6月
1月	120	50	17				
2月	150		53	20			

续上表

月份	应付账款/万元	应付账款余额百分比/%					
		1月	2月	3月	4月	5月	6月
3月	200			60	20		
4月	100				50	10	
5月	180					56	17
6月	120						50

（3）道德控制。

在前文我们介绍了虽然展期信用的使用能够降低放弃现金折扣的成本，但其带来的信誉损失对企业的影响不容忽视。企业信誉的下降不仅会影响其与供应商等的业务往来，也会影响日后融资的成本。因此一般来说，为了维护良好的形象，企业不应当拖欠应付账款。这种出于维护商业形象、体现商业道德的目的而按时偿还应付账款的情况就是对企业的一种道德控制。

7.4.2 短期借款管理

1. 短期借款的概念

短期借款（short-term borrowing）是指企业根据生产经营的需要，从银行或其他金融机构借入的偿还期在一年以内的各种借款，包括生产周转借款、临时借款等。与之相对的是长期借款。

2. 短期借款的类型

短期借款主要有经营周转借款、临时借款、结算借款、票据贴现借款、卖方信贷、预购定金借款和专项储备借款几种类型。

（1）经营周转借款。

经营周转借款又称为生产周转借款或商品周转借款，是指企业因流动资金不能满足日常生产经营的需要而向银行或其他金融机构取得的借款。

（2）临时借款。

临时借款是指企业因季节性、临时性的客观原因，正常周转的资金不能满足需求，超过生产周转或商品周转款额划入的短期借款。

（3）结算借款。

在采用托收承付结算方式办理销售货款结算的情况下，企业为解决商品发出后至收到托收货款前所需要的在途资金而借入的款项称为结算借款。

（4）票据贴现借款。

票据贴现借款是指企业持有银行承兑汇票或商业承兑汇票，发生经营周转困难时，申请票据贴现的借款，期限一般不超过3个月。

（5）卖方信贷。

卖方信贷是指产品被列入国家计划，质量在全国处于领先地位的企业，经批准采取分期收款销售引起生产经营资金不足而向银行申请取得的借款。

(6) 预购定金借款。

预购定金借款是指商业企业为收购农副产品发放预购定金而向银行借入的款项。这种借款按国家规定的品种和批准的计划指标发放,实行专户管理,借款期限最多不超过1年。

(7) 专项储备借款。

专项储备的商品是关系国计民生的重要商品。此贷款是经国家批准的储备商品所需资金,由主管部门申请,并提供批准文件和专项商品储备计划,由银行总行审批,专款专用,否则银行不予贷给。贷款期限根据批准的储备期确定。到期不能归还时,应办理展期。经批准,转入逾期,按逾期贷款手续处理。

3. 短期借款的信用条件

企业从银行及其他金融机构取得短期借款时,除了要通过贷款资格的审查,在取得借款时往往还会附带一定的信用条件,包括信贷限额、周转信贷协定、补偿性余额、借款抵押、偿还条件及其他承诺等。

(1) 信贷限额。

信贷限额又称"信贷额度",是借款人与银行在协议中规定的借款人能够取得的无担保贷款的最高额度。在规定的信贷限额内,企业可以随时向银行申请贷款。但信贷限额的规定并不具备法律效力,若在借款期间企业财务状况恶化或银行缺乏信贷资金,银行有权根据实际情况改变企业的信贷限额或拒绝提供贷款。

(2) 周转信贷协定。

周转信贷协定是银行从法律上承诺向企业提供不超过某一最高限额的贷款协定。与信贷限额不同的是,周转信贷协定中规定的贷款最高额度是具备法律效力的,在协议有效期内,银行必须满足企业所提出最高额度内的任何借款请求。对于在限额内未被使用的贷款额度,企业通常会给银行支付一笔承诺费。

【例题 7-13】甲公司与银行签订了周转信贷协定,协定中规定的最高限额为1000万元,贷款利率为承诺费率为0.5%,若甲公司在有效期内共使用了600万元,那么需要支付给银行的承诺费为

$$(1000 - 1600) \times 0.5\% = 2(万元)$$

即甲公司需要为限额内未被使用的贷款额度支付2万元的承诺费。

(3) 补偿性余额。

补偿性余额又称最低存款余额,是指企业向贷款银行取得借款时,需要在该银行中保留一定比例的存款余额,通常为贷款限额或实际使用额的10%~20%。对于银行而言,补偿性余额降低了贷款风险,但对于企业而言则加重了贷款成本。在有补偿性余额的条件下,企业借款的实际利率可按如下公式计算:

$$借款实际利率 = \frac{名义利率}{(1 - 补偿性余额比率)} \tag{7-32}$$

(4) 借款抵押。

借款抵押是指银行在为企业发放贷款时要求借款方提供一定的抵押品作为贷款的担保。对于一些财务风险较大或信誉较模糊的企业,银行为了降低贷款风险往往会要求企

业提供有价证券、存货、股票、房地产等作为抵押品。

(5) 偿还条件。

偿还条件是指贷款合同中规定的企业还本付息的方式，一般来说分为到期一次偿还与定期等额偿还两种。银行一般更愿意采用定期等额偿还的方式，因为这可以降低银行的贷款风险；而企业更愿意采用到期一次偿还的方式，因为这可以降低借款的实际利率。

(6) 其他承诺。

除以上五种信用条件外，银行有时还需要企业提供其他承诺，如按时提供财务报表、保证稳定的财务状况等。

4. 贷款机构的选择

企业进行短期借款管理，很重要的一步是对贷款机构的选择。随着金融业的发展，企业可选择的贷款机构越来越多，在选择贷款机构时，企业除了要考虑借款成本、信用条件外，还需要考虑以下因素。

(1) 针对贷款风险的政策。

不同机构的风险偏好不同，保守型贷款机构只愿意承担较低的贷款风险，而激进型贷款机构则敢于承担较大的贷款风险，企业应当结合自身的贷款期望来选择不同风险偏好的贷款机构。

(2) 服务态度及水平。

有些机构愿意积极地为企业提供建议，分析企业存在的问题并帮助其渡过难关，而有些机构则很少提供咨询服务，在企业遇到困难时为保障自身利益而不断施加压力。

(3) 贷款的专业化程度。

有些机构为发放贷款按不同类型、不同行业等标准设立了一系列专业化的部门，企业可以根据自身实际情况选择在领域内更富经验的贷款机构，从而获得更加良好的贷款体验。

(4) 其他条件。

贷款机构的资本规模、存款结构、存款水平波动、资产管理水平等均是企业在取得贷款时需要考虑的因素。

◎ 本讲小结

1. 营运资本有广义和狭义之分。广义的营运资本是指生产经营过程中涉及的所有短期资产，即总营运资本；狭义的营运资本是指投入日常经营活动（营业活动）的资本，即短期资产与短期负债的差额。

2. 公司的营运资本持有政策分为三种类型：宽松的持有政策要求企业在一定的销售水平上保持较多的短期资产；紧缩的持有政策要求企业在一定的销售水平上保持较少的短期资产；适中的持有政策要求企业在一定的销售水平上保持适中的短期资产。

3. 公司的营运资本筹资政策分为三种类型：配合型筹资政策的特点是对于临时性流动资产，利用短期银行借款等短期金融负债工具取得资金，对于永久性流动资产和长期资产，用自然性短期负债、长期负债和权益资本筹集；激进型筹资政策的特点是临时性短期负债不但要满足临时性流动资产的资金需要，还要解决部分永久性短期资产的资金需要；稳健型筹资策略的特点是临时性短期负债只满足部分临时性流动资产的资金需要，另一部分临时性流动资产和全部自然性流动资产由自然性短期负债、长期负债和权益资本支持。

4. 现金，是指可以立即用来购买物品、支付各项费用或偿还债务的交换媒介或支付手段，在企业生产经营过程中表现为各种以货币形式占用的资产，包括库存现金、银行存款及其他货币资金。

5. 成本分析模型是通过分析预测企业持有现金的相关成本，确定其总成本最低时现金持有量的一种方法。

6. 确定最佳现金持有量的存货模型，又称为鲍默尔模型，该模型假设企业的现金收入每隔一段时间发生一次，现金支出则在一定时期内均匀发生，且企业可通过卖出有价证券来获取现金。

7. 随机模型，又称为米勒－欧尔模型，该模型假设企业的现金流量需求服从正态分布，且现金流量与有价证券之间可以自由兑换。

8. 应收账款是指企业在正常的经营过程中因销售商品、产品、提供劳务等业务，应向购买单位收取的款项，包括应由购买单位或接受劳务单位负担的税金、代购买方垫付的各种运杂费等。

9. 应收账款政策是企业财务政策的一个重要组成部分，其中主要包括信用标准、信用条件、收账政策三个部分。信用标准是指企业同意向顾客提供商业信用而提出的基本要求；信用条件是指企业要求顾客支付赊销款项的条件，包括信用期限、折扣期限和现金折扣；收账政策是指当客户违反信用条件，拖欠甚至拒付账款时所采用的收款策略与措施。

10. 存货是指企业在日常活动中持有以备出售的产成品或商品、处在生产过程中的在产品、在生产过程或提供劳务过程中耗用的材料或物料等。与存货相关的成本可分为取得成本、储存成本与缺货成本三种。

11. 按照存货管理的目的，需要确定合理的进货批量和进货时间，使存货的总成本最低，这个批量叫作经济货量或经济批量。

12. 商业信用是指在商品交易中由于延期付款或预收货款所形成的企业间的借贷关系，主要包括应付账款、应付票据与预收账款三种形式。

13. 短期借款是指企业根据生产经营的需要，从银行或其他金融机构借入的偿还期在一年以内的各种借款，包括生产周转借款、临时借款等。

14. 企业从银行及其他金融机构取得短期借款时，除了要通过贷款资格的审查，在取得借款时往往还会附带一定的信用条件，包括信贷限额、周转信贷协定、补偿性余额、借款抵押、偿还条件及其他承诺等。

◎ 本讲习题

一、名词解释

1. 营运资本
2. 短期资产
3. 短期筹资

4. 信用标准

5. 信用条件

6. 经济批量

7. 保险储备

8. 再订货点

9. 商业信用

10. 票据贴现

11. 信贷限额

12. 补偿性余额

二、判断题

1. 营运资本具有流动性强的特点，但是流动性越强的资产其收益性就越差。（　　）

2. 拥有大量现金的企业具有较强的偿债能力和承担风险的能力，因此企业拥有的现金越多越好。（　　）

3. 如果一个企业的短期资产较多、短期负债较少，说明该企业的短期偿债能力较强。（　　）

4. 宽松的短期资产持有政策要求企业在一定的销售水平上保持较多的短期资产，这种政策的特点是报酬高、风险大。（　　）

5. 赊销是扩大销售的有力手段之一，企业应尽可能放宽信用条件，增加赊销量。（　　）

6. 收账费用支出越多，坏账损失越少，两者是线性关系。（　　）

7. 要制定最优的信用政策，应把信用标准、信用条件、收账政策结合起来，考虑其综合变化对销售额、应收账款机会成本、坏账成本和收账成本的影响。（　　）

8. 商业信用是指商品交易中的延期付款或延期交货所形成的借贷关系，是企业之间的一种直接信用关系。（　　）

9. 商业信用筹资的优点是使用方便、成本低、限制少，缺点是时间短。（　　）

10. 银行短期借款的优点是具有较好的弹性，缺点是资本成本较高，限制多。（　　）

三、单项选择题

1. 企业选择采用宽松的营运资本持有政策时，短期资产的（　　）。

    A. 短缺成本较高　　　　　　　　B. 管理成本较低
    C. 持有成本较低　　　　　　　　D. 持有成本较高

2. 如果一个企业为了能够正常运转，不论在生产经营的旺季或淡季，都需要保持一定的临时性借款，则有理由推测该企业所采用的营运资本筹资政策是（　　）。

    A. 配合型筹资政策　　　　　　　B. 激进型筹资政策
    C. 稳健型筹资政策　　　　　　　D. 以上都不是

3. 企业置存现金的原因，主要是为了满足（　　）。

    A. 交易性、预防性、收益性需求　　B. 交易性、投机性、收益性需求

C. 交易性、预防性、投机性需求　　　　D. 预防性、收益性、投机性需求
4. 下列各项中属于应收账款机会成本的是（　　）。
   A. 坏账损失　　　　　　　　　　　　B. 收账费用
   C. 对客户信用进行调查的费用　　　　D. 应收账款占用资金的应计利息
5. 经济批量是指（　　）。
   A. 采购成本最低的采购批量　　　　　B. 订货成本最低的采购批量
   C. 储存成本最低的采购批量　　　　　D. 存货总成本最低的采购批量
6. 下列各项中，会引起经济订货量占用资金反向变动的是（　　）。
   A. 存货年需求量的变动　　　　　　　B. 单位存货年储存变动成本的变动
   C. 单价的变动　　　　　　　　　　　D. 每次订货的变动成本的变动
7. 供应商向甲公司提供的信用条件是"2/30，N/90"。一年按360天计算，不考虑复利，甲公司放弃的现金折扣成本是（　　）。
   A. 12.24%　　　　　　　　　　　　　B. 12%
   C. 12.88%　　　　　　　　　　　　　D. 12.62%

四、多项选择题

1. 为了提高现金使用效率，企业应当（　　）。
   A. 加速收款
   B. 在不影响信誉的前提下推迟应付账款的支付
   C. 使用现金浮游量
   D. 力争现金流入与现金流出同步
2. 下列各项因素中，对存货的经济订货量没有影响的有（　　）。
   A. 订货提前期　　　　　　　　　　　B. 每日送货量
   C. 每日耗用量　　　　　　　　　　　D. 保险储备量
3. 存货模式和随机模式是确定最佳现金持有量的两种方法。以下对这两种方法的表述中，正确的有（　　）。
   A. 两种方法都考虑了现金的交易成本和机会成本
   B. 存货模式简单、直观，比随机模式有更广泛的适用性
   C. 随机模式可以在企业现金未来需要总量和收支不可预测的情况下使用
   D. 随机模式确定的现金持有量，更易受到管理人员主观判断的影响
4. 评估顾客信用的5C评分法中的"5C"包括（　　）。
   A. 品质　　　　　　　　　　　　　　B. 能力
   C. 资本　　　　　　　　　　　　　　D. 抵押
5. 确定建立保险储备量的再订货点，需要考虑的因素有（　　）。
   A. 平均交货时间　　　　　　　　　　B. 平均日需求量
   C. 保险储备量　　　　　　　　　　　D. 平均库存量

五、计算分析题

1. 某公司有A，B两种备选的现金持有方案。有关数据如下：

项目	方案 A	方案 B
现金持有量/元	2000	3000
机会成本率/%	12	12
管理成本/元	100	100
短缺成本/元	300	100

要求：确定甲公司应采用哪种方案。

2. 某公司预计全年现金需求量为8000元，短期有价证券的利息率为25%，现金与有价证券每次的转换成本为400元。

要求：确定该公司的最佳现金持有量。

3. 甲公司是一个商业企业。由于目前的信用政策过于严格，不利于扩大销售，该公司正在研究修改现行的政策。现有一个放宽信用政策的备选方案，有关数据如下：

项目	现行政策	新方案
信用政策	$n/45$	$2/10$，$n/120$
年销售额/（万元/年）	2400	2700
收账费用/（万元/年）	40	10
收账期/天	45	30%的客户10天付款，其余客户120天付款
坏账损失率/%	2	3

已知甲公司的销售成本率为80%，存货周转天数适中保持60天不变（按营业成本确定）。假设投资要求的最低报酬率为15%，不考虑所得税的影响，一年按360天计算。坏账损失率是指预计年度坏账损失和销售额的百分比。

要求：

（1）计算与现行政策相比新方案增加的税前收益。

（2）根据上述结果，判断是否应该修改现行的信用政策。

4. 甲公司是一家工业企业，常年大量使用某种零件。该零件可以外购，也可以自制。如果外购，零件单价为100元/件，每次订货的变动成本为20元，订货的固定成本忽略不计。如果自制，有关资料如下：

（1）需要购买一套价值为100000元的加工设备，该设备可使用5年，使用期满无残值。

（2）需要额外聘用4名操作设备的工人，每个工人年薪为25000元。

（3）每次生产准备成本为400元，每日产量15件。

（4）自制零件的单位成本为60元。

该零件的全年需求量为3600件，每年按360天计算。公司的资金成本为10%，除资金成本外不考虑其他储存成本。

要求：

（1）计算甲公司外购零件的经济批量、与批量有关的总成本、外购零件的全年总成本。

（2）计算甲公司自制零件的经济批量、与批量有关的总成本、自制零件的全年总成本（加工设备在设备使用期内按平均年成本法分摊设备成本）。

（3）判断甲公司应该选择外购还是自制并说明原因。

第八讲　股利分配决策

◎ **本讲学习目标**

1. 掌握公司利润及其分配管理。
2. 掌握股利种类与股利发放程序。
3. 理解股利理论的主要内容，包括股利无关理论、"一鸟在手"理论、税差理论、追随者效应理论、代理成本理论、股利信号理论。
4. 理解公司股利政策实践的内容、评价指标，掌握公司股利政策的影响因素以及股利政策的类型。
5. 了解股票回购的方式与动机。
6. 理解股票股利和股票分割的差异。

◎ **本讲重要术语**

现金股利（cash dividend）、股票股利（stock dividend）、股利无关理论（dividend irrelevance theory）、"一鸟在手"理论（bird-in-hand theory）、税差理论（tax difference theory）、股利政策（dividend policy）、剩余股利政策（residual dividend policy）、稳定股利额政策（steadily increasing dividend）、固定股利支付率政策（fixed dividend payout rate policy）、股票回购（stock repurchase）、股票分割（stock split）

◎ **本讲重难点**

本讲学习重点内容包括各种股利理论、影响股利政策的因素以及股利政策的主要类型。学习难点在于正确理解各种股利理论，并掌握各种股利政策的制定程序。

◎ **本讲案例导入**

腾讯控股有限公司（以下简称"腾讯控股"）是一家以QQ和微信两款社交软件及其带来的巨额流量为基本盘，延伸至泛娱乐产业的互联网巨头上市公司，同时提供金融科技、广告引流等多种服务，并积极投资具备高成长性的新兴产业。京东集团股份有限公司（以下简称"京东集团"）是一家电商运营公司，为超过3.6亿活跃客户提供高质量商品和优质的快递运输服务。在此次有价证券股利分派之前，二者开展了多年的深度战略合作，京东集团是腾讯控股投资战略上的一块重要拼图。2014年3月10日，腾讯控股以2.15亿元现金加上流量平台支持服务、子公司资产等为对价获得京东集团15%的普通股股权，经过后续一系列的增持认股，至2021年12月31日派息前，腾讯控股通过其全资子公司黄河投资有限公司共持有16.9%的京东集团股权，是京东集团的第一大股东。在2006—2021年时间区间内，腾讯控股主要采用现金股利进行股利分派，具体见图8-1。

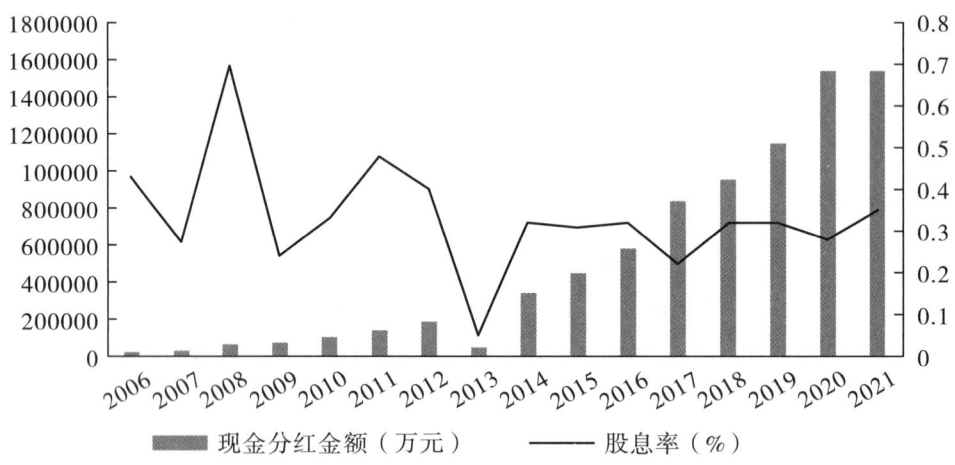

图8-1 2006—2021年腾讯控股分红明细

从图8-1中可以看出，2006—2021年，腾讯控股每年均保持有一定金额的现金分红，2011—2021年股息率在0.3%上下波动。之所以股息率较低，原因可能是2011—2020年间腾讯控股成长性较强，其间公司归母净利润复合年增长率高达35.76%，具备充足的可投资项目，因此更倾向于将盈余留在内部进行再投资，而非分派大量的现金股利。在互联网反垄断强监管以及中概互联网上市公司股票持续走弱的大背景下，2021年末，腾讯控股宣布将其持有的绝大部分京东集团股票进行股利派发，派发完成后，腾讯控股对京东集团的持股比例将降至2.2%，在综合财务报表中腾讯控股也不再把对京东集团的股权投资列作联营公司进行会计处理，执行董事兼总裁刘炽平先生也辞任其京东集团董事一职。以2021年12月22日京东集团收盘价279.2港元与腾讯控股收盘市值45812.24亿港元为计算基准，此次腾讯控股分派的京东集团股票价值约1276.86亿港元，所对应的股息率高达2.78%，远高于2011—2020年平均股息率0.3%，腾讯控股此次分派有价证券股利对应的股票市值远超于过往年份的现金分红金额。本讲试图探讨股利分派计划及其对股东的影响。

8.1 利润及其分配管理

8.1.1 利润的形成

税后利润是企业的一项重要的内部资金来源，企业的利润分配决策实质上就是企业将多少税后利润用于再投资的问题，图8-2描述了企业的资金来源即各项用途之间的关系。

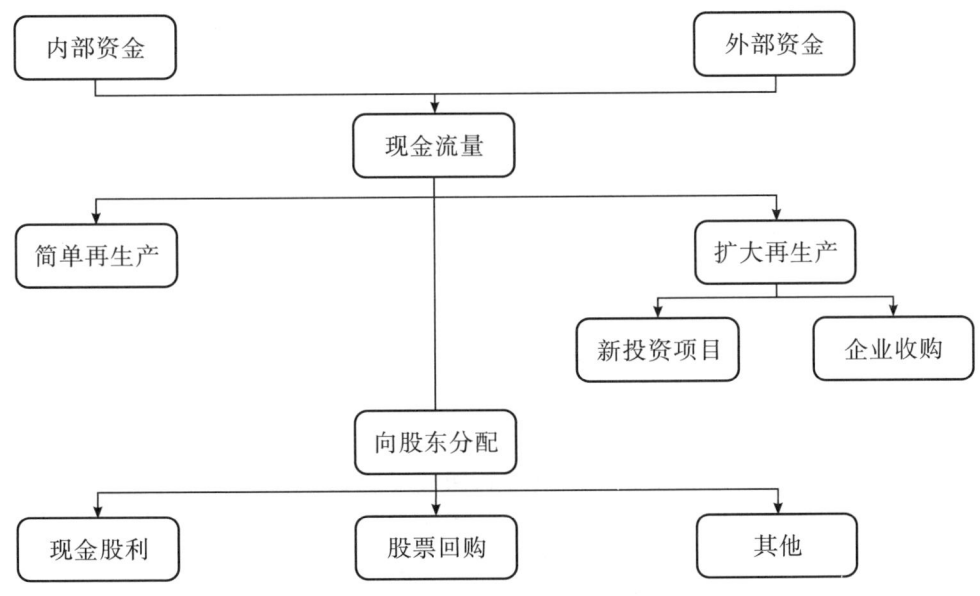

图8-2 企业各项资金的来源与使用

由图8-2可知，企业的资金来自内部和外部两个方面，其用途分为三个方面：一是维持企业的简单再生产；二是扩大再生产，即扩张企业的经营规模或经营范围，这可以通过直接投资建设新项目和收购其他企业两种方式来实现；三是向股东分配，包括分配现金股利与股票回购等方式。上述企业的资金来源与使用关系，在公司财务上表现为三个重要的决策——投资决策、筹资决策和利润分配决策，它们相互关联、相互作用，其中利润分配决策与筹资决策属于同一决策范畴。税后净利润是企业的一项重要资金来源，在投资决策不变、所需资金既定的前提下，企业将较多税后利润分配给股东，就必须从外部筹措到较多资金。因此，利润分配决策是企业筹资决策的一个重要组成部分。企业的利润分配决策，是企业用以确定分配方式与分配金额的政策。

8.1.2 我国企业利润的一般分配程序

1. 税前调整项目

按照现行财务制度和税收制度的规定，企业税前需要调整的项目主要包括：
（1）在规定期限内经批准可以用本年度利润弥补的以前年度亏损；

（2）实行"先税后分"的办法后，企业对外投资分回的利润、股利等投资利益，在分回前已缴纳所得税的，应从税前利润总额中扣除；

（3）企业在所得税前列支的费用开支以及罚款、罚息、滞纳金等超过国家的规定，在交纳所得税前应对利润总额予以调整、追加，消除账面利润与应税利润之间的时间性差异和永久性差异；

（4）企业用于公益、救济性的捐赠中多余年度应纳税所得额3%的部分。

2. 利润分配程序

根据我国《中华人民共和国公司法》和《企业财务通则》等法律法规的规定，企业利润首先应按照国家规定作相应调整，增减有关收支项目，然后依法缴纳所得税。税后利润除国家另有规定者外，应按下列顺序分配。

（1）弥补以前年度亏损。根据现行法律法规的规定，公司发生年度亏损，可以用下一年度的税前利润弥补，下一年度税前利润不足弥补时，可以在5年内延续弥补，5年内仍然未弥补完的亏损，可以用税后利润弥补。

（2）提取法定公积金。公司税后利润扣除前项后的余额，要按10%的比例提取法定公积金，用于发展生产、弥补亏损或按规定转增资本金。法定公积金已达公司注册资本的50%时，可不再提取。

（3）支付优先股股息。根据国务院2013年发布的《国务院关于开展优先股试点的指导意见》和中国证监会2014年发布的《优先股试点管理办法》的规定，股份有限公司如果发行了优先股，应当在提取法定公积金之后，按照约定的票面股息率，优先于普通股股东分配公司利润。公司应当以现金的形式向优先股股东支付利息，在完全支付约定的股息之前，不得向普通股股东分配利润。公司应当在公司章程中明确规定，公司在有可分配税后利润的情况下是否必须分配利润，如果公司因本会计年度可分配利润不足而未向优先股股东足额派发股息，差额是否累积到下一会计年度，以及优先股股东按照约定的股息率分配股息后，是否有权同普通股股东一起参加剩余利润分配。

（4）提取任意盈余公积金，提取比例由股东或股东大会决议。法定公积金和任意公积金都是公司从税后利润中提取的积累资本，是公司用于防范和抵御风险、提高经营能力的重要资本来源。公积金可以用于弥补亏损、扩大生产经营或者转增公司股本，但转增股本后，所留存的法定公积金不得低于转增前公司注册资本的25%。

（5）向普通股股东分配利润。企业以前年度的未分配利润，可以并入本年度向投资者分配。

需要注意的是，若股东会、股东大会或者董事会在公司弥补亏损和提取法定公积金之前向股东分配利润，股东必须将违反规定分配的利润退还公司。

3. 所得税的计算与缴纳

一般来说，企业所得税是按应纳税所得额的一定比例计算的，根据前述税前利润调整项目进行调整后的企业利润总额即为应纳税所得额。按比例税率计算所得税的方法如下：

本期累计应纳所得税额＝本期累计应纳税所得额×适用税率

本期应纳所得税额＝本期累计应纳税所得额－上期累计已缴所得税额

目前，我国企业所得税采用按年计征，按月或季预缴的办法，月份或季度终了后十五日预缴，年度终了后四个月汇算清缴，实行多退少补的规则。除国家另有规定外，企业所得税按属地原则向所在地税务主管机关缴纳。

8.2 股利与股利发放程序

8.2.1 股利的种类

股份有限公司分派股利的形式一般有现金股利、股票股利、财产股利和负债股利。我国相关法律规定，股份有限公司只能采用现金股利和股票股利两种形式。

1. 现金股利

现金股利（cash dividend）是指股份有限公司以现金形式支付给股东的股利，它是主要的股利支付方式。公司通常定期发放现金股利，比如，发放年度现金股利，或发放中期现金股利。中国上市公司在披露年报或中报之后，会以公告方式披露上年度的利润分配方案，包括现金股利的派发计划。例如，根据比亚迪股份有限公司2021年利润分配方案，每10股派1.05元；再根据其2020年利润分配方案，每10股派1.48元。

在成熟的资本市场上，定期发放的现金股利一般比较稳定，有时，经营状况稳定、盈利颇丰的公司还会增发数量不小的额外现金股利，这种额外现金股利被称作特别股利（special dividend）。

在中国，现金股利的派发力度通常用股利发放率（＝每股股利/每股净收益）和股息率（＝每股股利/每股价格）来度量，普通股没有固定的股息率，其发放的次数和金额主要取决于公司的股利政策和经营业绩等因素。优先股通常有固定的股息率，在公司经营正常并有足够利润的情况下，优先股的股利额是固定的。例如，某公司发行的优先股面值1元，固定股息率为5%，那么在正常情况下，每股优先股可分得0.05元的现金股利。根据比亚迪股份有限公司2021年利润分配方案，股利发放率约为9.91%（0.105/1.06），表示公司将2021年税后利润中的9.91%以现金股利回馈股东；股息率为3%，表示股东的投资回报率为3%（不包括资本利得）。

公司自由现金流有两大用途：一是加大留存，用于投资新项目和增加现金储备；二是回馈股东，用于支付现金股利和进行股票回购。可见，发放现金股利有许多约束条件，不是所有的公司都会或能发放现金股利，比如，业绩差的公司没有能力发放现金股利，成长型公司少发甚至不发现金股利，而成熟型公司会向股东发放更多的现金股利。

2. 股票股利

股票股利（stock dividend）是指股份有限公司以增发的股票作为股利分配给股东。股份有限公司发放股票股利，须经股东大会表决通过，根据股权登记日的股东持股比例将可供分配利润转为股本，并按持股比例无偿向各个股东分派股票，增加股东的持股数量。股票股利也称送股，比如，公司按10送1向股东派发股票股利，也就是说，股东每持有10股当前股票，就能获得1股额外的公司股票。在成熟资本市场上，股票股利会引发股价大幅波动，高送股常常被视为股票分割，因此股票股利一般被慎用。

送股增加了公司发行在外的股份数,即增加了公司的股本(注册资本),但减少了留存收益,可以理解为公司将未分配利润以股本的方式派发给股东,使公司的股东权益结构发生了变化。

在中国,股票股利的派送力度通常用"送转"多少来度量。至于何为高送转,不同市场的定义不同。在主板市场上,10 送转 5 以上属高送转;在中小版市场上,10 送转 8 以上属高送转;在创业板上,10 送转 10 以上属高送转。

对于股份有限公司来说,分配股票股利不会增加其现金流出,如果公司现金紧张或者需要大量的资本进行投资,可以采用股票股利的形式。但应当注意的是,一直实行稳定的股利政策的公司,因发放股票股利而扩张了股本,如果以后继续维持原有的现金股利水平,势必会增加未来年度的现金股利支付。在公司净利润的增长速度低于股本扩张速度时,公司的每股利润就会下降,可能会导致股价下跌。

8.2.2 股利发放程序

1. 决策程序

由董事会依据公司上年度的盈利情况以及股利政策,制定和披露利润分配方案(股利分配计划),提交公司最高权力机构股东大会审议。股东大会审议通过后,由董事会向股东发布利润分配实施公告,并在规定的股利发放日按约定的支付方式派发股利。公司每年发放股利的次数,因不同的公司、不同的国家而异。比如,我国的股份公司一般一年发放一次股利,美国公司则多为一季度发放一次股利。

2. 信息披露

利润分配实施公告和财务报告是公司股利分配信息的主要载体,公司利润分配预案公告日不能早于财务报告披露日。

(1)年度财务报告和中期财务报告。

为确保信息充分披露,我国《关于修改上市公司现金分红若干规定的决定》要求上市公司必须在其年报和中期报告中分别披露利润分配预案、在报告期实施的利润分配预案、现金股利政策在本报告期的执行情况。还要求上市公司以列表方式披露前三年现金股利的数额以及股利发放率(现金股利/净利润),对有盈利但未提出现金股利分配预案的公司,要求其详细说明未分红的原因以及留存资金的用途。

(2)利润分配实施公告。

董事会必须在关于股利分配计划的股东大会召开后的两个月内完成股利派发,因此,董事会应该在此期间对外发布利润分配实施公告(股利分配公告)。一般而言,股利分配公告在股权登记日前 3 个工作日发布。利润分配实施公告的内容主要有三项。

第一,利润分配方案,旨在揭示公司是否公允、合理地兼顾了股东当前利益和公司未来发展需要。

第二,股利分配对象,即确认享有股利的股东,股权登记日登记在册的股东均有权获得股利。

第三,股利发放方法。按登记的证券交易所的具体规定进行股利发放,每个证券交易所的规定存在一定差异。

3. 分配程序

现金股利由上市公司于股权登记日前划入交易所账户,再由交易所于股权登记日后若干个工作日划入各托管证券经营机构账户,最后由各托管证券经营机构在股权登记日后某个工作日划入股东资金账户。

股票股利在股权登记日后若干个工作日直接划入股东的证券账户,并于划入后的即日起开始上市交易。

4. 股利支付的重要时点

按发生的时间先后排序,股利支付的重要时点包括股利宣布日、股权登记日、除息除权日和股利支付日。

【例题8-1】2022年7月21日,比亚迪股份有限公司(比亚迪)发布2021年度权益分派实施公告,内容如下:比亚迪股份有限公司2021年度权益分派方案已获2022年6月8日召开的2021年度股东大会审议通过,股东大会决议公告刊登于2022年6月9日的《中国证券报》《上海证券报》《证券时报》《证券日报》和巨潮资讯网(www.cninfo.com.cn)。

(1) 权益分派方案:公司以总股本2911142855股为基数(其中A股1813142855股,H股1098000000股),向全体股东每10股派发现金红利人民币1.05元(含税)。现金红利总额约为人民币305670千元(如实施权益分派股权登记日公司总股本发生变动,公司拟维持分配总额不变,相应调整每股分配金额),不送红股,不以公积金转增股本。

(2) 股权登记日与除权除息日:本次权益分派A股股权登记日为2022年7月28日;A股除权除息日为2022年7月29日。

(3) 权益分派对象:本次A股权益分派对象为截至2022年7月28日下午深圳证券交易所收市后,在中国证券登记结算有限责任公司深圳分公司(以下简称"中国结算深圳分公司")登记在册的本公司A股股东。

(4) 权益分派方法:本公司此次委托中国结算深圳分公司代派的A股股东现金红利将于2022年7月29日通过股东托管证券公司(或其他托管机构)直接划入其资金账户。

在比亚迪2021年度利润分配中,宣布日、登记日、除息日和发放日的顺序关系如图8-3所示(以A股市场为例)。

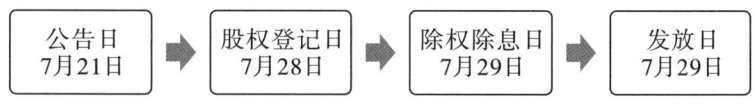

图8-3 比亚迪股份有限公司股利分配日期

(1) 股利公告日(declaration date)。公告日通常是指公司发布股利实施公告的那一天。在公告日,股份公司应登记有关股利负债(应付股利)。股份公司董事会根据定期发放股利的周期举行董事会会议,讨论并提出股利分配方案,由股东大会讨论通过后,正式公布股利分配方案。然后,在发放股利之前,公司发布股利实施公告,内容为股利发放方案与具体日程。例题8-1中,7月21日即为公告日。

(2) 股权登记日(date-of-record)。股权登记日是有权领取本期股利的股东资格登记截止日期。由于上市公司的股票在不停地交易，股东会随股票交易而不断易人。为了明确股利的归属，公司事先确定股权登记日，凡在股权登记日列于公司股东名单上的股东，都将获得此次发放的股利，而在一天之后才列于公司股东名单上的股东，将得不到此次发放的股利。例题 8-1 中，7 月 28 日就是登记日。

（3）除息除权日（ex-dividend date）。除息是指在股票交易价格中去除股息，通常发生在股票市场开市之时。除息日是指股票除息的那一个交易日，即领取股利的权利与股票分开的日期。在除息日之前（不含除息日）股票交易价格中含有将要发放的股利，在除息日之后（含除息日）股票交易价格中不再包含股利。因此除息会导致股价下跌。比如，在除息除权日前 1 天，股票价格为 $(P+2)$ 元/股，其中 2 元为每股股票价格中所包含的股利。如果市场是完善的（即无税、无交易成本、信息对称等），那么在除息除权日，每股股票价格将跌至 P 元/股。若考虑个人所得税，除息除权后的参考价格并非 P 元/股。在我国，除权后的参考价格（理论价格）为

$$除权后参考价格 = \frac{股权登记日收盘价 - 每股现金股利}{1 + 送股率 + 转增率} \quad (8-1)$$

除息日与登记日的时间先后关系，取决于股票交易与过户之间的时间间隔。我国 A 股市场是电子交易市场，交易当天就过户，所以，除息日为登记日之后的第一个交易日。例题 8-1 中，除息日为 2022 年 7 月 29 日。在 A 股市场上，在登记日买入股票的投资者，当天休市之后就会被登记为股东，因此将会获得股息。

在非电子交易市场，由于股票交易与过户之间相隔 1~2 个交易日，因此，只有在登记日之前 1~2 个交易日购买股票的投资者，才会在登记日被列入公司股东名单，并享有当期股利的分配权。在这种情况下，除息日设定在登记日前 1~2 个交易日。

（4）股利支付日（date of payment）。股利支付日是指公司将股利正式支付给股东的日期。在这一天，公司可以按规定采用各种方式支付股利，并冲销股利负债。例题 8-1 中，股利发放日为 7 月 29 日。

8.3 股利理论

股份有限公司在利润分配实践中常常会面临以下几个重要问题：（1）公司应当支付多少股利，即如何确定现金股利与留用利润之间的比例？（2）公司发放股利是否会影响公司价值？股东态度是怎样的？长期以来，学者们对这些问题进行了大量的研究，从不同的角度提出了许多观点，从而形成了不同的股利理论。公司的财务管理目标是实现股东财富最大化，股利分配也应当服从这一目标，股利分配的方式、数量和形式都应当以实现股东财富最大化为基本目标。股利理论（dividend theory）就是研究股利分配与公司价值、股票价格之间的关系，探讨公司应当如何制定股利政策的基本理论，可分为两大派别：股利无关理论（dividend irrelevance theory）和股利相关理论（dividend relevance theory）。

8.3.1 股利无关理论

1961 年，Miller 和 Modigliani 提出了著名的股利无关理论，该理论也被称为 MM 无关

理论。该理论认为在严格假设条件下,如果公司的投资决策和资本结构保持不变,那么公司的价值取决于公司投资项目的盈利能力和风险水平,与其股利分配政策无关。

1. 假设

(1) 完美资本市场假设。完美资本市场假设是股利无关理论的基本前提,只有在这样的市场环境中,公司的股利分配政策才不会影响公司价值。完美资本市场须符合以下七个条件:①没有妨碍潜在资本供应者和使用者进入市场的障碍;②有完全的竞争,市场有足够的参与者,并且每个参与者都没有能力影响证券价格;③金融资产无限可分;④没有交易成本和破产成本,证券发行与交易都不存在交易成本,公司也无财务危机成本和破产成本;⑤没有信息成本,信息是对称的,并且每个市场参与者都可自由、充分、免费地获取所有存在的信息;⑥没有不对称税负,股票的现金股利和资本利得没有所得税的差异;⑦交易中没有政府或其他限制,证券可以自由地交易。这包括:资本市场上任何投资者都无法强大到足以通过其自身交易操纵证券价格;信息对称;无交易成本;无税环境。

(2) 理性行为假设。这包括:每个投资者都是个人财富最大化的追求者。

(3) 完全的确定性假设。这包括:投资者对未来投资机会和利润有完全把握,具有共同的期望;所有的公司都发行相同的普通股。

(4) 分离假设。这是指公司投资决策事前已确定,不会随股利政策的变化而改变,即股利政策与投资决策无关。根据这一假设,在公司既定的投资决策下,对于新投资项目所需的资金,无论采取内部筹资还是外部筹资,都不会改变公司的经营风险。由于理性投资者对公司的风险和报酬都有合理的预期,在公司经营风险不变的情况下,投资者的必要投资报酬率(即股权资本的资本成本率)也不会改变,因此,公司的风险水平以及由风险水平所决定的投资者的必要报酬率均不会受股利政策变化的影响,公司价值是以投资者的必要投资报酬率为折现率的对公司未来收益的折现值。根据这一假设,在计算公司价值时所用的折现率即投资者的必要投资报酬率,不受公司股利分配的影响。

2. 公司价值模型的推导

为便于分析,设有两家公司,均为无杠杆(即100%权益)公司,除当期股利发放水平不同外,其他方面均相同,包括预期经营现金流、预期未来投资支出、第二期以及之后的股利发放水平都相同。

假设两家公司未来预期经营现金流相同,因此可以理解为这两家公司的风险等级相同,同一风险级别公司的期望收益率相等。若将期望收益率定义为股利加上资本利得,那么,两家公司第 t 期的期望收益率为

$$\rho(t+1) = \frac{d_j(t+1) + P_j(t+1) - P_j(t)}{P_j(t)} \quad (8-2)$$

式(8-2)中,$d_j(t+1)$ 表示第 j 家公司在第 t 期期末的每股股利;$P_j(t+1)$ 表示第 j 家公司在第 $t+1$ 期期初或第 t 期期末的每股价格;$P_j(t)$ 表示第 j 家公司在第 t 期期初的每股价格;$P_j(t+1) - P_j(t)$ 表示第 t 期的资本利得。

如果用公司每股股票价格来表示公司每股股票价值,则每股股票价值可以表示为

$$P_j(t) = \frac{d_j(t+1) + P_j(t+1)}{1 + \rho(t+1)} \quad (8-3)$$

如果用公司全部股票市值来衡量或反映公司价值，则公司价值可用下式表示：

$$V_j(t) = n(t)P_j(t) = \frac{D_j(t+1) + n(t)P_j(t+1)}{1 + \rho(t+1)} \quad (8-4)$$

式（8-4）中，$V_j(t)$ 表示第 j 家公司在第 t 期期初的公司价值，$n(t)$ 表示第 j 家公司在第 t 期发行在外的普通股股数，$D_j(t+1)$ 表示第 j 家公司在第 t 期期末的股利总量，$P_j(t)$ 表示第 j 家公司在第 t 期期初的股票价格。为了说明公司价值与股利政策无关，我们需要将式（8-4）进行变换。

设时期 t 期末，公司有两大资金用途：一是支付现金股利 $\tilde{D}_j(t+1)$；二是准备在第 t 期期末投资 $\tilde{I}_j(t+1)$。与上述资金用途匹配的是，无杠杆公司在第 t 期期末有两大资金来源：一是在第 t 期期末获得的现金收益 $\text{EBI}\tilde{T}_j(t+1)$；二是按发行价格 $\tilde{P}_j(t+1)$ 发新股 $m(t+1)$ 股。于是，我们可以获得以下恒等式，即

$$\text{EBI}\tilde{T}_j(t+1) + m(t+1)\tilde{P}_j(t+1) = \tilde{I}_j(t+1) + \tilde{D}_j(t+1) \quad (8-5)$$

将式（8-5）做一些变化，即

$$V_j(t) = \frac{\tilde{D}_j(t+1) + [n(t+1) - m(t+1)]\tilde{P}_j(t+1)}{1 + \rho(t+1)} \quad (8-6)$$

$$= \frac{\tilde{D}_j(t+1) + \tilde{V}_j(t) - m(t+1)\tilde{P}_j(t+1)}{1 + \rho(t+1)}$$

式（8-6）中，$n(t+1)$ 表示第 t 期期末增发新股融资后的普通股股数，增发规模为 $m(t+1)$ 股。然后，将式（8-5）带入变换后的式（8-6）中，替换 $m(t+1)\tilde{P}_j(t+1)$ 项，式（8-6）最终转化为式（8-7），即

$$V_j(t) = \frac{\tilde{D}_j(t+1) + \tilde{V}_j(t+1) - \tilde{I}_j(t+1) + \text{EBI}\tilde{T}_j(t+1) - \tilde{D}_j(t+1)}{1 + \rho(t+1)}$$

$$= \frac{\tilde{V}_j(t+1) - \tilde{I}_j(t+1) + \text{EBI}\tilde{T}_j(t+1)}{1 + \rho(t+1)} \quad (8-7)$$

当 n 趋于无穷大时，则

$$V_j(0) = \sum_{t=0}^{\infty} \frac{\text{EBI}\tilde{T}_j(t+1) - \tilde{I}_j(t+1)}{1 + \rho(t+1)} \quad (8-8)$$

在式（8-8）中，股利变量没有出现，公司价值仅取决于公司投资（I）、盈利能力（$EBIT$）和风险等级（ρ），但与利润在股利和留存之间的分配无关。因此，在 Miller 和 Modigliani 构建的完美世界里，股利政策与公司价值无关。

3. 股利支付无关的基本逻辑

基于式（8-7），我们能方便地予以证明：除当期股利支付率不同外，其他方面（预期经营现金流、预计未来投资支出、未来股利政策）均相同的两家公司的价值一定相等，不会受当期股利支付率不同的影响。

（1）两家公司风险相同，因此，期望收益率（贴现率）必定相等。

（2）两家公司当前的现金流相等，$\text{EBI}\tilde{T}_1(1) = \text{EBI}\tilde{T}_2(1)$。

（3）两家公司当前的投资支出相等，$\tilde{I}_1(1) = \tilde{I}_2(1)$。

（4）公司期末价值仅取决于未来投资、预期经营现金流。由于我们假设影响公司期末价值的因素相同，因此，$\tilde{V}_1(1) = \tilde{V}_2(1)$。

在两家公司以上四项均相等的情况下，两家公司的价值相等。即

$$\tilde{V}_1(1) = \tilde{V}_2(1)$$

MM 无关理论具有开创性的意义，它强调了公司股票的价值取决于公司的投资决策，而与公司如何筹措投资所需的资金无关，因此，企业不论以何种方式筹措资金，都不应该放弃净现值为正的投资项目。该理论严格假设条件成为后续研究的主要内容和线索，后续研究重点转移到考察和放松假设条件后不完善市场中的股利政策上。在现实生活中，影响完美资本市场的因素主要有三个。①不对称税率。在资本市场中，税率的差异是常见的，许多国家对现金股利和资本利得所征收的所得税税率是不同的。这种不对称税率不仅使投资者在股利和资本利得之间产生不同的偏好，也会对股东财富产生不同的影响。②不对称信息。尽管资本市场中的信息传递是公开和迅速的，但信息的获取并不是完全免费的，而且对于不同的市场参与者来说，信息仍是不对称的，例如公司的董事和经理相对于普通投资者来说就拥有信息优势。信息的不对称会降低市场效率，也会影响投资者对风险和报酬的判断。③交易成本。现实中的资本市场都存在交易成本，例如，发行股票或债券要支付发行费用，证券交易要支付佣金和印花税等。不同类型的交易会产生不同的交易成本，影响人们的交易行为，也限制了市场的套利活动。

8.3.2 股利相关理论

现实生活中，完美资本市场的条件通常是无法满足的，如果我们逐步放宽这些假设条件，就会发现股利政策变得十分重要，公司价值和股票价格都会受股利政策的影响，这就形成了各种股利相关理论。股利相关理论认为，在现实的市场环境下，公司的利润分配会影响公司价值和股票价格，因此，公司价值与股利政策是相关的。其代表性观点主要有"一鸟在手"理论、税收差别理论、信号传递理论、代理理论等。

1. "一鸟在手"理论（BIH）

"一鸟在手"理论（bird-in-hand theory）认为，投资者对股利收益与资本利得收益的偏好是不同的。现金股利，特别是正常现金股利，是投资者有把握按时、按量得到的收入，如同手中之鸟，风险很小。资本利得要靠出售股票才能得到，但股票价格起伏不定表明了资本利得的风险。如果股价上涨，资本利得增加；股价下跌，资本利得减少，甚至出现损失。因此，资本利得就像林中之鸟，看上去处处是抓取的机会，但并不总能抓到。该理论最重要的代表人物是威廉斯（1938）、林特勒（1956）、华特（1956）和戈登（1959）。下面用戈登于 1962 年、1963 年的论述来介绍"一鸟在手"理论。

（1）假设。

①公司的留存收益是公司扩大再生产的唯一财源。

②公司的再投资收益率（r）保持不变，不存在再投资风险。

③公司的期望收益或资本成本（贴现率 k）保持不变。

④公司永续经营。

⑤无税环境。
⑥公司股利增长率保持不变。
⑦公司的资本成本（k）与股利增长率（rb）的关系不变，即 $k > rb$。
⑧公司的股利支付率（$1-b$）永恒不变。

（2）模型。

根据以上假设，我们可以用股利永续增长模型导出股票的定价公式，即

$$P_0 = \frac{D_1}{(k-rb)} = \frac{E_1(1-b)}{(k-rb)} \qquad (8-9)$$

式（8-9）中，D_1 表示第 1 期期末每股股利，E_1 表示第 1 期期末每股净收益（EPS），k 表示资本成本，r 表示留存收益的投资回报率（即再投资收益率），b 表示留存比率。如果无限期持有股票，rb 正好等于股利增长率 g。这意味着，如果公司不是从外部获得新资本，而是用留存收益进行再投资的话，下期的盈利以及股利仅会由此增加，并不断进行。

如果式（8-9）的假设条件都成立，则当 $r = k$ 时，股利政策与股票价格无关。戈登在 1963 年修改了第三条假设。由于未来存在不确定性，股利远期支付比即期支付风险更大，因此投资者会相应提高期望收益率（贴现率），即 $k_{t+1} > k_t$，股票价值随之发生波动。于是，投资者更注重眼前利益，偏好现金股利，宁要手中一只好鸟，不要林中两只鸟。

（3）结论。

"一鸟在手"理论有两个重要结论：一是股票价格与股利支付率呈正相关关系；二是权益资本成本与股利支付率呈负相关关系。公司在制定股利政策时，必须采用高股利政策，使公司价值最大化。

但是，该理论很难解释投资者在收到现金股利后又去购买公司新发行股票的现象。"一鸟在手"理论的最大缺陷在于，它没有将投资决策和股利政策对股票价格所造成的影响分开来。有些学者对这种理论提出了批评，他们指出："一鸟在手"理论混淆了投资决策和股利政策对公司风险的不同影响，认为资本利得的风险高于股利的风险是不符合实际情况的，并将这一理论称为"一鸟在手谬论"。这些批评者认为，用留用利润再投资形成的资本利得风险取决于公司的投资决策，与股利支付率无关，在投资决策一定的情况下，公司如何分配利润并不会改变公司的投资风险。股东在收到现金股利后，仍然可以根据自己的风险报酬偏好进行再投资，例如，他们可以用现金股利重新购买公司发行的新股来进行再投资。因此，投资者所承担的风险最终是由公司的投资政策决定的，而不会受股利政策的影响。

从长远来看，不论是现金股利，还是资本利得，都需要企业的实际业绩支撑才能真正实现。尽管企业可以在短期内依靠资金的调度和安排来满足投资者多发股利的要求，但是，如果没有长期业绩的支持，在一段时间之后必然会无法保证现金股利的发放。相反，如果企业能够长期保持良好的业绩，则尽管市场在一定时间里可能没有充分认识公司股票的价值，但是，从长远来看，企业的实际价值一定会反映到股票价格上来。

2. 税差理论（TD）

股利在税后列支，因此，公司所得税与股利政策无关。当引入个人所得税（包括针

对股利收入和资本利得的税收）后，情况发生了变化。由于股利收入和资本利得适用不同的税率，因此，投资者可以通过选择合适的股利政策来降低税负，实现其税后收益最大化。

股利的税收劣势表现在两个方面。

第一，股利的所得税税率高于资本利得的所得税税率。美国2022年税收改革之前，个人股利收入按照普通收入征税，最高边际税率为38.6%，资本利得收入的最高税率为20%。2003年之后，美国对个人股利收入和资本利得收入实行15%的统一税率，从而消除了两种收入的税率差异。

我国税法规定，上市公司向股东派发现金股利要按照20%的税率代扣代缴个人所得税。2005年6月13日之后，税务部门对个人股利收入减半征收个人所得税，因此，个人股利收入的所得税税率实际为10%。至2013年初，我国对个人投资股票获得的资本利得收入免征个人所得税，个人投资者只需支付股票交易的交易费用和印花税。所以从个人所得税税率的角度看，相对于回购股份，我国公司向股东分派现金股利对股东非常不利。

第二，回购股份相对于分配现金股利通常具有推迟纳税的功能。股利收入在收到股利时纳税，而资本利得税是在投资者出售股票之后才缴纳，因此，投资者只要不出售股票，就不需要为资本利得收入纳税，股东可以获得货币时间价值的好处。

1967年，法勒和塞尔文提出了第一个税差模型。

（1）假设。

①有税环境，即同时考虑公司所得税和个人所得税的影响。

②公司将净利润作为股利全部发放给股东或全部留存。

③资本利得税税率低于股利所得税税率。

（2）模型。

他们认为，公司的税后利润为 $(\mathrm{EBI}\tilde{T} - rB_c)(1-\tau_c)$。如果公司将利润全部以股利形式发放给股东。那么股东获取的税后股利所得为

$$Y_i^d = [(\mathrm{EBI}\tilde{T} - rB_c)(1-\tau_c) - rB_{pi}](1-\tau_{pi}) \quad (8-10)$$

式（8-10）中，$\mathrm{EBI}\tilde{T}$表示息税前收益；r表示借款利率（假定公司和个人借款利率相等时的借款利率；B_c表示公司债务；τ_c表示公司所得税税率；B_{pi}表示第i位股东的个人债务（可以理解为股东为了购买公司股票而举借的债务，借款利息可以理解为股东的投资成本）；τ_{pi}表示第i位股东的股利所得税税率。

如果公司决定不发放股利，公司的价值将增加$(\mathrm{EBI}\tilde{T} - rB_c)(1-\tau_c)$，这就是资本利得。又假定全部资本利得可以通过投资者变现后立即实现，并征收资本利得税，那么，股东获得税后资本利得为

$$Y_i^q = (\mathrm{EBI}\tilde{T} - rB_c)(1-\tau_c)(1-\tau_{qi}) - rB_{pi}(1-\tau_{pi}) \quad (8-11)$$
$$= [(\mathrm{EBI}\tilde{T} - rB_c)(1-\tau_c) - rB_{pi}](1-\tau_{qi}) + rB_{pi}(\tau_{pi} - \tau_{qi})$$

式（8-11）中，τ_{qi}表示第i位股东的资本利得税税率，$rB_{pi}(\tau_{pi} - \tau_{qi})$表示第$i$位股东的税后债务成本（假定这个债务利息具有税盾效应）。

根据上述两个公式，当$\tau_{pi} > \tau_{qi}$时，得

$$\frac{Y_i^q}{Y_i^d} = \frac{[(\mathrm{EBI}\tilde{T} - rB_c)(1-\tau_c) - rB_{pi}](1-\tau_{qi}) + rB_{pi}(\tau_{pi} - \tau_{qi})}{[(\mathrm{EBI}\tilde{T} - rB_c)(1-\tau_c) - rB_{pi}](1-\tau_{pi})} \quad (8-12)$$

由式（8-12）可知：当 $\tau_{pi} > \tau_{qi}$ 时，无论 EBIT 的取值是否为正数，利率和债务的大小如何，这两种所得比率必大于 1。也就是说，税后资本利得必大于税后股利所得。因此，相对于股利所得，股东偏好资本利得。

（3）结论。

税差理论的结论有两个：一是股票价格与股利支付率成反比；二是权益资本与股利支付率成正比。因此，按照税差理论，公司在制定股利政策时，应该采取低股利政策，才能使股东财富最大化。

3. 追随者效应理论（顾客效应理论）

追随者效应（clientele effects）理论是税差理论的延续。该理论认为，投资者可根据偏好不同被分为不同类型，每种类型的投资者都偏好某种特定的股利政策，喜欢购买符合其偏好的公司股票。顾客效应在许多方面都有表现，例如，在资本结构政策上，有的投资者偏爱高杠杆政策，有的投资者则偏爱低杠杆政策；在股利政策上，有些投资者喜欢高股利支付率政策，有些投资者则偏爱低股利支付率政策。

最早提出该理论的是米勒和莫迪利亚尼（1961），该理论在 20 世纪 70 年代得到了迅速发展。埃尔顿和格鲁勃在《股东边际税率和追随者效应》一文中，根据 1966 年 4 月至 1967 年 3 月所有在纽约证券交易所上市的公司样本数据，发现随着股利收益率的不断上升，投资者的边际税率逐渐降低。

埃尔顿和格鲁勃认为，股东在股票除权前面临两种选择：

第一，在除权日前出售其股票，就此失去了拥有股票的权利；

第二，在除权日后出售其股票，但承受了股票价格随之下跌的损失。

如果不存在套利的机会，则不管如何选择，投资者所得到的收益应该相等，即

$$P_B - \tau_q(P_B - P_C) = P_A - \tau_q(P_A - P_C) + D(1 - \tau_d) \quad (8-13)$$

式（8-13）中，P_B 表示除权日前的股票价格，τ_q 表示资本利得税税率，P_C 表示当初股票购买价格，P_A 表示除权日后的股票价格，D 表示每股股利，τ_d 表示股利的所得税税率。

根据式（8-13），当市场处于均衡状态时，除权日股票价格变动必须使预期的股票买方或卖方无论是在除权日前还是之后进行交易都是无差别的。

将式（8-13）进行变换，得

$$\frac{(P_B - P_A)}{D} = \frac{1 - \tau_d}{1 - \tau_q} \quad (8-14)$$

根据式（8-14），等式左边是股票平均价格下降幅度（资本利得）占股利支付的比率，反映每 1 元现金股利的等值资本利得。

埃尔顿和格鲁勃通过观察发现：如果投资者拥有高股利收益率，那么式（8-14）左边的 $\frac{(P_B - P_A)}{D}$ 就变大（即越接近于 1），表明投资者所处的税收等级较低；如果投资者拥有低股利收益率，$\frac{(P_B - P_A)}{D}$ 就变小（即越小于 1），表明所处的税收等级较高的投资者获得的股利收益率和其承担的边际税率呈负相关关系。高收入的投资者希望公司少支

付现金股利或不支付现金股利，而将利润作为留存利润进行再投资，以提高股票价格，即使将来需要现金，出售股票获得的资本利得收益也比现在收到股利收入所缴的个人所得税要少。低收入的投资者以及享受免税优惠的养老金等机构投资者则喜欢公司支付较高的现金股利，一方面可以免缴所得税或所得税税率较低，另一方面是这些投资者更希望保持较高的资本流动性，例如一些退休的投资者就希望公司支付较高而稳定的现金股利，以便其安排日常的生活支出。

由于顾客效应的存在，任何股利政策都不可能满足所有投资者的要求，特定的股利政策只能吸引特定类型的投资者。高股利支付政策，可以吸引低边际税率等级的投资者；低股利支付政策，可以吸引高边际税率等级的投资者。当公司改变股利政策时，就会吸引喜欢这一股利政策的投资者购买其股票，而另一类不喜欢这一股利政策的投资者就会出售其股票。当购买数量大于出售数量时，公司股价就会上涨，反之，就会下跌。

在资本市场上，有一种财务异象，即除息日前后股票交易量会放大。学者基于动态追随者效应（dividend capture theory）对此进行了解读：事实上，低税级乃至免税投资者并没有一直持有高派息公司股票的必要，只是在发放股利前持有即可。按此逻辑，股利发放一旦被预测，处于高税级的股东将出售股票来获得更多的税后资本利得，而处于低税级的股东将购入股票来获得更高的税后现金股利，在除息日之后，再进行反向交易。于是，除息日前后交易量放大的现象就不难理解了。

4. 代理成本理论

股利分配作为公司的一种重要的财务活动，会受到各种委托-代理关系的影响。与股利政策有关的代理问题主要有以下三类：股东与经理之间的代理问题；股东与债权人之间的代理问题；控股股东与中小股东之间的代理问题。这三类代理问题都会产生代理成本。代理成本理论认为，公司分派现金股利可以有效降低代理成本，提高公司价值，因此，在股利政策的选择上，应主要考虑股利政策如何降低代理成本。下面分别探讨这三类问题对公司股利政策的影响。

（1）股东与经理之间的代理问题。在股份有限公司中，股东作为公司的投资者并不直接参与公司的经营管理活动，而是聘用经理从事经营管理活动，这样在股东和经理之间便形成了委托-代理关系。经理作为代理人比股东更了解公司的经营状况和发展前景，在进行经营决策时并非总是以股东利益最大化为目标，可能出于自身的利益做出有违股东利益的行为，例如将大量的现金用于追求个人奢侈的在职消费、盲目扩张企业规模、进行缺乏效率的并购等，这就增加了公司的代理成本。詹森在研究股东与经理之间的代理问题时，提出了自由现金流量假说。他将自由现金流量定义为公司所持有的超过投资所有净现值为正的项目所需资本的剩余现金，自由现金流量留在公司内部并不能为公司创造价值，也不能给股东带来收益，理所当然要以现金股利的形式支付给股东。而代理理论认为，公司经理一般不愿意将自由现金流量以股利的形式分配给股东，而是倾向于将其留在公司内部，或者用于投资一些效率低下的项目以从中获得个人利益。因此，发放现金股利有利于降低这种代理成本。提高现金股利，可以带来三方面的好处：①减少股东的自由现金流量，股东获得这些股利收入后可以寻找新的投资机会，有利于增加股东财富；②减少经理利用公司资源谋取个人私利的机会；③由于留存利润减少，因此当公司未来有好的投资机会而需要资本时,必须从外部资本市场筹集资本,这样就加强了资本市场对经理的监督约束。

(2) 股东与债权人之间的代理问题。由于股东拥有公司控制权,而债权人一般不能干涉公司的经营活动,股东可能利用其控制权的优势影响债权人的利益,以使自身利益最大化。例如,股东可能会要求公司支付高额现金股利,从而减少公司的现金持有量,增加债权人风险。这种代理问题也会产生代理成本,通常债权人会在借款合同中规定限制性条款,或者要求公司对债务提供担保,从而增加公司的成本费用。这种代理问题也会影响公司的股利政策,股东和债权人会在债务合同中约定一个双方都能接受的股利支付水平。

(3) 控股股东与中小股东之间的代理问题。公司股权比较集中的情况下就存在控股股东,控股股东会利用其持股比例的优势控制公司的董事会和管理层,而中小股东在公司中的权利常常被忽视。控股股东的存在会带来两方面的影响:一方面,控股股东有强烈的动机对管理层进行监督,并对公司的经营决策施加影响,这样有利于减少经理的利益侵占;另一方面,控股股东与中小股东之间产生代理问题,控股股东可能利用其在公司中的控制权侵占公司的利益,例如大股东占用公司资产以谋取私利,这样就损害了中小股东的利益。针对这一问题,Shleifer等学者提出了"掏空假说",将"掏空"定义为公司控股股东为了自己的利益而将公司的资产或者利润转移出去的行为。代理理论认为,提高现金股利可以减少控股股东可支配的资本,降低掏空对公司利益的损害,从而保护中小股东的利益。

由此可见,代理理论主张高股利支付率政策,认为提高股利支付水平可以降低代理成本,继而提高公司绩效,有利于提高公司价值。但是,这种高股利支付率政策也会带来外部筹资成本增加和股东税负增加的问题。所以,在实践中,需要在降低代理成本与增加筹资成本和税负之间权衡,制定出最符合股东利益的股利政策。

5. 股利信号理论

股利信号理论释放了股利MM无关理论中信息对称假设,认为信息是不对称的(asymmetric information),投资者对公司实际状况和未来前途的了解远不如公司管理人员清晰。一般来讲,投资者只能通过公司的财务报告和其他公开发布的信息来了解公司的经营状况和盈利能力,并据此来判断股票的价格是否合理。由于公司可以在一定程度内对财务报告进行调整和润色,使之既符合有关规定,又能够给外界一个较好的印象,甚至某些提供虚假信息的财务报告也有可能逃过中立审计机关的检查。因此,投资者对公司财务报告的信任程度是有限的,他们还需要从其他渠道获取信息。

股利信号理论认为,公司的股息政策不仅反映了公司当前的盈利状况,也向市场传递着价格信号和信息。具体来说,在股利信号理论中,当公司宣布增加股息时,其股票价格通常会上涨;反之,当公司减少或取消股息时,其股票价格则可能下降。这正是因为公司增加股息表明其具有良好的经营业绩、未来发展前景等优势,从而吸引更多的投资者,进而推动股价上涨;相反地,减少或取消股息则意味着公司现在或将来的商业可持续性受到质疑,市场对其经营和发展未来预期产生了担忧,导致股价下降。而股票市场对股利发放数额上下变动的反映是不对称的,由股利下降一定数量引起的股价下跌幅度要大于股利上升同等数量造成的股价上升幅度。因此公司在制定股利政策时，应当考虑市场反应，避免传递易被投资者误解的信息。

股利信号理论的雏形出现于20世纪五六十年代。1979年，巴恰塔亚创建了第一个股利信号模型。该模型释放了股利MM无关理论中信息对称假设，认为信息是不对称的，公司内部人员比公司外部人员更了解公司。

巴恰塔亚信号理论的基本内容可归结为：在信息不对称条件下，股利政策是一种可靠的信号。公司管理者调整股利政策，可以视作公司向外界传递了关于未来预期的信息。当股东预计未来业绩良好，有不错的预期时，他们会想办法将这一信息传递给外界。当公司发展前景不被看好时，公司被迫通过削减股利将这一信息向外部投资者传递。

巴恰塔亚又认为，将信息传递给公司外部投资者不是无成本的。如果信息传递是无成本的话，"坏"公司可以模仿"好"公司的股利政策，于是信息会混淆。因此，任何股利信号理论均建立在克服无成本缺陷，尽力创建一个有成本的信号机制上。在这种机制下，"好"企业能够承担起高昂的成本，而"坏"公司则不堪重负，"坏"公司无法模拟"好"公司的股利政策。

股利信号理论是否具有现实解释能力呢？事实上，在成熟市场国家或地区，上市公司不会很频繁地调整股利发放水平。比如，在相当长的时间内，虽公司利润有起伏，但公司股利发放水平平稳，调整次数屈指可数。究其原因，是因为这些公司的股利政策具有"黏性"效应，公司管理者不会轻易调整股利发放水平，尤其不会下调股利发放水平，削减股利的代价很大，公司管理者不到万不得已不会出此下策。正是由于股利政策的这种"黏性"特征，市场将公司股利政策变动视作公司管理者改变了对公司未来收益的预期。

随着一大批高科技企业的出现，增加股利派发力度可能会传递出另一类信息。例如，微软公司在1986年IPO后，由于成长机会多，所需资金量大，因此，微软公司很多年不发放现金股利，而是采取零股利政策。2003年，微软公司第一次派发现金股利，但是，市场的反映却是负面的，即投资者认为微软公司或许缺乏更多的投资机会，微软公司股价一度下跌。

巴恰塔亚的信号理论之后，股利信号理论渐渐分为两支。一些学者致力于实证研究，大量的实证研究结果都表明股利公告向市场提供了些信息；另一些学者循着巴恰塔亚的研究思路，建立了一系列股利信号模型。

需要再次提醒，除了向外传递管理者关于公司未来拥有良好预期的信息外，股利增加的信息或许还有其他解读，例如公司缺乏投资机会、成长速度减缓等。因此，我们不能误读股利政策传递出的信息。

6. 其他股利相关理论

（1）约瑟夫的股利政策理论。

约瑟夫的股利政策理论是由美国学者William V. Joseph于1985年提出的，他认为股东应当优先考虑公司的持续发展和现金流量。根据该理论，公司应该根据其需求来制定股利分配政策，并将股息作为一种投资机会，而不是一种经常性收入。

具体地说，约瑟夫的理论建议，如果公司有足够的内部投资机会来推动其长期发展并允许其实现高回报,则管理层应该尽可能保留现金来投资这些机会,而不是将现金分配给股东。反之,如果公司没有足够的内部投资机会或者能够通过债务融资等其他资金来源来满足其资本需求,那么公司应该将剩余现金用于向股东支付股息或进行股票回购等形式的股东回报。

此外,约瑟夫的理论还强调了两个重要点。第一个是与代理成本有关的问题,约瑟夫认为股东对于公司的股息政策及其决策应该透明公开,以减少委托代理问题可能带来的成本。第二个是分配现金流和未来利润相关的问题,约瑟夫认为公司股息政策应该以未来利润的灵活性为依据,并确保其对未来现金流量的最佳匹配。

总的来说,约瑟夫的股利政策理论强调了把握内部投资能力,以及考虑持久稳健发展的机会和成本,提倡企业根据自身潜力与需求,制定自己的股息分配政策。这样可以优化公司的现金流和未来回报,提升公司整体价值,进而为股东带来更可靠的长期收益。

(2) 伊斯特布鲁克的股利政策理论。

伊斯特布鲁克的股利政策理论由加拿大学者 Michael C. Ehrhardt 和 Roni Michaely 于 1980 年提出,认为公司的股利政策应该根据公司所处行业和其投资机会来制定。

具体地讲,伊斯特布鲁克理论认为,对于成长型行业,公司通常倾向于保留利润用于未来的成长与发展,而不是通过股息回报给股东。因为在成长型行业中,公司有更多可能的内部投资机会,可以以更高的收益率将现金流转化为未来收益并使公司价值增长。相反,对于成熟型行业,则更适合以稳定的股息回报股东。

基于这种理论,伊斯特布鲁克提出了两个重要的假设:第一,市场反应较慢,因此公司可以通过管理股息政策来影响其股票价格。第二,公司需要相机把握内部投资、债务融资和外部股东回报之间的平衡。当市场表现较差时,管理层应该考虑向股东支付更多的股息;当市场表现良好时,公司管理层则应比较积极地进行内部投资以获得更高的回报。

由于伊斯特布鲁克理论强调了股息政策的制定应基于行业和发展机会,而非仅仅考虑企业自身情况,因此具有一定的针对性和适用性。尽管这种理论不是适用于每一个公司,但它提供了一个有效框架,帮助公司管理层决定是否应该保留他们的利润用于未来的扩张或分配给股东派息。

(3) 凯莱的股利政策理论。

凯莱的股利政策理论是由美国经济学家 John Lintner 在 1956 年提出的。该理论认为公司的股息支付与现金流有关,并且是跨时间技术成本的体现。

具体来说,凯莱理论通过一系列经验数据、实证分析和企业调研,得出了以下结论:

①公司通常会稳定地支付股息,因为改变股息方案可能会导致股东对公司的不满,甚至导致股权投资者离开公司。

②公司通常根据过去的表现将股息作为未来增长和风险的预测基础,不断地做出参考,使股息与公司的盈利水平相符。

③公司通常会保持股息政策的稳定性,即股息的增加或减少应当缓慢而谨慎地进行,以确保市场对公司的预期不被冲击。

基于凯莱的股利政策理论,公司应该在确定股利分配时综合考虑多个因素,如公司的内部投资机会、债务融资成本、竞争环境等，以及股东的现金需求和编制的配额计划等。只有考虑到这些因素，公司才能平衡股息支付和其他使用资金可行方式之间的关系，从而实现长期增值。

总之，凯莱的股利政策理论与伊斯特布鲁克和约瑟夫的股利分配政策理论一样，提供了企业管理层制定股息分配政策的参考框架。该理论强调了股息分配政策对于公司和股东长期价值的重要性，并强调了稳定性、透明度等因素的影响。尤其是在财务不稳定的时期，公司应该注重股息付款的可持续性，以维护股东的信心，保证公司的稳定发展。

（4）帕塔的股利理论。

帕塔的股利理论是由印度学者 Maheshwari Ram Parkash 在 1960 年提出的。该理论主要考虑到了以下几个方面：

首先，他认为公司如果未来有良好的投资机会并可以拥有高的成长率，则应当保留更多的现金流以满足这些内部投资需求，股息支付相对不重要。

其次，如果公司进入衰退期或者没有合适的内部投资机会，此时应当向股东支付更高的股息来维系股东和市场的信心。

最后，他提出了现金加成和股息政策之间存在一种非线性关系（pay-out ratio），即股息支付较少时，股价受到财务风险的影响较大；但当股息支付较多时，股价受到未来盈利变动的影响较大。

综上所述，帕塔的股利理论强调了把握公司内部投资机会、及时回报股东和平衡现金流与股息政策之间关系的重要性。该理论涉及公司财务战略、市场反应、内部运营等多个层面，并且从各个角度说明了确定股息政策的复杂性。因此，只有公司能够平衡各种利益冲突和实际运营的相关问题，才能制定有效的股息政策，并确保企业长久发展。

8.4 公司股利政策实践

8.4.1 股利政策的内容

股利政策是确定公司的净利润如何分配的方针和策略。公司的净利润是公司从事生产经营活动所取得的剩余收益，是股东对公司进行投资应得的投资报酬。从权益上讲，公司实现的净利润属于全体股东的权益，无论是以现金股利的形式给股东分红，还是作为留用利润留在公司内部，都属于股东的财富。公司将净利润以现金股利的形式分配给股东，股东可以用这些现金进行其他投资或消费；公司将净利润留存在公司内部，实际上是股东对公司进行再投资。因此，无论如何分配都没有改变净利润是股东财富的性质。但是，通过前面的股利理论分析可知，公司如何分配利润对股东财富具有现实影响。这样，股利政策就成为公司财务管理的一项重要政策。

在实践中，公司的股利政策主要包括四项内容：（1）股利分配形式，即采用现金股利还是股票股利；（2）股利的确定，一般情况下，公司以温和、稳健的方式来调整股利，以保持稳定性并实现可持续发展；（3）股利分配的时间，即何时分配和多长时间分配一次；（4）支付股利的来源，公司收入的留存部分可以用来支付股利，但有时，公司也会通过借款或手头资产的售出来获得资金以支付股利。其中，每股股利与股利支付率的确定是股利政策的核心内容，它决定了公司的净利润中有多少以现金股利的形式发放给股东，有多少以留用利润的形式对公司进行再投资。一般来说，投资者对每股股利的变动会比较敏感，如果公司各年度之间的每股股利相差较大，就向市场传递了公司经营业绩不稳定的信号，不利于公司股票价格的稳定。

8.4.2 股利政策的评价指标

投资者在购买股票进行投资时，通常会对公司的股利政策做出评价。评价公司股利政策的指标主要有两个：股利支付率和股利报酬率。

1. 股利支付率

股利支付率是公司年度现金股利总额与净利润总额的比率，或者是公司年度每股股利与每股利润的比率。其计算公式表示为

$$P_d = \frac{D}{E} \times 100\% \qquad (8-15)$$

或

$$P_d = \frac{\text{DPS}}{\text{EPS}} \times 100\% \qquad (8-16)$$

式（8-15）中，P_d 表示股利支付率，D 表示年度现金股利总额，E 表示年度净利润总额；式（8-16）中，DPS 表示年度每股股利，EPS 表示年度每股利润。例如，如果一个公司的每股股利为 1 元，每股税后净利润为 2 元，则该公司的股利支付率为 50%（即 1/2）。

股利支付率用来评价公司实现的净利润中有多少用于给股东分派红利。股利支付率反映了公司所采取的股利政策是高股利政策还是低股利政策。由前面的股利理论可知，股利支付率的高低并不是区分股利政策优劣的标准。公司处于不同的发展阶段，会选择不同的股利政策。一般来说，处于快速成长阶段的公司，由于资本性支出较大，需要大量的现金，通常不支付现金股利或者采用较低的股利支付率政策。而处于成熟阶段的公司，有充足的现金流量，通常会采用较高的股利支付率政策。需要注意的是，虽然高的股利支付率可能会吸引更多的投资者，但这并不总是好事。如果公司过快地发放股利，其内部资本将会被降低，进而限制了其在内部研发和投资上的自由度。同时，如果股利支付过度，可能会导致公司无法应付突发性支出或其他紧急情况，从而进一步影响其长期发展。因此，公司在制定股利政策时需要平衡各个因素，在提供股利回报的同时要考虑到公司的财务稳定性和长远发展。

2. 股利报酬率

股利报酬率也称股息收益率，在香港股票市场也称周息率，是指公司年度每股股利与每股价格的比率。其计算公式为

$$K_d = \frac{\text{DPS}}{P_0} \times 100\% \qquad (8-17)$$

式（8-17）中，K_d 表示股利报酬率；DPS 表示年度每股股利；P_0 表示每股价格。如果一个人以 20 元/股的价格购买一家公司的 100 股股票，并且这家公司每股支付 1 元的股

息，则该投资者的每年股利收入为 100 元。这个投资者持有股票的成本为 20 元/股，因此他的股利报酬率是 5%（即 100 元/2000 元）。

股利报酬率是投资者评价公司股利政策的一个重要指标，它反映了投资者进行股票投资所得的红利收益，是投资者判断投资风险、衡量投资收益的重要标准之一。理论上，高股利报酬率通常意味着更好的投资回报，但也可能存在更多的风险。

8.4.3 公司股利政策的影响因素

事实上，公司在选择股利政策时，需要综合考虑包括税、管理者动机、信号等在内的诸多因素。

1. 法律因素

在制定和选用股利政策时，不应触碰已有的法律法规，应该清楚股利政策适用的法律边界。影响公司股利政策的法律因素有：

（1）资本保全规定。股份有限公司不能动用募集的资本发放股利，只能用当期利润或留存收益来分配股利。资本有两种定义：一是仅指资本金（股本）；二是指包括资本金（股本）和资本公积（超缴资本）在内的资本。资本保全规定中所涉及的资本主要是指资本金。该规定是为了保全公司的股权资本，维护债权人的利益。

（2）超额累积留存收益的限制。超额累积留存收益是指累积留存收益超过了公司未来投资之需。根据"股东至上"理念，超额部分必须以股利形式回馈股东。公司保持超额累积留存收益的理由各异。例如，在成熟市场国家或地区，由于股利所得税税率高于资本利得税税率，公司保留超额留存收益的目的可能是帮助股东规避高股利赋税。因此，公司超额留存收益的用意一旦被查实，该公司将被加征惩罚性税收。

（3）无力偿债限制。为保全债权人的债权，禁止无偿债能力的公司支付现金股利。无力偿债既包括"财务困难"，如无力偿还到期债务，也包括"资不抵债"，如公司负债超过资产的公允价值。无力偿债还包括因履行股利支付而失去偿债能力。

（4）净利润限制。一般来说，根据"多盈利多发股利，不盈利不发股利"的原则，公司年度利润必须为正，以及前年度亏损得以足额弥补后才能发放股利。在成熟市场国家或地区，鉴于股利政策有很强的信号效应，公司不会轻易降低股利发放水平或停止发放股利，哪怕借钱也要发放股利。为此，在股利政策实践中，"多盈利多发股利，不盈利不发股利"的原则不会被严格执行。

（5）利润分配的限制。派发和派送股利属于利润分配范畴，因此，需符合利润分配的相关规定。在我国（港澳台地区除外），公司利润分配的法定顺序为计提法定盈余公积（法定盈余公积金达到注册资本的 50% 时，才可停止计提）、计提任意盈余公积金、支付股利。因此，股利支付在利润分配的法定顺序中处于最末位置。

2. 公司自身因素

（1）公司的财务特征。公司的财务特征可以用增长率、收益稳定性、流动性等财务指标表述，公司股利政策深受公司财务特征的影响。

年轻的公司具有成长性，拥有超常增长率，其资本性支出和营运资本支出巨大，当前盈利性差但拥有良好的未来。因此，公司一方面急需大量资本，另一方面需保持一定流动性，以备不时之需。于是，我们就不难理解成长型公司为何采取低股利政策甚至零股利政策。

成熟的公司收益稳定，现金流充沛。因此，仰仗超强的流动性和稳定的利润流，它们会实施高股利政策，将大部分利润作为股利回报给股东（表8-1）。

表8-1　不同阶段公司财务特征

阶段	初创阶段	成长阶段	成熟阶段	衰退阶段
资本需求	受公司规模等因素限制	因为扩张的需要，资本需求量很大	公司规模基本稳定，资本需求量适中	资本需求量降低
盈利能力	没有盈利或盈利很少	盈利逐步增加	盈利能力较强，且盈利稳定	盈利减少
现金流量	因为进行投资，现金流量是负数	有少量现金流量产生	现金流量增加	相对于公司价值来说，现金流量较高
股利政策	不发放现金股利	不发放现金股利或者采用低股利支付率政策	增加现金股利分配，采用稳定的股利支付率政策	采用特殊的股利政策，回购股票

（2）财务灵活性。财务灵活性是指公司的举债能力。主要表现在以下三个方面：一是债务融资渠道的多寡；二是借款时间的快慢；三是举债成本的高低。如果公司举债渠道众多、能迅速地以较低的成本筹借到款项，那么，该公司的财务灵活性就强。财务灵活性可以衡量公司对未来不确定性的耐受程度，灵活性越强，公司承受未来不确定性的能力越强，就越有底气实施高股利政策。

（3）投资机会。公司在制定股利政策时会考虑未来投资对资本的需求。公司有良好的投资机会时，应当考虑少发放现金股利，增加留存收益，将资本用于再投资，这样可以加速企业的发展，增加未来的收益，这种股利政策往往也易于为股东所接受。公司没有良好的投资机会时，往往倾向于多发放现金股利。

（4）资本成本。资本成本是企业选择筹资方式的基本依据。留存收益是企业内部筹资的一种重要方式，同发行新股或举借债务相比，其具有资本成本低的优点。如果公司一方面大量发放现金股利，另一方面又要通过资本市场发行新股筹集资本，由于发行新股存在交易费用和所得税，这样会增加公司的综合资本成本，也会减少股东财富。因此，在制定股利政策时，应当充分考虑公司对资本的需求以及资本成本等问题。

3. 股东因素

（1）股东担心控制权被稀释。在派发高现金股利之后，公司对外部资金的需求将上升，发新股融资的可能性大增，在新股不附权发行（即老股东没有优先认购权）的情况下，公司控制权可能被稀释。因此，拥有控制权的股东会偏好低股利政策，将更多的利润留存下来用于未来投资，以最大化其财富。

这个道理几乎适用于所有国家和所有行业，股权松散的公司通常采用高股利政策，股权高度集中的公司通常采用低股利政策。比如，私人公司或大股东控股的公司很少甚至不发股利。

（2）股东的避税要求。若股利需要交纳高额的个人所得税，投资者则会降低对高股利的要求，这将导致公司的留存收益增大。高个人所得税税率可能使公司少发甚至不发股利，即通过延迟支付股利的方式帮助股东规避当下的高赋税。我国税法规定，股东从公司分得的红利应按20%的比例税率缴纳个人所得税（现按10%减半征收），而对股票交易获得的资本利得收益目前还没有开征个人所得税，因而对股东来说，股票价格上涨获得的收益比分得现金股利更具有避税功能。

（3）追求稳定的收入，有规避风险的需要。有的股东依赖于公司发放的现金股利维持生活，如一些退休者，他们往往要求公司能够定期支付稳定的现金股利，反对公司留用过多的利润。还有一些股东是"一鸟在手"理论的支持者，他们认为留用过多利润进行再投资，尽管可能会使股票价格上升，但是所带来的收益具有较大的不稳定性，还是取得现实的现金股利比较稳妥，这样可以规避较大的风险，因此这些股东也倾向于多分配现金股利。

4. 债务契约的相关条款

债权人为了保全债权，会与借款公司签订债务契约，并设置限制性条款来维持借款公司清偿能力和流动性。这种限制性条款通常包括：（1）规定每股股利的最高限额；（2）规定未来股息只能用贷款协议签订以后新增的收益来支付，而不能动用签订协议之前的留存利润；（3）规定企业的流动比率、利息保障倍数低于一定标准时，不得分配现金股利；（4）规定只有当公司的盈利达到某一约定的水平时，才可以发放现金股利；（5）规定公司的股利支付率不得超过限定标准；等等。债务契约的相关条款限制了公司的股利支付，促使公司增加留用利润，扩大再投资规模，从而增强公司的经营能力，保证公司能如期偿还债务。

5. 行业因素

不同行业的股利支付率存在系统性差异。调查研究显示，成熟行业的股利支付率通常比新兴行业高；公用事业公司大多实行高股利支付率政策，而高科技行业的公司股利支付率通常较低。这说明股利政策具有明显的行业特征。可能的原因是投资机会在行业内是类似的，在不同行业之间则存在差异。

6. 经济环境

宏观经济环境同样会对公司的股利政策产生影响。近期研究表明，在紧缩型货币政策期间，企业的融资成本和融资难度会增加，为维持正常的生产经营活动，企业会减少现金股利分配而留存更多的内源资金。而在股权分置改革之后，上市公司现金股利分配将更加注重中小投资者的偏好。

7. 地区法治水平与社会信任

在法治水平高的地区，当投资者的利益受到损害时，政府会对投资者提供优质的维权服务，从而使投资者的合法权益得到保护，因此外部股东可以借助法律诉讼、仲裁等方法迫使企业"吐出"现金。此外，在法治水平较高的地区，执法、司法和行政能力相对较高，社会信任与正式规则之间可能存在替代关系。当管理层遵守正式规则时，管理层会更好地履行自身责任，合理分配企业利润，保证股东获取最大投资回报（如分配现金股利），正式规则对社会信任与现金股利分配的关系具有调节作用。

8.4.4 股利政策的类型

1. 消极股利政策

消极股利政策也称剩余股利政策，是以首先满足公司资金需求为出发点的股利政策。根据这一政策，公司将按如下步骤确定股利分配额：

（1）确定公司最佳的资本结构；
（2）确定公司下一年度的资金需求；
（3）确定需要增加的股东权益数额；
（4）公司税后利润首先用于满足公司下一年度的资金需求，剩余部分用来发放现金股利。

按照剩余股利政策，公司每年的股利分配额变化不定。

【例题 8-2】龙昱股份有限公司近年来一直处于快速成长时期。2022 年该公司普通股股数为 12000 万股，实现税后利润 8000 万元，目前的资本结构为负债资本 40%，股权资本 60%。该资本结构也是下一年度的目标资本结构（即最佳资本结构）。2015 年该公司有一个很好的投资项目，需要投资总额 9000 万元。该公司采取消极股利政策，首先用留用利润来满足投资所需股权资本额，留用利润不能满足的部分由外部筹资来解决。请分析龙昱公司应该如何筹资？如何分配股利？

对于投资需要的 9000 万元资本，龙昱公司可以有多种筹资方法，但若利用留用利润的内部筹资方式，可以有如表 8-2 所示的两种股利分配方案。

表 8-2 龙昱公司股利分配方案

项目	股利分配方案一	股利分配方案二
税后利润/万元	8000	8000
投资所需资本总额/万元	9000	9000
目标资本结构（负债：股东权益）	4:6	不考虑资本结构
投资所需股权资本额/万元	5400	8000
现金股利总额/万元	2600	0
普通股股数/万股	12000	12000
每股股利/元	0.217	0
投资项目需要借款金额/万元	3600	1000

股利分配方案一：公司根据目标资本结构的要求，需要筹集 5400 万元的股权资本和 3600 万元的负债资本来满足投资的需要。这样，公司将净利润的 5400 万元作为留用利润用于项目投资，还有 2600 万元的剩余现金可用于分配股利，再通过举债筹集 3600 万元资金来满足投资项目所缺资本。

股利分配方案二：公司留用全部净利润用于该投资项目，投资所需的资本缺口 1000

万元通过借款来筹集，这样，公司就没有剩余现金可用于分配股利。因此，本年度不发放现金股利。

在第二种方案中，虽然公司需向外部筹资的金额少，但是这种方法会破坏最佳资本结构，会使公司的综合资本成本上升，因此不是最优筹资方案。而第一种方案虽然需要向外部筹集较多的资本，但是保持了公司的最佳资本结构，此时公司的综合资本成本才是最低的。因此，实施剩余股利政策应当采用第一种股利分配方案，而不是第二种股利分配方案。

2. 积极股利政策

（1）稳定股利额政策（steadily increasing dividend）。

这一政策要求公司各年发放的现金股利额保持稳定或稳中有增的态势。它以确定的现金股利分配额作为利润分配的首要目标。该股利政策有两个优点：

①稳定的股利额给投资者一个稳定的预期。

②许多长期投资者希望公司股利能够成为其稳定的收入来源，以便安排各项支出。稳定股利额政策有利于公司吸引这部分投资者。

在发达的资本市场中，分配股利的公司大都采用稳定股利额政策。一般来说，公司确定的稳定股利额不应太高，要留有余地，以免后续股利发放不可持续。如果公司的盈利短期内大幅上升，而长期盈利能力没有显著提高，那么，公司一般不会提高正常股利水平，而是考虑向股东派发一次性的特别股利（special dividend）。通常而言，只有当公司的长期盈利能力显著提高时，公司才有可能提高正常股利水平。

（2）固定股利支付率政策（fixed dividend payout rate policy）。

这一政策要求公司每年按固定比例从税后利润中支付现金股利，每年股利水平与当年盈利水平挂钩。由于未来存在不确定性，该政策会导致公司股利分配额随利润频繁变化。

这种股利政策的最大缺陷是股东隔年实际获得的股利存在波动性，投资者可能不太愿意为此类股票支付溢价。因此，在其他条件相同的情况下，执行持续股利政策的公司股价可能会高于执行固定股利支付率的公司股价。

目前，中国优秀上市公司大多采用固定股利支付率政策。以格力电器为例，在2020年公司章程中，我们可以发现它实施差异化现金分红政策，具体体现在四个方面。

第一，公司发展阶段属成熟期且无重大资金支出安排的，进行利润分配时，现金分红在本次利润分配中所占比例最低应达到80%；

第二，公司发展阶段属成熟期且有重大资金支出安排的，进行利润分配时，现金分红在本次利润分配中所占比例最低应达到40%；

第三，公司发展阶段属成长期且有重大资金支出安排的，进行利润分配时，现金分红在本次利润分配中所占比例最低应达到20%；

第四，公司发展阶段不易区分但有重大资金支出安排的，可以按照前项规定处理。股东大会授权董事会每年综合考虑公司所处行业特点、发展阶段、自身经营模式、盈利水平以及是否有重大资金支出安排等因素，根据上述原则提出当年利润分配方案。

（3）固定股利加额外股利政策。

在这种股利政策下，固定股利可以理解为正常情况下公司向股东支付的期望股利，而额外股利是指除固定股利之外向股东支付的一种不经常有的股利，通常只有业绩好的年份才发放额外股利。

这种股利政策适用于盈利起伏波动的公司：一方面，发放相对较低的固定股利，可以确保股利支付持续性，符合股利政策"黏性"的特点；另一方面，股东可以在业绩好的年份分享额外的收益。由于这种额外股利不是股东的期望股利，因此，额外股利能够向外界传递出公司未来预期积极的信号。

8.5 股票回购

股票回购（stock repurchase）是指上市公司用现金从股东手中买回发行在外的股票的行为。在美国，自20世纪80年代以来，以股票回购的方式向股东支付现金变得越来越普遍和重要。

股票回购的方式主要有四种。第一，公司公开宣布计划在股票市场上购回自己发行的股票。在这种公开市场回购中，公司无须披露其购买身份，因此股票卖方根本无法判断其股票是回售给公司还是其他的投资者。第二，要约收购，以高出市场价的溢价购回指定数目的股票。第三，公司直接向大股东洽购，通常来说，向个别大股东回购股票的价格通常低于要约回购价格，法律费用也较低；另外，回购大股东的股票还可以避免对管理层不利的收购兼并。第四，转换回购，公司用债券或者优先股来代替现金回购普通股的股票回购方式。转换回购方式下公司不必支付大量的现金，在公司现金流量并不充足的情况下，这是一种可选的回购方式。股票回购的目的多种多样，比如阻止股价下滑、反收购、避税、调高财务杠杆等。

有时候，股票回购可以作为现金股利发放的有效替代方式。事实上，在成熟经济体国家或地区，股票回购已经成为现金股利的一种特殊形式。当公司拥有超额现金留存（即公司持有大量的富余现金）且缺少投资机会时，公司会以高溢价向股东回购一定数量的股份，变相发放现金股利。当资本利得税税率低于股利所得税税率时，股票回购比直接发放现金股利更能够最大化股东的税后财富。

与现金股利连续性和稳定性的特点不同，股票回购不具有可持续性。主要理由有：一是公司管理者没有定期进行股票回购的责任与义务，他们很少承诺股票回购；二是股票回购受经济周期的影响大，经济高涨期的股票回购数量远远高于经济衰退期的收购数量。

股票回购可能产生以下作用。

1. 现金股利的替代

当公司偶然有一笔多余的现金需要分配，但又不希望改变现金股利分配政策时，可采用股票回购的方式向股东分发这笔现金。这时股票回购的作用类似于一笔额外现金股利。

通过股票回购，公司可以减少流通中的股票数量，能够在不增加现金需求的情况下提高未来的每股收益。正如前文分析，如果市场是完美的，该做法不影响股票价值。

考虑到个人所得税的影响，进行股票回购与发放现金股利相比，可能会减少股东的税收支出，从而增加股东的税后收益。在典型的税制环境下，股票回购相对于现金股利可能具有两个方面的税收优势：第一，股东卖出股票获得的收益适用于资本利得税，而个人资本利得税的税率通常等于或者低于普通收入所得税的税率；第二，由于资本利得税是在卖出股票时缴纳，因此股票回购具有推迟纳税的功能。

2. 信号传递

股票回购也具有信号效应，能够向外传递出公司管理者掌握的信息。但是，在信息传递上，它与现金股利有所区别。

第一，公司管理者没有定期进行股票回购的义务和责任。与现金股利黏性特点不同，股票回购具有随机性和非连续性，因此，它无法像现金股利那样对外传递出公司的未来预期。

第二，股票回购也可以是公司的一种投资。当公司缺少好的可投资实业项目，且公司股票又被市场低估时，公司可以通过股票回购的方式使用公司现金。这样既避免了错误地投资坏的实业项目，又向股东分配了现金，让这些现金在股东手中得到更好的运用，同时还向市场传递了公司股票被市场低估的信息。大量实证研究表明，平均来讲，市场对公司的股票回购公告给予积极的反应，而且股票回购后，公司股票的长期表现明显优于不进行股票回购的类似公司。

此外，股票回购亦有调高公司杠杆、调节所有权结构的作用。

8.6　股票股利和股票分割

股票股利无疑是股利政策的重要内容之一，但由于股票股利和股票分割都会造成股价大幅下跌，因此，需要从本质上对股票股利和股票分割进行解读。

8.6.1　股票股利

股份有限公司以向股东赠送股票的方式派发股利，称为股票股利。与发放现金股利不同，发放股票股利只是将公司的税后利润转化为股本金，不会导致公司的现金流出，股东权益账面价值总额也不会发生变化。但发放股票股利将增加发行在外的普通股股票数量，减少每股股票拥有的股东权益价值。在美国，一般把送股比例在20%～25%的股票股利称为小额股票股利，把高于这一比例的股票股利称为大额股票股利。

【例题8－3】某公司拟向其股东每股发放0.5元的股票股利，而该公司总共有500万股已发行的普通股。如果一位股东持有20000股该公司的股票，那么他将从这次股票股利中获得多少股？

首先，我们需要计算每股股利的金额。由于该公司拟向其股东每股发放0.5元的股票股利，因此每股股利的金额为0.5元。

每股股利金额 = 0.5元

然后，我们需要计算出这位股东可以从这次股票股利中获得多少股。由于股票股利的数量等于股票股利金额除以每股股利，因此我们可以使用以下公式来计算：

该股东获得股数 = 股票股利总额 ÷ 每股股利的金额 × 该股东持股数 ÷ 公司发行股数
该股东获得股数 = （每股股利的金额 × 20000） ÷ 每股股利的金额 × 1 ÷ 500 万
该股东获得股数 = 40 股

因此，这位股东可以从这次股票股利中获得 40 股股票。

理论上，由于分配股票股利只是增加了流通中的股票数量，并没有提升股东权益的价值，所以每股股票的市值被稀释，股价的下跌幅度应等于股票股利的分配比例。现实中，股价的下跌幅度将取决于市场的反应程度，可能与股票股利的分配比例不完全相同。如果发放股票股利后股价的下跌幅度低于分配比例，那么股东将因此获益；如果发放股票股利后股价的下跌幅度大于分配比例，那么股东利益将受到损害。对公司来说，发放股票股利既不需要向股东支付现金，又可以在心理上给股东以取得了投资回报的幻觉。因此，公司在资金紧张、无力支付现金股利且具有良好增长前景的情况下，可以考虑发放股票股利。另外，一些公司在其股票价格较高、不利于中小投资者交易时，通过发放股票股利来适当降低股价，提高股票流动性。

实际上，分配股票股利在不改变公司财务状况的同时，导致公司发行在外的股票总量增加。为了实现该目的，公司也可以实施公积金转增股本或者直接拆股。

8.6.2　公积金转增股本

公积金转增股本简称转增，是指公司将其资本公积金转成股本，并且增加的普通股由所有股东按比例分享。

【例题 8-4】假设某公司有 100 万美元的公积金，每股股票价格为 10 美元。如果该公司决定将 20% 的公积金转化为股本，并向现有股东以 1 : 5 的比例分享，问应向该公司的股东发放多少新股？

首先，我们需要计算该公司转化为股本的公积金金额。由于该公司决定将 20% 的公积金转化为股本，因此我们需要将公司的公积金总额乘以 0.2 来计算。

公积金转化为股本的金额 = 公积金总额 × 转化率
公积金转化为股本的金额 = 100 万美元 × 20% = 20 万美元

然后，我们需要计算每股新股的价格。由于该公司每股股票价格为 10 美元，且该公司决定以 1 : 5 的比例分享，因此每股新股的价格可以按照以下方式计算。

每股新股的价格 = 每股股票价格 / （已有股份数量 ÷ 转化率的分母）
每股新股的价格 = 10 美元 / （100 万股 ÷ 5） = 0.5 美元

最后，我们可以计算出该公司向其股东发放的新股数量。由于每个股东根据 1 : 5 的比例分享新股，因此我们需要使用以下公式计算新股的数量。

新股数量 = 公积金转化为股本的金额 ÷ 每股新股的价格 × 股东总数 × 分享比例的分子 ÷ 分享比例的分母
新股数量 = 20 万美元 ÷ 0.5 美元 × 1 × 1 ÷ 5 = 80 万股

因此，该公司将向其股东发放 80 万股新股作为公积金转增股本。

显然，与分配股票股利一样，转增不会改变公司的财务状况，但会增加公司发行在外的普通股总量。值得注意的是，如果公司账面上的未分配利润为负或者不足，公司就不能分配股票股利，但是可以实施转增。

8.6.3 股票分割

股票分割（stock split）是指股份有限公司用新股按一定比例交换流通在外的股份的行为。例如，两股换一股的股票分割，是指用两股新股换一股老股。从会计的角度看，股票分拆对公司的资本结构、资产账面价值、股东权益的各账户（普通股、股本溢价、留存收益等）都不产生影响，只是使公司发行在外的股票总数增加，每股股票代表的账面价值也相应降低（早期我国《公司法》规定，股份有限公司股票的每股面值为1元，修订后的《公司法》已经去掉该要求）。因此，股票分割与发放股票股利的作用非常相似，都是在不增加股东权益的情况下增加股票数量。所不同的是，股票分割导致的股票增量常常远大于发放股票股利，而且在会计处理上也略有差异。

【例题8-5】假设某公司有100万股已发行的普通股，每股股票价格为50美元。如果该公司决定进行2:1的股票分割，问分割后该公司每股股票价格和发行股数会如何变化？

首先，我们来计算该公司经过股票分割后每股股票价格的变化。由于该公司决定进行2:1的股票分割，因此每股股票数量将增加一倍，而每股股票价格将减半。

每股股票数量 = 原每股股票数量 × 分割比率的分子 ÷ 分割比率的分母

每股股票数量 = 1 × 2 ÷ 1 = 2

每股股票价格 = 原每股股票价格 ÷ 分割比率的分子 × 分割比率的分母

每股股票价格 = 50美元 ÷ 2 × 1 = 25美元

其次，我们需要计算该公司股票数量的变化。由于分割比率是2:1，因此该公司的股票数量将增加一倍。

分割后的发行股数 = 原已发行股数 × 分割比率的分子 ÷ 分割比率的分母

分割后的发行股数 = 100万股 × 2 ÷ 1 = 200万股

因此，该公司经过2:1股票分割后，每股股票价格将从50美元变成25美元，并且该公司的发行股数将从100万股增加到200万股。

由上述例题不难看出，在会计上，股票分割仅仅影响了股票的数量和面值，不影响股东权益的各个科目。

实质上，分配股票股利、公积金转增股本与股票分割都不会实质性地改变公司的财务状况，公司进行这些活动的主要解释如下：

（1）降低股票价格，便于股票交易，提高股票流动性。

股票的交易价格太高不利于股票的交易，因为完成一笔股票交易（100股为一个交易单位）需要的资金数量很大，很多中小投资者由于没有足够的资金难以进行交易。微软公司于1999年进行自1986年上市以来的第8次股票分割，分割比例是2:1。微软公司宣称的分割理由是"微软致力于让我们的技术更广泛地被顾客所接受。同样，我们要让我们的股票更广泛地为个人所接受，而股票分割应该有助于实现这个目标"。其他一些发展迅速的美国著名公司如沃尔玛、戴尔等，自上市以来也进行过多次股票分割。

（2）向股票市场和广大投资者传递某种信息，并对他们产生心理影响。

有时，上市公司希望通过分配股票股利、转增或股票分割向股市传递这样一种信息，即公司不但目前业绩好、利润高，而且还有很好的增长潜力，以至于这些活动不会减少每股收益，而且股票价格有可能在目前的高价位上进一步上升，从而增强投资者对公司的信心。

但若考虑股票股利和股票分割所含信息量的差异，股票分割和股票股利对价格的影响是不同的。比如，股票股利本质上取决于留存收益，留存收益越多，股票股利的发放空间就越大。再比如，股票股利减少了留存收益，也减少了管理者侵占留存收益所产生的代理成本。股票股利所释放出的这些信息是正面的，也许会起到支撑股价的作用。在实践中，股票股利和股票分割适用不同的情形，前者通常在股价上涨不大时发放，后者通常在股价上涨过快时实施。

与股票分割相反，企业有时也进行股票合并操作。股票合并又称合股或逆向拆股（reverse split），即公司用一新股换取一股以上的老股（如一股换两股）。显然，股票合并将减少流通在外的股票数量，提高每股股票的面值及其代表的净资产数值，进而提高股票市场的价格。一般来说，业绩不佳、股价过低的公司才会进行股票合并，希望以此提高股票的价格，使之达到合理的水平。

◎ 本讲小结

1. 现金股利是指股份有限公司以现金形式支付给股东的股利，它是主要的股利支付方式；股票股利是指股份有限公司以增发的股票作为股利分配给股东。

2. 按发生的时间先后排序，股利支付的重要时点包括股利宣布日、股权登记日、除息除权日和股利支付日。

3. MM 无关理论认为在严格假设条件下，如果公司的投资决策和资本结构保持不变，那么公司的价值取决于公司投资项目的盈利能力和风险水平，与其股利分配政策无关。

4. "一鸟在手"理论认为，投资者对股利收益与资本利得收益的偏好是不同的。现金股利，特别是正常现金股利，是投资者有把握按时、按量得到的收入，如同手中之鸟，风险很小。资本利得要靠出售股票才能得到，但股票价格起伏不定表明了资本利得的风险。如果股价上涨，资本利得增加；股价下跌，资本利得减少，甚至出现损失。因此，资本利得就像林中之鸟，看上去处处是抓取的机会，但并不总能抓到。

5. 税差理论认为由于股利收入和资本利得适用不同的税率，因此，投资者可以通过选择合适的股利政策来降低税负，实现其税后收益最大化。

6. 在实践中，公司的股利政策主要包括四项内容：(1) 股利分配形式，即采用现金股利还是股票股利；(2) 股利的确定，一般情况下，公司以温和、稳健的方式来调整股利，以保持稳定并实现可持续发展；(3) 股利分配的时间，即何时分配和多长时间分配一次；(4) 支付股利的来源，公司收入的留存部分可以用来支付股利，但有时，公司也会通过借款或手头资产的售出来获得资金以支付股利。

7. 公司股利政策的影响因素包括法律、公司自身发展、股东、债务契约、行业、经济环境等。

8. 股票回购的方式主要有四种：公开市场回购、要约回购、向大股东洽购、转换回购。

9. 公积金转增股本简称转增，是公司将其资本公积金转成股本，并且增加的普通股由所有股东按比例分享。股票分割则是指股份公司用新股按一定比例交换流通在外的股份的行为。

◎ **本讲习题**

一、名词解释

1. 现金股利
2. 股票股利
3. 股权登记日
4. 除息日
5. 股利无关理论
6. 股利相关理论
7. "一鸟在手"理论
8. 税差理论
9. 追随者效应理论
10. 代理成本理论
11. 股利信号理论
12. 股利政策
13. 消极股利政策
14. 积极股利政策
15. 股票回购
16. 公积金转增股本
17. 股票分割

二、判断题

1. 公司的法定公积金是按利润总额的10%计提的。（   ）
2. 公司用公积金转增股本后，所留存的法定公积金不能低于转增前公司注册资本的25%。（   ）
3. 股份有限公司的股利分配预案应提交股东大会表决。（   ）
4. 公司分派股票股利会增加现金流出量。（   ）
5. "一鸟在手"理论认为，相对于资本利得，投资者更偏好现金股利。（   ）
6. 税收差别理论认为，公司实行较低的股利支付率政策可以给股东带来税收利益，有利于增加股东财富。（   ）
7. 信号传递理论认为，股利政策包含了公司经营状况和未来发展前景的信息。（   ）
8. 公司的现金流量会影响股利的分配。（   ）

9. 采取剩余股利政策可以保证公司各年的股利水平比较均衡。（　　）

10. 稳定股利额政策适用于处于成长或成熟阶段的公司。（　　）

11. 公司采用股票股利进行股利分配，会减少公司的股东权益。（　　）

12. 根据我国有关法规的规定，上市公司回购股票既可以注销，也可以作为库藏股由公司持有。（　　）

13. 公司用股票回购的方式来代替发放现金股利，可以为股东带来税收利益。（　　）

14. 投资者在宣告日以后购买股票就不会得到最近一次股利。（　　）

15. 投资者只有在除息日之前购买股票，才能得到最近一次股利。（　　）

三、单项选择题

1. 企业的法定公积金应当从（　　）中提取。
   A. 利润总额　　　　　　　　B. 营业利润
   C. 税后利润　　　　　　　　D. 营业收入

2. 公司发生年度亏损，用下一年度税前利润不足以弥补时，可以在（　　）年内延续弥补。
   A. 2　　　　　　　　　　　　B. 4
   C. 5　　　　　　　　　　　　D. 10

3. 下列各项中，（　　）是确定投资者是否有权领取本次股利的日期。
   A. 宣告日　　　　　　　　　B. 除息日
   C. 股权登记日　　　　　　　D. 股利发放日

4. 股利政策产生顾客效应的重要原因是（　　）。
   A. 投资者的偏好不同　　　　B. 投资者的边际税率不同
   C. 投资者的风险承受力不同　D. 公司的风险水平不同

5. 下列股利政策中，能够使股利支付水平与公司盈利状况密切相关的是（　　）。
   A. 稳定股利政策　　　　　　B. 固定股利支付率政策
   C. 剩余股利政策　　　　　　D. 固定股利加额外股利政策

6. 下列关于库藏股的论述中，正确的是（　　）。
   A. 我国上市公司回购的股票不可以作为库藏股
   B. 公司可以长期持有库藏股
   C. 库藏股不能享有与正常的普通股相同的权利
   D. 库藏股不能用于实施股权激励计划

7. 下列股票回购方式中，不需要支付大量现金的是（　　）。
   A. 公开市场回购　　　　　　B. 协议回购
   C. 要约回购　　　　　　　　D. 转换回购

四、多项选择题

1. 公司提取的公积金可以用于（　　）。
   A. 弥补亏损　　　　　　　　B. 扩大生产经营

C. 转增公司股本　　　　　　　　　　D. 分配股利

E. 转增公司资本公积金

2. 下列关于股票股利的说法中，正确的有（　　）。

A. 发放股票股利可以增加股东财富

B. 发放股票股利不会改变公司的股东权益总额

C. 发放股票股利会增加公司的股本总额

D. 发放股票股利不会增加公司的现金流出量

E. 发放股票股利后股票价格不会下降

3. MM无关理论认为完全资本市场须符合的条件包括（　　）。

A. 不存在交易成本和破产成本

B. 没有信息成本，且信息是对称的

C. 证券交易没有政府或其他限制

D. 市场是完全竞争的

E. 没有不对称税负

4. 下列股利理论中，属于股利相关理论的有（　　）。

A. MM无关股利理论　　　　　　　　B. "一鸟在手"理论

C. 税收差别理论　　　　　　　　　　D. 信号传递理论

E. 代理理论

5. 影响股利政策的因素主要有（　　）。

A. 法律因素　　　　　　　　　　　　B. 债务契约因素

C. 公司自身因素　　　　　　　　　　D. 股东因素

E. 经济环境

6. 公司进行股票分割的主要动机有（　　）。

A. 通过股票分割降低股票价格　　　　B. 向投资者传递未来业绩增长的信号

C. 为以后发行新股筹资做准备　　　　D. 增加股本总额

E. 为股东增加财富

7. 股票回购的方式主要有（　　）。

A. 公开市场回购　　　　　　　　　　B. 要约回购

C. 协议回购　　　　　　　　　　　　D. 强制回购

E. 转换回购

五、计算题

1. 龙昱股份有限公司20×3年的税后利润为2000万元，确定的目标资本结构为债务资本占60%，股权资本占40%。如果20×4年该公司有较好的投资项目，需要投资800万元，该公司采取剩余股利政策。请计算该公司应当如何筹资和分配股利。

2. 春夏公司20×4年拟投资3000万元引进一条生产线以扩大生产能力，该公司的目标资本结构为自有资金占60%，借入资金占40%。该公司20×3年度的税后利润为1000万元，继续执行固定股利政策，该年度应分配股利为300万元。请计算20×4年度该公司为引进生产线需从外部筹集资金的数额。

3. 立新公司20×3年的税后利润为1500万元，分配的现金股利为450万元。20×4年的税后利润为1000万元。预计20×5年该公司的投资计划需要资金500万元。该公司的目标资本结构为自由资金占60%，债务资金占40%。

（1）如果采取剩余股利政策，计算该公司20×4年应分配的现金股利额。

（2）如果采取稳定股利政策，计算该公司20×4年应分配的现金股利额。

（3）如果采取固定股利支付率政策，计算该公司20×4年应分配的现金股利额。

（4）如果采取固定股利加额外股利政策，该公司20×3年的现金股利为正常股利额，计算该公司20×4年应分配的现金股利额。

4. 夏凌公司目前发行在外的股票为2000万股，每股面值为2元，本年税后利润为4500万元。现拟追加投资5000万元，使生产能力扩大30%，预计该公司的产量和销路稳定。若夏凌公司想维持目前40%的资产负债率，并执行50%的固定股利支付率政策。

（1）计算该公司本年年末应该分配多少股利。

（2）计算该公司必须从外部筹集多少股权资本，才能达到追加投资的目的。

第九讲　公司金融战略

◎ **本讲学习目标**

1. 了解公司金融战略的基本概念及定义。
2. 掌握公司战略类型及其适用情况。
3. 了解公司金融战略与五大金融战略的关系。

◎ **本讲重要术语**

快速扩张型公司金融战略、稳健发展型公司金融战略、防御收缩型公司金融战略、金融强国

◎ **本讲重难点**

本讲的重点在于理解公司金融战略的内涵、公司金融战略的三种类型及金融"五篇大文章"与公司金融战略的有效融合。难点在于理解公司金融战略的实施以及三种战略类型的实际应用。

◎ **本讲案例导入**

某知名电器公司成立于1995年，公司主要在中国经营管理电器及电子产品在线销售网络和电子消费品零售门店。其产品包括影音类、空调类电器。

2009—2010年，中国经济在全球经济危机中逐渐复苏，国家实施积极的财政政策和适度宽松的货币政策，更加注重扩大内需。此阶段该公司的基本商业模式就是从采购、销售到获得收入的过程，交易完成即是销售的终点。

2011—2012年，家电产业面临的环境正经历巨大的变化，家电零售行业市场供需求不一致，2012年上半年整个家电行业呈现全局性的下滑。该公司也顺应行业发展的趋势，依托网络购物形式的发展，开启家电业B2C的战略。

2013年，国家刺激城镇就业，刺激进出口增长，带动了居民购买力的增长。公司开启协同发展的多渠道发展战略，正式进入O2O模式，加强门店网络，积极拓展电子商务渠道，整合公司线上线下的业务。通过协同作用，在降低成本费用的同时优化供应链效率，实现多方位营销、多商品经营和多渠道销售方面的利润最大化，落实多渠道发展战略。

2015年，国民经济虽然增速有所放缓但整体运行较为平稳。面对不断升级和快速更

新的行业背景以及"互联网+"的广泛应用，公司2015年继续推动线上线下融合，实施"全渠道、新场景、强链接"战略，积极建立"全零售生态圈"来满足顾客的全方位需求。线下门店率先以商品应用场景取代商品交易场景，形成全面渗透的微店网络，全面打造采购、物流、售后、信息、大数据等价值平台。

2016年，尽管世界经济复苏缓慢且不均衡，但考虑到国民经济庞大的经济总量，其净增长额仍极为可观。行业方面，电子商务销售的增长速度有所放缓，客流量开始向实体门店回流。2016年末，该公司响应政府号召，开启了以用户为导向的新零售模式。2017—2018年，中国经济增速呈回落态势，外部环境复杂严峻，经济面临下行压力。该公司深化融入科技创新，进一步支持"新零售"模式的建设。

从该电器公司发展历程来看，公司在急剧变化的经济形势与行业形势下不断转型探索。该公司在转型过程中所采取的公司金融战略有何不同？不同阶段的公司金融战略又取得了何种成效？本讲将对公司金融战略及其内容进行更加深刻的解读。

9.1 公司金融战略概论

在当今竞争激烈的商业环境中，实现金融强国的愿景已成为我国经济发展的关键目标。金融强国不仅要求我们在金融资产规模、风险管理水平等各项金融指标上取得显著进展，更需要我们在国际金融舞台上扮演重要角色，发挥更大影响力。这一战略不仅关乎着国家的金融实力和国际竞争力，更是推动我国经济腾飞的重要动力。

在这一背景下，公司金融战略的重要性愈发凸显。公司金融战略的目标在于有效地实现公司价值最大化，属于公司职能战略。它作为公司战略的重要组成部分，不仅涉及资本结构管理、投资决策和风险管理等财务层面的问题，还与公司的竞争战略、市场定位和创新能力等方面紧密关联。通过制定和执行有效的金融战略，公司能够优化资源配置、降低风险、提高盈利能力，并最终实现可持续增长。

本讲将深入探讨公司金融战略的基本概念、其在公司发展中的重要作用，以及金融强国建设中的金融"五篇大文章"，旨在帮助学生全面理解并有效应用公司金融战略，肩负起企业社会责任，助推金融强国建设。

9.1.1 公司金融战略的基本概念和定义

公司金融战略具有层次性，通常可以分为总体战略、竞争战略和职能战略这三个层面。金融战略属于职能层面的战略之一，与研发战略、生产战略、营销战略、人力资源战略等其他职能性战略相辅相成，共同构筑了公司的整体战略框架。它的制定和执行不仅关乎公司财务的健康，也是推动业务发展的关键环节。因此，深入理解公司金融战略的基本概念和定义对于促进公司的战略实施和持续发展至关重要。

公司金融战略是指公司在管理财务资源、进行投资和融资决策时制定的长期计划和策略。这些战略旨在实现公司的长期财务目标，最大限度地提高股东价值，并确保公司财务的稳健性和可持续性。公司金融战略涵盖了资本结构管理、投资决策、资金管理等方面。它是公司管理层在面对不断变化的市场环境和竞争压力时的重要指导方针，通过制定和执行有效的金融战略，公司能够更好地应对风险，利用机会，实现持续增长并提升核心竞争力。

公司金融战略具有如下基本特征：

(1) 公司金融战略是一种前瞻性规划。考虑到行业发展趋势、技术变革、竞争态势等因素，公司金融战略的制定需要提前预见未来可能面临的市场挑战和机遇。通过对市场动向和行业发展趋势的深入分析，制定具有前瞻性和预见性的战略计划，以便公司能够在未来竞争中保持领先地位。

当谈及公司金融战略的前瞻性规划时，可以通过举一个例子来说明。假设一家制造业公司预见到未来市场对绿色环保产品的需求将持续增长，因此制定了一个金融战略，计划增加对环保技术的研发投入，并积极寻找与环保相关的投资机会。这样的前瞻性规划能够让公司在未来的市场竞争中抢占先机，获取更多的市场份额和收益。

(2) 公司金融战略是一种全局性考虑。公司金融战略的制定需要综合考虑内外部环境的各种因素，包括宏观经济形势、政策法规、市场需求、竞争态势等。通过全面了解和分析市场环境和行业动态，确保战略的制定具有全面性和系统性，能够适应不同的市场条件和竞争环境。

(3) 公司金融战略是一种长远性目标。公司金融战略的目标以长期财务目标和可持续发展为导向，不仅考虑眼前的利润和收益，更注重公司的长远发展和价值创造。通过制定长期的战略规划和目标，确保公司能够在未来保持健康稳定的财务状况，确保公司能够在未来保持稳定的财务状况与持久竞争优势，实现持续增长。

(4) 公司金融战略是一种概念性构想。公司金融战略的制定是一种概念性的构想和设计过程，需要通过对未来的预见性思考和策略性设计，构建出符合公司发展需求和市场要求的战略框架。这一过程涉及对公司整体战略定位、业务模式和组织结构的重新构想和设计，以确保战略的实施能够有效地支持公司的发展目标和战略方向。

(5) 公司金融战略是一种震慑性计策。公司金融战略的制定是向竞争对手传递的一种威慑性信号，以影响对手的行为和决策，从而达到保护自身利益和获得竞争优势的目的。这种计策可能涉及各种金融手段和行动，例如高调调整资本结构、提高资金投入、加大市场营销力度等，以向竞争对手展示自身的实力和决心，以及对竞争对手可能采取的反制措施的警示。

9.1.2 公司金融战略的重要性及其在公司发展中的作用

9.1.2.1 公司金融战略的重要性

在深入了解公司金融战略的概念后，我们不难发现，公司金融战略的制定和执行对公司的发展至关重要。

(1) 公司金融战略对公司财务健康的影响：公司金融战略直接影响着公司的财务健康。通过合理配置资金、优化资本结构、降低财务风险等手段，公司金融战略可以帮助公司提高盈利能力，降低成本，优化资产利用效率，从而确保公司的财务稳定和持续发展。

（2）公司金融战略对公司竞争优势的塑造：金融战略对于公司竞争优势的塑造至关重要。通过制定与公司整体战略一致的金融战略，公司可以更好地利用资金和资源，拓展市场份额，提高产品或服务的竞争力。如通过资金的灵活运用，公司可以加大市场营销力度，推出新产品或服务，提升产品品质和客户体验，从而赢得更多客户和扩大市场份额，确立在行业中的领先地位。

（3）公司金融战略对公司风险管理能力的提升：公司金融战略在公司风险管理中发挥着重要作用。在不确定的市场环境中，公司面临着各种风险，包括市场风险、信用风险、流动性风险等。通过制定适当的风险管理策略和金融规划，公司可以有效地识别、评估和应对这些风险，减少风险对公司的影响，保障公司的稳健经营和可持续发展。

总的来说，公司金融战略对公司具有重要影响。它直接影响公司财务的健康，能够提升公司竞争力和风险管理能力，从而在公司的长期发展中发挥着重要作用，为公司的可持续发展提供了有力支持。

9.1.2.2 公司金融战略在公司发展中的作用

（1）公司金融战略能够提高公司财务收益：公司金融战略在公司发展中发挥着至关重要的作用，首先体现在提高公司财务收益方面。通过制定有效的金融战略，公司可以优化资金结构、降低财务成本、提高资产利用效率，从而增强公司的盈利能力。

（2）公司金融战略能够塑造公司品牌形象：公司金融战略还可以帮助公司塑造良好的品牌形象，提升公司的市场竞争力和声誉。通过在财务方面的稳健管理和优秀业绩的展示，公司可以树立良好的公司形象，增强消费者和投资者对公司的信任和认可度。例如，通过及时履行财务承诺、公开透明的财务报告和财务业绩的持续增长，公司可以赢得消费者和投资者的信赖，提高品牌价值和市场地位。

（3）公司金融战略能够促进公司持续发展：公司金融战略对于促进公司持续发展具有重要意义。通过有效的资金管理和财务规划，可以降低公司的经营风险，提高稳定性和抗风险能力，为公司的长期发展奠定坚实基础。同时，金融战略还可以支持公司的战略扩张和业务发展，为公司的持续壮大提供有力支持。

9.1.3 公司金融战略的制定

在公司运营中，制定和执行有效的金融战略至关重要。这不仅涉及公司财务健康的保障，还关乎公司的竞争优势和未来发展的可持续性。因此，理解公司金融战略的制定与执行过程是每位管理者必备的技能。在接下来的内容中，我们将深入探讨公司金融战略的完整流程，包括环境分析、目标设定、战略规划、执行实施以及效果评估。

（1）环境分析：公司首先需要对外部环境和内部条件进行全面的分析，预测未来可能发生的风险。外部环境包括市场趋势、竞争格局、政策法规等因素，而内部条件涉及公司的资源、能力，以及财务状况等。这一步骤是为了全面了解公司所处的环境，为后续在公司能力范围内设定目标提供依据。

（2）目标设定：基于第一步对外部环境和内部条件的深入分析，公司得以明确金融战略的目标，进而确定未来发展的方向和重点。这一步骤的关键在于确保目标设定具体、可量化，并与公司整体战略保持一致，以确保有序实施各项措施和有效达成目标。

（3）战略规划：在设定了明确的目标之后，公司需要制定各种详细可行的战略规划。比较分析这些计划的优缺点，从中选取最优的计划方案执行，选取标准通常以最低风险和高盈利能力为考虑因素。规划方案需要包括确定实现目标的具体措施、分配资源的方式，以及时间表和责任人等方面的安排。同时，战略规划要与公司整体战略相一致，确保各项措施的有效执行。

（4）执行实施：实施金融战略是公司金融战略执行过程中的关键一步。公司需要按照制定的计划，有序地推进各项措施和行动。这一过程要接受实际的验证与监督，及时纠正和改善不当行为或错误规划。执行实施金融战略规划的过程可能涉及资金的调配、团队的组建、业务流程的优化等方面的工作。只有执行到位，才能确保金融战略的有效实施。

（5）效果评估：实施金融战略后，公司需要对其效果进行评估和监控，包括对目标达成情况的检查、成本效益的分析以及市场反馈的收集等。要实时关注公司内外部环境的变化，及时调整战略，优化运营，实现长期发展目标。

在此流程下，公司金融战略包括战略总目标、战略具体目标、战略环境分析、战略重点、战略阶段、战略对策六个要素。

（1）战略总目标：根据现代经济学的观点，公司实质上是各要素持有者通过一系列契约连接而成的复杂组织体系。这包括股东的权益性资本、债权人的债务资本、职工的人力资源等。公司的存在依赖于这些要素持有者的合作与贡献，而各要素持有者也各自依赖公司的存在实现自身利益。然而，在公司的长期发展过程中，不能偏袒某一利益集团的利益，而是要追求各利益集团的利益折中，以实现公司的长期稳定发展和价值增长——公司金融战略的总目标应当是公司财富的最大化，或称公司价值的最大化（股东财富的最大化）。这一总目标的实现需要公司在金融活动和战略决策中考虑各种因素，包括市场环境的变化、竞争压力的加剧以及内外部资源的约束。公司应该通过制定科学合理的金融战略，有效利用资金和资源，最大限度地提高公司的长期价值和利润，以实现股东的投资回报最大化，同时保障各要素持有者的合法权益。

（2）战略具体目标：战略具体目标是对战略总目标的具体化，公司金融战略的具体目标旨在实现公司金融战略总目标——公司价值最大化。战略具体目标为实现总目标提供行动指南，确保公司财务的长期健康和经营的成功。

投资战略目标是由财务战略总目标决定的，在制定投资战略时，需全面考虑市场占有率、最佳的现金流量、满意的投资报酬率和长期的合并收益等问题。公司在不同的经营战略或不同的投资运营项目上，追求的投资战略目标各异。在竞争战略下，公司侧重于市场占有率的提升，通过低成本扩张占领市场；而在稳定战略下，公司则注重满意的投资回报率和最佳的现金流量，以适应外部环境需求。

融资战略的首要目标是为投资需求提供持续资金，同时保证最低综合资金成本。制定和实施战略目标时应优化资本结构，降低综合资金成本，实现公司期望价值最大化。

股利分配战略的首要目标是满足筹资需求，追求公司的长远利益，其次是满足股东收益的需要。通过明确股利分配目标，公司可以合理平衡股东利益和公司长期发展需求，维护良好的股东关系，提高公司的市场声誉和信誉度。在投资报酬率小于或等于资本成本时,公司采取竞争战略;而当公司所需的投资报酬率大于资本成本时,则往往采取稳定战略。

(3) 战略环境分析:在进行战略环境分析时,公司需要深入了解外部环境的变化趋势、市场竞争格局、消费者需求变化、政策法规影响等因素,内部条件的优势和劣势,资源配置情况,组织结构和文化等方面的情况。通过对这些因素的全面分析,公司可以更好地把握市场机遇,规避潜在风险,制定适应性强、可持续性高的金融战略。具体分析方法将在 9.1.4 进行详细讲解。

(4) 战略重点:战略重点是指在制定和实施公司金融战略过程中,公司特别关注和优先考虑的核心领域和关键任务。这些重点决定了金融战略的有效性和金融战略成功实施的关键因素,对于实现公司的长期发展目标至关重要。在确定战略重点时,公司需要综合考虑内外部环境的变化和公司自身的实际情况,结合金融战略的总目标和具体目标来确定。如在筹资阶段,确定适当的资本结构是金融战略的关键重点之一。公司需要平衡权益资本和债务资本的比例,以降低资金成本并最大化股东价值。

(5) 战略阶段:战略阶段指的是公司金融战略制定和实施过程中的不同发展阶段。在这些阶段中,公司逐步实现金融战略总目标,并达成具体目标,以推动公司的长期发展。在制定和实施公司金融战略时,需要分析金融战略的阶段性特点,强调根据不同阶段的市场环境和公司内部条件调整战略方向和重点。如初创阶段的市场占领、成长阶段的产品创新和拓展、成熟阶段的巩固和提升等。

(6) 战略对策:战略对策是指公司在制定和实施金融战略过程中,为应对外部环境的变化和内部资源的限制,达成公司金融战略的目标所采取的具体行动和措施。这些对策旨在帮助公司在竞争激烈的市场中获取竞争优势,实现战略目标。战略对策的制定需要结合公司的战略目标、外部市场环境和内部资源条件,具体体现了公司在金融方面的行动计划和应对措施。常见的战略对策包括但不限于成本领先战略、市场扩张战略等。深入探讨制定和实施战略对策的方法,包括选择合适的金融工具和策略、制定具体的行动计划,并强调对策的灵活性和实时调整的重要性。本节重点讲解如何根据市场反馈和内部情况进行战略调整和优化,确保战略的持续有效性和适应性。

9.1.4 内外部环境分析方法

9.1.4.1 外部环境分析

在公司的金融战略制定过程中,外部环境分析扮演着不可或缺的角色,它构成了公司经营决策的基石。随着全球市场的快速演变,对宏观环境因素的敏锐洞察和未来变革的预见能力变得尤为重要,这种能力有助于公司捕捉机遇、迎接挑战,从而在竞争中保持敏捷应对和持续发展的优势。

1. **宏观环境分析——PEST 环境分析**

宏观环境分析是制定公司战略的基础,要求公司密切关注政治法律、经济、社会文化和技术等方面的变化。这些因素可能对公司的运营成本、市场需求、资本结构和盈利模式产生重大影响。在这一理念的指导下,我们不得不提到经典的 PEST 分析方法。

PEST 分析是一种用于评估宏观环境因素对公司的影响的工具,最早是由哈佛大学教授弗朗西斯特内森（Francis J. Aguilar）在 1967 年提出的。他在《环境的商业技术》（*Scanning the Business Environment*）一文中首次提及了这一方法。PEST 分析方法被设计用来帮助公司了解并评估宏观环境对其业务的潜在影响。随着时间的推移，PEST 分析方法不断发展和完善，成为公司战略规划和市场研究中常用的工具之一。PEST 通过考察政治（politics）、经济（economy）、社会（society）和技术（technology）四个方面的因素，帮助公司了解外部环境的变化趋势，从而指导战略制定和业务决策。

图 9-1 PEST 分析方法

（1）政治因素：政府的决策和政策变化可能直接影响到公司的发展方向和运营环境。这一因素考虑了政府对公司运营的影响，包含了租税政策、劳工法律、环境管制、贸易限制、关税与政治稳定。

（2）经济因素：宏观经济环境的变化会影响公司的销售、成本和盈利能力，包括经济增长率、通货膨胀率、利率、汇率、消费支出分配规模、国际收支状况等。

（3）社会因素：社会变迁可能导致消费者偏好变化，从而影响产品需求和市场定位。这一因素考虑了社会文化、人口结构、生活方式、价值观，以及健康意识、工作态度及安全需求等。

（4）技术因素：技术的进步可能改变行业格局，影响产品和服务的生产方式，以及公司与消费者之间的互动方式。技术要素不仅包括那些引起革命性变化的发明，还包括与企业生产有关的新技术、新工艺、新材料的出现和发展趋势以及应用前景。

2. 产业环境分析——产业竞争分析

在商业世界中，每个产业都有其独特的结构，这些结构特征定义了公司之间的竞争规则，并在很大程度上决定了行业内公司盈利能力的高低。行业结构分析是公司战略规划的核心组成部分，它帮助公司理解影响其成功的关键因素，并识别潜在的增长机会。迈克尔·波特教授在《竞争战略》一书中提出的五力模型，自 20 世纪 80 年代起便成为商业战略领域最具影响力的理论之一。该模型以一种结构化的方式，解析了影响产业竞争强度和盈利能力的五个关键因素，它们共同决定了产业的吸引力及公司在其中的竞争地位。

（1）供方的议价能力：波特模型的第一力关注供应商对产业竞争格局的影响力。当供应商数量有限，或者他们提供的产品或服务对产业至关重要时，供应商便拥有了较强的议价能力。这种能力可以转化为对价格和质量条款的影响力，进而直接影响公司的盈利空间和成本结构。

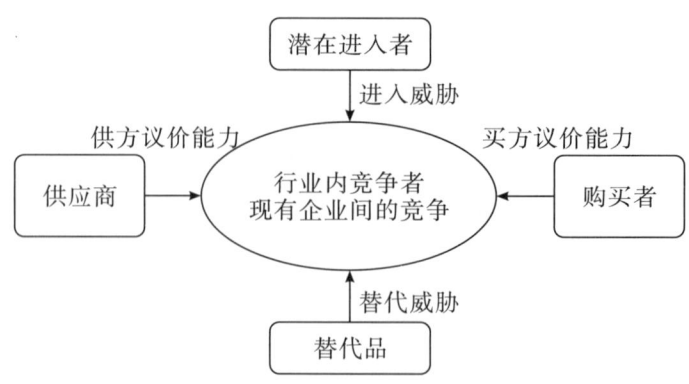

图 9-2 波特五力模型

（2）买方的议价能力：买家议价能力是波特模型中的第二力。它度量了买家对价格敏感度、采购量以及对产品质量的要求等因素。当买家集中度高、采购量大或产品差异化小的时候，买家便拥有了较大的议价权，这可能造成价格压力和更苛刻的交易条件。

（3）潜在新进入者的威胁：新进入者的威胁是波特模型中的第三力。这一力量考虑了新公司进入现有市场所面临的障碍，包括初始投资规模、品牌忠诚度、政府政策和法规限制等。高进入门槛可以保护现有公司免受新竞争者的冲击，而低进入门槛则可能吸引更多的竞争者，加剧市场竞争。

（4）替代品的威胁：替代品的威胁是波特模型中的第四力。它着眼于消费者选择替代产品或服务的可能性。当替代品价格低廉、易于获取且性能可接受时，它们便对现有产业构成了实质性的威胁。公司必须不断创新和改进，以保持其产品的竞争力。

（5）行业内竞争者的竞争程度：行业内现有竞争者之间的竞争程度是模型的最后一力。这一力量涉及竞争者数量、市场增长速度、竞争战略的差异性以及行业的进入和退出壁垒的高低等因素。激烈的内部竞争会推动公司进行价格战、营销活动和产品创新，影响整个行业的盈利水平。

表 9-1 五种竞争力量的主要因素

因素	具体内容
来自买方的议价能力	买方集中度、谈判杠杆、买方购买数量、买方相对于厂商的转换成本、买方获取资讯的能力、买方垂直整合的程度或可能性、现存替代品、消费者价格敏感度、总消费金额
来自供应商的议价能力	供应商相对于厂商的转换成本、投入原料的差异化程度、现存的替代原料、供应商集中度、供应商垂直整合的程度或可能性、原料价格占产品售价的比例
来自潜在进入者的威胁	进入障碍、规模经济、品牌权益、转换成本、强大的资本需求、掌控通路能力、绝对成本优势
来自替代品的威胁	消费者对替代品的偏好倾向、替代品相对的价格效用比、消费者的转换成本、消费者认知的品牌差异

续上表

因素	具体内容
来自现有竞争者的威胁	现有竞争者的数目、产业成长率、产业存在超额产能的情况、退出障碍、竞争者的多样性、资讯的复杂度和不对称、品牌权益、每单位附加价值摊到的固定资产等

为了确保公司的长期盈利能力,金融战略的制定必须深入考虑行业竞争结构的每一个层面。通过细致地分析波特五力模型,公司不仅能够识别和利用自身的竞争优势,还能制定出既符合行业特性又能够灵活应对市场变化的战略规划。行业结构并非静止不变,而是处于不断的动态变化之中。技术革新、消费者偏好的演变、法律法规的修订,这些因素都拥有重塑行业结构的力量,随之也会改变公司所处的竞争环境。因此,公司必须持续地监测行业的发展趋势,保持对行业变化的敏感性,并灵活地调整其金融战略,以确保在外部环境不断变化的情况下,公司能够持续保持竞争力。

3. 外部因素矩阵评价法

外部因素矩阵评价法(external factor evaluation,EFE)是一种战略分析工具,用于帮助企业评估外部环境中的机会和威胁,并量化这些因素对企业战略的影响。它通常与内部因素矩阵评价法(internal factor evaluation,IFE)结合使用。

外部因素矩阵评价法的主要步骤包括:

(1) 识别外部因素:首先,需要识别出影响公司的所有外部因素,这些因素可能包括宏观经济状况、法律法规变化、技术进步、社会文化趋势、行业竞争态势等。

(2) 评估每个因素的重要性:对每个外部因素进行评估,确定它们对公司成功的影响程度。通常使用评分系统,如 1~4 或 1~10 的等级,来衡量每个因素的重要性。

(3) 评估每个因素的积极或消极影响:确定每个因素为公司带来机会还是威胁。机会通常指那些可以被公司用来获得竞争优势的条件,而威胁则是可能对公司造成不利影响的条件。

(4) 计算加权分数:将每个外部因素的重要性评分与其影响(积极或消极)相结合,计算加权分数。这有助于量化外部因素对公司整体战略的潜在影响。

(5) 总结和解释结果:将所有因素的加权分数相加,得到公司的外部因素总分,总加权分数远低于平均分或远高于平均分的企业,分别表明其外部状况处于弱势或强势。这个总分可以用来评估公司面临的总体外部环境状况,并与内部因素矩阵评价法的结果一起为战略选择提供依据。

表 9-2 外部因素矩阵评价法示例

名称	关键外部因素	权重	评分	加权分数
机会	政治环境稳定,经济繁荣	0.1	2	0.2
	市场环境逐渐变好	0.1	2	0.2
	……	…	…	…
	合计		…	…

续上表

名称	关键外部因素	权重	评分	加权分数
威胁	境外竞争对手进入	0.1	2	0.2
	市场准入门槛低	0.1	2	0.2
	……	…	…	…
	合计	…	…	…

9.1.4.2 内部环境分析

内部因素矩阵评价法（internal factor evaluation，IFE）用于评估企业内部的优势和劣势。

内部因素矩阵评价法的主要步骤包括：

（1）识别内部因素：首先，需要识别出影响企业的所有内部因素，这些因素可能包括企业的资源、能力、组织结构、管理质量、财务状况、技术优势、人力资源等。

（2）评估每个因素的重要性：对每个内部因素进行评估，确定它们对企业成功的影响程度。通常使用评分系统，如1~4或1~10的等级，来衡量每个因素的重要性。

（3）确定因素的积极或消极影响：将每个因素分类为优势或劣势。优势是企业可以用来获得竞争优势的条件，而劣势则是可能阻碍企业成功的条件。

（4）计算加权分数：将每个内部因素的重要性评分与其影响（优势或劣势）相结合，计算加权分数。

（5）总结和解释结果：将所有因素的加权分数相加，得到企业的内部因素总分，总加权分数远低于平均分或远高于平均分的企业，分别表明其内部状况处于弱势或强势。这个总分可以用来评估企业内部环境的状况，并与外部因素矩阵评价法的结果一起为战略选择提供依据。

表9-3 内部因素矩阵评价法示例

名称	关键内部因素	权重	评分	加权分数
机会	国内本行业龙头企业	0.1	2	0.2
	产品具有竞争力	0.1	2	0.2
	……	…	…	…
	合计	…	…	…
威胁	业务类型单一	0.1	2	0.2
	业务收入下降5%	0.1	2	0.2
	……	…	…	…
	合计	…	…	…

9.2 公司金融战略内容

9.2.1 快速扩张型公司金融战略

在当今快速变化的商业环境中,公司要想在激烈的市场竞争中获得优势并实现可持续发展,就必须不断探索和实施有效的金融战略。在公司的快速扩张阶段,一个明智的金融战略对于支持公司的整体增长和扩张尤为关键。在这样的背景下,公司不仅需要利用其现有的核心能力来强化和扩大市场地位,还需要通过组织内资源的有效配置,与关键价值增值活动形成协同效应,以促进业务的不断扩展和新能力的建立。

9.2.1.1 快速扩张型金融战略分析

1. 定义

快速扩张型金融战略,是指以实现公司资产规模的快速扩张为目的的一种财务战略。为了实施这种财务战略,公司往往需要在将绝大部分乃至全部利润留存的同时,大量地进行外部筹资,更多地利用负债,大量筹措外部资金,以弥补内部积累相对于公司扩张需要的不足;更多地利用负债而不是股权筹资,是因为负债筹资既能为公司带来财务杠杆效应,又能防止净资产收益率和每股收益的稀释。公司资产规模的快速扩张,也往往会使公司的资产收益率在一个较长时期内表现为相对低的水平,因为收益的增长相对于资产的增长总是具有一定的滞后性。总之,快速扩张型公司金融战略一般会表现出高负债、低收益、少分配的特征。

2. 快速扩张金融战略的实施动机

公司采取快速扩张的战略是一个多维度的考量,涵盖了公司成长与发展的各个方面。

(1) 实现资本增值:公司内在追求资本增值的动力是根植于资本的本性。持续寻求增值机会是公司扩张的核心,这种动机驱使公司不断地寻求新的发展路径和投资机会。

(2) 获取市场份额:快速扩张金融战略使公司能够迅速把握市场机遇,通过迅速扩大市场份额来增强其市场竞争力。在竞争激烈的市场环境中,占据有利的市场地位对公司的长期发展至关重要。

(3) 规模经济效应:扩张战略带来的规模效应可以显著降低单位成本,优化资源配置,提高运营效率,从而增强公司的盈利能力。规模经济的实现使得公司能够提高资源利用效率,进而实现更高的利润水平。

(4) 提升盈利能力:快速扩张金融战略有助于公司增加收入和利润,为股东和投资者提供更丰厚的回报。通过实现规模化经济效益和占据更多市场份额,公司能够增强其盈利能力,提高其投资价值。

(5) 构建竞争优势:快速扩张有助于公司在行业中建立竞争壁垒,巩固市场地位,助力公司成为市场的主导者,引领行业发展。这种竞争优势的构建为公司长期稳健发展奠定了坚实基础。

(6) 适应经济周期:通过快速扩张金融战略,公司能够更好地适应经济周期的变化。

在经济复苏和繁荣阶段,积极的投资和融资活动有助于公司充分利用外部有利条件,加速发展步伐,实现更快速的成长。这种灵活性使公司能够更好地适应市场的波动和变化。

3. 快速扩张金融战略的实施条件

快速扩张金融战略的实施需要一系列条件的配合,以确保战略能够顺利执行并达成预期目标。

(1) 快速扩张金融战略是对公司的资金实力一种考验。公司需要确保有足够的资金来支持扩张计划,如资本投资、债务融资或其他资金来源。这意味着公司应该有足够的现金流或者能够获得融资来支持新项目的启动和运营。

(2) 快速扩张金融战略需要公司拥有能够适应快速变化的组织结构和人力资源保障。公司需要确保有有能力的管理团队和员工,以及有效的人力资源管理机制,来应对扩张带来的挑战和机遇,支持新项目或业务的开展。

(3) 在决定快速扩张的过程中,深入的市场调研是至关重要的。公司需要了解市场的需求、竞争格局、消费者偏好等信息,以确保新业务或新市场的可行性和潜在收益。

(4) 公司需要建立有效的风险管理体系,快速扩张可能伴随着更高的风险,包括市场风险、财务风险、管理风险等。在实施快速扩张金融战略时,公司需要重点识别、评估和应对各种潜在风险,以降低扩张过程中的不确定性。

在实施快速扩张金融战略,追求快速增长的过程中,公司需要有效地整合内外部资源以形成协同效应,一体化战略通过整合公司在价值链各环节的运作,能够降低成本、提高市场响应速度,并增强市场竞争力。接下来我们将简要介绍一体化金融战略和集中化金融战略。

9.2.1.2 一体化金融战略

1. 定义

一体化金融战略是公司为实现整体战略目标,通过整合内部资源和优化外部资源配置,以提高公司整体运营效率和市场竞争力的管理策略。这种战略注重公司内部各业务单元之间的协同效应,通过资源共享、风险分散和管理优化,实现资本的有效配置和公司价值的最大化。

一体化战略包括纵向一体化战略和横向一体化战略。其中,纵向一体化战略还可进一步细分为前向一体化战略和后向一体化战略。前向一体化战略是指获得分销商或零售商的所有权或加强对它们的控制。后向一体化战略是指获得供货方公司的所有权或增加对其的控制。横向一体化战略是指获得竞争公司所有权或加强对其的控制,加强型战略是市场渗透、市场开发和产品开发的统称。

2. 一体化金融战略的实施动机

(1) 前向一体化战略主要涉及公司向供应商方向的整合,提高公司生产经营活动的深度。前向一体化战略旨在优化供应链和采购流程,以确保公司获得优质原材料、降低采购成本。这种战略的实施动机在于通过控制供应链上游,实现原材料的有效获取,降低生产成本,提高产品竞争力,提升利润空间,以适应市场对质量和成本的双重要求。

(2) 后向一体化战略则是公司通过控制原材料供应或生产过程的上游环节来加大内

部资源的控制力度。实施后向一体化战略的动机在于确保关键原材料的稳定供应，降低供应中断的风险，同时通过降低采购成本来提高整体盈利能力。此外，后向一体化战略还有助于公司获取更高额的技术附加值，提升产品竞争力，实现技术创新和成本领先战略。通过这种方式，公司可以在供应链中占据更有利的地位，增强对市场变化的适应能力。

（3）横向一体化战略涉及公司通过并购或合作来控制同行业其他竞争公司的财务战略。这种战略的实施动机在于快速扩大市场份额，提高市场集中度，通过规模经济实现成本效益。横向一体化战略还可以使公司快速获得新技术、新产品和新市场，增强公司的市场竞争力和行业影响力。此外，通过整合同类公司的资源和优势，公司可以优化资源配置，提高运营效率，实现协同效应，从而在竞争中占据优势，推动公司的长期稳定发展。

3. 一体化金融战略的实施条件

（1）行业的积极发展前景是公司考虑实施一体化金融战略的重要前提。公司所处的行业应具有快速增长的潜力，拥有丰富的市场机会和发展空间，有助于确保公司投资能够得到有效的市场回报。

（2）一体化金融战略的实施应能够为公司带来较高的利润机会。公司经营的核心目标是追求利润最大化，因此，只有在预计能够获得较大利润空间的情况下，公司才有动力去实施一体化金融战略，以扩大经营规模和市场份额。

（3）公司应拥有稳定的市场和客户基础，这是公司实施一体化金融战略的市场需求保障。了解客户需求、市场趋势和竞争态势对于公司制定和实施一体化金融战略至关重要。

（4）公司需要具备实施一体化金融战略所需的充足资源，包括资金、技术、人才和管理等。一体化金融战略可能需要进行重大的投资和改革，以整合各个业务板块和部门之间的财务流程和资源配置。

（5）公司内部各业务单元、各部门之间应能够实现良好的协同和合作，共同支持一体化金融战略的实施，确保资源的有效整合和利用。

◎ **案例9-1　东方精工的并购之路**

广东东方精工科技股份有限公司（以下简称"东方精工"）是一家集设计、研发、生产、销售及服务于一体的瓦楞纸箱印刷包装设备提供商，为客户提供"瓦楞纸板生产线+瓦楞纸箱印刷联动线+智能仓储物流"的全产业链产品；东方精工也是智能瓦楞纸包装设备行业领军者，产业链不断延伸，逐步转型为智慧工厂整体解决方案供应商。

东方精工成立于1996年，是我国最早从事智能瓦楞纸箱包装设备研发、设计和生产的企业之一，已成为全球领先智能瓦楞纸箱包装设备供应商。公司于2011年上市，为追求成长、实现公司资产规模的快速扩张，以巩固原有主营业务地位并寻求新的盈利增长点，上市后公司围绕"智能包装设备""智能自动化设备"和"高端核心零部件"三大业务板块积极开展对外投资、并购活动。

表9-4 东方精工对外投资、并购事件

时间	并购事件	意义
2014年3月	收购意大利Fosber 60%股份	进入智能瓦楞纸包装机械上游，完成产业链延伸，在产品上实现国际化协同
2014年6月	参股嘉腾机器人20%股份	切入物流搬运机器人领域
2015年1月	与意大利Fosber成立合资公司	实现国外高端技术的国产化研发和生产
2015年7月	收购苏州百胜动力80%股份	切入舷外机、动力机领域，开启公司高端核心零部件战略布局
2015年10月	收购意大利Ferretto 40%股份	布局推进智能物流仓储设备
2016年1月	与意大利Ferretto成立合资公司	实现国外高端技术的国产化研发和生产
2016年7月	收购意大利EDF集团100%股份	瓦楞纸板、纸质包装产品
2019年5月	收购意大利Tiruna 70%股份	瓦楞纸板核心零部件
2020年5月	收购意大利BP Agnati S.R.L. 60%股份	瓦楞纸板生产线

【一体化战略】主营业务外延并购，瓦楞纸包装设备全产业链布局

公司通过外延式并购，从上市初期单一的瓦楞纸板多色印刷成套设备供应商向产业链上下游延伸，并强化自身瓦楞纸箱印刷设备成套能力，逐步打造成为集上游瓦楞纸板生产线、中游印前印后设备及印刷开槽模切设备、下游自动化物流系统于一体的智能瓦楞包装设备整体解决方案提供商。

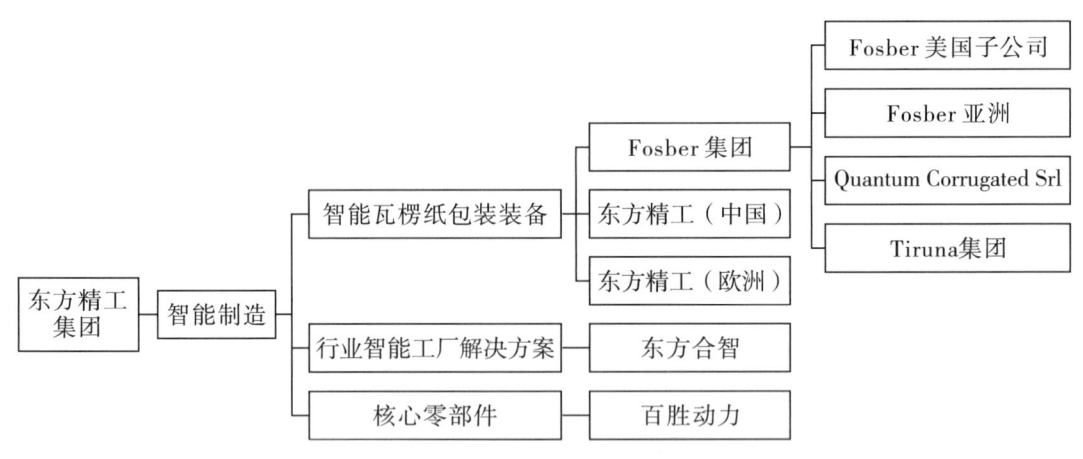

图9-3 东方精工产业布局

关键并购一：并购Fosber延伸将上游瓦楞纸板生产环节。

Fosber公司成立于1978年，是全球规模第二大的高端瓦楞纸板生产设备研发、制造和供应商，客户覆盖了全球主要的大型包装企业。东方精工于2014年3月和2017年9月分两次完成了对意大利Fosber集团100%股份的收购，借此进入产业链上游的高端瓦楞纸板生产线领域。

关键并购二：并购意大利EDF，深化技术研发与欧洲市场布局。

EDF 公司设立于 2009 年，长期专注于瓦楞纸箱印刷机械的印前、印后配套设备的研发生产和销售，就业务而言与东方精工母公司属同类产品。东方精工通过对意大利 EDF100% 的并购，进一步深化了技术路线，提高了公司在多色印刷联动生产线集成、自动化配套的能力，促进了公司主营产品的技术附加价值和品质的提升，有力提高了公司产品的竞争力。此外，此举更进一步地扩大了母公司在欧洲地区的销售布局与生产规模。

【盲目扩张】跨界并购：普莱德的收购、剥离历史

普莱德最早成立于 2010 年 4 月，被东方精工并购前普莱德的股权结构为北大先行持股 38%，北汽产投持股 24%，宁德时代 23%，福田汽车持股 10%，青海普持股 5%。

作为动力电池环节中的 PERC 企业，普莱德生产动力电池的电池包，其下游为新能源汽车厂家，上游则为电芯生产及供应商。从普莱德的原股东来看，北大先行主营电池正极材料，宁德时代为动力电池三元锂电池领域的龙头，两者为其提供电芯；而北汽新能源和福田汽车则为 PACK 环节的下游应用整车方，两者分别生产新能源乘用车及新能源商用车。因而，普莱德公司深度绑定了上游材料供应商，并锁定了产品下游买家，其业绩得以快速提升。

东方精工的主营业务与新能源汽车并无重合。但出于 2016 年新能源汽车正位于风口，东方精工试图通过并购切入新能源汽车领域，于是 2016 年向北大先行等股东发行股份并支付现金收购了普莱德 100% 的股权。但由于双方对普莱德在业绩承诺期实际完成的业绩有不同看法，引发业绩补偿纠纷。表 9-5 详尽描述了东方精工对普莱德的收购及剥离的过程。

表 9-5 普莱德的收购、剥离历史

时间	事件	意义
2016 年 7 月	东方精工使用 47.5 亿元分别从北大先行、宁德时代、北汽产投和福田汽车以及青海普仁等五位股东中购买了普莱德 100% 的股权；双方签署了"3+1"对赌协议，要求普莱德在 2016 年到 2019 年这 4 年中，累计的扣非净利润合计不得低于 14.98 亿元，否则五位股东需要对东方精工进行业绩补偿	此项收购代表了东方精工正式进入动力电池业务
2019 年 4 月 17 日	东方精工发布专项审核公告并指出普莱德业绩不达标，2016 年至 2018 年普莱德累计实现扣非后净利润为 3.77 亿元，未达到业绩承诺要求，2018 年度普莱德原股东应补偿的总金额为 26.45 亿元	
2019 年 4 月 19 日—2019 年 4 月 22 日	原股东福田汽车公告指出，普莱德管理层批准报出的 2018 年度财务报表与东方精工披露的普莱德的业绩存在重大差异，其不认可东方精工关于普莱德的业绩报告；原股东宁德时代公告称东方精工公告对普莱德与公司关联交易公允性的判断不客观，将严重损害本公司及股东的利益	

续上表

时间	事件	意义
2019年5月6日	普莱德管理层召开媒体说明会,并解释普莱德2018年实际业务状况并非亏损,同时也称东方精工和立信会计师事务所的做法极其不负责任	
2019年6月28日—2019年7月1日	东方精工发布公告反击,罗列了普莱德的"多宗罪",并指出两名普莱德原股东存在的一系列问题。东方精工提起的利润补偿协议争议仲裁获受理,涉案金额26.45亿元	
2019年11月25日	东方精工与普莱德原股东以及普莱德签署《协议书》,达成一揽子解决方案。基于以2019年7月31日为基准日所评估的普莱德100%股权的权益价值,确定以15亿元出售普莱德100%股权	缓解公司商誉减值计提产生的不利影响,回收15亿元现金极大改善了公司财务状况

东方精工并购普莱德,进入了完全不熟悉、几乎与自己没有关联的行业。而标的公司的经营业绩与管理需要仰仗交易对手,直到纠纷后期,东方精工似乎也并未对普莱德实现有效控制。属于创新型公司的普莱德,在收购后研发团队逐渐流失,甚至将售后服务板块也外包给交易对手股东。在此情况下,普莱德沦为毫无竞争价值的加工车间,一旦业绩承诺到期,普莱德的存续经营或将难以保证。因此,东方精工的及时止损是可取的且明智的,可若当初上市公司对跨界并购采取谨慎态度,当下的亏损与资源的浪费或将可以避免。

跨界并购是公司进入一个新行业的重要手段,但出于公司对交易对手的了解不充分,往往难以有效控制标的公司,因此跨界并购的失败风险相当高。目前主板等上市公司跨界重大重组、借壳上市还是允许的,但科创板在这方面的要求更为严格。按《科创板上市公司重大资产重组审核规则》,科创公司重大重组或发行股份购买资产,标的资产所属行业应与科创公司处于同行业或者上下游,且与科创公司主营业务具有协同效应。为了上市公司的长远发展、维护股东利益,主板等上市公司也不宜盲目推动跨界并购,并购应围绕同行业或者行业上下游展开,在知己知彼的情况下,更容易实现对标的公司的实际控制,上市公司与标的公司之间也更容易产生协同效应,进而有效降低损失发生的风险。

9.2.2 稳健发展型公司金融战略

9.2.2.1 稳健发展公司金融战略分析

1. 定义

稳健发展公司金融战略是一种以实现公司财务绩效稳定增长和资产规模平稳扩张为目标的管理方法。这种战略的核心在于优化资源配置,提升资源使用效率和效益,将利润积累作为资产规模扩张的主要资金来源。公司在实施此战略时,通常会采取谨慎的态度使用负债，避免过重的利息负担，以维持公司的财务稳定性和偿债能力。这种战略的财务特征体现为"适度负债、适度收益、适度分配"。这意味着公司在追求经济效益的同时，更加注重风险控制和财务安全，避免激进的财务决策可能带来的不稳定因素。

2. 稳健发展公司金融战略的实施动机

（1）公司追求稳健的财务结构，以降低财务风险，确保公司在面对市场波动和不确定性时的稳定发展。通过有效的风险管理，公司能够降低遭受损失的可能性，提高经营的可持续性和稳定性。

（2）稳健发展公司金融战略强调长期的稳定增长而非短期的快速扩张，以实现公司的持续健康发展。这种战略注重在长期内积累稳健的业务基础和财务实力，以应对各种挑战和变化。

（3）稳健发展公司金融战略能够优化资源配置和提高资源使用效率及效益，提升公司的核心竞争力。通过合理分配资金、人力和其他资源，公司可以更加高效地运作和发展，提高市场竞争力。

（4）稳健发展公司金融战略将利润积累视为公司资产规模扩张的基本资金来源，避免过度依赖外部融资带来的风险。同时，公司在实施稳健发展公司金融战略时会谨慎利用负债，防止过重的利息负担，保持公司的财务稳定性和偿债能力。

3. 稳健发展公司金融战略的实施条件

（1）不同行业的特点和竞争环境对于稳健发展公司金融战略的实施有着重要影响。处于成熟行业的企业可能更倾向于稳健的财务战略，因为市场增长缓慢，竞争激烈，需要稳健的财务结构来抵御风险。

（2）公司处于不同的发展阶段可能需要采取不同的财务战略。初创企业可能更关注资金的融通和快速扩张，因此更倾向于激进的财务战略。而成熟企业则更注重稳定增长和风险控制，更适合采取稳健发展的财务战略。

（3）企业实施稳健发展的财务战略需要有足够的内部资金支持。因此，公司的资金需求和资本结构是实施该战略的重要考量因素。公司如果过多依赖外部融资，财务结构不稳定，则可能难以实施稳健发展的财务战略。

（4）稳健发展型公司金融战略的核心在于平衡风险与增长，确保企业在追求长期发展的同时，维持财务的稳定性和可预测性。采取多元化的公司金融战略和公司金融战略联盟是实现这一目标的有效手段。

9.2.2.2 多元化公司金融战略

1. 定义

多元化公司金融战略是一种旨在通过投资不同行业、市场、产品线或服务来分散风险和寻求增长机会的金融战略。这种战略通过构建一个多元化的收益和利润来源组合，减少对单一市场波动的依赖，提高公司整体的财务稳定性和盈利潜力。

2. 多元化公司金融战略的实施动机

（1）通过多元化公司金融战略，公司可以将风险分散到不同的业务领域或行业，从而降低整体经营风险。当某一业务受到市场波动或其他不可控因素影响时，其他业务领域可能能够提供稳定的收入来源，保障公司的财务稳健。

（2）多元化公司金融战略能够帮助公司拓展业务范围，开拓新的市场，增加收入来源。通过在不同的业务领域或行业进行投资或开展业务，公司可以降低对单一市场或产品的依赖，提高整体收入水平。

（3）公司可通过多元化公司金融战略来挖掘自身的核心竞争力和优势资源。在某些情况下，公司拥有特定的技术、品牌或市场渠道优势，可以通过在相关领域进行投资或扩张，获得更多的商业机会并实现利润增长。

3. 多元化公司金融战略的实施条件

（1）当公司的主营业务步入成熟期时，寻找新的利润增长点成为必然选择。此时，公司需要将注意力转向新兴产业，特别是那些具有良好发展前景的领域，这些行业在起步阶段通常能够提供持续的高回报，为公司带来新的增长机遇，实现长期稳健发展。

（2）公司在拓展新业务领域时必须确保充足的资源供给和专业人员支持。充足的资金、技术、人才等资源是公司实施多元化战略的基础，同时，具有相关行业经验和专业知识的管理团队也是新业务顺利发展的关键。

9.2.2.3 公司金融战略联盟

1. 定义

公司金融战略联盟是指两个或两个以上的独立公司或经济实体，为了实现共同的战略目标，结成具有相似的金融安排的合作模式。这种合作关系具有明确的战略意图和目标，允许各公司在保持独立性的同时，通过合作来获取对方的资源和能力，以实现共赢。

2. 公司金融战略联盟的实施动机

（1）通过与其他公司建立金融战略联盟，参与公司可以共享各自的资源和专业知识。参与公司可以互相补充不足，共同利用对方的资源和优势，从而提高整体的竞争力和效率。

（2）金融战略联盟可以帮助参与公司分担资金投入、风险承担等方面的成本和风险。共同承担项目的投资和运营风险，可以减轻单个公司的压力，降低投资和运营的风险。

（3）通过与其他公司建立金融战略联盟，参与公司可以拓展市场和业务范围。联盟可以帮助参与公司进入新的市场或领域，开发新的业务机会，实现业务多元化，从而提高市场占有率和收入水平。

3. 公司金融战略联盟的实施条件

（1）联盟各方需要有共同的战略目标和长远的发展规划，这是合作的基础。金融战略联盟是一种长期的合作关系，参与公司应具备长期合作的意愿和承诺，愿意共同投入时间和资源，共同实现合作目标，并持续推动合作关系的发展和深化。

（2）合作各方应具有互补性的资源和优势，通过联盟实现资源共享和优势互补，提高整体竞争力。

◎ **案例9-2 华为携手赛力斯构建"智能汽车生态"蓝图**

华为的基础业务是运营商业务，即为电信运营商提供电信设备。但运营商业务自

2017年开始遭遇增长瓶颈,在3000亿元的规模上停滞不前,2021年和2022年更萎缩至2800亿元上下。同时,公司所处的智能手机及互联网行业的增速也已放缓,为了维持系统的持续增长,科技型企业亟待寻找新的业务和利润增长点。

进入汽车行业成为华为等高科技企业不约而同的选择:一方面,全球汽车的产业规模大,上万亿元产值的市场规模足以容纳更多的巨头,而汽车的电动化加速了传统汽车产业的更新迭代,渗透率持续地高增长,迎来了新能源汽车最好的时代;另一方面,智能汽车与智能手机具有一定的相似性与大量的创新点,作为移动互联网的产物,两者皆遵循"交互的变革—架构的升级—生态的演化"的发展路径,智能汽车在技术和模式上的选择让各大科技型企业看到了软件定义汽车的更多可能性。

华为在ICT(信息与通信)领域具有三十年的技术积累,随着汽车产业与ICT产业的深度融合,智能网联电动汽车的发展速度超前,华为作为全球领先的ICT基础设施与智能终端的供应商具有不容忽视的竞争优势。而华为跨入汽车领域的底气也不仅于此,多年深耕智能手机市场所带来的良好口碑、庞大的存量客户、大量的人才储备与持续的研发投入、全面的"1+8+N"生态布局等关键环节都给华为布局汽车领域带来信心与能力。

【战略联盟】华为携手赛力斯优势互补,智选模式赋能造车。

聚焦智能网联汽车产业的增量部件,助力汽车产业的电动化、网联化、智能化升级,是华为智能汽车业务的愿景。华为与车企的合作模式主要分为零部件供应模式、HI(Huawei Inside)解决方案集成模式、智选模式,华为的参与程度逐级加深。在华为智选模式下,华为选择了赛力斯(2019年,赛力斯与华为签署有关智能网联汽车的战略合作协议),并与之深度融合,在产品设计与开发、供应链管理、渠道销售环节整合资源等方面共同合作。

表9-6 主流新能源车造车模式对比

流程	研发	产品定义、设计与开发	零部件供应链管理	整车制造	品控、销售
华为智选	赛力斯	华为	赛力斯+华为	赛力斯	赛力斯+华为
HI	车企		车企+华为	车企	直营/经销
比亚迪	比亚迪				经销商/4S店
特斯拉	特斯拉				
新势力	车企			车企/代工	直营为主

赛力斯,前身为东风小康,于2003年由小康股份和东方汽车各出资50%共同成立。东风小康作为中国最早的微型车制造商之一,其产品性价比高,畅销全球40多个国家和地区。伴随中国汽车市场的发展、用户需求的升级,东风小康颇有远见地积极转型为新能源汽车制造商,并开始一系列布局:2016年,在美国硅谷成立新能源汽车公司SF MOTORS;2017年1月,密西根大学-SF MOTORS互联和智能驾驶联合研究中心成立;2017年10月,收购美国特斯拉创始人旗下的电动汽车电池研发设计公司InEVit 100%的股权……凭借SF MOTORS的技术布局和研发投入,赛力斯得到了一定的三电技术积累,并确立了"纯电+增程"的技术路线,其产品涵盖了纯电动、插电式混合动力等多种类

型的新能源汽车，且在电池、电机、电控等核心技术方面具有较高的自主创新能力，这些优势也促使赛力斯成为华为在新能源汽车领域重要的联盟伙伴。

AITO 问界是华为与赛力斯强强联合的新能源汽车品牌。2021 年 12 月 23 日，华为与赛力斯联合推出全新高端品牌 AITO 问界。其中，赛力斯发挥电驱增程技术、工业 4.0 标准智慧工厂和完整供应链伙伴优势；华为提供高品质管控、智能生态系统、巨大客户流量以及全国的优质销售渠道，以其卓越的 ICT 能力赋能优化生产制造流程，切入华为目前遍布全国一至六线城市数千门店的销售渠道。赛力斯擅长硬件、华为擅长软件，二者的深度融合，使得 AITO 问界成为行业中"软件定义汽车"领域表现最佳的品牌。

在赛力斯造车、华为赋能的联盟布局下，AITO 陆续推出的问界 M5、M7、M9 畅销全国，在《2022 年乘用车新车质量报告》中，AITO 问界在新能源新车质量排行榜上高居榜首，远超行业平均分值。此外，虽然赛力斯在新能源领域的投入持续加大，2020 年以来报表端出现持续亏损，但赛力斯的股价伴随合作阶段的深入逐步爬升，上涨行情大致可分为两阶段：①以联盟合作为核心的主题投资阶段；②销量数据验证阶段。

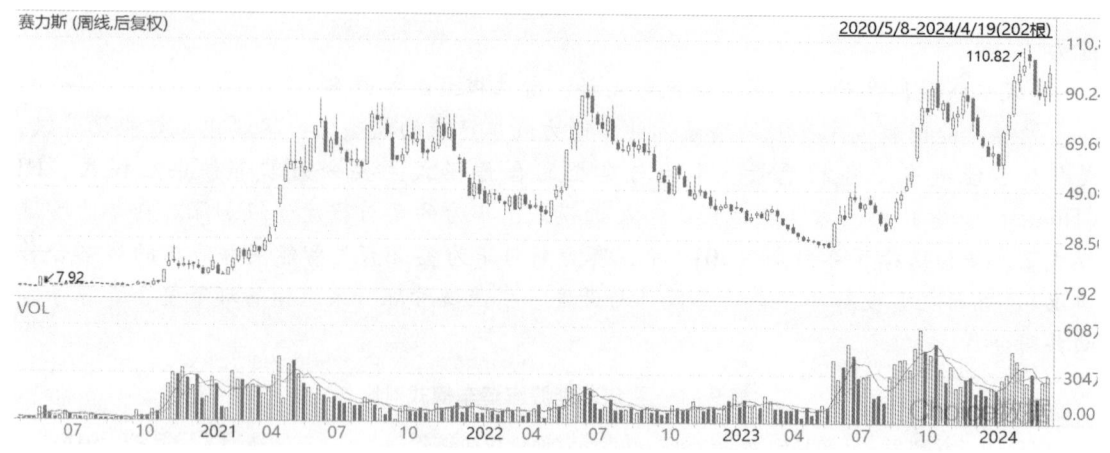

图 9-4 赛力斯股价复盘

表 9-7 赛力斯发展历史

时间	事件
2020 年 10 月 8 日	"赛力斯电动车首批出口德国 200 台发车仪式"在重庆国际物流枢纽园区举行，小康集团旗下赛力斯品牌智能电动汽车"赛力斯 3"将通过海运抵达德国市场
2021 年 1 月 25 日	赛力斯举办"全新增程技术及重磅车型亮相发布会"，赛力斯 SF5 自由远征版上市，新车搭载了华为 Drive ONE 智能增程纯电动力平台
2021 年 3 月 8 日	小康股份与华为终端有限公司在深圳举行了合作备忘录签约仪式，双方将在技术积累、渠道网络、行业经验等方面推动新能源汽车领域合作，打造高性能、智能化移动出行解决方案
2021 年 12 月 2 日	赛力斯在重庆两江智慧工厂发布高端智慧汽车品牌——AITO

续上表

时间	事件
2021年12月23日	AITO品牌旗下首款中型SUV问界M5在华为冬季旗舰新品发布会上首次正式发布
2022年5月	问界系列月销量突破5000辆
2023年9月12日	AITO问界新M7系列车型正式上市，首月大定超过6万辆
2023年12月26日	首款全景智慧旗舰SUV问界M9正式发布

对于汽车品牌来说，销量是技术和品牌的外化表现，代表了市场对企业的认可度，AITO问界销量带动的股价上涨，代表了投资人对联盟未来发展的良好预期。伴随着初始阶段的重大进展，两家公司进一步签署了业务深化合作协议，这标志双方继续深入合作的决心。

在当前时代，决定企业竞争力的除了企业自身的"内功"之外，还有企业开放整合外部资源的能力。华为与赛力斯的合作便是近年来涌现出的一个"战略联盟"典型案例，二者深度联合打造的AITO问界，开创了新能源汽车企业与ICT科技企业跨界合作的全新典范，也为中国商业界提供了一个可供借鉴的"联盟"范本。

9.2.3 防御收缩型公司金融战略

9.2.3.1 防御收缩型公司金融战略分析

1. 定义

防御收缩型公司金融战略是一种在市场不确定性增加、公司面临财务压力或需要进行内部重组时采取的保守型战略。这种战略的核心目标是降低风险、减少成本、稳定现金流，并保持公司的财务稳健。通过减少非必要的资本支出、严格控制运营成本、优化资产结构、缩减或剥离非核心业务，公司能够在不利市场条件下保持生存能力，同时为未来市场条件好转时的潜在增长保存资源和能力。"低负债、低收益、高分配"是实施这种金融战略的公司的基本财务特征。

2. 防御收缩型公司金融战略的实施动机

（1）在市场不确定性和风险增加的情况下，如市场需求下降、竞争加剧、经济衰退等因素，公司可选择采取防御性的金融战略，以保护自身免受外部环境的影响。

（2）防御收缩型公司金融战略的一个重要动机是保护公司的资产和降低风险。通过减少资本支出、削减成本、调整资产配置等措施，公司可以降低在不利市场环境下的财务风险，保护现有资产的价值。

（3）在市场环境变化剧烈或不确定性增加的情况下，公司可能更加注重维持财务稳健和流动性。通过采取防御性的策略，公司可以确保在面对不利情况时有足够的现金流和资金储备，以应对突发事件和不利市场变化。

（4）公司可能需要进行战略转型或重组，以适应新的市场环境或业务需求。在这种情况下，防御收缩型公司金融战略可能是过渡性的临时措施，以应对战略转型过程中的风险和不确定性。

3. 防御收缩型公司金融战略的实施条件

实施防御收缩型公司金融战略需要充足的内部资源和能力支持，包括财务资源、人力资源、技术支持等，以保障战略的有效执行。

9.2.3.2 预防型收缩金融战略

预防型收缩金融战略是公司在财务状况尚未恶化，但市场和经营环境出现不确定性时所采取的预防性措施。这种战略旨在通过调整公司的财务结构，包括减少债务、增加流动性储备，以及剥离非核心资产和降低运营成本等手段，提高公司对潜在风险的抵御能力。通过这些措施，公司能够更好地保持财务的灵活性和稳健性，预防可能发生的财务困境，并为应对未来的市场挑战做好准备。

9.2.3.3 调整型收缩金融战略

调整型收缩金融战略是指公司在面对激烈的市场竞争和内部效率问题时，通过退出某些非核心或亏损的业务领域，重新把资源分配到更有竞争力的业务上，以提高公司整体的盈利能力和市场地位。这种战略可能包括产品线精简、市场重新定位和运营效率提升等措施。通过这些调整，公司能够集中精力和资源于核心业务领域，加强竞争力，提高盈利能力，并更好地适应市场和客户需求的变化。

9.2.3.4 市场重新定位型收缩金融战略

市场重新定位型收缩金融战略是指公司为了适应市场变化和消费者需求的演进，主动放弃那些不再具有竞争力的市场领域，转而专注于能够带来更高利润和更符合公司长期目标的业务和客户群体。这种战略可能包括新产品开发、市场细分调整和品牌重新定位等措施。通过重新定位市场，公司可以更准确地满足目标客户的需求，提高产品或服务的市场竞争力，并实现更高的利润和持续的增长

9.2.3.5 清算型收缩金融战略

清算型收缩金融战略是公司在长期竞争力丧失或市场条件不再支持业务持续时采取的一种退出策略。该战略的核心目标是通过逐步或一次性出售企业资产、偿还债务、解散组织等手段，有序地结束公司的运营，并尽可能地最大化股东价值。这种战略的实施可能伴随着公司资产的清算和组织结构的解散，以便将资金返还给股东或债权人，并最大限度地回收公司价值。

9.2.3.6 重组型收缩金融战略

重组型收缩金融战略是一种更为深入和全面的变革，通常在公司面临重大财务压力或战略方向需要重大调整时实施。这种战略可能涉及大规模的成本削减、组织架构优化、资产重组或出售，以及债务重组等措施。其目的在于重建公司的财务稳定性和市场竞争力，通过调整公司的内部结构和资源配置，以适应市场变化和实现长期可持续的发展。这种战略的实施需要全面地规划和有效地执行，以确保公司能够在竞争激烈的环境中重新获得竞争优势并实现长期增长。

◎ 案例9-3　危机中变革的美敦力

美敦力是全球领先的医疗科技公司，成立于1949年，总部位于美国明尼苏达州明尼阿波利斯市。公司主要致力于为心血管疾病、神经科、糖尿病、脊椎病等慢性病患者提供终身治疗、诊断及监测方案。回望美敦力数十年来的发展历史，可以概括为从横向耦合到纵向延伸的并购发家史。据不完全统计，1989年至今，美敦力收购、并购项目多达100个，公司业务也从起搏器，逐渐拓展到脊柱、支架、胰岛素等多个板块。自2016年以288亿美元的营收首次超过强生之后，美敦力一跃成为全球医械市场的"顶流"。

但近三年，在行业经历巨变、竞争日趋激烈的背景下，"顶流"的光环似乎开始黯淡，美敦力开始出现"内忧外患"的困局。在内卷持续升级的全球医疗器械市场，"品牌名誉"已经成为企业开拓市场的双刃剑：名誉红利的爆发，会帮助企业打开新的市场机遇；但名誉危机的出现，也会将企业推向风口浪尖。2021年美敦力的明星产品——人工心脏HVAD下架后，公司深陷名誉危机的泥潭之中，产品被大规模召回，专利诉讼、证券欺诈、反垄断诉讼案等接连爆发，美敦力一度被直接推向世界舆论的风暴中心。而除了名誉危机的"外患"，从2022年11月公司的二季度财报中也能发现"内忧"。根据财务数据，美敦力的利润为4.27亿美元，营收为75.85亿美元，同比2021年Q2利润下降67%、营收下降3%。其中，心血管病和糖尿病的核心业务也同步下滑1.9%、5%，医疗外科部门也下滑了10%。

面对这样"内忧外患"的困局，美敦力也开始正视企业运营问题，并采取了一系列防御收缩型战略（预防型收缩＋市场重新定位型收缩），试图解决公司经营危机。

【预防型收缩金融战略】全球裁员＋关闭生产基地＋整合配送中心

美敦力选择大幅削减成本以应对宏观经济不确定性的问题，以期提高成本效率，降低营运资本水平。

2023年4月，美敦力开始了全球裁员计划。4月，美敦力在给员工的一封邮件中表示，公司正在努力应对更高的经营成本，并开始推进国际业务的裁员。此前，美敦力在同年3月就曾推出自愿提前退休激励措施，以求在四季度结束前完成大幅的成本削减计划。美敦力在公开申明中表示，自愿提前退休计划（简称VERP）是一个"提前退休并享受更多福利的有限机会"，同时也是公司避免裁员的一种方式。相较于大量裁员，此举可以减少失业、遣散费和诉讼成本。

2024年1月，美敦力董事长兼首席执行官Geoff Martha在摩根大通医疗健康大会上表示，为提高公司利润率，美敦力计划关闭超过5个生产基地和6个配送中心，并停止与200家供应商的业务往来。其中，6个配送中心将合并到另外2个地点，将共计8个配送中心整合为两个大型中心，旨在专注于全球首位运营和供应链管理，为公司带来"最大的近期节省"。

与此同时，美敦力的"精益流程和绩效文化"已经使劳动生产率提高了5%。公司还在自动化方面做出革新，利用自动化和数字化技术推出了28个自动化检测项目，主动降低人力成本支出。另外，美敦力还实施了需求规划软件，以缓解订单下滑、提高产品的可用性。未来，美敦力还将通过实时数据分析和连通性，减少成品和原材料库存，进行积极的 SKU 管理。同时在自动化拓展、生产率提高和减少浪费等方面做出努力。

【市场重新定位型收缩金融战略】分拆及剥离——中止呼吸机业务

资产剥离，即通过找到愿意为资产潜在协同效应和增长前景带来的资源和品牌价值支付溢价的买家，以回收其在业务建设方面的一部分投资。资产分拆，则是成立一家新的公司，并配备新的管理团队和单独的预算，通过债务和股权的转让创造价值。

一直以来，资产的剥离和分拆都是各行业公司用来优化业务重点和创造股东价值的财务手段。尽管在大多数情况下，企业对资产进行剥离或分拆是由财务因素驱动的，但也可能是出于战略层面的考虑。对于发展停滞的业务部门进行剥离可以让企业更好地聚焦于增长潜力更大的市场机会。

2022 年 8 月 23 日美敦力公布的最新财报显示，呼吸、胃肠道和肾脏部门收入为 6.64 亿美元，下降了 14%，其中就包括了患者监测和呼吸干预。2022 年 10 月 24 日，呼吸干预业务因供应链短缺和 COVID-19 大流行高峰后对呼吸机的减少而出现下滑，患者监测业务因脉搏血氧计销量的下降而受到打击，美敦力宣布要将公司医疗外科板块的患者监测和呼吸机业务拆分成一家独立企业，命名为 NewCo。此举有望使 NewCo 和美敦力更好地创造长期价值：一方面，加强美敦力和 NewCo 的战略和运营重点，以满足各自的患者、医生、客户和企业利益相关者的需求；另一方面，推进美敦力投资组合管理和资本分配战略，重点关注高增长市场和收入增速。

2024 年 2 月 20 日，美敦力公布了 2024 财年三季度财报：患者监测与呼吸干预（PMRI）下属的"患者监护"业务实现了中位数增长，其中 Nellcor^{TM} 脉搏血氧饱和度监测仪的增长达 20% 以上。对于日益无利可图的呼吸机产品线与尚有潜力的 PMRI 剩余业务，美敦力同时公开宣布更改原分拆计划：终止呼吸机产品线，并将产品线所属的剩余业务更名为"急性护理和监测（ACM）"部门。

无论是美敦力的原计划"剥离 PMRI 业务"，还是"中止呼吸机业务"，都是企业调整业务重点、聚焦高增长领域的典型案例。美敦力制定了一个实现 5% 内生增长（按照业务单元加权计算）的战略愿景。为了实现这一目标，美敦力计划一方面促进高增长领域的内生增长，另一方面谨慎剥离其成熟但较为沉寂的业务，以此来释放资金并持续推动创新。这种方法能够创造一个持续增强的正反馈循环，原本投资于剥离业务的资金可被重新分配至高增长和更具创新性的业务单元，为股东和投资者带来有吸引力的回报以期在未来获得持续性的投资。

9.3 公司金融战略赋能金融强国建设

2023 年 10 月 30 日，习近平总书记在中央金融工作会议中分析了金融高质量发展面临的形势，部署当前和今后一个时期的金融工作。会议提出了建设金融强国目标，强调高质量发展是全面建设社会主义现代化国家的首要任务，金融要为经济社会发展提供高质量服务。从历史进程来看，中国金融业占 GDP 之比从 2006 年的 4% 增长到 2016 年的 8%，并在之后一直稳定在 8% 左右。换句话说，金融业占比翻倍，中国仅用了 10 年，而美英等发达国家用了 30 多年，可以说中国已属金融大国，那么如何建设金融强国迫在眉睫。

习近平总书记强调"做好科技金融、绿色金融、普惠金融、养老金融、数字金融五篇大文章"。"五篇大文章"的论述，指出我国建设金融强国目标的方向，为我国金融服务经济高质量发展提供实施指南。

9.3.1 科技金融与科创企业发展

当今世界，科技创新已经成为提高国家综合实力的关键支柱，推动社会生产方式和生活方式的变革进步。截至 2024 年 3 月，我国已经培育了 12.4 万家专精特新企业，其中专精特新小巨人企业有 1.2 万家。科技金融是指通过创新财政科技投入方式，引导和促进银行业、证券业、保险业金融机构及创业投资等各类资本，创新金融产品，改进服务模式，搭建服务平台，实现科技创新链条与金融资本链条的有机结合，为初创期到成熟期各发展阶段的科技企业提供融资支持和金融服务的一系列政策和制度的系统安排，涉及金融体系、金融政策、金融模式、金融产品等多方面的内容。

对于实体企业而言，实体企业与科技金融之间是一种相互促进和支持的关系，这种互动不仅加强了实体经济的创新能力和竞争力，也推动了金融科技的进步和应用。科技金融通过提供资金支持和定制化的金融服务，对实体企业在科技创新、技术研发和成果转化等方面产生了积极影响。特别是初创期到成熟期各发展阶段的科技企业通常处于快速扩张的公司金融战略中，对外部融资的需求较大。然而，由于科技创新企业通常具有"轻资产、无抵押、高投入、长周期"的特点，这些公司在融资过程中面临较大的困难和压力，既有内部技术创新周期长、资金投入高的挑战，也面临外部市场融资环境的不确定性。

通过扩展科技创新型企业的融资渠道，科技金融显著减少了这些企业面临的金融排斥风险。科技金融带来的灵活、多元的融资方式，在支持长周期、高投入的科技创新项目时效果尤为显著。它不仅提供了必要的资金支持，还为企业持续进行科技创新提供了强有力的保障，有效提升了企业的科技创新能力。另一方面，科技金融还为企业创新提供了新的融资激励机制。通过各类金融政策和产品，企业能够获得更多资源用于创新活动，从而在实际生产和服务领域中培养更强的创新意识。这种激励有助于推动新旧动能转换，优化实体经济结构，提高整体经济效益。科技金融的引入使得企业能够更积极地投入到创新活动中，为经济的可持续发展注入新的活力。

对于科技创新企业而言，借助科技金融的发展，积极响应国家政策引导，适时调整公司的金融战略，能够更好地支持公司的技术创新和市场扩展，提升竞争力。

（1）多元化融资方式，积极应用科技金融工具。

在政府的积极引导和政策支持下，资本市场的功能得到显著增强，通过推出科创票据、科创公司债等创新债券产品，为科技型企业提供了更广阔的直接融资渠道。科创板的设立和北交所的成立，以及新三板改革的深化，为不同成长阶段的科技型企业提供了更加多元化的融资平台。同时，政府引导创业投资和私募股权投资基金的健康发展，为科技创新企业提供了强有力的资金支持。

科创企业应选择与自身发展特点相匹配的金融工具，如风险投资、科技创投基金、创新型债券等，以满足不同发展阶段的资金需求。利用这些科技金融工具，企业能够支持长周期、高投入的技术研发和创新项目，有效降低融资成本，提高资金使用效率。

（2）与科技金融机构建立稳定且长期的合作关系。

在科技金融的发展策略下，银行业金融机构正在建立专营组织架构、专门风控制度、专业产品体系和专项考核机制，以推动信贷资源向科创领域倾斜。科创企业应与科技金融机构建立稳定且长期的合作关系，充分利用这些机构的资源和专业知识，获取更多的资金和金融支持。

（3）积极响应国家政策引导，参与行业发展规划。

我国政府通过搭建平台、举办活动等方式，努力打破企业与金融机构之间的信息壁垒，提升匹配效率，让双方能够更有效地找到合作机会并建立互信。科创企业应积极参与相关活动，把握国家政策导向，合理调整公司战略。

9.3.2 绿色金融与公司可持续发展战略的结合

随着全球经济的快速发展和人口规模的持续膨胀，人类的资源使用量和能源消耗量也迅速增加，全球范围内极端气候事件频发，气候风险及其他生态环境问题不断引起世界各国共同关注。党的二十大报告提出推动经济社会发展绿色化、低碳化是实现高质量发展的关键环节。绿色金融是指金融部门将环境保护作为基本政策，在投融资决策中考虑潜在的环境影响，把与环境条件相关的潜在回报、风险和成本融合进金融的日常业务中。它注重对生态环境的保护以及环境污染的治理，通过对社会经济资源的引导，促进社会的可持续发展。绿色金融包括支持绿色项目投融资、项目运营和风险管理的金融服务，其目的是为环保、节能、清洁能源、绿色交通、绿色建筑等领域的项目提供资金支持，同时引导经济活动向更加环境友好和资源节约的方向发展。

绿色金融理念与公司追求长期可持续发展的目标密不可分，共同致力于在经济、环境和社会三个维度上实现和谐发展。这一理念与国家推动可持续发展及实现"碳达峰、碳中和"目标的政策导向高度契合。随着绿色金融理念的发展，全球对绿色和可持续金融产品的需求增长，公司可以抓住市场机遇，开拓新的业务领域和收入来源。此外，公司可以在追求经济利益的同时综合考虑社会价值实现，将更多资源投入到落实巩固社会责任、低碳发展等方面。

（1）战略规划与愿景设定：公司需要确立清晰的绿色金融愿景，并将可持续发展作为长远目标纳入整体战略规划中，制定与国家"双碳"目标相一致的绿色金融政策，并明确实现这一愿景路线规划。

（2）产业布局与绿色转型：公司应积极调整产业布局，优先投资绿色技术和创新项目。如采用清洁能源、提高能效、开发循环经济模式，以及探索新的绿色增长点。

（3）资本配置优化：在资本配置方面，公司应优化资源分配，将资金更多地投向绿色项目，加强对现有投资组合的环境风险评估，将环境因素纳入风险管理体系，确保投资决策符合绿色金融标准。

（4）积极应用绿色金融产品与服务：公司应积极探索和采用绿色金融产品与服务，

如绿色债券、绿色基金、绿色保险等，以支持公司的绿色投资和运营。同时，公司还可以通过这些金融工具来吸引更多的绿色投资者，降低融资成本，提高市场竞争力。

◎ 案例9-4　【绿色转型】重庆啤酒的节能减排之旅

重庆啤酒是全球三大啤酒公司之一——嘉士伯集团在中国的运营平台。在国家"绿色金融"战略的号召下，重庆啤酒积极投身于绿色转型，致力于实现可持续发展目标与绿色转型。其下属的大竹林酒厂便是这一转型战略的典范，该酒厂不仅在嘉士伯集团中以最低的水耗著称，更在电耗降低方面取得了显著成就。自2016年起，大竹林酒厂通过一系列创新举措，实现了制冷环节电耗的大幅度降低，从2.10千瓦时/百升下降至1.03千瓦时/百升，降幅高达52%。

大竹林酒厂的节能减排在于对生产过程中各个环节的细致分析与目标分解。酒厂特别针对啤酒生产中的能耗大户——制冷环节，实施了专项的降耗攻关。通过精确控制机器的启动时间，实现了精准的能源管理，从而避免了不必要的能源浪费。这一策略的实施，不仅提升了能源使用效率，更在短短6年间，使得大竹林酒厂成为重庆啤酒旗下电耗最低的酒厂。

在整体战略上，重庆啤酒通过低碳采购、低碳制造、低碳营销、低碳终端和低碳管理等全方位的减碳措施，持续推进"零碳足迹"目标。在采购环节，重庆啤酒采用轻量化和高比例再生材料的玻璃瓶，以及环保油墨和不含PVC的标签，从源头上减少了碳排放。在制造环节，酒厂升级了纳米绝缘包装生产线，应用太阳能板以实现100%使用可再生电力，大幅降低了能源消耗和碳排放。重庆啤酒还积极采用可降解材料的促销产品，选择环保制冷剂和节能冰柜，进一步降低了终端能耗。通过这一系列全价值链的减碳措施，重庆啤酒在过去6年中，成功减少了75%的二氧化碳排放量，累计减排近23万吨二氧化碳当量，相当于植树9300亩或8.4万辆1.6L排量小轿车停开一年的环境效益。

9.3.3　普惠金融、数字金融与中小企业发展

习近平总书记指出："要始终坚持以人民为中心的发展思想，推进普惠金融高质量发展，健全具有高度适应性、竞争力、普惠性的现代金融体系，更好满足人民群众和实体经济多样化的金融需求，切实解决贷款难、贷款贵问题。"普惠金融是指立足机会平等要求和商业可持续原则，以可负担的成本为有金融服务需求的社会各阶层和群体提供适当、有效的金融服务。在普惠金融中，中小企业贷款是一个重要的组成部分，它有助于解决中小企业融资难、融资贵的问题，促进中小企业的发展和创新，而中小企业融资这一社会问题的处理通常与数字金融相结合。

数字金融是指互联网、区块链、大数据、人工智能等现代信息技术与传统金融服务相结合，而产生的一种新型金融服务业态。它不仅包括金融机构利用数字技术进行流程改造和产品创新，还涵盖了金融业支持和服务数字经济的发展。数字金融通过提供更便捷、高效、低成本的金融服务，促进了金融产品与服务的创新，增强了金融服务的普惠性和覆盖面，推动了金融行业的数字化转型。

近年来，我国的中小企业展现出显著的增长势头，不仅在数量上持续增长，而且在

质量上也取得了显著提升。其中，以中小企业为主导的民营企业在对外贸易领域尤为突出，已经跃居为我国第一大外贸经营主体，对外贸增长的贡献度超过了50%，民营企业成为推动我国经济社会发展的重要力量，为我国经济的繁荣和社会的进步做出了显著贡献。截至2023年底，我国登记在册的经营主体达到1.84亿户，其中民营企业超过5300万家，分别比2012年增长了2.3倍和3.9倍。放眼全球，中小企业展现出强劲的创新活力，推动中小企业实现健康且可持续的发展已经成为国际社会的普遍共识。然而，中小企业在经营过程中面临着一系列挑战。由于体量相对较小，它们往往经营不稳定，这增加了市场不确定性，使得企业本身的抗风险能力较弱。中小企业普遍存在信息透明度不足的问题。由于缺乏有效的信息披露和透明度要求，这些企业有时难以获得外部投资者的信任，也难以在市场中树立良好的信誉。更为严重的是，有些企业主可能存在不诚信的行为。这种不诚信可能表现在合同履行、财务报告、产品质量等多个方面，不仅损害了企业的声誉，也影响了企业的长期发展。

在中国，普惠金融的中小企业贷款模式与数字金融的深度融合，孕育出诸如微众网商模式等独具特色的数字普惠金融创新业务模式。微众网商模式，实质上是一种数字信贷模式，该模式利用大数据进行风控决策，依靠移动互联网时代特有的高效便捷，极大地降低了银行的运营和决策成本。对于中小企业自身而言，在我国普惠金融与数字金融战略的引导下，应该适时调整自身公司金融战略，积极寻找适合自身发展的定制化金融产品，如低息贷款、创业担保贷款等，以满足中小企业在生产规模扩大、技术升级和市场拓展等方面的资金需求。同时，中小企业应主动了解和应用政府的各类金融扶持政策（如贴息贷款、担保费补贴等），并积极申请以减少融资成本。

9.3.4 养老金融与公司多元化产业布局

中国人口老龄化趋势日益显著，成为当前中国社会面临的重大挑战之一。国家统计局数据显示，截至2023年底，我国60周岁及以上老年人口29697万人，占总人口的21.1%，其中65周岁及以上老年人口21676万人，占总人口的15.4%，已接近中度老龄化阶段。预计2035年左右，我国60岁及以上老年人口将突破4亿，占总人口将超过30%，进入重度老龄化阶段。事实上，中国已经进入长寿时代，老年人口数量持续增长，预计到2035年，中国80岁以上的老年人口将突破8000万，到2050年，这个数字将接近1.5亿。养老金融是一个涵盖养老金金融、养老服务金融和养老产业金融的综合概念，旨在通过金融工具和服务满足社会成员在养老金积累、保值增值以及养老相关消费和产业发展的需求，同时具有营利性和普惠性双重属性。出于独特的风险考量，以及在政府政策的支持和引导下，养老金融对人口老龄化挑战和推动经济转型升级具有重要意义。根据工业和信息化部的预测，到2030年，中国的养老产业市场规模有望突破20万亿元。目前，在A股市场，大约有102家公司被归类为养老概念股，它们分布在医药生物、信息技术、轻工制造等多个领域，显示出养老产业的多元化和广泛的市场参与度。在国家养老金融战略的引领发展下，未来养老产业有望成为新的蓝海，成为公司金融战略多元化发展的一个规划方向。

◎ **案例9-5** 【多元化布局】中关村科技抢占"银发经济"大市场

中关村科技，1999年成立并在深圳证券交易所成功上市。2015年，公司启动了战略转型，从"科技地产与医药结合"的模式转向以"医药大健康"为核心的发展方向。2017年，顺应人口老龄化的趋势，中关村科技拓展至养老业务领域，将其培育成为公司业绩增长的新引擎。

目前，公司在北京成功打造了多个连锁养老项目，床位总数超过2000个。其中，"久久泰和"品牌声誉日益提升，而"纳兰园"和"泰和睿园"两大集中式康养社区则通过轻资产运营模式，在养老项目中成功应用了这一模式。在巩固医药业务的基础上，中关村科技敏锐洞察到养老行业的发展潜力，积极布局"银发经济"市场，致力于提供高品质的养老服务，秉承"内强素质、外树形象、积极拓展、夯实基础求发展"的理念，在管理和业务上不断寻求创新与突破。

◎ **本讲小结**

公司金融战略是指公司在管理财务资源、进行投融资决策时制定的长期计划和策略。这些战略旨在实现公司的长期财务目标，最大限度地提高股东价值，并确保公司的财务稳健性和可持续性。公司金融战略涵盖了资本结构管理、投资决策、资金管理等方面。它是公司管理层在面对不断变化的市场环境和竞争压力时的重要指导方针。通过制定和执行有效的金融战略，公司能够更好地应对风险，利用机会，实现持续增长并提升核心竞争力。

快速扩张型金融战略，是指以实现公司资产规模的快速扩张为目的的一种财务战略。一般会表现出"高负债、低收益、少分配"的特征。稳健发展型公司金融战略是一种以实现公司财务绩效稳定增长和资产规模平稳扩张为目标的管理方法。这种战略的财务特征体现为"适度负债、适度收益、适度分配"。防御收缩型公司金融战略是一种在市场不确定性增加、公司面临财务压力或需要进行内部重组时采取的保守型战略。"低负债、低收益、高分配"是实施这种金融战略的公司的基本财务特征。

公司金融战略赋能金融强国建设：我国正处于经济社会全面转向高质量发展的关键时期，发展和壮大科技金融、绿色金融、普惠金融、养老金融、数字金融，是全面推动高质量发展的必然要求，更加凸显金融服务实体经济的本质属性，是金融机构承担自身功能使命的题中应有之义。在此背景下，企业与金融机构应依托各自优势深度合作，联合探索综合金融服务模式，做好"五篇大文章"，结出更多丰硕成果。

◎ **本讲习题**

1. 什么是防御收缩型公司金融战略？它具体包括哪几种类型？
2. 简述多元化公司金融战略的实施条件。
3. 什么是科技金融和数字金融？

第十讲　公司并购决策

◎ **本讲学习目标**

通过本讲内容的学习，学生要掌握公司并购的基本概念、定价方法等，了解公司并购中融资问题和文化整合，掌握公司反收购策略的概念和并购后的整合管理。

◎ **本讲重要术语**

合并（merger）、收购（acquisition）、横向并购（horizontal merger）、纵向并购（vertical merger）、混合并购（conglomerate merger）、要约收购（lender offer）、协议收购（negotiated acquisition）、白衣骑士（white knight）、金色降落伞（golden parachute）、毒丸计划（poison pill）、董事会轮选制（staggered board election）、超级多数条款（super‐majority provision）

◎ **本讲重难点**

本讲重点在于掌握公司并购的概念和类型、公司并购的动因，理解公司并购的定价方式。难点在于理解公司反收购策略等。

◎ **本讲学习思维导图**

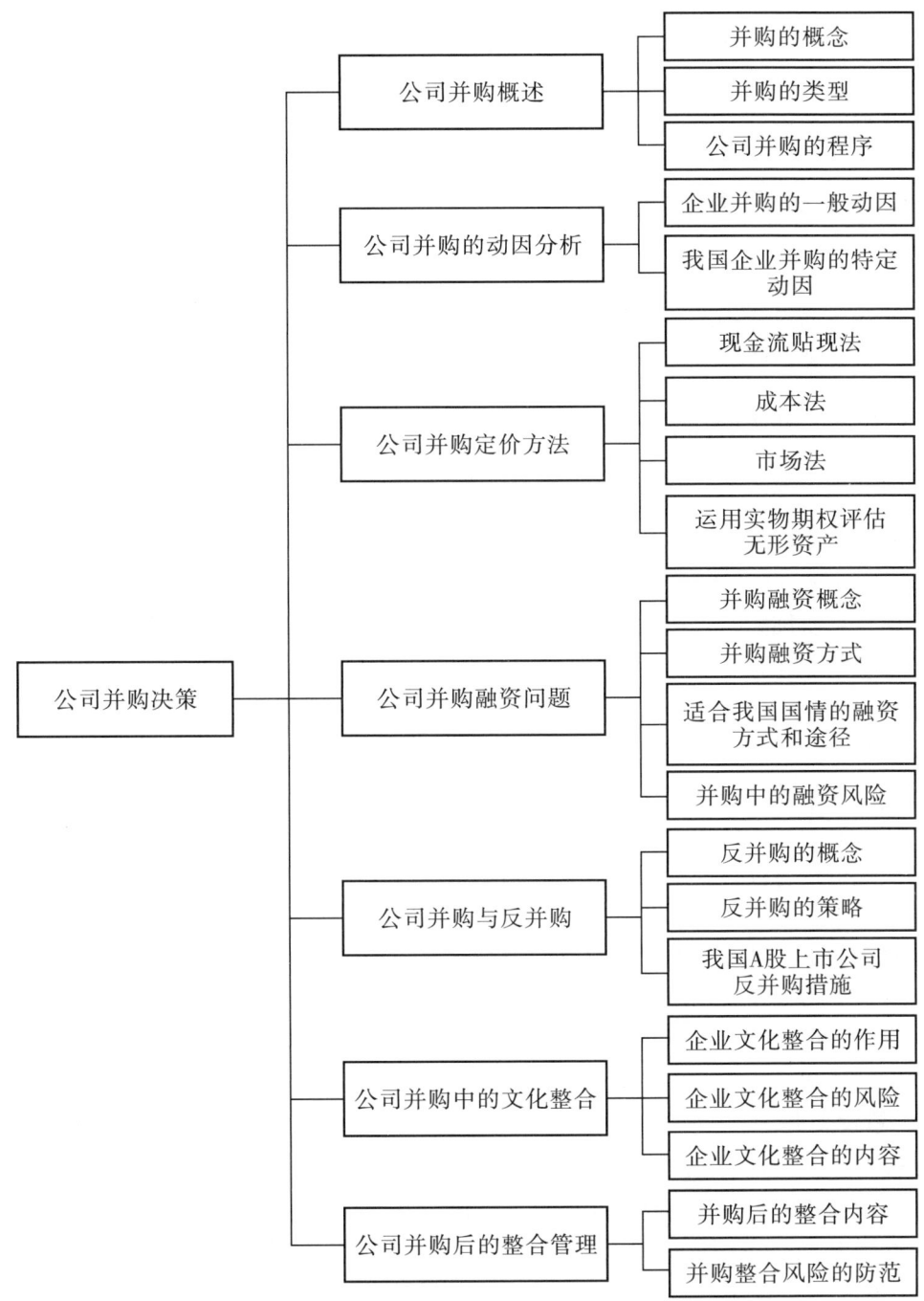

◎ **本讲案例导入**

随着国内物流市场的逐渐饱和，国内物流公司纷纷将目光投向海外市场，其中地理位置优越、人口红利充足的东南亚市场颇受青睐。作为国内物流的龙头企业——顺丰控股股份有限公司（以下简称"顺丰"），也加入了拓展海外市场的行列。2021 年 2 月 9 日，顺丰宣告拟收购嘉里物流 51.8% 的控股股权，7 个月后，顺丰收购嘉里控股股权的交易完成交割，顺丰在东南亚搭建的业务战略布局又完成一步。

"快递一哥"进军南洋，主要通过企业之间的并购行为来完成，那么究竟什么是并购？企业实施并购的动因又是什么？并购过程中会对企业融资产生什么影响？并购后企业需要从哪些方面进行整合管理？本讲将围绕这些问题展开讲解。

10.1 公司并购概述

企业的扩张有两种选择——内在成长或外部扩张，后者通常通过并购来实现。与内在成长相比，通过并购实现的外部扩张可以迅速扩大生产规模或拓展分销渠道，相比自我发展，其成本可能较低、速度更快。并购决策对企业战略发展有着举足轻重的作用。

10.1.1 并购的概念

企业并购一般是指合并（merger）和收购（acquisition），简称 M&A。

10.1.1.1 合并

合并（merger），又称为兼并，指两家或更多的独立企业、公司合并组成一家企业，通常是由一家占优势的公司吸收一家或更多的公司。公司合并可以分为吸收合并和新设合并：一个公司吸收其他公司为吸收合并，被吸收的公司解散；两个以上公司合并设立一个新的公司为新设合并，合并各方解散。

1. 吸收合并

吸收合并也就是兼并，是指在两个或两个以上的公司合并中，其中一个公司吸收了其他公司而成为存续公司的合并形式。在合并过程中，存续公司仍保持原有公司的名称，保留法人地位，有权获得其他被吸收公司的资产和债权，同时承担其债务，被吸收的公司解散。

吸收合并是一种方便快捷的方式，因为这是原公司的扩展，没有设立新的公司，同时，它可以节约合并费用，保证了存续公司运营的连续性。但是它的缺点也不容忽视，如果被吸收方在财务上存在安全问题，如隐瞒不良资产或者有负债等，会影响到吸收方的财务安全情况。此外，在吸收合并后，吸收方与被吸收方可能会产生摩擦问题。

2. 新设合并

新设合并是指两个或两个以上公司通过合并同时消亡，在新的基础上形成一个新设公司。新设合并的利弊与吸收合并相反，新设合并对于双方的融合非常有利，但是它的合并流程则更为复杂，所使用的费用也更高。

10.1.1.2 收购

收购（acquisition）是指一家公司在证券市场上，用现金、债券或者股票购买另一家公司或多家公司的股票或资产，从而获得目标公司控制权的经济行为。根据收购对象的不同，收购可以分为股权收购和资产收购。

收购公司比收购资产要更为复杂，因为公司不仅拥有法人财产，同时也是各类契约的承担者，购买公司不仅是产权的转移，同时也是相应契约的权利和义务的转移。资产收购的对象则仅包括该公司的固定资产、经营许可证或者产品商标等，隐患相对较少。购买资产比购买公司要简单、便捷、安全。但是公司最终要根据企业的战略需求选择收购哪类的经济资源。

合并和收购的共同点是最终都能获得目标公司的控制权，而它们之间有所区别。首先，合并完成后，目标公司丧失了法人资格或改变了法人实体，一般最后只有一个法人，而收购完成后，收购方仅掌握了目标公司的部分所有权和经营控制权，原目标公司的法律实体资格还在，仍然为两个法人。其次，合并通常是善意的，体现双方共同的意愿，通过谈判协商寻求双方满意的结果，但收购可能是敌意的，即由收购方单方面的意愿促成，目标公司处于被动地位并且可能会产生抵抗。最后，合并一般在双方达成协议后向外界公开声明，不需要披露交易细节，但收购一般是围绕上市公司进行的，在准备、开始、中间和结束等各个阶段都要向有关部门申报，并进行公开信息披露。

随着我国资本市场的不断发展，市场化程度日益提高，我国的并购市场逐渐完善，而且整体热度提高，公司之间的并购日益频繁。近3年中国并购市场规模变化存在一定程度波动，图10-1展示了我国2021年第一季度至2023年第一季度各季度市场并购事件规模。

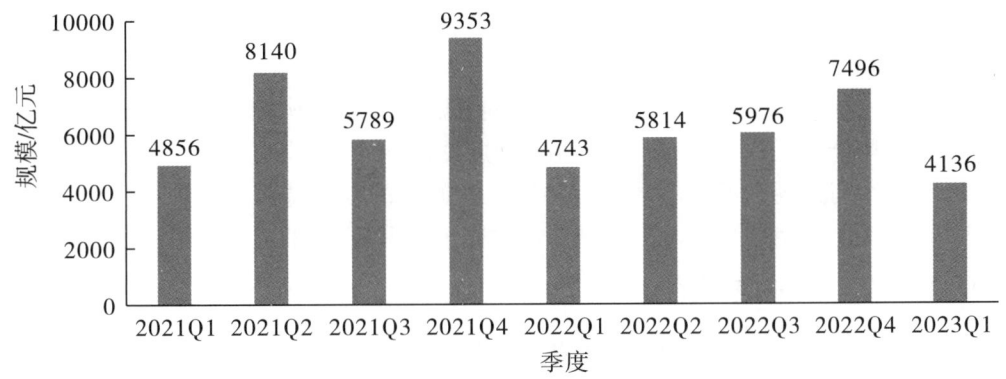

图10-1 2021年第一季度至2023年第一季度我国市场并购事件规模

10.1.2 并购的类型

并购的类型可以分为以下几种，如图10-2所示。

10.1.2.1 按并购双方所属的行业划分

根据并购双方（并购企业和目标公司）所属行业相同与否，并购可以划分为横向并购、纵向并购和混合并购。

1. 横向并购

横向并购（horizontal merger）是指两个或者两个以上有竞争关系、经营领域相同或生产销售相似产品的企业之间的并购行为。横向并购实质上是竞争对手之间的并购。并购企业通过横向并购可以迅速扩大市场份额，进入新的区域市场，降低成本，实现规模

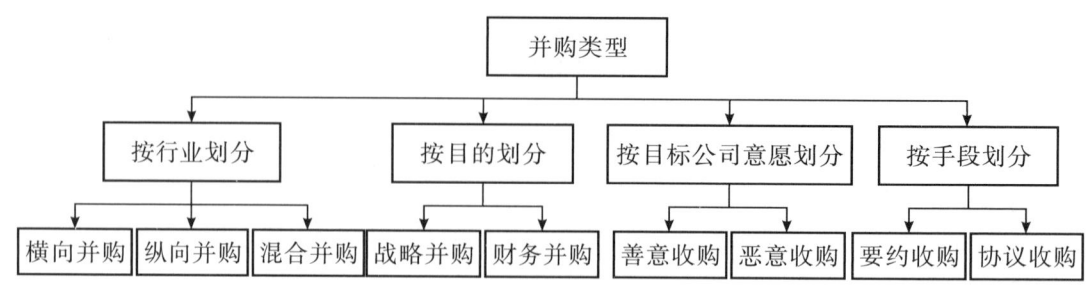

图 10-2 并购类型

经济,同时减少竞争对手,增强产品在同行业中的竞争力,控制同类产品市场。横向并购的缺点是会破坏市场竞争,形成行业垄断,引起反垄断调查,降低社会福利。

2. 纵向并购

纵向并购(vertical merger)是指处于生产同一(或相似)产品的不同生产阶段的企业之间的兼并,即在生产和经营上互为上下游关系的企业之间的兼并,通常是优势企业将与本企业生产紧密相关的非本企业所有的生产工序的企业收购进来,从而完善优势企业的产品生产一体化。纵向并购的目的在于控制某行业的生产与销售的全过程,提高生产效率,缩短生产周期,减少资源浪费,节约交易成本,从而实现企业内部一体化,获得更高的综合效益。

3. 混合并购

混合并购(conglomerate merger)是指横向并购与纵向并购相结合的企业并购。并购双方在生产和职能上无任何联系。混合并购的目的是帮助企业实现多元化经营战略,降低企业仅在一个行业经营的特有风险,利用企业原有的利润基础和企业规模,进入更加具有增长潜力和利润空间更广阔的领域,通过先进的财务管理和行政管理取得规模经济。

10.1.2.2 按并购目的划分

根据并购目的的不同,并购可以划分为战略并购和财务并购。

1. 战略并购

战略并购是指双方立足于各自的核心竞争力和优势产业,为了实现经营协同作用而进行的并购。在战略并购中,两家企业合并后能优化资源配置,强化主营业务,利用产业一体化协同效应和资源互补效应,实现比单独经营更高的企业价值。

2. 财务并购

财务并购是指收购方因目标公司价值被低估或者因收购带来的税务收益而进行的并购。收购方将其作为公司的一项财务战略,这一类的财务并购并不产生经营商的协同效应,而是更多地着重于通过资本运作或者价值发现使资产价值得到提升。财务并购可以分为资产重组型和价值发现型。资产重组型的财务并购是指收购方通过购买目标公司的控股权来进行大规模甚至整体资产置换,通过改变目标公司主营业务并将收购方自身的利润注入上市公司的方式来改善目标公司业绩,提高目标公司的资信等级以提升公司价值并拓宽其融资集道。而价值发现型财务并购不需要通过资产重组,收购方往往收购被市场低估的公司股份，然后待市场发现其价值时再抛售，其收购买入的目的是卖出。

10.1.2.3 按是否取得目标公司的同意划分

根据是否取得目标公司的同意，并购可以划分为善意收购和恶意收购。

1. 善意收购

善意收购是指在获得目标公司管理层的同意后，并购双方高层共同磋商购买条件、购买价格、支付方式等并购事宜，从而完成收购行为的一种方式。在善意收购中目标公司一般会主动向收购方提供公司经营的信息，并且董事会、管理层一般会规劝公司股东接受收购要约，收购方在收购时也提供较好的条件。善意收购往往是基于双方自愿、合作、公开的前提开展的，收购双方能通过谈判尽量达成帕累托改善，所以成功率很高。

2. 恶意收购

恶意收购也称敌意收购，是指收购公司在目标公司管理层对其收购意图尚不知晓或者持有反对态度，双方没有达成收购协议的情况下，强行收购目标企业，恶意收购方往往被称为"公司袭击者"。恶意收购的主要手段有杠杆收购等。恶意收购的收购成本高，需要大量资金支持，被收购公司在得知收购公司的收购意图后，可能会采取一切反收购措施，如发行新股票以稀释股权或收购已在外发行的股票等。

10.1.2.4 按收购方在收购中使用的手段划分

1. 要约收购

要约收购（tender offer）是指收购方向被收购公司发出收购公告，待被收购公司确认后，方可实施收购的收购方式。它是证券市场上最主要的收购形式，通过公开向全体股东发出要约，达到控制目标公司的目的。要约收购不需要事先征得目标公司管理层的同意。

2. 协议收购

协议收购（negotiated acquisition）是指收购公司直接向目标公司提出并购要求，收购公司和目标公司董事会进行谈判，签订协议，经过股东大会同意后完成的收购方式。达成协议，双方均应接受，达成协议后需向证券交易所和证券主管部门报告并公告。

10.1.2.5 其他划分方式

公司并购还可以分为直接收购、间接收购、杠杆收购、非杠杆收购、现金购买资产式并购、现金购买股票式并购、股票换取资产式并购和股票互换式并购等。

10.1.3 公司并购的程序

10.1.3.1 并购非上市公司的一般程序

1. 试探阶段

（1）意向书。意向书是一种简短的书面文件，它不是必需的程序（法律无要求），但非常有用，能表达双方的诚意，为进一步的调查做准备，并使机密不至于泄露，以节约时间。

(2）调查。通过专门的中介机构（会计师事务所、财务顾问）获取对被收购方财务、商业和行政状况的评价。对被收购方的会计记录和地方特许权（土地、建筑物等关键资产）做特别调查，并检查所有原始合同、保证书和许可证，以防关键的合同因公司并购而终止。

（3）董事会批准。在签订法律上有效的协议前，可以先签订草案，提交给购并双方的董事会批准。

（4）政府部门批准。由于并购可能达到垄断指控的标准，为防止触犯反垄断法，应在正式签订并购协议前得到有关政府部门的批准。在我国，如果涉及国有资产和行业管理，在正式并购生效前，必须得到国有资产管理部门（现为财政部下辖）、行业主管部门和相应政府部门的批准。

2. 谈判阶段

（1）谈判。主要涉及交易的方式（股权或资产）和金额，谈判的细节往往比想象的困难，需花费更多的时间。

（2）并购决议。并购双方董事会各自通过有关并购决议。吸收合并的决议主要包括：行并购的公司名称；条款、条件，即被并购公司股份全部转换为现金、其他财产或转换为存续公司的股份、债券、其他证券的约定，以及转换的方式；并购引起存续公司章程的任何更改声明。新设合并决议主要包括：行合并的诸公司名称及新设公司名称；合并的条款、条件，即每个公司股份转换为新设公司的股份、债券或其他证券，或部分转换为现金、其他财产的方式。

3. 交接阶段

（1）股东大会审批。双方决议各自提交股东大会讨论并予以批准。美国的公司法规定，获得有表决权的简单多数（1/2）赞成票后，并购决议通过。德国的公司法则规定，凡并购决议，需要全部有表决权股东的3/4多数方能通过。我国《公司法》规定，公司并购必须以特别决议通过，即要全部有表决权股东的2/3多数方能通过。

（2）签订并购正式合同。吸收合并合同应载明如下事项：存续公司增加股份的总数、种类和数量；公司对被并入公司的股东如何分配新股；公司应增加的资本额和关于公积金的事项；公司应向并入公司的股东支付现金的具体规定。对于新设合并合同应载明：新设公司发行股票的种类和数量；新设公司对合并的各公司的股东分配股份或现金的规定。

（3）董事会改组。被收购公司召开董事会会议，通过即将离任的董事辞职和任命收购方提名的人员以改组董事会。公司的法定会计报表、并购证明、地契、动产和其他有关的全部文件都将上缴给收购方。最后，当一切井然有序后，将付给目标企业补偿金。若是现金补偿，通常由买方用银行汇票支付。

（4）正式手续。改组完成后，应在规定的时间内到政府部门办理工商登记手续：存续公司应当进行变更登记，新设公司应进行设立登记，被解散的公司应进行注销登记。只有在有关政府部门登记注册后，并购才正式生效。并购一经登记，因并购合同而解散的公司的一切资产和债务，一概由存续公司或新设公司承担。

4. 并购后的整合阶段

买方向被收购公司全体高级管理人员解释买方目前打算和管理公司所采取的方法。包括向谁报告工作、明确职权界定、填写新的银行委托书。公司并购后为了使其良好运作，买方还要进行一系列管理整合、财务整合、人力资源整合和文化整合，并购的成功只是一个良好的开始，整个并购活动是否成功关键要看并购后的整体能否协调运作，实现并购价值。

10.1.3.2 上市公司的并购程序

由于上市公司必须按规定披露信息，财务情况较透明，股权较分散，因此有关上市公司的并购活动一直非常活跃，是公司并购的主流。上市公司并购过程与非上市公司相类似，只是由于它的股东人数较多，各国为了保护中小股东正当权益和保证公平交易，对于上市公司的并购都有一些法律上的详细规定，形成了一些特别之处。

（1）聘请财务顾问。一般情况下，在准备收购上市公司时要聘请一家投资银行（investment banking）作为其财务顾问，财务顾问处理可能产生的复杂的法律和行政管理事务，准备出价文件并分发给股东，征求股东意见，参与并购的谈判，提供有关建议等。不过聘请投资银行担任财务顾问有一个前提，就是应确信该投资银行与并购各方没有任何联系和利益冲突。

（2）保密和安全。当确定某一投资银行担任财务顾问后，财务顾问就有义务提醒自己的客户关于并购的保密和安全事宜。任何一个参与并购计划并知道目标企业、开价情况的人都应该保守秘密，仅在必要并同样保守机密的条件下方可将机密告知他人，所有参与并购计划的人都应当小心谨慎，使泄露机密的可能性减小到最低限度。

（3）事先在股市上收购。经验表明，在收购某个公司之前，先购买它的一小部分股份作为下一步整体报价的一个跳板是十分有利的。但一旦这种一定量的股份收购达到或超过某个公司资产的30%时，收购计划就可能泄露或被对方发现，因此收购者需要尽快在市场上积聚更多的股份。

（4）出价准备工作。收购前，收购方获得了一定量股份而在目标企业董事会获得一个席位，为出价者下一步行动获得更多的信息，为全面报价确定适当时间和方法。出价者提出出价意向书，目标企业收到出价意向书，双方再分别提供确定的通告。

（5）出价文件的准备、发送。正式的出价文件一般应在确定通告的28天内寄出，出价文件的详细内容应包括出价公司和目标企业的详细财务报表、资产接受和转移的形式、如何完成交易程序等。目标企业董事会应公布出价文件及它的财务顾问对出价的意见，并尽可能在出价文件公布之后的14天内公布。出价可能是受欢迎的，也可能是不受欢迎的。如果是后者，目标企业就会采取防御策略，例如，股份回购、增发新股、诉诸法律，甚至"吞食毒丸"等。但目标企业的管理层不应以牺牲股东利益为代价而采取攻击性的和不公平的防御策略。

（6）出价的第一个结束日及出价延长、修改和终止通知。美国法律规定，出价的第一个结束日应在出价文件寄出后的21天内或更长一些时间，在法律允许的范围内，出价者可以延长出价或修改出价，或两者均做。不论修改与否，任何出价都不能延长到文件被寄出的第60天之后。出价者常常发出"终止"通知，即他的出价是最后性质的，不会提高，在规定日期肯定终止。

（7）出价的无条件接受、交付购股对价。从第一个结束日起的 21 天后，出价仍未被无条件接受，那么任何已接受该报价的股东都可以自由撤回接受。反之，出价者拥有的股票已超过目标企业有投票权股票的 50%，即为无条件接受。购买方下一步把购股对价（现金、股票或债券）交付给同意接受出价的股东，这些股东已经以有效的形式交出了接受文件，并须在出价成为无条件之后的 28 天内完成股票证书及其他所有权文件的交接和购股对价的支付。

10.2 公司并购的动因分析

对于公司来说，并购是一个重要决策，由于并购行为本身的复杂性，企业并购的动因难以用一种理论来进行解释，在现实的分析中要充分考虑多方面的因素。

10.2.1 协同效应理论

协同效应假设并购后两公司效益之和大于并购前两公司效益之和，并购双方在资产、能力等方面互补或协同从而提高公司业绩和创造价值，亦即合并后公司的整体业绩会大于合并前各自原有业绩的总和。协同效应可以细分为管理协同效应、经营协同效应以及财务协同效应。

1. 管理协同效应

管理协同效应是指管理能力不同的企业合并后所带来的效率改善。具有管理优势的公司在兼并了目标企业后，可以充分利用过剩的管理能力，提高生产效率，同时目标企业的经营管理效率也会提高，从而提高整体效益。管理协同效应的前提之一是两个企业的管理效率必须具有可比性，即并购双方必须处于同一行业。

2. 经营协同效应

经营协同效应是指并购可以提高企业生产经营活动在生产效率变化方面得到的收益，其主要通过规模经济和范围经济来实现。规模经济是指通过扩大企业生产规模以降低单位产品的生产成本，从而获得更高的收益；而范围经济是指企业生产多种产品以使单位产品的成本降低，从而获得更高的收益。

3. 财务协同效应

财务协同效应是指并购可以给企业带来财务绩效上的改善，其主要来源是税务收益和融资成本的降低，而非是通过经营活动效率的提高引起的。例如，并购后企业的举债能力可能大于合并前两个企业之和，企业兼并发生后，收购企业也可以将低资本成本的内部资金投资于被收购企业的高效益项目上，从而使兼并后的企业资金使用效率提高。

10.2.2 税赋效应理论

此理论认为由于一个企业有过多账面会计盈余，并购方必须承担高额税收，并购是企业为了减轻税收负担而采取的行动。

10.2.3 市场势力理论

市场势力理论（market power hypothesis）认为企业并购是为了提高市场占有率。按照传统经济学观点，在市场竞争中，当行业内存在较多数量的竞争者并且势均力敌时，各企业只能保持最低的利润水平。这样，优势企业通过行业内的并购，可以有效地减少竞争对手的数量，加强对市场的控制力，并保持长期活力。但只有并购实现了两家企业的有效整合，产生了规模经济或协同效应，这一假设才能够成立。

10.2.4 委托代理理论

代理问题的产生是由于公司管理层与股东的利益不一致，导致委托人（股东）、代理人（管理层）在签订和执行合约过程中产生了成本。该理论对于企业并购动因的解释可以归纳为以下几点：第一，并购活动能使管理者产生替代威胁，减少代理问题，降低代理成本；第二，如果并购使得目标公司股权适当集中，收购公司成为目标公司的大股东，则该股东能够有效地监督公司的管理者，从而减少代理问题，提升公司的价值。

10.2.5 我国企业并购特定动因

前面介绍了大家广为接受的一些理论，除了企业并购的一般动因，我国的企业并购还有一些特定的动因。

1. **消灭亏损企业**

企业的政府主管部门出于减少亏损的目的促成企业并购，这是我国企业并购初始阶段最常见的动因。改革开放以来，我国经济一方面在快速增长，另一方面也长期受到涉及面广、规模庞大且不断膨胀的企业亏损问题的困扰。随着国有企业改革的深入，这一问题日益明显，不少企业长期亏损却占用大量资金，而经营效益好的企业却因资金、设备、场地等限制得不到发展。并购对改善这一现象可以起到立竿见影的效果，成为政府消灭亏损企业的一个有效方法。事实表明，并购能实现优势企业低成本扩张，促进社会稳定，这是企业并购在我国改革开放进程中产生明显的经济效益和社会效益、充分显示出其生命力和强大示范效应的重要原因。

2. **实现产业结构调整**

传统的计划经济体制采用行政方式配置资源，造成我国的产业结构过于趋同，引发了过度竞争，导致大量的生产能力不能被充分利用，也阻碍了生产的分工和企业规模的发展，使得行业内资源配置极度分散，资源难以向优势企业集中，浪费严重。政府希望通过企业并购对现有的资产存量和分布进行调整，使闲置、无效的资本流向急需发展的产业部门，达到优化资源配置、调整产业结构的目的。企业并购正是基于产业结构调整方式转变这种内在要求，在不增加资金总量的情况下，改善企业资金存量结构、促进产业结构优化调整的重要方式。

3. **"壳"资源的再利用**

上市公司的"壳"是一种稀缺资源，公司上市意味着获得一种较为稳定的融资渠道。然而由于一家企业从发行股票到上市往往要经过一系列严格的审批程序，并要付出相当大的成本，因此一些优秀的公司不能上市，难以享受到上市公司高溢价发行股票、高价配股以及无形的广告效果的机会，这些公司的发展受到限制。而非上市公司收购上市公司股权，获得"壳"资源，无疑是其取得上市资格、实现低成本"买壳上市"的一条捷径，为企业价值的猛增和融资、再融资，以求进一步发展提供了很好的机会。

4. 利用优惠政策

近年来，为鼓励企业并购，我国政府和银行对优势企业给予了政策倾斜，制定了许多财税、信贷方面的优惠政策。银行提取相当数量的呆账、坏账准备金，用以推动企业并购。地方政府也制定了一系列地方性的优惠措施，鼓励并购。不少企业在政府鼓励下积极参与并购。由此产生的并购中，既有适应生产力发展需要的政府行为，也存在借并购之名行自身利益之实的行为。在优惠政策鼓励下，有些企业并购并不是为了获得被并购企业财产，而是想获得银行贷款和减税、免税或财政补贴等优惠政策，它们以此为目的，选取享受财政补贴的亏损企业和享受减税、免税待遇的其他企业作为并购目标。

图 10-3 为按金额计算的 2022 年中国市场并购事件并购目的分布。从参与各方的并购目的维度来看，横向整合的并购事件以 8680 亿元的规模占到总体的 33.74%。战略合作、资产调整以及多元化战略分别以 4359 亿元、2167 亿元和 678 亿元占据整个市场的 16.94%、8.42% 和 2.64%。其他各类型的并购目的总计规模约 9843 亿元，占整个市场的 38.26%。

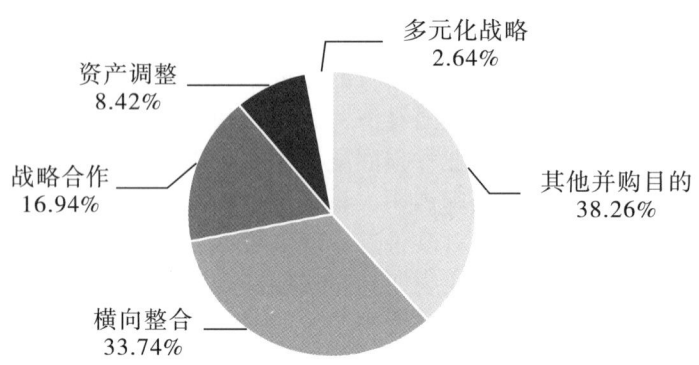

图 10-3 2022 年我国市场并购事件并购目的分布

◎ 案例 10-1 阿里巴巴并购网易考拉的动因

2019 年 9 月 6 日，阿里巴巴集团以 20 亿美元全资收购网易旗下跨境电商平台考拉。收购完成后网易考拉并入天猫国际进出口事业部，考拉品牌保持独立运营。2019 年上半年，网易考拉以 27.7% 的市场份额位居中国跨境电商市场榜首，天猫国际和海囤全球的市场份额分别为 25.1% 和 13.3%。

对于阿里巴巴而言，本次收购能够降低成本，提高经济效益。网易考拉和天猫国际目前是跨境电商的前两名，两者之间的竞争相当激烈。阿里巴巴和网易考拉的融合不仅可以结束用大规模补贴换取市场份额的竞争阶段，而且可以将双方企业的财务、管理和经营等方面工作进行有效的协同，进而达到 1+1>2 的效果。

阿里巴巴在供应链物流方面有自己的优势，它能够在充分发挥供应链方面优势的基础上，为网易考拉赢得更多的电商资源，包括供应链方面的战略与资源支持。阿里巴巴在收获了"大进口"布局中最大的对手——网易考拉之后，继续让其保持其独立的品牌运营。在品牌、模式（自营、平台）、供应链、仓储资源方面，阿里巴巴原有的跨境业务与网易考拉实现优势互补，在高端市场也将有效抑制了其他对手的潜在竞争，并购还为企业获得了人力资源、管理资源、技术资源、销售资源等。并购后双方能实现优势互补，提高企业竞争力。

阿里巴巴和网易考拉一直都是竞争关系。但两者合并后很有可能会占据中国跨境市场份额的一半以上，这将使阿里巴巴在跨境电商领域占据统治地位，彻底形成一家独大的局面。以母婴产品起家的跨境电商网易考拉正好可以弥补阿里巴巴以美妆为主的天猫国际的不足之处。以新品首发定位的天猫国际平台，擅长一线品牌首发，网易考拉则侧重二、三线品牌，双方的有效融合将形成业务上的优势互补。阿里巴巴和网易考拉的并购是同质化行业的优质并购，这会减少双方市场推广的竞争，实现规模效应，进一步巩固阿里巴巴在电商领域的绝对优势，并提升其对广告供应商的议价能力，进而节约成本。除此之外，互联网行业的竞争本质上是吸引用户注意力的竞争，阿里巴巴并购网易考拉会使用户获得更优质便捷的服务，平台用户的规模会有较大的增长，市场会进一步扩大。

10.3 公司并购定价方法

并购交易中交易双方的谈判重点是交易价格，而定价确定的基础是对目标公司的估值。标的公司的估值水平不仅决定了并购方付出的成本和被并购方股东获得的收益，而且也会影响并购完成后的整合效果。企业价值评估常用方法包括：现金流贴现法、成本法、市场法、运用实物期权评估无形资产法。

10.3.1 现金流贴现法

现金流量贴现评估法是预测目标企业未来每一期的现金流（$FCFF_T$）以及资本成本（WACC），然后把每一期现金流以相对应的资本成本为贴现率进行贴现，再将各期贴现值加总的价值作为企业价值的一种评估方法。并购标的一般为目标企业的净资产，因此如运用此方法估计目标公司的净资产价值，可将属于股东的现金流量（$FCFE_T$）以权益成本为贴现率（k_e）进行贴现，求得现值。

一般将属于股东的现金流量（$FCFE_T$）定义为

$$FCFE_T = 净收入 + 折旧 - 总资本支出 - \Delta 净营运成本 + 新发行债券 \\ - 本金偿还 - 优先股红利 \quad (10-1)$$

运用现金流量贴现评估法除了要估计现金流量权益成本，还需要预测现金流增长率。假定现金流永远不变，则计算公式为

$$V_T = \frac{FCFE_0}{k_e} \quad (10-2)$$

假定目标公司属于股东的现金流量以不变的增长率（g）增长，则计算公式为

$$V_T = \frac{\text{FCFE}_0(1+g)}{k_e - g} \qquad (10-3)$$

假定目标公司属于股东的现金流量在前 n 年以不同的增长率（g_t）增长，在 n 年以后以恒定增长率 g_m 增长，则两阶段估值模型分别为

$$V_T = \sum_{t=1}^{n} \frac{\text{FCFE}_0 \times (1+g_t)^t}{(1+k_e)^t} + \frac{P_n}{(1+k_e)^n} \qquad (10-4)$$

$$P_n = \frac{\text{FCFE}_n \times (1+g_m)}{k_{em} - g_m} \qquad (10-5)$$

其中，g_t 为 t 期内的现金流增长率；g_m 为 t 期后恒定的现金流增长率；k 为决定终值的权益资本（由于两阶段企业的风险不同，所以第一阶段不同增长期的资本成本 k_e，与第二阶段永续增长期的资本成本 k_{em} 不同）。

运用企业资产的现金流 FCFF 求得目标企业总资产价值后，可扣除公司债务的价值来估计企业的权益价值。

现金流量贴现评估法的优点是，能够比较全面地考虑影响企业价值的因素，能从企业价值的本质出发来考虑企业价值。缺点是，需要预测现金流、折现率、现金流增长率等变量，存在着评估者的主观因素，由此可能产生错误估计的风险。

【例题 10-1】假定 A 公司计划在 2023 年初收购目标企业 B 公司。经测算，收购后有 5 年的自由现金流量。2022 年，乙公司的销售额为 200 万元，固定资本为 20 万元，营运资本为 12 万元。收购后，前 4 年的销售额预计每年增长 15%，第 5 年的销售额保持第 4 年的水平。销售利润率（含税）为 5%，所得税税率为 30%，固定资本增长率和营运资本增长率分别为 15% 和 5%，加权平均资本成本为 10%。求目标企业的价值。

根据上述资料进行计算，其结果如表 10-1 所示。

表 10-1 各年度财务指标一览表 （单位：万元）

指标	2023 年	2024 年	2025 年	2026 年	2027 年
销售额	220.00	253.00	290.95	334.59	334.59
销售利润	11.00	12.65	14.55	16.73	16.73
所得税	3.30	3.80	4.36	5.02	5.02
增加固定资本	3.00	3.45	3.97	4.56	5.25
增加运营资本	0.60	0.63	0.66	0.69	0.73
自由现金流量	4.10	4.78	5.55	6.45	5.73

由表 10-1 得到，$TV = 4.1/(1+10\%) + 4.78/(1+10\%)^2 + 5.55/(1+10\%)^3 + 6.45/(1+10\%)^4 + 5.73/(1+10\%)^5$
= 19.81（万元）

10.3.2 成本法

成本法是指首先评估标的公司的重置成本，然后估算标的公司已存在的各种类型的贬值因素，包括实体性损耗、功能性损耗及经济性损耗等，通过将这些贬值因素从所估

算的重置成本中扣除来得到标的公司的价值。成本法的基本公式可表达为

$$V = N - M \tag{10-6}$$

其中，N代表重置成本；M代表价值减损。

由于成本法是从取得资产的角度来反映资产价值，因此被评估资产必须处于继续使用的状态下。而资产的继续使用不仅反映了资产在物理性条件下的存在，同时还反映了资产在经济性条件下的存在，即资产能够继续使用并且在这种继续使用中能够为利益相关者带来一定的经济利益。因此，在使用成本法的时候，被评估资产必须处于继续使用或假定上的继续使用状态，同时该项资产的预期收益必须保证能够支持其重置和投入价值。成本法的优点是方法简单易懂，但价值减损的确定需要大量专业判断，因此评估成本可能较高。

10.3.3 市场法

企业价值评估中的市场法是指利用市场上相同的或类似的资产的相近时期交易价格，通过比较分析来估算目标资产的价值。实质就是在市场上找出一个或几个与被评估企业相同或近似的参照企业，在分析、比较两者之间重要指标的基础上，修正、调整企业的市场价值，最后确定被评估企业的价值。市场法的基本公式可表达为

$$V = N \times P_i \tag{10-7}$$

其中，N代表比较实例价值；P_i代表修正参数，$i = 1, 2, \cdots, n$。

市场法有两种比较常用的方法：可比公司法和可比交易法。可比公司法主要是通过对资本市场上存在的与标的公司处于相同或相似行业的上市公司进行财务及经营方面的数据分析，得出一定合适的价值比率，在与标的公司进行比较分析之后，得出标的公司的价值。可比交易法则是通过分析与标的公司处于相同或相似行业的公司买卖、并购案例中存在的数据资料，得出一定合适的价值比率，在与标的公司进行比较分析后，得出标的公司的价值。

在可比公司法中常见的是市盈率模型、市净率模型和市销率模型这三种比较常用的股权市价比率模型。

（1）市盈率模型。市盈率是指普通股每股市价与每股收益的比率，运用市盈率估价的模型为

$$V_T = 目标企业每股收益 \times 可比企业市盈率 \times n_T \tag{10-8}$$

式中，V_T是目标企业价值，n_T为目标企业发行在外的股份。

市盈率模型的优点在于：首先，数据容易获得且计算简单；其次，市盈率模型把价格和收益联系起来，直观地反映了投入和生产的关系，涵盖了风险补偿率、增长率、股利支付率的影响，具有很高的综合性。市盈率模型的缺点在于：如果收益是负值，市盈率就失去了意义。因此，该模型最适合连续盈利的企业。

（2）市净率模型。市净率是指普通股每股市价与每股净资产的比率，运用市净率估价的模型为

$$V_T = 目标企业每股净资产 \times 可比企业市净率 \times n_T \tag{10-9}$$

其中，V_T是目标企业价值，n_T为目标企业发行在外的股份。

市净率模型的优点：首先，市净率极少数为负值，可用于大多数企业；其次，净资产的数据很容易获得，并且容易理解；再次，净资产账面价值比净利稳定，不会像利润那样经常被人为操纵。市净率模型的缺点：账面价值受到会计政策选择的影响，不同企业会计政策的差异可能会导致市净率失去可比性，少数企业的净资产是负值，市净率没有意义。因此，这种方法主要适用于拥有大量资产、净资产为正值的企业。

（3）市销率模型。市销率是指普通股每股市价与每股销售收入的比率，运用市销率估价的模型为

$$V_T = 目标企业的销售收入 \times 可比企业市销率 \times n_T \quad (10-10)$$

式中，V_T 是目标企业价值，n_T 为目标企业发行在外的股份。

市销率模型的优点：首先，它不会出现负值；其次，它比较稳定、可靠，不容易被操纵；最后，市销率对于价格政策和企业战略变化较为敏感，可以反映这种变化的后果。市销率模型的缺点：不能反映成本的变化。因此，这种方法主要适用于销售成本率较低的服务类企业，或者销售成本率趋同的传统行业企业。

【例题 10-2】在表 10-2 中，列出了 2022 年汽车制造业 5 家上市公司的市盈率和市净率，以及全年平均实际股价，F 公司也是一家汽车制造公司，发行在外的股份共 100 万股。要求：用这 5 家企业的平均市盈率和市净率估算 F 汽车公司的价值。

表 10-2 5 家汽车制造企业的市盈率和市净率

公司	每股收益/元	每股净资产/元	平均股价/元	市盈率/%	市净率/%
A	0.52	3.34	11.97	22.59	3.48
B	0.38	2.68	6.25	16.91	2.32
C	0.51	4.74	15.39	29.61	3.23
D	0.24	2.33	6.09	26.51	2.60
E	0.18	2.53	6.79	35.78	2.67
平均				26.28	2.86
F	0.06	1.92	6.03		

按照市盈率估值 = 0.06 × 26.28 × 100 = 157.68（万元）
按照市净率估值 = 1.92 × 2.86 × 100 = 549.12（万元）

市净率的评价更接近实际价格，因为汽车制造业是一个需要大量资产的行业。由此可见，合理选择模型种类对于正确估价非常重要。

市场法是一种相对价值法，该理论发挥作用需要两大前提条件：一是有效市场理论有效；二是完善的资本市场与尽可能多的可比公司。在此前提下，对并购标的的价值评估才能较为准确，且反映出市场对企业的估值。

10.3.4 运用实物期权评估无形资产

期权是指在未来一定时期可以买卖的权利，是买方向卖方支付一定数量的金额后拥有的在未来一段时间内或未来某一特定日期以事先约定好的价格向卖方购买或出售一定

数量的特定标的物的权利，但买方不负有必须买进或卖出的义务。在金融交易所交易的期权，称为金融期权。没有公开交易市场的期权，如许可证、专利、购买土地的权利等，称为实物期权。

如果把未完全利用的专利的所有权看作未利用的机会，此期权可被认为是买入期权。执行价格即为启用此无形资产的初始投资，无形资产的期限即为期权到期时间。对于此种实物期权的定价可采用布莱克-斯科尔斯（Black-Sholes）期权定价模型：

$$C = SN(d_1) - Ee^{-rT}N(d_2) \quad (10-11)$$

$$d_1 = \frac{\ln(S/E) + (r_f + 0.5\sigma^2)t}{\sigma\sqrt{t}} \quad (10-12)$$

$$d_2 = d_1 - \sigma\sqrt{t} \quad (10-13)$$

其中，C 为期权价值；S 为无形资产的当前价格；E 为执行价格；r_f 为无风险利率；σ^2 为无形资产收益率的波动率（方差）；t 为期权到期时间；$N(d_1)$ 和 $N(d_2)$ 为累积正态概率的分布值。

【例题 10-3】假设某一目标企业有 5 年期的专利。专利投入生产需要初始投资 1000 万元，5 年内产生的预测现金流现值是 900 万元，现金流的年度方差是 4%。当前 5 年期定期年利率是 5%，估算此专利的价值。

$$\begin{aligned}
d_1 &= \frac{\ln\left(\dfrac{S}{E}\right) + (r_f + 0.5\sigma^2)t}{\sigma\sqrt{t}} \\
&= \frac{\ln\left(\dfrac{900}{1000}\right) + (0.05 + 0.5 \times 0.04) \times 5}{\sqrt{0.04 \times 5}} \\
&= 0.547 \\
d_2 &= d_1 - \sigma\sqrt{t} = 0.547 - \sqrt{0.04 \times 5} = 0.1 \\
C &= SN(d_1) - Ee^{-rT}N(d_2) \\
&= 900 \times N(0.547) - 1000 \times e^{-0.05 \times 5}N(0.1) \\
&= 216.623
\end{aligned}$$

此专利价值为 216.623 万元。

在企业并购中，最终交易价格是企业预期价值和评估价值之间的权衡。因此，企业在选择估价方法时，应注意区分不同方法的特征与适用性。

◎ 案例 10-2 从汤臣倍健并购 LSG 看跨国并购定价风险

2018 年 8 月，汤臣倍健顺利完成了对 LSG 旗下益生菌品牌 Life-Space 的收购。LSG 是澳大利亚一家本土非上市公司，其品牌 Life-Space 是澳大利亚领先零售药店 Chemist Warehouse 中最受欢迎的益生菌品牌之一。其年报披露，2018 年末，公司合并报表商誉账面价值 21.66 亿元，因合并 LSG 形成的无形资产为 14.14 亿元。2019 年，因受《电子商务法》实施影响，LSG 在澳洲市场的业绩未达成预期，公司对合并 LSG 形成的商誉进行了减值测试，计提商誉减值准备 10.09 亿元，计提无形资产减值准备 5.62 亿元，并转销递延所得税负债 1.69 亿元，对公司 2019 年业绩带来了重大不利影响。汤臣倍健以 35.14 亿元现金完成对 LSG 的收购，而彼时 LSG 公司的净资产仅 1 亿元左右，此项收购溢价高达 34 倍，正是这一巨额跨国收购给汤臣倍健埋下 22 亿元的商誉隐患。

如此高溢价收购 LSG，使汤臣倍健并购 LSG 过程中的财务风险一直被行业所关注。在本次并购过程中为什么会产生定价风险？主要原因有以下两点。

一是信息的不对称。在跨国并购中由于并购双方不在同一国家，法律、政治、文化、经济环境等方面存在较大差异，在信息获取上相较于国内并购活动难度更大，因此在评估过程中可能会导致公司估值与实际情况偏离。而并购方对目标企业估值定价时，主要依据目标企业财务报表相关财务数据的分析。目标企业为取得最大化收益，可能会通过虚增资产或改变资产减值计算方法增加资产的总值，也可能通过隐藏企业的债务虚列企业的债权，让并购方付出更多的资金来完成并购交易。

二是估值定价方法不当。常用的估值定价方法有收益法、市场法、成本法，不同的估值方法都有各自的优缺点，应根据并购企业的实际经营状况合理选择定价方法，降低因定价方法选择不恰当而带来的定价风险。LSG 注重产品的开发与品牌的打造，因此也形成了大量的无形资产，但是进行评估时对于这类无形资产的价值往往难以衡量，容易高估其价值。购买日 LSG 无形资产的账面价值仅有 84.42 万元，而其公允价值达到了 141384.38 万元，汤臣倍健很有可能面临高估 LSG 价值的风险。

10.4 公司并购融资问题

10.4.1 并购融资概念

融资是指公司在开展运营活动时，通过方法和手段获得资金的行为。并购融资是指公司为了实现收购、合并、兼并等产权交易而进行的专门融资，既可以从内部融资，也可以从外部融资。无论并购融资的标的物是股权还是资产，并购交易的资金主要是长期资金，而且并购交易过程中所需支付的单笔资金金额巨大，支付的次数很多。

10.4.2 并购融资方式

上市公司在实施并购融资时，必须结合自身实际情况设定科学的目标，对融资方案进行分析和判定，利用数学模型对目标公司资产进行计算，找出适合自身的融资方式。目标公司和并购公司的发展目标要保持相对统一，并购公司应该对融资渠道和融资方式进行分析，对影响融资规划的各个因素进行评价（图 10-4）。

不同的融资手段具有不同的优势和特点，在选择融资方式时，应该对各类融资方式进行比较和分析，逐渐拓展融资渠道，采用多种融资方法，使融资方式达到多样化要求。公司在设计融资方案时，必须对自身情况进行分析，评价和识别各类风险因素。并购活动需要大量资金，融资方式包括内部融资和外部融资。内部融资总体来说优于外部融资，因为首先内部融资可以减轻税负，其次无须受资金提供者监督。但内部融资金额有限，很多情况下无法满足并购活动对资金的需求。外部融资渠道包括债务融资、权益融资、

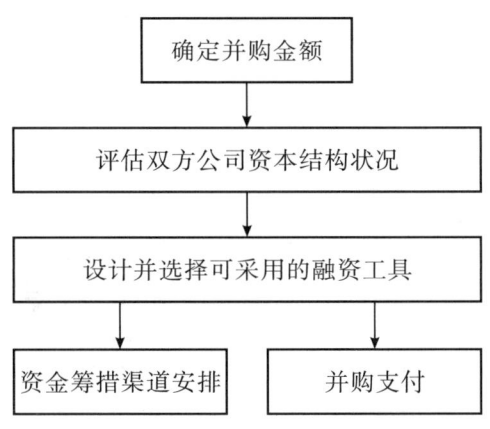

图 10-4　并购融资决策图

混合融资等其他方式。根据优序融资理论（图 10-5），一个理性的企业在进行融资决策时，首先应该考虑内部融资，再考虑外部融资。当企业在进行外源融资时，优先考虑的应该是债务融资，然后才是权益融资。

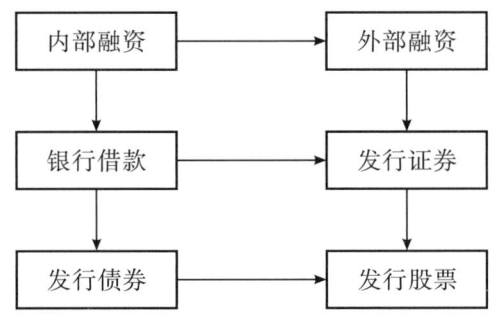

图 10-5　并购优序融资理论

10.4.2.1　内部融资方式

内部融资，这里所说的"内部"指的就是企业自身，即公司把自由现金流作为融资的来源渠道，通过留存收益来筹集资金。

第一，自有资金。自有资金是属于公司的自由现金流，可以在资金出现缺口时及时支配，这部分资金是企业在运营过程中逐渐积累的，是最有保障的。

第二，应收账款。应收账款是企业的流动性资产，通过抵押担保或出售来获取所需资金，它是属于短期筹资类别的，这部分资金不会影响企业的长期发展。

第三，专项资金。这部分的资金在使用时条件是比较苛刻的，即只有在未使用和分配前才算作是内部融资范畴，一旦将其使用或分配，就必须及时现款支付。

10.4.2.2　外部融资方式

外部融资是指以企业外部资金作为来源渠道，通过除了并购企业以外的经济主体来筹集资金。

1. 债务融资

（1）借款融资。

借款融资是指企业根据借款合同或协议向商业银行等金融机构借款。一般商业银行向企业提供的是优先级别贷款，即提供贷款的金融机构对被收购的资产或股权享有一级优先权。在公司的各类融资模式中，借款融资较为普遍。借款融资的优点包括：第一，相对于发行股票、债券，借款程序较为简单，可以迅速募集资金；第二，相对于发行股票、债券等，银行借款融资的中间费用低；第三，银行一般会组织银团，提供巨额贷款，满足并购对资金的需求。因此，大部分公司在并购融资时，会考虑将银行贷款作为首选。特别对于国企来说，由于政府政策支持较多，因此国企获取银行贷款也比较容易。借款融资的缺点包括：第一，一般需要固定资产进行质押或抵押，或者需要担保；第二，企业必须向银行公开其财务、经营状况，日后经营会受到银行制约。

（2）债券融资。

债券融资是指企业按照法定程序在债券市场中发行有价证券来筹集资金，包括抵押债券、信用债券、垃圾债券等。与权益融资相比，债券融资的优点包括：债券利息具有抵税功能，筹资成本较低；债券利息一般是固定的，不会因为企业利润增加而增加企业支出；不会造成股东控制权的稀释。债券融资的缺点包括：债券到期还本付息压力大；由于国家政策的限制，筹资数额有限；发行债券的程序复杂、周期长。目前我国采用债券融资进行收购的情况较少，国内债券市场发展速度较慢，只有小部分上市公司在债券市场中发行债券。债券市场融资规模远远低于股票市场规模，因而我国资本市场中的证券市场所产生的影响并不大，债券市场募集资金规模远远小于股票一级市场。

2. 权益融资

权益融资是指公司通过对股本结构或股本总额进行调整来获取融资，主要涉及发行股票、换股并购、私募股权融资等。

（1）发行股票。

公司在实施权益融资时，主要采用发行股票的方式，但公司并购过程中一般不会通过发行股票的方式解决融资问题。权益融资发行的股票由优先股股票和普通股股票两种类型组成。其中，普通股股票获得的权利和承担的义务是相对应的，拥有一份股权，就可获得一份投票权。普通股融资不同于银行贷款，企业不需要在规定时间内偿还本息，普通股融资的方式为企业带来的财务风险较小，该方式有助于帮助公司获得长期资金。但是由于此种融资方式涉及公司投票权，股权结构也会随之改变。倘若公司过度采用该融资方式，会导致控制股东丧失控制权，给公司在未来发展带来巨大影响。相比普通股股东，优先股股东在公司停止经营时，可优先获得补偿。公司发行优先股时，需要每年支付股息，但这不会影响公司控制权的稳定。

（2）换股并购。

融资公司除了可通过发行新股获得并购资金，还可以将自己所持的股票与目标公司的股票进行交换，以此完成融资活动。从本质上看，换股并购融资并没有募集到资金，它是目标公司股票转换为并购公司股票的过程。如果并购方在资本市场中的价值溢价比并购标的高，那么并购方控制者就可以在控制权不发生转移的条件下取得控制目标公司的权力。虽然换股并购方式不会使控制人失去控制权,可是会影响到并购公司股权结构,导致失去控制权的风险加大。

(3) 私募股权融资。

私募股权融资主要是对特定投资主体进行融资,实施范围较小,在我国并购活动中较为少见。由于监管机构在私募股权融资方面监管力度较小,相关信息披露要求不高,并且私募股权基金发行审批流程简单。因此,私募股权融资较为便捷和灵活,越来越受到青睐。

3. 混合型融资

该种融资模式的典型代表是认股权证,以及公司债券中的可转换公司债。该融资模式具有权益性特点的同时也兼具了债务性的特点。但在我国企业并购的实际应用还不是十分普遍。

10.4.3　适合我国国情的融资方式和途径

目前,适合我国国情的融资方式和途径有内部留存、增资扩股、股权置换、金融机构信贷、公司发行债券、目标企业融资、杠杆收购等。在具体的运作过程中,有些可单独运用,有些可组合运用,并视并购双方的具体情况而定,现主要介绍以下几种。

1. 增资扩股

收购方选择增资扩股方式取得现金来收购目标企业时,最重要的是考虑股东对现金增资意愿的强弱。就上市公司而言,拥有经营控制权的大股东可能会考虑其自身认购资金来源的资金成本、小股东认购愿望的因素等。对于非上市公司,若股东资金不足而需由外界特定人士认购时,大股东可能会出于保持控制权的考虑,宁可增加借款而不愿扩股。

2. 股权置换

股权置换在公司并购中最为常用。在公司并购活动中,收购者若将其自身的股票作为现金支付给目标企业股东,可以通过两种方式实现:一是由买方出资收购目标企业全部股权或部分股权,目标企业股东取得资金后,认购收购方的现金增资股,因此,双方股东不需要另筹资金即可实现资本集中;二是由买方收购目标企业的全部资产或部分资产,由目标企业股东认购买方的增资股,这样也可以达到集中资本的目的。

3. 金融机构信贷

金融机构信贷是公司并购的一个重要资金来源,在国外比较流行。这种贷款不同于一般的商业贷款,因此要求收购方提前向可能提供贷款的金融机构提出申请,并就各种可能出现的情况进行坦诚的磋商。即使需要保密,也需要在收购初期向金融机构提出融资要求,因为这种贷款和一般的商业贷款相比金额大、偿还期长、风险高,故需较长的商讨时间。

4. 目标企业融资

在许多时候,并购双方在谈判时,会涉及并购方推迟支付部分或全部贷款的情形。如果公司盈利不佳,而目标企业又急于脱手,收购者就可以利用目标企业融资(推迟支付）方式，无疑这种方式有利于收购者进行支付，与通常的分期付款方式类似。不过，这要求收购方有极佳的经营计划，才容易取得目标企业融资。因为贷款分期支付，税赋自然也分段支付，所以目标企业不仅享有税负延后的好处，而且可以要求收购方支付较高的利息。

◎ 案例10-3 国内首例定向可转债，并购重组支付新思路

2018年11月1日，证监会表示试点定向可转债并购支持上市公司发展，明确推进以定向可转债作为并购重组交易支付工具的试点，定向可转债作为并购重组支付新方式进入公众视野。具体来看，定向可转债能较好地解决现金收购与发股收购的弊端。对于并购方来说，若股价上涨则意味着其以更少的股权完成了并购；若股价下跌则需要支付现金，转债的利息远低于纯债，相当于用较低的融资成本完成了并购。对于被并购方来说，选择的空间则更大，可根据自身利益设置个性化条款，保障利益，突破部分可转债发行的限制性要求，这也增加了并购交易的成功性。

苏州赛腾精密电子股份有限公司（以下简称"赛腾股份"）通过发行可转换债券、股份及支付现金的方式购买三名股东持有的苏州菱欧自动化科技股份有限公司（以下简称"菱欧科技"）100%的股权。本次交易价格为21000万元，于2019年1月23日无条件通过证监会重组委审核，为市场上首个以发行定向可转债作为并购支付工具的案例。

本次交易分为发行可转换债券、股份及支付现金购买资产与募集配套资金两个部分。

1. 发行可转换债券、股份及支付现金购买资产

赛腾股份通过发行可转换债券、股份及支付现金的方式购买菱欧科技100%的股权。标的资产的交易金额为21000万元，其中以发行可转换债券的方式支付交易对价的60%，即12600万元；以发行股份的方式支付交易对价的10%，即2100万元；以现金方式支付交易对价的30%，即6300万元。

2. 发行股份募集配套资金

本次交易中，赛腾股份拟通过询价方式向其他5名特定投资者发行股份募集配套资金，募集配套发行7272724股，预计募集资金总额为14000万元。所募集的配套资金拟用于支付本次交易中的现金对价和重组相关费用，并用于赛腾股份补充流动资金及偿还银行贷款。

本次交易标的菱欧科技与上市公司同属于智能制造行业，菱欧科技下游客户所处行业包括汽车零部件、锂电池、医疗等多个行业领域，因此菱欧科技能够在产品结构、客户渠道等方面与上市公司产生较强的协同。交易完成后，上市公司的自动化设备产品线将得以丰富，拓展上市公司的产业布局，并通过发挥双方在产品、技术、市场等方面的协同效应，进一步提升上市公司的盈利能力，有利于上市公司发展战略的快速实施。

10.4.4 并购中的融资风险

企业并购融资是并购方作为资金融入者，为了满足并购行为的需要，利用多种途径筹集资金的过程。在并购活动中，并购企业要想实现对目标企业的兼并或收购，就需要大量资金的支持。因此，并购方能否制定完善的融资计划，及时、有效、合理地进行融

资以达到预期目的，是并购活动能否成功的关键。

并购融资风险是由并购活动中融资行为的不确定性造成的，它是指企业能否及时、足额地筹集资金以支持并购活动，以及并购融资行为给企业后续经营带来的影响。企业的并购过程大体可分为三个阶段：事前准备阶段—事中实施阶段—事后整合阶段，接下来将从企业并购过程的不同阶段来分析存在的融资风险。

在事前准备阶段，并购方首先要根据自身战略发展目标或资源整合的需要，合理地选择被收购企业，并在此基础上，根据并购方自身及目标企业资本结构的特点，制定最优的融资策略。在这个过程中，一旦并购方对目标企业的选择不当或是制定了不合理的融资计划，将会给其自身带来巨大的风险。例如，一家负债比例较高的公司选择收购另一家负债比例同样高的公司，由于并购活动本身及并购后公司的持续经营都需要大量的资金支持，这样势必导致并购方要在现有资金不足且有较大偿债压力的基础上继续进行大量的外部融资。而这样做会进一步恶化企业资本结构、加剧企业偿债风险，使并购企业进入一个恶性循环的过程，甚至导致正常经营步履维艰。其次，选定目标企业后，并购方要对目标企业进行价值评估。一旦评估价值严重偏高于实际价值，就会进一步带来并购定价的增高。并购方对目标企业的定价越高，就需要筹集越多的资金，从而面临越大的融资压力，加剧融资风险。

事前准备工作完成后，并购活动进入下一阶段——事中实施阶段。在这一阶段，并购方的主要工作是根据双方谈判后的并购定价进行资金的筹集，以实现对目标企业进行支付的目的。在资金筹集过程中，并购企业面临较多的风险，如国家政策变动、通货膨胀、汇率变动等外部环境风险，大量内部融资带来的资金流动性风险，外部债务融资带来的偿债风险以及权益融资带来的控制权稀释或转移风险等。同时，不同性质的企业面临的风险程度也不同。例如，国有企业由于有国家信用的担保，较易得到金融机构的支持，融资能力较强，风险较小。相反，私营企业的融资风险较大。再者，并购方对目标企业的并购目的不同，融资规模也不同。如果并购企业想通过并购活动达到控制目标企业的目的，就需要对目标企业有较多的控股权，相应地就需要有较多的资金支持，融资风险就大；反之，融资风险就小。

在并购实施后的事后整合阶段，并购方主要完成对目标企业的支付和相关的文化及资源的整合工作。在此过程中，并购方可以采用现金、股票或混合等多种方式实现对目标企业的支付。但不同的支付方式会带来不同的风险，如并购企业采用现金支付的方式，就会使得企业的流动资产大幅度降低，流动比率下降，而流动比率是衡量企业短期偿债能力的重要指标。如果并购企业此次的并购活动以负债融资为主，企业短期内面临较大的偿债压力，而且企业本身由于现金的大量外流而面临资金流动性的严重不足，最后就有可能把企业推向破产倒闭的边缘。如果采用股票的方式进行支付，可能会由于控制权稀释的问题而产生来自股东的压力。同时，如果并购活动完成后，并购双方缺乏文化认同感，企业文化融合失败，并且资源整合没有形成预期的协同价值和战略价值，就会使得企业并购后的经营成本大幅提升。这样的结果会导致并购企业必须进一步加大资金投入才能维持经营，从而诱发新一轮的融资行为，给企业带来融资风险。

10.5 公司并购与反并购

10.5.1 反并购的概念

反并购是指目标公司目前的实际控制人或管理层为了防止公司控制权转移,在经过公司股东大会批准的情况下,采取的旨在预防或挫败收购者收购本公司的行为。通常具有以下特点:反并购的核心在于防止公司控制权的转移;反收购用于抵御敌意收购;在我国,反并购的程序通常由目标公司现有管理层发起,但前提是必须取得股东大会批准。

10.5.2 反并购的策略

反并购措施的部署可分为两类:一是预防性反并购策略,即事前防范措施,包括AB股制度、驱鲨剂条款、"金色降落伞"对策等;二是主动性反并购策略,即事中应对措施,如毒丸计划、股份回购、焦土战术、白衣骑士、帕克曼防御、诉讼方式等。

10.5.2.1 预防性反并购策略

1. AB股制度

AB股制度又称双层股权制度,是指公司发行同股不同权的A类、B类股票,B类股票的投票权远高于A类,即使股份被大量稀释,公司实际控制人仍然能保有大量投票权。

2. 驱鲨剂条款

驱鲨剂条款(shark repellents)是指为了防止公司被恶意收购而在公司章程中设立的条款,通过这些条款来增加收购者获得公司控制权的难度。由于章程的有效保障且修改章程成本较低,此方式成了最受欢迎的反敌意手段之一。实践中,一般通过董事会预先召开股东大会,在公司章程中设立特定条款,以增加收购者获得公司控制权的难度。修改公司章程是公司对潜在收购者或诈骗者所采取的预防措施。反收购条款的实施、直接或间接提高收购成本、董事会改选的规定等都可以减少收购方的收购欲望。常用的反收购公司章程包括:董事会轮选制、超级多数条款、公平价格条款等。

(1)董事会轮选制。

董事会轮选制(staggered board election)使公司每年只能改选很小比例的董事。即使收购方已经取得了多数控股权,也难以在短时间内改组公司董事会或委任管理层,实现对公司董事会的控制,从而进一步阻止其操纵目标公司的行为。

(2)超级多数条款。

公司章程都需规定修改章程或重大事项(如公司的清盘、资产的租赁)所需投票权的比例。超级多数条款(super-majority provision)规定公司被收购必须取得2/3或80%的投票权,有时甚至会高达95%。这样,若公司管理层和员工持有公司相当数量的股票,那么即使收购方控制了剩余的全部股票,收购也难以完成。超级多数条款增加了公司控制权转移的难度,有助于防止损害本公司及股东利益的敌意收购。

（3）公平价格条款。

公平价格条款规定了收购方必须向少数股东支付目标公司股票的公平价格。所谓公平价格，通常以目标公司股票的市盈率作为衡量标准，而市盈率的确定是以公司的历史数据和行业数据为基础的。

3. "金色降落伞"对策

"金色降落伞（golden parachute）"是公司给予高级管理层的一种补偿性条款。它规定在目标公司被收购的情况下，高层管理人员无论是主动还是被迫离开公司，都可以领到一笔巨额的安置费。"金色"指补偿丰厚，"降落伞"指高管可规避公司控制权变动带来的冲击而实现平稳过渡。虽然"金色降落伞"对策会提高收购方的收购成本，但这种成本的增加与其他方法相比是极其有限的。"金色降落伞"对策与其说是反收购，不如说是反收购一旦失败，经理人团队可以获得优厚补偿。本质上讲，这是无股权或者股权极少的管理层的反收购策略。

10.5.2.2 主动性反并购策略

1. 毒丸计划

"毒丸计划（poison pill）"主要可以分为三种。第一种"毒丸计划"是指当一个公司遇到恶意收购，尤其是当收购方占有的股份已经达到10%～20%的时候，公司为了保住自己的控股权会大量低价增发新股，目的是让收购方手中的股票占比下降，同时也增大了收购成本，让收购方无法达到控股的目标。此外还有"负债毒丸计划"和"人员毒丸计划"两种。前者是指目标公司在收购威胁下大量增加自身负债，降低自身的吸引力。"人员毒丸计划"的基本方法则是公司的绝大部分高级管理人员共同签署协议，在公司被以不公平价格收购，并且这些人中有一人在收购后被降职或革职时，则全部管理人员将集体辞职。这一策略不仅保护了目标公司股东的利益，而且会使收购方慎重考虑收购后更换管理层对公司带来的巨大影响。企业的管理层阵容越强大、越精干，实施这一策略的效果将越明显。

2. 股份回购

股份回购是指目标公司按一定的程序购回发行或流通在外的本公司股份的行为，是一种通过大规模买回本公司发行在外的股份来改变资本结构的反并购方法。公司在受到收购威胁时可回购股份，其基本形式有两种：一是公司将可用的现金分配给股东；二是换股，即发行公司债、特别股或者组合以回收股票。目标公司通过减少在外流通股数，抬高股价，迫使收购者提高每股收购价。在实践中，股份回购的运用不是十分广泛，因为股份回购会使目标公司有过多的库存股票，影响公司筹集资金。对目标公司而言，股份回购在很多情况下都可能增加公司的负债比例，增大财务风险，目标公司的财务状况是制约这一手段的最大因素。

3. 焦土战术

焦土战术是公司资产负向重组的形式，包括"皇冠上的明珠"和"虚胖战术"两种策略。从公司的资产价值、盈利能力和发展前景等多个方面衡量，在公司内经营最好的子公司被称作"皇冠上的明珠"，这类子公司通常成为被兼并的目标，被兼并的目标公司为保全其他子公司，可将"皇冠上的明珠"这类经营好的子公司卖掉或者抵押出去，恶化目标公司自身的资产和经营业绩，使收购人对目标公司失去兴趣而放弃收购。而"虚胖战术"则通过高价购入大量不良或低价值、无价值的资产，提前对外偿债，对外进行长期而高风险的投资等，使公司负债大量增加，财务状况恶化。

焦土战术是目标公司在遇到收购袭击而无力反击时，迫于无奈采取的一种两败俱伤的做法，目的是使公司原有价值和吸引力不复存在，进而打消并购者的兴趣。值得注意的是，由于焦土战术可能使目标公司、股东利益受损害而导致目标公司的董事和管理层难以保全其职位，因此董事会提出的此类议案在股东大会进行表决时可能会遇到阻碍。

4. 白衣骑士

"白衣骑士（white knight）"是指目标企业为免遭敌意收购而自己寻找的善意收购者。当公司成为其他企业的并购目标后（一般为恶意收购），公司的管理层为阻碍恶意接管的发生，去寻找一家"友好"公司进行合并，这家公司被称为"白衣骑士"。一般来说，受到管理层支持的"白衣骑士"的收购行动成功的可能性很大，且公司的管理者在机构投资者的支持下可以自己成为"白衣骑士"，实行管理层收购。

一般来讲，如果敌意收购者出价较低，目标公司被拯救的希望就很大；若收购方提供了很高的收购价，则充当"白衣骑士"的成本提高，公司获救的机会降低。需要注意的是，"白衣骑士"的收购行为也是有限和有条件的，目标企业其实也是以自己的企业利益最大化为目标，而且"白衣骑士"也并不是天使，其扮演"白衣骑士"同样也是出于企业自身利益的考虑，在协议不成的情况下也可能变成"黑衣骑士"，展开恶意收购。

5. 帕克曼防御

帕克曼防御是指目标公司在遭遇敌意收购时，反过来开始收购敌意收购方的股票，或者借实力强大的第三方之手来收购敌意收购方的股票，令敌意收购方措手不及，从而达到反并购的目的，实现反攻为守、围魏救赵的效果。但应注意的是，此种方式风险较大，如果收购战的双方势均力敌，结果可能会两败俱伤。

6. 诉讼方式

以诉讼方式阻碍敌意收购是指通过发现敌意收购人或收购过程中存在的法律缺陷、不符合法律的情形，而向有关部门提起控告、申诉甚至向法院提起公诉的手段而阻碍收购的方式。这是反并购战中的常用方式，可起到使收购人中止甚至直接终止收购行为或者提高收购价格的作用，至少能起到拖延敌意收购人收购进程的作用，从而为目标公司采用"白衣骑士"或其他反并购策略争取到更多的时间。目标公司在采用这一手段时，应当注意调查、收集和保存足够的相关证据，同时还应考虑与"白衣骑士"等其他反并购策略配合使用。

诉讼策略是目标公司在防御中经常使用的策略，这种方法常常是目标企业受到收购方的突击时最先想到的办法。一般的做法是通过诉讼收购者违反了反垄断法或证券法，法院可能禁止该项收购，或者发布延后收购的禁令。诉讼策略的第一步往往是目标公司请求法院禁止收购继续进行。于是，收购方必须首先给出充足的理由证明目标公司的指控不成立，否则就不能够继续加持目标公司的股票。这样会使得目标公司有机会采取有效措施进一步抵御被收购。诉讼不论成功与否，都为目标公司争得了应对的时间，这是该策略被广为采用的主要原因。

目标公司提起诉讼的理由主要有三条：第一，反垄断，部分收购可能使收购方获得某一行业的垄断或接近垄断地位，违反反垄断法律相关规定，目标公司可以此作为公诉理由提出诉讼；第二，信息披露不充分，收购方未按有关法律规定向公众及时、充分或准确地披露信息等，目标公司有权提出诉讼；第三，收购方有犯罪行为，除非目标公司有十分确凿的证据，否则难以以此为由提起诉讼。

以上各种反并购策略各有特色，企业应根据并购的实际情况来选择并及时实施反并购策略，多数情况下，还需组合选用一种策略或几种策略，各取所长。

10.5.3　我国 A 股上市公司反并购措施

我国反并购与国际成熟市场的反并购有所不同，主要表现在以下几方面。

（1）反并购的主体不同。美国公众公司规模庞大、股权高度分散，公司的实际控制权大多掌握在董事会和管理层手中，反并购的主体通常是董事会或管理层。而在我国，大部分上市公司都有强有力的控股股东，公司的控制权掌握在控股股东手中，因而反并购的主体通常是当前的控股股东或实际控制人。

（2）可采取的事前防范措施不同。根据《公司法》同股同权的规定，我国的公司不能设置 AB 股制度。

（3）可采取的事中应对措施不同。在我国，股份回购不能作为反并购的手段。"毒丸计划"涉及股份增发，而股份增发在我国需要履行证监会的审批程序，其过程可能会持续较长时间，因此在我国目前的监管体系下适用空间有限。由于焦土战术可能使目标公司、股东利益受损害，董事会提出的此类议案在股东大会对其决议时可能会遇到阻碍。

因此，我国入股上市公司通常采用定向增发、发行股份购买资产、二级市场增持股份、联合一致行动人、修改公司章程等具体措施应对正在发生的敌意收购。

◎ 案例 10-4　"国民饮料"破产重组，"白衣骑士"斥资 16 亿元

"汇源果汁"品牌创立于 20 世纪 90 年代初，一度连续保持国内中高端果汁市场份额第一的地位，对国内果汁饮料行业影响深远。2007 年 2 月，汇源果汁登陆港交所，筹集资金 24 亿元，创造了该年港交所最大规模的 IPO。"明星公司＋不错的业绩"，让汇源在国内饮料界的话语权不断加重。

2008 年，可口可乐向汇源果汁抛出"橄榄枝"，要以每股 12.2 港元的价格收购汇源。然而，2009 年，商务部因反垄断终止了可口可乐公司以 24 亿美元控股中国汇源果汁集团有限公司的交易。"汇源体系"为上述交易投入巨额资金建设的全产业链布局为后续经营埋下了债务隐患。自 2011 年起，汇源果汁的实际净利润（剔除政府相关补贴）开始连续出现亏损；2014—2016 年，汇源果汁负债由 65.35 亿元攀升至 99.95 亿元；到 2017 年底，汇源果汁总负债已经达到 114 亿元，资产负债率为 51.8%。

2018 年 3 月，在未经董事会批准、无签订协议、尚未对外披露的情况下，汇源果汁向汇源集团旗下的关联方北京汇源出借 42.75 亿元贷款。这一行为违反了港交所上市规

则关于关联交易申报、股东批准及披露的条款,汇源果汁被港交所宣布停牌。随后,汇源果汁出现了高管离职潮,2019年1月13日至2月3日,有6名高管离职。2021年1月,在结束了长达近3年的停牌后,汇源果汁正式退出港交所市场。

在债务危机之前,汇源内部的管理就已经较为混乱。业内人士称,汇源一直都是一个家族控制的企业,尽管不断地引进各种职业经理人,但引进后却没有充分地放权。汇源作为"汇源体系"核心企业,在经营过程中承担了较多融资功能,为关联方融资提供了巨额担保。在国际国内经济下行压力叠加多轮疫情的影响下,关联方债务违约,汇源发生流动性风险,债务风险全面爆发。

在"国民饮料"的至暗时刻,汇源迎来了"白衣骑士"——上海文盛资产管理股份有限公司(以下简称"文盛资产")。文盛资产深耕特殊机会投资及管理服务领域,业务范围涵盖不良资产投资与服务、困境企业重组、困境地产重组及违约债券投资等,截至2021年底,累计资产管理规模(债权本息)1232亿元。文盛资产作为重整投资人计划投入16亿元,成为北京汇源控股股东。重组后的北京汇源将持有"汇源果汁"这一核心商标品牌和生产资产。据了解,在文盛资产投入的16亿元资金中,除部分资金用于支付汇源破产费用和偿还小额债权外,90%以上资金将用于汇源的生产经营升级和强化。

按照文盛资产的规划,将为汇源导入产业协同资源和产业战略资源,巩固企业生产,增加线上线下订单,促进消费升级,做好市场下沉,助力汇源讲好新时代品牌故事,拓宽消费场景,拓展全国市场。对于未来规划,文盛资产还将为汇源设计最佳的证券化方案,力争三到五年内实现A股上市,有望为转股债权人与投资者带来可观回报。

10.6 公司并购中的文化整合

企业文化主要由企业最高目标或宗旨,企业长期形成的共同价值观、作风和行为规范及规章制度等构成,它是公司管理的主要内容,具有个性化、一贯性和隐含控制性等特征。企业文化能够代表各个不同的企业在生产和经营活动中的特色,贯穿企业员工的日常生产中,是不同的企业文化建设的一种表现。同时,长期形成的企业文化会反过来影响企业的经营和管理等方面。

10.6.1 企业文化整合的原因

企业文化整合是指企业管理层有意识地整理企业内不同的文化,将其结合为一个有机整体的过程,也是文化主张、文化意识、文化实践一体化的过程。企业文化整合的过程,是企业所有员工的意识和价值观的调整改变,是共同价值观再创造的过程。

10.6.1.1 企业文化的差异

由于不同国家的文化存在差异,因此收购企业与目标企业在文化方面存在一定的差异,甚至冲突,不同企业长期形成的经营管理模式和工作习惯方式不一样,这使得企业之间存在文化差异。从具体内容看,并购的文化差异主要体现在企业的精神文化、物质文化和制度文化方面,下面对这些差异进行逐一分析。

1. **企业精神文化的差异**

作为企业文化的关键构成部分，企业精神文化是企业在长期的经营管理和员工工作中形成的文化要素，它是企业文化的深层次部分。由于精神文化具有典型的地域根植性和民族特性，是企业经营管理理念和员工价值观念的浓缩体现，对企业生产经营起方向指引作用。企业需要充分认识到企业精神文化差异对于并购可能产生的阻碍作用，在整合不同企业的精神文化时，进行求同存异、优势互补，追求整体优化。

2. **企业物质文化的差异**

企业物质文化属于形象文化，也叫表层企业文化。企业物质文化一般通过一些看得见的物件得以展现，包括企业办公环境的装修和布置、职工的统一服装、产品包装设计、餐厅餐饮标准、公司的宣传广告、品牌标识等。企业物质文化体现了精神文化的实质，企业可通过合理设置看得见的物件来建设物质文化，从而营造出良好的精神文化氛围。所以，企业在进行并购的时候，可根据不同国家的精神文化差异和物质文化展示习惯，整合好物质文化，进而优化物质文化。

3. **企业制度文化的差异**

企业制度文化处在企业精神文化和企业物质文化的中间，主要是企业制度体现出来的文化要素。企业的制度，如薪酬、招聘、绩效管理等方面的制度，起到激励和约束员工的作用。这是因为，这些企业制度蕴藏着道德规范和行为准则要求。并购企业要注意整合双方企业的核心制度，兼顾双方企业的制度文化，营造能使双方员工都接受的制度文化。这样有助于减少双方企业员工之间的矛盾，也有利于提高企业工作效率。

10.6.1.2 企业文化整合的作用

有效的文化整合对于企业并购至关重要，其主要作用如下。

1. **增强并购企业的组织凝聚力**

有效的文化整合能够帮助并购双方企业整合出共同认可的核心价值观和企业目标，这些共同的因素有助于调动双方企业员工朝着共同方向努力工作，使双方企业员工彼此相互协作，因而逐渐增强企业的组织凝聚力。也就是说，企业文化整合后，新企业文化会形成更加先进的科学文化思想和行为标准，以此增强并购后企业的凝聚力，引导企业员工为实现共同的企业目标而努力。

2. **影响企业并购的成败**

并购后的文化整合才是真正意义上的并购开始，并购过程中，收购企业应派遣专职人员进行文化整合前的调研工作，制定出一份详细的双方文化分析报告，寻求解决方案，避免双方因文化差异产生矛盾碰撞。能否做好双方文化整合工作，直接影响着并购工作能否顺利完成，对并购的最终成败起到决定性作用。只有解决好文化整合出现的问题，才能令并购后的企业实施一系列的新举措，焕发出全新的活力。

10.6.2 企业文化整合中的风险

文化整合可以说是并购整合中最难的步骤，它涉及企业中员工的人事关系的建立。

只有并购双方在企业使命及愿景上建立起彼此信任关系，才能把文化冲突的负面影响降至最低限度，实现从冲突走向融合，塑造企业共同价值观的目的。

不同的并购方式所要求的文化整合模式是不同的。如果是纵向并购或混合并购，企业之间经营业务和相关理念的联系不是很紧密，不要求高度统一的文化体系，可以存在独特的文化因素。但如果是横向并购，就要求双方在战略上实现互补匹配，因此对企业间文化的协同性有所要求。如果是跨国并购，还将涉及两个国家或者两个民族的文化、宗教背景差异，这种文化差异势必会造成企业经营理念、行为理念、企业价值观、工作方式、管理制度等方面的不同。

当企业并购发生时，两个企业间广泛而深入的资源与结构重组必然触动文化的碰撞。如果两个企业的文化不能相容，则会使企业员工丧失文化的确定感，继而产生行为的模糊性和降低对企业的承诺，最终影响并购方实现并购的预期收益。文化整合的风险源于并购双方企业特有的文化差异以及双方企业对文化差异的容忍程度，文化整合的风险主要表现在如下方面。

（1）由于并购双方不可能在企业设立环境、成长方式、领导人风格上处于完全一致的状态，因此文化整合风险包括管理人员与企业员工之间不能协调产生的管理失败的风险、由于文化沟通障碍和误会而导致沟通失败的风险以及并购双方业务上的经营管理习惯不能适应而导致并购失败的风险等。

（2）每个企业对不同种文化差异都有一定的包容程度，单一文化企业可能对文化差异的包容度较低，它们追求文化的统一性；多元文化企业对文化差异的包容度较高，它们更多的是追求多种文化的相互融合和碰撞。文化差异包容程度也会影响并购整合，甚至导致并购整合失败。

10.6.3　企业文化整合的内容

10.6.3.1　文化整合遵循的原则

不同的企业并购后的文化整合会面临各种千差万别的情况，但应遵循的原则是相似的，主要原则如下。

（1）互相尊重。

企业文化的主体主要是人，在企业并购后进行文化整合的过程中，并购企业最基本的就是应该体现出互相尊重、以礼待人的精神，不能因为自己是并购者就轻视、不尊重被并购方，因为企业文化需要双方员工都认可才能发挥指引功能和凝聚力。

（2）平稳过渡。

一般情况下，人们对于未知和不确定的状态会感到不安。企业并购有关整合、改变和调整也常常会导致员工思想的波动，员工往往难以接受这些改变。所以在整合过程中应该统筹考虑，利用积极的舆论导向，从而降低并购初期的波动的影响，让员工逐步适应新的变化，进而提高生产经营能力。

（3）充分沟通。

在实际并购过程中，被并购企业往往处在弱势地位，被并购企业的员工在心理上难以接受新的变化，压力较大，全面有效的沟通可以化解冲突、促进双方相互理解和尊重。

因此，企业并购方应该发挥主动引导的作用，主动了解被并购企业员工的想法以及对新公司的期望。企业并购方应该及时将新公司的计划、措施等信息快速地传递给被并购企业员工，努力获得其对并购措施的理解，营造新企业和谐的氛围。被并购企业也应该充分表达自己的想法，及时解决双方的矛盾，并购双方的高效沟通可以促进相互信任，最终实现企业跨越式发展，完成整合目标。

（4）系统整合。

文化整合工作会经历比较复杂的过程，在并购前应该对并购双方的文化进行充分的了解，在分析后找出双方的异同点；在并购时，应该根据具体的情况，制定出适合企业发展的可行的整合计划，并且执行相关的措施；在取得阶段性成果之后，还应该继续保证相关整合工作的推进，以免出现纰漏，导致前功尽弃。文化整合的过程是系统的工程，应该密切关注每一环节，企业应该在人力、物力、财力上积极配合，这样才有利于实现最终的并购目标。

（5）同步进行。

通常情况下，应该在并购开始前先寻找目标企业，分析并购企业可行性，与相关人员进行商讨，达成谈判后签订并购协议，完成并购后开始整合工作。在并购交易进行的同时开展文化整合工作，制定适应被并购企业的整合方案，做足准备工作。企业并购的整合涉及多个方面，文化整合应该与其他方面同步进行，将文化整合与资金、市场等方面的整合结合起来，这有利于提高新的企业文化的适应能力。

（6）求同存异。

每个企业由于环境和体制不同，成长历史和文化都有很大差别。企业文化有强弱优劣的区别，优秀的企业文化能促进企业的健康发展，提高企业的盈利能力，但是不存在绝对完美的企业，弱势文化也有其值得借鉴的地方，我们可以借鉴其中优质的地方。在企业并购后，进行文化整合的过程中，简单地将新的企业文化强制加给被并购企业的做法是不可取的，不论采取何种文化整合模式，都应该获得被并购企业员工的认可，在此过程中要讲究技巧。对于文化整合结果的要求不能太完美主义，不能要求丝毫不差，企业员工的思维观念有一定的主观能动性，原有企业的企业文化也一直在影响着他们。所以在企业并购中应该遵循求同存异的原则，客观地看待并购双方存在的文化差异。

10.6.3.2 企业文化整合的主要模式

并购过程中，委派进行双方企业文化整合的专职人员是十分必要的，在调研的过程中，应寻找双方都能接受的对方文化，发现两家企业文化中的契合点，然后经过充分的分析，采取切实有效的文化整合模式。这种整合使并购双方企业保留了精华文化，互相渗透、互相融合，最终完美结合，从而形成企业新的核心价值观，进一步加速企业的迅猛发展。根据并购双方公司文化的变化程度及并购方获得公司控制权额的深度，并购后的文化整合模式可以分为四种（图10-6）。

（1）吸纳式文化整合模式。

吸纳式文化整合模式由奈哈迈德（Nahavandi）提出。在这种模式中，并购方获得完全的公司控制权，被并购方完全放弃了原有的价值理念和行为规范，全盘接受并购方的公司文化，完全吸收并融入并购方的公司文化。主要适用于被并购公司原有文化很弱，

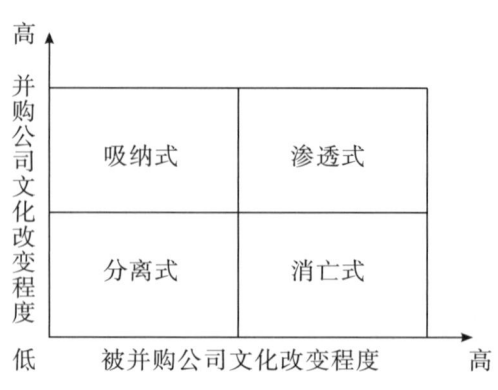

图 10-6 文化整合的四种模式

并购公司的文化非常优秀，完全吸纳模式能给被并购公司带来新的契机的情况。

(2) 渗透式文化整合模式。

渗透式文化整合模式由伊万斯（Evans）提出。在这种模式中，并购双方都对各自的文化进行改革，共享并互相渗透，最终共同建设一个融并购双方原有文化为一体的新的文化体系。适用于并购公司希望通过并购吸收新鲜力量，补充和改进自身资源，提升公司形象和竞争力，或者并购双方的公司文化程度相似，且彼此欣赏对方的公司文化的情境。

(3) 分离式文化整合模式。

夏皮罗（Shapiro）和皮克尔（Picker）等都曾研究过分离式文化整合模式。在这种模式下，并购方不干涉被并购方的原有文化，被并购方在文化上保持独立，双方的自有文化并行不悖地独立运行。适用于以下情境：并购双方均具有较强的优质公司文化，且被并购公司员工不愿自身的文化被改变；并购双方的公司文化差异很大，而且均是符合目标市场的文化；并购后双方独立经营，不会因文化不一致而产生较大的矛盾冲突；并购公司推行多元化文化。

(4) 消亡式文化整合模式。

消亡式文化整合模式由贝瑞（Berry）和安尼斯（Annis）提出。在这种模式下，被并购方既不接纳并购公司的文化，又不注入自己的原有文化或采用新的文化，从而导致被并购公司处于文化迷茫状态。可能出现于以下情境中：被并购公司甚至是并购公司拥有很弱、很劣质的文化；并购方欲将并购来的公司拆散后出售。

10.6.3.3 企业并购文化整合的内容

企业在进行并购活动之后运用企业文化整合是一种系统的整合方法，主要是利用原有企业文化中的精华部分，在寻找共性的基础下，重新塑造两种不同的企业文化。这是一个不断创新的过程，文化整合贯穿企业并购后的整合工作的全过程，企业文化的整合有利于并购双方的员工形成相同的价值观和经营理论，最终构建共同的企业文化。企业并购文化整合主要包括以下三个方面的内容。

(1) 企业精神文化的整合。

企业精神文化是无形的，看不见、摸不着，却一直指引着员工，激励员工发挥自身的潜能,进而为企业的发展提供方向。同时,企业精神文化具有惯性和传承性,可以通过某个员工的行为,影响其他员工的思想观念,通过这种传递性,越来越多的员工的价值观、经营理论逐渐相似。所以,企业精神文化的整合是企业文化整合中比较关键的部分。

(2) 企业价值观的整合。

企业价值观主要表现在企业员工对企业的形象、目标等方面的问题持有的看法,不同的企业的价值观不同,价值观的调整对企业并购后工作的顺利开展有重大的影响。因此,企业在并购工作完成后,一定要重视企业并购后企业价值观的整合,首先分析并购双方各自的价值观,找到有利于并购后新企业发展的因素以及妨碍新企业发展的因素,吸收有利于并购后新企业发展的因素,剔除不利于新企业发展的因素,逐渐形成新的企业价值观。

(3) 企业制度文化的整合。

企业制度文化的整合涉及企业组织机构、管理制度和经营理念等方面,对于企业发展来说,这些问题都比较直接,对企业内外部的影响都比较重大。所以,在企业并购之后,应该按照并购后新企业的发展需求,设计新的合理的组织架构。构建一套切实可行的规章制度以规范企业员工的行为,这些规章制度多角度地影响员工的思想观念,是企业价值观的具体体现,为企业员工的行为指明方向。主要包括以下几个方面。

第一,整合组织机构。组织机构的整合虽然不属于文化整合的主要内容,但是有助于文化整合的成功,完善的组织机构在制定文化整合计划的同时也执行了文化整合的计划。因此,完善的组织机构有利于促使文化整合计划被有效执行。

第二,整合经营理念。在企业并购后,其生产经营能力、产品市场占有份额等都或多或少发生了变化,因此,企业的经营理念也应该随之发生变化,经营理念应该显示企业今后发展的方向,体现在企业的长期发展战略之中,同时应该取得企业员工的认同。

第三,整合管理制度。不同的企业应该根据自身的实际状况制定相适应的管理制度,例如,在用人机制上,大部分国企关注员工的学历、资历等因素,而私营或股份制企业更多的是考虑员工的个人能力,因此,在并购后也应该根据企业具体的实际情况来制定合理的管理制度。

◎ 案例10-5 中核集团:以跨文化融合解决企业并购难题

罗辛铀矿是世界上运行时间最长的铀矿山,由全球矿业巨头力拓集团负责运营管理超过40年。2019年7月,中国核工业集团有限公司(以下简称"中核集团")完成对力拓集团罗辛铀矿的收购程序,掌握了22万吨资源储量和世界第四大产能矿山,极大提升了中国天然铀资源保障能力以及在国际天然铀市场上的话语权,进一步扩大了中纳双边贸易规模,为保障纳米比亚经济和民生作出了贡献。

因其国家特有的历史,罗辛铀矿长期受西方文化与非洲文化的影响。收购以来,当地社会和企业员工对中国文化、中核文化的不了解给项目的管理运营带来了巨大挑战。如何进行东方文化与西方文化、非洲文化的融合,实现企业运营管理的平稳过渡成为首要问题。

面对被中核集团接管后"水土不服"的罗辛铀矿，中国铀业将跨文化管理融入企业并购转型中，积极促进企业员工与中方管理层之间的对话交流，制定跨文化融合计划，打造新型企业文化，建立员工培训与文化融合长效机制，将跨文化融合提高到企业管理的高度。中国铀业主动加强企业与纳米比亚当地的跨文化沟通，与当地政府、社区、学校和使馆等建立良好的公共关系，推动企业与当地社会的跨文化融合；积极加强同当地媒体的联系，通过企业开放活动增进当地民众对企业的了解，有效提升了中核集团及罗辛铀矿在纳米比亚的形象。

根据专业机构的媒体分析报告，2021年底罗辛铀矿获得了93%的媒体好感度，位列纳米比亚矿业行业第二。《太阳报》盛赞中核集团控股运营的罗辛铀矿将走向光明未来；纳米比亚矿能部长在国家电视台专题节目中称赞中核集团收购后的罗辛铀矿对本国贡献巨大；当地华人媒体也以《患难相扶、共盼春来》为题刊发专题通讯，肯定中核集团罗辛铀矿对纳米比亚社会的积极贡献。

10.7 公司并购后的整合管理

企业并购后整合（post-merger integration，PMI）是指并购企业进行的资产、人力资源、管理体系、组织结构、文化等企业资源要素的整体系统性安排，从而使并购后的企业按照一定的并购目标、方针和战略组织运营。

10.7.1 并购后的整合内容

企业通过并购重组实现外部扩张是企业成长过程中的重要战略选择，并购后的整合成功与否直接决定了整个并购活动能否达到预期目标。公司并购重组整合的最终目标是提高公司核心竞争力、提升企业价值，因而整合需要并购方和被并购方在发展战略、组织结构、财务、人力资源、企业文化等多方面的协调配合。整合阶段主要可以从以下几个方面入手。

1. **发展战略整合**

发展战略整合是最为重要的整合步骤，只有战略整合有效进行，并购公司对标的公司的后续各项整合才能被有效贯彻。企业并购后，两个不同的公司主体成为一个新的公司主体就要经历战略整合问题，并购的双方都无法避免。并购整合的新战略要充分考虑并购后企业的长、短期目标，考虑发展条件、环境能否实现企业的核心能力和并购价值。只有符合企业长远发展战略的企业并购行为，才能为企业创造持续效益，为股东和利益相关者创造更大价值。

2. **资产债务整合**

并购对于资产的整合一般着重于对固定资产、长期投资、无形资产的整合，而对流动资产、递延资产和其他资产的整合则主要通过财务处理来进行。资产整合可以选择以出售、购买、置换、托管、回购、承包经营等多种形式进行。而债务整合主要是将债务人负债责任转移或债转股。

3. **组织与制度整合**

组织整合是指整合两个企业的机构、部门等组织关系。组织整合可以从两个方面着手，一是在战略牵引下重塑组织愿景和使命，二是重构组织结构。制度整合体现为并购双方人事、财务、营销和开发等职能制度的优势互补过程。组织整合是为了保证新企业在整合后拥有科学合理的组织架构和管理制度，最终实现并购双方的组织协同效应，减少企业过多的内部消耗，提高并购整合后企业的组织运行效率。

4. **财务整合**

财务整合是指并购方对被并购方的财务制度体系、会计核算体系实施统一管理和监控，被并购企业按并购方的财务制度运营，最终达到对并购企业经营、投资、融资等财务活动实施有效管理和使得收益最大化。财务整合的主要内容包括：财务管理目标整合、财务制度体系整合、会计核算体系整合、业绩考核体系整合、内部控制体系整合等。通过财务整合，企业得以建立健全高效的财务制度体系，实现一体化管理，从而使各种信息与数据得到最大限度的共享和高效利用。

5. **人力资源整合**

人力资源整合是并购整合中比较重要的一个环节，它的目的是让双方员工接受这次并购，相互理解，然后接受各自的差异，以实现并购最终的共同目标。留住关键人员是并购后人力资源整合的重中之重，关键人员是企业的战略性资产，企业应妥善安置遣散职工并给予恰当的补偿、合理安排留任职工职责划分、设置适当的激励措施和合理的薪酬待遇，可以调动劳动者的工作积极性和创造性以提高企业劳动生产效率，保证并购整合的稳定性。

10.7.2 并购整合风险的防范

并购后的整合是影响并购成败的重要因素，因此要防范并购整合风险，主要应从以下两个方面考虑。

1. **并购前充分考虑整合风险**

并购后的整合虽然只是并购交易的环节之一，但却是时间最长、变量最多、与并购结果相关程度最高的环节。在并购前如果盲目乐观，轻视整合风险，高估并购的协同效应，可能会导致交易价格被不恰当地高估。因此，并购方在并购前应该保持审慎态度，客观判断并购后的协同效应，对并购整合后可能出现的情形进行深入分析，组织公司各部门对发展战略、组织结构、财务、人力资源、企业文化等多方面整合风险做好充分的准备和应对措施。

2. **并购后高效执行整合方案**

并购方需要制定完整可行的并购整合方案，并由专业团队负责执行。在整合方案执行过程中，需要具备贯穿始终的清晰的整合战略，整合实施过快或过慢都可能导致整合失败。同时，需要关注并购后外部环境的变化，包括国内及国际政治环境变化、宏观经济变化、产业环境变化、政策变化等，以防外部环境变化给整合带来不利影响。

◎ 本讲小结

1. 并购包括合并与收购。合并是指两家或以上公司并为一家公司的行为，包括吸收合并和新设合并。收购是指一家公司购买另一家或多家公司股权或资产的行为。

2. 并购的分类有多种标准。按照行业可划分为横向并购、纵向并购和混合并购；按并购的目的可分为战略并购和财务并购；按照双方的态度可分为善意收购和恶意收购；按照并购的操作方式可分为要约收购和协议收购。

3. 公司并购的动因主要包括协同效应理论、税赋效应理论、市场势力理论和委托代理理论。其中协同效应主要包括管理协同效应、经营协同效应和财务协同效应。并购动因决定了并购后企业整合的方式，并影响着企业并购的效果。除了企业并购的一般动因，我国的企业并购还具有一些特定的动因。

4. 公司并购的定价方法包括现金流贴现法、成本法和市场法。

5. 公司并购的融资方式有普通股票方式融资、可转换优先股方式融资和延期支付证券等。适合我国国情的融资方式有增资扩股、股权置换、金融机构信贷、目标企业融资等。

6. 反并购策略和措施对公司来说日益重要。反并购措施的部署可分为两类：一是预防性反并购策略，即事前防范措施，包括 AB 股制度、驱鲨剂条款、"金色降落伞"计划等；二是主动性反并购策略，即事中应对措施，如毒丸计划、回购股份、焦土战术、白衣骑士、帕克曼防御、诉讼方式等。

7. 文化整合是指并购公司主动整合被并购公司的资源，有意识地对价值观、战略、制度等载体中的不同文化倾向或文化因素进行调整和重构，最终形成有效文化管理结构和体系的过程。并购文化整合的最终目的是使相异或矛盾的公司文化相互认同、相互融合，形成统一协调的新文化体系。

◎ 本讲习题

一、单项选择题

1. 企业与在生产过程中与其密切联系的供应商或客户的合并称为（ ）。
   A. 横向并购 B. 纵向并购
   C. 混合并购 D. 善意收购

2. 处于同一行业、生产同类产品的竞争对手之间的并购称为（ ）。
   A. 横向并购 B. 纵向并购
   C. 混合并购 D. 善意收购

3. "将遭受敌意收购的目标公司为了避免遭到敌意收购者的控制而自己寻找善意收购者"的策略是（ ）。
   A. 帕克曼式 B. "金色降落伞"策略
   C. "白衣骑士" D. "皇冠上的珍珠"

4. 在并购一体化整合中，最困难的是（ ）的整合。
   A. 文化一体化 B. 管理一体化

C. 作业一体化　　　　　　　　D. 财务一体化
5. 下列关于相对价值法的表述中不正确的是（　　）。
A. 相对价值法是一种利用可比企业的价值衡量目的企业价值的方法
B. 市净率法主要适用于需要拥有大量资产、净资产为正值的企业
C. 利用相对价值法计算的企业价值是目标企业的内在价值
D. 权益净利率是市净率模型的最关键因素
6. 乙企业属于销售成本率较低的服务类企业，则该企业使用的模型是（　　）。
A. 市盈率模型　　　　　　　　B. 市净率模型
C. 市销率模型　　　　　　　　D. 修正市盈率模型

二、简答题

1. 简述合并和收购的含义以及区别。
2. 简述反并购策略有哪些。
3. 公司并购导致收入增加的来源是什么？
4. 公司并购为什么有可能降低成本？
5. 简述文化整合的四种模式。

三、案例分析题

1. 甲公司和乙公司为两家高科技企业，适用的企业所得税税率均为15%。甲公司总部在北京，主要经营业务在华北地区；乙公司总部和主要经营业务均在深圳。乙公司与甲公司经营同类业务，已先期占领了所在城市的大部分市场，但资金周转存在一定的困难，可能影响未来持续发展。

2020年1月，甲公司为拓展以深圳为中心、辐射珠三角的新市场，着手筹备并购乙公司。并购双方经过多次沟通，于2020年3月最终达成一致意向。甲公司准备收购乙公司100%的股权，为此聘请资产评估机构对乙公司进行价值评估，评估基准日为2020年12月31日。资产评估机构采用收益法和市场法两种方法对乙公司进行价值评估。并购双方经协商，最终确定以市场法的评估结果作为交易的基础，并得到有关方面的认可。

要求：分别从行业相关性角度和被并购企业意愿角度，判断甲公司并购乙公司属于何种并购类型，并简要说明理由。

2. 甲公司为一家生产和销售家用空气净化器的上市公司，总部位于西安，主要经营业务集中在西北地区，管理和营销水平较高。2022年初，甲公司董事会审议通过未来五年发展规划，决定通过并购拓展以上海为中心、辐射长三角的新市场。为落实董事会决议，甲公司管理层拟定了并购方案，方案要点如下：

①并购对象选择。甲公司拟选乙公司作为目标公司，乙公司为甲公司的竞争对手，主要产品类型与甲公司相同，总部位于上海。乙公司规模较小，但掌握生产新型空气净化器的关键核心技术，该技术将引领未来空气净化器的发展方向，甲公司拟向乙公司所有股东提出100%股权收购要约。

②并购对象估值。经过市场调研并咨询第三方权威机构意见，甲公司拟采用可比企业分析法估计目标公司价值。尽职调查显示，乙公司盈利水平持续稳定上升，预计2022

年可实现净利润为 1.8 亿元。通过行业分析,同行业可供参考的平均市盈率为 14 倍,考虑到乙公司的技术优势,拟确定市盈率为 16 倍。

③并购对价、交易成本及并购收益测定。通过评估作价并结合多种因素,并购价款预计为 32 亿元。另外,甲公司预计将支付评估费、审计费、律师费和公证费等并购费用 0.2 亿元。据测算,甲公司目前的评估价值为 220 亿元,若并购成功,两家公司整合后的整体价值预计将达到 280 亿元。

④并购融资安排。因自有现金不足以支付本次并购对价,甲公司计划从外部融资 15 亿元。具体有两种外部融资方式可供选择:一是并购贷款;二是定向增发普通股。综合考虑公司实际情况后,管理层设定的融资原则为:一是融资需时较短,确保并购如期完成;二是不允许稀释现有股东股权。假定不考虑其他因素。

要求:(1) 根据资料①,从并购双方行业相关性和并购的交易方式两个角度,分别指出此次并购的具体类型。

(2) 根据资料②,以市盈率为乘数,采用可比企业分析法计算乙公司价值,并说明可比企业的选择标准。

(3) 根据资料②和资料③,计算甲公司并购乙公司的并购收益、并购溢价和并购净收益,并从财务角度说明此项并购交易是否可行。

(4) 根据资料④,分析甲公司应该选择哪种外部融资方式,并说明理由。

3. 甲公司是新能源领域的高科技企业,并购了经营同类业务的乙公司,甲公司已经全额支付了并购对价,并办理完并购交易的相关手续。甲公司在并购后整合过程中,为保证乙公司经营管理顺利过渡,采取了以下措施:

①留用了乙公司原管理层的主要人员及业务骨干,并对其他人员进行了必要的调整;

②将本公司行之有效的管理模式移植到乙公司,为后续的管理融合创新奠定基础;

③重点加强了财务一体化管理,实行资金集中管理,统一会计政策和会计核算体系;在运营策略方面,财务组织结构调整、全面预算管理、员工考核指标及费用标准等实施"刚性"处理;

④在总体战略和经营战略的指导下,将双方的研发部门进行充分整合,以更好地提升研发能力,确保总体战略和经营战略的顺利实施和战略目标的实现。

要求:(1) 根据上述资料,指出甲公司对乙公司主要进行了哪些方面的并购后整合。

(2) 判断整合措施③是否有不妥之处,有不妥之处的,请说明理由。

4. 甲公司是一家在境内、外上市的综合性国际能源公司,该公司在致力于内涵式发展的同时也高度重视企业并购以实现跨越式发展。2022 年 6 月 30 日,甲公司决定进军银行业。其战略目的是依托油气主业,进行产融结合,以实现更好的发展。2022 年 11 月 30 日,甲公司在证券交易所发行普通股 1 亿股,发行价为 16.8 元/股。2022 年 12 月 25 日,甲公司以发行普通股所筹资金 16 亿元完成对 B 银行 100% 股权的正式收购。假定不考虑其他因素。

要求:(1) 根据资料,指出甲公司并购 B 银行属于横向并购、纵向并购还是混合并购,并说明理由。

(2) 根据资料,分析甲公司的并购支付方式。

第十一讲　公司重组与破产清算

◎ **本讲学习目标**

通过本讲学习，学生要了解破产、重整与清算的基本概念及相关法律规定，掌握破产危机的辨识、应对与管理；熟悉重整计划的制订与执行；掌握破产财产、破产债权的范围与破产清偿的顺序。

◎ **本讲重要术语**

公司重组（corporate restructuring）、公司破产（corporate bankruptcy）、公司清算（company liquidation）、财务预警系统（financial early-warning system）

◎ **本讲重难点**

本讲重点在于掌握公司破产、重整和清算的含义；理解正式财务重组和非正式财务重组的优缺点、重整和和解的程序以及主要区别。难点在于掌握破产清算的程序和破产清算财务管理实务，掌握财务预警的应用等。

◎ **本讲案例导入**

浙江尤夫高新纤维股份有限公司重整案

浙江尤夫高新纤维股份有限公司（以下简称"尤夫股份"）是国内涤纶工业丝行业的龙头企业，具备完整的产、供、销经营链条。近年来，受到对外投资新能源行业未达预期、原实际控制人违规对外提供担保等因素叠加影响，公司债务负担沉重。根据2021年度报告，尤夫股份净资产为-13.54亿元，已被实施退市风险警示。若2022年度经审计的资产仍为负，股票将被终止上市。一旦尤夫股份退市，近2000名职工及近万名中小投资者与债权人将遭受严重的利益损失，并对区域经济造成不良影响。

为依法挽救濒危企业、保障当事人合法权益，湖州中级人民法院在党委政府的支持配合下，在最高法院、省高院的精心指导下，通过有序衔接预重整与重整程序，引入战略投资人、制定绿色重整方案，仅用31天即完成重整，不仅妥善处理了63亿元的负债，消除了退市风险，较好地保障了2000余名职工、2万余名中小股民和债权人的利益，而且通过引入"企业环境责任测评指数"，制定绿色重整方案，帮助企业走出低碳转型发展的重整道路，当年即实现产值 25 亿元。

2021 年 6 月 18 日，湖州中院对尤夫股份预重整予以登记。在预重整阶段完成了企业 ESG 评测、战略投资者的招募、预重整草案的表决等工作。2022 年 10 月 28 日，湖州中院裁定受理尤夫股份破产重整。同年 11 月 29 日，尤夫股份重整计划获各表决组高票通过。湖州中院裁定批准重整计划。2022 年 12 月 27 日，湖州中院裁定确认尤夫股份重整计划执行完毕，并终结重整程序，尤夫股份顺利引入兼具实力与经营能力的产业投资人，化解了财务困境，实现了企业的涅槃重生。

尤夫股份顺利实现重整，有几个方面的原因：

一是有效识别企业重整价值。在预重整阶段，创新运用了国际通行的 ESG 可持续投资原则，从环境、社会责任、公司治理三大维度对企业进行画像评价，将企业在技术工艺、生产销售、行业前景等方面是否符合绿色、低碳、可持续等发展要求作为识别企业是否具备重整价值的重要因素，明确了通过司法重整改善的企业治理和发展方向。

二是做好预重整与重整程序衔接。预重整期间，在党委政府支持下，湖州中院指导管理人完成了全面清查资产、确定债权规模、招募重整投资人等工作，为后续重整工作开展奠定坚实基础。同时经与各方充分磋商，尤夫股份对包括出资人权益调整方案在内的预重整方案进行了预表决，通过将债权人及出资人同意的意思表示效力延续到重整程序中，高票高效表决通过了重整计划。

三是优化重整方案实现各方共赢。本案中，通过公开招募，引进实力雄厚的产业投资人，注入资金 6.67 亿元协助公司摆脱经济困境和债务负担。在重整方案中，尤夫股份成功剥离了与主营业务不相关的低效资产，通过"现金+留债+股票+信托收益权"等多种偿债工具，提高整体偿债率。同时，将绿色发展主题作为经营方案的重要审查标准，引导上市公司后续推动能源清洁低碳高效利用，布局环保新材料产业，真正实现高质量可持续发展。

11.1 公司重组与清算财务管理概述

11.1.1 公司破产、重组、清算的概念界定

1. 破产概念界定

"破产"一词源于拉丁语"falletux"，意思为"失败"。但从经济学和法学的角度来看，"破产"和"失败"的含义有所不同。经济学意义上的破产，是指管理无能、不明智的扩张、激烈的竞争、过高的负债等原因造成公司经营状况恶化，效益低下，在市场竞争中被淘汰。破产意味着企业经济实体的解体，它既是企业的终结，又是经济资源重新分配的开始，在财务管理上表现为原有理财主体的消亡或再建恢复。从法学角度来看，破产是债务人不能清偿到期债务时，由法院强制执行，公平清偿全体债权人，或者在法院监督下，由债务人与债权人达成和解协议，整顿复苏企业，清偿债务，避免倒闭清算的法律制度。破产意味着企业法律"人格"的丧失、法律主体的消亡。由此可见，经济

学上的破产侧重于破产淘汰；法学上的破产侧重于破产还债。

世界各国法学理论和司法实践中对破产的处理不尽相同，美国等大多数国家出于社会安定、保护债权人利益不受侵犯等方面的考虑，不主张采取"破产清算"这种极端形式。企业从申请破产到最终破产清算，破产法尽可能为企业创造避免解体、再建恢复的机会，该程序在法律上称为"和解与整顿"。破产和解制度与整顿制度，可以使债务人摆脱债务诉讼或减轻债务负担，能给因疏忽过失而陷入困境的债务人一个"生还"的机会。只有债务人已具备破产宣告条件，如和解、整顿失败，不执行和解协议，严重损害债权人利益等，才会被依法宣告破产。因此，破产具有如下法律特征。

（1）破产是清偿债务的法律手段。当债务人不能清偿到期债务时，法院根据债权人或债务人的申请，将债务人的破产财产依法分配给债权人，以了结债权债务关系。

（2）破产以法定事实的存在为前提。尽管各国破产法的规定各不相同，但都以法定事实的存在作为破产的前提。如美国以不能偿债为法定事实，德国以资不抵债为法定事实。

（3）破产必须经法院审理，以实现公平受偿，保护双方当事人的合法权益。通过法院宣告破产，债务人的民事主体资格消亡。

由1986年12月2日第六届全国人民代表大会常务委员会第十八次会议通过的《中华人民共和国企业破产法（试行）》和1991年4月9日第七届全国人民代表大会第四次会议通过的《中华人民共和国民事诉讼法》中"企业法人破产还债程序"一章及相关法律条文、司法解释建立起来的执法规范一度是我国破产法律体系的主要构成部分。2006年8月27日，第十届全国人民代表大会常务委员会第二十三次会议通过了《中华人民共和国企业破产法》（以下简称《破产法》）并予以公布，自2007年6月1日起施行。《破产法》的实施进一步规范了企业破产程序，公平清理了债权债务，有利于保护债权人和债务人的合法权益，维护社会主义市场经济秩序。

2. 重组概念界定

重组或称公司改组，是指公司出于自身盈利的动机对公司现有的资源要素在公平互利的基础上，通过一定方式进行再配置，实现要素在公司间的流动和组合的公司行为。公司重组有广义与狭义之分，广义的公司重组包括扩张重组、收缩重组和破产重组三种类型，狭义的公司重组仅仅包括收缩重组。

重组既可能发生在经营良好的转制公司，也可能发生在经营管理不善的财务困难公司。本讲讨论的重组仅指财务困难公司的重组，即财务危机下的公司重组（重整与和解）。

所谓重整，是指不对无偿付能力的债务人的财产立即进行清算，而是在人民法院的主持下由债务人与债权人达成协议，制订重整计划，规定在一定的期限内，债务人按一定的方式全部或者部分清偿债务，同时债务人可以继续经营其业务。重整适用于所有类型的企业法人，是一个独立的破产预防程序。

按照《破产法》第七十条的规定，债权人和债务人都可以向人民法院申请对债务人进行重整。如果债权人提出破产清算，在人民法院受理破产申请后、宣告债务人破产前，债务人或者出资额占债务人注册资本1/10以上的出资人，可以向人民法院申请重整。由人民法院裁定债务人进行重整并予以公告。自人民法院裁定债务人重整之日起6个月内，债务人或者管理人应当向人民法院和债权人会议提交重整计划草案，包括以下内容：(1) 债务人的经营方案；(2) 债权分类；(3) 债权调整方案；(4) 债权受偿方案；(5) 重整计划的执行期限；(6) 重整计划执行的监督期限；(7) 有利于债务人重整的其他方案。人民法院将在收到重整计划草案30日内召开债权人会议，并按照债权是否有担保，是否为所欠税款等对债权进行分类，分组对重整计划草案进行表决。出席会议的同一表决组的债权人过半数同意重整计划草案，并且其所代表的债权额占该组债权总额的2/3以上的，即为该组通过重整计划草案。

《破产法》第七十三条规定，在重整期间，经债务人申请，人民法院批准，债务人可以在管理人的监督下自行管理财产和营业事务。第七十八条规定，在重整期间，有下列情形之一的，经管理人或者利害关系人请求，人民法院应当裁定终止重整程序，并宣告债务人破产：(1) 债务人的经营状况和财产状况继续恶化，缺乏挽救的可能性；(2) 债务人有欺诈、恶意减少债务人财产或者其他显著不利于债权人的行为；(3) 债务人的行为致使管理人无法执行职务。

和解是破产程序开始后，债务人和债权人之间就债务人延期清偿债务、减少债务数额、进行整顿事项达成协议，以挽救企业、避免破产、中止破产程序的法律行为。债务人可以直接向人民法院申请和解，也可以在人民法院受理破产申请后、宣告债务人破产前，向人民法院申请和解。申请和解时应提交和解协议草案。经人民法院审查认为和解申请符合《破产法》的规定，应裁定和解，予以公告，并召集债权人会议讨论和解协议草案。当出席会议的有表决权的债权人过半数同意，并且其所代表的债权额占无财产担保债权总额的2/3以上时，和解协议通过，经人民法院认可后，和解协议对债务人和全体债权人均有约束力。债务人按照和解协议的条款清偿债务。

《破产法》第九十九条明确规定：和解协议草案经债权人会议表决未获得通过，或者已经债权人会议通过的和解协议未获得人民法院认可的，人民法院应当裁定终止和解程序，并宣告债务人破产。同时《破产法》第一百零三条和第一百零四条对和解协议的终止也做出了规定，主要是因债务人欺诈或违法行为而成立的和解协议，以及债务人不能或不执行和解协议的，人民法院有权裁定终止和解协议，并宣告债务人破产。

3. 清算的概念界定

《破产法》第一百零七条规定：人民法院依照本法规定宣告债务人破产的，应当自裁定作出之日起五日内送达债务人和管理人，自裁定作出之日起十日内通知已知债权人，并予以公告。被宣告破产后，债务人称为破产人，债务人财产称为破产财产，人民法院受理申请时对破产人享有的债权称为破产债权。进入破产清算阶段后，管理人应当拟定破产财产变价方案，交由债权人会议讨论通过后，适时变价出售破产财产。表11-1列示了我国与美国破产清算的有关规定。

表 11-1 中美破产清算法律条文的对比

	破产债权	破产财产清偿顺序
中国	《破产法》第九十三条：人民法院裁定终止重整计划执行的，债权人在重整计划中作出的债权调整的承诺失去效力。债权人因执行重整计划所受的清偿仍然有效，债权未受清偿的部分作为破产债权。 第一百零四条：人民法院裁定终止和解协议执行的，和解债权人在和解协议中作出的债权调整的承诺失去效力。和解债权人因执行和解协议所受的清偿仍然有效，和解债权未受清偿的部分作为破产债权。 第一百零七条：债务人被告破产后，债务人称为破产人，债务人财产称为破产财产，人民法院受理破产申请时对债务人享有的债权称为破产债权	《破产法》第一百一十三条：破产财产在优先清偿破产费用和共益债务后，依照下列顺序清偿： （1）破产人所欠职工的工资和医疗、伤残补助、抚恤费用，所欠的应当划入职工个人账户的基本养老保险、基本医疗保险费用，以及法律、行政法规规定应当支付给职工的补偿金。 （2）破产人欠缴的除前项规定以外的社会保险费用和破产人所欠税款。 （3）普通破产债权。破产财产不足以清偿同一顺序的清偿要求的，按照比例分配。破产企业的董事、监事和高级管理人员的工资按照该企业职工的平均工资计算
美国	《破产法典》第5章501（a）规定：破产程序开始时，普通法和衡平法所确定的债务人权益为破产财团财产。即破产财团财产包括不动产和动产、有形的和无形的、债务人占有的以及他人持有的但债务人在该财产上有权益的财产	（1）有财产担保的债权人； （2）破产程序的支出； （3）欠发工人的工资； （4）欠税； （5）无财产担保的债权人

11.1.2 公司重组与清算财务管理内容

企业一旦进入破产程序，其财务管理也进入非常时期。企业财务必须遵守有关法律的规定，调整或了结与债权人的债务关系，正确处理企业与其他各方的经济利益关系，避免直接破产，保护债权人合法权益，实现公平受偿比例最大化的目标。

由于财务管理目标发生了变化，企业在破产程序实施期间的财务管理与正常期间的有所不同，主要表现在以下几个方面：

第一，破产企业的财务管理是一种"例外"性质的管理，即危机管理。企业进入破产程序后，随时有可能被宣告破产。此时财务管理的主要职能是防止财务状况进一步恶化，组织重整与和解计划的实施与完成，采取应急对策，纠错、治错，避免破产清算。

第二，破产企业的财务管理内容具有相对性和变异性。企业破产是在一定的理财环境下发生的，随着理财环境的改变，企业的境况可能在瞬间由破产困境变异为盈利顺境。例如，政府有关部门给予资助或者采取其他措施帮助清偿债务；企业取得担保；已核销应收账款的收回；外部资源改变；经济政策出台等。因此，破产企业的财务管理内容需要根据环境的变化作相应调整或改变。

第三，破产企业的财务活动及破产财产受控于破产管理人，并处于法院的监督之下。企业提出重整与和解申请后，应当向债权人会议提交重整、和解协议草案，该草案经债权人会议通过并报请法院审查认可,自公告之日起具有法律效力。如果企业不执行协议或财务状况继续恶化以至严重损害债权人利益,债权人会议有权向法院申请,终结企业重整与和解,宣告其破产。法院自宣告之日起 15 日内成立清算组,清算组负责破产财产的保管、清理、估价、处理和分配,并接受法院监督。破产企业在财务预算、财务决策和财务控制诸环节的管理中必须重视破产管理人的意见。

由于破产企业财务管理具有以上特点,因此有必要把破产企业财务管理作为一个相对独立的问题来研究,研究内容包括以下两个方面。一是破产企业财务管理理论,包括预警管理理论和破产管理理论。主要研究企业破产的早期监测与控制;企业破产的财务管理体制;企业破产的原因;破产债权及破产财产的分辨标志;破产财产的估价方法等。二是破产企业财务管理实务,包括重整与和解实务及破产清算实务。主要研究重整与和解协议草案的内容;债务清偿方式及顺序;剩余财产的分配等。

企业重组清算管理的原则:
1. 效益性原则;
2. 公正性原则;
3. 可行性原则;
4. 合法性原则。

11.2 公司重组财务管理

11.2.1 公司重组财务管理概述

公司重组是企业进行重大战略变革和调整的一种常见形式,其目的是实现企业资源的优化配置、提高经营效率和盈利能力,以适应市场竞争的需要。而重组财务管理作为重组的关键环节之一,负责管理和控制企业在重组过程中的财务风险、财务报告、成本控制、内部控制等方面,以保障企业重组的成功。

重组财务管理是指在公司重组过程中,对企业财务状况进行分析和评估,制定相应的财务管理策略和方案,确保重组过程中的财务安全和稳定,提高企业整体运营效率和盈利能力,实现企业的可持续发展。以下介绍广义重组中财务管理的目标、内容与风险。

1. 重组财务管理的目标

(1) 保障重组过程中财务安全和稳定。重组过程中涉及大量的资产和负债的转移和调整,容易出现财务风险。因此,重组财务管理的首要目标就是确保重组过程中的财务安全和稳定。主要包括:

①对重组前的资产和负债进行全面审查和清理,确保资产和负债真实可靠;
②建立健全的财务报告制度和内部控制制度,保障财务信息的准确性和透明度;
③控制重组成本,防止重组成本过高导致企业财务压力增大。

(2) 优化企业资源配置,提高运营效率和盈利能力。重组财务管理需要考虑并制定合理的资源配置策略,以优化企业资源配置,提高企业整体运营效率和盈利能力。主要包括:

①合理调整企业资本结构，优化企业资产和负债结构；
②优化企业组织结构，提高企业运营效率和管理效能；
③实现资产负债的优化匹配，提高企业盈利能力。

（3）提高企业价值和市场竞争力。重组财务管理的最终目标是提高企业价值和市场竞争力，实现企业的可持续发展。主要包括：
①通过重组来实现业务整合和资源整合，提高企业规模和市场占有率；
②优化企业运营效率和盈利能力，提高企业的市场竞争力；
③提高企业的技术创新能力和产品创新能力，增强企业的核心竞争力。

（4）提高企业治理水平。重组财务管理还需要关注企业的治理问题，加强企业治理水平，提高企业的内部控制能力和风险管理能力。主要包括：
①制定健全的内部控制制度，保障企业财务信息的准确性和透明度；
②加强风险管理和控制，防范重组过程中的各种风险；
③加强企业信息化建设，提高企业运营和管理效率。

（5）提高股东和投资者的信心。重组财务管理还需要考虑股东和投资者的利益，提高股东和投资者的信心，增强企业的社会责任感和形象。主要包括：
①积极沟通和交流，及时披露重组进展情况，增强股东和投资者的信心；
②保障股东和投资者的权益，合法合规地实现重组目标；
③注重企业社会责任，提高企业的社会形象和品牌价值。

2. 公司重组财务管理的内容

（1）资金管理：重组需要大量的资金支持，因此财务管理的首要任务是合理分配和利用资金。对资金的规划、控制和监督，可以确保重组过程中的资金得到充分利用和有效运转，避免因资金短缺而影响重组的顺利进行。

（2）风险控制：公司重组过程中伴随着各种风险，如合规风险、市场风险、财务风险等。财务管理的任务之一就是对这些风险进行全面的分析和评估，并制定相应的风险管理策略，防范风险，保障重组的顺利进行。

（3）财务报告：公司重组过程中需要向各方提供详细的财务报告，如财务预算、财务分析、现金流量分析等。这些财务报告对于评估重组的效果和可行性至关重要。财务管理的任务之一就是对这些财务报告进行编制和分析，确保其真实可靠、符合法律法规和行业标准，以给决策者提供可靠的数据支持。

（4）合规管理：公司重组涉及众多法律法规和行业标准，因此需要严格遵守相关规定。财务管理的任务之一就是负责合规管理，确保重组过程符合相关法律法规和行业标准，避免因违规行为导致的不良后果。

（5）绩效管理：公司重组的目的是提高企业绩效，因此需要进行绩效管理。财务管理的任务之一就是制定绩效管理体系，对重组的效果进行评估和反馈，以不断优化重组方案，提高企业绩效。

3. 重组财务管理过程中的风险

（1）重组方案风险。企业进行重组财务管理前，首先要确定重组方案。重组方案是企业重组的核心内容，企业需要根据自身实际情况和市场变化，制定出合理、可行的方案。若重组方案不合理，就可能导致重组失败，进而引发重大的财务风险。

（2）现金流风险。企业重组过程中，现金流的管理是一个非常关键的环节。若企业的现金流不足以支持重组计划的实施，就可能引发重大的财务风险。此外，在重组过程中，企业的现金流也可能受到合同变更、市场波动等因素的影响，从而导致重组财务管理的风险。

（3）资产负债表风险。资产负债表是企业财务状况的重要反映，若在重组过程中没有合理处理好资产负债表中的各项数据，就可能引发重大的财务风险。企业在进行重组财务管理时，应该对资产负债表进行分析和评估，确保其真实准确。

（4）税务风险。重组财务管理涉及税务问题，包括税收的计算、申报、缴纳等。若企业在重组过程中存在税务问题，就可能导致税务部门的处罚和税务成本的增加，引发重大的财务风险。

（5）财务报表风险。财务报表是企业财务管理的重要工具，包括资产负债表、利润表、现金流量表等。若企业在编制财务报表过程中存在问题，就可能导致财务数据的不真实和不准确，引发重大的财务风险。

（6）内部控制风险。重组财务管理需要建立起有效的内部控制机制，防范和控制各种财务风险。若企业内部控制不严，就可能导致各种财务问题的发生，引发重大的财务风险。

（7）资金利用风险。企业进行重组财务管理需要大量的资金支持，若企业在资金利用方面存在问题，将会带来严重的影响和风险。资金的不充分利用可能会导致资金短缺，以致重组计划不能顺利进行，甚至会导致计划失败。因此，在重组财务管理中，合理规划和有效利用资金是至关重要的。

另一个需要注意的风险是不当的重组结构可能造成税务风险。不当的结构可能造成税务风险和不利后果，如增加资本利得税、延迟或阻碍资产抵免、限制税收亏损的抵免、减少退税或产生其他税务负担。

最后，一个常见的风险是在重组过程中出现未预期的成本和费用。例如，一项重组可能需要支付律师费、会计费、审计费和交易费用，这些费用可能会对公司的财务状况产生不利影响。此外，如果重组计划需要通过出售资产来获得资金，那么可能需要支付拍卖费、代理人费用和其他相关费用。这些额外的成本和费用可能会导致公司在重组过程中遇到资金短缺，从而导致计划失败。

重整是新颁布的《破产法》的主要创新之一，重整是在法院的主持和各利害关系人的参与下，对陷入困境、濒临破产而又具有挽救价值和重建可能的企业进行生产经营上的整顿和债权债务关系的清理，最终使企业重获生产经营能力，避免破产清算，摆脱困境的一种特殊法律形式。重整、和解与破产清算的有机结合构成了破产程序体系。重整与和解期间，企业的生产经营活动会继续进行，具体特点主要体现在以下几个方面。

首先，重整期间，债务人要在管理人的监督下自行管理财产和营业事务。管理人可以由有关部门、机构的人员组成的清算组或者依法设立的律师事务所、会计师事务所、破产清算事务所等社会中介机构担任，由人民法院指定。其次，重整计划与和解协议草案的制定是重整与和解阶段的首要任务，必须通过债权人会议并由人民法院裁定认可才能生效。如果企业未能履行重整计划与和解协议，法院将终止重整与和解，宣告其破产。最后，在重整计划规定的监督期内，债务企业需要向管理人报告重整计划的执行情况和财务状况。

11.2.2 重整财务计划的制订与执行

重整具有债务清理和拯救企业的双重目的，是一种再建型的制度设计，以促进债务企业复兴为目的，尽量减少债权人和债务人股东的损失。重整的程序可以分为四个步骤。

第一步，由债权人或债务人向人民法院申请重整。企业法人只要具备明显缺乏清偿能力的可能性就可以申请进入重整程序。如果是债权人向法院申请债务人破产，在法院受理破产清理后、宣告债务人破产前，债务人或出资额占债务人注册资本 1/10 以上的出资人可以向法院申请重整。

第二步，在人民法院裁定重整后的 6 个月内，债务人或管理人需向债权人会议和人民法院同时提交重整计划草案。

第三步，人民法院在收到重整计划草案后的 30 日内召开债权人会议，对重整计划进行表决，表决通过后 10 日内，债务人或管理人向人民法院申请批准重整计划，人民法院在收到申请后的 30 日内裁定批准。

第四步，债务人负责重整计划的执行，并在监督期内接受管理人的监督。如果其中的任何一步没有按要求完成，则重整程序终止，人民法院会宣告债务人破产。

可以看出，重整是否可以顺利完成，主要取决于重整计划能否获得债权人会议的通过以及人民法院的裁定认可。重整计划草案应尽可能完整地勾勒出债务人对未来经营的设想与安排、可行性、对债权人的利益保护程度等，以获得债权人的认可。具体来说，主要可以分为以下几个方面。首先，经营方案的描述与可行性分析，这是企业获得新生的动力所在，也是促成重整程序获得通过的重要基础。其次，理清企业所有的债权并进行分类，在此基础上提出债权调整与受偿方案。这一环节要注意维护债权人的利益，做到公平对待不同类型的债权人。最后，明确界定重整计划的执行期限与监督期限。

债权人会议讨论重整计划草案时，需要按债权类型分类分组进行表决，如果涉及出资人变更权益事项，则应设出资人组对计划草案进行表决。各表决组均通过计划草案，即为通过。否则，债务人或管理人应积极同未通过计划草案的表决组进行协商，协商后再次进行表决。如还未能通过，债务人可以在重整计划符合公平、公正等条件下，向人民法院申请批准计划草案。

重整计划获得批准后由债务人负责执行，并在监督期内接受管理人的监督，监督期满，管理人向人民法院提交监督报告，管理人的监督职责终止，重整计划的利害关系人有权查阅该监督报告。必要时，管理人可以向人民法院申请延长监督期限。重整计划对所有债权人和债务人都有约束力，债权人未依照《破产法》的规定申报债权的，在重整计划执行期间不得行使权利；在重整计划执行完毕后，可以按照重整计划规定的同类债权的清偿条件行使权利。如果债务人不能执行或不执行重整计划，管理人或其他利害关系人可以向人民法院申请裁定终止重整计划，终止重整计划后，债权人在重整计划中作出的债权调整的承诺将失去效力。债权人因执行重整计划所受的清偿仍然有效，债权未受清偿的部分作为破产债权。

11.2.3 和解

和解制度着眼于债权债务关系的变动，通过债权、债务双方的协商，达成新的偿债协议，从而避免债务企业破产。不同于重整，和解申请一般由债务人提出，既可以直接提出，也可以在人民法院受理但未宣告债务企业破产前提出。

和解协议应由出席债权人会议有表决权的债权人半数以上同意，并且其所代表的债权额占无担保债权额的2/3以上。和解协议通过后，由人民法院裁定后公告，管理人应将财产和营业事务移交给债务人。享有无财产担保的债权人称为和解债权人，和解债权人与债务人一同受和解协议的约束，按照协议减免的债务，自和解协议执行完毕起，债务人不再承担清偿责任。如果债务人存在欺诈、不能执行和解协议或不执行和解协议，和解债权人可以请求人民法院裁定终止和解协议，并宣告债务人破产。

◎ **案例 11-1　美国航空公司的破产重组**

背景：2020年初，全球暴发的新冠疫情对航空业造成了巨大冲击。航空旅行需求急剧下降，旅行限制和封锁措施导致航空公司的收入大幅下滑。美国航空公司（American Airlines）也受到了严重影响，遭遇了历史上最严重的航空业危机之一。由于巨额债务和现金流压力，公司不得不考虑破产保护和重组计划。

过程：（1）破产保护申请：2020年3月，美国航空公司宣布根据《美国破产法》第11章的规定申请获得破产保护。该决定允许公司在法庭保护下重新组织财务，与债权人进行谈判，并制订重组计划。

（2）债务谈判和协议：公司与债权人进行了艰难的谈判，旨在减少公司的债务负担。通过与债权人协商，美国航空公司达成了一项协议，将债务减少约120亿美元。这包括将债务转换为股权、发行新的债券以及减少未来债务支付。

（3）成本削减和重组：为了提高效率并降低运营成本，美国航空公司采取了一系列措施，包括削减航线、减少航班、优化航空器组合、裁减员工、重新谈判租赁合同以及延迟资本支出。通过这些措施，公司希望降低成本、提高现金流和盈利能力。

（4）破产重组计划的制订和批准：在债务重组和采取成本削减措施的基础上，美国航空公司制订了一项重组计划。该计划详细说明了如何还清债务、重组资本结构、改进运营，并恢复盈利能力。2020年11月该计划获得了联邦破产法院的批准。

结果：美国航空公司的破产重组计划取得了积极的结果。

（1）减少债务负担：通过债务重组，公司成功减少了约120亿美元的债务，减轻了负债压力，并提高了财务灵活性。

（2）降低成本和提高效率：公司通过裁减航线、减少航班频次、优化资产配置和降低运营成本等措施，提高了运营效率并降低了成本。

（3）资金流动性改善：破产重组计划为公司提供了更多的现金流，并为运营提供了稳定的资金来源。

（4）重塑竞争力：通过破产重组，美国航空公司得以重塑竞争力，为未来的增长和发展创造了更好的条件。

总体而言,美国航空公司的破产重组为其度过短期的财务困境,提供了可持续发展的基础。该重组计划的成功为公司重建信心、提高竞争力并保障航空业的发展提供了一个范例。

11.3 公司清算财务管理

清算是指企业结束运营后,进行财产的清理、变现、债务的偿还以及分配剩余财产的过程。清算过程中,财务管理是至关重要的一环,它确保清算工作的顺利进行,保证企业所有相关方的权益得到最大程度的保障。

11.3.1 清算财务管理的目标

清算财务管理是清算过程的重要组成部分,其目标是确保清算过程的财务透明度和准确性,最大限度地保护清算中各方的利益,同时也确保清算过程的合法性和合规性。以下是关于清算财务管理目标的详细描述。

(1) 确保清算过程的财务透明度和准确性。这是清算财务管理的首要目标。清算过程中,可能涉及大量的财务数据和资产的变动,因此必须建立清晰的财务档案和账户,并且确保所有的财务信息都是真实准确的。只有这样,各方才能够根据真实准确的财务信息做出明智的决策,保护自身的利益。

(2) 最大限度地保护各方利益。在清算过程中,各方的利益可能会受到不同程度的影响,例如债权人可能会因为债务违约而损失利益,股东可能因为公司清算而失去股份等。因此,清算财务管理的目标之一就是最大限度地保护各方的利益。包括建立合理的清算方案,确保各方的权益得到公平合理的保护,以及在清算过程中秉持诚信、公正、透明的原则。

(3) 确保清算过程的合法性和合规性。清算财务管理的另一个目标是确保清算过程的合法性和合规性。清算过程中必须遵守相关法律法规和规章制度,否则可能会带来法律风险和不良后果。因此,清算财务管理需要与法律顾问和审计机构密切合作,确保清算过程中的所有操作都符合法律法规的要求。

(4) 确保清算过程的高效性和及时性。清算财务管理的最后一个目标是确保清算过程的高效性和及时性。清算过程可能会非常复杂和漫长,因此需要合理安排清算时间表,并在清算过程中采取有效的管理和监督措施,以确保清算过程的高效和及时。

(5) 满足监管要求。清算财务管理需要遵守相关的法律和监管要求。在一些情况下,监管机构可能需要对清算程序进行审查,以确保其合法性和合规性。因此,清算财务管理需要按照法律和监管机构的要求进行操作,并及时向监管机构报告清算进展情况。

(6) 确保清算程序的顺利进行。清算财务管理需要确保清算程序的顺利进行,避免出现各种问题和纠纷。包括对资产的全面评估、清算程序的详细规划和监督、各方之间的沟通协调等方面。清算财务管理还需要确保清算程序的透明度和公正性,以避免引起各方的不满和争议,影响清算程序的正常进行。

11.3.2 清算财务管理的重要性

(1) 确保债权人的合法权益。清算财务管理的最终目的是清偿债权人的债务，因此在清算过程中，要严格按照法律程序进行，并确保债权人的合法权益得到保障。如果清算财务管理不到位，可能会导致债权人的合法权益受到损害，对企业声誉和信用造成影响。

(2) 合理利用企业资源。在清算过程中，企业的各项资源都需要得到合理利用，以尽可能地减少清算带来的损失。清算财务管理要充分考虑企业的资产和负债情况，采取合适的清算方式，避免不必要的资源浪费。

(3) 确定清算费用。清算费用是指进行清算工作所需的各项费用，包括人力、物力、财力等。清算财务管理需要合理估算清算费用，并在清算工作中尽可能地降低费用。否则，清算费用过高将会进一步减少清算后剩余资产的价值。

(4) 管理债权人与股东的关系。清算工作涉及债权人和股东之间的关系。清算财务管理需要维护这两方的合法权益，确保其利益得到平等对待。同时，要处理好债权人和股东之间的矛盾，维护企业的形象和信誉。

(5) 保护企业的合法权益。清算财务管理要充分考虑企业的合法权益，包括企业的商业机密、知识产权等。在清算过程中，要保护这些合法权益，避免泄漏和侵权行为的发生，同时保护企业的声誉和利益。

(6) 推动企业的持续发展。清算财务管理的目的是解决企业面临的困境，推动企业的持续发展。清算工作的顺利进行将会有利于企业重新出发，找到新的商业机会和发展方向。

11.3.3 破产清算财务管理的程序

人民法院宣告债务人破产的，自裁定之日起5日内送达债务人和管理人，10日内通知已知债权人，并进行公告。此后，管理人应及时拟定破产财产变价方案，并提交债权人会议讨论。在旧的破产法规中，企业被依法宣告破产后，受理破产案件的人民法院指定各方面人员组成清算组，接受破产企业的全部资产和债权，清理破产企业的财产，处理破产企业的善后事宜等。这不仅带有浓厚的行政色彩，而且造成自受理破产申请到宣告破产之前债务人的财产处于无人管理的真空状态。新的《破产法》设立了管理人制度，有助于实现破产程序中管理主体的市场化和专业化。

管理人由人民法院指定，债权人会议认为管理人不能依法、公正履行职务或者有其他不能胜任职务情形的，可以申请人民法院予以更换。管理人的职责主要有：①接管债务人的财产、印章和账簿、文书等资料；②调查债务人的财产状况，制作财产状况报告；③决定债务人的内部管理事务；④决定债务人的日常开支和其他必要开支；⑤在第一次债权人会议召开之前，决定继续或者停止债务人的营业；⑥管理和处置债务人的财产；⑦代表债务人参加诉讼、仲裁或者其他法律程序；⑧提议召开债权人会议；⑨人民法院认为管理人应当履行的其他职责。

除债权人会议另有决议的，变价出售破产财产应当通过拍卖进行，既可以全部也可以部分变价出售，其中无形资产和其他财产单独变价出售，按照国家规定不能拍卖或限制转让的财产应按国家规定的方式处理。破产财产分配方案应载明以下事项：①参加破产财产分配的债权人名称或者姓名、住所；②参加破产财产分配的债权额；③可供分配的破产财产数额；④破产财产分配的顺序、比例及数额；⑤实施破产财产分配的方法。经债权人会议通过，并经人民法院裁定认可，由管理人执行破产财产分配。除债权人会议另有决议的以外，破产财产的分配应当以货币分配方式进行。破产财产不足以满足同一顺序的清偿要求的，按比例分配。破产企业的董事、监事和高级管理人员的工资按照该企业职工的平均工资计算。分配完毕，管理人要及时向人民法院提交破产财产分配报告，并提请人民法院裁定终结破产程序。自收到终结破产程序请求之日起15日内，人民法院应作出裁定，裁定终结的，应予以公告。自终结破产程序起10日内，管理人持人民法院的裁定公告到原注册机关办理注销登记。至此，破产清算程序完成。

11.3.4　破产财产的范围及计价

破产申请受理时属于债务人的全部财产，以及破产申请受理后至破产程序终结前债务人取得的财产，称为债务人财产。被宣告破产后，债务人财产称为破产财产。

下列特殊情况下的财产仍属破产财产，管理人有权追回。

（1）人民法院受理破产申请前1年内，涉及债务人财产的下列行为，管理人有权请求人民法院予以撤销：①无偿转让财产的；②以明显不合理的价格进行交易的；③对没有财产担保的债务提供财产担保的；④对未到期的债务提前清偿的；⑤放弃债权的。

（2）为逃避债务而隐匿、转移财产的；虚构债务或者承认不真实的债务的。

（3）人民法院受理破产申请前6个月内，债务人不能清偿到期债务，并且资产不足以清偿全部债务或者明显缺乏清偿能力的，但仍对个别债权人进行清偿的，管理人有权请求人民法院予以撤销。但是，个别清偿使债务人财产受益的除外。

为了正确确定破产财产的价值，以便合理地按价值进行分配，破产财产的计价可以采用账面价值、重估价值和变现收入等多种方法。

账面价值法是指以核实后的各项资产、负债的账面价值（原值扣除损耗和摊销）为依据，计算企业财产价值的方法。该方法适用于破产财产的账面价值。

与实际价值偏离不大的项目，如货币资金、应收账款等货币性资产项目。

重估价值法是指对财产的原值以采用重置成本法、现行市价法等方法进行重估所确定的价值为依据，计算企业财产价值的方法。该方法适用于各项财产价值的确定，如设备、存货等。

变现收入法是指以出售资产可获得的现金收入为依据，计算企业财产价值的方法。

11.3.5　破产债权的范围及计价

人民法院受理破产申请时对债务人享有的债权称为破产债权。债权申报期限自人民法院发布受理破产申请公告之日起计算，最短不得少于30日，最长不得超过3个月。此外，人民法院裁定终止重整计划执行的，债权未受清偿的部分作为破产债权。人民法院裁定终止和解协议执行的，和解债权未受清偿的部分作为破产债权。

债权人申报债权时，应当书面说明债权的数额和有无财产担保，并提交有关证据。申报的债权是连带债权的，应当说明。可以由其中一人代表全体连带债权人申报债权，也可以共同申报债权。在人民法院确定的债权申报期限内，债权人未申报债权的，可以在破产财产最后分配前补充申报；但是，此前已进行分配的，不再对其补充分配。审查和确认补充申报债权的费用，由补充申报人承担。

未到期的债权在破产申请受理时视为到期。附利息的债权自破产申请受理时起停止计息。

管理人对所收到的债权申报材料进行审查并编制债权表，供利害关系人查阅。债务人、债权人对债权表的记录没有异议时，由人民法院裁定确认；如有异议，可向人民法院提起诉讼。凡是依法申报债权的债权人均为债权人会议成员，有权参加债权人会议，享有表决权。

破产债权的计价是为了确定债权人对破产企业拥有的债权额度，以便为破产财产的公平分配提供依据。破产债权的计价因债权的类型不同而不同，主要有以下几种。

（1）破产宣告日尚未到期的利随本清债权，其债权额为原债权额加上从债权发生日至破产申请受理时的应计利息。

（2）不计利息的现金债权及非现金债权，一般按债权发生时的历史记录金额计价。

（3）以外币结算的债权，按破产宣告日以国家外汇牌价中间价折合的人民币金额计价。

（4）索赔债权，赔偿金额由清算组与索赔债权人协商确定。

11.3.6 清算财务管理中的风险

清算财务管理是一项复杂的工作，因此在实施过程中会面临一些风险和挑战。以下是清算财务管理中可能存在的风险。

（1）财务风险。清算过程中的最大风险是财务风险。如果清算管理不善，可能导致公司的债务得不到清偿，从而对股东和债权人造成重大损失。此外，清算过程中的不当行为和不当决策可能会导致股东、债权人和其他利益相关者对公司的信任和公司的声誉受损。

（2）法律风险。清算过程中，可能会面临一些法律风险。例如，清算方案可能违反法律或法规，或清算程序可能受到争议，导致法律诉讼。此外，如果清算程序没有得到充分的公告和披露，可能会导致股东和债权人对清算结果提出异议。

（3）经营风险。在清算过程中，如果清算管理不当，可能会对公司的经营产生负面影响。例如，清算过程中的不稳定性可能会导致员工离职、客户流失和供应商中断。这些因素可能会进一步加剧公司的财务困境。

（4）市场风险。清算过程中可能会面临市场风险，特别是如果公司的行业正在经历下行周期。此外，清算程序可能会导致公司的股票价格下跌，从而使股东利益受损。

（5）操作风险。清算过程中可能存在操作风险，特别是如果清算管理人员缺乏经验或出现错误。例如，清算人员可能会疏忽或错误地核实资产和负债信息，或未能及时和准确地披露清算信息。

（6）纠纷风险。清算过程中可能会面临各种纠纷风险，包括与股东、债权人、员工和其他利益相关者的纠纷。如果这些纠纷无法得到妥善解决，可能会对清算过程产生负面影响。

（7）意外风险。清算过程中可能会发生一些意外事件，例如，公司的资产可能会损坏、丢失或被盗，导致清算结果偏差。此外，清算过程中可能会出现的灾难性事件，例如自然灾害或网络安全问题，也可能对清算工作产生不利影响。

（8）资产评估风险。在清算工作中，对于资产的评估是非常重要的，因为资产的评估结果直接影响着清算结果和股东的利益。然而，资产评估的过程往往是非常复杂和繁琐的，需要专业的知识和技能。如果资产评估不准确或不合理，可能会导致清算结果出现偏差，从而影响股东的利益。

总之，清算财务管理中的风险是多种多样的，需要在制定清算方案和实施清算工作时加以考虑和防范。只有充分认识和处理这些风险，才能确保清算工作的顺利进行，保障债权人的合法权益，最大限度地维护股东的利益。

◎ 案例11-2　雷曼兄弟破产清算

雷曼兄弟（Lehman Brothers）是美国一家历史悠久的投资银行和金融服务公司，成立于1850年。在其140年的历史中，该公司发展成为全球最大的投行之一，拥有超过25000名员工。然而，在2008年的金融危机中，雷曼兄弟遭遇了巨大的困境，最终于9月15日宣布破产，成为美国历史上最大的破产案件之一。

在雷曼兄弟破产后，其清算财务管理成为业内的焦点。由于该公司庞大而复杂的业务结构，清算财务管理面临着极大的挑战。

第一步是确定清算财务管理团队。由于破产案件的规模和复杂性，因此需要建立一个专门的清算团队，以确保整个过程的顺利进行。雷曼兄弟的清算财务管理团队由高管、财务人员、律师和审计人员组成，负责管理和监督整个清算过程。

第二步是评估清算财务管理的资产和负债。该公司拥有庞大的资产和负债，包括各种金融产品、房地产、债券和股票等。清算团队需要对这些资产和负债进行仔细的评估和分类，以确保所有债权人都能得到公平的待遇。

第三步是进行债权人清算。清算团队需要仔细核实所有债权人的信息，并确定每个债权人的权益。该公司的债权人包括各种金融机构、公司和个人投资者。清算团队需要与每个债权人进行沟通，并确保他们在清算过程中得到公平的待遇。

第四步是进行清算分配。在评估资产和负债、确定债权人权益后，清算团队需要制定清算方案，并确定每个债权人应该得到的清算金额。这是整个清算过程的核心，需要确保清算方案公平、合理，同时遵守相关法律法规。

第五步是编制清算报告。清算报告是整个清算过程的总结和反馈，也是对债权人负责的一种表现。清算报告应包括整个清算过程的详细说明，包括资产和负债的评估、债权人清算、清算分配等内容。

11.4 公司财务预警系统

财务预警系统（financial early warning system）是指通过对企业财务数据、行业数据等多种数据进行分析，及时发现财务风险，提供有效的预警信息，帮助企业管理层及时采取措施防范风险而设计的一种软件和服务。

财务预警系统是对企业在经营活动中的潜在风险进行监控的体系。财务预警系统实际上是一种属于微观经济预警范畴内的风险控制机制。它集预测、警示、排警于一身，即财务预警系统要预测发生财务风险及财务危机的可能性，然后用特别的方式对经营管理者作出警示，并提供规避或解决风险的方法与建议。财务预警系统作为一种成本低廉的诊断工具，能实时对公司的生产经营过程和财务状况进行跟踪监控，及时地进行财务预警分析，发现财务状况异常的征兆，并迅速报警，及时采取应变措施，避免或减少损失。

从理论上看，上市公司财务预警系统的构建是企业管理与控制理论的丰富和发展。所构建的财务预警系统是基于中国上市公司相关理论和经济技术特点，为上市公司财务危机警兆的理论研究提供新思路，从而建立一套发现警兆—确认警情—排警对策（预警—报警—排警）的逻辑机理，为中国上市公司提供一种危机预警管理新模式，在预防和化解危机、提高企业危机预警管理水平方面发挥作用。

从实践上来看，对于上市公司来说，借助财务预警系统，公司管理层能够及时发现公司财务状况的恶化，以及造成公司财务状况恶化的原因，从而能够及时地、有针对性地调整公司的经营策略，扭转公司经营状况恶化的势头，以避免沦为"ST""PT"的行列。另外公司越早获得危机信号，越可以减少其在会计、审计、律师等方面所支付的费用。同时亦有利于证监部门加强财务监督管理，以提高上市公司的经济效益。

11.4.1 企业财务危机的防范

企业破产的直接原因和必要条件为不能清偿到期债务，即发生财务危机，它是财务风险加剧的必然结果。财务危机的早期监测就是提前预知风险发生的可能性，防止潜在风险转化为现实风险，一旦财务危机发生，能及时有效地采取应急对策，设法阻止危机进一步恶化。

财务风险是指全部资本中债务资本比率的变化带来的风险。在竞争激烈的市场经济条件下，由于各方面的原因，财务风险是不可避免的。企业管理者应善于辨识财务风险，及时采取有效措施，方能使企业远离财务危机。财务风险的辨识是指对存在于企业内部和外部的各种风险进行分辨，弄清楚哪些属于企业的财务风险，哪些不属于企业的财务风险；哪些已形成现实的财务风险，哪些尚属于潜在的财务风险；哪些财务风险已威胁到企业生存与发展，哪些财务风险尚不构成威胁。

对财务风险的辨识可以从不同层次、不同角度进行。既可以运用预测分析法、系统研究法、决策分析法、环境分析法、动态分析法等方法从宏观层面分析；也可以运用财务状况分析法、资产负债分析法、因素分析法、平衡分析法、专家意见法等方法从微观层面分析，或将二者结合。进行财务风险分析和判断的前提是找到财务风险生成、发展的证据材料，健全的财务资料有利于提高辨识的质量。

财务风险的衡量是指对财务风险进行数量界定，它是针对某种财务风险形成、发展的概率以及可能造成的损失范围和强度等进行测算，分析该财务风险对企业的威胁程度、可能造成的影响及危害以及企业的承受能力。财务风险的辨识与衡量均可通过问卷调查法进行。

从总体上来说，防范企业财务风险应做好以下几方面工作。第一，认真分析财务管理的宏观环境及其变化情况，提高企业对财务管理环境变化的适应能力和应变能力，制定多种应变措施，适时调整财务管理政策和改变财务管理方法，以此降低因环境变化给企业带来的财务风险。第二，建立和不断完善财务管理系统，以适应不断变化的财务管理环境。面对不断变化的财务管理环境，企业应设置高效的财务管理机构，配备高素质的财务管理人员，健全财务管理规章制度，强化财务管理的各项基础工作，使企业财务管理系统有效运行，以防范因财务管理系统不适应环境变化而产生的财务风险。第三，不断提高财务管理人员的风险意识。财务风险存在于财务管理工作的各个环节，任何环节的工作失误都可能会给企业带来财务风险，财务管理人员必须将风险防范贯穿于财务管理工作的始终。第四，提高财务决策的科学化水平，防止因决策失误而产生的财务风险。财务决策的正确与否直接关系到财务管理工作的成败，经验决策和主观决策会使决策失误的可能性大大增加。为防范财务风险，企业必须采用科学的决策方法。在决策过程中，应充分考虑影响决策的各种因素，尽量采用定量分析方法并运用科学的决策模型进行决策。要认真对各种可行方案进行分析评价，从中选择最优的决策方案，切忌主观臆断。第五，理顺企业内部财务关系，做到权、责、利相统一。为防范财务风险，企业必须理顺内部的各种财务关系，明确各部门在企业财务管理中的地位、作用和应承担的责任，并赋予其相应的权力，真正做到权责分明。

从技术角度来说，防范财务风险的方法主要有以下三种。（1）分散法。即通过企业之间联营、多种经营及对外投资，将风险转移给合作伙伴。例如，企业可以采用投资多元化方式分散财务风险。对于风险较大的项目，企业可以采用与其他企业共同投资、收益共享、风险共担的方式分散投资风险。（2）降低法。即企业面对客观存在的财务风险，努力采取措施降低财务风险的方法。例如，当市场不可预测因素增多，股票价格出现剧烈波动时，企业应及时降低股票投资在全部对外投资中所占的比重，从而降低投资风险。（3）回避法。即企业在选择理财方案时，应综合评价各种方案对企业正常生产经营活动的影响，以及可能产生的财务风险，在保证实现财务管理目标的前提下，选择风险较小的方案，回避风险较大的方案。

11.4.2 现有财务预警理论模型与方法

破产预警管理是通过建立财务预警系统来进行的。财务预警系统是采用及时的数据化管理方式，通过全面分析企业内部经营和外部环境的各种资料，以财务指标数据形式将企业面临的潜在危险预先告知经营者，同时寻找财务危机发生的原因和企业财务管理中隐藏的问题，并明确告知经营者解决问题的有效措施的智能化管理系统。财务预警系统主要由指标体系、预警界限、数据处理和信号显示四部分组成。其构建步骤为：

第一步，建立一套能够敏感反映企业财务危机状况的指标体系。

第二步，根据企业的历史资料以及各个时期的理财环境，并参考国际公认标准、专家意见，确定各指标的预警界限，以及由预警界限所划分的安全状态。

第三步，用选定的数据处理方法，对各指标的取值进行综合处理，得出相应的安全等级（安全状态综合值＝各指标安全状态分值×各指标重要性系数）。

第四步，用信号显示企业财务安全状态和安全等级。

在财务预警系统的构建过程中，财务危机预警分析模型是关键。据文献记载，最早提出财务危机预警分析模型的是威廉·比弗（William Beaver），他通过个别财务比率走势的恶化来预测财务危机状况。由于采用不同比率预测同一公司可能会得出不同的结果，1968 年，埃特曼（Edward I. Altiman）提出了多变量模型，即运用多种财务指标加权汇总产生的总判别分（称为 Z 值）来预测财务危机。该模型由于以制造行业中等资产规模（70 万～2590 万美元）的企业为样本，因此对小企业适用性不大。1972 年，埃德米斯特（Edmister）专门针对小企业建立了小企业财务危机预警分析模型。此后出现的预测模型有迪金（Deakin，1972）模型、迪蒙德（Dimond，1976）模型、奥尔森（Ohlson，1980）模型、梅农和施瓦茨（Menonand and Schwartz，1987）模型、科赫和基洛（Koh and Killough，1990）模型等。这些模型按所用的信息类型分为财务指标信息类模型、现金流量信息类模型和市场收益率信息类模型。其中财务指标信息类模型是指使用常规的财务指标，如负债比率、流动比率、净资产收益率和资产周转速度等作为预警模型的变量所建立的财务危机预警模型。现金流量信息类模型是基于理财学的一个基本原理——公司的价值应等于预期的现金流量的净现值——而构建的模型。公司如果既没有足够的现金支付到期债务，又无其他途径获得资金，那么最终将破产，因此，过去和现在的现金流量能很好地反映公司的价值和破产概率。市场收益率信息类模型是指使用股票市场收益率信息构建的财务危机预警模型。以下简要介绍几种具有代表性的财务指标信息类模型。

11.4.2.1 定性预警分析方法

1. 专家调查法

企业组织各领域专家，运用他们专业方面的知识和经验，根据企业的内外环境，通过直观的归纳，对企业过去和现在的状况、变化发展过程进行综合分析研究，找出企业运动、变化、发展的规律，从而对企业未来的发展趋势作出判断。

优点：方法简单。

缺点：成本较高，且对特定的企业来说，得不到个性化的建议。

2. "四阶段症状"分析法

通过分析处于不同阶段的企业症状，对症下药，可及早发现危机，尽快弄清病因，采取有效措施，摆脱财务困境，恢复财务正常运作。

企业财务运营病症大体可分为四个阶段，具体见图 11 - 1。

优点：简单易行，适合企业进行自我诊断。

缺点：所处阶段的判断与划分比较困难。（要求判断者具有丰富的经验，而且对企业财务运营情况要十分熟悉）

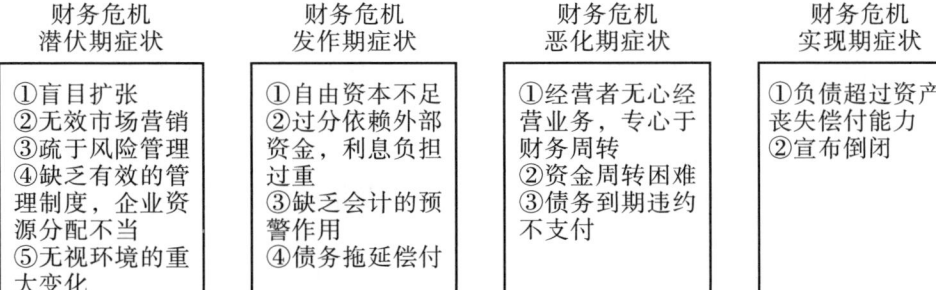

图 11-1 企业财务运营病症阶段

3. 坐标图分析法

坐标图分析法是对企业财务状况进行综合评价的一种方法。在确知企业发展趋势的前提下，评价企业财务状况的优劣主要是看企业的获利水平与偿付能力，具体见图 11-2，标准值可采用行业标准。

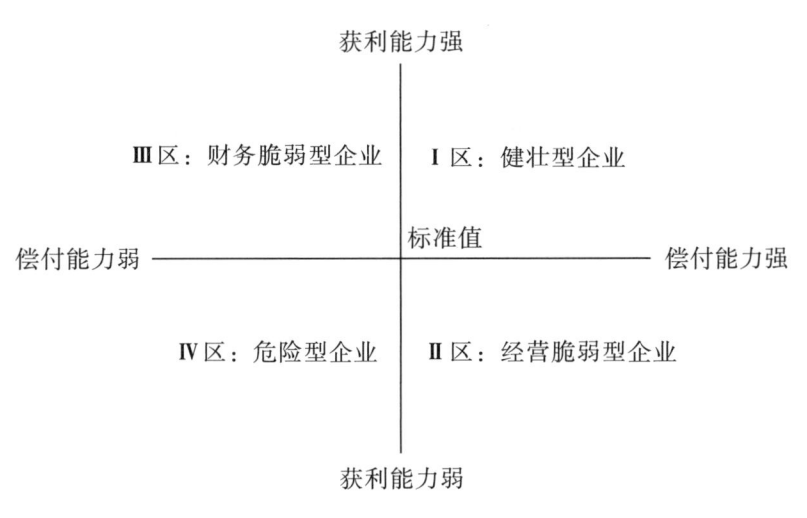

图 11-2 财务状况分析坐标图

11.4.2.2 财务预警分析方法

1. 单变量分析方法

单变量分析方法是运用单一变量、个别财务比率来预测财务危机的方法。最早运用统计方法研究公司失败问题的是美国威廉·比弗（1966）。他发现利用债务保障率（现金流量/总负债）预测财务危机准确率最高；其次是资产负债率。并且离失败日越近，预见性越强。

优点：简单。

缺点：因不同财务比率的预测方向与能力经常有相当大的差距，有时会产生对于同一公司使用不同比率预测出不同结果的现象。

2. 多变量分析方法

多变量分析方法是应用多种财务比率进行加权汇总产生的总判分值来预测财务危机的方法,是一种综合评价企业风险的方法。主要运用统计方法等对各种财务指标进行筛选、判别,从而建立一个最优模型,根据模型计算结果判定企业是否正面临财务困境或破产。目前最有影响力的有 Z 分数模型、F 分数模型及相对值指标分析法。

(1) Z 分数模型。

最早运用多变量区别分析法探讨公司财务危机预测问题的是美国学者爱德华·奥特曼 (1968),他确定以 5 个变量作为判别变量建立了一个多元线性判别模型,即 Z 分数模型。

Z 分数模式:

$$Z = 0.012X_1 + 0.014X_2 + 0.033X_3 + 0.006X_4 + 0.010X_5$$

其中,Z 为判别值;X_1 = 营运资金/资产总额;X_2 = 留存收益/资产总额;X_3 = 息税前利润/资产总额;X_4 = 权益总价/债务总额账面价值;X_5 = 销售额/资产总额。

该模型将反映企业偿债能力(X_1、X_4)、获利能力(X_2、X_3)、营运能力(X_5)的指标有机地结合起来。一般来说,Z 值越低,企业发生财务危机的可能性就越大。

爱德华·奥特曼还提出了判断企业破产的临界值:

①破产与非破产可能性各占 50% 时,$Z = 2.675$;($Z = 2.675$ 常被一致认为是区别破产与非破产的关键点。)

②若某个企业的 Z 值小于或等于 1.81,说明该企业发生破产的可能性非常大,虽然企业此时仍未破产,但其实际上已经无药可救了;

③若某个企业的 Z 值大于 2.99,说明该企业在短期内一般不会出现危机,是一家正常企业;

④若某个企业的 Z 值属于 [1.81,2.99] 之间,则很难估计这个企业破产的可能性。

优点:基于该模型的预测准确率较单变量模型要高得多,并且模型的使用成本极低。

缺点:未考虑现金流量变动等对企业财务状况的影响。只适用于短期(两年以内)的预测。

(2) F 分数模型。

我国学者周首华、杨济华等于 1996 年针对 Z 分数模式的缺点建立了 F 分数模式:

$$F = -0.1774 + 1.1091X_1 + 0.1074X_2 + 1.9271X_3 + 0.0302X_4 + 0.4961X_5$$

其中,F 为判别值;X_1 =(期末流动资产 - 期末流动负债)/期末总资产;X_2 = 期末留存收益/期末总资产;X_3 =(税后纯利 - 折旧)/平均总负债;X_4 = 期末股东权益的市场价值权益总价/期末总债务;X_5 =(税后纯利 + 利息 + 折旧)/平均总资产。

优点:

①较 Z 分数模型,F 分数模型新增加了反映企业现金流量能力的指标(X_3、X_5)。

②它以 0.0274 为临界点来预测公司是破产还是可以继续生存。(若 F 分数值低于 0.0274,则将被预测为破产公司;高于 0.0274,则将被预测为继续生存公司。)通过检验,该模型的准确率高达 70%。

(3) 相对值指标分析法。

相对值指标分析法是指根据企业财务报表和其他财务资料的数据计算出财务比率，然后将其与同行业指标或本企业历史平均值标值进行比较，并在此基础上对企业面临的财务状况进行判定的方法。具体包括以下几种：

①企业安全率评价法（图 11 – 3）。

经营安全率 = 1 – 损益平衡点销售额/现有或预计销售额
          = 安全边际/现有或预计销售额

资金安全率 = 资产变现率 – 资产负债率

其中，损益平衡点销售额 = 固定成本/边际贡献率；资产变现率 = 资产变现金额/资产账面金额。

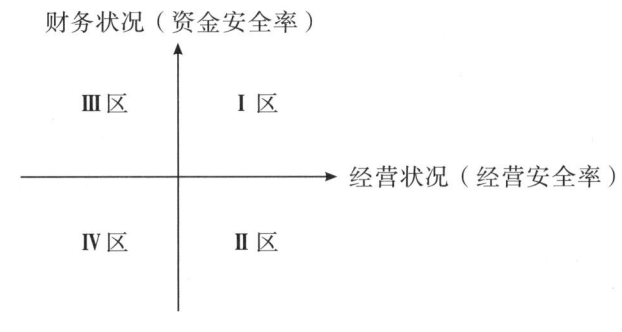

图 11 – 3　企业安全率评价法

②财务比率诊断表判定法。

首先对企业一些财务指标预先设置判断标准（分为健康、良好、一般），然后计算这些财务比率的实际值，并将其与标准值进行对比，以此对企业财务状况进行判定。

优点：与绝对值指标判定法相比，能够更全面地反映企业的财务状况，具有更强的可操作性。

缺点：存在着判定指标确定的主观性等缺点。需要财务管理人员特地来选定最能代表与反映企业财务状况好坏的指标，形成适合本企业的财务比率判定表。标准值的设定也可根据实际情况予以确定和调整。

③综合指数判定法。

先确定各财务比率的权重，再将各财务比率的实际值与标准值进行比较，计算企业的综合判定指数，以对企业财务状况进行判定。

优点：第一，依据各财务指标对企业财务状况影响程度的不同，分别确定了各个指标的权重，克服了相同重要性程度指标的弊端，更接近实际；第二，将各指标的实际值与标准值进行比较，最终产生一个综合的判定指数，便于从整体上把握企业的财务状况。

缺点：权重的确定存在着主观性。

④功效系数判定法。

先计算企业的综合功效系数，根据功效系数大小对企业财务状况进行判定。

步骤：该方法先将所选所有指标进行分类，分别计算出每类中每项指标的功效系数，然后运用德尔菲法确定各指标的权重，最后计算出企业的综合功效系数。

优点：克服了综合指数判定法的缺陷，使不同类型的财务指标能被同时用于对企业财务状况的判断，因此，其判定能力比较强，评价结果的准确性也比较高。

缺点：指标权重的确定以及理想值与不允许值的确定仍受主观因素的影响，在一定程度上影响了其预测能力。

11.4.2.3 定性与定量相结合预警分析方法

1. A 记分法

该方法首先试图将与企业风险有关的各种现象或标志性因素列出，依据它们对企业经营失败的影响程度进行赋值，然后将一个企业的所得数值或记分加起来，就可以知道该企业确切的风险程度。企业所得分数在 25 分以上，表明已处于高风险区；所得分数界于 18～25，称为警戒区；所得分数在 0～18 内，表明企业处于风险安全区。因此，企业应该尽量将总分控制在 18 分以下。

2. 雷达图分析法

雷达图分析法亦称综合财务比率分析图法，是日本企业界为对企业综合财力进行评估而采用的一种财务状况综合评价方法。利用该方法所绘制的财务比率综合图状似"雷达"，如图 11-4 所示。

日本企业通常将财务比率分为收益性比率、安全性比率、流动性比率、生产性比率、成长性比率五大类。

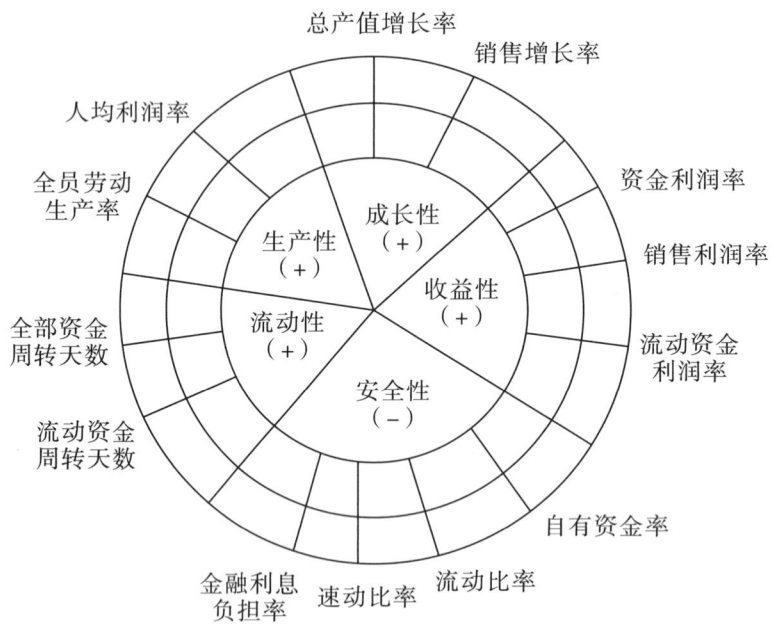

图 11-4　雷达图分析法

说明：
①如果企业的财务比率值接近或者处于最小圆之内，说明该比率水平极差，须警惕；
②如果比率值接近标准线，说明该指标与同行业水平相当；
③如果比率值处在最大圆之内，说明该指标水平较高，是较为理想的状态。

④将企业五大类实际比率值所在的点连接起来，形成一个多边形。如果该多边形皆处于大圆之内，表明该企业财务状况较为理想，超过同行业平均水平；如果该多边形皆处于中圆之内，表明该企业财务状况欠佳；如果该多边形完全处于小圆之内，表明该企业已濒临破产，财务状况极度恶化。

11.4.3 财务预警系统的发展历史

财务预警系统的发展历史可以追溯到 20 世纪 70 年代，当时的美国政府开始意识到财务风险对国家安全的威胁，开始研发财务预警系统。随着计算机技术的发展，财务预警系统得以不断完善和普及。

20 世纪 80 年代，随着互联网的普及，财务预警系统开始向在线平台转移，用户可以通过网络实时监控和管理财务风险。同时，一些商业公司也开始开发自己的财务预警系统，以满足客户的需求。

进入 21 世纪，财务预警系统的应用范围不断扩大，不再局限于政府和大型企业，中小企业和个人也开始使用财务预警系统。同时，随着大数据和人工智能技术的发展，财务预警系统也得以更加精准地预测和识别财务风险。

总的来说，财务预警系统的发展历史可以概括为从政府研发到商业化应用，从单一功能到多元化应用，从传统计算机到互联网和大数据时代的转型。

在中国，财务预警系统的发展可以追溯到 20 世纪 90 年代。当时，中国政府开始推出一系列财务管理制度和规定，以规范国有企业的财务管理。随着市场经济的发展和企业数量的增加，财务预警系统的需求也越来越大。

2000 年以后，随着信息技术的迅速发展和互联网的普及，中国的财务预警系统得以快速发展。目前，中国的财务预警系统已经广泛应用于各个行业和企业，成为企业财务管理的重要工具之一。

11.4.4 财务预警系统未来发展趋势

未来，随着技术和市场的发展，财务预警系统将出现以下趋势。

自动化程度越来越高：未来的财务预警系统将越来越智能化、自动化，可根据预设的规则自动分析数据并生成报告。这些系统可以不间断地监控交易操作和账户活动，自动发送预警信息给管理层。

数据源逐步丰富：未来的财务预警系统将通过整合各种来源的数据，如企业财务报表、交易数据、供应链信息等进行综合对比分析，从而发现更多的潜在风险问题。

云计算和大数据技术的融合：未来财务预警系统将利用云计算和大数据技术，实现海量数据的处理和存储，并通过机器学习等技术快速识别并排除异常情况。

可视化分析人机交互：未来财务预警系统将采用图表、报表等形式展示数据，让用户可以更加直观地了解财务风险情况，并且进一步提高人机交互体验。

面向全球用户的本土化应用：随着数字化经济的深入发展，未来财务预警系统将为不同国家和地区的用户提供本土化配置选项。

◎ **案例11-3　腾讯财务预警系统**

深圳市腾讯计算机系统有限公司（以下简称"腾讯"）是中国最大的互联网公司之一，拥有多个业务板块和数百个子公司。其财务预警系统的应用范围覆盖了集团公司及其下属企业的全球业务。

腾讯的财务预警系统主要由三个模块组成：数据收集、风险分析和报告输出。其中，数据收集模块主要通过腾讯内部的数据平台和系统，自动收集企业各个部门和子公司的财务数据和业务数据。这些数据包括但不限于财务报表、现金流量表、资产负债表、营收和利润等指标。

风险分析模块是该系统的核心，主要采用数据挖掘、人工智能等技术，对收集到的财务数据进行综合分析，检测潜在的财务风险。该模块能够识别财务异常情况，并自动发出预警信号，帮助管理层及时发现并解决潜在的财务问题。

报告输出模块可以根据不同层次的管理需求，提供定制化的风险报告。例如，对于高层管理人员，可以提供全局风险报告，帮助其了解集团公司整体的财务状况和风险趋势；对于财务部门和业务部门，可以提供部门风险报告，帮助其了解部门的财务状况和风险趋势，以便及时制定相应的财务策略和业务决策。

除了以上三个模块，腾讯的财务预警系统还采用了分级管理和灵活配置的方式，可以根据不同的管理层级和部门需求，灵活调整风险指标、预警阈值和监控频率等参数。

总之，腾讯的财务预警系统是一个具有自主知识产权的大型企业财务预警系统，应用了数据挖掘、人工智能等先进技术，可以实现对企业全局和部门财务状况的实时监测和风险预警。该系统不仅可以帮助管理层及时发现和解决潜在的财务问题，还可以提高集团公司整体的财务管理水平。

◎ **案例11-4　通用电气财务预警系统**

美国通用电气公司（General Electric Company，以下称"GE"）是一家拥有超过100年历史的跨国企业，其业务涵盖工业、航空、医疗等多个领域，遍布全球。GE的财务预警系统被广泛认为是全球最先进的企业财务预警系统之一。

GE的财务预警系统主要通过数字化技术和大数据分析，实现对公司财务风险的全面监控和预警。该系统的数据来源包括公司内部财务系统、供应链系统、销售系统、生产系统等多个数据源。

GE的财务预警系统采用了基于大数据和人工智能技术的实时监测和预警机制。系统能够自动检测财务数据中的异常情况，并根据预设的风险指标，实时发出预警信号。预警信号包括但不限于异常现金流、负债风险、利润下降等指标。同时，系统还会根据财务数据的变化趋势，对未来可能出现的财务风险进行预测和预警。

GE的财务预警系统还具有智能化的特点，能够对风险信号进行分类、归纳和分析。例如，系统可以将不同的财务风险分为短期风险和长期风险，并提供相应的风险解决方案。此外，系统还能够根据风险的重要性和影响程度，自动向不同的管理层级和部门发送预警信息，并提供相应的风险报告。

GE 的财务预警系统还具有灵活性和定制性。系统可以根据不同的管理需求和业务特点，灵活调整风险指标、预警阈值和监控频率等参数。同时，系统还可以为不同的管理层级和部门提供个性化的风险报告和解决方案。

总之，GE 的财务预警系统是一个基于大数据和人工智能技术的全球领先的企业财务预警系统。该系统具有智能化、灵活性和定制性的特点，能够实现对公司财务风险的全面监控和预警，提高公司的财务管理水平和风险管理能力。

◎ 本讲小结

1. 破产是企业消亡的一种重要方式。企业法人不能清偿到期债务，并且资产不足以清偿全部债务或者明显缺乏清偿能力的，可以按照破产法有关规定清理债务，进入破产程序。

2. 重整是在人民法院的主持下由债务人与债权人达成协议，制订重整计划，规定在一定的期限内，债务人按一定的方式全部或者部分清偿债务，同时债务人可以继续经营其业务的制度。重整适用于所有类型的企业法人，是一个独立的破产预防程序。

3. 和解是破产程序开始后，债务人和债权人之间就债务人延期清偿债务、减少债务数额、进行整顿事项达成协议，以挽救企业、避免破产、中止破产程序的法律行为。和解一般由债务人提出。

4. 恰当地辨识和衡量财务风险有助于防范财务危机；构建财务危机预警分析系统，可以实现对破产危机的早期预防与控制，并在危机发生时采取相应的对策与方案。

◎ 本讲习题

1. 尽管国外有许多研究成果是关于财务危机预警分析模型的，但迄今为止，还没有一个得到一致认可并广泛应用的财务危机预警分析模型。这说明财务危机预警分析模型纯属理论研究，缺乏实际应用价值。你如何看待这种说法？试对此进行评论。
2. 如何理解重整与和解两个法律程序？适用时要注意什么问题？
3. 破产清算财务管理的工作重点是什么？
4. 如何进行破产财产的分配？
5. 财务危机防范的重点和难点是什么？

第十二讲　公司金融国际化

◎ **本讲学习目标**

通过本讲的学习，学生应掌握公司金融国际化的概念、趋势与特征，熟悉公司金融国际化的环境及基本构架与基础制度，掌握公司国际化融资管理与国际化投资管理的工具，明晰公司国际化税收管理的基本概念。

◎ **本讲重要术语**

国际货币体系（international monetary system）、金本位制（gold standard system）、国际股权筹资（international equity financing）、国际举债筹资（international debt financing）、冷热分析法（cold and hot analysis method）、投资环境等级评分法（investment environment rating method）

◎ **本讲重难点**

本讲重点在于了解公司金融国际化趋势的内涵，理解公司国际筹资渠道之间的差异。难点在于掌握国际投资环境的分析方法和国际避税手段。

◎ **本讲案例导入**

蚂蚁集团的国际化

从 2015 年左右，蚂蚁科技集团股份有限公司（以下简称"蚂蚁集团"）就开始在海外布局支付业务，投资当地的支付公司以帮助本土企业打造"支付宝"，足迹遍及印度、泰国、孟加拉、韩国、缅甸、巴西等地，也逐渐形成了其"1+9"全球化战略模型。

蚂蚁集团 2015 年首次入股印度移动支付公司 Paytm，并在 2017 和 2019 年两次加注，目前持股比例达 30.33%，已成为后者母公司 One 97 Communication 的单一最大股东。经过五年多的时间，移动支付已成为印度人的生活日常：印度所有城市已经可以用 Paytm 缴纳水电煤费，Paytm 线下商户覆盖已经达到 1400 万，在餐厅、加油站、杂货铺、大街小巷到处可见贴着二维码的"印度码商"，基于印度特色，他们还开发出黄金版"余额宝"（一个卢比买黄金），黄金版"余额宝"的用户数也超过了 4500 万。

2016 年 11 月，蚂蚁集团与泰国支付企业 Ascend Money 签订战略合作协议。后者是泰国企业集团 Charoen Pokphand 的子公司，蚂蚁集团提供电子支付服务和小额贷款，帮助 Ascend Money 发展其在泰国的数字和线下支付及金融服务业务。据 CNBC 报道，蚂蚁集团当时计划持有 Ascend Money 20% 的股份，并有进一步购买 10% 股份的选择权。2017 年 9 月，支付宝又宣布和泰国的 Kasikorn 银行合作，加强在泰国推广二维码支付。

2019 年 12 月，路透社报道蚂蚁集团秘密收购了越南电子钱包 eMonkey 的股份，消息人士称蚂蚁集团在 eMonkey 的占股比重不超过 50%，但将对其产生重大影响，蚂蚁集团将对 eMonkey 进行技术支持。eMonkey 母公司 M-Pay Trade 成立于 2008 年，2016 年获得越南国家银行（SVB）的第三方支付服务授权。2019 年 11 月，电商平台 Lazada 接入 eMonkey 作为支付选项之一。

2020 年，蚂蚁集团计划进行一场规模庞大的全球首次公开募股（IPO），并在香港和上海证券交易所同时上市。这场 IPO 计划将蚂蚁集团的估值提高到约 3100 亿美元，成为当时全球最大的首次公开募股之一。

这一次，蚂蚁集团的招股书中也显露了其旗下的投资实体，在集团的全资子公司中，API（Hong Kong）、ANT KBW、Antfin（Netherlands）、Alipay（Hong Kong）的主要业务都是投资管理，Ant International 则为境外融资及境外员工激励平台，Alipay Singarpore E-Commerce 则负责跨境数字支付与商家服务。招股书显示，蚂蚁集团将把 IPO 募资所得的 40% 用于研发，30% 用于扩大用户群和产品种类，10% 用于打造国际业务。值得一提的是，招股书中显示，截至 2020 年 6 月 30 日，12 个月的时间里蚂蚁集团的国际总支付交易规模为 6219 亿元。2017 年、2018 年、2019 年以及 2020 上半年，蚂蚁集团来自境外地区的营业收入占比分别为 5.23%、5.03%、5.46% 和 4.42%，主要来自跨境支付及商家服务。此外，截至 2020 年 6 月 30 日，支付宝可以在超过 200 个境外国家和地区使用。

然而，在 IPO 前夕，由于监管机构对蚂蚁集团的担忧，中国政府暂停了蚂蚁集团的上市计划。这一事件引起了全球范围内的广泛关注，并对公司金融国际化带来了一定的影响。

尽管蚂蚁集团的 IPO 计划遇到了挫折，但这并没有阻止该公司继续寻求国际化发展的步伐。蚂蚁集团随后着手扩大海外业务，并与多家国际金融机构合作，加强在全球范围内的合作和合资项目。

其中一个重要的合作伙伴是荷兰银行集团（ING Group），蚂蚁集团与 ING 合作推出了一款名为"Travelex"的全球跨境支付解决方案。这个解决方案旨在为个人和企业提供便捷的跨境支付和汇款服务，通过整合蚂蚁集团的技术和 ING 的全球银行网络，实现更快速、安全和低成本的跨境交易。

12.1 公司金融国际化的趋势

公司金融国际化是指企业将其金融业务扩展到跨国市场，以获取更广阔的客户基础、多元化的金融产品和服务，并实现更高的收益和成长。在这个全球化和数字化的时代，公司金融国际化的趋势日益明显。下面将从金融产品、市场和技术三个方面进行详细描述。

12.1.1 金融产品的国际化趋势

金融产品的国际化可以指不同国家之间金融产品的交易和流通，也可以指金融机构在海外开展业务的过程中所创新的金融产品。

（1）外汇市场：外汇市场是金融产品国际化的重要体现。外汇市场的交易量巨大，是全球最大的金融市场之一。不同国家和地区的货币在外汇市场上交易和流通，不同的外汇市场也在不断地融合和互联互通，形成了全球性的外汇市场体系。外汇市场的国际化为企业提供了更为广阔的融资和投资渠道，同时也促进了国际贸易的发展。

（2）证券市场：证券市场是企业进行融资和投资的重要途径。证券市场的国际化也在不断加速。在国际化的过程中，一些新型证券产品相继出现，如可转债、ETF、QDII等。同时，国际化的证券市场也越来越互联互通，如港股通、沪股通等，这为企业提供了更多的投资机会和融资渠道。

（3）保险市场：保险市场是为企业和个人提供风险保障的重要市场。随着全球化趋势的加速发展，保险市场的国际化也在逐步推进。一些跨国保险公司在海外开展业务，提供多种类型的保险产品，为企业和个人提供全球性的风险保障。

（4）互联网金融产品：随着互联网技术的不断发展，互联网金融产品也在不断创新。一些跨国金融科技公司在全球范围内提供多种类型的互联网金融产品，如支付、投资、借贷等。这些互联网金融产品为企业和个人提供了更为便捷和灵活的金融服务。

总的来说，金融产品的国际化趋势是全球化趋势的必然结果。金融产品的国际化不仅为企业和个人提供了更为广阔的融资和投资渠道，也促进了国际贸易和投资的发展，推动了全球经济的增长和繁荣。

12.1.2 金融市场国际化的趋势

金融市场国际化是指不同国家和地区的金融市场之间不断加强联系和互动的趋势。随着全球化的发展和金融自由化的加速，金融市场的国际化趋势变得越来越明显。

1. 跨境金融市场的发展

随着信息技术和全球化的发展，金融市场的国际化趋势已经进入一个跨境化的阶段。在跨境金融市场中，不同的国家和地区的金融机构可以在跨境的金融市场上进行交易和投资。例如，香港和伦敦等国际金融中心，吸引了全球投资者的关注，成为全球金融市场的重要交易中心。

2. 跨国金融机构的布局

随着金融市场的国际化趋势加速，跨国金融机构也加速了在海外的业务布局。通过在全球范围内建立分支机构、设立合资企业和收购当地金融机构，跨国金融机构可以在全球范围内提供一系列金融服务和产品，促进本地和跨境贸易和投资的发展。

3. 金融市场的互联互通

金融市场的国际化趋势加速了金融市场的互联互通。例如，香港和上海、深圳的股票市场之间分别建立了沪港通和深港通机制，允许香港和内地的投资者互相投资。类似的机制还在其他国家和地区的金融市场之间建立。

4. 跨境金融监管合作的加强

金融市场的国际化趋势加强了各国之间的跨境金融监管合作。各国之间需要加强合作，建立起跨境监管的机制，共同监管国际化的金融市场。例如，中国在香港和伦敦等地设立了人民币离岸清算银行，促进了人民币的国际化进程，同时加强了对离岸人民币业务的监管。

5. 金融创新的加速

金融市场的国际化趋势加速了金融创新的发展，各种新型金融产品和服务层出不穷，为投资者提供了更加丰富的投资选择。例如，交易所交易基金（ETF）、期货、期权等新型金融工具的出现，以及数字货币、区块链等金融科技的发展，都是金融市场国际化趋势的体现。

金融市场国际化的趋势也带来了一些挑战。其中最大的挑战是金融风险的传染性和跨境监管的难度。金融市场的国际化加大了各国之间金融风险的传染性，使得金融风险更难以控制。同时，跨境监管的难度也增加了，各国监管机构需要加强合作，建立跨境监管机制，提高对金融市场的监管能力。

总之，金融市场的国际化趋势是不可逆转的趋势，随着全球化的加速和金融自由化的深入，金融市场的国际化趋势将更加明显。跨境金融市场、跨国金融机构、金融市场的互联互通，跨境金融监管合作和金融创新等方面的发展将推动金融市场的国际化进程，同时也面临着金融风险传染性和跨境监管的挑战。因此，各国需要加强合作，建立起跨境监管机制，提高对金融市场的监管能力，促进金融市场的国际化趋势健康有序地发展。

12.1.3 金融技术的国际化趋势

随着科技的快速发展和全球化的推动，金融技术（financial technology，Fintech）的国际化趋势也越来越明显。金融技术是指通过科技手段改变和创新金融服务、业务和模式的一种新型金融业态。在过去的几年中，金融技术在全球范围内获得了极大的发展，成为金融市场国际化趋势中不可忽视的一部分。因为金融科技公司的业务往往具有高度的可复制性和可扩展性，随着全球金融市场的互联互通和开放程度的提高，金融科技公司也越来越多地将目光投向了海外市场。在金融科技公司的国际化进程中，一些领先的科技公司如蚂蚁金服、PayPal、Square等已经在全球范围内建立了较为完善的网络和布局。

1. 影响金融技术国际化趋势的因素

（1）监管政策：不同国家的监管政策不同，金融科技公司要进入国际市场，需要适应当地的监管政策和法规。例如，中国的P2P网贷监管比较严格，而美国的网贷监管则较为宽松。

（2）市场需求：不同国家的市场需求也不同，金融科技公司要进入国际市场，需要了解当地的市场需求和用户习惯。例如，中国的移动支付市场需求较大，而在美国则主要以信用卡支付为主。

(3) 技术创新：金融科技公司要进入国际市场，需要不断进行技术创新，提高产品和服务的质量和竞争力。

(4) 跨境支付：跨境支付是金融技术国际化的重要一环，不同国家的支付方式和货币体系存在差异，金融科技公司需要解决跨境支付的技术和安全难题。

(5) 人才队伍：金融科技公司要进入国际市场，需要有一支专业的人才队伍，具备跨文化交流和业务拓展的能力。

2. 金融技术国际化的未来展望

金融技术的国际化趋势在未来仍将继续，随着金融市场的全球化程度越来越高，金融科技公司的国际化步伐也将更加迅速。同时，随着技术的不断创新和发展，金融科技公司将会不断推出更加创新和高效的金融产品和服务，提高金融市场的效率和便捷程度。

总之，金融技术的国际化趋势已经成为全球金融市场发展的一个重要方向。随着金融科技公司的国际化进程的不断加快和市场的逐步开放，金融技术将更好地为全球消费者提供更加高效、便捷和安全的金融服务，促进全球经济的发展。同时，金融科技公司也需要在不断探索中，加强合规风险控制、提高技术创新和提升用户体验，以实现可持续发展和共赢。

12.2 公司金融国际化的环境

12.2.1 国际货币体系

1. 国际货币体系概述

国际货币体系是各国认可的支配国际间货币关系的共同规则及一系列安排的总称。各国在国际金融领域中的一切活动都离不开特定的国际货币体系。它一般包括以下几个部分：①国际货币储备制，即确定以什么样的货币作为各国普遍接受的国际支付货币以及国际储备资产的形式和供应。②国际汇率制，即各国货币与国际货币之间的汇率安排。③国际收支调节方式，即确定顺差国和逆差国对国际收支调节所承担的责任、调节方式及如何协调它们的行动。④国际货币合作形式和结构。

一个健全的国际货币体系应具备以下条件：

(1) 国际收支调节机制合理。即要求对国际收支不平衡的调节成本最小且及时进行调节，逆差国和顺差国要公平合理地承担调节的责任。

(2) 清偿能力适中。清偿能力即国际储备总额应保持适当的数量，因为过多会加剧世界经济通货膨胀，过少又会导致世界经济紧缩。

(3) 储备资产价值的稳定性。储备资产价值相对稳定、可信度较强，各种储备资产的持有者愿意继续保持它，而不至于稍有经济变动，就发生从一种储备转向另一种储备的情形。

(4) 汇率的相对稳定性。国际货币体系必须拥有一套稳定汇率的机制，以保持汇率体系的相对稳定性。

2. 国际货币体系的历史演进

100多年来，国际货币体系经历了国际金本位制、布雷顿森林体系和牙买加体系。而每一种国际货币制度都是在特定的政治秩序下得以安排，而且都体现了经济实力超群的国家的根本利益。19世纪国际金本位制度基本上反映了英国的经济和政治利益。第二次世界大战后，美国取代了英国的金融地位而成为新的世界经济中心，美元因此也成了国际货币体系的基础。

（1）国际金本位制。

世界上最早的国际货币制度是国际金本位制，始于19世纪二三十年代的英国。此时，英国凭借它在世界商品、货币和资本市场上的霸权地位，使世界各国经济遵守它所推行的货币体系规则。英国选择了金本位制来影响其他国家的货币制度。当时的国际贸易中，大多数商品以英镑计价，国际结算中90%使用英镑，多数国家的中央银行的国际储备也是英镑。因此，也有人称国际金币制度为英镑本位制度。该体系是以黄金作为本位货币，实行以金币流通为主的货币制度。在这一制度下，黄金充分发挥世界货币的职能，充当国际支付手段和国际购买手段。国际金本位制度中的国际储备货币是黄金；汇率制度是以黄金作为基础的固定汇率制度。但实际上英镑代替黄金在执行国际货币的各种职能。整个19世纪，是金本位国际货币体系发生、发展和确立的时期。第一次世界大战的爆发使金币本位制宣告结束。

（2）布雷顿森林体系。

第二次世界大战后，资本主义世界建立了以美元为中心的、以固定汇率为基础的国际货币体系，即布雷顿森林体系。1944年7月，44个同盟国在布雷顿森林城召开了国际金融会议，会上通过了《国际货币基金协定》和《国际复兴开发银行协定》，总称为《布雷顿森林协定》，布雷顿森林体系从此建立。它是第二次世界大战使美国经济得到巨大发展的结果。战争结束时，美国的工业制成品生产量占世界的一半，其对外贸易总额占世界贸易总额的1/3以上，黄金外汇储备占各国总和的2/3，国际投资也迅速增加。因此，布雷顿森林体系是美国凭借其在世界经济中的支配地位而建立起来的以美国利益为主要核心的国际货币制度。美国当时独一无二的经济地位确定了美元在这个世界货币中处于中心地位。《布雷顿森林协定》规定了美元与黄金挂钩，其他会员国货币与美元挂钩的原则，通过双挂钩形成了以美元为中心的国际货币体系，美元与各国货币汇价不得超过平价上下各1%。在这个体系中，美元等同于黄金，各国货币与黄金的关系是间接的，它们只是通过美元与黄金发生关系。作为国际储备资产及国际支付的手段，美元起着世界货币的作用，其地位明显地高于其他各国的货币。后来因美国经济地位的下降和美元危机，布雷顿森林体系最终于1973年3月自行崩溃。

以美元为中心的国际货币体系的崩溃，并不意味着美元的作用就完全地消失了，实际上美元在国际储备和国际支付中仍占据着十分重要的地位。

（3）牙买加协定。

布雷顿森林体系崩溃后，1974年10月，国际货币基金组织决定设立"理事会关于国际货币制度问题的临时委员会"，该委员会于1976年1月在牙买加举行会议。1978年4月，"牙买加协定"正式生效。该协定尽管对国际货币体系的运行采取了一些重大的改革措施，但仍存在一系列的问题有待解决。现行的国际货币体系进入了多元化、多样化的时代：国际储备资产多样化；黄金、特别提款权及各种外汇并存；汇率制度多元化，主要是管理浮动汇率制度和钉住汇率制度；国际收支平衡状况两极分化；调节国际收支的多样化；对汇率管理的干预形式多元化等。但事实上，美元在其中仍扮演着最主要的角色。

12.2.2 国际金融市场

1. 国际金融市场的内涵

国际金融市场是一组经营资金借贷和证券买卖的国际市场总称。国际金融市场与国内金融市场的区别主要在于：非居民可以参加；业务范围跨越国界；交易对象不局限于本国货币，还包括主要国际货币表示的金融资产或金融工具。

（1）传统的国际金融市场。

传统的国际金融市场是国内金融市场的延伸，从纯粹本国居民之间的金融业务，发展到也能经营居民与非居民之间国际金融业务而又接受当地政府法令管辖。

（2）离岸国际金融市场。

第二次世界大战之后，欧洲美元市场最早出现于伦敦，从英国的立场出发，它是经营非居民之间国际金融业务而基本上不受英国法规和税制管制的一种新型的国际金融市场。这就是离岸国际金融市场（offshore financial market）的开端。由此可见，这种新型国际金融市场主要有两个特征：①以非居民交易为业务主体，故也称为境外市场；②基本不受法规和税制的限制，这是区别于传统国际金融市场的最大特征。从相对意义上说，离岸国际金融市场是完全自由化的国际金融市场。这个特征正是"离岸"一词之由来。

2. 国际金融市场的构成

国际金融市场，从严格意义上说是指国际资金借贷市场，但通常是指广义的概念，还包括国际金融中心的外汇市场和黄金市场。特别是指外汇市场，与国际资金借贷市场是密不可分的。因为国际资金的借贷活动以至国际间黄金买卖都离不开外汇买卖。因此，比较完整地说，国际金融市场是由外汇市场、货币市场、资本市场和黄金市场四个部分组成的。

（1）外汇市场。

外汇市场（foreign exchange market）是指经营外汇买卖的交易所。这个市场的职能是经营货币商品，即不同国家的货币。

（2）货币市场。

货币市场（money market）是指资金借贷期限在1年内（含1年）的交易市场，故又称短期资金市场。货币市场的参与者包括商业银行、票据承兑公司、贴现公司、证券交易商和证券经纪商。货币市场根据不同的业务活动，具体可以分为银行短期信贷市场、贴现市场和短期证券市场。银行短期信贷市场是国际银行同业间拆借或拆放，以及银行对工商企业提供短期信贷资金的场所。贴现市场主要由贴现公司组成。

（3）资本市场。

资本市场（capital market）是指资金的借贷期限在1年以上的交易市场，故又称中长期资金市场。国际资本市场融通资金的方式主要是银行中长期贷款和证券交易，因而，国际资本市场具体可分为银行中长期贷款市场和证券市场。

(4) 黄金市场。

黄金市场（gold market）是世界各国进行黄金买卖的交易场所。黄金交易与证券交易一样，都有一个固定的交易场所。目前世界上著名的黄金市场主要有：伦敦黄金市场、苏黎世黄金市场、美国黄金市场和香港黄金市场。前两者主要进行黄金的现货交易，而后两者主要进行黄金的期货交易。

12.2.3 外汇与外汇市场

外汇市场是跨国公司从事跨国经营活动的重要财务管理环境。跨国公司从海外投资设厂到由生产经营活动取得收益汇回本国，一般都要进行货币兑换。而这个兑换过程就是通过外汇市场进行的。同时，外汇市场上的外汇交易活动由于汇率的不断变化而充满风险。这就给跨国公司的经营活动带来机会和挑战。

1. 外汇的基本概念

外汇可以从动态和静态两个方面来理解。动态的外汇是国际汇兑的简称，它指一种活动，或者说是一种行为，就是把一个国家的货币兑成另外一个国家的货币，借以清偿国际间债权债务关系的一种专门性的经营活动。静态的外汇是指一种以外币表示的支付手段，用于国际之间的结算。货币基金组织曾经对外汇作过明确的说明："外汇是货币行政当局（中央银行、货币管理机构、外汇平准基金组织及财政部）以银行存款、国库券、长短期政府债券等形式所保有的在国际收支逆差时可以采用的债权。"根据这个定义，外汇具体包括如下内容。

(1) 可以自由兑换的外国货币，包括纸币、铸币等。

(2) 长、短期外币有价证券，即政府公债、国库券、公司债券、金融债券、股票、息票等。

(3) 外币支付凭证，即银行存款凭证、商业汇票、银行汇票、银行支票、银行支付委托书、邮政储蓄凭证等。当前我国国内普遍使用的"外汇"，一般是指静态外汇。

本国货币以及本国货币表示的各种信用工具和有价证券，自然不能称作为外汇。

2. 汇率及其标价方法

国际间政治、经济、文化的联系，以及贸易与非贸易往来所引起的货币收支和债权债务，都要在有关国家间办理国际结算，而这种结算就是通过经常的、大量的外汇买卖来进行的。外汇买卖需要一个兑换比率，即汇率或汇价。外汇汇率是一个国家的货币折算成另一个国家货币的比率。也就是说，在两个国家货币之间，用一国货币所表示的另一国货币的价格。总之，汇率就是两种不同货币之间的比价。

确定两种不同货币之间的比价，首先要确定用哪个国家的货币作为标准。由于确定的标准不同，于是便产生了两种不同的外汇汇率标价方法。

(1) 直接标价法。

直接标价法又称应付标价法，是以一定单位的外国货币作为标准，用一定的本币表示外币的价格。在理解时可以将货币视为商品，即用本币来表达外币。

（2）间接标价法。

间接标价法又称应收标价法，是以一定单位的本国货币为标准，用一定量的外币表示本币的价格。

（3）美元标价法。

第二次世界大战之后，国际金融市场之间外汇交易量迅速增长，为了便于在国际间进行外币业务交易，银行间都以美元为标准来表示各国货币的价格，至今已成习惯。

3. 外汇市场基本概念

外汇市场是由外汇需求者、供应者和中介机构组成的买卖外汇的交易场所，它是国际金融市场的重要组成部分。外汇市场存在两种形式：有形的外汇市场，即外汇交易所；无形的外汇市场，即现代通信工具形成的交易网络。当前，随着通信技术和银行业的发展，无形的外汇市场已经成为外汇市场的主要形式。

（1）外汇市场的组织结构。

外汇市场是国际经济一体化进程的产物。如果世界上只有一种国际货币，那么就不会存在外汇市场。然而，现实生活并非如此，外汇市场使得各种货币购买力转移成为可能。在市场经济的大千世界里存在着各种各样的市场，而其中发展速度最快、交易规模最大的要数外汇市场了。

（2）外汇市场的参与者。

外汇市场的参与者主要包括：①商业银行；②个人和企业；③投机者和套汇者；④中央银行和财政部；⑤外汇经纪人。

（3）外汇市场的汇率报价。

商业银行是外汇市场的主要参与者，商业银行通常也是外汇市场的汇率报价者。商业银行在报价时，一般同时报出买价和卖价即双向报价。当商业银行报一种货币对另一种货币的买卖价时，按国际惯例，它是指商业银行买卖基准货币的价格。买价是商业银行愿意买进基准货币的价格；卖价是商业银行愿意卖出基准货币的价格。应该指出，一种货币的购买价格就是另一种货币的卖出价格。

4. 即期外汇市场与远期外汇市场

外汇市场根据交易方式的差别可以分为即期外汇市场和远期外汇市场。

（1）即期外汇交易（spot transaction）。

即期外汇交易是指交易双方以当天外汇市场的价格（即期汇率）成交，并在当天或交易以后的第二个营业日进行交割的交易。

（2）远期外汇交易（forward transaction）。

远期外汇交易是一种买卖外汇双方规定买卖外汇的数量、汇率和将来交割外汇的时间，到了规定的交割日买卖双方再按合同规定，卖方交汇、买方付款的外汇交易。通过远期外汇交易买卖的外汇称为远期外汇或期汇。在远期外汇交易中，买卖双方签订的合同称为远期外汇合约（forward contract）。在双方达成远期外汇交易时买方并没有得到其所需要的外汇，卖方也不需要交出其所出售的外汇，买卖双方签订的是一个远期外汇合约。远期外汇合约有五个基本组成部分：类型（买还是卖）、货币种类、数额、远期汇率和到期日。

12.2.4 国际税收和国际税收制度

1. 国际税收

随着国际间经济、技术交流与合作的不断发展,税收分配突破国家的界限而进入了国际范围,形成了国际税收。所谓国际税收是指各国政府与其税收管辖范围之内从事国际经济活动的公司和个人之间就国际性收益所发生的征纳活动,以及由此而产生的国与国之间税收收益的协调行为。国际税收活动具体体现在以下两个方面:①一国税收征纳活动中具有涉外因素并足以引起国与国之间税收权益分配问题的税收征纳活动;②两个或两个以上国家的税收管辖权发生交叉、税收利益发生冲突时所产生的国与国之间的税收协调活动。

2. 国际税收制度

在国际税收形成的初期,世界各国还只是从一国的国内税法角度制定一些具体规定,单方面地处理有关国际税收的事务。随着国际经济的发展,对于国际税收问题,世界各国在实践中逐渐形成一系列的准则和惯例,国际税收因此成为一个独立的范畴。目前,世界上现行的税收制度可以概括为三类:传统制度、分割税率制度和税额转嫁或抵减制度。①在传统制度下,公司所得税按单一的税率征收,分配给股东的股利,则作为股东个人收入,按个人的所得税率计征。采用传统税制的国家有意大利、荷兰、西班牙、瑞典、美国以及多数英联邦国家或地区(英国除外)。②分割税率制度,是根据收益的处理情况采用不同的税率计征,即对未分配收益按42%计征,已分配的收益按32%计征。③税额转嫁或抵减制度,是指对公司收益按同一税率征税,但已纳税款中的部分可作为股东应纳个人所得税的减项,予以扣除。比利时、法国等采用这种制度。三种税收制度并不是相互排斥的,同一国家可以将这些制度结合运用。

12.3 公司国际化筹资管理

12.3.1 国际筹资的含义及特点

1. 国际筹资的含义

国际筹资是指跨国公司为实现其财务目标,通过一定的金融机构或金融市场,采取适当的筹资方式跨越国界在全球范围内筹措其生产经营所需资金的一项管理活动。国际筹资是国内筹资的向外延伸发展,是公司在其跨国经营中可以充分利用的筹集资金的手段。

2. 国际筹资的特点

国际筹资与国内筹资的基本原理是基本相同的,但国际筹资与国内筹资相比具有如下特点:

(1) 资金需求量大。

跨国公司在全球范围内进行生产经营,因此所需资金较多。国际筹资面对的是一个巨大的国际资金市场，这个资金市场能提供比任何一个单一的国家都丰富的资金，为满足跨国公司庞大的资金需求提供了可能性。

（2）筹资来源多，筹资方式灵活。

跨国公司在世界范围内的地区性市场或国际性市场上筹集资金，具有广泛的筹资来源，并且筹资方式更加灵活多样。

（3）筹资风险比较大。

跨国公司在进行国际筹资的时候容易受到各国的政治气候、法律环境、经济条件及文化等不断变化的因素影响，面临的风险更大。

（4）筹资决策复杂，难度较大。

跨国公司在进行筹资决策时要考虑的因素较多，无论是在筹资渠道及筹资方式的选择上还是在综合资金成本及筹资结构的确定上都要考虑风险因素，尽可能降低筹资成本、筹资风险，以实现公司价值最大化的目标。这无疑增加了筹资决策难度。

12.3.2 国际筹资渠道和方式

12.3.2.1 国际筹资渠道

筹资渠道是指资金需求者资金的来源。跨国公司进行国际筹资时筹资渠道主要有如下四个方面。

1. 来自跨国公司内部的资金

这是指跨国公司内部母公司与子公司之间、子公司与子公司之间相互提供资金。其形式有：①股权筹资，母公司向子公司投入股权资本，资金自母公司流向子公司。这种形式有利于加强母公司对子公司的控制权，但面临较大的风险，如外汇风险、股利汇回风险，也存在财产被没收或国有化的风险。②内部贷款，母公司利用自有资金向子公司贷款或子公司之间进行贷款。这种方式的优点是支付的利息具有抵税功能，筹资成本较低，可避免利润无法汇回的风险；缺点是子公司从国外借来的资金面临的外汇风险较大。无论是权益资本形式还是债务资本形式，在集团内部进行资金融通，其资金来源不外乎两个渠道：未分配利润和积存的折旧基金。

2. 来自本土国的资金

跨国公司可以充分利用其在本土国的影响力，从本土国的金融机构、政府组织、企业及社会公众获得资金。具体来说包括从本土国金融组织获得贷款，在本土国资本市场上发行债券筹资和通过本土国有关政府机构或经济组织获得贸易信贷三条途径。优点是比较容易取得，缺点是面临较大的外汇风险。

3. 来自东道国的资金

跨国公司可以根据东道国的经济状况和金融环境在资本市场上发行股票或债券筹资，也可以从当地金融机构借款，从而筹集所需资金。在东道国筹资的优点是政治风险较低、债务利息可以抵税、外汇风险小；缺点是从东道国获得的资金有限，也削弱了母公司对子公司的控制。

4. 来自国际金融机构或第三国的资金

跨国公司可以从各种国际金融机构如世界银行、国际金融公司、亚洲开发银行等取得贷款以满足资金需求，也可以从第三国的金融市场上获得资金。

12.3.2.2 国际筹资的方式

国际筹资方式是指跨国公司在国际资本市场上取得资金的具体形式，它与国际筹资渠道既有联系，又有区别。同一渠道的资金往往采用不同的方式取得，而同一筹资方式又往往可用于不同的筹资渠道。国际筹资方式主要有国际股权筹资、国际举债筹资两大类。

1. 国际股权筹资

国际股权筹资主要是指国际股票筹资，即跨国公司通过在国际资本市场上发行以外国货币为面值或以外国货币计价的股票向社会筹集资金的一种方式。传统上，大多数跨国公司的主要股权资本来自母公司所在国的投资者。但近年来，一些跨国公司中来自国外投资者的股权资本比例有所上升。这是因为国外投资者喜欢通过购买跨国公司的股票来实现国际股权组合投资以降低投资风险。

进行国际股票筹资有如下优点：①在跨国公司存续期内所有筹集的资金属于永久性资本，无需偿还；②普通股股利的分派与否、分配多少视公司经营情况而定，而无法律限定，因此不会成为公司的固定负担；③发行国际股票能提高公司在国际上的知名度，有利于开拓国际市场，同时也为跨国公司进行国际举债提供了基础；④在通货膨胀的情况下，采用股权筹资能使国际股东抵消一部分通货膨胀对购买力的影响，因而更容易吸引资金。

进行国际股权筹资也存在一些缺点：①发售新的普通股可能会稀释原有大股东的控制权（发行新的国际优先股不存在这样的问题）；②由于国际股东承担的风险较大，因而股东要求的报酬率也会较高，从而提高了融资成本；③相对于其他融资方式而言，国际股票筹资的发行费用较高。

2. 国际举债筹资

跨国公司通过举债筹集资金的具体方式包括国际债券筹资、国际信贷筹资和国际租赁筹资。

（1）国际债券筹资。国际债券即跨国公司在本国以外的金融市场上发行，以外国货币或欧洲货币为面值，由外国金融机构承销的债券。按照面值与发行债券所在国的关系，国际债券可以分为外国债券、欧洲债券和全球债券。

外国债券：它是指一国筹资者在某一国家债券市场上发行的，以该国货币为面值的，由该国金融机构承销的债券。这种债券以债券市场所在国的货币为面值，外国债券的担保和发售也是由债券市场所在国的承保辛迪加组织和认购。如我国某筹资者在美国债券市场上发行的以美元为面值的债券就是外国债券。

欧洲债券：筹资者在某一外国债券市场上发行的不以债券市场所在国货币为面值的债券，它由一国或几个国家的金融机构组成辛迪加承销团承销。这种债券以欧洲货币为面值。"欧洲"并不是地理意义上的欧洲，除了覆盖欧洲各国际金融中心的欧洲债券市场外，还包括亚洲等地区各国际金融中心的亚洲货币市场。如我国某筹资者在美国以外的国家发行的以美元为面值的债券就是欧洲美元债券。发行欧洲债券只需经筹资者所在国政府批准而不受其他国家金融法规的制约，资金成本较低。相对于外国债券而言，欧洲债券货币选择性强、活动性强，利息通常免征所得税和利息预扣税，且欧洲债券是持有人债券，不记名发行，这些优点都有利于吸引投资者，因而对于跨国公司来说，欧洲债券市场是一个容量非常大的市场。

全球债券：这是随着国际金融市场的全球化而出现的一种新型国际债券，它是指在全世界各个主要资本市场同时大量发行，并且可以在这些市场内部和市场之间自由交易的一种国际债券。全球债券的流动性高，并且发行者的信用级别较高且多为政府机构。全球债券于1989年5月由世界银行首次发行而宣告诞生。

国际债券筹资的优点有：①筹资期限较长，一般在10年以上；②利率较低，一般低于同期银行贷款，融资成本也低于国际普通股的资本成本；③偿还方式灵活，可以提前偿还也可以延期偿还；④适当运用债务的财务杠杆作用既可以增加股东财富也不会导致控制权稀释。

国际债券筹资的缺点在于：①发行程序较复杂，准备时间较长，发行费用较高；②利息成为跨国公司的固定负担；③增加跨国公司的破产风险。

（2）国际信贷筹资。国际信贷筹资是指跨国公司向世界范围内的国际金融机构或其他经济组织借贷的一种筹资形式，包括如下四种。

国际银行贷款：国际银行贷款是指一国借款人通过本国银行在国际金融市场上向外国贷款银行借入资金的一种信贷方式。国际货币市场很多，但最主要的为欧洲货币市场和亚洲货币市场。欧洲货币市场是存放和借贷欧洲货币的国际金融市场。欧洲货币是指在原发行国领土以外流通、交换、存放、借贷和投资的各种货币。例如，"欧洲美元"是指在美国境外流通、存放和借贷的美元。因此，欧洲货币市场虽产生于欧洲，但已不是一个地区性而是一个世界性的货币市场，有人称之为国际货币市场。亚洲货币市场是存放和借贷亚洲货币的国际金融市场。亚洲货币是存放在亚太地区国际银行中的境外美元和其他可自由兑换硬通货的总称。从广义上讲，亚洲货币市场是欧洲货币市场的一个分支，其利率水平受伦敦银行间同业拆放利率的影响。

国际银行信贷无论是最初的贷放还是最终的收回，都是采取货币资本形式。它有三个特点：①没有附加条件限制，可用以购买任何国家和地区的货物；②手续简单，支取自由，贷款供应充沛，可灵活选用币种和还本付息的方式；③与发达国家国内银行信贷相比，其利率较低，但因这种信贷大多是中长期的，除采用国际金融市场的浮动利率按复利计算利息外，还要支付承诺费、管理费、代理费以及杂费等贷款费用，因此资金成本较高。

国际银行信贷按期限的长短不同，可分为短期信贷和中长期信贷。短期银行信贷的贷款期限一般不超过1年，是跨国公司为了支付货款而凭借其信用借入资金的一种银行信贷。中长期银行信贷的贷款期限一般在1年以上，长期信贷一般在5年甚至10年以上，是国际企业为了满足对固定资产投资的需要而向银行取得贷款的一种信贷方式。这种贷款金额较大，风险较高，借贷双方需签订协议并由借款人所在国政府担保，大多由国际银团提供，也称辛迪加贷款。也有独家银行提供的，称为双边中期贷款，与前者相比，数额较小，但方便灵活、费用较低。

政府贷款：政府贷款是指一国政府利用国库资金向另一国提供的优惠性贷款。这种贷款一般是某一发达国家向某一发展中国家提供的。政府贷款具有贷款期限长，利息低，常用于指定项目，程序复杂，常伴有购买限制条款等特点。

国际金融组织信贷：国际金融组织是指许多国家共同兴办的，为了达到某项共同目的在国际上进行金融活动的机构。按参与组织的国家多少、业务范围大小，可分为全球性的国际金融组织和地区性的国际金融组织。国际货币基金组织、世界银行等都属于全球性的国际金融组织。像亚洲开发银行等就属于地区性的国际金融组织，它的任务是通过贷款进行投资，提供技术援助，以促进亚太地区的经济发展与合作。

国际贸易信贷：国际贸易信贷也称跨国公司的进出口信贷，它是指一国为支持和扩大本国出口，增强国际竞争能力，以对本国的出口给予利息补贴或提供信贷担保的方法，鼓励本国的银行对本国的出口商或外国进口商（或其银行）提供利率较低的贷款，以解决本国出口商资金周转的困难，或满足国外进口商对本国出口商支付货款需要的一种信贷方法。其具体形式主要有两种：卖方信贷和买方信贷。

卖方信贷是指在大型机械或成套设备贸易中，出口公司所在国银行向出口公司（卖方）提供的信贷，它属于商业信用。在这种信贷方式下，出口公司付给银行的利息和费用，一般转嫁给国外的进口公司。贷款手续简单，使用方便。

买方信贷是指在大型机械或成套设备贸易中，由出口公司所在国银行向进口公司（买方）或进口公司所在国银行提供的用以支付货款的信贷，它属于银行信用。有关利息和费用不包括在贷款之中。这种信贷方式可使进出口贸易即期现汇成交，有利于出口公司及时收回货款，也使进口公司负担的费用和利息较少。但其手续较为复杂，贷款限定用途，条件较为严格。

此外，在国际贸易信贷中，还有签订贷款协议、信用安排限额，以及将卖方信贷或买方信贷与政府贷款相结合的混合信贷等方式。

（3）国际租赁筹资。国际租赁筹资也是跨国公司一种重要的筹资方式。在租赁融资中，承租人为了获得资产的经济用途承诺向出租人定期支付租金，这种规定的债务使租赁成为一种与借款类似的筹资方法。租赁可分为融资租赁和经营租赁。在融资租赁中与所有权相关的大部分经济利益及风险都转移给了承租人，在经营租赁中则相反。租赁存在的主要经济原因是公司、金融机构、个人从拥有资产中得到了不同的税收收益。

国际租赁的优点在于：①减轻跨国公司总体税负，国际租赁的方式使跨国公司集团内部可以转移利润，从而达到避税的目的；②便于内部资金的国际转移；③降低政治风险，若某子公司东道国政治风险较高，该子公司就可以从当地租赁公司租赁固定资产，避免其财产被国有化。但国际租赁的缺点在于租赁费较高，增加了资本成本。

12.3.2.3 国际筹资战略

由于资金来源即取得资金的方式差异会带来不同的筹资成本和筹资风险，直接影响着跨国公司的经营和理财绩效，跨国公司应从战略的高度来进行筹资决策，以达到减少总体筹资成本、降低筹资风险、合理安排资本结构这三个具体目标。

1. 减少总体筹资成本

由于各种因素的共同作用,国际资本市场可以细分为众多差异化市场,不同市场上的资金受到政府补贴、税收负担等因素的影响,其成本不尽相同,即使在同一资本市场,从不同渠道、采用不同筹资方式筹集到的资金其筹资成本也相差很大。世界各资本市场的不完备性造成各种资金来源的实际成本之间会存在各种差别,这就为跨国公司利用内部组织一体化优势和日益发达的信息技术,及时准确地把握这些筹资机会提供了可能性,跨国公司可以采用以下几种方式降低筹资成本。

(1) 通过选择适当的筹资方式、筹资币种、筹资地点来减少或避免税收负担;
(2) 尽量利用各种有优惠的信贷;
(3) 绕过信贷管制、争取当地信贷配额。

2. 降低筹资风险

任何一种重要的筹资安排都会对跨国公司的总体风险水平产生影响,因此跨国公司在进行筹资时必须充分考虑风险因素。这些风险因素包括政治风险、外汇风险和利率变动风险。第一,为避免国有化、战争等风险,跨国公司应考虑尽量使用外部资金特别是来源于东道国的资金,以子公司的盈利来归还贷款。第二,在不同情况下跨国公司可以采取不同的防范措施来降低外汇风险。①当举债和还款使用的币种不同时,从理论上说应采取"借软还硬"的办法,这样举债人会因货币贬值而减轻债务负担;②调整举债的比重结构,避免币种单一或某一币种过于集中来抵消或减少外币汇率风险。举债的币种结构应尽可能地与跨国公司出口收汇的币种结构一致。第三,调整举债的利率结构,减少利率波动的风险。为避免和减少利率波动风险,跨国公司可以分析预测利率变动趋势,计算各种利率条件下的筹资成本,在有利的时期筹集资金。跨国公司可以适当提高固定利率借款占全部借款的比重,并进行长、短期利率的搭配,以避免或相互抵消利率所带来的风险。总之,跨国公司要比较权衡利率波动和利率变化的不同影响,遵循均衡、保值、全过程管理等原则,尽可能地使筹资风险最小化。金融市场的日益发达、金融创新工具的日新月异也为跨国公司降低筹资风险提供了机会。

3. 合理安排资本结构

跨国公司的国际性决定了其确定最优资本结构时应当从总体进行考虑,不仅要考虑母公司的资本结构,还要考虑子公司的资本结构。这是因为两者是相互影响的。任何一个子公司的财务状况都会不同程度地受到母公司资本结构政策的影响,反过来子公司的财务状况也会影响公司整体盈利能力与偿债能力。资本结构理论研究到今天,对于何谓最优资本结构、一个企业内债务资本与权益资本的最佳比例是多少等问题仍然没有确切的答案。这是因为不同国家或地区政治、经济、法律、文化环境迥异,即使在同一国家或地区,各行业的差异性也会使各企业的资本结构差别很大。一项由国外学者进行的调查研究发现,跨国公司的资本结构倾向于按照公司总部所处国家的情况而变化。英联邦国家及美国的跨国公司债务比例比总部设在其他工业发达国家的跨国公司要低。研究进一步表明,跨国公司总体资本结构中的债务比率都高于母国的国内企业。跨国公司应以公司总体资本结构最优为目标,合理安排母公司、各子公司的债务资本与权益资本的比例,而不能过分强求母子公司资本结构一致。

◎ 案例12-1 阿里巴巴2020年全球债券发行

案例背景:阿里巴巴集团控股有限公司(以下简称"阿里巴巴")是中国最大的电商平台和互联网科技公司之一,业务遍及电子商务、云计算、数字媒体、物流等领域。为了支持其全球扩张战略和未来发展计划,阿里巴巴决定进行国际化筹资,通过发行债券来筹集资金。

发行细节:2020年,阿里巴巴集团分别在美国和欧洲进行了一系列债券的发行。阿里巴巴集团在美国市场发行了总额为50亿美元的债券。这次发行分为多个期限和利率,以吸引不同类型的投资者。具体细节如下:10亿美元三年期固息债券票面利率为1.625%,比可比美国公债收益率高70个基点;3亿美元三年期浮息债券利率为三个月LIBOR(3mL)加52个基点;22.5亿美元五年期债券票面利率为2.5%,比可比美国公债收益率高95个基点;15亿美元七年期债券票面利率为3.125%,比可比美国公债收益率高115个基点;22.5亿美元10年期债券票面利率为3.6%,比可比美国公债收益率高128个基点;7亿美元20年期债券票面利率为4.5%,比可比美国公债收益率高148个基点。由于债券A1/A+/A+的评级较高,且两个月前规模创纪录的IPO大获成功打响了公司名气,阿里巴巴才能打破惯例,引得全球投资者比照亚马逊(Baa1/AA-)、思科(A1/AA-)和甲骨文(A1/A+)等蓝筹企业的标准来为其债券定价,而不是按腾讯(A3/A-)和百度(A3/A)等中国科技企业的标准定价。

与在美国市场的发行相似,阿里巴巴集团还在欧洲市场进行了债券发行。具体发行金额和期限等细节没有详细披露,但这是阿里巴巴首次在欧洲市场进行债券发行,旨在进一步丰富其筹资来源。

债券评级:这次发行的债券获得了国际评级机构的评级。标准普尔评级机构将阿里巴巴的长期债务评级为A+,且展望稳定。

筹资用途:阿里巴巴集团计划将筹集到的资金用于多个方面,包括但不限于:

①投资新兴技术和创新项目:用于支持阿里巴巴在人工智能、云计算、大数据等领域的创新研发和项目投资。

②扩大全球业务:用于支持阿里巴巴在全球范围内的业务扩张,包括进一步拓展电商市场份额、扩充云计算业务等。

③债务重构和偿还:用于偿还到期债务和债务重构,以优化阿里巴巴的债务结构和降低财务成本。

投资者反应:该债券发行受到了市场的广泛关注和积极回应。由于阿里巴巴作为中国最大的电商平台和互联网科技巨头之一,拥有强大的市场地位和前景,投资者对该债券表现出了浓厚的兴趣。据悉,这些债券购买者包括一些国家的主权财富基金以及美国共同基金。路透的一则报道表示,投资者对不同期限债券的需求均"非常强劲"。此次发债共吸引到超过550亿美元的需求,共有来自约一千个不同投资人逾2700笔订单。这使阿里巴巴得以把这六部分债券的指导价较原计划全线缩窄10~25个基点。

这次债券发行为阿里巴巴提供了大量的资金支持,有助于推动其全球业务拓展和技术创新。通过在美国和欧洲市场进行债券发行，阿里巴巴不仅实现了筹资渠道多样化，还增强了其在国际金融市场的影响力。此外，该发行也反映出投资者对阿里巴巴的信心以及对其商业模式和发展前景的认可。

12.4 公司国际化投资管理

12.4.1 国际投资管理概述

12.4.1.1 国际投资的含义

国际投资一般是指某国的企业、个人或政府机构跨越本国疆界投入一定数量的资本或其他生产要素，以期望获取比国内更高的利润或实现其他经济目的的一种投资。投出资本国称为投资国，接受资本国称为东道国。

国际投资按投资主体可以分为公共投资（由政府部门进行的国际投资）和私人投资（由企业或个人进行的国际投资）。公共投资由于一般带有援助性质，因此不作为本节研究的内容。

国际投资按投资方式可分为国际直接投资和国际间接投资。国际直接投资是指投资者在其所投资的企业中拥有足够的所有权和控制权或具有足够程度的控制权的投资。最初意义上的国际直接投资是指在国外建立企业进行生产和设立商店直接销售的一种经营活动。现代意义上的国际直接投资是指在国外取得控制权的投资，直接投资的结果通常是以子公司或分公司的形式存在。国际间接投资是指投资者不直接掌握投资对象的资产所有权，或在投资对象中没有足够的控制权的投资。间接投资一般指证券投资。由于国际证券投资与国内证券投资分析方法、决策过程基本相同，在此不再详细讨论，本节所讨论的重点是私人直接投资中的国际直接投资。

12.4.1.2 国际直接投资的动机

从经济学角度进行分析，我们可以将国际投资的动机归纳为以下三个方面。

1. **经济动机**

经济动机表现为投资者力图充分利用其资本优势、厂商优势、内部化优势和区位优势，选择投资于不同国家的不同资产以分散投资风险，最大限度地获取差额利润或使其垄断优势效用最大化。

2. **战略动机**

战略动机表现为投资者为了谋求在全球范围内的长远利益而开拓市场、寻求原材料、提高生产效率、吸取知识和经验以及寻求政治上的稳定等。跨国公司在国外市场获取原材料进行生产、加工、销售或出口，一方面是满足当地需求，另一方面是满足国际市场需求；在各国寻求廉价的生产要素提高生产效率的同时，还可以尽量学习和吸收当地的技术和管理经验；而在不会遭到没收财产和干涉经营的国家进行投资，更是为了政治上的稳定，避免政治风险。

3. 行为动机

行为动机表现为跨国公司外部环境的促进因素和组织内部的个人倾向。外部的促进因素主要有外国政府、公司营销人员和客户的建议,对丧失市场的担心,在海外经营取得成功的一些人的影响,在国内市场中来自海外强大竞争者的影响等。这些因素可以更为直接地表现为原件和其他产品创建市场、利用现有设备、专有技术资本化、恢复原来拥有但却失去的市场等。跨国公司的内部个人倾向则主要是其主观意志的体现。

12.4.2 国际直接投资的环境分析

12.4.2.1 国际投资环境的构成

国际投资环境是指在国际投资过程中影响国际资本运营的东道国的综合条件。按投资环境的表现形态可分为硬投资环境和软投资环境两类。

1. 硬投资环境

硬投资环境是指那些具有物质形态的各种影响投资效益的因素,它们对国际投资的约束是刚性的或是无弹性的。主要包括交通运输条件、邮电通信设施、能源供应、市政工程建设、公用事业的建设、土地资源的充裕性及价格高低等。

2. 软投资环境

软投资环境是指那些没有具体物质形态的各种影响投资效益的因素。主要包括:①政治法律制度,这直接影响到国际投资的"安全性";②经济环境,包括经济政策、经济结构、经济发展水平及经济稳定性、市场规模及开发程度、消费者的偏好等;③社会文化和教育因素。

12.4.2.2 国际直接投资环境分析的方法

国际直接投资环境分析的方法主要有冷热分析法和投资环境等级评分法。

1. 冷热分析法

冷热分析法是由美国学者伊西·阿利特法克和彼得·班廷二人通过对美国、加拿大等国大批工商界人士进行调查和对大量资料进行综合分析后得出的。他们认为评价一国投资环境时应对以下七个因素进行分析,即政治稳定性、市场机会、经济发展、文化成就、法令阻碍、实质阻碍(指一国的自然条件、气候等)、地理及文化差异。投资环境好的国家称为"热国",反之称为"冷国"。

2. 投资环境等级评分法

它是由美国学者罗伯特·斯托鲍夫提出的。这种分析方法是从东道国政府对外国投资者的限制和鼓励的政策出发,具体分析影响投资环境的八大因素(资本抽回、外商股权、对外商管制、货币稳定性、政治稳定性、给予关税保护意愿、当地资金可用程度、近5年通货膨胀率)及其子因素,并根据各子因素对投资环境的有利程度予以评分。评分是按八大因素各自在投资环境中的作用大小确定的,从而避免了对不同因素平等对待的缺点。根据这种分析方法,总分越高则投资环境越好。外国投资者采用这种方法可以很容易地对不同投资环境进行评估,择优选择。

12.4.2.3 国际直接投资分析中的特殊问题

无论是进行国内投资还是国际投资，投资决策的程序基本相同，使用的分析方法也相同：考虑货币时间价值的动态法（如净现值法、现值指数法、内含报酬率法、动态回收期法等）和未考虑货币时间价值的静态法（如回收期法、会计收益率法等）。本节只就国际直接投资中的一些特殊问题进行初步探讨。

1. 国际投资的评价主体问题

在分析直接投资项目时，是以国外的投资项目本身作为评价主体还是以进行国际直接投资的母公司为主体，往往会导致不同的结果。受到税收管理和外汇管制的影响，国外项目可获得的现金流量与母公司可获得的现金流量存在很大差别，具体情况如下：①东道国政府对股利汇回进行不同程度的限制；②特许权使用费、服务费和管理费等费用对母公司而言是收益，对子公司来说却是费用；③各国税率不完全相同；④汇率不断变化造成外汇价值波动；⑤各国通货膨胀率存在差异；⑥在跨国公司内部实行转移定价，会使项目能给母公司增加的现金流量与项目总的现金流量不符。

对于确定国际投资评价主体问题，各国学者主要持三种观点：①认为应以母公司作为评价主体，这是因为进行国际投资的目的是实现母公司财富最大化，母公司的现金流量最终是为了支付股利。②认为应以投资项目作为评价主体，这是因为投资目标应当反映股东国际化的内在特性。跨国公司更注重长期发展，倾向于将投资项目创造的资金用于再投资，而不是汇回本土国。③认为应当将子公司和母公司作为主体分别评价。因为财务目标是多元的，应当考虑利益相关者的利益，分别评价更有利于评价子公司管理层的经营业绩，更好地建立激励机制。以上三种观点都有其合理的一面，值得注意的是评价主体的不同将会对投资决策中的现金流量分析产生重大影响。

2. 国际直接投资的现金流量分析

从方法上讲，国际直接投资现金流量分析与国内投资现金流量分析并无重大差别，但在国际投资分析中应当充分认识各国税收制度、金融机构、外汇管制、财务准则及金融资产流动性的限制对现金流量的影响，区分母公司与子公司的现金流量。

在国际直接投资现金流量的分析中，应注意以下特殊问题。

（1）初始现金流量。

一个项目的初始投资通常包括投资在厂房、机器设备等固定资产上的实际支出和垫支的营运资金，但在进行国际投资确定初始现金流量时，有时会遇到一些特殊情况。如在 A 国的 X 公司准备在 B 国建一项目 Y 需要资金 1000 万元，X 公司原来在 B 国有 100 万元的资金被冻结，不能换成本国货币汇回 A 国，但现在由于投资于 Y 项目，被冻结的资金可以利用，则这 100 万元应作为初始现金流量的减项予以扣除，这样就会使现金流出量减少。

（2）终结现金流量。

确定终结现金流量的方法有两种：①清算价值法。主要适用于那些投资项目寿命终了不能再继续经营的项目，有关的固定资产的清理收入和收回的垫支的营运资金便是项目的终结现金流量。②收益现值法。即对那些经营期限终了但项目还能继续使用的投资项目，在经营期满后可根据尚可使用年限，以适当的贴现率将每年产生的净现金流量折成现值作为项目的终结现金流量。但在国际投资中，有的投资项目所在国的有关法律可能规定了投资项目经过一定年限后即归东道国所有，在这种情况下项目的终结现金流量为零。

（3）汇回母公司的现金流量。

①如果以母公司作为评价主体，则所用的现金流量必须是汇回母公司的现金流量。如果东道国对现金流量的汇回没有任何限制，那么项目产生的净现金流量能全部成为母公司的现金流量；如果东道国对汇回母公司的现金流量有各种限制，那么只能将可汇回的金额视为母公司的现金流量。②现金流量换算中应当选择汇回现金流量时的汇率进行换算。③国际投资项目汇回的现金流量中，以股利形式汇回的现金流量一般已在东道国缴纳了所得税，为了避免出现双重纳税，一般在国外已纳税的现金流量汇回母公司可享受一定的纳税减免。

国际直接投资项目评估的具体步骤大致可以分为三步：①从子公司角度评价项目的现金流量；②具体预测母公司可得到的现金流量的具体数量、时间和形式；③从母公司角度广泛地考虑该项目投资所导致的非直接的收益与成本，进行现金流量分析。

12.4.2.4 国际直接投资的风险分析

风险是影响国际直接投资的最为关键的因素，在进行国际直接投资时应给予足够的重视，这里我们对涉及的外汇风险、政治风险和经济风险做一简单的介绍。

1. **外汇风险**

外汇风险亦称外汇暴露（foreign exchange exposure），是指一个经济实体或个人的债权债务在以外币计价时，由于汇率波动引起价值变化而蒙受损失或丧失预期收益的可能性。外汇风险可以归纳为交易风险、折算风险两种类型。①交易风险是指公司因进行跨国交易而取得外币债权或承担外币债务时，由于交易发生日的汇率与结算日的汇率不一致，可能使收入或支出发生变动的风险。从交易风险的实际发生过程来看，它包括以下几种基本的形式：以外币表示的借款或贷款；以外币表示的商品及劳务的赊账业务；尚未履行的期货外汇合约；其他方式所取得的外汇债权或应承担的外币债务。②折算风险也称会计风险，是指由于外汇汇率的变化而引起的资产负债表、损益表上某些外汇项目金额变动的风险，这种风险具体表现在资产、负债收入和费用的增加和减少上。不过，这种风险只是出现在跨国公司编制合并报表过程中，并不影响企业的现金流量。

2. **政治风险**

政治风险主要是指国际经济活动中东道国的政局变动以及采取的政治性措施变化导致外国投资者经济损失的风险，包括：①国有化风险。即东道国将外国投资者的投资和财产收归该国所有。子公司的财产被国有化之后，母公司往往得不到补偿，或即使有补偿，其补偿金额往往低于市场价值。②战争风险。这类带有突发性质的风险给跨国公司带来的损失往往得不到补偿。③转移风险。即由于东道国实行外汇管制，跨国公司无法将其子公司创造的利润或子公司的资产转移回本土国或其他国家。④其他风险。如某些东道国对外国投资者实行差别待遇，规定较高的税率、雇用员工中东道国居民的最低比例、在环保和社会福利方面较高的标准等,以此削弱跨国公司的竞争实力。跨国公司应当尽量避免在政治风险较高的国家或地区进行投资。

3. 经济风险

跨国公司面临的经济风险主要包括宏观和微观两方面。宏观方面的经济风险主要是指国民生产总值增长率的变化、利率变动、通货膨胀、贸易条件变化、税收结构调整等引起的风险。这些既可能给跨国公司带来损失也可能带来收益。微观方面的经济风险主要是指市场供求关系和价格的变化、公司内部技术装备和设备利用率的变化、产品结构的调整、工人劳动生产率和原材料价格的变化,以及其他可能出现的意外情况。分散经济风险的主要方法是多元化经营。

◎ **案例 12-2　中国电信 2018 年以来在巴基斯坦的投资**

投资背景:中国电信集团有限公司(以下简称"中国电信")作为中国最大的电信运营商之一,拥有庞大的用户基础和先进的电信技术。巴基斯坦作为亚洲地区人口众多、经济增长迅速的国家,具有巨大的市场潜力。通过在巴基斯坦的投资,中国电信希望利用自身的技术和经验,进一步扩大在国际市场的份额,并在亚洲市场拓展业务。

合作伙伴:中国电信在巴基斯坦的投资是通过其子公司 CTG(China Telecom Global Limited)和巴基斯坦当地公司 PTCL(Pakistan Telecommunication Company Limited)的合作实现的。PTCL 是巴基斯坦最大的电信运营商之一,拥有广泛的网络覆盖和客户基础。与当地合作伙伴合作有助于中国电信更好地了解巴基斯坦市场,充分利用当地的资源和经验。

投资领域:中国电信在巴基斯坦的投资主要涉及电信网络和数据服务领域。通过投资,中国电信旨在提供高质量的电信网络和数据服务,满足巴基斯坦市场不断增长的需求。这包括移动通信、固定电话、宽带互联网和企业级数据解决方案等。中国电信将引入先进的电信技术和服务,提高巴基斯坦电信市场的整体水平。

业务发展:中国电信在巴基斯坦的投资旨在推动巴基斯坦的数字化转型,提供更快速、稳定和可靠的通信服务。中国电信将通过引入先进的技术和解决方案,完善巴基斯坦的通信基础设施并提高其服务水平,为巴基斯坦用户提供更好的通信体验。同时,中国电信还将重点发展企业级数据服务,支持巴基斯坦的企业和组织进行数字化转型,并提供定制化的解决方案。

市场影响:中国电信在巴基斯坦的投资将增强自身在国际市场的影响力,加强在亚洲市场的竞争力。通过与当地合作伙伴合作,中国电信能够更好地理解巴基斯坦市场的需求和特点,并根据市场需求调整业务策略。这有助于中国电信在亚洲地区的扩张,并进一步加强中国企业在国际舞台上的竞争力。

发展前景:随着中国电信在巴基斯坦的投资不断深化,预计其在巴基斯坦市场的影响力将进一步增强。巴基斯坦作为一个快速发展的经济体和人口众多的国家,对电信服务的需求不断增长。中国电信在巴基斯坦市场的投资将有助于满足巴基斯坦人民对高质量通信服务的需求,并促进该国的经济和社会发展。

总之,中国电信在巴基斯坦的投资是一个战略性举措,有助于中国电信在国际市场的扩张和提升竞争力。通过与巴基斯坦当地合作伙伴合作,中国电信能够更好地理解和满足巴基斯坦市场的需求,并为当地用户提供高质量的通信服务。这一投资将进一步加强中国企业在亚洲和全球范围内的影响力,并推动巴基斯坦的数字化转型和经济发展。

12.5 公司国际化税收管理

国际税收与跨国公司的经济活动关系非常密切,税收通过影响对外投资管理、财务结构、外汇风险管理、营运资本管理等经营决策,对跨国公司的收益和现金流量产生重大的影响。跨国公司的管理人员应掌握国际税收方面的理论,熟悉不同国家的税收制度,以便制订战略性国际税务计划,实现全球税负最小。

12.5.1 国际税收环境分析

跨国公司所处的国际税收环境是极其复杂的,除了母国政府所制定的对国外收益来源课税的特殊规定外,其分支机构所在国的税务制度也千差万别。更重要的是,国际税务协定、法律和条例都在不断地变化,这更增加了国际税收环境的复杂性。各国税收环境的差异主要体现在以下几个方面。

1. 纳税的种类

世界各国所设的税种不尽相同,跨国公司及其设在各地的分支机构应缴纳税款的名目也多种多样。最主要的税种有以下四种。

(1) 公司所得税。

公司所得税是以企业的收益或所得为对象而课征的税。所得税是运用最广泛的税种之一,公司所得税的课征方法有两种:古典体系和综合体系。前者主要应用于美国,即当公司获得应税所得时,不管是否分配给股东,都予以课征。后者更多地应用于一些欧洲国家,根据此种体系,公司应税所得被分为已分配收益和未分配收益两部分,并按不同的税率予以计征,或者不管收益是否分配,均按统一税率计征,但已纳税款的部分可作为股东应税所得抵减数。

(2) 预扣税。

预扣税是东道国政府对外国投资者在本国投资所获得的股息、利息、专利使用费等所计征的税种。假如韩国的股息预扣税为10%,那么,购买韩国某公司股票的外国投资者从其预期的股息中只能收到90%,另外10%由韩国公司代扣,并上缴韩国政府。预扣税税率最低为0,最高为25%。

(3) 增值税。

增值税是以产品或劳务生产经营各环节新增加的价值为课征对象的税种,目前它是欧洲联盟和一些拉美国家的主要税种之一。增值额的计算可以采用扣减法或增加法两种方法。根据扣减法,增值额等于企业的销售收入减外购中间产品和劳务价值;根据增加法,增值额等于企业使用的所有生产要素的报酬之和,即工资加租金加利息加利润。

(4) 其他税种。

财产税是以财产为课征对象的税种,它可以分为一般财产税和个别财产税。一般财产税以财产总值或净值为对象而课征；个别财产税以某项具体财产为对象而课征，如土地、房产等。

周转税是按生产经营的某个或某几个环节的周转额而课征的税种。各国周转税的计征方法和对象有所不同，如美国在商品零售时计征，英国在商品批发时计征，加拿大在生产完成时计征，而德国对所有的周转环节都计征周转税。

2. 应税所得的来源

公司所得税是跨国公司应缴纳的最重要的税收种类，而确定应税所得来源是纳税的前提条件。从跨国公司的角度来看，应税所得可以来自母公司，也可以来自设在世界各地的子公司或分公司。

对来自国外的所得是否进行课税，目前世界各国存在两种不同的做法。一种是"世界范围"课税原则，又称"居民课税"或"国民课税"原则，即不论本国公司的收益是来自国内或国外，其收益均属课税收益，均须向母国政府缴税。美国就是采用这一原则。另一种是"领土内"课税原则，或称"来源"课税原则，即一国政府只对领土内的本国企业或外国企业在本国境内经营所得收益予以课税，跨国公司来自海外的收益均不课税，如德国、阿根廷、瑞士、巴拿马和委内瑞拉等地均采用此种原则。

有的国家（如美国）在对国外所得课税的规定中还详细区分了两种不同的组织形式，即子公司和分公司。跨国公司在海外的子公司是独立的经营实体，母公司不承担子公司的债务，海外子公司所获收益只有汇回母公司时才需课税。若子公司发生亏损，其亏损额不能抵减母公司的应税所得。而分公司是母公司经营实体中的组成部分，分公司的所得收益，不论是否汇回母公司，均须在当年纳税。若分公司出现亏损，其亏损额可以从母公司当年的应税所得中扣除。

3. 费用的确定

在各国税收制度中对同一费用的处理有不同的规定，这就造成了各国纳税的差异。一项费用一经确定，即可冲减当期收益额，从而使应税所得额和纳税额下降。对费用确认有无明确规定及如何规定，直接影响到跨国公司的税负。

目前，各国政府对费用确认的规定有较大的差异，这种差异集中体现在资产使用寿命上。从跨国公司的角度来看，一项资产成本摊销的期限越短，费用的确认越早，对公司越有利。某些国家的政府为了吸引外资或鼓励本国企业进行技术改造，对某些资产成本的摊销制定了特殊优惠的政策，如1981年、1986年和1993年，美国政府三次修改税法，进一步缩短资产折旧年限。英国政府对资产使用期限规定有效的幅度，并允许各公司根据自身经营的具体情况来确定最有利的资产使用期限。瑞典政府规定公司可以报销存货，从而减少应税所得。

4. 税负

税负是国际税收环境中一个非常重要的因素，当前世界各国（地区）在税负上存在相当大的差异。这些差异首先表现在税率方面，以公司所得税为例，世界各国（地区）所得税税率差别很大，最低的税率为0，最高达55%。除各国税率的差别外，影响公司税负的因素还有应税所得的范围、费用的确认及所得税的课征方式等，因此，从表面上看，一个国家（地区）的法定税率可能低，但因对应税所得来源和费用的确认有严格的规定，其实际税负很可能很高。

面对如此复杂的国际税务环境，跨国公司应从全球战略出发，综合考虑各种因素，统筹安排税务计划，以便充分挖掘税务在扩大现金流量、提高税后利润方面的潜力。

12.5.2 国际税收管理的方法

1. 投资区位决策

在投资区位决策时，跨国公司的税收因素考虑的主要方面是总税负水平。由于各国税法税则差别较大，税种税率都不相同，因而在投资决策时，仅仅考虑某类税收是不够的，必须看总体税负水平。在税收结构方面，有些税种，如所得税，跨国公司管理能动性较大，可以进行合理避税；而有些税种，如增值税，跨国公司的机动余地较小。在税收优惠政策方面，许多发展中国家一般都采用税收优惠政策来吸引外资。在国家税收协定方面，要考虑本国与东道国之间是否签订税收协定。

2. 组织形式的选择

税收结构总是以特定的产业和公司组织为对象，不同国家的税收政策各具特点。因此，跨国公司的海外机构选择的组织形式将影响税负水平。跨国公司海外机构的组织形式主要有分公司与子公司两种。从税收的角度看，选择子公司还是分公司形式，需要综合考虑两种组织形式的不同税收待遇、有关国家的税收规定以及投资公司的策略目标。

3. 国际融资策略的选择

跨国公司执行不同的国际融资策略有着不大相同的税收后果。从总体上看，跨国公司财务管理模式可分为母公司集中的财务管理模式和各子公司自行融资管理模式两种。母公司借款和子公司借款有着全然不同的税收后果。一方面，如果母公司是在母公司融资，母公司税率高于东道国的税率，公司整体债务资金的税负就重于子公司自行融资时的税率；如果母公司税率低于东道国的税率，母公司的当地举债就可降低资金的税负；如果母公司是通过设在低税地的子公司筹资再供应其他子公司，则还可以进一步降低税收支出。另一方面，如果母公司承担筹资责任，则通常会考虑公司整体资本结构的优化，如果无母公司的整体控制，更不可能考虑跨国公司的资本结构，不同的资本结构有着不同的税收后果。

需要强调的是，跨国公司融资的税收管理是与利率、汇率、外汇管制和外汇风险等联系在一起进行的，撇开了其他方面而就税收论税收，往往不会有太大的实际意义。

4. 国际避税的采用

国际避税是指跨国公司利用税法规定的差别，采用选择合适的经营地点和经营方式等种种合法手段，来减少或消除其纳税义务的一种行为。国际避税与国际逃税是两个不同的概念，后者是故意或有意地违反税法规定的行为，具有欺诈性。跨国公司的国际避税措施主要有以下几种。

（1）转移定价。

跨国公司通过转移定价，在公司体系内部调节成本和收入，将成本由低税率地区公司转移到高税率地区公司,从而将利润由高税地区公司转移到低税地区公司,可大大降低应纳税额。这里有两种情形,一是直接转移——在高税率地区与低税率地区的联属企业之间发生商品和劳务交易时,压低高税率地区公司的销货收入和税费,或人为抬高低税率地区公司的销货收入和税费,使利润通过交易从高税率地区公司转移到低税率地区公司,达到避税目的。另一种是间接转移——联属企业发生交易时,由设立在低税地区的第三联属公司中转,使真正发生交易的两个公司的利润转移到第三联属公司。第三联属公司一般只进行账面处理,并不实际参与交易。

(2)"避税港"营业。

避税港是对外国经营者征收相当低的所得税甚至不征收所得税的国家和地区。鉴于避税港的特殊条件,跨国公司可通过在避税港设立附属公司(多系空壳公司)。当母公司与其所属的其他子公司之间或其他子公司之间相互发生货物转移、费用转移时,制造事实上不存在的通过避税港公司中转的假象,把利润转移到避税港公司的账上,从而使公司总体税负减少。

(3)提高贷款利率。

在母公司所在国所得税率低于子公司所在国的情况下,母公司对子公司增加投资时,在不影响对子公司的控制的情况下,往往采取高利率贷款的方式。由于贷款的收益是利息,利息不课征所得税。这样,子公司的一部分所得就可以通过利息分配转移到母公司,从而逃避国际税收。

(4)借用机构身份。

由于一个国家的任何一种税收都规定有具体的纳税人和纳税对象。因此,跨国公司通过在海外机构上做文章就可以达到避税目的。关于规避税收管辖权,就居民管辖权而言,各国执行不同的标准,常用标准有管理机构所在地标准、注册地标准和总机构所在地标准三种。跨国公司可在实行管理机构所在地标准的国家注册成立子公司,而把实际管理机构设在使用注册地标准或总机构所在地标准的国家,其总机构则设在实行注册地标准或管理机构所在地标准的国家。这样就可以避开有关国家的税收管辖权,达到避税的目的。

◎ **案例12-3 苹果在爱尔兰的避税争议**

苹果公司(Apple Inc.)在1980年代首创的避税架构被称为"双层爱尔兰夹荷兰三明治(Double Irish with Dutch Sandwich)"。三明治中的"两片面包"分别是苹果公司在爱尔兰开设的苹果销售公司(下文简称"爱尔兰销售公司")和苹果国际运营公司(下文简称"爱尔兰运营公司"),中间夹的"午餐肉"是苹果设立在荷兰的苹果欧洲运营公司(下文简称"荷兰运营公司"),里面的"黄油"是知识产权(即iPhone、iPad等硬件终端和iTunes等软件提供的服务)。注意,苹果总部设立在避税天堂——加勒比群岛。

苹果美国公司将其所拥有的知识产权资产转移到爱尔兰运营公司,用户支付的现金则进入爱尔兰销售公司的账户。这一销售中,爱尔兰销售公司用到了苹果知识产权资产,需要向爱尔兰运营公司支付知识产权专利使用费。爱尔兰销售公司通过荷兰运营公司,将销售费用以专利使用费的名义转入爱尔兰运营公司,再最终转到避税天堂——位于加勒比群岛的苹果总部。在整个收入的流转过程，苹果仅需要缴纳荷兰低廉的交易税和部分爱尔兰低廉的所得税。

为吸引投资，爱尔兰的企业所得税仅 12.5%，远低于美国和其他欧盟国家。因此苹果在爱尔兰设立销售公司，负责接收除了美国以外地区的所有销售收入，享受爱尔兰的低所得税税率。但是与避税天堂——加勒比群岛相比，爱尔兰的税还不够低。所以，苹果要将大部分营收以低成本的方式转移到避税天堂。流转过程具体如下。

根据爱尔兰独特的税法，即使在爱尔兰注册的公司，只要其母公司或总部设在国外，就被认定为外国公司。苹果通过在爱尔兰设立的运营公司将收入汇到位于加勒比群岛的总部公司而不需向爱尔兰缴税，这样一来几乎是零成本。同时，根据荷兰税法，以公司注册所在地认定公司国籍，因此苹果在爱尔兰与荷兰设立的上述三家子公司，在荷兰都被认定为是欧盟的公司。并且，爱尔兰和荷兰都规定，欧盟成员国之间的交易，免缴所得税。至此，苹果便可通过荷兰运营公司，将爱尔兰销售公司的销售收入便宜地转到爱尔兰运营公司，最后汇到总部。而知识产权资产便是贯穿这三家关联公司的交易品，它使得这三家关联公司的资金流转合法化。

2014 年，欧盟委员会发起调查，认为苹果与爱尔兰政府达成的税务安排违反了欧盟的国家援助规定。欧盟委员会指控苹果公司在爱尔兰的有效税率极低，远低于合理水平。2016 年，欧盟委员会裁定这种税务安排为非法国家援助，并要求苹果向爱尔兰政府支付 130 亿欧元的未缴税款。

苹果和爱尔兰政府都对欧盟委员会的裁决提出上诉，并坚称其税务安排是合法的。他们认为苹果在爱尔兰的税务安排符合当时的国际税务规则和爱尔兰的法律。苹果表示，其在全球范围内缴纳了大量税款，上述裁决结果对于全球跨国企业的税务规划和商业模式将产生负面影响。

2018 年，欧洲联盟的法院裁定欧盟委员会的决定无效。法院认为，欧盟委员会未能提供足够的证据证明苹果与爱尔兰政府之间存在非法国家援助。这一裁决使苹果无需向爱尔兰政府支付 130 亿欧元的未缴税款。

尽管最终裁决支持苹果和爱尔兰政府的立场，但这一争议引起了国际社会对跨国公司税收规避的广泛讨论。批评者认为苹果等跨国公司利用税务安排合法避税，导致其他国家的税收损失。这一事件也引发了人们对国际税收规则的改革呼声，他们希望采取措施更有效地防止避税行为的发生。

◎ 本讲小结

1. 随着经济全球化趋势的迅猛发展和国际竞争的日趋激烈，公司经营国际化呈现出新的趋势，跨国公司得到前所未有的发展，并已成为国际经济领域最引人注目的经济现象。跨国并购成为跨国公司对外直接投资的主要方式，跨国公司投资领域趋向高科技和服务业，跨国公司间广泛缔结国际战略联盟，跨国公司的研究和开发也呈现出国际化趋势。

2. 公司在国际市场上融资的方式有国际股权筹资、国际举债筹资两大类。国际举债筹集资金的具体方式又包括国际债券筹资、国际信贷筹资和国际租赁筹资。国际筹资策略应在减少总体筹资成本、降低筹资风险、确定合理资本结构这三者之间进行有效的协调,以达到公司国际筹资的基本目标。

3. 跨国公司进行国际投资往往比国内投资面临更大的风险。跨国公司在进行国际直接投资决策时可以使用冷热分析法和投资环境等级评分法,对复杂的投资硬环境和软环境进行分析。国际投资分析的方法和程序与国内投资基本相同,但国际直接投资分析中的评价主体和现金流量分析是两个值得注意的问题。

4. 国际税收与公司的国际化经营关系密切,但跨国公司所处的国际税收环境是极其复杂的,跨国公司应从全球战略出发,综合考虑各种因素,统筹安排税务计划,以便充分挖掘税务在扩大现金流量、提高税后利润方面的潜力。具体包括选择合适的投资区域、选择特定的组织形式、合理安排融资策略和采取措施实现国际避税。

◎ **本讲习题**

1. 简述在经济全球化、信息化趋势中跨国公司的国际化经营呈现出新的发展趋势。
2. 什么是国际货币体系?一个健全的国际货币体系应具备哪些条件?
3. 说明国际金融市场由哪些部分构成。
4. 与国内筹资相比,国际筹资有哪些特点?并评价两种国际筹资方式的优缺点。
5. 如何对国际直接投资环境进行分析?
6. 在国际直接投资中,评价主体的不同会对现金流量的分析造成什么影响?
7. 国际直接投资中现金流量分析应注意哪些问题?
8. 什么是国际避税?国际税收管理的方法有哪些?

主要参考文献

[1] 布雷利. 公司金融［M］. 2 版. 赵冬青，译. 北京：机械工业出版社，2017.

[2] 王化成，刘俊彦，荆新. 财务管理学［M］. 9 版. 北京：中国人民大学出版社，2021.

[3] 李心合. 主流企业财务目标函数解析与国有企业财务目标函数重构［J］. 财会月刊，2021（16）：14－20.

[4] 邱牧远，殷红. 生态文明建设背景下企业 ESG 表现与融资成本［J］. 数量经济技术经济研究，2019，36（3）：108－123.

[5] 王琳璘，廉永辉，董捷. ESG 表现对企业价值的影响机制研究［J］. 证券市场导报，2022（5）：23－34.

[6] 卫武. 基于"Meta 分析"视角的企业社会绩效与企业财务绩效之间的关系研究［J］. 管理评论，2012（4）：141－149.

[7] 朱叶. 公司金融［M］. 5 版. 上海：复旦大学出版社，2021.

[8] 李晗阳. 基于战略导向的 Z 科技公司全面预算管理优化研究［D］. 西安：西安石油大学，2022.

[9] 单昭祥，蒋昕. 互斥项目决策规则研究：提高资源利用效率基础上净收益更大化［J］. 财会月刊，2012，605（1）：3－6.

[10] 杨位留. 非常规现金流量项目评价：NPV 与 IRR 法则应用比较［J］. 财会月刊，2012，611（7）：55.

[11] 王建文，陈蕾. 全周期非常规项目内部收益率解析及指标优化研究［J］. 财会通讯，2020，854（18）：3－8，25.

[12] 张优勤. 决策中的沉没成本效应分析［J］. 当代会计，2019，70（10）：34－35.

[13] 曾繁荣，王有梅，李典. 所得税与折旧对项目现金流量影响例解［J］. 财会月刊，2011，591（23）：50－51.

[14] 廖明情，高月. 通货膨胀、现金流和股票价格［J］. 金融评论，2015，7（4）：56－68，125.

[15] 黄桂花，程德兴. 项目投资决策方法及其应用研究［J］. 时代经贸，2018，450（25）：10－11.

[16] 史琪. 项目投资决策评价指标应用思考［J］. 财会月刊，2014，691（15）：36－38.

[17] 刘青鸾. 收益率视角下 NPV 评价指标新探 [J]. 财会通讯, 2012, 577 (29): 84-86.

[18] 孔繁成, 易小琦. 预算软约束与企业"僵尸化": 来自中国制造业上市公司的经验证据 [J]. 产业经济评论（山东大学）, 2019, 18 (2): 60-78.

[19] 杨丽荣. 公司金融学 [M]. 4 版. 北京: 科学出版社, 2016.

[20] 张庆昌, 王跃生. 中美印制造业成本比较: 一个案例引发的思考 [J]. 宏观经济研究, 2018 (6): 169-175.

[21] 叶志锋, 郭丽丽. 企业家会计思维对企业成长的机理与路径: 曹德旺会计思维在福耀集团的实践 [J]. 财会通讯, 2021 (10): 3-9.

[22] 张尧, 关欣, 孙杨, 等. 考虑背景风险的项目投资决策 [J]. 中国管理科学, 2016, 24 (9): 71-80.

[23] 汪克夷, 董连胜. 项目投资决策风险的分析与评价 [J]. 中国软科学, 2003 (1): 141-144.

[24] 王超. 融资与投资管理 [M]. 北京: 中国对外经济贸易出版社, 1999.

[25] 陆正飞, 魏涛. 配股后业绩下降: 盈余管理后果与真实业绩滑坡 [J]. 会计研究, 2006 (8): 52-59, 97.

[26] 程恩富, 徐惠平. 新制度经济学派的成因、特点与总体评价: 从海派经济学的角度来观察 [J]. 当代经济研究, 2004 (9): 22-27, 73.

[27] 靳涛. 从交易成本的争议到契约理论的深化: 新制度经济学企业理论发展述评 [J]. 财经理论与实践, 2003 (5): 14-18.

[28] 杨丽荣. 公司金融学 [M]. 5 版. 北京: 科学出版社, 2020.

[29] 魏刚, 李月月. 营运资本政策的流动性管理价值效应研究 [J]. 财会通讯, 2021 (10): 98-101.

[30] 兰素英, 于敏. OPM 战略、营运资本管理效率与企业价值: 基于制造业上市公司供应链管理的视角 [J]. 会计之友, 2019 (15): 55-59.

[31] 李浩举, 程小可, 郑立东. 经济政策不确定性、营运资本管理与企业价值 [J]. 中央财经大学学报, 2016 (3): 72-81.

[32] 李占雷, 李梦. 商业信用融资与供应链营运资本协同管理 [J]. 财会月刊, 2015 (3): 49-51.

[33] 刘力, 唐国正. 公司财务 [M]. 2 版. 北京: 北京大学出版社, 2014.

[34] 罗斯, 威斯特菲尔德, 杰富, 等. 公司理财 [M]. 11 版. 吴世农, 沈艺峰, 王志强, 译. 北京: 清华大学出版社, 2017.

[35] 胡刘芬, 周泽将. 经济政策不确定背景下企业现金股利政策研究 [J]. 经济管理, 2023, 45 (3): 170-191.

[36] 刘永丽, 石若禹, 唐涵. 腾讯控股分派有价证券股利的动因和影响分析 [J]. 财政监督, 2022 (13): 93-99.

[37] 徐寿福, 徐龙炳. 现金股利政策、代理成本与公司绩效 [J]. 管理科学, 2015, 28 (1): 96-110.

[38] 叶薇, 王静. 上市公司股利分配影响因素实证研究: 以信息技术行业上市公司为例 [J]. 当代经济, 2023, 40 (8): 96-103.

[39] 田马飞, 肖星, 李丹, 等. 社会信任对企业现金股利分配的影响 [J]. 当代财经, 2023 (8): 146-156.

[40] 马永斌. 公司并购重组与整合 [M]. 北京: 清华大学出版社, 2020.

[41] 上海财经大学金融学院公司金融编写组. 公司金融 [M]. 北京: 中国人民大学出版社, 2013.

[42] 王化成. 高级财务管理学 [M]. 北京: 中国人民大学出版社, 2003.

[43] 杨丽蓉. 公司理财学 [M]. 北京: 科学出版社, 2016.

[44] BALACHANDRAN B, FAFF R. Corporate governance, firm value and risk: past, present, and future [J]. Pacific-Basin Finance Journal, 2015, 35: 1-12.

[45] YOON B, LEE J H, BYUN R. Does ESG performance enhance firm value? Evidence from Korea [J]. Sustainability, 2018, 10 (10): 3635-3652.

[46] TALIENTO M, FAVINO C, NETTI A. Impact of environmental, social, and governance information on economic performance: evidence of a corporate "sustainability advantage" from Europe [J]. Sustainability, 2019, 11 (6): 1738-1763.

[47] BROADSTOCK D C, CHAN K, CHENG L T W, et al. The role of ESG performance during times of financial crisis: evidence from covid-19 in China [J]. Finance Research Letters, 2020, (38): 101-716.

[48] PFEFFER J, SALANCIK G R. The external control of organizations: a resource dependence perspective [M]. San Francisco: Stanford University Press, 1978.

[49] FANOQ U, TABASH MI, AI-NAIMI A A, et al. Corporate investment decision: a review of literature [J]. Journal of Risk and Financial Management, 2022, 15 (12).

[50] MITTAL K R, GUPTA K S, GUPTA S. Factors affecting corporate investment decisions: an empirical analysis [J]. Mangalmay Journal of Management & Technology, 2012, 6 (2).

[51] LAUGHTON D, GUERRERO R, LESSARD D. Real asset valuation: a back-to-basics approach [J]. Journal of Applied Corporate Finance, 2008, 20 (2).

[52] MODIGLIANI F, MILLER M. The cost of capital, corporation finance, and the theory of investments [J]. American Economic Review, 1958, (48): 261-297.

[53] MODIGLIANI F, MILLER M. Corporate income taxes and the cost of capital, a correction [J]. American Economic Review, 1963 (53): 433-443.

[54] MICHAEL H, PREZAS A P. Intangible investment, debt financing and managerial incentives [J]. Journal of Economics & Business, 1999, 51 (1): 3-19.

[55] ALCHIAN A A, DEMSETZ H. Production, information costs, and economic organization [J]. The American Economic Review, 1972, 62 (5): 777-795.

[56] ALCHIAN A A, WOODWARD S. Reflections on the theory of the firm [J]. Journal of Institutional and Theoretical Economics (JITE) /Zeitschrift für Die Gesamte Staatswis-

senschaft, 1987, 143 (1): 110-136.

[57] AGHION P, BOLTON P. Distribution and growth in models of imperfect capital markets [J]. European Economic Review, 1992, 36 (2-3): 603-611.

[58] COASE R H. The nature of the firm [J]. Economica, 1937, 16 (4): 386-405.

[59] CHILDS P D, MAUER D C, OTT S H. 2000. Interactions of corporate financing and investment decisions: the effect of growth options to exchange or expand [EB/OL]. Working Paper, http://www.realoptions.org/papers2000/ChildsMauerOtt.pdf

[60] DHRYMES P J, KURZ M. Investment, dividend, and external finance behavior of firms [J]. Nber Chapters, 1967.

[61] DIAMOND D W. Financial intermediation and delegated monitoring [J]. Review of Economic Studies, 1984 (3): 393-414.

[62] MAYERS D, CLIFFORD W, SMITH J R. Ownership structure and control: the mutualization of stock life insurance companies [J]. Financial Review, 1986, 16 (1): 73-98.

[63] DOTAN A, RAVID S A. On the interaction of real and financial decisions of the firm under uncertainty [J]. Journal of Finance, 2012 (40).

[64] DAMMON R M, SENBET L W. The effect of taxes and depreciation on corporate investment and financial leverage [J]. The Journal of Finance, 1988 (43).

[65] GROSSMAN S J, MILLER M H. Liquidity and market structure [J]. The Journal of Finance, 1988.

[66] Hart O, MOORE. A theory of debt based on the inalienability of human capital [J]. Quarterly Journal of Economics, 1994, 109 (4): 841-879.

[67] HITE G L. Leverage, output effects, and the M-M theorems [J]. Journal of Financial Economics, 1977, 4 (2): 177-202.

[68] HONG H, RAPPAPORT A. Debt capacity, optimal capital structure, and capital budgeting analysis [J]. Financial Management, 1978 (7): 7-11.

[69] JENSEN M C. Theory of the firm: managerial behavior, agency costs, and capital structure [J]. Social Science Electronic Publishing, 1976, 3 (4): 305-360.

[70] JENSEN M C. Agency costs of the free cash flow [J]. American Economic Review, 1986 (76).

[71] JORGENSON D. Capital theory and investment behaviour [J]. American Economic Review, 1963.

[72] JENSEN M C, MECKLING W H. Theory of the firm: managerial behavior, agency costs and ownership structure [J]. Journal of Financial Economics, 1976, 3 (4): 305-360.

[73] MCDONALD J, JACQUILLAT B, NUSSENBAUM M. Dividend, investment and financing decisions: empirical evidence on french firms [J]. Journal of Financial and Quantitative Analysis, 1975, 10 (5): 741-755.

[74] MILLER, MODIGLIANI. Corporate income taxes and the cost of capital: a correction [J]. American Economic Review, 1963, 53 (3): 433 –443.

[75] THAKOR, ANJAN V. Investment "Myopia" and the internal organization of capital allocation decisions [J]. RePEc, 1990.

[76] MYERS S. Interactions of corporate financing and investment decisions: implications for capital budgeting [J]. The Journal of Finance, 1974.

[77] MYERS S. The determinants of corporate borrowing [J]. Journal of Financial Economics, 1977, 5 (2): 147 –175.

[79] MYERS S. Still searching for optimal capital structure [J]. Journal of Applied Corporate Finance, 1993 (6): 4 –14.

[80] MAJLUF, MYERS. Corporate financing and investment decisions when firms have information that investors do not have [J]. Journal of Financial Economics, 1984.

[81] MAS - COLELL A, WHINSTON M D, GREEN J R. Microeconomic theory [M]. OUP, 1995.

[82] ROSS S A. The determination of financial structure: the incentive signaling approach [J]. The Bell Journal of Economics, 1977.

[83] RAJAN R, ZINGALES L. Power in a theory of the firm [J]. Quarterly Journal of Economics, 1998, 113 (2): 387 –432.

[84] RAJAN R, ZINGALES L. The firm as a dedicated hierarchy: a theory of the origins and growth of firms [J]. Quarterly Journal of Economics, 2001, 116 (3): 805 –851.

[85] RAJAN R, ZINGALES L. The influence of the financial revolution on the nature of firms [J]. American Economic Review, 2001, 91 (2): 206 –211.

[86] WILLIAMSON O E. Transaction - cost economics: the governance of contractual relations [J]. The journal of Law and Economics, 1979, 22 (2): 233 –261.

[87] ELTON E, GRUBER M. Marginal stockholder tax rates and the clientele effect [J]. The Review of Economics and Statistics, 1970 (52): 68 –74.

[88] MYERS S C. Taxes, corporate financial policy and the return to investors: comment [J]. National Tax Journal, 1967, 20 (4): 455 –462.

[89] DUNSBY A. Share repurchases, dividends, and corporate distribution policy [EB/OL] https://www.semanticscholar.org/paper/Share - repurchases%2C - dividends%2C - and - corporate - policy - Dunsby/600be56be4a2c61fb3dbc8bd1d934998ad9497c2.

[90] GORDON M J. Optimal investment and financing policy [J]. The Journal of Finance, 1963, 18 (2): 264 –272.

[91] MILLER, MODIGLIANI. Dividend policy, growth, and the valuation of shares [J]. J BUS, 1961, 34 (4): 411.

[92] IKENBERRY D, LAKONISHOK J, VERMAELEN T. Market underreaction to open market share repurchases [J]. Journal of Financial Economics, 1995, 39 (2): 181 –208.